本书系

浙江天台桐柏宫"中华传统文化研究"支持项目

四川大学"生命哲学"学派规划项目

国学新知文库·第二辑

詹石窗 | 主 编

# 葛洪、葛长庚 人生价值观研究

曾 勇 ◎著

人民出版社

# 总　序

詹石窗

　　"国学"一词最早见于《周礼·春官》："乐师掌国学之政,以教国子小舞。"其中所谓"国学"实际上是指上古时期国家设立的学校。随着历史的进展,"国学"的内涵逐渐发生演变。到了近现代,"国学"成为指称我国特有学术的一个术语,其外延是以儒、道、释为主体的中华民族传统文化,涉及古代哲学、史学、文学、艺术、语言学、科学等诸多领域。本《文库》正是从广义上使用"国学"概念的,至于"新知"既意味着新的领域、新的视野,也意味着新的探索、新的认识。由于国学的范围相当广泛,这套文库当然应该有所选择,关注那些具有新发现、新观点的成果,这就是为什么将"国学"与"新知"合成的用意所在。从文稿选择的立场看,既然是"国学",则入选的文稿必定是传统文化方面的;既然是"新知",文稿如果仅仅反映传统文化内容,还是未能符合要求的,必须是两个方面的特质兼备,才能进入这套文库之中。也许组织者对文稿的选择不一定准确,但不论情况如何,"新知"乃是编纂这套文库的初衷,表达着一种愿望、一种追求,一种目标。

　　《国学新知文库》的编纂工作确立了如下宗旨:

　　第一,弘扬求实精神,鼓励学术创新。众所周知,任何一种学术研究,都必须具有求实精神,国学研究当然也不能例外。就过程而言,国学研究的求实精神首先意味着对从事的领域展开广泛的调查,精读相关的经典文献,详细占有资料,然后进行深入思考,避免信口开河,无中生有,有中说无,而是依据事实,客观陈述,立论稳妥。这种求实精神在节奏加快的当今学术圈中尤其需要。与此相联系,《国学新知文库》也特别强调学术创新。往昔的成就固然可以引为自豪,但重复劳动是没有前途的。惟有学术创新,才能永葆国学的旺盛生命力,焕发学术研究的青春。所谓"创新"就国学领域来说,首先是文献史料的新发现、新发掘;其次也在于使用新的研究方法,从新的角度进行新的审视,提出新的选题,开展新的分析等等。古人称"天地日新",又谓"革故鼎新",此类格言成语说明我们的民族学术文化传统本来就非常提倡创新。在新的时代,尽管所谓"新"的标准不同,但先民们倡导创新的精神却依然没有过时,值得我们在国学研究工作中认真思考和发挥。

第二,扩展文化视野,兼蓄古今中外。从研究资料来说,我们不仅要熟悉浩如烟海的中国古代典籍、田野信息、考古资讯以及国内前贤时仁的论著,还要有世界眼光,努力掌握国外同行的学术动态,因为随着中国经济的快速崛起,海外对中华文化的研究越来越重视,成果也越来越丰硕。在文化学术传播越来越快的信息社会中,如果我们不能及时了解他国学者的学术新成就,就可能步他人之后尘,重复无谓的劳动,甚至陷入迷乱状态,徘徊不前;惟有高瞻远瞩,放眼全球,关注他国关于中国传统文化的研究成就,并且认真加以分析和借鉴,才能扬长避短,超越学术瓶颈,取得新的突破。

第三,关注薄弱环节,培植研究特色。经过长期的努力,国学研究在总体上虽然取得了巨大成就,但存在许多薄弱环节却也是毋庸置疑的事实。以往许多人谈国学,常常把它局限在儒家文化圈内。其实,此等视野是相对狭窄的。由于认识的局限和导向问题,国学研究未能在比较广阔的领域展开,故而限制了它的发展前景。有鉴于此,我们组织编纂《国学新知文库》不仅要继续关注儒家学说和中国化了的佛教文化,而且将加强对国学中的一些薄弱环节的探究,比如道家、道教之学、古代科技哲理、传统经学与艺术的关系等等,这些领域都是以往的国学研究相对比较忽略的,现在我们应该对这些领域的研究多加鼓励。从发展的立场来看,"强势"与"薄弱"本是相对而言的。当人们对于某个领域、某种专题不太关注而没有投入足够力量加以研究的时候,该领域或专题就是一种"薄弱环节",而当人们对这种"薄弱环节"有了足够重视的时候,"薄弱环节"就可能转化为"强势环节"。但愿我们的努力不仅可以化"薄弱环节"为"强势环节",而且能够在实际工作中培植新的特色。

　　根据以上原则,我们从 2006 年开始,陆续推出《国学新知文库》(第一辑),包括以下著作:詹石窗主撰《道教与中国养生智慧》、昌乐著《禅悟的实证:禅宗思想的科学发凡》、黄永锋著《道教服食技术研究》、沈文华著《内丹生命哲学研究》、蒋朝君著《道教生态伦理思想研究》、周谢清果著《先秦两汉道家科技思想研究》、江峰著《太谷学派生命哲学研究》、谢晓东著《现代新儒学与自由主义:徐复观殷海光政治哲学比较研究》、黎文松著《楞严学与人类生命健康之研究》、于国庆著《道教与传统兵学关系研究》、郑志明著《中国殡葬礼仪学新论》、杨燕著《〈朱子语类〉经学思想研究》、周天庆著《明代闽南四书学研究》、黄永锋著《道教在当代中国的阐扬》、阙美丽著《道教养生哲学:吕祖善书思想研究》、徐朝旭等著《儒家文化与民间信仰》、张丽娟著《以清为贵的文化哲学——〈关尹子〉及其注疏研究》。这些著作以儒释道思想文化研究为主,在内容上涉及历史、民俗、政治、军事以及医学养生等不同领域。

　　当今世界,经济全球化已是不争的事实。然而,就精神领域而言,大多数人却依然主张文化多元化,因为一个民族只有保存自己的优秀文化传统,才能傲然屹立在世界民族之林。所谓"一方水土养育一方人民,一方人民弘传一方文化",既说明世界范围的文化本来就是多彩多姿的,也意味着文化"个性"乃是民族存在的基本标志之一。中华传统文明在历史长河中曾雄踞世界东方,其中蕴涵的精神宝藏,特别是人文资源,可以为我国的现代化进程提供有力的智力支持。可是,晚清西学东渐以来,我国学术界主流倾斜于吸纳西洋、东洋文明,以追随西方的学术理论和研究方法为时髦,热衷于做西学的诠释者和传播者,却逐渐远离了对中华文化传统的认同。我们认为,富有情操的中国知识分子既要有宽广的胸襟和视野,敢于借鉴西方文明的优秀成果,同时也应该坦然地开启心扉,理直气壮地为发掘国学的积极资源而大胆探索,奉献力量。因为中国传统文化不仅已经登上国际文化舞台,正在与西方学术进行平等对话,而且成为我国腾飞的强大精神载体,从而被西方世界所关注。美国科学史专家萨顿（George Sarton）说:"正如东方需要西方一样,今日的西方仍然需要东方……不要忘记东西方之间曾经有过协调;不要忘记我们的灵感多次来自东方。为什么这不会再次发生? 伟大的思想很可能有机会悄悄地从东方来到我们这里,我们必须伸开两臂欢迎它。对于东方科学采取粗暴态度的人,对于西方文明言过其实的人,大概不是科学家……新的鼓舞可能仍然,而且确确实实仍然来自东方,如果我们觉察到这一点,我们会聪明一些。"①萨顿的论述无疑是深刻的,对于我们的研究工作来说也是富有启迪的。有鉴于此,我们考虑,继续推动中华传统文化的传承与研究工作,于是有了《国学新知文库》(第二辑)的计划形成。这项工作得到了中国道教协会副会长张高澄道长住持的浙江省天台桐柏宫管委会的大力支持。经过反复磋商,形成了一批新的选题,包括《〈周易〉治道思想研究》《葛洪、葛长庚人生价值观研究》《元代婺源胡氏易学研究》等。正如第一辑规划一样,《国学新知文库》(第二辑)的选题对象主要是研究中华传统文化学者的优秀成果,尤其侧重考虑博士生与专职博士后的学术著作。按照程序,所有选题经过编委会讨论通过之后报送出版社审核立项。

胡适曾经在《〈国学季刊〉发刊宣言》说过:"我们深信国学的将来,定能远胜国学的过去。"这是因为国学研究从一开始就是因应了时代的需要,并且随着时代的发展而向前迈进。我们希望《国学新知文库》第二辑也能切近时代脉搏,为中华民族伟大复兴、为人们的精神生活提供有益的文化资源。

谨识于四川大学老子研究院

2010 年 10 月 10 日初稿

2019 年 7 月 5 日修订

---

① ［美］乔治·萨顿:《科学的生命:文明史论集》,商务印书馆 1987 年版,第 140—141 页。

# 目　　录

1

# 导　言

## 一、人生、人生问题及其基本向度

在最宽泛的意义上,人生可指人类的整个历史活动,也可指个人的生命活动。冯友兰(1895—1990 年)在其《新人生论》中提出:"人生就是'人之生活之总名',人生的当局者是人,吾人的生活就是人生,人们的动作行为,举措设施等一切都是人生。所谓人生的真相也就在此。"①人生以生命存在为前提,以自主活动为要义。简言之,人生即人之生命活动,包括社会实践。马克思是在对比"存在"与"意识"的关联中,论及人生、理解生活的。在《德意志意识形态》中,马克思指出:"意识在任何时候都只能是被意识到了的存在,而人们的存在就是他们的实际生活过程。"②马克思还对人的"生活过程"和"现实生活"作如是界定:所谓"生活过程"是指人们"从事活动的,进行物质生产的,因而是在一定的物质的、不受他们任意支配的界限、前提和条件下活动着"③的过程;所谓"现实生活"即"人们的存在就是他们的实际生活过程"。④ 可见,人生便是生命活动、社会实践的展开、开拓、深化的历史的过程,在此过程中,人是生命实践的主体,正是在其生命实践的过程中,人在进行着自我生成,不断实现人自身的发展与完善。

自从有了人,就产生了人生问题。人生问题与人如影相随,这些问题大致都与人之生存、发展及其完善相关联,在人类文明不同的发展阶段,或个人不同的生存境遇中,虽然会表现出不尽相同的内容,然而,有些却是共性的,甚至

---

① 冯友兰:《中国现代人生哲学》,《三松堂全集》第 1 卷,天津人民出版社 1996 年版,第 333 页。
② 《马克思恩格斯全集》第 3 卷,人民出版社 1960 年版,第 29 页。
③ 《马克思恩格斯选集》第 1 卷,人民出版社 2012 年版,第 151 页。
④ 《马克思恩格斯全集》第 3 卷,人民出版社 1960 年版,第 29 页。

也是根本性的,譬如人们耳熟能详的"人生三问":"我是谁""我从哪里来"以及"我到哪里去"。这些人生问题弥久弥新,不同的时代,不同的个体,不同的文化,不同的视角,即便是针对同一问题,其答案或许会相去甚远——针对人生三问,人们可以作出不同的回答,而每一种回答的背后,都隐含着作答者自己对人生的理解。即便是相同的时代,抑或是同一个体,由于人生际遇的不同,其给出的答案也会发生变化——答案固然可以五花八门,但并不能说因其不一致、难统一,人们就没有讨论的必要;相反,这正好说明问题的复杂与难以确定,犹如每个人需要不断地"认识你自己"一样,其实,作为社会生活的一员,人们也有必要去了解、理解他人,而要想较好地了解、理解他人,倘若从人生三问入手,从了解他人对人生三问的理解入手,也算得上是一条可行的路径。

人生三问既然来自人生,我们就不妨从人之生命活动谈起。三问之一的"我是谁"的问题,在人生哲学的视域,若撇开关系属性,在某种程度上可以置换为"人的生命是什么"的问题;另外两个问题,也可以简化为"出生入死"的问题。这三个问题,说到底是对"生命""生死"的"叩问"。若从自然科学层面讲,人们几乎可以达成某种共识:生命就是碳水化合物,就是 DNA,人的生命亦不例外;人从类人猿进化而来;人一天天走进坟墓,人死就到大自然、融入水土里去。很显然这是一种科学化、简约化的认知。比这更进一步,一些化学家将人体解剖并经过精密地分析,得出如下结论:以一个中等身材的男子为例,其体内的所有脂肪大概能做 7 块肥皂;其体内的铁能做一枚中型的铁钉;其体内的糖分如果全部提炼出来的话,能够溶进 7 杯咖啡里,味道恰好;其体内的钙拿出来能制成洗干净一个鸡笼的石灰;其体内的磷提炼出来能制成2200 枚火柴;其体内还能够提炼出一勺的镁盐,还能够提炼出破爆一架玩具起重机的钾碱,还能够提炼出为一只狗除虱的硫磺,……这就是人体的价值,其市场价格总值不到 98 美分。① 这种对人之生命的科学主义的、化约性的揭示,其实是一种生物学的方法与结论。它让人知道人与其他生物在物质构成上具有共性,人和类人猿只是进化程度有差别而已。如此一来,容易使人产生

---

① 参见郑晓江:《论生命的本真与意义》,《南昌大学学报》(人文社会科学版)2007 年第 1 期。

这样一种看法,那就是人的生命既不神圣,也没有什么特别的价值。

客观地说,出生入死是一种事实性存在,俨然纯粹是一种自然现象、生理事实,然而对于人而言,其人生历程却也是一个价值性生成过程,是形体生命实然存在与精神生命应然生成的统合进程,并以精神生命凸显人之尊贵、彰显"人身难得"。笔者认为有必要从"生存""生活""生命"等向度,结合生命体验,对人生三问再做些许探讨。

笔者认为,"生命""生存"与"生活"三个概念,与"人生""人生三问"虽互相关联,却各有侧重,其中"生命"是"人生"活动的前提,也是中心,"生存"与"生活"都围绕人之"生命"从不同维度展开。通常情况下,人们所言"人生"便是人的生命活动的展开,简称为"生活",对应的英文为"life"或"live",前者为名词,指"生命"本身,后者为动词,侧重于人的行为动作,相对于生命活动终止的死亡而言,意味着人之生命是活着的,其机能在进行中。从这层意义上说,"生活"层面之"人生",一般是以常态下人的生命活动的进行为内容而展开的,而此状态意味着人们的视听言动、行住坐卧等有了基本保证,阳光、空气、饮食、衣物、住所等也有了基本保障,人们生命所需指向便是健康、快乐、平安等,虽有"温饱""小康""优雅"等差别,那也只是程度上的不同,是在不同社会发展水平上提出的较好、更好的"活得幸福"的"级别"性的一种指称。这就是一般意义上的"人生",即"生活"层面的人生。此时,"生活"强调人生目标之幸福、生活方式之健康,侧重于"生命"之"活"的状态,包括当下的此在的状态以及希冀的理想的状态,它不仅仅是生命在时间上的延绵,在空间中的拓展,而且是使生命变得丰富多彩,使人感受到健康、快乐、平安,或曰幸福,让生命保持"鲜活",使人生富于意义,其间既包括理想的目标状态,又包括合理的方式选择。

这种常态下的幸福,对于常人来说,虽然也会产生人生问题即所谓的生活问题,但这些问题相对容易解决,通常也可以解决,解决的关键在于对"人生"之"度"的把握。

与生命正常活动相较,人也可能会遇到一些非常态情况,譬如台风、海啸、地震、雪灾、洪水、猛兽、战争、瘟疫、意外横祸等灾害劫难。在此类非常态灾难面前,人如何应急脱险,如何绝地逢生,如何求得保存生命,因为此时"生存"

(survive)已经成为问题,于是,"生存"问题也便成为人生的第一要务。与常态下的正面的"生活"相比,此时,"生存"无疑面临"生命"的负面,侧重于使"生命"存活而免受其他侵害,不可否认,在此非常状态下,化险为夷之类的逃生手段、救生技巧是必要的,当然,在接近生理极限时个人的隐忍抗压能力、生命精神支撑显得更为重要,特别是对于生命意义与人生责任的体认尤为关键,如经历"奥斯维辛集中营"磨难的幸存者、美籍犹太人维克多·弗兰克尔医生一再推崇的尼采名言所说,"知道为什么而活的人,便能生存"。弗兰克尔医生以自己的亲身经历见证了,"在纳粹集中营里","那些知道自己的生命中还有某项使命有待完成的人最有可能活下来"。① 弗兰克尔博士本人,不仅是开创意义疗法的大师,替人找到绝处再生的意义,他更是生命意义的践行者,他亲证了"人性最后的自由——也就是在任何境遇中选择一己态度和生活方式的自由",切实"将个人的厄运转化为人类之成就"②。在他看来,不可逃避之痛苦、厄运也蕴含生命的潜在意义。他就是一位实现生存危机之潜在意义的生命典范。非常态下的人生,生存成为人生之第一要义,如何战胜恶魔、扭转厄运,成为人生活动之必须,事实上,灾难之后的幸存者,大都不仅仅是侥幸生还,更是执意存活。非常态下人生衍生的生存问题,与常态下衍生的生活问题相较,前者往往难度更大,解决起来也更加不易,需要更多更强的心力意志。

如果说"生活"指向常态下的人的生命活动与意义诉诸,"生存"侧重于生命负面、非常态下的意义开启,那么可以说,人生还有一个超越层面的价值诉求,那就是要寻求超越现世人生阈限、与无限宇宙本体合一的生命终极意义。这一终极意义,或曰生命究竟,超出了人类有限之体力、智力、德力等,但人却"心向往之",作为一种"在途中"的、形而上的"存在"而存在,这种存在权且理解为一种超常的永恒价值实体。这一永恒价值实体,作为终极理想人格,在不同的时代,不同的文化,可以冠之以不同的称谓,譬如"圣""神""天""帝""仙""佛"等。通俗地讲,与现世凡俗人生相较,这一终极价值实体无非是人

---

① [美]维克多·弗兰克尔:《活出生命的意义》,吕娜译,华夏出版社2010年版,2013年第6次印刷,第125页。
② [美]维克多·弗兰克尔:《活出生命的意义》,吕娜译,华夏出版社2010年版,2013年第6次印刷,第139页。

将其通过一定努力可以现实化的价值目标的进一步放大、扩充以至无限的至高至大至善的完美形式。譬如说，世人对健康、长寿的渴求愿景，一般还是比较具体的，即便所谓"长生久视"，也对应有一定的年寿时限，此类愿景尚且属于人生常态，倘若欲求"长生不死，羽化升仙"，"仙"便是至真、至善、至美的完满生命统合体，这一生命形态固然超越了一般生命之性能，属于人们对生命终极意义的价值载体，出于人们超越有限的超拔梦想，这类梦想虽玄远超迈，却也有现世的生命依托，虽不乏幻想的成分，却也导人向上、向善，而"仙"本身即是超常态的永生价值实体。如果说常态、非常态之人生衍生的生活、生存问题尚属人之生命现世今生面临的切实问题的话，那么可以说，这些人生问题毕竟还是有限的，比较具体的；与之不同的是，人生追求永恒、渴望不朽所指向的"永生"问题，却是超越的、终极性的，属于人生之"终极关怀"——所谓"终极"，既指世界的根本和人的最终归宿，也指"人生最高的意义和最重要的价值"①。

完整意义上的人之"生命"，既指当下的、生物学意义上的生命，也指超越的、人文意义上的生命。"人生"可分为常态、非常态和超常态等三种状态，其对应的人生问题，亦可归类涵括为生活幸福问题、生存困境问题与生命超越（"永生""不朽"）问题等，简言之，就是有关生存、发展及圆满等问题，此类问题在不同的历史时期虽有不同的倾向侧重，亦有不同的表现形式，但最为基本的可以归结为"什么是值得欲求的人生"这一根本性的问题。无论是常态下的"生活"，抑或是非常态下的"生存"，都会关涉为何要保全延续"生命"、或为何要使"生命"丰富多彩以及如何超越有限实现"生命""永恒"之类的问题，这便是有关生命价值与人生意义的问题。

人既是自然的物质性的存在者，亦是自为的精神性的存在者，是物质与精神的双重统合体，并以精神性活动、意义性追求凸显人生之异于他物，而这种自为的精神性的生命活动便构成人生的重要内容。易言之，人生历程亦即人的自我生成的过程，这一过程通过人的自我生成的活动而展开，而且，其人生活动之中、之上，总有其相应的观念、理论或思想。英国哲学家席勒说："从来

---

① 荆学民、李旭炎：《信仰・宗教・哲学・终极关怀》，《南开学报》1999 年第 2 期。

没有两个人的思想(更不用说感觉)真正是一模一样的,就是当他们自称忠于完全相同的公式时也是如此。宇宙也不像是包含着能保证这样的齐一性的心理机械。总之,尽管有这些执迷不悟的想法,一种哲学说来说去总归是关于一个生活的理论,而不是一般的或抽象的生活的理论。"①关于一个生活的理论,出自对人生的理解感悟,来源于人的生命实践。人生的不同,其实也是生活的理论与实践的不同。我们不妨将这种生活的理论,大而化之,称之为人生哲学观念。可以说,每个人都有自己的人生哲学观念,这种人生哲学观念就体现在其具体生命实践活动之中。人作为历史性存在者,其人生活动目的与方向,其生命实践方式与方法,皆为其最终成其为何,所谓"是其所是""成为他自己"作出注脚。

　　人之生活总与其生命体验相伴。体验是每一生命主体的直接存在形式。"体验的本义是以生命为依、与生活为一,是生命的流动,是对生命流动的经历和体悟;体验是本体性和时间性的,它表现为当下,是意义的瞬间生成;借助于当下的体验,通过记忆完成的体验的累积形式——经验、通过想象完成的体验的未来形式——期望被连接起来,构成一个生命之河、体验之流。一切价值和价值观均奠基于生命之河和体验之流之上。"②这种体验包括苏格拉底所谓的"审视"与"反思"。如其所云"未经反思的人生是不值得过的"——在人生问题中体验生命、感受存在,在人生感悟中提升生命智慧,再以生命智慧解决人生问题、超越生命阈限,这就是哲人眼中的人生之道——对于每一生命个体,此道亦可借鉴:明了生命的源泉,确立人生的方向,激活人生的动力,开发生命的潜能,需要不断的审视、经常的反思,这种审视与反思,不仅要借助理性,亦仰赖信仰,包括人文信念,正是这些文化基因促使人成其为人,也正是这些文化基因使人显得崇高。在中华传统文化的语境中,则常表现为"以道观之"的人生体悟与"尊道贵德"的价值确证。何以至此?蒙培元先生曾有一段精辟概括——"'道'是宇宙本体论的,但它必须落实到人生问题,就人生问题而言,则实现为主体性的'德'。'德者得也',即得之于'道'而成为人之所以

---

① ［英］席勒:《人本主义研究》,麻乔志等译,上海人民出版社 1987 年版,第 17 页。
② 晏辉:《现代性语境下的价值与价值观》,北京师范大学出版社 2009 年版,第 20 页。

为人之道。"①中国传统儒释道三教之于"道""德"诸概念,虽赋予不尽相同的内涵意蕴,但以"道""德"观照社会人生,以价值消解人生问题,却是其共同的生命智慧。

## 二、价值、价值观与价值观念的基本界定

人既是自然的存在物,亦是自为的存在者,是不离外物与依靠自己的统一;人生既呈现为事实性的生存,又表现为价值性的生活,是生存事实与意义追求的统一。本书从人生价值观的角度论释道教思想,有必要对"价值""价值观"等做一些简明的界说。"价值"一词作为语言学中的一个普通词汇,在世界各语种中几乎都占有一席之地。尽管其含义不尽相同,但大体是指有用物对人的意义、重要性或人对有用物的估价、评价、珍视、尊重等等。在现代汉语中,"价值"一词多指事物的用途或积极意义。当代理论界所运用的"价值"一词是一个具有广泛社会意义的范畴,涉及哲学、经济学、社会学、文学、伦理学等诸多领域。

从哲学的角度分析,价值是一个关系范畴,它反映的是"客体对主体的效应","是客体对主体的作用和影响(意义)"——"所谓效应,就是客体对主体的作用和影响。客体对主体有效应,就有价值;无效应,就无价值。有正效应,有积极效应,就有正价值;有负效应,消极效应,就有负价值。"②价值存在于主客体相互作用之中,它既反映客体对于主体的效应关系,也反映主体对客体的肯定与否定关系。简言之,价值表征着客体的属性与主体的需要的意义关系。在伦理学中,价值主体可以是人类、人群,抑或是社会个体;客体相对于主体而言,指自然界、人类社会和人类文化,包括物质财富、精神财富、制度文化以及相对主体而言的他人、社会、宇宙等。价值就是由主体的需要和客体的属性二者之间的关系构成的。主体的需要和客体的属性是价值构成的两个不可或缺的因素。客体自身的属性构成价值的客观基础,它决定着客体自身能否满足作为主体的人的需要,对人是否有用以及有何用。人的需要是价值存在的前

---

① 蒙培元:《"道"的境界——老子哲学的深层意蕴》,《中国社会科学》1996 年第 1 期。
② 王玉樑:《价值的本质与价值界定的原则》,载王玉樑、[日]岩崎允胤主编:《价值与发展:〈中日价值哲学新论〉》(续集),陕西人民教育出版社 1999 年版,第 117 页。

提:没有作为主体的人的需要,客观事物纯属"自为的存在",而非"为他的存在",不能纳入人的意义视野,不能形成价值。"客体的属性是消极的、被动的方面,人的需要是积极的、主导的方面。客体自身的属性成为主体需要的价值对象,而主体需要又使客体属性得到价值认可。因此,价值本质上是指'客体主体化'的过程、结果及其程度,是一种'以主体为尺度'的主客体关系。"①或者说,价值所表达的就是客体事物的属性与主体需要之间的关系。价值也总是相较而言,如曰"天地之性人为贵"。此处"贵"即为价值之高。张岱年先生曾经指出,价值一词是近代流行的,在中国古代与其意义相当的是"贵","贵"字在哲学上,意指"高尚可以尊重的品质或事项",如《释名·释言语》中的"贵,归也,物所归仰也。"《墨子·贵义》中"万事莫贵于义"之"贵",也是最有价值的意思。②

　　"价值"反映的是主客体间的效应关系,这种效应关系,人们常用"意义"一词来表征。若以人为主体,"价值"就是客体之人、事、物、理等对于作为主体之人之生存与发展的意义关系。可以说,把价值理解为意义,或用意义来界定价值,是切近价值本义的,也是人们社会生活中的通俗用法。简言之,价值就是客体对主体的意义。价值具有主体性、相对性、客观性等特征。人们在长期的价值评价和实践过程中形成诸多关于价值的看法和观点,其中那些基本看法和根本观点就被称之为价值观。有学者指出,"价值观是一个人或一个组织对当下事物以及将来事物是否具有价值、有多大价值、应该具有何种价值的信仰、信念、认知、情感以及意志的总称。"③"价值观"是关于什么样的人、事、物、理等客体是有意义的看法与观点,或者说是人们关于某种客体对人价值、意义、作用的根本观点和看法。由此可见,价值与价值观既有联系又有区别。其联系主要表现为:价值是价值观的基础,没有价值也就无所谓价值观。其区别主要表现为:在一定条件下,价值是客观的东西,可以独立于人的意识之外,而价值观是主观的、观念层面的东西,它与意识形态具有本质的一致性;价值一般用高度凝练的词汇、短语来表示,价值观一般是一个判断、一个命题、

①　周中之:《伦理学》,人民出版社 2004 年版,第 261 页。
②　参见张岱年:《中国古典哲学的价值观》,《学术月刊》1985 年第 7 期。
③　晏辉:《现代性语境下的价值与价值观》,北京师范大学出版社 2009 年版,第 34 页。

一条准则,其内容为某种目标、观念、理想等;价值的作用方向是由客体到主体,价值观的作用方向是由主体到客体。①

价值观来自人们对具体的价值问题的具体看法,但不能归结为这种看法。"价值观念是个人与组织在特定环境下形成的关于对象有无价值、有多大价值的认识,这种认识既决定于特定对象又决定于此时的心境,具有领域性和阶段性。"②价值观念可能是分散的、非系统的,而价值观是从个别之中抽象出的一般,从特殊之中概括出的普遍,因此具有根本性和整体性。价值观与价值观念既有联系又有区别。广义上价值观与价值观念可以通用;狭义上价值观念通常是指对某一类事物价值的看法,而价值观构成价值观念的理论基础,是对各种价值观念的抽象和概括。③ 价值观解决人的应然问题,如人生之爱智、求真、向善、致美等问题,皆为人生目的和行为进行导向。以价值观为主线,可以形成价值观念体系,而价值观在这一体系中则处于最核心、最深层的地位,对主体的行为起着根本的指导作用。

价值观问题近年来颇受关注,有学者认为价值观是"文化的核心",它居于"文化的最深层次"④。价值观要解决的是"为什么做"的问题,是有关人的活动的取向、目的问题。人的活动受价值观指导,而活动的过程及其结果就是价值观的外化。价值观在人生的开花结果,可谓其认同之价值客体之主体化的内在过程,类似于"人文化成"的生命践履。因此文化的核心就是特定社会特定人群的价值观。"中西文化的不同,古今文化的不同,一切文化的不同,最根本的是价值观的不同。"⑤

也有学者将价值观问题纳入伦理学学科范畴,将其视为伦理学的重要内容。持这种观点者认为,作为哲学的重要分支,伦理学关注的是人与人生问题,人以道德见长,因而人们通常把伦理学理解为道德哲学。伦理学关注道德问题,因为道德对个人生存和社会存在都具有重要的影响,道德学说是伦理学

---

① 参见王勇:《凝练兴国之魂的核心价值观》,《中国社会科学报》2012 年 9 月 26 日。
② 晏辉:《现代性语境下的价值与价值观》,北京师范大学出版社 2009 年版,第 33 页。
③ 参见石云霞:《当代中国价值观论纲》,武汉大学出版社 1996 年版,第 15 页。
④ 袁贵仁:《关于价值与文化问题》,《河北学刊》2005 年第 1 期。
⑤ 袁贵仁:《关于价值与文化问题》,《河北学刊》2005 年第 1 期。

的重要内容,但这并不意味着关于道德的理论即是伦理学的全部内容。笔者认同这种观点。人们之所以将伦理学看作道德哲学,是因为在这些人眼里,道德或德行被看作是人的本性或本质,在他们看来,德行是使人有别于乃至高于他物的根本规定性,德行不仅是人生所追求的价值,也是人自身的价值所在。实际上,如此理解与界说伦理学,易于引发以偏概全之嫌。因为,"即使德性是人的真正本质,也不是人的唯一本质,使人区别于动物、使人成为人的东西绝不只是道德。美德或道德不是人生的最高价值,更不是人生的唯一价值。人生的价值是多元的、系统的,其中幸福高于德行,或者不如说幸福是真实人生的总体、中心和终极目的,而道德只是其中的一部分或一个方面,是幸福的诸多要素之一。"①诚然,人生价值有诸多面向,譬如幸福、快乐、功利、审美、德行等,美德是人生的重要价值追求,但不是人生目的的唯一内容,当然,对幸福内容的理解在不同的思想派别中存在差异,如"道义至上""功利至上""生为至善""唯道是从""与上帝同在""分享上帝的荣光"等分殊,即表明人们认定的幸福内涵不尽相同。推崇不同的幸福观念,即会确立不同的价值目标,倡导不同的价值取向。但各种幸福学说的宗旨,大都有一共同特性,这一特性就是,其核心价值不外于人生的安身立命。

不少学者将价值哲学归属于伦理学,这与中国文化及中国哲学尤重人生哲学的传统不无联系。众所周知,人生哲学,是以人生为研究内容的哲学,此"人"既包括个体的人,也包括群体的人,乃至作为类别的人,此"生"既有生存之义,又含生活之义,而生活即生命存在(存活),连起来讲,人生即人的生命及其存在,而人生哲学就是对人的生命及其存在的反思,就是用一定的哲学世界观和方法论解释人生问题的理论体系。在这个意义上,一切比较自觉的人生理论体系,都可以看作是人生哲学。人生哲学主要回答什么是人生、怎样对待人生和实现人生价值等问题。② 人生价值是指个人一生的生命存在及其实践活动对包括自己在内的人类社会、宇宙世界的效应。人之所以能对其生命及其存在进行反思,是因为人有知觉灵明之心,冯友兰先生把由知觉灵明之心

---

① 江畅:《理论伦理学》,湖北人民出版社 2000 年版,第 21—22 页。
② 参见哲学百科全书编辑委员会编辑:《哲学百科全书》,中国大百科全书出版社 1995 年版,第 708 页。

所产生的"觉解"视为人与动物的根本区别,强调人生的意义与目的就在于能对自己所生活的宇宙和自己的人生有所觉解,人的生活是有"觉解"的生活,"即是说人的生活是人在'觉解'中的生活,人对于生活不是本能地被动地适应,而是能够主动地积极地安排。人能够凭借理性,安排好自己实际的生活,人同样可以凭借理性,理解人生的意义与价值"①。人对于宇宙人生有觉解,人生即有意义与价值;人对于宇宙人生的觉解不同,人生的意义与价值亦不同。这种觉解,其实就是对人生价值的认知、选择、确立,而一旦把这种确立了的价值实现出来,便表现为人生的境界。觉解不同,人生境界就不同。冯友兰将人生境界由低到高,依次排列为"自然境界""功利境界""道德境界""天地境界"四种类型。可见,人生境界的不同,源自人生觉解的不同,而觉解的程度,其实仍取决于对生命价值的认识、判断与取舍,说到底,是价值取向的问题,而价值取向又受行为主体的价值观支配。如果说人生价值观是人们对人生价值的观念反映,体现的是人们对人生价值的根本看法和态度,那么可以说,不同的人生价值观,即意味着不同的价值取向;不同的价值取向,表征着不同的行为方式;不同的行为方式,便会导致不同的人生境界。这样,人生哲学就是以人生价值观为核心的生命价值哲学,人生价值观便是人生哲学的内核与灵魂。

### 三、人生价值观与道教人生价值观的基本界说

人们常把世界观、人生观、价值观简称为"三观",并将价值观视为世界观和人生观的重要组成部分。所谓"三观",我们不妨反其道而视之为"观三",将之诠释为观世界、观人生、观价值所形成的基本观点和看法。那么,何为"观"?《说文解字》"观"词条曰:"谛视也。从见雚声。""视"即"看",或"示",即把东西给人看。何为"谛"?《说文解字》曰:"审也。从言帝声。"②而"审"有仔细考察、研究之意。《说文解字注》"观"条注云:"宷谛之视也。《穀梁传》曰:'常事曰视,非常曰观。'凡以我谛视物曰观,使人得以谛视我亦曰

---

① 田文军:《冯友兰传》,人民出版社 2003 年版,第 500 页。

② (汉)许慎:《说文解字》,(宋)徐铉校定,中华书局 1963 年版,第 177、52 页。

观。犹之以我见人,使人见我皆曰视。一义之转移,本无二音也。而学者强为分别,乃使《周易》一卦而平去错出,支离殆不可读,不亦固哉。《小雅》采录传曰:'观,多也。'此亦引申之义。物多而后可观,故曰'观,多也',犹灌木之为丛木也。"①在古代汉语中,"观"作"审""视"讲,虽可能有对行为主体身份(如"察")与行为对象(如"非常事")等方面分别加以限定,其义无论是"以我谛视物",抑或是"使人得以谛视我",抑或是以"物多"汇聚而言,但其基本意思皆是"审视""观察",但此"审视""观察",并非仅仅为了探求"物理",更重要的是明了"人事"——中华文化有"观天道以明人事"之人文传统,亦有"观民风设教化"之化民风气。在古人眼中,人生离不开于世界,此"世"可指时间,此"界"可指空间,"世界"可与"宇宙"同义——所谓"四方上下曰宇,往古来今曰宙",前者乃空间概念,后者则为时间概念,二者统合之即为时空概念——于是,人们观察宇宙世界得以形成宇宙观,亦即世界观,人们继而在宇宙观、世界观之下、之内探讨人生问题,形成相应的人生观,进而在人生观内探索价值问题,形成有关价值的基本观点和看法,此即价值观。由此可见,在中华传统文化中,人们是在天人一体的整体性宇宙观支配下,形成自己的价值观,这种价值观既可视为是人生观的一个重要内容,亦可作为宇宙观的一个重要组成部分,同时,就其内容而言,此价值观包括对于价值的本质、功能、创造、实现等有关价值的一系列问题的基本内容,这些内容无一例外地在人生历程中发生、进行,"与人生目的、人生态度相并列","是人生观中的价值观"②,与人生观密不可分,于是,笔者就将人生观与价值观统合而称为"人生价值观",着重回答什么样的人生是值得欲求的,或者说人应该怎样活着才有意义、有价值。

在笔者看来,人生观中若有价值观的引领,就如同大海航行的船只有了航向标,若没有价值观这一核心,就犹如缺少灵魂的行尸走肉。价值观若有了其对应的人生观作支撑,就犹如希望的种子找到了其生长的土壤环境条件,若没有相应的土壤环境条件,价值观就可能仅有"只开花不结果"的价值。宇宙观

---

① (汉)许慎:《说文解字注》,(清)段玉裁注,浙江古籍出版社 2006 年版,2012 年版,第 408 页。
② 袁贵仁:《关于价值与文化问题》,《河北学刊》2005 年第 1 期。

作为人们对整个宇宙世界的根本看法,一方面是关于宇宙世界面目的根本观点,它回答"世界是什么"的问题,揭示实然真理,属于真理观;另一方面是关于世界价值的根本观点,主要回答"人生在世应该怎样"的问题,论释人生安身立命之真谛,属于人生价值观。在中国传统文化中,前者属天,后者属人。在"一天人""合内外"的文化传统中,真理观与人生价值观具有高度的统一性,易言之,人们的人生价值观中内在地包含了真理观。中国传统文化中,儒、墨、道、法诸子百家,其学说莫衷一是,异彩纷呈。各家各派无一例外地都在围绕自己确立的价值观——"道"论,建构与充实自己的人生学说,阐述或推广自己的价值主张。历史上诸侯为富国争霸而寻求有利于自己的人才和学说,各色权谋之士则欲借诸侯的势力而宣扬推行自己的价值理想,由此形成"诸侯异政,百家异说"的生态文化景观。在某种意义上可以说,百家之学的差异,实源于各家价值观的不同,亦即人生价值观的差别。

若从中西文化比较视域而言,钱穆先生所论也颇具代表性。钱宾四先生认为,西方人常把"天命"与"人生"划分为二,……所以西方文化显然需要另有天命的宗教信仰,来做他们讨论人生的前提;而中国文化,既认为"天命"与"人生"同归一贯,并不再有分别,所以中国古代文化起源,亦不再需有像西方古代人的宗教信仰。[①] 易言之,中国文化,天人关系相即不离,人文价值之应然出于对天命实然之体认,不似西方人文与宗教神学的对立两分——在中国文化中,即便没有像《圣经》"原罪救赎说""世界末日说""最后审判说"之类的有关人死后结局和世界末日等"终极"问题组成的"终极论",国人却有"循天道""尚人文"的人文传统,中国宗教即便论及"帝""天""神""宗"等概念,这些概念也无一例外地与现世人生相贯通,明显具有世俗化倾向,这种宗教说到底是一种关于人生的学问,是人基于信仰的生命的学问。

据冯天瑜先生考证:"中国古代典籍本无'宗教'一词,作为一个外来词有两种源头,一为印度佛教,佛教以佛陀所说为教,以佛门弟子所说为宗,宗为教的分派,二者合称'宗教',意指佛教教理。二为西文 religion,泛指对神道的信

---

① 参见钱穆:《中国文化对人类未来可有的贡献》,《中国文化》第4期,生活·读书·新知三联书店1991年版,第93页。

仰。"①冯先生从词源学视角指出了汉语中"宗教"一词的来源及其意涵,这是非常客观的。西方当代著名的宗教伦理学家蒂利希将宗教定义为人的"终极关怀"(ultimate concern),此说在学界得到一定的认同,若用之于中国宗教文化,也比较贴切。若从宗教的人学意义而言,联系冯先生对"宗教"的释义,可以说,国人从来不乏"宗教"情怀与"宗教"追求,并且是通过对"天""道"等的情感皈依与意义追求,表达其价值取向与生命境界,甚至可以说,很多人正是在对信仰的笃信、坚守与践履中,活出人生的意义,演绎生命的精彩,创造人生的价值。诚如麦奎利所言:"正是人,才生活在信仰中,正是人,才探求作为信仰之阐释的神学,所以,如果我们要达到对信仰和神学基础的任何理解,我们似乎就必须通过研究人来寻求它。"②道教作为中国本土宗教,是有关生命信仰的宗教,其所谓理想人格如"神仙",皆因"道"而与当下凡人相通无碍,并且不存在"人"与"仙"的两极对立,相反,"仙"乃"人"的生命修炼之迁化升级样态——在道门,"道"是一种生命信仰,修"道"、行"道"表示的是一种生活方式,是笃信于"道"、立足于"人"、憧憬"得道成仙"的"道人"的特有的一种生命样态。借用麦奎利的说法,"信仰不仅仅是一种相信,而且还是一种生存的态度"。③ 也就是说,道教以道为本体,以生为载体,以生与道合为价值趋向,建构了一套有关生命终极关怀的思想文化体系,道教人生价值观是贯穿这套思想文化体系的一条主线,沿着这条主线可以洞察道教有关宇宙人生的基本认知、人之生命的价值意蕴、人生的价值目标与终极理想、人生的价值实践与意义获取等系统观念。

　　一般而言,价值观所指称的对象不见得是具体的,世界上也没有抽象的事物,只有具体的事物,但人们可以从具体事物中抽象出表示一般的概念、观念,人们亦可以借助于各种感知,感受到具体事物的价值,并以价值表征客体事物的属性与主体需要的效应关系。这种效应关系总是伴随着人之生命实践过程

---

① 冯天瑜:《中华元典精神》,上海人民出版社 1994 年版,第 190 页,注②。
② [英]麦奎利:《人的生存》,载刘小枫主编:《20 世纪西方宗教哲学文选》,杨德友、董友等译,上海三联书店 1991 年版,第 50 页。
③ [英]麦奎利:《人的生存》,载刘小枫主编:《20 世纪西方宗教哲学文选》,杨德友、董友等译,上海三联书店 1991 年版,第 50 页。

的始终。道门人生亦不例外。在道教人生价值观中,宇宙生生不息之道是一切价值之基元,此生生不息之道亦道教本原之道,此道乃宇宙万有、一切存在皆存在的根据,亦为人、事、物、理等不存在的理据,无论是对于道门修道者抑或是道教信众而言,此道犹如一道亮光,投射到人、事、物、理等之上,人、事、物、理等方显示出存有样态,而此道乃此等生命样态之上、之后的终极依据,从价值层面而言,道是一切存在的价值原点,一切存在皆因道之光芒照射而获得其自身价值。从这层意义上说,道是其他一切价值的原点,道也是道门人生的价值皈依,修道合真便是道人的人生价值取向,得道成仙就是道人的人生终极追求。

在道门中人看来,道不远人,即身可修。此修孰修? 人也。修何? 道也。道何以可修? 这就涉及道教文化中的一个基本思想。道教之道既是形上的、终极的、生生不已之道,同时道又下贯于每一具体生命形态之内、伴随生命之生长壮老已之历程之中,它有待学道之士去体悟、去感知、去炼养、去确证,这就是要求人们去做修道证道的生命功夫,这一生命功夫是切实的人生修为,是建立在修道之士对道的领悟与笃信基础上的意义行为。经由此意义行为可诠释行为主体其人生的价值选择、价值确认、价值创造,于是,修道之人生便成为与价值相关联的意义人生——人生因有道之观照而充满意义,人生再以持道行道而明了航向,人生又以修道合道而开显价值完善生命——一言以蔽之,道教人士其人生意义始于对生生之道的觉解,其人生价值终于对不死之道的回归。"道教对宇宙之道的认识与探索,最初和最终的目的都不在于去追问宇宙的终极起源,而是从主体自身的需要和处境出发,直面现实的社会人生问题,寻求实现人类精神超越与解脱的必然之道。"①道门中人正是基于对不死之道的确信,通过炼丹服饵、养性了命、济世度人等系列生命作为,不断提升后天生命能级,跃迁生命质素,臻于得道成仙之生命究竟之逆返先天之生命征程。

道门以得道成仙为人生之终极价值目标,这一价值目标的设立亦非绝尘弃世,而是立足现实人生,既肯定人生之难得,又指出人生之内在紧张,此即凡

---

① 　詹石窗:《中国宗教思想通论》,人民出版社 2011 年版,第 361 页。

俗人性与不朽道性之内在紧张——道门中人着眼于人生之超迈,对人生不同价值维度作出甄别,指出凡俗忠孝、富贵、快乐等价值之相对不足,唯有终极之道具有至真、至善、至美等圆满价值,倡导修道之士应在创生人生入世之普通价值的同时,不得背离宇宙终极价值,而且应以入世之价值获取作为确证出世修道价值之坦途津梁,在人生修为历程中,以道教之道统摄真、善、美等价值,以不死之仙凝聚真、善、美等价值,以修道成仙的人生理想作为玄门的终极价值皈依。

道门人生价值观关涉道教人士对人生目的、生命意义等基本观念,关联他们对人生道路、生活方式等重大选择,是关于道人为什么生存、生活以及如何生存、生活的问题,它要解决的是"什么样的人生才有价值""修道之士要走什么样的生活道路"以及"如何契道合真得道成仙"等人生终极问题。对这些有关道门人生的基本价值诸多层面内涵的揭示,构成对道教人生价值观的基本内容。

当然,人总是历史的存在,每一生命个体是在自己的生命历程中,通过对自己的人生价值自觉或不自觉地进行认识、选择、确立、践履及评价的过程中形成的,道教思想家亦不例外。本书选择以葛洪、葛长庚二位有代表性的道教思想家为中心,勾勒道教人生价值观的基本轮廓,解读道门人生的生存之忧、生活之求以及生命之境,揭示其终极信仰、价值理想与现实人生之内在关联。

### 四、道教人生价值观研究的意义旨趣

价值的本质是客体的主体化,反映的是客体对主体生存、发展、完善的效应,主要是对主体发展完善的效应,从根本上说是对社会主体发展完善的效应。真正的价值,在于使人类社会发展完善,使人类社会更加美好,使人们自由而全面地发展,使人生上升到更高的境界。[①] 道教是中国本土宗教,道教文化是中国传统文化的重要组成部分,道教人生价值观是贯穿道教文化的一条价值主线,引领着道门中人的修道合真与精神超越。对道教思想文化而言,道,是道教徒的最高信仰,道教哲学的最高范畴,道学理论的终极客体。道教

---

① 参见王玉樑:《客体主体化与价值的哲学本质》,《哲学研究》1992 年第 7 期。

之道乃是道教人生之价值之基元,道教人生价值皆以道为终极本原,道教人生价值的确证实乃客体之道的主观化历程,表现为道人为道所化,亦向道皈依的生命修为,而人修得与道为一的境界状态,即为仙。"仙可学致",乃道教人士的人生信念,兼修性命、逆返成仙,即道门玄学的文化要义。这一视人生为修行的生活方式,即道教人生价值观的易简形式。沿此人生价值观观照道教思想文化,有助于从全局鸟瞰道教思想文化的主体框架,更好地探究道教生命哲学的人文精神与生存智慧,进而结合后现代人类的生命困境,借鉴道教生存智慧,弘扬其人文精神,开显其现实价值。

首先,以价值与价值观为视角,以人生价值观为主线,探究道教思想文化,这是一个新颖的研究课题。这一研究,有助于揭示道教思想文化的深层生成机制。价值观是思想文化的核心,道教人生价值观是道教思想文化的主线,居于道教思想文化的最深层次。以人生价值观为主线,探究道教思想文化,有助于从道教思想文化内部深入了解其宇宙论、认识论、修炼论及人生终极关怀之间的生成机制,进而对道教思想文化有一较深层的、整全式的生命探究。

其次,以人生价值观为切入点,探究道教思想家的人生哲学,有助于对研究文案有更贴切生活、"返璞归真"的价值旨趣。在非宗教人士眼中,包括道教在内的宗教,总有某种不可言说的、玄妙莫测的神秘性,这种神秘性遍在于宗教所及之人、事、物、理之中,正是这种神秘性像一张网格,无形地隔出教内教外两界,而且内外隔膜,思想难以沟通,尤其是教外人士,难以平常心、"同情"地理解宗教生活——即便是在宗教界内部,也有不同教派之间之内外疆界,这些疆界对于加强彼此了解,增进文化交流是不利的。在笔者看来,包括道教在内的宗教人士的生活,也是基于对人生的"觉解"的基础上的一种生命活动方式,是一种有别于俗世的人生价值实践方式。倘若从人生价值观切入道教思想文化,或许可以揭开那层神秘的面纱,让人更加全面地了解修道之士的鲜活人生,更加清楚地了解其对人生、生命、生存、生活等的分辨与解析,以及其对人生模式、人生理想、生命境界、终极关怀等的探索与践履,进而走近其意义世界,同情地理解其价值企盼。

再者,本书选择葛洪、葛长庚两位道教思想家为主要研究对象,在笔者看来,"二葛真人"的思想观念与生命实践,在道教文化中非常重要,其人生价值观念非常具有代表性。通过对其人其思其行的探究,可以以点带面,以面见体,大致勾勒出道教人生价值观的整体精神面貌。二位真人之驻世虽有时代的差异,其行其思不免带有各自生活的时代烙印,然而,道教人生价值观原本也在历史中变迁,譬如葛洪所处的两晋之际与葛长庚所处的南宋时期,无论是在道教思想文化特色上,抑或是在道士内修外炼方式上,皆有所不同,但贯穿其中的道门核心价值、人生理想追求是不变的。外显的文化样态虽变动不居,内在的生命精神却一以贯之。这一生命精神至今无论是对道教内外,对人们的生命践履,仍不乏借鉴意义。

## 五、道教人生价值观研究的思想脉络

道教文化是以"道"的基本信仰为精神内核、以延年益寿和羽化登仙为价值目标而形成的关于宇宙、社会、人生的观念体系及其方法实践集结,道教人生价值观是贯穿这些观念体系与方法实践的一条主线,通过厘清这条主线,进而一线连体,有助于更好地把握道教文化的整全精神气质。

道教文化有广博而复杂的系统,其关涉内容驳杂,头绪万千,若能以人生价值观为线索审视道教文化,或许可以起到化繁为简、以一驭多的诠释性功效。道教文化头绪繁杂,内容广博,涉及宇宙观、生命观、人生观、神仙观、道德观、价值观、社会观、历史观、发展观等许多方面,在其形成与发展的不同历史阶段,建构了相应的哲学思想、政治主张、伦理观念、养生学说、文学理论、艺术理念、生态美学、科技范式以及各种方术思想、斋醮科仪思想等等。这些思想林林总总、千头万绪,从不同的视角进行诠释、梳理,可以形成不同的认知,人生价值观便属其一。从人生价值观审视道教文化,有助于更好地了解、同情地理解道教这一生命宗教的生命精神。

道教人生价值观是一个全新的研究议题,学界尚未有多少研究成果可以直接借鉴,笔者尝试着以人物、道派、经典为基本研究内容,尤其是以葛稚川、葛长庚二位真人的人生价值观思想为中心,厘清其有关人生价值命题的思想脉络,建构道教人生价值观的基本内容。

客观地说,道门中人尽管皆以道统观宇宙、社会、人生,旨在以生契道、修真证仙,但在不同的历史时期,道教思想家对道与生的认知、生与道相契合的方法与途径等方面,虽然在内容与方法上具有历史的延续性,但同时也表现出一定的差异性。譬如,在汉魏两晋南北朝时期,道教思想家从本体论方面进行阐述和论证道教人生价值目标——神仙是否存有、成仙何以可能等基本问题——他们将神仙论与宇宙生成论统一起来,为整个道教神仙理论体系奠定基础。葛洪便是这一时期的典型代表。葛洪不仅是我国晋代著名的道教理论家和践行者,而且也是丹道理论的奠基人、道教人生哲学的开拓者。本书研究指出,葛洪以道教之道为本体,以生为载体,以生与道合为价值趋向,建构了一套人生价值哲学。本书还对其人生价值进行了个体自身、人际社会和宇宙大化三个层面的剖析,认为他以尊道贵儒、生命至上的价值理念及"内以修身,外以为国"的人生信念贯穿于其价值体系,共同为修道证仙的价值目标服务。为了达至这一价值目标,葛洪所代表的时代,除却援儒入道,将其人伦善道纳入道教伦理规范体系,将善功量化作为道教修真登仙之航梯之外,其价值实现的主要途径是通过炼制外药、服食金丹以达到长生成仙、肉体飞升。葛洪之后,经过寇谦之、陆修静、陶弘景等高道宗师的不断改革和完善,道教终于形成了自己有关生命价值理念、生命价值理想、生命价值实践方式与途径等的较为严整的体系,得以在唐宋时期可与儒、释生命学问并驾齐驱。追根溯源,这与葛洪所奠定的道教人生价值观这一生命基石密不可分。

方维甸《校刊抱朴子内篇序》声称:"迨及宋元,乃缘《参同》炉火而言内丹,炼养阴阳,混合元气,斥服食胎息为小道,金石符咒为旁门,黄白玄素为邪术,唯以性命交修,为谷神不死、羽化登真之诀。"诚然,道教思想文化在不同历史阶段,其炼养方法虽有殊异,但其修道成仙的价值目标却是不二的。在此确定不移的价值目标之下,道教生命哲学探究的重心也会发生变化——在隋唐五代北宋时期,道教思想家在神仙论与宇宙生成论相统一的成果基础上,逐步将道教生命哲学的研讨重心从本体论转向心性论,修道方法也由外丹服食逐步趋向内丹炼养,道教理论逐渐体系化,以"道"为核心的宇宙观、社会观和神仙观渐趋完整。南宋金元以降,及至明代中叶,则出现了一些强调通过内丹修炼达到精神成仙的新道派,他们斥责巫法邪道,鄙弃肉体飞升之说,强调精神不死,这在教理教义方面可谓一大变革。以葛长庚(白玉蟾)为代表的金丹派南宗便是非常有影响的一支。

　　葛长庚(白玉蟾)是南宋道教金丹派南宗第五祖,是道教金丹派南宗的实际创始人,也是著名的文教高道。有关宋世文化成就,陈寅恪先生曾言:"华夏民族之文化,历数千载之演进,造极于赵宋之世。"①就是说,中华文化演进到宋代形成登峰造极之势。先生此论甚为中肯。作为中华文化重要组成部分的道教文化,其不变的主题乃是生命,对人生价值的不懈追求仍是道教文化一如既往的主旋律。从某种意义上说,道教不仅是尤重生命健康的学问,更是对于身心性命的修炼;道教文化既是生命历练文化,也是价值生成文化。人是文化的存在,个体生命总是会带上时代文化的烙印,作为一代宗师的紫清真人,其一生融通儒释道,并以金丹南宗实修显名于世。白玉蟾其人,其学思历程,在道教历史人物中,具有某些宋学特征,尤其是他对生命、人生的体悟,对人生价值的确认与创造,等等,形成鲜明的人生价值特色。

　　如果说葛洪有关人生价值的探求与确证,代表了道教价值文化雏形的话,那么毋庸置疑,稚川真人探究更多的是道教不死之道与生命的源起、人生意义的展现、生命终极价值的获证等维度展开,其至上理念在于道教之道,其着眼之处在于人生之生,其核心议题是道与生的双向互动,其动议枢纽在于生命价值,由此所形成的人生价值观,虽不乏粗糙,但突出了玄思冥想,具有较为浓厚的形而上学特征,为其后道教人生价值观奠定了本体论的基础。与此相较,白玉蟾的人生价值学说就显得更为精细,也更为圆融。当然,这一切也与研究对象生活的时代背景、个人的性情不无关联。

　　人对生命存在的思索、生活意义的拓展,总是以一定的价值确立确认为前提,而价值的内涵关涉真、善、美、圣等内容,与其所处时代的文化脉动不无相关,对于一位修道者而言,则表现为其对生命本质的把握、对人生向度的开拓,对生命终极目标的追求与获取等诸多向度。对于生活于文化鼎盛时期的白玉蟾而言,身为文教高道,他是如何立足道教生命哲学,融通儒家心性之学、佛教禅宗渐顿之法,建构自己的人生价值理论大厦,如何在修炼自己升华生命能级的同时,去行善利人,甚至伏阙谏言,进而在修道过程中,体悟人生的真谛,追寻生命的终极价值(仙梦),并探索出如何成就仙梦的一套生命修养工夫,这

――――――――――――

① 陈寅恪:《金明馆丛稿二编》,上海古籍出版社 1980 年版,第 245 页。

都是本书下篇要探讨的人生价值议题。

以赵宋文化为背景,以人物个案为中心,从人生价值观视角切入,展开对白玉蟾如何融通儒释道三教,如何以修己济世、利人乐美为价值面向,如何以修道积德、合真升仙为终极理想,为道教仙真在凡尘与神圣之间如何进行人生证道作出新的诠释,还对有限人生如何超脱世俗羁绊、追求生命不朽作出一些大胆探究,这些诠释与探究思考对现实社会人生突破生命困顿或许会有一定的借鉴价值。

人总是历史的存在,道教人物亦不例外,无论是葛稚川,抑或是葛长庚,其所思所行皆留驻于历史文化之中,他们对生命的探求,尤其是对人生价值孜孜以求的生命功夫以及这种功夫之中所体现出的生命精神,代表了道门独到的生命景象,这种生命景象尽管与儒家、佛教有类似之处,但在对人生价值理念的预设确立、人生现实价值的创造获取以及生命终极解脱之途的探索等问题上,毕竟有其自身独树一帜的价值系统,唯其如此,才足以成为中华传统价值哲学大厦的重要支柱之一,也成为现时代人们价值传承的重要精神资粮。

### 六、葛洪《抱朴子》及其价值意涵

葛洪(283—363 年)字稚川,号抱朴子,是两晋之际著名的思想家和科学家,在中国学术文化史(包括道教史和科技史)上作出过重要贡献并享有很高的地位。截至目前,学术界对葛洪的研究,主要集中在两个方面:其一,他奠定的神仙道教理论体系;其二,他为中国古代科学技术作出的巨大贡献。近年来,已有学者开始关注葛洪思想的其他层面,但系统深入的研究成果还不是很多。

葛洪留存的著作主要是《抱朴子·内篇》《抱朴子·外篇》《肘后备急方》《神仙传》等。当人们对葛洪学术思想的兴趣集中于其道教理论和科学技术方面的成就时,所依据的文献资料主要是《抱朴子·内篇》。在这种视域中,人们将《抱朴子·外篇》理解为对前者的补充与说明。我们认为,将葛洪思想仅仅归之于道教,将其定位成纯粹的道士(抑或是舍儒入道的消极悲观者),断定他是"企图为金丹道教,在理论上奠定基础的一个反动人物"[1],就易于使

---

① 侯外庐:《中国思想通史》(第三卷),人民出版社 1957 年版,第 323 页。

其强烈的社会担当意识、卓越的科学技术成就被湮没于"以神仙误天下后世"的责难声中,这对于"著述篇章,富于班、马"(《晋书·葛洪传》)的葛洪而言,不仅对其思想全貌有失偏颇,而且对其人物形象有失公正,也不利于后人准确把握其思想文化要义。

人们对葛洪思想的诠释何以会出现片面?原因固然很多。从作为被诠释者的葛洪本身看,其生命历程,显隐任时,思想上儒道兼修,多元糅杂,对诠释者把握其思想脉搏带来了特定困难;再者,葛洪著述散佚颇多,所存典籍多见于《道藏》,这种状况也为诠释者增添了困难。另外,从诠释者方面看,诠释者自身的研究视角、心理定式等个人因素,均有可能背离或遮蔽原著者的本真意图。譬如,对葛洪处世观的界定,要么视其为"入世",要么认其为"出世",这种"二选一"的思维模式既难免机械、平面,也未必合于道人处世心理实情。又如,在对葛洪思想的诠释中,把"出仕"冠之以"积极的人生态度",反之,"归隐"则成了"消极的逃避行为",且认为"出处"对立、相互矛盾等,都是诠释者自身思维定式使然。

当然,依照现代诠释学的观念,诠释者的成见是不可能根除的,"一千个观众就有一千个哈姆雷特",本篇对葛洪思想的诠释,同样有其自身的旨趣与追求,难免因解释者的主观意愿而带来某些解释片面,因此,不敢妄言全面还原抱朴子的真实形象。但是,我们变换视角,从人生价值切入,将葛洪思想纳入考察范围,以《抱朴子》内、外篇为诠释对象,以"人生"为主题,以"价值观"为主线,对葛洪的《抱朴子》进行新的解释,或许可以更加接近研究对象之历史本真。依我们的理解,探究葛洪对生命存在的沉思和对人生价值的追寻,或许能够更加贴近葛洪这类知识分子的思想灵魂,更好地诠释两晋时期的南方本土知识分子内心的困惑症结,也便于人们"同情地理解"其人生解脱历程。因此,在诠释方法方面,我们将内外篇结合起来进行考察研究,清理葛洪一以贯之的人生价值理念,力图突破以往在葛洪思想研究中出现的诸如文献史料选择上的偏颇问题,思想理论评断上的内外脱节、支离破碎的局限问题等,力求还原再现一个鲜活、明朗、丰满的抱朴之士形象。

过去学术界对葛洪思想的研究,侧重于《抱朴子·内篇》,对《抱朴子·外篇》也并非全无涉猎。然而,即便涉猎《抱朴子·外篇》,研究者着力点多在训诂、文论诸方面，对于《抱朴子》内、外篇之关联，往往将其泛泛地界定为"外儒内道"，对于葛洪的人生历程，也多定位为"由儒入道""舍儒从道"；甚至认为葛洪具有"双重人格"和"双重精神世界"。葛洪一生习儒修道，并没有明显的时间先后，他写作《抱朴子》内、外篇都在 35 岁之前，《内篇》并非他晚年隐居罗浮山时所作，《外篇》与《内篇》思想不见得有先后之分，更谈不上相互抵牾。实际上，《外篇》与《内篇》都是对传统儒道思想的现实思考与加工改造，折射出抱朴守常的知识分子对现实生命的关注，对生存意义的反思。一部《抱朴子》，既有对传统思想的批判与吸纳，又记录了葛洪对生命的体验与超越。它记载了作者对生命（个体、群体、宇宙）价值的追问与实践，既肯定了个体生命对社会的价值，又肯定了生命自身的价值，构建了作者独到的人生价值观。

张岱年先生在《中国古典哲学的价值观》一文中，对春秋时期到明末清初重要的价值观进行过归类，现就葛洪之前的几种价值观拣择列举如下：其一，春秋时代的"三不朽"说。《左传·襄公二十四》载："太上有立德，其次有立功，其次有立言。虽久不废，此之谓不朽。"太上意谓最上，即价值最高。此"三不朽"就是肯定德、功、言都有不朽价值，并以立德为最上，视德为最高价值。其二，孔子思想学说的核心是重视道德价值观。认为"君子义以为上"（《论语·阳货》）、"好仁者无以尚之"（《论语·里仁》）。"上""尚"相通，皆表述价值取向。孔子所谓义指道德原则，义的内容就是仁，仁是最高的道德规范，也是最高的道德境界，仁本身具有最高价值。在仁德与生命不能两全时，孔子主张杀身成仁。在道义（道德原则）与富贵（物质利益）之间，孔子不否定利，但认为义的价值高于利。其三，墨子以"国家百姓人民之利"为最高价值，以利为言语行动的最高准则。在他看来，任何事物于民有一定的用处，才有存在的价值。其四，孟子宣扬的"天爵""良贵"人生价值论。孟子将人人具备的自己固有的价值称为"良贵"，认为这是天赋的，不可能被剥夺，因此，又可称之为"天爵"，以别于当权者给予的世间爵位（"人爵"），"天爵"价值高于"人爵"，后者是可被剥夺的。孟子所谓"天爵""良贵"，意指道德品质。孟子肯定人的价值，在于人有这种先天的内在的善德，由此，孟子主张人与人要相互爱敬："食而弗爱，豕交之也；爱而不敬，兽畜之也。"（《孟子·尽心上》）在价值序列上,孟子认为德高于力,道义高于利益,人格高于生命。其五,道家"物无贵贱"的相对价值观。老子提出价值的相对性问题,认为美丑、善不善都是相互依存的,没有绝对的差别,唯有摆脱了世间的贵贱标准,才是最有价值的。庄子发挥老子的学说,进一步阐发价值的相对性。《庄子·大宗师》曰:"与其誉尧而非桀也,不如两忘而化其道。"认为是非、善恶、美丑都具有相对性,若是"以道观之",则"物无贵贱"(《庄子·秋水》),因此,人们不必进行价值判断。其六,《易传》与荀子关于价值标准的学说。《易传》认为贵贱差别是由天尊地卑的自然秩序决定的,"日新"为盛德,"富有"为大业,以富有日新是最高的价值。荀子肯定人类具有高于他类的价值,他说,"水火有气而无生,草木有生而无知,禽兽有知而无义;人有气、有生、有知亦且有义,故最为天下贵也。"(《荀子·王制》)其七,法家的道德无用论。与儒家的道德至上论相反,韩非认为"上古竞于道德,中世逐于智谋,当今争于气力。"(《韩非子·五蠹》)"仁义惠爱"不足以治国,仅认可力的价值。

概而言之,传统文化中儒、墨、道、法诸家的价值观可简述为儒家的道德至上论、墨家的功利至上论、道家的相对价值论和法家的道德无用论。各家的价值观各具特色,但主旨都在于阐发人的生命存在及其意义,即便是对"义"与"利""德"与"力"乃至"身"("生")与"心"等问题的评判与选择各有权重,价值取向迥异,或着眼于人伦之道,或着眼于天下公利,或着眼于国家富强,或着眼于宇宙大道,其根本出发点都是为现实人生寻求生命的支点。从价值的角度来看,儒家以德行完备、天下治平为最高价值;墨家以"国家百姓人民之利"为最高价值;道家认为儒之道德与墨之功利都是相对的、并非真正的价值,只有绝对无待的"道"才有真正的价值;法家强调权力、实力对社稷人群的生存价值。儒、墨、道、法诸家,着力点不同,价值观有异,但这四种类型的价值观对于中国思想文化都产生过深远影响。葛洪主张"尊道贵德""我命在我""刑为仁佐""举贤任能""仁及万物",这些观念不仅打上了传统价值观的印迹,而且显露出作为传统文化主流的儒、道二家价值观的深刻影响。

葛洪人生价值观的特色在于,其对生命多向度意义的思考、追寻与践履。生命的意义与价值问题是中国传统文化的主要议题,是任何一种哲学或宗教必须面对同时也是无法回避的问题。葛洪之前,中国传统文化中的儒家、道家及道教①的理论，本质上都是对现实人生的反思，其中，儒家、道家主要讨论人应该如何理解生活，安顿生命，道教主要探讨人应该如何理解死亡，如何超越死亡，三者的理论视角皆指向现实人生。儒、道二家认为生死是自然过程，有生则必有死，生死自然而然，死亡是个体生命的必然终结，无法逃避，也不必逃避。在此基础上，儒家倡导积极有为，用不朽的功业和美好的德行去迎接死神的降临。如果追问个人生命的意义与价值，可以从其生活中的所作所为找寻答案，这是由生观死：由生命主体的为人处世、事功德业，判断、鉴定其死时的意义与价值。可以说，这是一种积极活泼、深沉厚重的人生价值观。道家强调个性自由，认为人应该自由生活，不为世俗功名利禄、贫富贵贱、荣辱誉毁等人为价值标尺所束缚、限制，消除对这些东西的执着与分别，把个人从对社会的价值坐标体系的依赖中解放出来，用超越的立场（"道"），"齐万物"，"一生死"，任自然，让自己的精神与大道合一。可以说，这是一种恢宏豁达、超拔洒脱的生命价值观。如果说传统儒家文化以经世济俗的社会价值理论见长，②传统道家文化以达道合真的自我价值观念而独到的话，那么可以说，儒道文化对葛洪构建其人生价值观都产生了重要的影响。

葛洪代表作《抱朴子》分内、外篇，据《抱朴子·外篇·自叙》所述，内、外篇各有所属：

> 凡著《内篇》二十卷，《外篇》五十卷……其《内篇》言神仙、方药、鬼怪、变化、养生、延年、禳邪、却祸之事，属道家；其《外篇》言人间得失，世事臧否，属儒家。

此处"道家"，即现代语境中的"道教"。众所周知，道教是中国的本土宗教，她继承了道家的生命本体论，融入儒家的伦理秩序说，发展为一套宗教的生命哲学。这种生命哲学不仅要夯实人生安身立命的支点，而且要求得生命的永恒不朽。这使得追求长生成为道教解决人生问题的最终途径，构成了道

---

① 佛教在葛洪之前虽已传入中国，但其对中国文化影响还不是很明显，尤其是对葛洪思想的影响不算明显，故略去。

② 在葛洪那里，孟子虽有"穷则独善其身，达则兼善天下"的穷达观，但易使儒士陷于两种极端：通达时就"知其不可而为之"，困厄时仅仅注重一己性命与精神的养护与超越，而后者实质上与道家无为思想并无区别，况且，历史上孔孟，周游列国，栖栖遑遑，以天下归仁达义为己任，体现更多的是"兼善天下"的社会价值。

教中的"神仙不死"学。葛洪就是这种仙道学说的奠基人之一。葛洪宣称"仙人无种",修道可致。其仙道学说从人的生命冲动出发,企图突破死亡局限,将自我生命从日趋死亡的现实中超拔达到与宇宙精神——永恒之"道"合一的境地,再从这种天人合一的境界中把握自我的生命存在,即体究人生真谛。这种仙道不离人道,更不厌世避世,相反,主张积极入世。葛洪尊崇儒家圣人,认为圣人乃"人事之极号也"(《抱朴子·内篇·辨问》),肯定圣人"经世济俗"(《抱朴子·内篇·明本》)之功,并且强调仙圣都是凡人积极作为所达至的人格理想与人生境界。

张岱年先生指出:"中国古代哲学的一个根本特点,就是天道论、伦理学、方法论的密切结合,可以说构成三位一体。在中国古代哲学中,宇宙的第一原理也就是道德的最高准则,认识真理的方法也就是道德修养的方法。"[1]张先生所言甚是精准。若从以价值观的角度来看中国人生哲学,可以说人生价值的确立源自天道的根据,人生价值的获得凭依方法的落实。倘若没有天道的根据,那么,人生价值则无根无源,倘若没有方法的介入,人生价值也就无以实现而终会落空。三者之中缺失任何一个,均将造成人生价值体系的不彻底、不完备。从这层意义上说,天道本体论、认识方法论与伦理实践论,也可谓三位一体。在此基础上,观照葛洪《抱朴子》,我们不难发现其中蕴含较为丰富的伦理思想,而且贯穿着作者一以贯之的人生价值观。抱朴子援用并改造原始道家天道论,建立"自然始祖""万物大宗"的生命本体论,以"玄""道""一"等概念从不同侧面和角度阐释生命本体同时具有超验性、永恒性、主宰性,并且寓道于术,以术御道,使生命形上本体与生命形下表象相互贯通,使生命过程成为可自主可操作的历程,这种自主操作即体道思玄守一、导引炼丹合药之类的方法。葛洪把"玄""道""一"与事物的长存、人物的长生联系起来:"玄之所在,其乐不穷。玄之所去,器弊神逝"(《抱朴子·内篇·畅玄》);"道起于一,……存之则在,忽之则亡,向之则吉,背之则凶,保之则遐祚罔极,失之则命彫气穷。"(《抱朴子·内篇·地真》)"其唯玄道,可与为永。"(《抱朴子·内篇·畅玄》)这就是说,作为生命本体之道,既产生生命,又支配生命,它本身

---

[1]　张岱年:《张岱年全集》第 4 卷,河北人民出版社 1996 年版,第 125 页。

不生不灭,是永恒的存在,人欲求长生成仙须将生与道合,也只有生道合一,人才能不死成仙。仙人是凡人修道而达致的高级生命状态,表征生命的终极价值。对于现实生命个体而言,生与道合就是一种价值取向,而生道合一的仙人便是一种生命价值典范,或者说,是一种理想生命人格。可见,抱朴子的玄道本体论是其价值取向的终极对象,而道法众术是通向这一终极对象的方法与途径,他一再强调"仙"与凡"非异类","由于得道",而且"仙可学可致",认为得仙者与道合一、长生久视,进入形神俱妙的生命佳境,自身生命价值就得到了实现。

　　同时,葛洪认为治身与治世之道不二。《抱朴子·内篇·明本》曰:"夫所谓道,岂唯养生之事而已乎?《易》曰:立天之道,曰阴与阳;立地之道,曰柔与刚;立人之道,曰仁与义。""天地人三才之道"具有内在的统一性,因此,道不仅是治身养生的理则,也是治世理国的法则,因此,他强调"夫道者,内以治身,外以为国。"(《内篇·明本》)在葛洪看来,身与国结构相同,"一人之身,一国之象"(《抱朴子养生论》),治身与理国也遵循相同的律则。从道的角度说,是同一道在不同层面的展示与体现;从人的角度看,是生命价值在不同对象中的呈现与反映。在人的社会性存在意义上,葛洪肯定儒家的社会责任及圣人德化万民的社会价值,认可圣人以经世治国为要义的生命价值。葛洪少读儒家经典,自称"于众书乃无不暗诵精持,曾所披涉,自正经、诸史、百家之言,下至短杂文章,近万卷","念精治五经,著一部子书,令后世知其为文儒而已"(《抱朴子·外篇·自叙》);在《外篇》畅谈治国方略,用人要领,他本人也是五次得官,三次赴任,足见他对传统儒家经世济俗社会价值的认同与践履。在葛洪看来,儒家理想人格"治世之圣人"与道家(道教)理想人格"得道之仙人",是两种不同的价值取向、生活模式及由此达致的生命境界,他并不神化圣人,也不抬高仙人,认为二者代表两种价值系统,从这层意义上讲,"圣人不必仙,仙人不必圣"(《抱朴子·内篇·辨问》)。不仅如此,在葛洪看来,"长才者兼而修之,何难之有?内宝养生之道,外则和光于世,治身则身长修,治国则国太平。"(《抱朴子·内篇·释滞》)儒道兼修的"长才",即可统合圣仙,臻于完美。

　　总之,葛洪自谓"草创子书","立一家之言",《抱朴子》虽有内、外两篇之分,我们认为,此分实际上只是凸显治身与治国各有侧重,而贯穿内、外篇的主线均是其不变的人生价值。纵观葛稚川的鸿篇巨著,不难发现,葛洪的人生价值观从人的生存、享受、发展的角度出发,把握个人与自然、社会、宇宙的关系,把知识和信仰融合,使理性与非理性统一,以便为人生的活动、理想和信念提供了一种价值导向。大致说来,论"人间得失,世事臧否"的《外篇》,着重于人生价值在社会层面,尤其是经世济俗层面的理论阐发与对策探究;"粗举长生之理"(《抱朴子·内篇·序》)的《内篇》,着力于生命内在潜能价值的深度挖掘与人生自我完善的究竟获取。客观地说,每一生命个体既是自然的存在,又是社会的存在,其人生价值至少有两个向度:其一,作为个体的人的个人价值,包括个人自由、个性解放等内容;其二,作为社会的人,其人生价值又体现于对社会、人类、宇宙的意义。如果说人之为人的基本特征就是,其为某种价值与意义的存在,那么也可以说,这种意义与价值总是体现为上述内外两个层面,而且这两个层面具有内在的统一性,皆为某人其有关人生价值的具现。价值具现可以分层,但价值主体却是不二的。正如葛洪对天地人具有内在统一性的"三一说"一样——在葛洪眼中,"一"为"道","道"可现象于"天""地""人","天""地""人"合称为"三",此"三"同源同根,一统于"道",虽分实合,即分即合。他说:"道起于一,其贵无偶,各居一处,以象天地人,故曰三一也。"(《抱朴子·内篇·地真》)"一"总"三"分,"三"在"一"内,"三"不离"一","一"不离"三"。人生也是如此,经世济民也好,炼养证仙也罢,都是为了人生活得更精彩,价值获得最大化。这些正是本书上篇研探解析的重点,也是葛洪人生价值观的理论特色与真实价值。

上篇共分六章。

第一章主要概述葛洪生平与《抱朴子》著作特点。其一,通过对葛洪家庭、社会环境及所受教育与个人性格的追述与分析,还原一个较为本真的"抱朴之士"形象。其二,着重考察《抱朴子·外篇·自叙》及相关章节,结合既有研究成果,考证内外篇成书时间,认为葛洪确实在"建武中乃定""子书"——《抱朴子》,此时35岁的葛洪对儒道思想的调停已经成熟。子书虽有内外之分,但成书在时间上无明显先后次序,在学理上并不相互矛盾,相反,内外篇却有一以贯之的生命价值理念。

　　第二章分人生之原与价值之基两部分。前者是葛洪生命哲学的基石，围绕生命本源、生命律则及联通生命本原与生命存在之间的道术机理展开，葛洪用"玄""道""一"这些术语来表达他对生命独到的体验与认识，因此，这些概念也便成了我们解读葛洪生命哲学的端口。"玄""道""一"分别从宇宙生命的本源、规律及统一性几个方面描述"作为存在的存在"，在表征生命存在形式与状态时，葛洪又用"气"置换"玄""道""一"，用"气"贯通形上形下，在表述生命主体对生命操作修炼欲与生命本原契合时，葛洪强调寓道于术、以术御道，求得生道合一，事实与价值归一。价值之基涵盖价值的确立、价值的取向及价值的创造生成三个方面的内容。价值即客体的属性与主体的需要之间关系的反映。在葛洪那里，价值原点在于"心"，价值取向应顺"性"，而价值生成在于"力"。

　　第三章阐释生命价值意蕴，分别从人生内在价值、生命个体之间所显现的价值及生与道合的统一价值诸多层面展开论述。在人生内在价值问题上，葛洪倡导"我命在我"的人生主体性价值，认为夭寿之事在于自我作为，通过生命的技术层面的操作与德行层面的涵养来把握乃至主导人生历程，此其一；"惜今日所欲"的人生现实性价值是人生内在价值的另一方面，葛洪肯定人间现实欲望，但又认为这些欲望是短暂易逝的，有待净化与升华，于是他把人间至乐幸福描绘为得道成仙者的生活画卷，并以美妙的仙境让人充满信心与希望，鼓励修道者惜欲节制。在生命的外显价值问题上，葛洪认为每一生命个体都是禀道得气而生，尽管有智愚、强弱、大小之别，但本源皆一，本质不二，各自都有自身存在的合理性，都有其自足价值，在修道成仙的起点与终点上也是平等的，即使是禀赋之优者，只是具备了较多便利条件，同样需要勤求勔学、变化气质，而"不能端坐而得道"。另外，在生命个体之间，葛洪从利于生民安康的角度出发，肯定社会和谐的伦常价值，批判劳民伤财的巫觋伪道以及嗜酒害性的放达名士。在生与道合的统一价值问题上，葛洪站在宇宙生命的高度，从人类历史进化的视角，论述名教合于自然，肯定这一历史进程中的人文价值，又从万物一体思想中，推论"仁及万物"的生态价值，再从生命内具的两种代表性的素养——"明""仁"与生命存在的意义的关系中，阐发"以明统仁"的生命智慧，其实，这也是他"道本儒末"思想的价值再现。

第四章主要论述生命价值理想。涉及葛洪的处世原则、价值尺度、人生价值的三个向度及三种理想人格典范等三方面内容。葛洪一生儒道兼修,出处两便,遵循的是"隐显任时"的弹性原则——"时行则行,时止则止",认可的是"出处同归"的价值尺度——"在朝者陈力以秉庶事,山林者修德以厉贪浊,殊途同归";葛洪自身生命价值也是多向度的:隐逸的人生志趣、淑世的社会情结及了道的终极信仰;理想人格典范也是多元的:周孔式的"治世之圣"、黄老式的"得道之仙"及"得道而匡世"之"长才",其中,圣人与仙人是两种不同的生存模式、生活态度与生命境界,前者注重"经世济俗"的社会价值,是治国者的楷模,后者侧重修道合真的生命自身价值,是修身者的榜样,而"长才"者兼修儒道、身国同治,"内宝养生之道,外则和光于世,治身而身长修,治国而国太平",是最大限度实现了生命价值的完美人格典范。

第五章论及人生价值实践,这是葛洪人生哲学的落脚点。葛洪兼修儒道,主张身国同治,倡导"夫道者,内以治身,外以为国"。本章一方面简论其治国理念,此即"援法入儒""刑为仁佐"的治世方略与"举贤任能""文德并重"的用人要术,葛洪希冀为政之士施行这些有为举措,实现人生的社会价值;另一方面略述其理身学说,并从炼养理论与方术两个层面展开,前者,分为以"正心""养性"为内容的以德济生论、"形宅神主"的神住形固论及"假求外物以自固"的假物论,后者概述为功德与养生、医学与养生及丹道与不朽等三个方面,属于生命操作系统,葛洪自认为如此理身便可得道成仙,实现人生的超越性价值。

第六章从历史与现实两个向度简论葛洪生与道合价值观的意义与价值,认为葛洪"隐显任时"的处世原则具有一定的合理性,其"德性生活"的生命理念、多元共存的价值理想也仍具现实性,但他所谓的肉体成仙思想只能是宗教的梦呓。

## 七、白玉蟾及其人生价值理趣

葛长庚(1134—1229 年?),南宋著名道士、道法宗师,法号白玉蟾,字号甚多,如海琼子、海南翁、武夷翁、琼山道人、武夷散人、以阅众甫、神霄散吏、金阙选士、雷霆散吏、琼山老叟、鹤奴、琼琯、金阙玉皇选仙举进士、灵霄童景洞天羽人等,"诏封紫清明道真人"①,世称白真人。彭耜《海琼玉蟾先生事实》曰:"先生姓葛,讳长庚,字白叟,先世福之闽清人。母氏梦食一物如蟾蜍,觉而分娩。时大父有兴教琼绾,是生于琼,盖绍熙甲寅(1194 年)三月之十五日也。"②"绍定己丑(1229 年)冬,或传先生解化于盱江。先生尝有诗云:'待我年当三十六,青云白鹤是归期。'以岁计之,似若相符。逾年,人皆见于陇蜀,又未尝有死,竟莫知所终。"③据盖建民先生考证,此有关生年的"绍熙说"有误,葛长庚"生年当为南宋高宗绍兴四年(1134 年),卒于南宋理宗绍定二年(1229 年),住世凡 96 年"④。笔者认为,盖氏有关白玉蟾生年之"绍兴说",论据充分,论证严谨,本书从之,但有关葛长庚卒年,未见更有力的论证之前,笔者倾向于"莫知所终"说。元人薛师淳《洞玄玉枢雷霆大法事实》,论及葛长庚入道并取号"白玉蟾"之缘由:"宗师白真人,海琼人也。……生而聪明,长而奇异,睹石火之无光,叹白驹之过隙,遂舍富贵而志慕神仙,混名曰白玉蟾,盖欲隐其姓名也。"⑤因感叹人生苦短迅疾,乃隐姓埋名,置身玄门,潜心向道,终成一代宗师。白玉蟾既是中国历史上一位杰出的思想家、文学家、书法家与养生家,又是道教南宗的实际创始人。

道教南宗,亦曰南宗道教,全称是道教金丹派南宗,在教内简称南宗,始兴于两宋时期。其时内丹诸法纷起,丹家人才辈出,呈现了一个内丹炽热盛行的时代气象,开始形成以南北二宗为主体的内丹派。南宗以"性命双修""先命后性"、丹道雷法并重等修炼方式著称,因为其代表人物多出自长江以南地区,故称南宗。而北宗则是以金元王重阳(1113—1170 年)为教祖的全真道,初起时主要流传于长江以北,世称北宗。南宗尊奉张伯端(987—1082 年)(字平叔,号紫阳)为开派祖师,又称紫阳派。不过,学术界一般认为,南宗道教的

---

① (明)嘉靖《建宁府志》卷二十一《杂记》,《天一阁藏明代方志选刊》,上海古籍书店 1982 年影印。
② 萧天石:《道藏精华》第十集之二(上),自由出版社 1994 年影印本,第 29 页。
③ 萧天石:《道藏精华》第十集之二(上),自由出版社 1994 年影印本,第 35—36 页。
④ 盖建民:《道教金丹派南宗考论(上)——道派、历史、文献与思想综合研究》,社会科学文献出版社 2013 年版,第 431 页。
⑤ 《道法会元》卷一四七,《道藏》第 29 册,文物出版社、上海书店、天津古籍出版社 1988 年影印本,第 763 页。

实际创派人是白玉蟾。该道派传道方式灵活,修习者身份多样,尤以有一定文化水平的知识分子居多,因此,历史上该道派出现的高道甚多。白玉蟾便是其中之出类拔萃者。无论是在道教理论的综合创新上,抑或是对南宗道教的组织建设上,乃至在丹道实践以及对社会人生的影响与传播上,白玉蟾都作出了相当的成就。

关于道教南宗的修道要旨、思想渊源与法脉传承,南宗弟子王庆升作如是说:

> 七返九还,金液炼形者是也。一时媾精,一日结胎,十月脱胎,三年无阴,是谓纯阳之仙。六年绝粒,鼻无喘息,名曰至真,白玉其骨,黄金其筋,履蹈虚空,洞贯金石,此修仙之极致也。自老子,黄帝而下,凡飞腾变化之俦,皆修此耳。故老子作《道德经》,以诏后世;黄帝著《阴符经》,以彰厥旨;真人魏伯阳因之,作《周易参同契》,以极其底蕴。正阳钟离权由之,作《云房三十九章》,以祛似是之惑;纯阳吕岩缘之,作《沁园春》《霜天晓角》及《窑头脱空》等歌,以广其意;华阳施肩吾修之,作《会真记》,以诱进学之事,虽皆发明道要,显示机缄,然而火候法度,温养指归,并不曾说破。天台怡真先生谪自紫阳真人,宿德不渝,感西华夫人发枢纽,而授之以口诀,道成授杏林石泰以《悟真篇》。杏林道成,授紫贤薛道光以《还元篇》。紫贤道成,授泥丸真人以《复命篇》。泥丸道成,授紫清真人白玉蟾以《翠虚篇》。厥后之闻道者,紫清之徒也。①

据此可知,道教南宗以炼形还丹为要,以飞腾变化为术,以得道成仙为旨;其思想渊源上承黄帝、老子之黄老道学,接续魏伯阳、钟离权与吕洞宾之金丹大道;其道法脉络肇端于张伯端,经由石泰(1022—1158 年)(字得之,号杏林)授法薛道光(1078—1191 年)(字太原,号紫贤),再由薛传法陈楠(? —1213 年)(字南木,号翠虚),陈传白玉蟾,是为南宗五祖。

白玉蟾是典型的"文教道士"与实际的创派宗匠。他自幼熟读《诗》《书》《礼》《易》《春秋》《道德经》《阴符经》等古代经典,"慕长生久视之道,喜神通

---

① (南宋)王庆升:《三极至命筌蹄》,《道藏》第 4 册,文物出版社、上海书店、天津古籍出版社 1988 年版,第 938、939 页。

变化之术,长游方外,沉潜性命,尽得紫阳、泥丸之秘旨"。他精通内丹、雷法,兼传符箓、外丹,被誉为"丹鼎派中最杰出之仙才"①,更是南宗道教的创派宗师。一方面,白玉蟾云游四海,广收门徒,传道授业,组建了一定规模的教团组织——紫清真人门下颇多弟子,其中较有影响的,如彭耜、潘常吉、留元长、林伯谦、谢显道、陈守默、詹继瑞、赵汝渠、叶古熙、周希清、胡世简、罗致大、洪知常、陈知白、庄致柔、王启道等——他们服膺白玉蟾,恪守师法,是南宗教团弘道传法的中坚力量——在师徒的共同努力下,五祖时期的南宗,已经拥有一定数量的信众;另一方面,白玉蟾还注重道教南宗的组织建设——其云游所到之处,"亟命建靖治,立玉堂,置玉匮司,乃置黄箓所……凡斋醮事用古式,九朝科饮(仪)如常仪"②。白玉蟾沿袭天师道二十四"治"的组织方式,设"靖"为传教基地,进行奉神祈祷、传道布教等活动。据彭耜对其弟子林伯谦曰:"尔祖师(指白玉蟾)所治碧芝靖,予今所治鹤林靖,尔今所治紫光靖。大凡奉法之士,其所以立香火之地,不可不奏请靖额也,如汉天师二十四治是矣,古三十六靖庐是矣,许旌阳七靖是矣!《靖治律》曰:民家曰靖,师家曰治。"③南宗一系,从张伯端至陈楠四代,还保持着隋唐以来内丹派秘密传授的特性;其传教范围较窄,社会影响有限,未形成群众性教团,无本派的祖山、宫观,直到白玉蟾时,南宗才有了教团、宫观,并得到官府认可,南宗成为一个真正名副其实的群众性教派。再者,白玉蟾在南宗的组织管理方面也颇有建树——他拟《堂规榜》、《道堂戒论文》等,作为玄修者之体道合真、敬神侍师等道堂活动的管理制度,其中既规定了一般学道者在道堂须遵守的道戒律则,也对道堂管理者提出了严格要求,这些戒条规范在白玉蟾之前是不曾见到的;另立《道法九要》,从"立身""求师""守分""持戒""明道""行法""守一""济度""继袭"诸多方面,简明扼要地阐述了学道者应该履行的职责和行为仪轨,此亦被视为南宗组织的基本纲领——这就为道教南宗的制度建设奠定了基础。

① 萧天石:《影刊白真人全集萧序》,《道藏精华》第十集之二(上),自由出版社1994年影印本,第3页。
② 《鹤林法语》《海琼白真人语录》卷二,《道藏》第33册,文物出版社、上海书店、天津古籍出版社1988年版,第119页。
③ 《鹤林法语》《海琼白真人语录》卷二,《道藏》第33册,文物出版社、上海书店、天津古籍出版社1988年版,第124页。

　　白玉蟾天资聪颖,学养超凡,是历代少有的合天仙才子于一身的旷世奇才。他文才卓绝,著述甚丰,除诗文集《上清集》《武夷集》《玉隆集》等,及其徒众编的《静余玄问》《白真人文集》《海琼白真人语录》《海琼传道集》《金华冲碧丹经秘旨》外,尚有许多丹道雷法方面的著述,如《道德宝章》《玄珠歌注》《道法九要》《坐炼工夫》等,以及所传《先天雷晶隐书》《高上景霄三五混合都天大雷琅书》《洞玄玉枢雷霆大法》《神霄十字天经》等。在白真人作品成集之时,撇开道教丹道与斋醮科仪,仅就其文学方面的造诣和成就,就得到南宋端平年间镇南军节度推官潘牥(1204—1246 年)很高的礼赞。潘氏将白玉蟾与汉唐宋文化名人相较,在《海琼玉蟾先生文集原序》中作如是评价:

> 　　司马子长、班孟坚、韩退之、柳子厚诸人,及我朝苏明允父子,皆古今号能文辞者。至其自述学业之艰,辛苦万状,或三年成一赋,或足迹遍天下,或谓不敢以轻心掉之,矜气作之;或谓含英咀华,佶屈聱牙,手不停于六艺之文;或谓吾年二十有七,始克务学,又经历几载而后学成。杜子美诗人巨擘,胸中自有。国子监后人得其残篇断藁,率一字半句,朝窃暮改不少休。李太白最号豪隽,犹横经藉史,制作不倦,三十成文章,长吉至呕出心肝乃止。前辈虽大手笔,要不可以无心而得,率尔而成也。今有人焉,不由学识而能,不假思维而得,是可以世之常法论乎? 盖琼山白公之作是已。①

在南宋状元潘牥看来,司马迁、班固、韩愈、柳宗元、杜甫、李白、李贺及苏洵、苏轼、苏辙等人的文学成就,皆不能与白玉蟾相比——因其“出入三氏,笼罩百家,有非世俗所能者”②,况且其诗文创作,“不由学识而能,不假思维而得”,故不可以世之常法而论。南宋后期一代文宗、著名学者刘克庄(1187—1269年)在《罗湖题咏》(罗湖道观中有白玉蟾字,并怀黄天谷)中对白玉蟾亦有独到的述评:“浪迹人间状似颠,草书壁上笔如椽。吾评二士皆奇绝,未是神仙是鬼仙。”可见,身为宋末文坛领袖的刘后村,对黄、白二士的才气,也十分肯定,甚至非常推崇。潘、刘常以儒家正统自居,二位虽非道门,却品味出白玉蟾

---

① 萧天石:《道藏精华》第十集之二(上),自由出版社 1994 年影印本,第 11—12 页。
② 萧天石:《道藏精华》第十集之二(上),自由出版社 1994 年影印本,第 13 页。

作品的玄门道韵,领略到作者体道契真的自然脉动——那是一种不假造作的性情流露,也是天才异人的生命写照。明人林有声于此作如是阐释:"尝观古今异人得仙术者,类能修真炼气,颐息养神,乘云雾而羽化,驱雷雨而摄精,然未有娴于文辞,肆笔成章,开口而吐烟云,出吻而唾珠玑者。盖功成九转固难,而该通六籍尤不易也。噫!若琼琯白真人者,可不谓兼之乎!真人生于宋之末季,距今四百余载,其时遍游名山,屡遇神人,授以还丹秘诀。真人盖已尽得其术,成九转之功矣。"①林氏从"尽得仙术""成就神功",即修真得道的角度,对白玉蟾的非凡文学成就,作出有别于"世之常法"的诠释。

作为金丹派南宗的开宗立派祖师,为了修道契真与弘道传法,白玉蟾一生四处游走、上下求索,增进了南宗与其他道派的交流与互动。据白真人《云游歌》载,其足迹广及"江之东西湖南北,浙之左右接西蜀,广闽淮海数万里"。虽奔波劳碌、栉风沐雨,但只因坚信人能弘道、非道弘人,自觉弘道由己、舍我其谁,白玉蟾《资李侍郎见赠韵》坦露心迹,"明月清风为活计,蓬头跣足走寰区"——足见其躬身弘道的责任担当与乐以忘忧的阳光心态。在促进南宗与神霄派、净明派、灵宝派、天师道正一派等道教思想的交流融合与道法传播弘扬诸方面,白玉蟾起了极其重要的作用。② 仅从其诗文作品而论,便可见一斑。譬如,白玉蟾为嗣汉天师道所作的《赞历代天师》系列诗,以七言绝句表彰自祖天师张道陵至第三十二代天师张守真的功德与神迹——这是最早叙录历代天师传承谱系的文献资料——此赞虽出自金丹派的视角,呈现出较浓的丹法气象,未必全然合乎史实,却也表达了作者对诸天师的尊崇、对天师道派教义的理解以及对嗣汉天师道未来发展的期待;再如,白玉蟾应邀所作《阁皂山崇真宫昊天殿记》《心远堂记》《牧斋记》等,既辑录了灵宝派的道史典故,又表达了对道友"师老庄,友张许之与梅葛,而与陶渊明相领会于形影之外"的

---

① （明）林有声:《白真人集·后序》,《道藏辑要》第 6 册,第 240 页。

② 相关研究可参见郭武:《白玉蟾在西山的活动及其对净明道的影响》,《中国道教》2006 第 2 期;卢国龙:《浊世佳公子,蟾宫谪仙人》《白玉蟾与海南道教研究文集》2006 年第 3 期;陈金凤:《白玉蟾江西道教活动考述》《华侨大学学报》(哲学社会科学版)2013 年第 1 期;盖建民:《白玉蟾道教金丹派南宗与天师道关系新探》《湖南大学学报》(社会科学版)2014 年第 7 期;萧登福:《南宗白玉蟾与龙虎山正一道派之关系——兼论白玉蟾之生卒年岁》《老子学刊》第 8 辑 2016 年第 7 期等。

殷切期许;再比如,闻名遐迩的神霄派雷法典籍《玄珠歌》,因其本身言辞简略,语意深晦,难以领会与把握,加之一些流俗道士欺世盗名,妄称雷法,牟利营生,已为世人所诟病,白玉蟾便作《玄珠歌注》,将王文卿内炼为本的雷法宗旨,阐述为一意之诚之心法,"认为雷法修炼的要旨在于身心诚悫,而行使雷法的要诀,则在于以一意之诚感悟天地造化之理"①——这样,既深化了对雷法的改造,也促进了神霄派的正传;另外,白玉蟾还为净明派写下大量文字,如《逍遥山群仙传》《诸仙传》,尤其是《旌阳许真君传》与《续真君传》,将以祖师许逊为首的净明道派的仙真典故,叙述为一个完整的传承系统,这一系统是该派史上最早、最系统的传承谱系,该谱系为元代净明道经典(如《净明忠孝全书》)所承袭,而白玉蟾《玉隆集》中有关许真君道德教化的内容,也一直被后世净明道沿用。在与诸道派之交流互鉴中,白玉蟾沉潜性命,兼取众长。他自称上清大洞宝箓弟子,认为自身"陈章奏牍,所以开忏悔之门也;飞神御气,所以入朝谒之路也;传真度妙,所以袭正一之风也;升秩登班,所以按荐举之法也;承流宣化,所以阐驱禳之教也;芟邪立正,所以崇清净之道也"。② 可见,其道法与正一派、上清派有密切关系。唯其如此,白玉蟾的道法功力趋于完备。据明陈梿《罗浮志》卷四载:白玉蟾"自得道之后,蔬肠绝粒凡九年,而四方学者如牛毛。……先生乃往还于罗浮、霍童、武夷、龙虎、天台、金华、九日诸山,其在罗浮多有诗文。蓬头跣足,一衲弊甚,而神清气爽,与弱冠少年无异。喜饮酒,不见其醉。博洽儒书,究竟禅理,出言成章,文不加点,随身无片纸,落笔满四方。大字草书,视之若龙蛇飞动。兼善篆隶,尤妙梅竹,而不轻作。间自写其容,数笔立就。工画者不能及。受上清箓,行诸阶法,于都天大雷最著。所用雷印,常佩肘间,所至祈禳,辄有异应。时言休咎,警动聋俗,姓名达于九重"。③ 足见其弘道传法活动之神妙化境。

白玉蟾既承南宗丹法秘旨,又得神霄雷法真传。他思想开阔,才华超群,无论在道教思想或是在道法道术方面都屡有创造,贡献甚大,可谓之南宗道教

---

① 卢国龙:《浊世佳公子,蟾宫谪仙人》,《白玉蟾与海南道教研究文集》2006 年第 3 期。
② 《修真十书·武夷集》卷四十七,《道藏》第 4 册,文物出版社、上海书店、天津古籍出版社1988 年版,第 807 页。
③ (明)陈梿:《罗浮志》卷四,《藏外道书》第 19 册,巴蜀书社 1992 年版,第 18—19 页。

中最杰出的宗教领袖。清同治年间许宝珩在《重刻白真人集·叙》中,高度评价白玉蟾对道学的贡献:"有宋以来,谈道者罔不推为正宗,与紫阳、长春而并寿,是则然也。然吾闻道之为教,冲虚淡漠,与元气同浑沦。昔人所传《道德经》《参同契》以及《悟真》《指玄》诸作,指归具存,尽人可悟。至戈戈焉以文字鸣,抑又鲜也。惟真人天才浩瀚,以垂漏涌泉之笔,泄尽性至命之修,杖策所经,耳目所接,触处皆见端倪。慧业文人,即通元妙道,其殆庶几乎?"①认为白玉蟾凭借聪颖天资,借由流畅文笔,直抒性命要义,断言其"通元妙道"的能力与水平,鲜有人及,肯定其在道学研究方面的著述,为金丹派南宗的发展,奠定了思想理论基础。与白真人同时代的武夷山冲佑观道人苏森,对葛氏道法也有述评,在他眼中,紫清真人"心通三教,学贯九流,多览佛书,研究禅学,参受大洞法箓,奉行诸家大法,独于雷法尤著验焉"②。诚然,道教南宗创建于儒释道三教思想并存与融合的时代,白玉蟾自觉融通儒释道的生命精要之必要,虽被称"非道非释亦非儒,读尽人间不读书。非凡非圣亦非士,识破世上未识事"③,却以道家、道教之道为本位立场,将儒家伦理规制与佛门禅修功法,纳入道教南宗的生命学问之中,形成了有别于同时代流布北方的全真道教的南宗道教新气象——五祖紫清真人不主张出家修行或隐遁山林,而是秉持初祖紫阳真人"混俗和光""大隐居廛"的思想,力主富贵两遣、"清双兼修",倡导"助国安民,济生度死"的教谕,强调"内炼成丹"冀仙化,"外用成法"以济世,切实践履入世修行,身国同治。

纵观高道大德白玉蟾体道合真、行道弘法的一生,实乃围绕道教之道而起承转合,而道教人生价值观即为其立身处世、开宗立派、济生度死之非凡人生篇章之不变主题。抓住这一主题展开对白玉蟾生命哲学的研究,以人生价值观为端口,从道教思想本身的内在逻辑来探究道门中人的人生价值思想,也就可以较为全面地揭示白玉蟾的人生哲思与丹道成就,探讨其对人生价值在

① 萧天石:《道藏精华》第十集之二(上),自由出版社1994年影印本,第1—3页。
② (南宋)苏森:《跋修仙辨惑论》,该跋成于嘉定丙子(1216年)中元日,是有关白氏生平的最早史料。《白真人集》卷六,《道藏辑要》第6册,第236页。
③ (明)唐胄:正德《琼台志·白玉蟾》。转引自白玉蟾原著、陆文荣统筹、六六道人辑纂:《白玉蟾真人全集》(珍藏版)(下册),海南出版社2015年版,第351页。

"人生之真""人生之善""人生之美"与"人生之梦"等层面的体悟与作为,还原其对道教之生命大道在人生信仰、人己功用、审美情趣及生命归宿等价值层面的理论创见与实践智慧。

本书下篇第七章有关"人生之真"部分,主要围绕白玉蟾对道教之道与人生、性命、生死之关联展开,揭示大道的本原性与规律义。本章借鉴人生哲学中"真际"与"实际"的辩证关系原理,挖掘其"吾道一气""我本虚无"之生命内涵及其内在关联,指出白玉蟾是以道教不死之道为真际、为本原、为信仰,来观照、筹划现实人生,所谓"人抱道以生",但"人生若寄",须"寻得真身",也就是通过体认生死、性命,解读其"心即性,性即神,神即道"的性命要义,认为白玉蟾是基于"生死事大,无常迅速"的生死体认,依凭"丹即道,道即丹"的丹道法门,进而提出一条修炼丹道以复返先天、与道合真的人生正道。

第八章"人生之善"部分,基于传统国人对"善"的实用理性的考量,将白玉蟾对生命修为之基本功用概括为两个向度:其一"内炼成丹"冀仙化;其二"外用成法"以济世。此即丹道雷法在度己与度人两个层面的反映,而这两个层面又彼此关联,相互贯通。就内炼善己层面而言,以《丹法参同十九诀》为中心,探讨白玉蟾内炼精气神"三宝"的程序法式,归纳出白氏"炼丹契真"仙化的三大特色;就外用济世层面而言,在梳理白玉蟾雷法师承与造作原理的基础上,结合《先天一炁火雷张使者祈祷大法》,简述白玉蟾雷法运作程式以及其功行效验与价值诉求。此章通过对白玉蟾有关丹道与雷法之基本理论与实际操作之诠释与分析,认为善己与济世这两个层面既互相贯通,又彼此相长,丹士之度己度人,体现了道教之道之"善生"价值。

第九章"人生之美"部分,探讨白玉蟾丹道美学思想,包括对以道为美的体认、修道炼丹的快乐、人山俱化的妙趣,及其以剑琴茶歌等元素诗化人生、以丹道雷法之造作美化生命,来凸显大道之美等内容,揭示出丹士之修行人生中固有的道意美韵之内涵、特有的创生美呈现美的修为方式,以及白玉蟾这种道教美学思想的精神实质。

第十章"人生之梦"部分,探析白玉蟾的仙梦思想。本章从白玉蟾有关"人生石火"之生命潜质论与"身外有身"之生活梦求说出发,剖析丹士"苦恼""狐惑"之生存困顿与"清静换骨"之人生抉择,进而解析白玉蟾"蟾仙"

"雷吏"之仙梦密码,认为此即为其人生价值目标之所在,是集至真、至善与至美于一体的理想生命符号,而且在白玉蟾那里,这一终极理想并非虚妄,而是建立在梦功实证基础之上的,这一仙梦的实质,乃本于道、合于道,以有为之法达无为之位、以亲证实修复返道本性源之生命功夫实践。在白玉蟾那里,这是立足于当下生命不完善、不完美的现存状况,旨在通过丹道修为、自力改善以至不断圆梦仙真的理想人生模式。

统合而言,在白玉蟾那里,人生之真乃出自道教之本原之"道"——此道观照之下,方有人生之真——道本是人生之真的形上学依据,不仅如此,祂也是人生之善、人生之美的价值本源——人生之善、人生之美,是生命大道在社会伦理与个人审美情趣两个维度的价值诉诸,而人生之梦——在道门,即仙梦——此梦以仙为核心内容,而仙是人得道迁化之生命符号,梦侧重于人生价值理想,仙梦是丹士对逆修返本之终极价值诉诸,即对人生之大本大根的彻底回归。在道教文化,人生源于道,道既为人生本原,也是精神皈依与价值旨趣——修道合道乃玄门人生的宏伟事业,得道成仙是修道之士的终极价值。本篇便以此思路展开对道教思想文化的解读,这或许是一个新的视角,更是一种新的尝试。由此展开对道教个案的研究,抑或有助于走进修道合真者之生活世界与理想境界,透过其心路历程与践行功夫,统领玄门之宇宙论、认识论、修炼论及终极价值论之内在机理。

需要说明的是,本篇标题虽有人生之真、善、美诸层面的分梳,但这只是出于行文的方便——客观地说,在道门,此三者原本相互不离、彼此共在,在修道活动中,甚至是打成一片的——因为在修道者眼中,人世即体道悟真的道场,而人生即为对生命的修行,呈现为返本归元的历程——此历程始出于道、终合于道,且始终"以道观之",循道而行——此行在修道活动中展开,修道活动即为合道活动,同在一个过程中进行,修道合道的过程亦即价值生成的过程,修道活动纵然可以呈现为真、善、美等诸多价值色彩,然而,在诸价值的究竟处,却殊途同归,无一例外地皆指向生命的完满境界,那就是"仙"——对修行者而言,只有修道才可能得道,也只有"得道"方能"成仙",实现人生的超越。易言之,"仙"内在地蕴含真、善、美的价值,"道"更充盈着至真、全善与大美,统摄人生之真、善、美——毕竟"道通为一"。

　　总之,白玉蟾人生价值观表现为以道统摄真、善、美,以仙凝聚真、善、美,以积善累德、修道合真成就神仙果位等鲜明特质,这一特质体现了金丹派南宗价值哲学的生命要义,其中既蕴含着生存与梦想之双向张力,又洋溢着人性之流变可塑与道性之圆满可企之内在统一。

上　篇

葛洪人生价值观研究

# 第一章　葛洪与《抱朴子》内外篇

葛洪,字稚川,自命道号抱朴子,丹阳句容(今江苏句容)人,是两晋之际著名的哲学家、思想家和科学家,在中国哲学史、思想史和科技史上作出突出贡献并享有很高地位,现存代表作《抱朴子》①是研究其学术思想的主要典籍。

## 第一节　葛洪其人其事简介

### 一、生平概述

人总是生存于特定的时空之中,其思想也总是随着时空的更替而不尽相同。葛洪构思撰述《抱朴子》内、外篇,为时十多年,其间他"流离播越"(《外篇·自叙》),足迹遍及大江南北。葛洪从出生到辞世,历经西东两晋、八个君王的更迭以及数次宫廷政变与内战,他一生兼修儒道,出处两便,徜徉于儒道之间。葛洪所处如此多变的时局与其自身多舛的命运,加之其复杂的学思历程,这对欲求准确地把握其思想脉搏的后世研究者而言,自然不是一件易事。本节试图根据葛洪生活的不同时期,结合其思其行,进行历时与共时的考察分析,梳理其人生价值观的大致脉络。依据葛洪思想变化的历史线索,其一生可划分为四个阶段。

#### (一)读书求道阶段

从晋武帝太康四年(283年)到惠帝太安元年(302年),这是葛洪一生中的前20年,也是他读书求道的起始阶段。

---

① 《抱朴子》分内、外篇,本文所引《抱朴子·内篇》以王明著《抱朴子内篇校释》(中华书局1985年版)本为准,《抱朴子·外篇》采用杨明照撰《抱朴子外篇校笺》(上下册),中华书局版,其中,上册为1991年版,下册为1997年版。以下引用只标篇名。

葛洪出生于江南士族世家。据《晋书》卷七十二《葛洪传》载：

> 祖系,吴大鸿胪;父悌,吴平后入晋,为邵陵太守。洪少好学,……以儒学知名……从祖玄,吴时学道得仙,号曰葛仙公。以其炼丹秘术,授弟子郑隐。洪就隐学,悉得其法焉。

葛洪祖、父二世,皆致仕为官,其从祖葛玄,乃一代高道。玄授丹术于郑隐,隐再授予葛洪。可见,葛氏家学既有儒学经世之传统,又有道教仙学之余韵。

《抱朴子·外篇·自叙》对其祖、父二代家世有更为详实的介绍:

> 洪祖父学无不涉,究测精微,文艺之高,一时莫伦。有经国之才,仕吴,历宰海监、临安、山阴三县,入为吏部侍郎、御史中丞、庐陵太守、吏部尚书、太子少傅、中书、大鸿胪、侍中、光禄勋、辅吴将军,封吴寿县侯。洪父以孝友闻,行为师表,方册所载,罔不穷览。仕吴五官郎、中正、建城、南昌二县令、中书郎、廷尉平、中护军、拜会稽太守,……博简秉文经武之才,朝野之论,佥然推君。于是转五郡赴警,大都督给亲兵五千,总统征军,戌遏疆场。天之所坏,人不能支。故主钦若,九有同宾。君以故官赴,除郎中,稍迁至太中大夫,历位大中正、肥乡令。县户二万,举州最治,德化尤异。恩洽刑清,野有颂声,路无奸迹,……以疾去官,发诏见用为吴王郎令。正色弼违,进可替不。举善弹枉,军国肃雍。迁邵陵太守,卒于官。

祖父博学高艺,经国干才,官至吏部尚书、辅吴将军;父亲文治武功,德业双馨,为人称道。葛洪在家排行第三,自称"生晚,为二亲所娇饶,不早见督以书史"。士族世家出身的葛稚川,少时受儒学干政思想的家风陶冶,使他早立"文儒"之志,然而,"天之所坏,人不能支"——13 岁时,"慈父见背,凤失庭训。饥寒困瘁,躬执耕穑,承星履草,密勿畴袭。"(《外篇·自叙》)"年十六,始读《孝经》《论语》《诗》《易》"等儒家经典,"于众书乃无不暗诵精持,曾所披涉,自正经、诸史、百家之言,下至短杂文章,近万卷。"(《外篇·自叙》)他对自己的记忆力颇感自豪,直到后来"著述时犹得有所引用"。由于"累遭兵火,先人典籍荡尽,农隙之暇无所读,乃负笈徒步行借。又卒于一家,少得全部之书。益破功日,伐薪卖之,以给纸笔,就营田园,处以柴火写书。坐此之故,不得早涉艺文。常乏纸,每所写反覆有字,人鲜能读也。"(《外篇·自叙》)生活的困顿,人生的磨砺,促其发愤攻读以成"文儒"之志。葛氏家族儒学传家,加之本人勤学苦读,无疑夯实了葛洪学术研究的学养基础,其学术成就获得世人盛赞,如《晋书·葛洪传》云:"洪博闻深洽,江左绝伦,著述篇章,富于班马。"称其作品超过班固、司马迁,不免有些言过其实,亦足见其影响非凡。

葛洪不仅勤读儒经,而且"少有入山之志"(《内篇·登涉》),有意向道证仙。他"束发从师"(《晋书·葛洪传》)从祖葛玄弟子郑隐(字,思远),寻道习仙。①《抱朴子·内篇·金丹》明言:"余少好方术,负步请问,不惮险远。每有异闻,则以为喜。虽见毁笑,不以为戚。"由于师徒关系特殊,加之"唯余尪羸,不堪他劳"(《内篇·遐览》),郑师让其亲事洒扫,拂拭床几,磨墨执烛,缮写故书。经过几年考验,郑思远认为葛洪"有甄事之才,可教也",便于马迹山"歃血而盟,委质为约"(《内篇·遐览》),把其他弟子看不到的仙经秘诀(包括金丹之经及《三皇内文》《枕中五行记》等道法)悉数传授于葛洪,奠定了他修真合道的理论基础。太安元年(302年),郑君"知季世之乱,江南将鼎沸,乃负笈持仙药之(扑)朴,将入室弟子,东投霍山,莫知所在"(《内篇·遐览》)。是时,葛洪不在郑师入山队伍之列。郑隐既是晋初江南旧儒学的传承者之一,②又是葛玄的入室高足,自然对身为师父从孙的葛洪钟爱有加。葛洪对郑师亦极为敬重,《抱朴子内篇》对郑君反复以"明师"相称,以示对其生活经验、生命智慧、人生成就等的折服与景仰。郑师晚年由儒而道的人生格局的主题转变以及"不营禄利,不友诸侯,然心愿太平,窃忧桑梓"(《外篇·吴失》)的忧患意识与价值取向,无不对葛洪的生命成长产生重要影响。

由此可见,20岁以前的葛洪,既研习儒经,又修炼仙道,这一阶段是他读书求道的黄金时期,其所求之道,兼及儒道与仙道。葛洪在《自叙》中对祖、父的礼赞,既是对自己贵族身世的申明,更是对儒家经世致用价值的认同。可以说,20岁以前的儒经与仙道的兼修历练,奠定了葛洪一生亦隐亦仕的生命

---

① "束发",成童结发为饰,因以为成童之称。《礼记·内则》篇:"成童、舞象、学射御"。《注》:"成童,十五以上。"《抱朴子·外篇·自叙》言:"年十六,始读《孝经》《论语》《诗》《易》。贫乏无以远寻师友,孤陋寡闻,明浅思短,大意多所不通。"《内篇·遐览》谓:"郑君本大儒士,晚而好道,由以《礼记》《尚书》教授不绝。"可见,"始读"儒经在前,"束发从师"郑君习仙在后。

② 参见胡孚琛:《魏晋神仙道教——抱朴子内篇研究》,人民出版社1989年版,第97页。

基调。

### (二)撰著子书阶段

从惠帝太安二年(303年)到晋王建武元年(317年),可谓葛洪撰写著作阶段。在此时段,葛洪主要构思撰写《抱朴子》。

惠帝太安二年爆发了张昌、石冰之乱,此即郑隐所逆知的"季世之乱"。此时葛洪"年尚少壮,意思不专,俗情未尽"(《内篇·遐览》),未随师入山,专心向道。葛洪所谓未尽之"俗情",李丰楙博士认为,"当指写诗作赋,撰述杂文,以成文士"。李博士所持论据来自《抱朴子·外篇·自叙》所言,"洪年十五六时,所作诗赋杂文,当时自谓可行于代"。其理由是,"当时士族社会对文士的品鉴,有其公认的标准:诸如诗赋、杂文的写作,名理、辩术的应用,均成为名士的标榜。寒素之士多自励苦学,突越身份的局限,以跻身于贵族社会,这是两汉以下文士常见的求遇的做法。"而"葛洪幼贫,身份已经没落,自不免形成一些'俗情',直到二十余岁时,立志创作子书,才领悟自以为可行于代的文学作业,只是'细碎小文,妨弃功日'(《外篇·自叙》)"①。李博士所言有一定道理,可视为一解。笔者认为,以文学显身是葛洪"俗情"的一面,以军功扬名是其"俗情"的另一面。这是因为,明知季世有乱,葛洪迎而不避,临危不惧,知难而上,受吴兴太守顾秘之邀,"为将兵都尉","募合数百人,与诸军旅进"。(《外篇·自叙》)此举并非贸然行事,葛洪师从郑隐期间,"学会了射箭,又得了刀楯、单刀、双戟等武术秘诀,并从事兵法的研习"②。他有备而来,在战剿石冰义军时,表现了自己的文韬武略,以战功迁升为伏波将军。对此次军功,葛洪后来一直颇引以为豪,甚为得意。基于此,说他有备而来,希冀以战功扬名,实不为过。无论是以文学显身,抑或是以军功扬名,相对于修道证仙之不朽事业而言,皆为凡事俗情。然而,此类凡事俗情毕竟也是葛洪社会生活的一部分,至少可以视为其文才武略的外化体现,而且个人在凡事俗情上的成就业绩,也属于道门修证仙道的条件性要求。

永兴元年(304年)石冰事平,葛洪"投戈释甲",赴洛阳寻异书,但世事难

---

① 李丰楙:《不死的探求——抱朴子》,海南出版社、三环出版社1998年版,第30页。

② 胡孚琛:《魏晋神仙道教——抱朴子内篇研究》,人民出版社1989年版,第79页。

料,此行前逢八王之乱,后遇陈敏之反。道阻路绝,百般无奈,葛洪身不由己,只好周旋于徐、豫、荆、襄、江、广数州之间,为时大约二年。其间,他"流离播越,连在道路,不复投笔",着手草创子书——《抱朴子》。葛洪《抱朴子·外篇·自叙》至少透露两则信息:一则说要立一家之言,"乃草创子书";再则云:"少有定志,决不出身","念精治五经,著一部子书,令后世知其为文儒而已"。有学者指出,"促成撰子书之志,是当时子书热的学术潮流",而决意作一"文儒",是深受王充(27—约97年)、陆机(261—303年)等影响的结果,尤其是王充《论衡》所谓"著作者为文儒,说经者为世儒",且以"文儒"为"通人"之说,让葛洪心向往之。① 此说甚是。王充是会稽上虞(今浙江上虞)人,洪父曾"拜会稽太守",与葛氏也可谓有缘,也是葛洪一生敬仰的对象之一,其为人为学都给稚川以深刻的影响;而比葛洪年长二十二岁的西晋文学家陆机临卒前,曾以子书未成为终身遗憾。这些促使葛洪在流离颠沛的生活中,"不复投笔",发愤著述。

　　光熙元年(306年),镇南将军刘弘任嵇含为广州刺史,嵇含与葛洪乃故交,便表洪为其参军。洪先抵羊城,含未至而遇害。洪深受触动,无意出仕任职,而滞留南土,隐居罗浮山著书习道。在罗浮山修道期间,葛洪师从南海太守鲍靓。鲍靓(字,太玄),据传曾得阴长生②和左慈所传仙术,能逆占未来。

　　　　靓学兼内外,明天文、《河》《洛》书,稍迁南阳中部都尉,为南海太守。(《晋书·鲍靓传》)

　　　　后师事南海太守上党鲍玄。玄亦内学,逆占将来,见洪深重之,以女妻洪。(《晋书·葛洪传》)

　　"内学"即是汉代以来谶纬之学(《后汉书·方术传序》李贤注)。就葛洪而言,鲍玄既是恩师,又是岳丈,其对葛洪的影响,故不容忽视。

　　鲍靓对葛洪非常器重,于永嘉六年(312年)授以《石室三皇文》,并将女儿鲍姑嫁给葛洪为妻。愍帝建兴二年(314年),葛洪返回故里,闲居,州郡及车骑大将军礼辟,皆不就。同年,与余杭令顾飏一起去大辟山拜访著名隐士郭

---

① 参见李丰楙:《不死的探求——抱朴子》,海南出版社、三环出版社1998年版,第33页。
② 另说鲍靓于318年于蒋山北道遇仙人阴长生,得受尸解法,见《云笈七签》"阴君传鲍靓尸解法"。

文(字,文举)。

建兴三年(315 年),琅琊王司马睿为丞相。司马睿大事招揽人才,葛洪被荐名琅琊王丞相府。而后,刘曜攻陷长安,愍帝出降,司马睿承制,即晋王位,定都建康,改元建武(317 年),辟掾百余人("掾"或为储才养士之用,属"顾问""咨议"之流①),葛洪名列其中。同年,巨著《抱朴子》初成。

从 22 岁离开丹阳句容,到十余年后的重返原乡,这段人生阅历使葛洪眼界大开,受益匪浅:北方士族的放荡、好变、奢华让他极为忧心,进一步激发了他的社会批判意识和责任担当意识;流俗道士的浅薄、狭隘、虚夸让他极为反感,更坚定他对金丹大道的信仰及相关道法的执着。多年的颠沛流离,深痛的生命反思,葛洪诉诸笔端,最终凝聚为一部子书。

### (三)"乍出乍入"阶段

从晋武帝元年(317 年)到成帝咸和六年(331 年),其间,葛洪或出身致仕,或入山修道,我们不妨称之为"乍出乍入"时期。葛洪的任官受爵,缘于参与平定石冰之役。大兴元年(318 年),晋元帝即皇位。为博南方物望,元帝采纳王导建议,封赏江南士族。葛洪因破石冰之乱有功,"赐关内侯,食句容邑二百户"(《外篇·自叙》)。葛洪上书固辞,例不见许,遂恭承诏命。

东晋朝政多故,人事屡迁,加之南北士族矛盾激烈,晋元帝引刘隗、刁协为心腹,南方士族朝臣多离仕归隐。葛洪也在其中。元帝永昌元年(322 年),王敦举兵反叛,杀戮无辜,葛洪辞官归隐。晋成帝咸和元年(326 年),葛洪仍在隐遁修道,后因乡间灾荒,生活困迫,受司徒王导之召,补州主簿,后转为司徒掾。咸和三年(328 年),苏峻举事,攻破余杭,战事激烈,葛洪被迁为咨议参军。此后,名操一时的隐士郭文病逝,葛洪感叹人生无常,再度归隐,在浙江上虞兰风山等地修道,带领门徒和子侄辈从事炼丹试验。其间,友人干宝(283—336)认为葛洪"才堪国史",推荐他为散骑常侍,领大著作。葛洪固辞不就。干宝,字令升,河南新蔡人,少勤学博览,好阴阳术数,以才器召为著作郎,撰《晋纪总论》。因平杜弢起义有功,赐爵关内侯。咸和年间,葛洪为司徒

---

① 陈飞龙:《葛洪年谱》,载《首届葛洪与中国文化国际学术研讨会论文集》,浙江大学中国思想文化研究所编印,2003 年 11 月,第 228 页。

掾,迁咨议参军,干宝为司徒右长史,迁散骑常侍。干、葛二人经历相似、才学相当,就《晋纪总论》与《抱朴子·外篇》来看,他们对现实持大致相同的批判态度,同时,干宝深信"神道之不诬",著《搜神记》以证之,葛洪深信"神仙可得",撰《神仙传》以验之,这些都是他们"深相亲友"的主要原因。①

有学者认为,从外部条件来看,葛洪仕进与王导当朝关系密切。② 东晋初期,"王与马,共天下"。(《晋书·王敦传》)王导出身豪门,属琅琊王氏,葛洪祖籍亦为琅琊诸葛氏一脉,二人同乡。而且洪早年也显示出了卓越的军事才干。所以王导培植亲信、提拔葛洪很有可能。葛洪于元帝后受封关内侯并充州主簿,也是因为王导这一政治靠山的缘故。咸和四年庾太后薨,成帝方九岁,"(帝)少为舅氏所制,不亲庶政"。(《晋书·成帝纪》)其后,王、庾交恶初露端倪。但王导因王敦之乱,实力已大不如前,此时,王导将葛洪转为自己掾属即是其壮大实力的举动之一。至咸康元年(335 年),王、庾关系已达到剑拔弩张的程度。正是感受到了王、庾之间的紧张关系,葛洪于是有了远离政治权力中心、前往交阯寻丹合药的打算。据载,葛洪恳求成帝,甘愿为句漏令,其原由是"非欲为荣,以有丹耳",笔者认为,其实他只道出了一个地缘缘故,还有更为迫切的人缘因素,他没有说也不敢说,那就是当朝政治人事之险恶,他欲"苟存性命"(《外篇·自叙》),自愿退避权力中心,淡出人事纷争,自求边缘化。

**(四)罗浮炼丹阶段**

从咸和七年(332 年),到建元元年(343 年),葛洪卒于罗浮山。葛洪听说交阯产丹砂,于咸和七年求为句漏令(句漏山在广西北流县东北),以便得丹砂炼金丹祈遐寿。成帝以其资深,不许。葛洪再次请求,申明"非欲为荣,以有丹耳",终被应允,于是他率子侄南下。葛洪行至广州,为刺史邓岳所留,便隐居罗浮山,从事炼丹修道。岳上表推荐他做东官太守,葛洪推辞不就。"在山积年,优游闲养,著述不辍。"(《晋书·葛洪传》)葛洪隐居罗浮炼丹合药,直至仙逝。

---

① 参见丁宏武:《葛洪及其抱朴子外篇简论》,西北师范大学硕士论文,2003 年,第 7 页。
② 参见邹远志:《葛洪儒道思想研究》,湖南师范大学硕士论文,2003 年,第 7 页。

有关葛洪离世状况及其卒年问题,有不同说法。如东晋大史学家袁宏(328—376 年),在其《罗浮记》亦言:"洪遂复入此山炼神丹,于此山积年,忽与(邓)岱书云:'当远行寻师药,克期当去。'岱疑其异,便狼狈往别。既至,而洪已亡,时年六十一。"《太平寰宇记》卷一百六十援引袁说,"视其颜色如生,体亦轻柔,举尸入棺,甚轻,如空衣然也"。另据陈飞龙考证,葛洪卒日为晋康帝建元元年(343 年)三月三日,享年 61 岁。①

按道门常识,一般高道,其终了会隐迹于不为常人所知之地,葛洪仙逝罗浮之说也值得探究。与此说相左的,浙赣一带地方志有葛洪晚年活动(61 岁后)的记载:如《台州府志》云,葛洪自入罗浮"后,炼丹于天台山天姥"——曾于浙江天台山天姥峰炼丹证仙;江西三清山志书言:东晋升平年间(357—361年),葛洪曾入此山结庐炼丹,栖息修道。② 如果说这些不是出于葛洪修道名气之望,人们杜撰而成的话,那么,葛洪 61 岁寿终亦非定论,但有待确凿材料的进一步证实。

纵观葛洪一生,他儒道兼修、隐显任时,五次得官,三次赴任,最终皈依神仙道教。葛洪坎坷颠沛的人生经历,尤其是元帝建武之前的磨砺,是《抱朴子》内道外儒、儒道兼综之构架的实践来源。他对儒道的调和,其实是对儒道文化的精神内核——价值观的整合,是对两家文化生命之根的嫁接,而嫁接的端口,在于生命的存在及其意义。葛洪的心力之作——《抱朴子》乃是其人生实践的理论结晶:它既是葛洪本人生命轨迹的真实写照,又是东晋前后社会、文化的共同投影,还是士人心态、个性特征的集中体现。

## 二、个性特征与学术成就

中国文化史上的"士",大致相当于今天学术界所谓的"知识分子"(intellectual)。余英时先生在《士与中国文化·引言》中,详尽甄别界定这样的"知识分子","除了献身于专业工作以外,同时还必须深切地关怀着国家、社会以

---

① 葛洪年寿历来有 81 岁、61 岁和不足 60 岁三说,详见王明:《抱朴子内篇校释》(增订本),中华书局 1986 年版,第 382 页。笔者倾向于 81 岁。
② 参见葛其荣、童章回:《葛洪卒年和生平新考》,载《首届葛洪与中国文化国际学术研讨会论文集》,浙江大学中国思想文化研究所编印,2003 年 11 月。

至世界上一切有关公共利害之事",他们是"社会的良心",是"人类的基本价值(如理性、自由、公平等)的维护者",他还引用一种说法,"'知识分子'实际上具有一种宗教承当的精神",并指出"西方学人所刻画的'知识分子'的基本性格竟和中国的'士'极为相似"。①

我们知道,个人的成长离不开他(或她)生活的时代,换言之,个人身上总会负载着其所处时代的文化气息。魏晋时期,朝廷内部派系斗争激烈,政权累经更迭,内外战争频仍,"天下多故,名士少有全者"。(《晋书·阮籍传》)"中国文人生命的危险和心灵的苦闷,无有过于魏晋,然而他们却都能在很多方面找着慰安,或是酒色,或是药石,或是音乐,或是山水,或是宗教,这些都是他们灵魂的寄托所。"②葛洪所处的两晋社会,朝纲不振,权臣跋扈,内有"八王之乱",外有"五胡乱华",加之石冰等农民起义,可谓典型的乱世。动荡不安的时局,纷至沓来的战乱,给他带来的是"衣不辟寒,室不免漏,食不充虚"(《外篇·自叙》)的艰辛生活以及巨大的精神痛苦:"百忧攻其心曲,众难萃其门庭,居世如此,可无恋也。"(《内篇·论仙》)东晋的偏安局面,也未能给他多少安适与欢乐。从葛洪人生轨迹上看得出,其仕途并不得意,只是出任处于下僚辅佐之类的职务。"这种没落失意的个人遭遇,巧逢当时社会思潮崇尚玄学,达官贵人,行为放荡,不拘礼法,成为一时风尚"③,而他却与当时豪门世族,与名士群体亦有所不同,他"处于当时主要士风之外,审视其时的社会风气",是"处于整个个性觉醒的思想潮流之外,审视自汉末发展起来的这个思潮"。④那么,葛洪用于审视社会思潮的价值标准是什么? 按唐长孺先生所言,"葛洪是汉代遗风的继承人",他"是以汉儒传统说法来批评社会风气"。⑤ 换言之,葛洪是汉代儒学的护道者,其学风具有文化保守的一面。诚然,就葛洪的家学与师承而言,不难得出此论。葛氏以儒学传家,从《外篇·自叙》葛洪对其祖、

---

① 参见余英时:《士与中国文化》,上海人民出版社 2003 年版,第 2 页。
② 刘大杰:《魏晋思想论》,上海古籍出版社 1998 年版,第 1 页。
③ 王卓民:《葛洪神仙道教教育思想探微》,载李裕民主编:《道教文化研究》(第一辑),书目文献出版社 1995 年版,第 264 页。
④ 罗宗强:《玄学与魏晋士人心态》,浙江人民出版社 1991 年版,第 272 页。
⑤ 唐长孺:《读〈抱朴子〉推论南北学风的异同》,《魏晋南北朝史论丛》,河北教育出版社 2000 年版,第 364 页。

其父的大力褒扬中,可以看出葛洪对儒学治身理世价值的肯定;其师"郑君本大儒士也,晚而好道,由以《礼记》《尚书》教授不绝"(《内篇·遐览》),另一师鲍靓,可谓亦仕亦道,集隐仕于一身。这些对葛洪都有潜移默化的影响。如果说上述这些都还是外在条件的话,那么,其自身性格可谓内在因素。

> 洪期于守常,不随世变,言则率实,杜绝嘲戏,不得其人,终日默然,故邦人咸称之为抱朴之士,是以洪著书因以自号焉。(《外篇·自叙》)

> 穷士虽知此风俗不足引进,而名势并乏,何以整之?每以为慨。故常获憎于斯党,而见谓为野朴之人,不能随时之宜。余期于信己而已,亦安以我之不可,从人之可乎?(《外篇·疾谬》)

> 履道素而无欲,时虽移而不变者,朴人也。(《外篇·行品》)

在《老子》那里,"'朴'是道的本性,即未经雕凿的天然状态,也即事物自身所固有的本质和规定性"[①]。在《老子》看来,人生理想的生命状态,是抱朴守真,与道合一。这一人生理念深得葛洪认可,并为其所传承——所谓"期于守常,不随世变",即是说自己不跟风,有定力,守常则;"期于信己","言则率实",意即自己行为率真,言语信实——别人讥其为"野朴之人",他却以"抱朴之士"自谓,此亦即葛洪道号"抱朴子"的直接原因,他并以之冠诸其子书书名。在葛洪看来,"抱朴"二字是他性格特征的本真概括。这一性格呈现出内向、素朴的个性倾向,在价值评判中,表现为既保守又激进的行为特征。

葛洪在《外篇·自叙》中,对自己"抱朴"性格直言不讳,甚至自鸣得意。他说:"洪体钝性驽,寡所好玩,……又掷瓦、手搏,不及儿童之群,未曾斗鸡鹜,走狗马。见人博戏,了不目眄,或强牵引观之,殊不入神,有若昼睡。是以至今不知棋局上有几道,樗蒲齿名。"他的内倾性格,使他显得不合群,对当时社会流行的斗鸡、走马、下棋之类的博弈游戏,也毫无兴趣,勉强被拉去观看,非常不能集中精力,就像白天睡着一样,甚至成年以后,还不知棋盘上有几条线,色子上齿的名称是什么。对此他进一步解释说,并非由于智力低下,看不明白,而是考虑到这些都是末流小技,会扰乱思想,消耗精力,耽误时间,类似

---

① 胡孚琛、吕锡琛:《道学通论——道家·道教·丹道》(增订版),社会科学文献出版社 2004 年版,第 124 页。

后儒所言"玩物丧志",他直言不讳地指陈:"此辈末伎,乱意思而妨日月,在位有损政事,儒者则废讲诵,凡民则忘稼穑,商人则失货财。至于胜负未分,交争都市,心热于中,颜愁于外,名之为乐,而实煎悴。"他一针见血地数落博弈的负面影响,否认其存在的合理性。这种态度,无疑与其抱朴、务实、守常的个性相契合,同时,也反衬出与庸俗之辈的兴致殊异。"惟诸戏尽不如示一尺之书,故因本不喜而不为,盖此俗人所亲焉。"正是由于葛洪坚守本性,而不随波逐流,他才能"抚笔闲居,守静闭门","创一部子书",成一番伟业。

《老子·第二十八章》有"朴散则为器"之论,王弼以"真"释"朴",在《抱朴子》那里,"朴"是对道的状态描述。在葛洪看来,所谓"抱朴",其实更多的是对自身率真个性的认可,并且自信抱朴自守是足以合道体真的。葛洪也清楚明白其抱朴自守显得不合时宜,也"常获憎于斯党",其实这与他的没落士族身份不无关联。他书中所疾刺的时尚,大多来自京洛,并为门阀世族所倡导与遵循,而这正是葛洪感慨"事物屡变"的导火线。西晋末年,中原人士的南渡,京洛一带生活方式、主流意识的侵袭与弥漫,激活了身为江南世族后裔的葛洪的强固的本土意识,但他又能做些什么?"发音则响与俗乖,抗足则迹与众迕"——他的行舛于世,显得是那么的不合时宜,与时尚之间形成那么大的反差,这何尝不是没落士族复杂的文化意识中反潮流心理的生活写真?他用"冠履垢弊,衣或褴褛,而或不耻"的个人形象,对比"俗之服用,俄而屡改""所饰无常,以同为快"的社会时尚,坚守自己的"抱朴"个性,诠释自己的怀旧情怀。

北方豪门世族南下,纷据要津;南方旧族没落,但心有所归。"洪之为人,信心而行,毁誉皆置于不闻"。名士归隐,清议玄谈、任性放达;葛洪"嘉遁","陶冶童蒙,阐弘礼敬"。(《外篇·逸民》)他以一种亦隐亦仕、儒道兼修的生活方式,表达一位士人对人生、社会乃至生命价值的思考和探求,写下了"精辩玄赜,析理入微""富于班马"的"著述篇章",为后人留下了宝贵的精神食粮。

葛洪的著述丰富,人谓其论胜似史学家班固与司马迁。据《外篇·自叙》《晋书》本传,《道藏》及《隋书·经籍志》等史志目录记载,葛洪的作品主要有:《抱朴子内篇》20 卷,《外篇》50 卷,碑颂诗赋百卷,移檄章表 30 卷,《神仙》

《良吏》《隐逸》《集异》等传各 10 卷,《丧服变除》1 卷,《要用字苑》1 卷,《史记钞》14 卷,《汉书钞》30 卷,《后汉书钞》30 卷,《周易杂占》10 卷,《龟决》2 卷,《遁甲要用》4 卷,《遁甲秘要》1 卷,《金匮药方》100 卷,《肘后备急方》4 卷,《神仙服食药方》10 卷,《抱朴君书》1 卷等。今除《抱朴子内外篇》《肘后备急方》《神仙传》等少数著述外,大部分作品已经散佚。即使是传世之作,今存也大都不是全本。严可均辑其文入《全晋文》卷一一六、一一七,逯钦立辑其诗入《晋诗》卷二十一。王利器《葛洪著述考略》(《文史》第 37 辑)、王明《抱朴子内篇校释》、杨明照《抱朴子外篇校笺》等又续有补辑,但尚有遗漏,如《晋书·陆机传》所引葛洪评论陆机之文一则,各家辑本均未曾收录。此外,对《汉武内传》《西京杂记》的作者虽有疑义,但现在学界大都认定是葛洪所撰。《道藏》所收《太清金液神丹经》(卷下),原署"抱朴子序述",经详细考证,我们认为确是葛洪所作。《晋书》卷十一《天文志》载,葛洪撰有《浑天论》,《补晋志》亦言,葛洪还撰写了《潮说》,可见,他对天文、地理皆有研究。

葛洪的文章虽散佚颇多,但其代表作《抱朴子》内外篇保存基本完整,亦足以展示其学术风采,是今人研究葛洪思想的主要典籍。《抱朴子》版本较多,常见的有:明正统《道藏》本、陈继儒辑《宝颜堂秘笈》本、何允中《广汉魏丛书》本,清《四库全书》本、孙星衍《平津馆丛书》本,民国《四部丛刊》本、《诸子集成》本、《百子全书》本等。其校注本以王明《抱朴子内篇校释》和杨明照《抱朴子外篇校笺》最为精审详赡。鉴于此,本节采用王、杨二先生注本为蓝本,梳理葛稚川的人生价值观。

# 第二节 《抱朴子》内外篇

## 一、文化背景

儒家文化和道家文化源远流长,构筑了中华传统文化的主体。儒道文化虽为传统文化的主干,然而,原始儒道二家在文化旨趣上却又有差异。大致说来,儒家文化以人文主义为价值取向,注重个人人格的塑造与人生抱负的实现,强调的是社会责任的担当意识,采取的是经世济民的人生观;道家文化以自然主义为基本取向,注重人与宇宙和谐相处,主张凡事顺其自然,追求一种飘逸脱俗的人生境界。在文化传承的过程中,儒道思想相互激荡,彼此融合。萧萐父先生认为,"儒、道异说,源于齐、鲁异政,更衍为荆楚学风与邹鲁学风之取向不同";"两汉时期在政见上的儒道互黜,深化为'圣人(孔子)贵名教,老庄明自然'的学派分歧和思想对立;而东汉时由于大批伪名士的出现,使儒家名教大为贬值,需要起用道家'自然'观念来滋补其生机,于是夏侯玄、何晏、王弼等煽起玄风";"玄学正宗,可以说是从学派形成上初步实现了儒道两家的兼容和互补"。① 从某种意义上可以说,魏晋玄学就是儒道合流的思想结果。有鉴于此,有学者认为,葛洪思想"在实质上,无论是理论还是实践的角度,都仍没有脱离玄学的轨道"②。我们认为,玄学是魏晋时期的学术主流,它构成了葛洪思想的文化背景。就《抱朴子》自身而言,不必回避这一背景,也不可能回避那个时代的某些论题,譬如"名教与自然的关系";相反,对其中不少议题,葛洪也提出自己独到的见解作为回应,但葛洪思想的主旨在于"生命存在及其价值实现",他生活的时代,玄风即将刮息,"生命"问题却仍然是时代的主题。与其说葛洪思想从属于玄学,不如说《抱朴子》兼容并蓄儒、墨、道、法、名诸家学说,建构自己的宗教式生命哲学。透析《抱朴子》内外篇,诸家思想的脉络还是清晰可辨的。

汉初,司马谈首次综括先秦学术,将其归纳划分为"阴阳、儒、墨、名、法、道"六家,并对中国文化与诸派学术作出简明扼要的总结:"夫阴阳、儒、墨、名、法、道德,此务为治者也,直所从言之异路,有省不省耳。尝窃观阴阳之术,大祥而众忌讳,使人拘而多所畏;然其序四时之大顺,不可失也。儒者博而寡要,劳而少功,是以其事难尽从;然其序君臣父子之礼,列夫妇长幼之别,不可易也。墨者俭而难遵,是以其事不可遍循;然其强本节用,不可废也。法家严而少恩;然其正君臣上下之分,不可改矣。名家使人俭而善失真;然其正名实,不可不察也。道家使人精神专一,动合无形,赡足万物。其为术也,因阴阳之大顺,采儒墨之善,撮名法之要,与时迁移,应物变化,立俗施事,无所不宜,指

① 萧萐父:《简论道家思想的历史地位》(代序),载黄钊主编《道家思想史纲》,湖南师范大学出版社 1991 年版,第 6 页。

② 许建良:《魏晋玄学伦理思想研究》,人民出版社 2003 年版,第 352 页。

约而易操,事少而功多。"①司马谈对前五家之主张有褒有贬,唯独礼赞道家完美无缺,称其兼容各家之长。当然,此处"道家"实指秦汉黄老道家,亦称"黄老学",其前身是稷下黄老。黄老之学一大特色就是,既重养生,又重治国,尤其是"无为而治"的政治主张,正好合乎汉初统治者"休养生息"的政治需要,遂被纳入治国方略之中,并沿用六七十年之久。随着西汉政权的巩固,国家经济、军事实力的增强,汉武帝调整治国方针,采纳董仲舒等建议,"罢黜百家,独尊儒术",黄老之学才逐步淡出政治中心。

黄老之学虽然边远了权力中心,政治主张少被采纳,但其养生理念却有了长足的发展,并与黄老道结合,形成了黄老道学。许抗生教授将黄老道的理论形态称之为黄老道学,而黄老道是黄老学与神仙学契合的产物,包括五斗米道和太平道,它们是道教的前身。② 正如卿希泰主编的《中国道教史》所说:"东汉讲黄老,侧重在养生、修仙,与西汉前侧重在统治术的黄老学,已有所不同。这是黄老学逐步衍变为黄老道的新发展。"又说:"在尚黄老、修仙道的社会思潮中,到东汉出现了主要以修道长生的观点解释《老子》的著作,即《老君道德经河上公章句》,或称《老子河上公注》。它是神仙方术与黄老思想逐步结合的历史产物,也是《老子》由道家学说向道教理论过渡的重要标志。"③许抗生教授还将《老子想尔注》《太平经》等都列入黄老道学著作。我们认为,正是通过诸多黄老道学的解老注老,逐步完成了原始道家自然哲学向道教生命哲学流变的理论准备,葛洪的神仙道教思想又是民间道教走向上层社会得以长足发展的重要环节。我们知道,在葛洪以前,道教在理论上已经拥有自己的经典和著作,如《太平经》《老子河上公注》《老子想尔注》及《三皇经》等,但尚未建立一较为系统的理论体系,甚至连神仙"实有""仙可学致"之类的基本信仰都缺少"论证";在组织上,道教内部也有了分化:"济世""致太平"的一支,于汉末酿成了振动全国的道民黄巾起义,使得统治阶级对其恨之入骨,予以屠杀和禁绝;"度世求仙"一流,奔走于权贵之门,其不死方术,迎合了统治阶级永享

① 参见陈鼓应:《管子四篇诠释:稷下道家代表作解析》,中华书局 2015 年版,"附录":司马谈《论六家要旨》。
② 参见许抗生:《谈谈黄老道与黄老道学》,《中国道教》1999 年第 6 期。
③ 卿希泰:《中国道教史》第一卷,四川人民出版社 1988 年版,第 75—76 页。

富贵的深层心理需求。道教的进一步发展,既需要思想上的统一,又需要组织上的整合。葛洪把握了时代脉动,时代也选择了葛洪,他立足道教的良性发展与生命存在的终究意义,结合自己的生命体验,创造性地撰写了鸿篇巨著《抱朴子》,正如王明先生所言:"就道教发展史来观察,葛洪确是一个关键性的重要人物。他抨击民间宗教的活动那么起劲,民间道教的社会活动基本上从此一蹶不振;他大力提倡神仙道教,神仙道教从此取得主导的地位,在上层社会盛行不息。"①

　　从儒学自身发展而言,自汉武以降,儒术定为一尊,以阐发儒家经典的微言大义为宗旨的经学,长期占据学术界的统治地位。《易》《诗》《书》《礼》《乐》《春秋》"六经"②(亦名"六艺"),被视为载道之经典,于是,注解经义,恪守古训,一时成为封建君臣和普通士人的治学处世的主要方式,"通经术"曾是两汉遴选官吏的重要标准。然而,经学的今古之争,使自身趋于烦琐、流于谶纬迷信,终因堕落而断送青春。不过,儒学对社会生活秩序的影响,却深入人心,根深蒂固,它的纲常伦理被上升为封建统治的精神支柱,成为官方意识形态的主体——名教政治——"将儒家的纲常伦理原则,立为名分,定为名目,号为名节,因名以立教"③。即使在魏晋时期,名教受到玄学的冲击,产生动摇,但并不等于名教礼义不再适应宗法家长制统治的需要,恰恰相反,儒家所提倡的纲常名教,一直是魏晋统治者剪除异己、统治人民的宣教工具。中国知识分子,大多胸怀平治天下的志向,在专制制度下酬就这一夙愿的途径,便是治经入仕。然而,以人治和集权为特征的中国古代宗法政治系统,缺乏稳定的个人可预见的行为准则;在科举入仕制度产生之前,入仕从政更非个人所能把握;更何况两晋乱世,即便有幸从政于人治之世,未必能够成全治世之志,而且置身于人身依附的政治系统之中,个人的前途命运也不在自身治世能力所及范围之内,政治人生的道路难由行路者自身来把握。政治变数越大,入仕回

---

① 王明:《〈中国道教史〉序》,《世界宗教研究》1987 年第 3 期。
② "六经"概念,始见于《庄子·天运》。其文云:"孔子谓老聃曰:'丘治诗、书、礼、乐、易、春秋。'老子曰:'夫六经,先王之陈迹也,岂其所以迹哉?'"六经之"乐",在《汉书·艺文志》中有《乐记》无乐经,行世者仅为五经。
③ 黄钊:《道家思想史纲》,湖南师范大学出版社 1991 年版,第 272 页。

报越不稳定。在魏晋乱世,不少人发此感叹:"鄙人面墙,拘系儒教,独知有五经三史百氏之言,及浮华之诗赋,无益之短文,尽思守此,既有年矣。既生值多难之运,乱靡有定,干戈戚扬,艺文不贵,徒消工夫,苦意极思,攻微索隐,竟不能禄在其中,免此垄亩;又有损于精思,无益于年命,二毛告暮,素志衰颓,正欲反迷,以寻生道……"(《内篇·遐览》)儒生皓首穷经却无益生存,其人生出路何在? 儒学自身的去向又该如何? 对此,葛洪有自己的思考,并作出了回应,他将此类回应集结成书,这就是"言人间得失,世事臧否,属儒家"的《抱朴子·外篇》。台湾学者蓝秀隆对该书这样评价:"文高义渊若葛稚川者,生当清谈鼎盛之世,沐文风炽烈之时,浸渐有自,于老庄自然进化之旨,激发启迪特多。乃扬仲任之余波,接士衡之绪论,运指骋辞,不为传统儒教所拘。在南渡之始,挥舞瑰丽宏博之椽笔,抒陈反古惊世之弘论,开导六朝之文运,或亦系乎时序者也。而其特立风标,超迈前人者,约有数端:一曰文德无本末,廓清自古以缀文为余事之理念;一曰严斥崇古卑今论,……一曰尊重著作,而为文贵能羽翼风教,仍以儒道为归;一曰推崇子书,非惟深美富博,又足拯风济俗,于子书重新评价;一曰深悉属辞之甘苦,……尽多类比。"①蓝氏以上承老子庄周,中接王充陆机,下启六朝文运来界定葛稚川在文学史上的地位,及其非凡的文学成就,此说虽主要针对葛氏文论而言,但其中已经折射出《抱朴子·外篇》风景概貌。"文以载道",德寓文中,稚川对儒家文化及其功能,实有新的阐释与发挥。

## 二、思想定位

葛洪所撰《抱朴子》分内外篇,反映出他中年时期的思想风格,也折射出魏晋学术潮流的主流倾向——调和儒道。调和的前提是儒道异趣。这种旨趣之殊异,在《抱朴子》中亦有见证。依据《外篇·自叙》所述,其内外篇各有侧重,功能亦有分殊:

> 其《内篇》言神仙、方药、鬼怪、变化、养生、延年、禳邪、却祸之事,属道家;其《外篇》言人间得失,世事臧否,属儒家。

① 蓝秀隆:《抱朴子研究》,台湾文津出版社 1980 年版,第 111 页。

由此可见,葛洪内外分篇源于道内儒外之意旨,可惜其所做的这种外儒内道的著作定位,并没有得到后人的一致认可,如《隋书·经籍志》(以下简称《隋志》)、两《唐志》(《唐书·经籍志》《新唐书·艺文志》)将《内篇》归入道家、元代马端临《文献通考》将《内篇》列入神仙家;《外篇》一般是被录入杂家;自宋代尤袤《遂初堂书目》始,一些书目将《内篇》《外篇》合二为一,归入道家。清代《四库全书总目提要》子部道家类据明代卢舜治本著录,题曰"《抱朴子内外篇》八卷",并谓《外篇》大旨"亦以黄、老为宗"①。

葛洪所谓"道家"乃当时流行的广义用法,如南朝梁刘勰《灭惑论》说:"道家立法,厥品有三:上标老子,次述神仙,下袭张陵。"——此就"道家"思想源流而论;再如(北周)道安二教论亦言:"一者老子无为,二者神仙饵服,三者符箓禁厌。"——此就"道家"炼养法术立意。葛洪所用"道家",虽以中品神仙为主,而《老子》则为其形上依据,并兼取下品所用的鬼怪变化,可说是综摄三品的用法。② 正因为如此,大多后世史家将《内篇》归入道家或神仙家。需要说明的是,此处所谓无论是道家,抑或是神仙家,其实亦即今人所谓道教。

至于《外篇》的归属,真可谓众说纷纭。国内研究《外篇》的专家——杨明照先生针对《四库全书总目提要》效法宋人将《抱朴子》"归入道家"的判断,又据明本著录的做法,认为都"值得商榷"。杨先生争辩说:"'言人间得失,世事臧否,'是葛洪撰述《抱朴子·外篇》的主要目的,针对性非常鲜明,哪里是'以黄老为宗'?"③我们认为,杨先生理解的"黄老""儒家"的含义,肯定不同于明人,这才是产生分歧的原因所在。我们不妨回到文本自身,看看抱朴子自己的解释。其《外篇·自叙》说:

> 但贪广览,于众书乃无不暗诵精持。曾所披涉,自正经、诸史、百家之言,下至短杂文章,近万卷。既性暗善忘,又少文,意志不专,所识者甚薄,亦不免惑。而著述时犹得有所引用,竟不成纯儒,不中为传授之师。

这说明葛洪思想来源广泛,除了儒家"正经"之外,还有诸子百家学说,而且在著作《外篇》中也多有引用,他也以"竟不成纯儒"来评价自己。我们认为,葛

---

① 参见杨明照:《抱朴子外篇校笺》(下)附《著录》,中华书局1997年版,第730—742页。
② 参见李丰楙:《不死的探求——抱朴子》,海南出版社、三环出版社1998年版,第97页。
③ 杨明照:《抱朴子外篇校笺》,中华书局1991年版,第2页。

洪自称"忝为儒者之末"(《外篇·自叙》),强调自己的儒者身份,确系自己对"儒"的新的见解,这就是"儒"的入世精神不见得要用"入仕"行为来体现,在他看来,乱世中的"山林之儒"(《外篇·擢才》)也属"儒"者,他们"拥经著述"、"立言助教"(《外篇·嘉遁》),以心入世,同样合乎"儒"家精神。因为《汉书·艺文志》明言,"儒家者流,盖出于司徒之官,助人君顺阴阳明教化者也"。我们知道,《周易》贲卦《彖传》有"观乎天文以察时变,观乎人文以化成天下"之说,意即观察天道的文饰情状以知四季变迁规律,观察人类的文饰情状以教化天下,促成大治。《礼记·大传》亦言:"圣人南面而治天下也,必自人道始矣。"推崇以"人文教化"为要务的治理之道。

在葛洪看来,儒者实乃"文化"使者,其基本使命是"人文教化"。当然,葛洪的"立言助教",便属于"人文教化"的基础性工作,其"立言"虽属传统儒者所谓"立德立功立言"之人生三不朽的重要内容之一,但在不同的时代,其"言"的内容可以是变动不居、与时俱进的,但其"言"之基本精神却是一以贯之的,此即利于人之更好生存与发展,即便是山林之儒,也责无旁贷。

另外,就今存《外篇》内容来看,也可透析葛洪的思想倾向。侯外庐等著的《中国思想通史》将其内容主要分作五个方面:一是关于政治的,如《君道》《臣节》《贵贤》《任能》《用刑》《审举》《汉过》《吴失》等;一是批评风俗习尚的,如《交际》《名实》《清鉴》《行品》《疾谬》《讥惑》等;三是批评汉末以来学风及思潮的,如《正郭》《弹祢》《诘鲍》等;四是关于个人生活修养及态度的,如《嘉遁》《逸民》等;五是表明著书用意的,如《应嘲》《喻蔽》《百家》等。[1] 在上述五个方面中,第四个方面虽旨在为归隐生活张目,但葛洪所谓的"归隐"与道家所谓的"归隐"不同,他的"归隐"是有为的"归隐",是"立言助教""有补末化"的"归隐",不似道家为追求逍遥无待而弃绝世事,其儒家式入世倾向却跃然纸上,至于品评时政、针砭"背礼"的风俗习尚以及任诞适情的学风思潮等,又显然以儒家的宗法礼教为尺度。

《外篇》一方面内容丰富,另一方面也显得有些驳杂,所以《隋志》、两《唐志》以下,大多根据《隋志》所谓"杂者兼儒墨之道,通众家之意,以见王者之

---

[1]　参见侯外庐:《中国思想通史》第三卷,人民出版社 1957 年版,第 310 页。

化，无所不冠"的分类原则，将《外篇》归入杂家有其合理的一面，但就《外篇》"立言助教"这一基本倾向而言，葛洪自称"属儒家"也并非无稽之谈。至于《外篇》的驳杂多端，其实，葛洪本人已经意识到，他曾自设问难，袒露心迹：

> 客嘲余云："……伯阳以道德为首，庄周以《逍遥》冠篇，用能标峻格于九霄，宣芳烈于罔极也。今先生高尚勿用，身不服事，而著《君道》《臣节》之书；不交于世，而作讥俗、救生之论；……不营进趋，而有《审举》《穷达》之篇。蒙窃惑焉。"（《外篇·应嘲》）

但他论《君道》《臣节》，讥俗救生《审举》《穷达》，也都以儒家思想为判断准则。葛洪之所以这样做，是因为他深信唯有儒教可以举事兴国，如说：

> 安上治民，莫善于礼。弥纶人理，诚为曲备。（《外篇·省烦》）
>
> 厥初邃古，民无阶级……制礼数以异等威之品……安上治民，非此莫以。（《外篇·讥惑》）
>
> 想宗室公族，及贵门富年，必当竞尚儒术，撙节艺文，释老、庄之不急，精六艺之正道也。（《外篇·崇教》）

葛洪如此尊崇"礼数"，"竞尚儒术"，以消除"老庄（治世）之不急"，出于"安上治民"之生活秩序考量，对群体如何良性共处的思虑，也是他撰写《外篇》、"立言助教"的基本动机。这种以文传世、以礼助教的精神传统，无疑是儒家治世的人文遗风，也是葛洪著书写作中所遵循的主要原则。或许就是在此意义上，范文澜先生曾说："《抱朴子·外篇》，完全是儒家面貌，不见怪诞的语句。"[1]

纵观《抱朴子·外篇》，不难得出这样的结论：葛洪是以儒为主兼采取诸家，这一做法，不仅不与儒家思想相违背，而且与其一贯的包容性相吻合。儒家思想的包容性，冯友兰先生曾有精当之论："儒家之六艺，本非一人之家学，其中有多种思想之萌芽，易为人所引申附会。此富有弹力性之六艺，对于不同之思想，有兼容并包之可能。儒家独尊后，与儒家本来不同之学说，仍可在六艺之大帽子下，改头换面，保持其存在。"[2]正因为这样，战国末年的儒学大师荀子（其政治、学术活动时间约在前298年—前238年间）即有横扫百家而又

---

[1]　范文澜：《中国通史简编》（修订本）第二编，人民出版社1964年版，第428页。
[2]　冯友兰：《中国哲学史》（上册），华东师范大学出版社2000年版，第298页。

兼赅百家的倾向,汉初陆贾(约前 240—约前 170 年)、贾谊(前 200—前 168 年)等儒者,亦有"非纯儒"之嫌,尤其是在倡导"罢黜百家,独尊儒术"的董仲舒(前 179—前 104 年)身上,这种倾向更为明显,"在他的《春秋繁露》里,我们可以找到道家、墨家、阴阳家等的学说,董仲舒的学说是很有杂家倾向的"。① 看来,儒家思想也是流动变迁、包容多元的。既然如此,我们又何必苛求《抱朴子·外篇》之"纯儒"呢?

如此看来,《抱朴子》内道外儒的自我界定是可信的。至于杨明照先生的诘难,如果从葛洪仙道学说的思想来源而言,问题也是可以得到解答的。

如果说,先秦儒家关注社会存在的"人道",而道家侧重自然无为的"天道",二者各有偏颇的话,那么葛洪则将儒家"人道"与道家"天道"进行对接与整合,共同纳入神仙道教体系,并作出"道本儒末""道源儒流"的界定。他说:

　　道者,万殊之源也;儒者,大淳之流也。(《内篇·塞难》)

　　道者,儒之本也;儒者,道之末也。……夫所谓道,岂唯养生之事而已乎?《易》曰:立天之道,曰阴与阳;立地之道,曰柔与刚;立人之道,曰仁与义。又曰:《易》有圣人之道四焉,苟非其人,道不虚行。又于治世隆平,则谓之有道;危国乱主,则谓之无道。……凡言道者,上自二仪,下逮万物,莫不由之。但黄老执其本,儒墨治其末。……今苟知推崇儒术,而不知成之者由道。道也者,所以陶冶百氏,范铸二仪,胞胎万类,酝酿彝伦者也。世间浅近者众,而深远者少,少不胜众,由来久矣。(《内篇·明本》)

葛洪将儒家仁义之道纳入道家自然之道中,将仁义思想融入道家道教思想体系。所谓"道者,儒之本也",指"道"是"儒"之源头与根本;所谓"儒者,道之末也",指"儒"是"道"的支流与发展或外在体现。在葛洪看来,历史的经验是"道德丧而儒墨重",儒墨学说都是衰世的产物;"忠义制名于危国,孝子收誉于败家",儒家倡导仁义,就如同疾疫起而巫医贵一样,是退而求其次的不得已之举。相反,道家道教治世则是"履正以禳邪","绝祸于未起"(《内篇·明本》)。葛洪从为人、处世、济物、观民等视角,描述"道"引领百家,而"为百家

---

① 　冯友兰:《中国哲学史》(下册),华东师范大学出版社 2000 年版,第 420 页。

君长":"夫道者,其为也,善自修以成务;其居也,善取人所不争;其治也,善绝祸于未起;其绝也,善济物而不德;其动也,善观民以用心;其静也,善居慎而无闷。所以为百家之君长,仁义之祖宗也。"儒、道相比较,道先儒后、道本儒末,道家道教才是"百家之君长","仁义之祖宗"。了解了这一点,我们就能明白《外篇·嘉遁》所说"若拥经著述,可以全真成名,有补末化"之"末化"就是指"儒家教化"。其实,葛洪写《外篇》的目的,就是为了推行儒家教化,强调儒术经世济民的社会价值。《内篇·明本》中指出:"今苟知推崇儒术,而不知成之者由道。道也者,所以陶冶百氏,范铸二仪,胞胎万类,酝酿彝伦者也。"儒术源自大道,大道是治身与理国的根本,儒术理国与道术修身不二理。是道家道教的"为身"引发了儒家的"修身、齐家"学说,是道家道教的"为天下"开启了儒家的"治国、平天下"理论。

　　这样就把道本儒末的道理讲得十分清楚了。不仅如此,葛洪还针对"班固以史迁先黄老而后六经,谓迁为谬"的偏见,予以驳斥,他说:"夫迁之洽闻,旁综幽隐,沙汰事物之臧否,覈实古人之邪正。其评论也,实原本于自然,其褒贬也,皆准的乎至理。不虚美,不隐恶,不雷同……而班固之所论,未可据也。固诚纯儒,不究道意,玩其所习,难以折中。"(《内篇·明本》)葛洪认为班固不如司马迁博洽,不能深究道意,只能以纯儒眼光,褒贬臧否事物,这样就难免得出一管之见。在葛洪看来,道源儒流、道先儒后、道体深远、儒术浅近,而儒术之用,源自道体。进而,仁义之行本于无为之道,因为"体用如一",本末不二。葛洪借助玄学概念与路径,援儒入道,以道统儒,建构儒道一体的价值体系。《内篇·塞难》言:

　　　　仲尼,儒者之圣也;老子,得道之圣也。儒教近而易见,故宗之者众焉。道意远而难识,故达之者寡焉。……三皇以往,道治也。帝王以来,儒教也。谈者咸知高世之敦朴,而薄季俗之浇散,何独重仲尼而轻老氏乎?是玩华藻于木末,而不识所生之有本也。何异乎贵明珠而贱渊潭,爱和璧而恶荆山,不知渊潭者,明珠之所自出,荆山者,和璧之所由生也。且夫养性者,道之余也;礼乐者,儒之末也。所以贵儒者,以其移风易俗,不唯揖让与盘旋也。所以尊道者,以其不言而化行,匪独养生之一事也。若儒道果有先后,则仲尼未可专信,而老氏未可孤用。

　　需要说明的是,葛洪的"道本儒末",并非扬道抑儒,而是"尊道贵儒"。在葛洪看来,本与末的关系,即体与用的关系。道体深远,其用浅近,体为用之本源,用为体之外显。他在扬道的前提下,肯定儒学存在的合理性。《内篇·辨问》云:"圣人不必仙,仙人不必圣。"就是说,儒道可以同时并存,"孔老皆圣",只是各自领域不同:"仲尼,儒者之圣也;老子,得道之圣也",但显隐一如,同为价值之指称。他接着说,"三皇以往,道治也;帝王以来,儒教也。"无论是三皇之道治还是帝王之儒教,都是因时而动的举措,都有其存在的理由,不可随意取舍。因此,我们可以说,葛洪的"尊道"与"贵儒"是并行不悖的,是一体之两面。

　　我们知道,汉代以往,基本上是儒道互黜,如《史记·老子韩非列传》所载,"世之学老子者则黜儒学,儒学亦黜老子。道不同不相为谋,岂谓是焉?!"魏晋以来,儒道关系有所改观。葛洪从二者的用途意义与价值取向来比较分殊。他说:"儒者祭祀以祈福,而道者履正以禳邪。儒者所爱者势利也,道家所宝者无欲也。儒者汲汲于名利,而道家抱一以独善。儒者所讲者,相研之簿领也。道家所习者,遣情之教戒也。"(《内篇·明本》)在这层意义上,葛洪持"儒道异"一说,但从本体义上看,"夫道者,内以治身,外以为国"(《内篇·明本》);"一人之身,一国之象也"(《内篇·地真》)。在葛洪思想中,"理(治)身与理(治)国同"不仅是"道同",而且是"貌合":"胸腹之位,犹宫室也。四肢之列,犹郊境也。骨节之分,犹百官也。神犹君也,血犹臣也,气犹民也。故知治身,则能治国也。夫爱其民所以安其国,养其气所以全其身。民散则国亡,气竭则身死"(《内篇·地真》)。简言之,"身国同构",则"身国同理"、"身国同治"。与之类似,儒家认为,家为国之缩影,国为家之扩印,即"家国同构",则"齐家"与"治国"同理。这样,在治国原则问题上,葛洪认为儒道二家可以合流。

　　总之,葛洪在对待儒道两种不同的文化时所采取的是一种尊道贵儒的理念,这种理念在《内篇·塞难》中有非常明晰的阐述。其文云:"且夫养性者,道之余也,礼乐者,儒之末也。所以贵儒者,以其移风易俗,不唯揖让与盘旋也。所以尊道者,以其不言而化行,匪独养生之一事也。"葛洪之所以尊道乃是为了追求一种"不言而化行"的社会效果,这种效果的达成又完全可以通过每一个体内求诸己的方式,即完善自我的人格,充实自我的德行而实现。因此,从整体来看,葛洪尊崇道家道教文化其旨归即在于个体内在人格的修为和生命的超越自然的维护上;而他之所以贵儒乃是为了实现其"移风易俗"的道德目标,认为在治民安邦上必须奉守儒家文化,只有充分地运用儒家人伦纲纪及其他有为之手段,国家才能达到长治久安的目的。从这个意义上讲,葛洪尊道贵儒的实质就是内道外儒。

如果从身国同治的层面看,葛洪"内以修身,外以为国"的理念正是黄老学精神的承传;如果从《抱朴子》内道外儒的归属看,葛洪"刑为仁佐"治世之道也是黄老"刑德并用"思想的流变。这样看来,说《外篇》"亦以黄老为宗"是有道理的。不过,秦汉黄老道家,重在"老"之无为上,而葛洪神仙道教,重在"黄"(仙)之有为上。但是,如果将"黄老"治世定格在无为而治上,那么,杨先生的反驳也不无道理,只是抱朴子论治世,尤其是治理乱世,更多的是强调要用强药医疾疫。

### 三、一贯理念

葛洪自己作了内篇属道家、外篇属儒家的界定,其内外篇在内容上确实有别,《外篇》言人间得失、世事臧否,《内篇》言神仙方药、养生延年。关于葛洪思想的整体评价,学界一般认为其内、外篇思想不一甚至相互矛盾,把《外篇》视为葛洪早期思想,《内篇》当作后期思想,并得出葛洪思想变迁"由儒入道"、"舍儒从道"的结论。如钱锺书先生在论及《抱朴子》内、外篇的主旨时曾说:"王充痛诋神仙,而作《神仙传》之葛洪于《抱朴子》外篇《喻蔽》极口叹为'冠伦大才'。《抱朴子》内、外篇宗旨每如水火,此其一例焉。"[1]又如王明先生在《道家和道教思想研究》中说,《抱朴子·外篇》"代表他早期的儒家思想,其中混杂着一些道家和法家思想内容。……随着时势的动荡不定,渐渐消极遁世,舍儒入道,著述《抱朴子·内篇》,大肆鼓吹神仙道教,宣扬'道'。"[2]其论据是《内篇·黄白》里的一段文字:

[1]　钱锺书:《管锥编》第二册,中华书局1986年版,第648页。
[2]　王明:《道家和道教思想研究》,中国社会科学出版社1984年版,第59页。

余若欲以此辈事,骋词章于来世,则余所著《外篇》及杂文二百余卷,足以寄意于后代,不复须此。

李刚教授也是据此坚持认为葛洪是"由儒入道"。他说:"葛洪人生观的形成是由儒而入道,最终立足于道。全书外篇的写作在内篇之前,从内容撰写的先后顺序,可以看出葛洪思想的发展线索是由儒入道。"①

我们认为,此据不足以说明《抱朴子》内外篇有明确的先后顺序,也得不出葛洪思想"由儒入道"变迁轨迹的推论。这是因为在葛洪《外篇·自叙》中有言:"今齿近不惑,素志衰颓。……洪年二十余,乃计作细碎小文,妨弃功日,未若立一家之言,乃草创子书。会遇兵乱,流离播越,有所亡失。连在道路,不复投笔十余年,至建武中乃定,凡著《内篇》二十卷,《外篇》五十卷。……洪既著《自叙》之篇,或人难曰:'昔王充年在耳顺,道穷望绝,惧身名之偕灭,故《自纪》终篇。先生以始立之盛,值乎有道之运,……何憾芬芳之不扬,而务老生之彼务?'"葛洪所谓子书,当指《抱朴子》无疑,有"先所作子书内外篇,幸已用功夫,聊复撰次,以示将来云尔"(《外篇·自叙》)为证,且"凡著《内篇》二十卷,《外篇》五十卷",概指内、外篇共计七十卷为一整体。依葛洪生于太康四年推算,建武元年葛洪三十五岁与"齿近'不惑'"及"'始立'之盛"两者相合。又据《晋书·元帝纪》,元帝建武年号仅用一年,由此可知《抱朴子》最初写定于元帝建武元年(317年)。《内篇·金丹》亦言,"郑君以授余,故他道士了无所知者也。然余受之已二十余年矣,资无担石,……"胡孚琛考定葛洪十六岁从师郑隐,那么,《内篇》写作亦在公元317年之前。另外,《外篇》其他篇章中也有一些线索,如《勖学》篇"冀群寇毕涤,中兴在今";《刺骄》篇"今天下向平,中兴有征"等,可见《自叙》"至建武中乃定"所言属实。《内篇·序》又云:"世儒……见余此书,不特大笑之,又将谤毁真正,故不以合于〔世〕余所著子书之数,而别为此一部,名曰《内篇》,凡二十卷,与《外篇》各起次第也。"葛洪自知其内外篇在内容上有别,故"各起次第",加以分梳排序。

再说,《外篇》所记史实并不比《内篇》早。如《外篇》中《勖学》《嘉遁》《崇教》《审举》《擢才》等篇,或明显道及东晋史事,或极力颂扬元帝,也与《外

---

① 李刚:《葛洪及其人生哲学》,《文史哲》2000年第5期。

篇·自叙》"晋王应天顺人,拨乱反正,结皇纲于垂绝,修宗庙之废祀,念先朝之滞赏,并无报以功来。洪随例就彼。庚寅诏书,赐爵关内侯"相吻合,其著于东晋初年了无疑义。其他篇什也多作于此时,如说"丧乱既平,则武夫黜"(《博喻》)、"竞尚儒术"(《崇教》),都是针对东晋之初江左偏安、百废待兴的时局的描述。

另外,《外篇·用刑》还谈及"譬存玄胎息,呼吸吐纳,含景内视,熊经鸟伸者,长生之术也"。这说明作《外篇》时,葛洪已确信有长生之道,而且认为人可以长生不死,这正是《内篇》核心之所在。这样看来,外、内篇分别代表葛洪早、晚期思想的说法,便是有问题的了。其实,"葛洪内、外篇的写作或多或少有先后之分,但也不是绝对的。从起草到修改再到最后编定,反反复复,就其思想而言,就无所谓'由儒入道'的先后了"。① 我们认为《抱朴子》的内、外篇之分,是承传《庄子》《吕氏春秋》《淮南鸿烈》之学术遗风,但又有所深化发展。研习《抱朴子》,不难发现自谓属道家(道教)的《内篇》未必贬低儒家,属儒家的《外篇》也未必轻视道家,而且内、外篇之间蕴含着一以贯之的理念,并非像有的学者所言,葛洪《内篇》轻蔑儒家,《外篇》忽略道家,内外篇相互抵牾,葛洪自身具有双重人格。②

上文已经谈到葛洪对传统儒道二家文化,定格为"道本儒末""道源儒流",而且在他身上没有重道轻儒、扬道抑儒的思想倾向。葛洪将老庄自然哲学之道改造成道教生命哲学本体之道,此道含有超逸于日用近情、人伦经验的旨趣,但又具化于现实世界、日用人伦之中。余英时先生将此理路称之为"内在超越"之道,并对此"内在超越"深有洞悉。他在论及中国古代"士"的社会文化属性时指出,"士"同时必然地会对分化了的"超越世界"与"现实世界"进行关注,"但是这两个世界却不是完全隔绝的:超越世界的'道'和现实世界的'人伦日用'之间是一种不即不离的关系"。③ 葛洪又何尝不是如此,《外篇·尚博》云:"且夫本不必皆珍,末不必悉薄。"本末为一体之两面,没什么贵

---

① 参见熊铁基:《替葛洪翻案——略论葛洪在中国文化史上的地位》,载《首届葛洪与中国文化国际学术研讨会论文集》,浙江大学中国思想文化研究所编印,2003 年 11 月。

② 参见陈昌文:《葛洪——由儒入道的心理历程》,《四川大学学报》(哲社版)2001 年第 4 期。

③ 余英时:《士与中国文化·引言》,上海人民出版社 2003 年版,第 5 页。

贱、珍薄之分。在对待儒家与道家两种不同文化取向问题上,他始终表现出一种批判意识和务实精神。如说:

> 五千文虽出老子,然皆泛论较略耳。其中了不肯首尾全举其事,有可承按者也。……至于文子庄子关令尹喜之徒,其属文笔,虽祖述黄老,宪章玄虚,但演其大旨,永无至言。(《内篇·释滞》)

> 道家之言,高则高矣,用之则弊。(《外篇·用刑》)

> 盖士之所贵,立德立言。若夫孝友仁义,操业清高,可谓立德矣。穷览《坟》《索》,著述粲然,可谓立言矣。(《外篇·逸民》)

尽管葛洪以道家之"道"作为其仙道理论的基础,但当道家的"无生"论和"齐生死"说与自己的仙道不死说相抵牾时,他便对老庄学说进行无情批判。正是在此意义上,钱锺书先生说:"葛洪乃道流之正而不谲者,故质言《老子》之无裨'要道';道流之谲者,不捐弃《老子》而反诵说之,假借其高名,附会其微言。"①葛洪所谓"用之则弊"的"道家之言",此"用"是指用于现实治国,因为在他看来,"道衰于畴昔,俗薄乎当今,而欲结绳以整奸欺,不言以化狡猾……未见其可也!"(《外篇·用刑》)"当今"乱世,犹如患疾人体,须药调理,并且重病应用劲药。对于传统儒家学说,他既珍视仁义之德——"欲求仙者,要当以忠孝和顺仁信为本"(《内篇·对俗》),又改造了"三不朽"的内涵——"孝友仁义,操业清高,可谓立德矣。穷览《坟》《索》,著述粲然,可谓立言",并以生命为隋珠、功名为雀之喻,明言"隋珠弹雀,知者不为"(《外篇·嘉遁》),回应"杀身成仁"、"舍生取义"。

如此以来,葛洪就很容易给人以在道而反道、据儒以非儒的印象;"内道外儒",也就被目为人格分裂的两面论体现。② 其实葛洪在《外篇·喻蔽》针对鲁生责难王充"乍入乍出,或儒或墨",已作辩解,这有何妨不是自我辩护:

> 若用笔不宜杂载,是论议当守一物。昔诸侯访政,弟子问仁,仲尼答之,人人异辞。盖因事托规,随时所急。譬犹治病之方千百,而针灸之处无常;却寒以温,除热以冷,期于救死存身而已。岂可诣者逐一道,如齐、

---

① 钱锺书:《管锥编》(第二册),中华书局 1986 年版,第 428 页。
② 参见陈昌文:《葛洪〈自叙〉——一个"内圣外王"的人格分裂文本》,《宗教学研究》2001 年第 4 期。

楚而不改路乎？陶朱、白圭之财不一物者，丰也。云梦、孟诸所生万殊者，旷也。故《淮南鸿烈》始于《原道》《俶真》，而亦有《兵略》《主术》。

葛洪强调"盖因事托规，随时所急"的弹性原则，我们认为这也是他取舍儒道的基本准则，凝聚在葛洪生命哲学之中，"譬犹治病之方千百，而针灸之处无常"，其主旨在于"救死存身而已"，这便是生命至上的价值理念。《内篇·勤求》曰：

> 生之于我，利亦大焉。论其贵贱，虽爵为帝王，不足以此法比焉。论其轻重，虽富有天下，不足以此术易焉。

> 凡人之所汲汲者，势利嗜欲也。苟我身之不全，虽高官重权，金玉成山，妍艳万计，非我有也。是以上士先营长生之事，长生定可以任意。

在葛洪看来，"天地之大德曰生，生，好物者也。"（《内篇·勤求》）天地大德在于不断创生生命，每一生命都是本体之道所赋予的现实存在，易言之，个体生命是道的载体，是禀道持德的实存。同时，每一生命都有独特的个性，都是独立的个体。保持个体生命本真，实现生命固有价值，才是合道之至德。生命对于每一"个我"，都有其自身价值，它是人生之宝，不可转让，不可剥夺。世间高官重权、尊爵巨资，即便是帝王之位、天下之富，皆属身外之物，都不能与生命自身相交易，也不能与长生法术相比拟。

葛洪《内篇·序》言"今为此书，粗举长生之理"，《外篇·自叙》谓"《外篇》言人间得失，世事臧否"，其著述目的跃然纸上。"粗举长生之理"的目标或价值在于长生成仙，旨趣在于指导个人修为，实现生命对于个人的价值；"言人间得失，世事臧否"重于治世济民，指向个人事功，归旨于体现个人对社会的意义与价值。无论是修仙，抑或是治世，都是围绕生命存在的意义与价值而展开，只是着力点有别，价值反映的层面不同而已。客观地说，生命价值内涵丰富，若从生命个体自我实现与对社会存在及其意义上说，可以简化为生命对于自身的价值和个人生命对于社会的价值，也可以说，前者是生命价值体现于个体自我的部分，后者是生命价值反映在社会群体的部分。在葛洪看来，"道者，内以治身，外以为国"，修道体道是合内外、一身心的工夫，只是叙述便利，遵循传统，才有了内、外之分，有了生命价值层次之别。诚如有学者所说，葛洪"创立了自成体系的神仙道教理论。而这套理论，以其丰富的文化内容容易得到士阶层的赏识,为士阶层所接受。葛洪实在是一位把道教雅化的关键人物。他使道教从民间进入上层社会,成为士人的人生信仰。"①

因此,我们不能因为葛洪在《外篇》论治国而不谈修仙,在《内篇》讲修仙而不论治国就说其思想不一致,或认为其思想发生了转变。《抱朴子》内、外篇的写作目的不同,但其总体思想并无悖逆。他对儒道传统资源,也是各有取舍,并以如一的生命价值理念贯穿于内、外篇。《外篇》重在经世济民,反映出个人生命的社会价值——个人对社会的意义;《内篇》重在养生修仙,表现为生命价值的自我实现——社会对个人的认同。个人与社会的关系是人类一永恒的话题,作为中国古代有良知的知识分子,葛洪认为修仙虽属个人行为,但与治国并不存在非此即彼的矛盾,要看才量如何,况且"长才者兼而修之,何难之有?……昔黄帝荷四海之任,不妨鼎湖之举;彭祖为大夫八百年,然后西适流沙;……"(《内篇·释滞》)同时,葛洪也认为生命价值是多元的,"圣人不必仙,仙人不必圣"(《内篇·辨问》),因为"物各有心",理智的做法应是"安其所长"(《外篇·逸民》),让每一生命活出最多的精彩、最大的丰满,使每一个体获得多向度的生命意义开显与圆满的人生价值确证。

---

① 罗宗强:《玄学与魏晋士人心态》,浙江人民出版社 1991 年版,第 323 页。

# 第二章　人生之原与价值之基

生命本原问题是葛洪生命哲学的基础,生命价值是其有关人生的意义考量。生命价值的确立、创生、实现无不建立在对生命本根的反思、生命律则的探求、生命修为的操作之上,从这层意义上说,人生过程就是生命体验与价值创造的统一。

## 第一节　人生之原

葛洪哲学思想始于他对世界的总的看法和根本观点,即世界观。在葛洪看来,宇宙世界是生命的存在,世界始基即生命之原,它涵盖生命之本源、生命之律则和生命之机理诸多方面的内容,葛洪用"玄""道""一"这些术语来表征他对生命独到的体验与认识,因此,这些概念也便成了我们解读葛洪生命哲学的学理基础。

### 一、"自然始祖""万物大宗"的人生本原

葛洪认为"玄"是生命的本源,是世界万殊的总根,是宇宙万物的创始者,自然万物都是"玄"的创生物。从形成万物的最初始的不可见的元气到有形可见的各种存在,无一不是"玄"创生的。《抱朴子·内篇》首卷《畅玄》着重阐述"玄"对于宇宙生命的本始意义:

> 玄者,自然之始祖,而万殊之大宗也。眇眜乎其深也,故称微焉。绵邈乎其远也,故称妙焉。其高则冠盖乎九霄,其旷则笼罩乎八隅。光乎日月,迅乎电驰。或倏烁而景逝,或飘潭而星流,或混漾于渊澄,或雾霏而云浮。因兆类而为有,托潜寂而为无。沦大幽而下沈,凌辰极而上游。金石不能比其刚,湛露不能等其柔。方而不矩,圆而不规。来焉莫见,往焉莫

追。乾以之高,坤以之卑,云以之行,雨以之施。

"大宗"是道家的用语,与"大本"同义。如《庄子·天道》:"夫明白于天地之德者,此之谓大本大宗";《淮南鸿烈·原道训》:"夫无形者,物之大祖也;无音者,声之大宗也";王弼(226—249年)《老子指略》:"夫物之所以生,功之所以成,必生乎无形,由乎无名。无形无名者,万物之宗。"①在宗法制度下,嫡系长房为"大宗",其余为"小宗",其子孙称之为祖。道家借用此语,以喻事物的根本、源头,亦即万物发生的根本所在。

上段引文意思是说,玄是大自然的祖先,宇宙事物之所以千变万化,就在于玄的作用使然,因此,玄就是宇宙万物的宗本。宇宙成形之前,混沌未分,幽深难知,那就叫作微。绵延遥远,那就称作妙。若从感官角度比喻而言,玄的高度就在九霄之外;玄的辽阔,可以把大千世界的八面极限都囊括于其中。它的光亮,超过日月;它的速度,快过闪电。当你发现它来时,刚一眨眼,它却已马上消失;当你感觉它像一股洪流奔泻时,它如同流星那样转瞬即逝;它好像碧波荡漾,又如朝霞夕晖飘浮不定;它出现的时候,虽然有征兆,可是当你仔细查看时,它却又沉寂而无踪。它像一个梦境,让你感觉下沉到很深很深的地方,也会让你感觉飘浮到九重云天之外。若论它的刚硬,金石也不能与之相比较;若论它的柔软,露珠也不可与之相并列。说它是方的,却不能用矩来测度;说它是圆的,也无法以规来度量。它来的时候,你看不见;它去的时候,你追不上。乾因之而高远,坤因之而卑下,云因之而飘移,雨因之而施布。②

在葛洪的思想中,"玄"是"自然之始祖,万殊之大宗"。它不仅是万物的创始者,而且是宇宙的本体,万物的主宰,是一个无所不在的神秘本体,它"因兆类而为有",通过万事万物表现自己的存在,但又"托潜寂而为无",无形无声使自己隐而不见,是一种超越感官的存在。作为宇宙本体的"玄",在空间上无限,在时间上永恒,它生天地,生日月,生四时,生万物。"玄"不仅化生宇宙世界,而且主宰天地万物,是万事万物存在的终极原因,天因之而高以成天,地因之而低以成地,云行雨施,一切自然现象都因"玄"而存在。"故玄之所

---

① 楼宇烈:《王弼集校释》上册,中华书局1980年版,第195页。
② 参见《周易·乾·彖》:"云行雨施,品物流形。"意即:(夏天)云朵飘行、霖雨降落,各类事物流布成形。"云行雨施",亦比喻广泛施行恩泽。

在,其乐不穷。玄之所去,器弊神逝。"(《内篇·畅玄》)所有事物都因"玄"而得其本性,成为真实的存在,故"其乐无穷";万殊失去"玄"则失去其存在的根据,自身不再继续存在,故"器弊神逝"。万物因"玄"而精彩,而"玄"则自足自在,任何因素对"玄"的自存都不可能有所损益,"增之不溢,挹之不匮,与之不荣,夺之不瘁。"(《内篇·畅玄》)它是"作为存在的存在",其功用就在于"胞胎元一,范铸两仪,吐纳大始,鼓冶亿类,倒旋四七,匠成草昧,辔策灵机,吹嘘四气,幽括冲默,舒阐粲尉,抑浊扬清,斟酌河渭"。(《内篇·畅玄》)"玄"作为先天地而存在,并创生宇宙万象的生命之原,不仅化生而出整个世界,而且支配这个世界的自然运行。而"玄"自身是很难把握的,它渺茫深远,不可闻不可视,亦不屑用远近、迟速、高低、明暗、刚柔、方圆等形容状述,只能用"微""妙"之类的词语去描述,而"微""妙"本身也难以名状、亦不可捉摸。

葛洪将"玄"提升到宇宙本体、生命本原的高度,其理论源头实出自《老子》,是对《老子》"玄"论的引申与转化。《老子》曰:"无名天地之始,有名万物之母","此两者同出而异名,同谓之玄,玄之又玄,众妙之门"(第一章);又云:"谷神不死,是谓玄牝。玄牝之门,是谓天地根。"(第六章)不过,《老子》的"玄"用来描述本体之"道"的神秘性质,或者说,《老子》之"玄"是"道"本的态势,而非世界始基本身。葛洪所谓生命本原之"玄","原自汉代扬雄之《太玄》,非魏晋玄学之玄。此论玄为宇宙之本体,尤着重于玄道。"[1]那么,扬雄(前53—18年)又是如何谈"玄"?葛洪"玄道"内涵何指?《太玄·玄摛第九》称:

> 玄者,幽摛万类而不见形者也,资陶虚无而生乎,规揆神明而定夺,通同古今以开类,摛措阴阳而发气。一判一合,天地备矣;天日回行,刚柔接矣;还复其所,终始定矣;一生一死,性命莹矣。……夫玄晦其位而冥其畛,深其阜而眇其根,攘其功而幽其所以然者也。故玄卓然示人远矣,旷然廓人大矣,渊然引人深矣,渺然绝人眇矣。……人之所好而不足者,善也;人之所丑而有余者,恶也。君子日强其所不足而拂其所有余,则玄道之几矣。仰而视之在乎上,俯而窥之在乎下,企而望之在乎前,弃而望之

---

[1] 王明:《抱朴子内篇校释》(增订本),中华书局1985年版,第4页。

在乎后,……知阴知阳,知止知行,知晦知明者,其唯玄乎。

所谓"幽擒"是暗中控制的意思,"幽擒万类而不见形者",意即暗中掌控宇宙万有而不现影踪。从扬雄的宇宙发生模式看,"玄"是宇宙的本体,是万物存在与变化的总根据,它在暗中设置万物却不显露自己身形,正是有了"玄"这个本体,万物的度数才能定夺,其种类才得以区分,阴阳才能相感而发气。"玄"通过阴阳二气的分合运动而使天地成形,昼夜衔接。如此循环往复运动,而有终始之别,万物因之生长,性命之道因之而昭。由此可见,扬雄所论之"玄",即为其哲学思想的最根本的范畴。扬雄于此对"玄"的神奇力量作了富于想象的描绘,其对"玄"的宇宙本原性的表述,类似于《老子》之"道"所谓"道"为天地之母,道生万物之说。

另外,扬雄还提出"玄道"概念,结合其语境,可以看出,他是从人类德行修养的视野出发,意即如果人能够日补善之不足而去恶之有余,是可以接近、体悟玄道的,易言之,人可以通过个人修身养性,体道、悟道,以至了道而与道玄同、合一,这无疑为后来道教的修道成仙思想提供了理论预设。葛洪的"玄道"理念,也是受此启发,不过,稚川更从道术的角度进行发挥,将宇宙生成论与道德修养论糅合一体,融入其道教生命哲学的体系之中,作为其人生价值观的理论依据。《内篇·畅玄》描述了体得"玄道"的情状:

> 夫玄道者,得之乎内,守之者外,用之者神,忘之者器,此思玄道之要言也。得之者贵,不待黄钺之威。体之者富,不须难得之货。高不可登,深不可测。乘流光,策飞景,凌六虚,贯涵溶。出乎无上,入乎无下。经乎汗漫之门,游乎窈眇之野。逍遥恍惚之中,倘佯彷彿之表。咽九华于云端,咀六气于丹霞。俳徊茫昧,翱翔希微,履略蜿虹,践跚旋玑,此得之者也。

体得"玄道"之人乘光凌虚,"出乎无上","入乎无下",摆脱了一切束缚,突破了所有局限,进入绝对逍遥自由状态。这与"光乎日月,迅乎雷驰"的"玄"的境地无别。"咽九华于云端,咀六气于丹霞。俳徊茫昧,翱翔希微,履略蜿虹,践跚旋玑"的"得玄道"者,与《庄子·逍遥游》描绘的"不食五谷,吸风饮露;乘云气,御飞龙,而游乎四海之外"的"藐姑射山"之"神人"何曾类似,《庄子》所谓"神人"还是道德修养中"得道"者,限于精神修养境界,而《抱朴子》所谓

"得玄道"者仿佛成了"玄道"的化身,更有实体化的倾向。

葛洪在论述"玄""玄道"的同时,对道家道教的核心概念"道"也作了哲学意义的阐释。《内篇·道意》云:

> 道者,涵乾括坤,其本无名。论其无,则影响犹为有焉;论其有,则万物尚为无焉。隶首不能计其多少,离朱不能察其仿佛,吴札晋野(师旷,字子野)竭聪,不能寻其音声乎窈冥之内,猵狖猪疾走,不能迹其兆朕乎宇宙之外。以言乎迩,则周流秋毫而有余焉;以言乎远,则弥纶太虚而不足焉。为声之声,为响之响,为形之形,为影之影,方者得之而静,员者得之而动,降者得之而俯,升者得之以仰,强名为道,已失其真,况复乃千割百判,亿分万析,使其姓号至于无垠,去道辽辽,不亦远哉?①

葛洪这段描述,揭示"道"的特性:生天生地、亦有亦无、无声无形、亦远亦近、神妙莫测,"强名为道",实不能表达其无限深奥之内涵。为了显示"道"之奥妙,葛洪运用了许多上古时代流传下来的神话传说,如隶首作算数,吴札评歌声,师旷辨乐音,等等。在他看来,"道"的特征是难以状述的,即便是黄帝时代设立算数的隶首也不能对"道"进行计量,抑或是春秋时代善于评判歌唱技巧优劣的委札、晋野,用尽聪明也不能寻找到出于窈冥之"道"的音声,抑或是打猎中善于疾走者也不能找到"道"在宇宙之外的行迹。显然,这与原始道家之"道"无甚差别,表明葛洪对老庄之"道"的认同与继承。这样看来,葛洪在世界本原、生命本根问题上,用"道"表达的是与"玄"同样的含义。同时,葛洪也借助了魏晋玄学常用的辩证论述方式,来阐释"玄"或"道"既不是绝对的"有",也不是绝对的"无",而是"有"与"无"的对立统一。

如果说,葛洪用"玄""道"指称世界本原与生命本根,侧重于形上层面的表述的话,那么在生命构成问题上,葛洪则是用"气"作为流质,贯通生命形成、变化、发展的整个历程。如说,"自天地至于万物,莫不须气以生者也。"(《内篇·至理》)"浑茫剖判,清浊以陈,或升而动,或降而静,彼天地犹不知所以然也。万物感气,并亦自然,与彼天地,各为一物,但成有先后,体有巨细耳。"(《内篇·塞难》)天地万物(含人,因为在道家或道教理念中,人是万物

---

① 王明:《抱朴子内篇校释》(增订本),中华书局 1985 年版,第 170 页。

之一物)莫不禀道含气以生,对于每一生命个体而言,所禀之气虽有精粗、厚薄、多少之别,但本质上都是"气",都是从生命之本"道"那里,分得了道性,凝聚为独具之气,才获得其自身存在。葛洪的这一思想,在黄老道家那里已有阐发,如先秦《文子·九守》篇言:"天地未形,窈窈冥冥,浑然为一,寂然清澄。重浊为地,精微为天,离而为四时,分而为阴阳。精气为人,粗气为虫,刚柔相成,万物乃生。"再如西汉《淮南鸿烈·天文训》云:"道始于虚廓,虚廓生宇宙,宇宙生气。气有涯垠,清阳者薄靡而为天,重浊者凝滞而为地。"所谓"虚廓""宇宙""天地"几个阶段,其生成次第虽有别,但内在构成却不二,皆为浑一无形、不可闻见之气。万物乃阴阳之气相互交感、自然酝酿而成。葛洪承此前说,认为人是万物之一物,"人生先受精神于天地,后禀气血于父母"(《内篇·勤求》)——气是个体生命存在之活性元素,气存则身存,"气竭则身死","养其气,所以全其身"。(《内篇·地真》)

再者,"气"不仅是构成生命的基本元素,"气"也是生命的本质所在。在葛洪看来,宇宙之间,充盈是气。气为万物存在的生命基础,万物皆为气之在的暂存状态。"人在气中",其生死亦系于一气。"受气各有多少,多者其尽迟,少者其竭速。"(《内篇·极言》)禀气有纯杂厚薄之别,故万物形态各异,存在绵延亦有修短之殊;就生人存在而论,禀气有质、量自然之分,生命历程中耗气、损气亦不同。一般而言,若随顺生命的自然状态,气必因损而衰,因衰而竭,"气竭则身死"。但若藉借某种手段"吐故纳新","因气以长气"(《内篇·极言》),使之存于身而绵绵不竭,则此身便可长存。这就是葛洪养生学说中的"养气论"的理论依据。

个体生命的夭寿乃以"气"为标识,其生死系于自身之气的变化,"苟能令正气不衰,形神相卫,莫能伤也"。(《内篇·极言》)就是说,若能使"正气"不减,"形""神"互卫,则"生"莫能伤。这样,"气"是贯通"形""神"的枢纽,是关联人与天地、万物的流质。[①] 葛洪不仅用道生气成来解释自然世界,而且推演到国家社会。《内篇·地真》言:

> 一人之身,一国之象也。胸腹之位,犹宫室也。四肢之列,犹郊境也。

---

① 参见曾勇:《葛洪的生命价值观及其现代沉思》,《湖北社会科学》2005 年第 3 期。

骨节之分,犹百官也。神犹君也,血犹臣也,气犹民也。故知治身,则能治国也。夫爱其民所以安其国,养其气所以全其身。民散则国亡,气竭则身死,死者不可生也,亡者不可存也。

葛洪以身拟国,意在说明"身国同构"。在他看来,"身"与"国"不仅"貌合",而且"道同":理(治)身与理(治)国之道无二,此"道"是"天地万物""莫不由之"的生命之则。

## 二、"天地万物""莫不由之"的生命律则

世界万物(含人)是道生气化的结果,"道"或"玄"化生宇宙万象,并支配、主宰着天地万物,是支配生命及其过程的根本律则。"俗人不能识其太初之本,而修其流淫之末,人能淡默恬愉,不染不移,养其心以无欲,颐其神以粹素,扫涤诱慕,收之以正,除难求之思,遗害真之累,薄喜怒之邪,灭爱恶之端,则不请福而福来,不禳祸而祸去矣。何者,命在其中,不系于外,道存乎此,无俟于彼也。"(《内篇·道意》)作为生命之则的"道",存在于生命及其过程之中,只是"俗人不识太初之本",弃本逐末,修末于彼。其实,命在道中,道亦在命中;生命的律动,自有生命本身的规律;对人之行为而言,"道"就成了人应当遵循的法则——行为主体只有认识了这一规律,并遵循这一法则,方能成为自身生命的主人。

葛洪在对生命的体验中,把个体生命之则推延至国家社会、宇宙万物之中,认为宇宙生命遵循同一理则。《内篇·明本》说:

> 凡言道者,上自二仪,下逮万物,莫不由之。……今世之举有道者,盖博通乎古今,能仰观俯察,历变涉微,达兴亡之运,明治乱之体,心无所惑,问无不对者,何必修长生之法,慕松乔之武(式)者哉?

> 夫所谓道,岂唯养生之事而已乎?《易》曰:立天之道,曰阴与阳;立地之道,曰柔与刚;立人之道,曰仁与义。

众所周知,《易·序卦传》较早描述了宇宙衍化、社会形成的过程:"有天地,然后有万物。有万物,然后有男女。有男女,然后有夫妇。有夫妇,然后有父子。有父子,然后有君臣。有君臣,然后有上下。有上下,然后礼仪有所错。"这是将人间秩序(人文)的开端,归之于天地自然序列。在古人眼中,天

地万物（含人）的生成，有先后次第，其生成时序的先后与逻辑的前后没有多大差别；人间秩序内在于天道序列，序列背后有法则规律，人文法则应效仿天道自然，因此，葛洪强调说："道也者，所以陶冶百氏，范铸二仪，胞胎万类，酝酿彝伦者也。"（《内篇·明本》）在他看来，"道"氤氲天地，化生万殊，酝酿社会，天地、万殊、社会莫不由"道"化生；"道"既化生了天地万殊、宇宙人类，又支配其生命历程，其间蕴含一定的生命律则，此即"阴阳之天道""柔刚之地道"及"仁义之人道"，所谓"三才之道"。天、地、人三才之道源自同一道体，或者说，三才之道具有内在统一性，它们共同表征宇宙生命律则。葛洪在《外篇·勖学》倡导为学者要"清澄性理"，认识这一生命律则："夫学者所以清澄性理，簸扬埃秽，雕锻矿璞，砻炼屯钝，启导聪明，饰染质素，察往知来，博涉劝诫，仰观俯察，于是乎在，人事王道，于是乎备。进可以为国，退可以保己。是以圣贤罔莫孜孜而勤之，夙夜以勉之，命尽日中而不释，饥寒危困而不废。岂以有求于当世哉？诚乐之自然也。"葛洪明确指出，"道"涵具阴阳、柔刚、仁义之道乃至兴衰治乱之则，这就意味着原始道家的那个形而上的抽象之道已向经验层面的社会生活降落，从而为其接纳百家之学作了理论铺垫。[1] 而接纳百家之学的基础在于理论的可通融性，那就是百家之说共一道、同一理——生命律则。

客观地说，葛洪的三才之道，其理论的初始源头在《周易》，而直接承袭扬雄《太玄》。如其《太玄·太玄图》曰："天道成规，地道成矩。……夫玄也者，天道也，地道也，人道也，兼三道而天名之。"（原注：天地人三者俱谓之玄。玄，天也。故以天名也。）其《太玄·太玄告》亦言："玄者，神之魁也。天以不见为玄，地以不形为玄，人以心腹为玄。"其《太玄赋》声称："观大易之损益兮，览老氏之伏倚；省忧喜之同门兮，察吉凶之同域。"可见，扬雄所谓的"道"是各种事物的具体规律，而"玄"则是天道、地道、人道及万事万物之道的总规律，是一只掌控宇宙万事万物的看不见的手。[2] 这便是身为严君平弟子的扬雄，对宇宙规律义的"玄"学表述。这一表述具有三个特点：其一，沿用《易·说卦

---

① 参见丁原明：《葛洪神仙道教思想与黄老学的关系》，《文史哲》2004 年第 3 期。
② 董恩林：《葛洪道论分析与比较》，载《首届葛洪与中国文化国际学术研讨会论文集》，浙江大学中国思想文化研究所编印，2003 年 11 月。

传》"三才之道"的表述,却又以"玄"代"易",以"太玄"统领"三才之道",赋予"太玄"宇宙总规律之义,将魏晋时期"三玄"①研究之"玄"风推向极致;其二,将《易》《老》对举,以矛盾双方对立面的共在反成阐释"反者道之动"的内在生成之义,不乏其师以《易》解《老》之特色;其三,将"玄"之"人道"律则置于"人之心腹",为"道不远人,人能弘道"确立了身体践行依据,为人之即身修道奠定了玄学基础。扬雄有关"玄""道"的如是心得,皆为葛洪等道教人士何以修道打下了生命哲学的根基,同时也为道人依何炼养提供了方法论的指导。

如果说《周易》描述的宇宙生成模式摆脱了神创论,"却是一种猜测的和思辨的产物,带有模糊性、神秘性和先定性"②的话,那么可以说魏晋玄学则是借助《易》理,研习《老》《庄》,采撷精神营养,为人的生存与发展探寻安身立命、观物察变的思想武器。身为道教思想家的葛洪便将此思想武器用之于道教理论。如果说《周易》言说的宇宙万物变化律之"易道"则具有一定的神秘性的话,那么可以说扬雄等玄学家则淡化了这种神秘性,凸显了"玄"作为宇宙运动规律的根本性,及至道教思想家葛稚川,则是既认同这一总规律的根本性地位,又增强这一律则在生命炼养中的神秘性。这就为后人理解其生命律则设下了学理上的障碍。葛洪论述"玄""道"的规律意义时,除了借鉴扬雄的上述观点之外,还特意提出另一哲学概念"一",以凸显三才之道的内在统一性。《内篇·地真》说:

> 余闻之师云,人能知一,万事毕。知一者,无一之不知也。不知一者,无一之能知也。道起于一,其贵无偶,各居一处,以象天地人,故曰三一也。天得一以清,地得一以宁,人得一以生,神得一以灵。金沈羽浮,山峙川流,视之不见,听之不闻,存之则在,忽之则亡,向之则吉,背之则凶,保之则遐祚罔极,失之则命彫(凋)气穷。老君曰:忽兮恍兮,其中有象;恍兮忽兮,其中有物。一之谓也。

在有关"道"与"一"之内涵所指,及其关系问题上,学界历来争议很多。比较典型的有三种说法:其一,"一生道"说,如戢斗勇根据"道起于一"这句

---

① 颜之推《颜氏家训·勉学》称:"洎于梁世,兹风复阐,《庄》《老》《周易》总谓三元(玄)。"
② 冯天瑜:《中华元典精神》,上海人民出版社1994年版,第170页。

话,认为"一"产生"道","一"是比"道""玄"更本原的东西,"一"是葛洪所宣扬的道教的"元始天尊";①其二,"一"即"元一""元气"说,如汤一介先生对"一"和"道"关系的理解——如果说"一"就是"道",那么"道"不仅是天地万物的总根源,而且"道"也是构成天地万物的材料。如果说"一"不是"道",而是宇宙根据"道"而存在的原始状态。这两种情况都必然得出同样的结论,就是"一"指"气"或"元气";②其三,许抗生教授在《葛洪道教思想研究》中说,"葛洪还把'玄'或'道'也叫作'一'",将"玄""道""一"相等同。③ 我们认为,就《抱朴子》整篇而言,以上学者所说都有道理,但具体到《地真》中的这段文字,又都难以自圆其说。我们不妨做如下诠释:

"道起于一,其贵无偶,各居一处,以象天地人,故曰三一也。"这里的"道起于一",基本上承袭了《淮南鸿烈·天文训》关于"道始于一,一而不生,故分而为阴阳,阴阳合和而万物生"的说法,《太平经合校》卷三十七亦言:"一者,数之始也;一者,生之道也;一者,元气所起也;一者,天之纲纪也。"葛洪沿此拓展,用"一"来推导出"道"。数字"一"代表起始,其他数字皆由此引出,"一"具有始基义,它是绝对无待的,此即"老君曰:'忽兮恍兮,其中有象;恍兮忽兮,其中有物。'一之谓也。"(《内篇·地真》)同时,"道"的功用展现过程中,呈现为一定的规律性,大而言之,这些规律就可分为天道、地道、人道三个方面或三大系统,亦即"天地人三才之道",如《易·系辞下》所言,"《易》之为书也,广大悉备。有天道焉,有人道焉,有地道焉。兼三才而两之,故六。六者非它也,三才之道也。"指明六画卦之所以为六画,意在表达三才——天、地、人,每一"才"又"两之"(以阴阳、刚柔两分),方成六爻。《易》卦六爻分三重,上爻与五爻象征天,二爻与初爻象征地,三爻与四爻象征人。天象的规律(阴阳之道)、人事的条理(仁义之道)、地理的法则(柔刚之道),这三才之道或者说三个具体规律简称为"三",而这三个具体规律又具有内在的统一性,它们源自宇宙生命的同一总规律,这一总规律就是"一","一"是天地人共同一致

---

① 参见戢斗勇:《葛洪的"玄""道"与"一"不是一回事》,《江西社会科学》1984 年第 5 期。

② 参见汤一介:《葛洪与魏晋玄学》,载《首届葛洪与中国文化国际学术研讨会论文集》,浙江大学中国思想文化研究所编印,2003 年 11 月。

③ 参见许抗生:《葛洪道教思想研究》,《北京大学学报》1981 年第 3 期。

的总规律,它统摄天、地、人三大系统,统合"天地人三才之道",这就是"三一之道",即合一之道(总规律,相当于扬雄的"玄")。这样,《地真》所谓"道起于一"之"道",是指"天地人三才之道",或者说是"具体规律",而"一"则是"天地人三才之道"的统一性,或者说是"总规律"。这一整句话,我们不妨如此解读:世间万物运行的规律皆起源于一个总律则,这一总律则可贵无比、独一无二,那些具体规律各居一处,它们化生表征为天地人之行——天地人之行都表现出一定的规律性——而天地人三个系统的具体规律又具有内在的统一性,这就是说,"三"中有"一","一"中有"三",因而简称"三一"说。基于此,"一"是宇宙生命形成、变化、发展的总法则,是万物人世的最高律则,宇宙万象、天地人神,莫不循"一"而行,于是"天得一以清,地得一以宁,人得一以生,神得一以灵"。"一"是万事万物的总规律,人如果能懂得"一",万事就全懂了。知道了"一",就没有一种事物不知道;反之,若不知道"一",就什么也不可能洞察。遵循这一律则吉庆有余,违背这一律则就凶险相随,即"向之则吉,背之则凶"。保持住它就有长久之福,失掉了它就会"命凋气尽"。总之,"一"是"天地万物""莫不由之"的生命律则,这一律则就体现于宇宙万象的存在及其过程之中,"一能成阴生阳,推步寒暑。春得一以发,夏得一以长,秋得一以收,冬得一以藏。其大不可以六合阶,其小不可以毫芒比也。"(《内篇·地真》)

观照上述三家所言,我们认为,他们对"一"的诠释,可分成两类:道术之"一"与"道"即"一"。从老庄自然哲学向道教生命哲学流变的角度看,"一"(在老庄还只是"元气")确实比"玄""道"更富于神秘性,甚至被实体化为道教的至上神——"元始天尊",在葛洪仙道理论中,也有将"一"神格化倾向,如说"一有姓字服色"(《内篇·地真》),但"姓字服色"的"一"适用于修炼气功时"存思守一"的法术,并非"道起于一"之"一",这样,"一生道"之说就有问题了。汤先生用"元气"释"一",如果用在老庄那里是很贴切的——"道生一","一"是"道"的起始状态(元气),是"道"的最初流行显现,用于葛洪的变化气质、飞升成仙的道术上也是可以讲得通的。许教授所言若是把葛洪所谓"一"全部置换成"玄""道",也是值得商榷的,至少在"道起于一"这句话,同上述学者一样,就显得不够畅达,难以自恰。我们认为,一方面"一"确实有

"元气""与道同指"乃至"人格神"之义,另一方面,在"道起于一"的文本中,这些诠释也的确令人费解,而引起解读者歧义的,是原著中的一词多义及多词一义。如"道"本身就有"规律"义,而"一"也是如此,如果把二者限定在同一个层面,都表示一个意思,那是难以讲顺通的,这是二词同义"惹的祸";即便是表达"具体规律"义,葛洪在《外篇·循本》又用"本"来表示。他说:"玄寂虚静者,神明之本也;阴阳柔刚者,二仪之本也;巍峨岩岫者,山岳之本也;德行文学者,君子之本也。莫或无本而能立焉。"鉴于此,我们认为,"道"与"一"虽然都有规律义,但在"道起于一"的语境中,"道""一"的内涵有别,"道"代表天地人三才之道,"一"是指宇宙生命的总规律,"道"分"一"总,"道"在"一"中,以"一"统"道",这才是葛洪"三一说"的实质。

葛洪以"一"统"三(才之道)",旨在强调宇宙生命不仅有一共同本体,亦遵循统一的规则律法,反映在士人关注的治国与治身的问题上,那就是"身国同构""身国同理""身国同治"。他说:"夫道者,内以治身,外以为国。"(《内篇·明本》)"道"所以具有治身与治国的功能,是因为"道"能使身、国达致自然无为,即"夫治国而国平,治身而身生,非自至也,皆有以致之也。"(《内篇·勤求》)。具体而言,体现在治国方面,则"干戈不用,不议而当,不约而信,不结而固,不谋而成,不赏而劝,不罚而肃,不求而得……令未施而俗易,此盖道之治世也。"(《内篇·明本》)体现在治身方面,则"人能淡默恬愉,不染不移,养其心以无欲,颐其神以粹素,扫涤诱慕,收之以正,除难求之思,遣害真之累"。(《内篇·道意》)

其实,葛洪的这种身国同理同治的说法并不是他本人的独创。早在《管子·心术上》中就有"心之在体,君之位也;九窍之有职,官之分也"的君臣同体而分治的深刻论述:以君臣比拟心与其他器官,以心与其他器官的功能关系解释君臣职分关系。后来的黄老著作对此也多有推阐,如《淮南鸿烈·诠言训》引詹何的话说:"未尝闻身治而国乱者也,未尝闻身乱而国治者也。"[1]再后来,道教经典如《太平经》《老子指归·道生篇》也多有论述:

　　道无所不能化,故元气守道,乃行其气,乃生天地,……自然守道而

––––––––––––––––––

① (汉)刘安:《淮南鸿烈集解》,刘文典撰,中华书局1989年版,第466页。

行,万物皆得其所矣。天守道而行,即称神而无方。上象人君父,无所不能制化,实得道意。地守道而行,五方合中央,万物归焉。三光守道而行,即无所不照察。雷电守道而行,故能感动天下,乘气而往来。四时五行守道而行,故能变化万物,使其有常也。阴阳雌雄守道而行,故能世相传。凡事无大无小,皆守道而行,故无凶。今日失道,即致大乱。①(《太平经·安乐王者法》)

其(指"道")于万物也,岂直生之而已哉! 生之形之,设而成之,品而流之,停而就之,终而始之,先而后之。……天以之圆,地以之方;阴得以阴,阳得以阳;日月以照,星辰以行;四时以变化,五行以相胜;火以之热,水以之寒;草木以柔,金石以刚;味以甘苦,色以玄黄;音以高下,变以纵横;山陵以滞,风雨以行;鳞者以游,羽者以翔;兽以之走,人以聪明;殊类异族皆以之存,变化相背皆以之亡。……开口张目、屈伸倾侧、俯仰之顷、喘息之间,神所经历、心意所存、恩爱所加、雌雄所化,无所不导,无所不为。生之而不以为赀,为之而不以有求,长之而无以为有,天下迷惑,莫之能知。②

对比这些道家道教典籍,不难看出葛洪对传统文化资源的援用及思想的发挥。葛洪《内篇·明本》说:"夫道者,内以治身,外以为国,能令七政遵度,二气告和,四时不失寒燠之节,风雨不为暴物之灾,玉烛表升平之徵,澄醴彰德洽之符,……嘉禾毕遂,疫疠不流,祸乱不做。"不过,葛洪的身国同治,重在治之同理,不在于治之并重,也就是说,治身与治国在价值取向上,二者仍有层次高低之别。在葛洪看来,治身是个人对自己身心的炼养行为,"无须多才",人人可为;治国是个人对社会国家的施治作为,"需有余力","恃才"而行,并非人人皆可。从治身衍生的修道习仙,在很大程度上属于个人行为,虽然也讲个人生活对社会国家的意义与价值(如善功),但其终极关怀是个体生命的永生不死。如果说此前道教重在"去病消灾"之类"致太平"的人间修为的话,葛洪的仙道则是把这些善德事功作为修人道的基础部分,视为修仙道的前提条件,

① 王明:《太平经合校》,中华书局 1960 年版,第 21 页。
② (汉)严遵:《老子指归译注》,王德有译注,商务印书馆 2004 年版,第 133—134 页。

其宗教目标在于羽化霞飞、生命永恒,从而完成了道教史上,从"济世"到"度人"的价值目标转换。这当是葛洪之所以被称为神仙道教奠基人而创建的仙道派有别于黄老之学和前期道教的缘故之所在。

### 三、"守一存真"寓道于术的人生玄机

在葛洪生命哲学思想中,不仅有对生命本原的形上思考,而且也有身心双修的炼养实践,这一炼养实践是围绕方术展开的,于是方术就成了贯通形上与形下、融合现存与永恒的至要法门。

中华传统文化中的"天道"充满无限生机,此"天道"常内在地包含"地道",以与"人道"相对应,构成"天人一体"的宇宙生命系统。中华文化中的"人道"与"天道"一样充满无限生机。《周易》一方面将立天、立地、立人之道合成"三才"之道,旨在劝人"顺性命之理";另一方面倡导"圣人之道四",即崇尚以"辞、变、象、占"具体指导现实人生。具体说来,"'辞'即文辞精义,可以用来指导言论;'变'即变化规律,可以用来指导行动;'象'即卦爻象征,可以用来指导器物之制作;'占'即占筮原理,可以用来卜问决疑"。[①] 葛洪将易学之义理贯彻于道教修道证仙的生命实践之中,告诫修道者以《易》理明道本,执《易》道证仙道。如其《内篇·明本》所言:"夫所谓道,岂唯养生之事而已乎?《易》曰:立天之道,曰阴与阳;立地之道,曰柔与刚;立人之道,曰仁与义。又曰:《易》有圣人之道四焉,苟非其人,道不虚行。又于治世隆平,则谓之有道,危国乱主,则谓之无道。又坐而论道,谓之三公,国之有道,贫贱者耻焉。凡言道者,上自二仪,下逮万物,莫不由之。但黄老执其本,儒墨治其末耳。今世之举有道者,盖博通乎古今,能仰观俯察,历变涉微,达兴亡之运,明治乱之体,心无所惑,问无不对者,何必修长生之法,慕松乔之武(式)者哉?"[②]圣人"仰观俯察,历变涉微",洞悉天人不二理,其理实则充塞天地人我、宇宙万物的生命机理。

葛洪认同《易·系辞传下》"天地之大德曰生"之论,在葛洪看来,人禀受

---

① 詹石窗:《易学与道教思想关系研究》,厦门大学出版社 2001 年版,第 147 页。

② 王明:《抱朴子内篇校释》(增订本),中华书局 1985 年版,第 184—185 页。

天地之性德,故而可以"通天下之故",穷通万物之理,而天地大德又是本体之道的功能显相;道本化生万物,万物生生不已;万物和人产生之后,与本原之道就有了间隔;要想回到原初之道,人们就得用术,借助术才能返本归根,与道合一。对于道和术的关系,葛洪在《太清玉碑子》中说:"道隐无名,术彰有实。术彰有实,其术可行;道隐无名,而道可成。"可见,道是立教的根本,是术的终极指向,术是修道的操作方法与程序,道、术二者隐显互彰,相须而行。道使术在思想理论上得以升华,术使道在操作层面得以显现。道教思想家认为,修道者通过思玄守一、烧炼金丹等方术,可把道的特征用自身体验出来或金丹物化出来,然后以心合道或饵丹固道,即可生道玄同,了道成仙。这种寓道于术、以术合道的方法,也是葛洪道教哲学的生命机理。以下我们将从两个方面探讨:

对于思玄守一之术,学界有不同的理解。如有学者认为"一"就是"玄道","玄道"就是"一",而存思守一就是通过把外在于人的道内化于修炼者的内心世界,把自己的内心体验与道融合为一体,从而通神成仙。① 也有学者认为,葛洪只是表明了"玄道"的重要性,至于"玄道"的内涵是什么,他并没有作出解释,因此,只能从一般语义学角度来判断所谓"玄道"就是"玄"之道,即"玄"的内在规律性。② 葛洪《畅玄》篇如是描述"玄道":

> 夫玄道者,得之乎内,守之者外,用之者神,忘之者器,此思玄道之要言也。

> 不知玄道者,虽顾眄为生杀之神器,唇吻为兴亡之关键,绮榭俯临乎云雨,藻室华绿以参差。

"玄道"总是与"得""失""用""忘""思""知"一系列动词连用,而这些动词的主语无疑是人,是修道者,并且"此思玄道之要言也",亦明言这是存思玄道的至要妙诀。这就表明,葛洪讲存思玄道是从方法与途径的角度来谈修道长生成仙之术。

一般而言,一种宗教总有其最基本的信条,即一种求得"超生死,得解脱"的理论和方法。佛教的"超生死,得解脱"是要求达到"涅槃"的境界,采用的

---

① 参见孔令宏:《从道家到道教》,中华书局 2004 年版,第 208 页。
② 参见董恩林:《葛洪道论分析与比较》,载《首届葛洪与中国文化国际学术研讨会论文集》,浙江大学中国思想文化研究所编印,2003 年 11 月。

方法是"戒、慧、定"之类。那么,道教的解脱之道又是什么呢？对葛洪仙道来说,它要求的最高的解脱境界可以说是"长生不死""肉体成仙"。① 如《内篇·勤求》说:

> 天地之大德曰生,生,好物者也。是以道家之所至秘而重者,莫过于长生之方也。

"长生不死"本来是潜伏于先民心底的一种嗜望,"肉体成仙"则成了神仙道教的基本信仰。在葛洪看来,"夫陶冶造化,莫灵于人。故达其浅者,则能役用万物,得其深者,则能长生久视。……至于彭老犹是人耳,非异类而寿独长者,由于得道,非自然也。……人有明哲,能修彭老之道,则可与之同功矣。若谓世无仙人乎,然前哲所记,近将千人,皆有姓字,及有施为本末,非虚言也。若谓彼皆特禀异气,然其相传皆有师奉服食,非生知也。"(《内篇·对俗》)这就是说,一般人都有可能成仙,问题在于他是否"笃志至信,勤而不怠,能恬能静"(《内篇·辨问》),并且,潜心修炼仙道,倘若方法得当,持之以恒,了道成仙亦无以为难,如葛洪所言,"若夫仙人,以药物养身,以术数延命,使内疾不生,外患不入,虽久视不死,而旧身不改,苟有其道,无以为难也。"(《内篇·论仙》)可见,仙学可致的信仰是基础性的,而修道习仙的方法又是关键性的。

既然寻常百姓皆可不死成仙,那么,人若有意习道修仙,应遵循什么样的途径呢？葛洪《内篇·地真》的回答是:"子欲长生,守一当明。""守一"就成了长生之术。而且,葛洪借用道教经典和某些大师言传,从宗教信仰角度,进一步将"一"神秘化、人格化:

> 仙经云……一有姓字服色,男长九分,女长六分,或在脐下二寸四分下丹田中,或在心下绛宫金阙中丹田也,或在人两眉间,却行一寸为明堂,二寸为洞房,三寸为上丹田也。此乃是道家所重,世世歃血口传其姓名耳。

> 吾闻之于先师曰:一在北极大渊之中,前有明堂,后有绛宫;巍巍华盖,金楼穹隆;左罡右魁,激波扬空;玄芝被崖,朱草蒙茏;白玉嵯峨,日月垂光;历火过水,经玄涉黄;城阙交错,帷帐琳琅;龙虎列卫,神人在傍;不

---

① 参见汤一介:《魏晋南北朝时期的道教》,陕西师范大学出版社1988年版,第164页。

施不与，一安其所；不迟不疾，一安其室；能暇能豫，一乃不去；守一存真，乃能通神；少欲约食，一乃留息；白刃临颈，思一得生；知一不难，难在于终；守之不失，可以无穷；陆辟恶兽，水却蛟龙；不畏魍魉，挟毒之虫；鬼不敢近，刃不敢中。此真一之大略也。（《内篇·地真》）

葛洪所言道家，乃神仙道教。"道教初起，将两汉医学的人体结构说，与炼气士所体验的人体经络说结合，组成初具规模的丹田说，作为守一、行气的指示，这是中国人体文化在道教兴起之后，所获致的高度成就。"①上面第一段文献资料，葛洪将"一"具象化、神秘化，置之于人身上中下三丹田之中。至于第二段文献，李丰楙博士认为，葛洪"前半段所说的名祠，可作为身中宫殿，也可视为天上宫殿，正是天外大宇宙与人身小宇宙的对应关系，将人体与宇宙合一。自可存思于诸星之中：如北极、明堂、绛宫以及罡、魁等，将星辰的神秘力量吸取在身，自可发挥其不可思议的妙用"②。在葛洪看来，"一"的神通广大无比，饥时思"一"，可以得到"粮"；渴时思"一"，可以得到"浆"；危时思"一"，可以得平安。有了"一"，"白刃无所措其锐，百害无所容其凶"（《内篇·地真》）。于是便有了"子欲长生，守一当明"。

"守一"是长生之术，它与"思玄道"是怎样的关系？孔令宏教授认为，葛洪的"玄道"就是"一"，"一"也就是"玄道"。"一"又分为"真一"与"玄一"。"真一"即自然之道，"玄一"则是自然之道在人的思维世界中的体现。并认为葛洪继承了《庄子·天地》"通于一而万事毕"的思想。这一思想落实到修炼上，就是守一。在他看来，葛洪视守一为修炼大法，守一又分为"守玄一"与"守真一"两种。"守玄一是意念只集中于所守的对象而不涉及其他，是一种内视或内观的精神修炼方法，与庄子的心斋、坐忘是同一类修炼方法，是后来'存思'或者'存想'的雏形。……守真一一般称之为存神。除了意念集中于所守部位外，主要是存思该部位所代表的身神的具体的服色等形象，不像守玄一可以守没有具体形象的抽象对象。……存思守一通过把外在于人的道内化于修炼者的内心世界，把自己的内心体验与道融合为一体，通神成仙。所以，

---

① 李丰楙：《不死的探求——抱朴子》，海南出版社、三环出版社 1998 年版，第 345—346 页。

② 李丰楙：《不死的探求——抱朴子》，海南出版社、三环出版社 1998 年版，第 347 页。

守一就是守道。守一,从修炼者的角度来说,又叫守真,'患乎凡夫不能守真'(《内篇·道意》),'守一存真,乃能通神'(《内篇·地真》)。从增强人对道的遵循的意义上,葛洪借用《庄子》中的'天理'概念来指称道或一,'诱于可欲,则天理灭矣,惑乎见闻,则纯一迁矣'(《内篇·道意》)。"孔博士最后归纳道:以道范畴为逻辑起点,"葛洪推出了'玄'和'真'这两个概念,玄与真又被归结为一,所以有'玄一'与'真一'之说,进而被方术化为守玄一与守真一,这是就形而上贯彻到形而下而言的。就形而下上通于形而上而言,守玄一或守真一有利于思玄、通玄,从而契合道(这就是'真'的本意),也就是得道,这就把形而上与形而下双向贯通起来了。"①

我们认为,孔氏对葛洪"存思守一"之术的阐释,基本上本于《抱朴子》养生成仙的理念,但在以术合道的理路上,仍有可商榷之处。譬如,"存思守一通过把外在于人的道内化于修炼者的内心世界,把自己的内心体验与道融合为一体,通神成仙"的说法,即似有悖于《地真》"长生仙方,则唯有金丹,守形却恶,则独有真一"这种论述中对金丹与守一两种方术功用的定位。

"存思守一"是一种修道之术,一种基本的炼养之术,但"守形却恶",延年度世,离仙道的成仙不死的宗教价值目标还有间距,而要完成这一终极价值目标,关键在于"金丹大道",这也正是葛洪道派被称之为丹鼎派的缘由。另外,"外在于人的道"与"人身之真"似乎也有逻辑上不能自洽的问题。我们知道,葛洪的修道之术,概括起来,无非是"内养外炼",其中,"存思守一"属"内养","金丹大道"属"外炼"。"外炼"就是"外炼神丹","内养"即"内养精气神",此工夫发展为其后道教的"内丹"术。② 在葛洪的观念中,一般人的养生,"任自然无方术者,未必不有终其天年者也,然不可以值暴鬼之横枉,大疫之流行,则无以却之矣。"(《内篇·道意》)葛洪倡导"存思守一",是针对"暴鬼横枉""大疫流行"的六朝乱世——以道教徒的世界观看来,战争、洪水及疾疫皆为异气流行的结果——其解决方式诉诸宗教法术,便是"存思守一",然

---

① 孔令宏:《从道家到道教》,中华书局 2004 年版,第 207—208 页。

② "内外丹"早在魏伯阳《周易参同契》已有论述,但没有用这一术语,直到隋唐时期才明确提出。详见李大华:《生命存在与境界超越》,上海文化出版社 2001 年版,第 8 页。

而归根结底,其功用仅限于"却恶防身"①。

汤一介先生以"气"释"一",认为在葛洪那里,人的身体和精神乃至整个宇宙都是由"气"构成,是"气"把"天""地""人"统一起来,在"气"与"气"之间存在着感应关系,如果能把"精气"修炼得很灵妙,肉体坚固不坏,此人便成了仙,而仙人和整个宇宙非常和谐,这样,有限的个体就超出个体的局限,而和无限永恒的宇宙合而为一,不仅可以长生不死,而且可以具有超自然的"神通"。②

其实无论是以"意念"释"一",抑或是以"气"释"一",都是对古人修炼气功时所思所守内容的不同的理解,气功所要达到的理想境界,都是物我合一、天人合一的和谐状态,尽管"思""守"内容有异,但指向目标不二,《庄子·在宥》"我守其一,以处其和"便是佐证。至于"思玄守一"的神妙之处,乃是思神体道达到的精神境界——修习存思守一之术,调节精神状态和心理反应,产生灵异,显出功效,达到"真知足"境界——将"玄道"的特征化为体道修为者自身的特征,认为自己与道同体或已经成为道的化身。葛洪描述的思玄得道之人,俨然就是"玄道"自身:"高不可登,深不可测。乘流光,策飞景,凌六虚,贯涵溶。出乎无上,入乎无下。经乎汗漫之门,游乎窈眇之野。逍遥恍惚之中,倘佯彷彿之表。咽九华于云端,咀六气于丹霞。俳佪茫昧,翱翔希微,履略蜿虹,践蹑旋玑,此得之者也。"这种"思玄守一"得道之人,精神状态与本体之道合一,其生命存在状态又怎样?葛洪说:"然思玄执一,含景环身,可以辟邪恶,度不祥,而不能延寿命,消体疾也。"(《内篇·道意》)看来,葛洪将"存思守一"之类的内修方术定位为"养神之要"(《内篇·辨问》),其功用定格在以心合道的精神层面,与之对应,他强调"夫长生制在大药耳,非祠醮之所得也"(《内篇·勤求》)、"夫长生仙方,则唯有金丹"(《内篇·地真》)。这里的金丹大药正是葛洪所言外炼所得的合成神丹,葛洪认为"还丹金液"是"仙道之极","服神丹令人寿无穷已,与天地相毕,乘云驾龙,上下太清"。(《内篇·金丹》)

---

① 李丰楙:《不死的探求——抱朴子》,海南出版社、三环出版社1998年版,第350页。
② 参见汤一介:《魏晋南北朝时期的道教》,陕西师范大学出版社1988年版,第186页。

在内修和外炼与成仙之间的关系问题上,《内篇·辨问》说:"得合一大药,知守一养神之要,则长生久视。"如果从传统形神关系看,内修心性以合道本,外炼、饵服金丹永存形体,使身心两宜,形神俱妙,这就是卫生养命的机理,仿佛葛洪都很重视。其实,在葛洪那里,内修与外炼并非等量齐观,进而也不能很好地做到形神兼顾。他比较注重炼丹服饵,但他的"假于外物以自固"理论,不能解释为何服丹就能保持形体不朽,或者说,"丹"何以体现"道"的永恒。正如有学者所说:"葛洪把'玄'和'道'作为哲学本体论最高范畴,但他未能把哲学本体论与作为成仙关键的金丹大药有机地结合起来。葛洪以金丹大药求成仙是建立在'假外物以自坚固'这一观念基础上的。……葛洪虽然提出'玄'这个超自然的神秘主义的宇宙本体,却未能使其成为其全部仙道学说的最高概括。葛洪仙道学说实际上由两个部分组成:一是以还丹金液为核心的'仙术',再一是以思神守一为中心的'道术'。前者的理论基础是'假外物以自坚固'和'形神互恃'观念;玄仅构成其学说的后一半的理论基础。"[1]这的确是葛洪仙道理论的不足之处。但他寓道于术、以术合道的生命哲学架构还是基本搭建起来了,而这一理路在此前已有传承。如汉代贾谊《新书·道术篇》说:"道者,所以接物也。其本者谓之虚,其末者谓之术。虚者,言其精微也,平素而无设储也。术也者,所以制物也,动静之数也。凡此皆道也。"黄老之学亦称之为黄老术,其中不乏老庄道家和邹衍以来自然哲学的成分。葛洪作为道教哲学奠基人之一,继承了包括道家自然哲学在内的诸如气功、医学、药学、冶炼、食疗等科学技术,将其纳入道教哲学的养生方术,逐步将道家自然哲学改造为道教生命哲学。"葛洪倡导通过存思守一、体道合真而通神得仙,这就使道教哲学中的道和术融为一体,解决了最初哲学、宗教和方术三者衔接不紧的弊病,为魏晋神仙道教建立了完整的理论体系并打下坚实的哲学基础。"[2]

张岱年先生曾经指出:"中国古代哲学的一个根本特点,就是天道论、伦理学、方法论的密切结合,可以说构成三位一体。在中国古代哲学中,宇宙的

---

[1] 任继愈:《中国道教史》,上海人民出版社1990年版,第93页。
[2] 胡孚琛:《魏晋神仙道教——抱朴子内篇研究》,人民出版社1989年版,第194页。

第一原理也就是道德的最高准则,认识真理的方法也就是道德修养的方法。"①粗略地说,中国哲学的"天道论"相当于亚里士多德的"第一哲学",西方哲学的"方法论"对应于中国哲学的"修养论",而"伦理学原本就是价值论"②。观照葛洪哲学思想,其"道本"与"方术"分别代表"天道论"与"方法论",并表现出以道御术,以术得道,寓价值思想于其间的个性特征。

## 第二节　价值之基

"价值"作为一个哲学范畴,是近代从西方传入的,但这并不等于说中国古代没有价值学说;相反,中国古代不乏价值学说,而且其内容十分丰富。中国传统哲学被看作人生哲学,而传统人生哲学的核心内容就是价值问题,"中国在两千多年前就发现了人生的价值在人的心里,价值的根源在自己的生命之内,解决人生价值的问题的权力在人自己,所以人可以用自己的力量,打破其他的困难,来完成人生的价值"③。中国价值学说折射出人们(个人或人群)的一般价值原则和基本行为准则,直接反映在人们对价值的认识、取向、创造等诸多方面。葛洪对价值基本问题的阐述亦由此展开。

### 一、"出处由己""诀在于志"的价值原点论

价值论(axiology)是人类生活中的价值及其意识的基本规律和实践方式的科学,它是由哲学和各门具体科学关于价值的研究所构成的一门综合学科,作为一门学问是 20 世纪初在西方开始建立的,但是,关于价值的思想(ideas of value),无论是在古代东方抑或在古代西方,都不乏其论。"价值"(value)的本意是"可贵、可珍惜、令人喜爱、值得重视",源于古代梵文 wer、wal(围墙、护栏、排盖、保护、加固)和拉丁文 valus(堤)vallo(用堤护住,加固,保护),取其"对人有维护、保护作用"的含义演化而成。④ 张岱年先生曾经指出,价值一

---

①　张岱年:《张岱年全集》第 4 册,河北人民出版社 1996 年版,第 125 页。
②　江畅:《理论伦理学》,湖北人民出版社 2000 年版,第 20 页。
③　徐复观:《文化与人生》,载李维武编《徐复观文集》第一卷,湖北人民出版社 2002 年版,第 6 页。
④　参见刘军平:《张岱年哲学思想研究》,武汉大学博士论文,2005 年,第 130 页。

词是近代流行的,在中国古代与其意义相当的是"贵","贵"字在哲学上,意指"高尚可以尊重的品质或事项",如《释名·释言语》中的"贵,归也,物所归仰也。"再如:《论语·学而》有子言"和为贵";《墨子·贵义》云"万事莫贵于义"。这里"贵"都是"价值高,值得珍视"之意。① 当然,这些都是从正面论及价值,但并非否认有负面价值,犹如"贵""贱"相对、"善""恶"相反一样,它们都是相比较而存在,相对抗而发展,不过,人们在确立了积极、正面的方向之后,常采取鼓励向上的诱导方式,譬如劝人向善,其实内在地包含着戒人去恶的成分,在价值问题上,人们认可的诸如"和""义""生"等,都是正面的价值,或者说,是在价值层级上处于高层或上层的价值,它代表着一种有利于行为主体的选择趋向。

葛洪哲学如同其他道教哲学,以"生命"为主题,在本质上是重人贵生的价值理论。在《抱朴子》一书,他一再畅述这一生命主旨:

> 天地之大德曰生,生,好物者也。(《内篇·勤求》)
>
> 有生最灵,莫过乎人,贵性之物。(《内篇·论仙》)
>
> 夫陶冶造化,莫灵于人。(《内篇·对俗》)
>
> 生之于我,利亦大焉。论其贵贱,虽爵为帝王,不足以此法比焉。论其轻重,虽富有天下,不足以此术易焉。故有死王乐为生鼠之喻也。
> (《内篇·勤求》)

葛洪肯定天地万物(含人)都是道生气化的结果,化生生命是道体的最大德行。一方面,从自然生命本原上看,众生平等——道体同一;另一方面,他又认为"人之为物,贵性最灵"(《内篇·黄白》),就是说,在所有的现实生命存在中,人又是超越其他一切生命形态的存在物,借用莎士比亚的话语便是:"人是一件多么了不起的杰作! 多么高贵的理性! 多么伟大的力量! ……在行为上多么像一个天使! 在智慧上多么像一个天神! 宇宙的精华! 万物的灵长!"②

葛洪"贵性最灵"一语,强调在现实生活中,人性贵于他物之性,即价值高

---

① 参见张岱年:《中国古典哲学的价值观》,《学术月刊》1985 年第 7 期。

② [英]莎士比亚:《莎士比亚全集》第 5 卷,朱生豪译,人民文学出版社 1994 年版,第 327 页。

于他物(自然物或人造物),凸显了人的心智灵明的独特优越,并且认为,正是心智把人和其他万物区别开来,这样,人生活动就成为一种有意识的生命活动。"有意识的生命活动把人同动物的生命活动直接区别开来。"①作为一种特殊的有意识的生命存在,人不会仅仅满足于现实世界的追求,相反,他总在不断地寻求对自我的超越,对有限的突破,追求生命意义的升华,希冀永恒价值的获得。

"意识"在中国古代哲人那里常用"心"来表示,他们论"心",一般有两个基本层面的意涵。第一个层面可称为生命之心,它是对生命的体验和感悟的那一部分(大致相当于英语中的 heart),包括情感、欲望、意志等成分。从这个角度看,无人心,生命存在的意义不得而知。但另一方面,所谓生命,即对人心的体现;无生命,人心无着落。因而,生命之心的功能就是对它自身的体验和感悟。这正反映了中国哲学主客合一的特点。就是说,生命之心一身兼二任,既是主体,又是客体。但归根结底,是主体性的实际承载者。心的第二个层面可称为认知之心(大致相当于英语中的 brain),它是心对外物认识的那一部分,具有理智、理性的特征。当然,其功能是对世界的认识。认知之心与客观世界之间也是互相依赖的。② 葛洪也是在对"心"的体验、感悟与反思中构建自己的价值原点论的。

对应生命之心,葛洪通常是在对"性""情""欲"等的状态描述中表达其含义的,如:

> 斯皆器大量弘,审机识致,凌侪独往,不牵常欲,神参造化,心遗万物。可欲不能蛊介其纯粹,近理不能秏滑其清澄。苟无若人之自然,诚难企及乎绝轨也。(《外篇·知止》)

> 按仙经以为诸得仙者,皆其受命偶值神仙之气,自然所禀。故胞胎之中,已含信道之性,及其有识,则心好其事,必遭明师而得其法,不然,则不信不求,求亦不得也。(《内篇·辨问》)

在葛洪看来,"性"即"人之自然",这种"人之自然"指人性的自然状态或本然

---

① 《马克思恩格斯选集》第 1 卷,人民出版社 1995 年版,第 46 页。
② 参见郭沂:《生命的价值及其实现——孔、庄哲学贯通处》,《孔子研究》1994 年第 4 期。

属性,来自"自然所禀",从其"必遭明师而得其法"来看,这种"自然所禀"并非十全十美,而是有待扩充、升华。"性"不仅分享"道",而且蕴含"欲",此"欲"是先天的。"欲"是中性的,不分善恶,属"人之自然"。至于"性"与"情"的关系,葛洪把二者对举,他说:"夫有欲之性,荫于受气之初;厚己之情,著于成形之日。"(《外篇·诘鲍》)就是说有形的"情"是"荫于受气之初"的"有欲之性"的拓展,即,"情"是欲望的外显,二者在本质上是通融的。现实的人,追求欲望满足是势之必然:"凡人之所汲汲者,势利嗜欲也。"(《内篇·勤求》)觉解到这一点,他便警示世人,"心受制于奢玩,情浊乱于波荡,于是有倾越之灾,有不振之祸"(《内篇·道意》),并且,从生命修养角度看,若让其放任自流,则会"乱性""伐命",如他所言,"宴安逸豫,清醪芳醴,乱性者也;冶容媚姿,铅华素质,伐命者也"(《内篇·畅玄》)。相反,那些才能巨大、气度宽宏者,能审视关键,会辨识精微,出类拔萃,独来独往,不被常人的欲望牵扯,精神参验天地造化而自由,而心灵不计较万物而清澄。可以诱发人欲念的东西丝毫不能改变他们心灵的纯净,浅近的道理不能损耗扰乱他们精神的清朗。如果没有像那些人那样的资质,确实难以达到那样的生命境界。他们生命境界之高,是顺遂生命之资质,把握生命之情欲,冶炼生命之心的结果。

葛洪虽然援引仙经所言"得仙者,受命偶值神仙之气",似乎也认可仙人乃受命偶值异气之说,但我们认为这不能表明他就像有的学者所说那样,就是一位"命定论"者。[①] 为了说明这一点,我们不妨借用爱迪生的那段关于"天才"的名言:"天才那就是1%的灵感加上99%的汗水。但那1%的灵感是最重要的,甚至比那99%的汗水都要重要。"我们中的不少人断章取义,把这句话生吞活剥地劈成两截,将"但那1%的灵感是最重要的,甚至比那99%的汗水都要重要"这后半截原话长期弃而不用,无视"灵感"之于"天才"所禀的潜在天赋的重要性。如果说,葛洪是一位命定论者,那么,爱迪生无疑与他同类。再说,在葛洪看来,"自然所禀"只是为成仙的一个条件,更为重要的是要"有识""心好其事""遭明师""勤求"不怠等后天作为,最基本的是在"心"上下功夫,因为在得道之"仙"与所受之"气"之间,存有巨大的张力,"心"正是提供

---

① 参见卿希泰:《中国道教史》第一卷,四川人民出版社1988年版,第326页。

能量克服这种张力的引擎机,同时,"心"也是识道立志的导航器。在谈及成仙的至要法门时,他说:

> 要道不烦,所为鲜耳。但患志之不立,信之不笃,何忧于人理之废乎?(《内篇·释滞》)

> 夫玄道者,得之乎内,守之者外,用之者神,忘之者器,此思玄道之要言也。(《内篇·畅玄》)

> 守一存真,乃能通神。(《内篇·地真》)

他从修道成仙与信仰意志的关系立意,着眼于"心"的原发性与动力因层面,认为这种生命之心要"立志""笃信""存思守一",体认生命本原之道,并将道的特征内化于己心,达到心道玄同,实现与道合一的生命价值。葛洪始终把对神仙的信仰和诚心立志皈依道教当作长生成仙的前提。他说:"凡学道当阶浅以涉深,由易以及难;志诚坚果,无所不济,疑则无功,非一事也。"(《内篇·微旨》)又说:"夫求长生,修至道,诀在于志,不在于富贵也。"(《内篇·论仙》)因此,志诚信仙,应是修长生之道的首要条件。

分析这一过程我们会发现,生命体验之心与认知玄道之心不二,但功用有别,前者重在主体的感受,后者重在对客体的把握,通过以心(认知之心)明道、以心(生命之心)存道,达到道的内化(客体的主体化),实现现实生命与生命本原之道的玄同合一。这种"生与道合"的玄妙之境在葛洪的价值理念中,无疑是最高的、终极性的,表达了他对宇宙人生根本问题解脱之路的终极理解:人生的意义与价值在于自身生命潜能的彻底释放,以至同宇宙生命本原契合一体而获得永恒。并且,这一终极价值的获得不在来世与彼岸,就在今世与此岸,同时,这一终极价值并不排斥其他世俗价值,相反,它认可人们的现实物质利益,首肯圣人经世济民的合理性、必要性,并称道"圣者,人事之极号也"(《内篇·辨问》),告诫修道者"但患志之不立,信之不笃,何忧于人理之废乎?""人理"尽在"大道"之中,只怕认知理性的"心"觉解不到这一点。可见,葛洪对人心所具备的认知理性充满自信,认为只有人才能从玄道那里找到人生的价值之源,从天道之常("天秩"),体认出人伦之礼("人理"),而且认为人类就是因礼而贵于他物。他说:

> 天秩有不迁之常尊,无礼犯谪死之重刺。是以玄洲之禽兽,虽能言而

不得厕贵性(牲);蚩蚩之负蹶,虽寄命而不得为仁义。(《外篇·博喻》)

夫唯无礼,不厕贵性。(《外篇·讥惑》)

"不得厕贵性"中"厕"作"间杂,置身"讲,整句意思是说,所以玄洲的禽兽虽然能说话,但不得列入人的行列;蚩蚩兽背负蹶鼠,它们虽然能相依为命,但仍没有仁义可言。

葛洪这里借典《尚书》皋陶谟:"天秩有礼,自我五礼有庸哉",及《礼记·大传》:"有百世不迁之宗",来说明"心"对"礼"的认知,肯定"礼"乃"人禽之别",是"贵于他物"的标志之一。这一思想显然是受儒家伦理价值学说的影响。譬如《礼记·曲礼》上曰:"鹦鹉能言,不离飞鸟;猩猩能言,不离禽兽。"《孝经·圣治章》亦云:"子曰:'天地之性,人为贵。'"《荀子·王制》言:"人有气,有生,有知,亦有义,故最为天下贵者也。"董仲舒《春秋繁露·人副天数》曰:"天地之精所以生物者,莫贵于人。"在儒家伦理思想中,人是天地之间受气至精的生命存在,也是价值最高的生命形态。其中,人能知仁行义守礼是人之价值高于他物的关键所在。

葛洪承传这些价值思想,强调人伦之礼对于人类生存的不可或缺。如《外篇·讥惑》云:"盖人之有礼,犹鱼之有水矣。鱼之失水,虽暂假息,然枯糜可必待也。人之弃礼,虽犹觍然,而祸败之阶也。"人与"礼"的关系,如同鱼与水的关系,鱼一旦失去水就不能存活,人离开"礼"也难以生存,并最终走向灾祸的深渊。可见,葛洪把"礼"视为人生存的必要条件,作为"人之为贵"的一个根据。在葛洪看来,"礼"不仅是人伦"等序之杀(差)"的外在规定,更是个人立身处世的内在需求,至德之士以品德称世,不必以官位显身,而且人之贵贱也不在其爵位之高低,如其《外篇·逸民》云:"尔则贵贱果不在位也。故孟子云:禹、稷、颜渊,易地皆然矣。宰予亦谓:孔子贤于尧、舜远矣。夫匹庶而钧称于王者,儒生高极乎唐、虞者,德而已矣,何必官哉!"就是说,贵贱最终并不在于是否得到官位,如孟子所说,大禹、后稷、颜回,地位交换一下也都是一样的受人尊重;宰予也说孔子比尧舜贤德得多。那些老百姓都把他们称为王者,儒生尚可达至唐尧、虞舜的高度,无非指道德罢了,何必是官位呢?!《内篇·塞难》亦言:"所以贵道者,以其加之不可益,而损之不可减也。所以贵德者,以其闻毁而不惨,见誉而不悦也。"就是说,"道"之高贵,在于它不会因外物增益减损而改变自身,同理,“德”之尊贵,亦在于它不因赞誉诋毁而或悦或悲。若能达到对“道”的领悟,对“德”的守持,自然就能领会“礼”的精神。其实,“礼”源自对“天秩”序列的模拟,它是维持社会生活有条不紊的保障与调节系统,也是保持生命主体自身存在的内在依据,在精神实质上,它是和“道”“德”紧密相连并息息相通的。基于此,葛洪肯定遵循礼义法度对维护国家长治久安的重要意义,他还以“夫桀倾纣覆,周灭陈亡,咸由无礼”(《外篇·疾谬》)的反例,直陈弃礼亡国的严重后果。纵观《抱朴子》,不仅论“世事臧否”的《外篇》重“礼”,就是言“长生之理”的《内篇》也隆“礼”。譬如《内篇·微旨》篇说:“大而谕之,犹世主之治国焉,文武礼律,无一不可也。”此虽为比况之辞,却也反映出葛洪对礼的社会功能的重视。需要说明的是,葛洪所重视的不是“揖让与盘旋”(《内篇·塞难》)、“洒扫应对”一类的“细礼”(《外篇·备阙》),而是维系宗法伦理秩序的礼制。因此,他鞭挞“君臣易位”“父子推刃”(《内篇·明本》)之类的社会乱象,表现出在社会问题上的理性主义精神。葛洪虽以“礼为人伦之贵”立意,但他反对礼仪问题上的繁文缛节。《外篇·省烦》明确提出,“人伦虽以有礼为贵,但当令足以叙等威表情敬”。在他看来,礼的本质应是人类性情合乎理性的表达与反映,而非外在他律手段,亦非繁文缛节,能表现出“叙等威”的社会功能即可。这里的“叙等威”,也表明葛洪对“名教与自然”关系问题的立场,在葛洪看来,“名教”当是社会发展中的一种客观自然存在,出乎社会生活之自然。

由此可见,“重人珍生贵礼”是葛洪对于人生价值的重要内容,此价值内容建立在一定的价值认识之上,那么,人生价值认识的源头究竟何在? 葛洪将其归之于“心”。《外篇·嘉遁》言:“夫七尺之骸,禀之以所生,不可受全而归残也;方寸之心,制之在我,不可放之于流遁也。”生命作为大道馈赠于己的最为珍贵的礼物,需要每一个体严肃认真面对,选择自我行为方式,无论是出仕治世,还是隐遁修道,“在我而已,不由于人”,开发生命潜能,创造生命价值,所有这一切“制之在我”,并且源自我“心”。作为价值认识源头的“心”,内涵丰富,概而言之,涵括道德良心、善恶是非感,以及进行思考、谋划和表达等等理性活动的能力。它既是认识的工具,又是认识的对象及认识的结果;既有理性的成分,又含非理性的因素;既能描述存在,也能判断价值,真可谓无所不包。如果说对"生命之原"的认识,侧重于"心"对"作为存在之存在"的理性追问的话,那么"制之在我"之"心",似乎更凸显"心"对价值的原点意义。一般价值的认识、价值取向的选择与价值目标的实现源于"心",生命本质的觉解、理想人格的确立与终极价值的成就更基于"心"。葛洪甚至把心智、信仰与修炼揉合一体,提出"至于仙者,唯须笃志至信,勤而不怠"(《内篇·辨问》),倡导修道习仙者,坚定信仰,博览经书,勤于求师,勇于炼丹,方得仙果。正是基于对"心"力的确信,葛洪高唱"我命在我不在天,还丹成金亿万年"的生命强音。葛洪认为,体道修德人生才具有终极意义,了道成仙生命获得最高价值,但又认为这并非唯一价值,相反,他认为"自然之有命",万物各有其存在的合理性,应"各随其性""安其所长",这就是他在价值取向问题上的多元并存论。

## 二、"自然有命""安其所长"的价值取向论

在生命本质观上,葛洪认为,个人生命同天地万物一样都是禀之于道,并由具有阴阳之性的自然之气化生而成;在先天人性(人的属性)问题上,由于受气有多少、厚薄、精粗之别,因而,在现存状态中表现出夭寿、美丑、贤愚等个体差异性。在葛洪这里,本性即"自然所禀"之性,对于生命个体来说,存有难以改变的部分,以此形成各自独特的个性:资质有了分殊,需求有所差别,取向有所不同。① 他以儒家圣人孔子不从其师老子习道为例,阐发"自然有命""安其所长"的价值取向主张。

> 或曰:"仲尼亲见老氏而不从学道,何也?"抱朴子曰:"以此观之,益明所禀有自然之命,所尚有不易之性也。仲尼知老氏玄妙贵异,而不能把酌清虚,本源大宗,出乎无形之外,入乎至道之内,其所谘受,止于民间之事而已,安能请求仙法耶? 忖其用心汲汲,专于教化,不存乎方术也。仲尼虽圣于世事,而非能沈静玄默,自守无为者也。……此足以知仲尼不免于俗情,非学仙之人也。夫栖栖遑遑,务在匡时……亦何肯舍经世之功业,而修养生之迂阔哉?"(《内篇·塞难》)

---

① 参见许建良:《魏晋玄学伦理思想研究》,人民出版社 2003 年版,第 358 页。

在葛洪看来,孔子知道老子的学说玄奥精妙尊异贵独,但他也深知自己不能进而学得清静虚无,探究生命本原,追思万殊大宗,出于无形无象的外部世界,进入不生不死的至道境域。于是,孔子向老子所讨教问学、咨询并接纳的,仅限于社会事务,哪会请教神仙大法呢?推想起来,孔子处心积虑,全在为教化而忙碌,心思一点也没放在方术上。他是社会事务方面的圣人,不是能够沉静虚淡、自守无为的人物。孔子勤于人情世故,无意修道习仙,他成天栖栖遑遑,致力于匡正民教社风,又怎肯丢下经营天下的宏伟功业,去追求修身养性、长生成仙的迂阔理想呢?孔子不修仙道而致力于人道,是天性中有不可更易的禀赋,是自然之命使然,这无可厚非,况且他认识到自己不是习仙之人,他向老子请教的不是道术仙法,而是社会事务,并且他学以致用,这才成就了他的圣人之德,而为世人所称道。孔子知命而行,秉性而为,这正是他作为儒家圣人的至德所在。葛稚川接着发挥说:

> 圣之为德,德之至也。天若能以至德与之,而使之所知不全,功业不建,位不霸王,寿不盈百,此非天有为之验也。圣人之死,非天所杀,则圣人之生,非天所挺也。贤不必寿,愚不必夭,善无近福,恶无近祸,生无定年,死无常分,盛德哲人,秀而不实……(《内篇·塞难》)

在葛洪眼里,儒家圣人不探究生命本原,也不追问身后何去,致力于生命当下的使命与担当,注重个人在社会历史中的德业创建与传承。譬如孔子讲有命,他说"不知命,无以为君子"(《论语·尧曰》),而且自己是"五十而知天命"(《论语·为政》)。孔子认为,一个人只要坚持道德实践,建功立业,就会自得其乐,感受到人生的幸福。在儒家看来,命"乃指人力所无可奈何者",①"死"是生命历程的必然环节,乃"命"中注定不易,因此,在面对死亡时,采取一种独特的"认"的态度,就是承认、肯定、接受死亡降临,而镇定自若。

据《史记》载:"匡人拘孔子益急,弟子惧。孔子曰:'文王既没,文不在兹乎?天之将丧斯文也,后死者不得与于斯文也。天之未丧斯文也,匡人其如予何!'"(《史记·孔子世家》)说的是,有一次孔子路过匡地,被匡人误认为是阳虎而遭到拘禁,弟子们感到非常害怕。孔子却生气地说,天把文化给了周文

---

① 张岱年:《中国哲学大纲》,中国社会科学出版社 1982 年版,第 399 页。

王和他,他要是死了,天下从此就不会有文化。现在天把保存和传播文化的使命给了他,匡人又能把他怎么样! 孔子这里所言的"天",偏重于外在之必然性,而与之对应的"命",则侧重于人所受"天"之必然性而一定会如此的人生之实存状态。孔子坚持这种从事实之必然而推导并认肯的人生之实然的"命",所以,哪怕是在生死存亡的关头,他也能镇静自若。孔子并没有把"命"与"天"视为一种盲目的外在的必然性,而是内蕴为"天德"(即宋儒所谓"天理")的理性存在,具化于人则为"人德",呈现为儒者一生都应该努力取得和践履的仁义道德,这就是"天"赋予自己的历史使命,即"天命"——在孔子那里,此"天命"即以恢复周礼为终身志愿,视文化传承为人生使命。孔子将"知命"认定为有道德有修养者的重要人生目标,他将"天""命"联袂,其实"是将盲目的客观必然性经过人之知性作用,转化为应然之必然,成为与主体合为一体的当然之则"。① 真正做到"知命",其实不易,孔子自称"五十而知天命"——正是这种历史使命感促使自己从事政治活动。② 孔子知命而行的责任意识,为后世儒者所传承,他顺乎自然的生死态度,也为后儒所发扬,据《荀子·大略》载,孔子高徒子贡曾说:"大哉死乎! 君子息矣,小人休焉。"③意思是说,人活着就应当积极有为,只有死才是静息。宋儒张载更说:"存,吾顺事;没,吾宁也。"(《正蒙·乾称》)强调人活着应当乐生,努力做事,死则是休息,应当安死,即"存顺没宁",其生死态度可谓与孔子是一脉相承。

葛洪肯定孔子"用心汲汲,专于教化"之类经世济俗之功,认为他虽不习仙法,也不失儒家圣人之名,他"栖栖遑遑,务在匡时",其实是出于"自然之命",也正是他"知命"而行,成就了生命的社会价值;即使"寿不盈百",也能坦然面对死亡的降临,因为在孔子看来,"死"的任何意义都是由其生前所作所为而定,自己正是以有生之年的努力完成自己此在之"命",而获得了"生"时的充实与"死"时的坦然。葛洪一方面对孔子这种"乐天知命"的人生态度表

---

① 参见郑晓江:《解读生死》,社会科学文献出版社 2005 年版,第 20 页。

② 关于孔子从政的初始时间,张岱年认为是"自他 50 岁起"(见《中国哲学大纲》第 400 页),匡亚明认为是在 51 岁那年(公元前 501 年)"任中都宰"(见匡亚明:《孔子评传》,南京大学出版社 1990 年版,第 439 页),我们认为这只是计算年龄所用或实或虚的方式不同,二人所指孔子从政时间其实无别。

③ (清)王先谦:《荀子集解》(下),沈啸寰、王星贤点校,中华书局 1988 年版,第 511 页。

示理解与欣赏;另一方面又从"命中有不易之性"对他成圣而不习仙加以解释与说明。

在葛洪的思想里,虽不乏儒家思想的光芒——肯定现实社会世俗价值,但更为浓厚的是道家思想的底蕴——倡导生命至上理念,弘扬道法自然精神。在人生价值取向问题上,他倡导道家"安时随性""任物自然"之说,作为人生安身立命的基调。《内篇·塞难》篇说:

> 天道无为,任物自然,无亲无疏,无彼无此也。……或人难曰:"良工所作,皆由其手,天之神明,何所不为,而云人生各有所值,非彼昊苍所能匠成,愚甚惑焉,未之敢许也。"抱朴子答曰:"浑茫剖判,清浊以陈,或升而动,或降而静,彼天地犹不知所以然也。万物感气,并亦自然,与彼天地,各为一物,但成有先后,体有巨细耳。……天地虽含囊万物,而万物非天地之所为也。譬犹草木之因山林以萌秀,而山林非有事焉。鱼鳖之托水泽以产育,而水泽非有为焉。"

在道人看来,万物感气而生,自然而然,它们虽在天地之中,但与天地各为一物,只是成有先后、体有大小的差别。天地对万物"无亲无疏,无彼无此",是无目的的、无所为的。再说,"贤不必寿,愚不必夭,善无近福,恶无近祸,生无定年,死无常分"。在一生一世中,人之贤愚、善恶与其寿夭、福祸之间也未必有必然关联,也就是说,对于常人,其生死也无"定年""常分",都是在按照"任物自然"的规律运行,人生若能效法"任物自然",其实便是"听天任命""乐天知命"。《抱朴子·外篇》如是说:

> 高干长材,恃能胜己,屈伸默语,听天任命,穷通得失,委之自然……(《外篇·审举》)

> 乐天知命,何虑何忧? 安时处顺,何怨何尤哉!(《外篇·名实》)

既然"天道无为""任物自然",葛洪就认为人道应效法天道,也应"乐天知命""安时处顺",并以此作为众生的人生信念与行为法式。不过,"乐天知命"是在以"安时"的前提下达到"处顺"状态为基础的。"屈伸默语,听天任命"的思想,显然来源于《易》学。《周易·系辞上》曰:"君子之道,或出或处,或默或语。二人同心,其利断金。同心之言,其臭如兰。"意思是说,君子的处世准则,或外出或居家,或沉默或谈论,只要两人同心,其力量犹如利刃可以切断金

属;知心的交谈,犹如兰草一样气味芬芳。《抱朴子·外篇·任命》引申道:

> 盖君子藏器以有待也,稽德以有为也,非其时不见也,非其君不事也,穷达任所值,出处无所系。其静也,则为逸民之宗;其动也,则为元凯之表。

这就是说,在时机不成熟时,有道之人便收敛隐藏,养精蓄锐,一旦时来运转,其行事举动就势不可挡,无所不能。这种做法无疑是道家韬光养晦策略的翻版。葛洪一再强调,人生在世应出处由己,静动两宜,无所拘泥——选择处静,就要静得彻底,可为逸民的宗本;选择举动,就要动得显赫,可为元凯的表率。在生死无常的残酷社会现实面前,葛洪主张"生命至上"。在他看来,世俗社会充满名利争斗,一旦社会环境可能威胁到生命安全时,就应该以"全身"为第一要义。他说:"苟我身之不全,虽高官重权,金玉成山,妍艳万计,非我有也。是以上士先营长生之事,长生定可以任意。"(《内篇·勤求》)对葛洪来说,"高官重权,金玉成山,妍艳万计"都是身外之物,而非生命内在固有,只有生命本身才是最基本的,在他眼里,"徇名者,不以授命为难;重身者,不以近欲累情。是以纪信甘灰糜而不恨,杨朱同一毛于连城。"(《外篇·博喻》)反观现实生活,总有一些临危授命不以为难的人,他们可以为追求名声而献出生命;也有持重自身、珍惜生命的人,他们不会因贪求物欲而妨害自己性命。前者如纪信,甘心被烧成灰尘却死而无憾;后者如杨朱,即便是自身一根毫毛也被看得价值连城。人逢乱世该如何自处?葛洪认为应以生命至上原则作为选择是否走出魏阙、隐退山林的判断标准。诚如其《外篇·臣节》所言:"忠而见疑,诤而不得者,待放可也;必死无补,将增主过者,去之可也。"即是说,忠心受到怀疑,直言相劝而未果的时候,空放过去就行了;一定要死掉却于事无补,反倒增加君主过失的时候,离开就是了。

士人倘若归隐山林,便成为隐士逸民。隐士逸民选择林泉,并不对家国构成威胁。为证明修道习仙现象存在的合理性,葛洪争辩着说:

> 况学仙之士,未必有经国之才,立朝之用,得之不加尘露之益,弃之不觉毫厘之损者乎? ……夫有道之主,含垢善恕,知人心之不可同,出处之各有性,不逼不禁,以崇光大,上无嫌恨之偏心,下有得意之至欢,故能晖声并扬于罔极,贪夫闻风而忸怩也。(《内篇·释滞》)

在他看来,每个人都有自己的判断标准和价值目标,都有据此作出自我抉择的机会与能力。在出处仕隐的选择上,应取决于个人所秉持的价值观。至于那些习道者,"诚亮其非轻世薄主,直以所好者异,匹夫之志,有不可移故也。……其事在于少思寡欲,其业在于全身久寿,非争竞之丑,无伤俗之负,亦何罪乎?"(《内篇·释滞》)葛洪在《外篇·逸民》,借逸民先生之口,表达了自己的价值取向:"凡所谓志人者,不必在乎禄位,不必须乎勋伐也。太上无己,其次无名。……少多不为凡俗所量,恬粹不为名位所染,淳风足以濯百代之秽,高操足以激将来之浊。"他还进一步推而广之,"物各有心,安其所长,莫不泰于得意,而惨于失所也。……或出或处,各从攸好"。这是他对魏晋士人关注的生命价值取向问题的解答,也是他对人生价值内涵的一个注脚。追溯其思想脉动,我们不妨研读《外篇·嘉遁》中的几段材料:

> 玄黄邈邈,而人生倏忽,以过隙之促,托罔极之间,迅乎犹奔星之暂见,飘乎似飞矢之电经。聊且优游以自得,安能苦形于外物哉!

> 且夫道存则尊,德胜则贵,隋珠弹雀,知者不为。何必须权而显,俟禄而饱哉!且夫安贫者以无财为富,甘卑者以不仕为荣。

> 若夫要离灭家以效功,纪信赴燔以诳楚,陈贾刭颈以证弟,仲由投命而菹醢,嬴门伏剑以表心,聂政感惠而屠菹,荆卿绝膑以报燕,樊公含悲而授首,皆下愚之狂惑,岂上智之攸取哉!

"重生轻物""安贫甘卑""尊道贵德",这些思想无疑都是建立在对老庄原始道家珍爱自然生命的思想基础之上,葛洪也非常欣赏庄周嘉遁高蹈、守吾忘外的超越精神,"宁洁身以守滞,耻胁肩以苟合。乐饥陋巷,以励高尚之节;藏器全真,以待天年之尽。非时不出,非礼不动,结褐嚼蔬,而不悒悒也;黄发终否,而不恨恨也。"(《外篇·名实》)然而,葛洪不像老庄,从生命的自然走向精神的自由,也不像世俗以自然生命换取功名利禄的人生价值趋向,他认为,"立德践言,行全操清,斯则富矣,何必玉帛之崇乎?高尚其志,不降不辱,斯则贵矣,何必青紫之兼拖也?"(《外篇·广譬》)"世人所畏唯势,所重唯利"(《外篇·逸民》),在他看来,世人害怕的只是权势,重视的只有利益,但对于葛洪,此皆属虚荣,其实人生"贵不以爵""富不以财"(《外篇·嘉遁》),只有修身得道,才是人生最大的富贵:"荣华,犹赘疣也;万物,犹蜩翼也";"故醇而不杂,斯则富矣;身不受役,斯则贵矣。若夫剖符有土,所谓禄利耳,非富贵也。"(《外篇·逸民》)在葛洪这里,世俗所谓的显贵荣耀就像皮肤上生长的赘疣恶疮,世间万物轻如薄薄的蝉翼,这些如何谈得上是真正的富有尊贵? 所谓富有,其实就是淳朴单一没有掺杂,所谓显贵,就是身躯不受外物役使,至于剖符而得到封地,只不过是俸禄利益罢了,并非真正的富贵。由此可见,葛洪判断富贵是以生命为本位的,并且是以自身生命为本位的,以是否有利于自身生命的存在与发展为标准。在他看来,世俗认同的富贵是外在于生命的,其实没有这些物件,生命依然存活,为谋求这些物件,却往往会伤生害命,从这层意义上说,此类富贵其实是妨害性命之物。葛洪于此无情地批判世俗社会以性命为代价,博取名利的生命异化现象,他还列举要离、纪信、陈贾、仲由、侯嬴、聂政、荆轲、樊于期等在历史上被认为是忠义之极的典型人物,指责他们的舍生取义,是"下愚之狂惑",为"上智所不取"。对比之下,"上智所取"应是以自然生命为基础,以得道成圣升仙为目标。自然生命无疑是得道成圣升仙的始点,如果没有自然生命,修道便没有了主体,得道又从何谈起? 如果说,自然生命是葛洪生命价值筹划的起点的话,那么,得道成圣、羽化飞仙则是生命理想的终极目标,在起点与目标之间,葛洪是用创造生成论来架构的。

### 三、"治世为圣""得道成仙"的价值生成论

葛洪珍惜自然生命,重视生命作为上的自主性,他认为,生命价值源于自我认识,成于自我创造,这就是葛洪的价值生成论。而价值生成,又可分为经邦济世的治国价值和生道合一的理身价值两种基本途径。两种价值途径达至不同的理想人格。有关理想人格,葛洪认为有"治世之圣"和"得道之圣"之分。他说:"且夫俗所谓圣人者,皆治世之圣人,非得道之圣人。得道之圣人,则黄老是也。治世之圣人,则周孔是也。"(《内篇·辨问》)一般人理解的圣人都是"治世之圣人",例如周公、孔子;他们并非"得道之圣人",黄帝、老子才是得道圣人。实际上,前者是儒家式的圣人,后者则是道家(道教)式的圣人,又被称之为仙人。无论是"圣人",抑或是"仙人",葛洪认为,都是生命价值创造生成的人格果位。

　　或问曰:"若仙必可得,圣人已修之矣,而周孔不为者,是无此道可

知也。"抱朴子答曰:"夫圣人不必仙,仙人不必圣。圣人受命,不值长生之道,但自欲除残去贼,夷险平暴,制礼作乐,著法垂教,移不正之风,易流遁之俗,匡将危之主,扶亡徵之国,刊《诗》《书》,撰《河》《洛》,著经诰,和《雅》《颂》,训童蒙,应聘诸国,突无凝烟,席不暇暖……"(《内篇·辨问》)

> 是以有圣人作,受命自天:或结罟以畋渔,或瞻辰而钻燧,或尝卉以选粒,或构宇以仰蔽,备物致用,去害兴利,百姓欣戴,奉而尊之。(《外篇·诘鲍》)

"圣人受命""受命自天"之中的"命",是"使命"之意,圣人具有强烈的社会担当意识和历史使命感,他们制定法律道德,传播文化礼仪,教化童蒙,匡扶天下,备物致用,去害兴利……百姓欣然拥戴,奉而尊之。圣人用自己的行为创造社会价值,用修养铸就圣人人格。圣人内修诸己,德高行洁,视天爵善性贵于世间人爵。"圣人之清者,孟轲所美,亦云天爵贵于印绶。志修遗荣,孙卿所尚,道义既备,可轻王公。"(《外篇·逸民》)如果说,经世济俗是成就圣人人格的社会尺度的话,那么修志立德则是奠定圣人人格的内在工夫。后者正是常言"内圣"的部分,前者则是"外王"的部分,内外贯通,圣王一致,统合而言,即"内圣外王"。

从修养工夫上看,圣人有着明显不同于世人之处。葛洪认为:"世人所畏唯势,所重唯利。盛德身滞,便谓庸人;器小任大,便谓高士。"(《外篇·逸民》)世人畏惧权势,重视利益,在他们眼里,德行深厚而仕途未通,被视为平庸之辈;才能不高位居要职,被称为高尚人士。显然,这是凡俗势利之流的眼界。但是,世间平庸的人追求希望的,不能沾染圣人的精神;浅薄的人所迷信的,不能改变圣人的志向,即"流俗之所欲,不能染其神;近人之所惑,不能移其志。"(《外篇·逸民》)在葛洪看来,"圣人,与天地合其德者也。其德与天地合,岂徒异哉!夫岂徒欲以顺情盈欲而已乎?"(《外篇·诘鲍》)而且,圣人之志,"与天地合其德","德成操清,则虽深自挹降,而人犹贵之"。(《外篇·疾谬》)可见,圣俗异志,故而其德行殊途。

从能力和素质上看,圣人"才长思远,口给笔高,德全行洁,强训博闻"。(《内篇·辨问》)他们是凡人之佼佼者,其德业成就并不神秘。"圣者,人事之极号也。"(《内篇·辨问》)圣人是通过教育和人事的历练而致,并非生而知之、坐而待之。受儒家德业教化思想的影响,葛洪一再强调勤学、崇教的重要性,他在《外篇·勖学》中说:

> 夫学者所以清澄性理,簸扬埃秽,雕锻矿璞,砻炼屯钝,启导聪明,饰染质素,察往知来,博涉劝戒,仰观俯察,于是乎在,人事王道,于是乎备。进可以为国,退可以保己。是以圣贤罔莫孜孜而勤之,夙夜以勉之,命尽日中而不释,饥寒危困而不废。

> 夫研削刻画之薄伎,射御骑乘之易事,犹须惯习,然后能善。况乎人理之旷,道德之远,阴阳之变,鬼神之情,缅邈玄奥,诚难生知。……夫不学而求知,犹愿鱼而无网焉,心虽勤而无获矣;广博以穷理,犹顺风而托焉,体不劳而致远矣。

> 故能究览道奥,穷测微言,观万古如同日,知八荒若户庭,考七耀之盈虚,步三五之变化,审盛衰之方来,验善否于既往,料玄黄于掌握,甄未兆以如成。故能盛德大业,冠于当世,清芳令问,播于罔极也。

> 才性有优劣,思理有修短,或有凤知而早成,或有提耳而后喻。夫速悟时习者,骐骥之脚也;迟解晚觉者,鸾鹊之翼也。彼虽寻飞绝景,止而不行,则步武不过焉;此虽咫尺以进,往而不辍,则山泽可越焉。明暗之学,其犹兹乎?盖少则志一而难忘,长则神放而易失,故修学务早,及其精专,习与性成,不异自然也。

圣人致力学习,驱除污垢,淳化性情,开导聪明,完善素质,使自己在现实功用上,"进可以为国,退可以保己","能究览道奥,穷测微言",成就"盛德大业"。从修德的内容上看,只要"匠之以六艺,轨之以忠信,苞之以慈和,齐之以礼刑"(《外篇·君道》),以纲常名教等道德规范修身立德,便可以成为圣人。可见,学习在塑造圣人人格过程中具有非常重要的作用。简言之,致圣是一个勤学、崇教、尚德的生命价值的实践与创造过程。对行为主体而言,"饰治之术,莫良乎学"(《外篇·崇教》),只要"学以聚之,问以辩之,进德修业"(《外篇·勖学》),是可以成为圣人的。圣人并不神秘,亦非高不可攀,对于众人来说,是可以学而致之的,正如孟子所言"人人皆可以为尧舜",荀子亦说"途之人可以为禹舜"。葛洪进而认为,普通人经过努力学习儒家经典,恪守道德规范,坚持慎独精进,提升精神境界,都可以超脱凡俗成为圣人。

葛洪一方面肯定圣人源于凡人修为,其德业精神可与日月同辉,其社会价值不可磨灭,另一方面,他也为圣人自身深表遗憾,认为其生理生命仍有大限。为此,他提出可以克服这一大限的生命形态,这就是道教理想中的仙人。

圣仙异中有同,同中有异。与圣人不同,仙人既有崇高的精神境界,又有不死的身体形态。与圣人类似,"仙人无种",与常人相差无几,并非某些神话故事中所谓上帝的"选民",只是凡人通过自力创造而优化乃至神化了的生命状态——其基本特质是摆脱了生死之限。

葛洪肯定仙人"非异类也"(《神仙传》),只是生命的高级形式,是理想的生命状态。正如葛洪在《神仙传·彭祖》所言,"仙人者,或竦身入云,无翅而飞;或驾龙乘云,上造太阶;或化为鸟兽,浮游青云;或潜行江海,翱翔名山;或食元气,或茹芝草;或出入人间,则不可识;或隐其身草野之间,面生异骨,体有奇毛,恋好深僻,不交流俗"。凡与仙在生命的丰满度、延展性上虽有次第之别,但其生命构成皆为形神统一体,本质上是道生气化的高级生命体,他们具有可通融性,或者说,常人具有超凡入仙的可能性,由可能性转化为"现实性"是有条件的,这些条件如葛洪所言,"彼(那些得道成仙者)莫不负笈随师,积其功勤,蒙霜冒险,栉风沐雨,而躬亲洒扫,契阔劳艺,始见之以信行,终被试以危困,性笃行贞,心无怨贰,乃得升堂以入于室。"(《内篇·极言》)这些"修德行""积功勤""笃心志"之类的个人工夫,再如前所述的"禀仙气""好其事""遇明师""得其法(道术)"等内外因素,在修道成仙上都是不可或缺的条件。需要说明的是,在葛洪的价值世界中,即便禀承仙气的人,亦然应坚持自力原则——"我命在我不在天"——若消极坐等,则成仙无望。

> 抱朴子答曰:要道不烦,所为鲜耳。但患志之不立,信之不笃,何忧于人理之废乎?(《内篇·释滞》)

> 抱朴子曰:凡学道当阶浅以涉深,由易以及难,志诚坚果,无所不济,疑则无功,非一事也。(《内篇·微旨》)

> 故曰非长生难也,闻道难也;非闻道难也,行之难也;非行之难也,终之难也。(《内篇·极言》)

可见,葛洪坚信"仙化可得,不死可学"(葛洪《神仙传》),但在他看来,

"既不能生生,而务所以煞生"的"俗民"(《内篇·极言》),他们"志不得专","修无所恒",则难免"年命孤虚","体有损伤",因此,他劝诫世人效法彭老,修不死之道,则会与他们一样有长生久视之效。

> 或人难曰:"人中之有老彭,犹木中之有松柏,禀之自然,何可学得乎?"抱朴子曰:"夫陶冶造化,莫灵于人。故达其浅者,则能役用万物,得其深者,则能长生久视……且夫松柏枝叶,与众木则别。龟鹤体貌,与众虫则殊。至于彭老犹是人耳,非异类而寿独长者,由于得道,非自然也。众木不能法松柏,诸虫不能学龟鹤,是以短折耳。人有明哲,能修彭老之道,则可与之同功矣。"(《内篇·对俗》)

> 或问曰:"为道者可以不病乎?"抱朴子曰:"养生之尽理者,既将服神药,又行气不懈,朝夕导引,以宣动荣卫,使无辍阂,加之以房中之术,节量饮食,不犯风湿,不患所不能,如此可以不病。但患居人间者,志不得专,所修无恒,又苦懈怠不勤,故不得不有疹疾耳。若徒有信道之心,而无益己之业,年命在孤虚之下,体有损伤之危……"(《内篇·杂应》)

彭老长寿,"由于得道",并非(天生)自然;"人有明哲","得其(道)法",并践行养生之道,就能像彭老那样长寿。若欲尽养生之理,就既要有"信道之心",更要有"益己之业"。这里的"益己之业",就是养生实践。养生以得道为目标,"道成之后,略无所为也。未成之间,无不为也"(《内篇·地真》)。仙道修成之后,大致就可以没有什么特别需要作为的了,但在尚未修成仙果之时,则没有什么是不需要造作的。葛洪对此有较为详尽的说明:

> 采掘草木之药,劬劳山泽之中,煎饵治作,皆用筋力,登危涉险,夙夜不息,非有至志,不能久也。及欲金丹成而升天,然其大药物,皆用钱直,不可卒办。当复由于耕牧商贩以索资,累年积勤,然后可合。及于合作之日,当复斋洁清净,断绝人事。有诸不易,而当复加之以思神守一,却恶卫身,常如人君之治国,戎将之待敌,乃可为得长生之功也。以聪明大智,任经世济俗之器,而修此事,乃可必得耳。(《内篇·地真》)

从登山涉水采药配伍,到铸鼎设炉煎饵合丹,再到斋戒洁身、夙夜烧炼,须经年累月的长期试验,才有可能合成金丹大药。其间,对仙道信仰者而言,不仅有愿力是否坚定的问题,亦有体力是否充沛的问题,还有财力是否充足的问题,亦即是说,修道证仙者应在"至志""筋力""资"财等方面做好充分的准备,这些都是炼丹合药的基础性要求。倘若条件不成熟,很难保证修得正果。而其中任何一个条件,都要体道者去积极努力、运作、争取,去创造性地促成,而不可消极待等。由此可见,修道成仙就是一个由有为达致无为的价值创造过程。

葛洪对比儒家内圣外王的事功铸就与道家(道教)仙道正果的价值创造,认为儒者之圣王事业是"易中之难",道者之神仙修为是"难中之易",二者都充满艰辛,需要勇气与毅力。他说:

> 儒者,易中之难也。道者,难中之易也。夫弃交游,委妻子,谢荣名,损利禄,割粲烂于其目,抑铿锵于其耳,恬愉静退,独善守己,谤来不戚,誉至不喜,睹贵不欲,居贱不耻,此道家之难也。出无庆吊之望,入无瞻视之责,不劳神于七经,不运思于律历,意不为推步之苦,心不为艺文之役,众烦既损,和气自益,无为无虑,不怵不惕,此道家之易也,所谓难中之易矣。夫儒者所修,皆宪章成事,出处有则,语默随时,师则循比屋而可求,书则因解注以释疑,此儒者之易也。钩深致远,错综典坟,该河洛之籍籍,博百氏之云云,德行积于衡巷,忠贞尽于事君,仰驰神于垂象,俯运思于风云,一事不知,则所为不通,片言不正,则褒贬不分,举趾为世人之所则,动唇为天下之所传,此儒家之难也,所谓易中之难矣。(《内篇·塞难》)

在葛洪看来,道家(道教)需要游世离俗,清情寡欲,过一种恬淡无争、独善己身的闲居生活,如此抛却名利,居下守弱,这对于常人乃不易做到,故称其为难;但也正是由于选择这种生活方式,道者才不必为有形外物所奴役,少却了世俗众多烦恼,增添了更多自然和气,这些又是有益身心的,且是不请自来的,故称之为易,实乃难中之易。与道者不同的是,儒者照章行事,出处有则,语默随时,其视听言动皆有礼可循,故为其易;但作为儒生,治学需探究精微、求索隐秘,钩沉深邃、推及遥远,交错综合三坟五典等各种古籍,处世则一言一行应为世人楷模,为其难——易中之难。葛洪所谓儒家之"难"是"易中之难",道家(道教)之"易"是"难中之易",说到底,易中有难,难中有易,其实,对于任何一个致力于"儒教"或"道教"的士人来说,想要成就一番圣、仙事业,实现人生价值,其过程都是不易,否则,现实世界中就不会是凡俗人多、圣("仙")人少的生态景象,但葛洪以现实生活的"轮扁之妙""伛偻之巧",进一步强调崇高的价值是由创造而产生,这一价值景观值得人们憧憬。《内篇·对俗》言:"夫凿枘之粗伎,而轮扁有不传之妙;掇蜩之薄术,而伛偻有入神之巧,在乎其人,由于至精也。"就是说,削榫凿卯为粗技,大匠轮扁却有难以言传的巧妙;竹竿捉蝉为薄术,驼背老人却有出神入化的至境,这都是人为所致,精练所得。葛洪以社会生活中熟能生巧的常理,强化人生实践在价值生成中的关键性意义。

总之,葛洪畅"玄"论"道"讲"一",其实这几个概念是从不同侧面和角度对作为产生宇宙生命的总根源同时具有超验性、主宰性、永恒性的本体的描述。这一本体既是万殊生命之源,又是人生价值之基,是人生活动的意义指归。生命本体与现实生命存在相即不离,作为"有生最灵"的人,既可以探索宇宙、社会、人生的运动变化规律,又可以为自己人生设定理想价值目标;既可以"经世济俗",创造社会价值,也可以以术御道,改变人生存在状态,使之逆返生命之本,与道合一,从而实现生命究竟价值。

# 第三章　人生价值意蕴

葛洪之人生价值意蕴涵括三个方面的内容,它们分别从个体自身、人际社会和宇宙大化三个维度勾勒生命的内具价值、外显价值及其统一价值。其中个体生命是基点,宇宙生命是归宿,社会生命是联系二者的中介桥梁,而"自然"又是这一中介桥梁的生命线。

## 第一节　人生的内在价值

葛洪哲学的最高范畴"道",直接源自黄老之学,是原始道家之"道"的衍生,"其真实的内核就是'生命',道即原初的生命,亦即永恒的生命,本然的生命,道的本体论就是生命的本体论"①。万象生命皆为大道大化流行之显现,无不是"道生""德畜"的具化,是从不同侧面、不同程度对大道的反映。简言之,道生万物殊象,物象禀道显性。既然大道是宇宙的本体,具有永恒的价值,而每一生命与大道有如此内在关联,每一生命个体理应有其内在价值。

### 一、"我命在我"的人的主体性价值

道家道教历来重视生命,《老子》第十六章曾言,"公乃王,王乃大";第二十五章又言,"故道大天大地大王亦大,域中有四大,而王居其一焉"。《老子》以"王"指代人类个体生命,以"大"言说意义重大、价值崇高,并将个体生命与道、天、地相并列,足见人在宇宙中的地位与价值。早期道教之《老子想尔注》进一步明确提出"生,道之别体也""道意贱死贵仙",并以"生"置换"王",将

---

① 梁归智:《论中华道教文化的"神仙情结"》,载《道教文化研究》第一辑,书目文献出版社1995年版,第83页。

上引《老子》章句兑为"公乃生,生乃大""故道大天大地大生亦大,域中有四大,而生居其一焉"。意思是说,"生"与"道"是异名同指,"道"就意味着"生","生"是"道"的表现形式。若能透彻理解"生",意味着可悟到"道";若能体道、得道,也就能得生、永生。从这层意义上说,超越死亡、获得永生的钥匙掌握在生命主体自己手里。比葛洪所处时代稍早出现的道教经籍《西升经·我命章》说:"我命在我,不属天地。我不视不听不知,神不出身,与道同久。吾与天地分一气而治,自守根本也。"北周道士韦处玄注解说:"天地与我俱禀自然一气之所性,各是一物耳,焉能生我命乎?我但去心知,绝耳目,各守根本之一气,则与道同久矣。"[①]葛洪在《抱朴子·内篇·黄白》篇引早期道教经典《龟甲文》,高呼"我命在我不在天,还丹成金亿万年",凸显出人的主体性价值以及金丹的关键性意义。

中国古代历史上,不少人受殷、周以来天命思想影响颇深,认为冥冥之中有天神上帝主宰着自己的命运,因此,人们没有什么主体性,也谈不上主观能动性,只能顺从天命安排,成为天神上帝的奴隶,"人在神面前,价值和尊严降低到了零"[②]。与此相反,葛洪没有把人生的决定权交给一个超验的上界权威,而是把个人的主观行为看作是人生的制约力量,发出了"我命在我不在天"的生命强音,高扬了生命的主体性价值,强调了个人在其生命历程中的主体性与能动性,指出了人生历程是可以自己把握的,个人就是自身生命的切实主宰者,确证了个体的主体地位。[③] 在《抱朴子》中,在葛洪价值思想体系中,人是可以自我创造的主体性存在,通过养生修炼这样一种实践活动,把作为价值之源的"道"变成了人生活动的客体,同时,这一客体也是人的价值实践的指归,人之修道证仙活动,既是以生合道、羽化成仙的生命升华过程,又是以道化人、将价值目标现实化的返本归根过程,这是一个活动两个不同的方向,道人通过修炼实践实现了主体客体化和客体主体化的双向运动。在此生命实践活动中,人不再被动地接受奖励或惩罚,被动地按照自然规律生老病死,人的生命历程却可以通过自我所制约,可以通过主体的实践活动而改变。正如葛

---

① 李刚、黄海德:《中华道教宝典》,中华道统出版社1995年版,第68页。

② 焦国成:《中国伦理学通论》,山西教育出版社1997年版,第51页。

③ 参见赖平:《抱朴子内篇伦理价值的剖析》,《道学研究》2004年第1期。

洪所言,"寿命在我者也,而莫知其修短之能至焉"(《内篇·论仙》)。为什么寿命在"我"呢? 葛洪畅言:"天道无为,任物自然,无亲无疏,无彼无此也。""天地虽含囊万物,而万物非天地之所为也。"(《内篇·塞难》)葛洪于此讲出三层意思:其一,"天道自然无为",它无意志、无目的,对待万物(含人)只是听任其自然而然,不加干涉;其二,天地只是生命存在的空间维度,生命存在状态并非天地使然;其三,天道与万物(含人),既没有亲疏远近,也不分厚此薄彼,万物自足自在,一切都是自己使然,并非受天命支配。由此可见,葛洪是在对天命的否定中,确立"我命"中"我"的主体地位,因为这里的"我"是与"天地"同源同构的生命主体,是自主自力、活灵活现的生命存在。个人既然获得了主体性地位,那么这种主体性作用又是如何体现出来呢? 葛洪认为,是通过"我"在现实世界中对"道"的领悟、在生命实践过程中对"生"的主导而体现的。抱朴子说:

> 夫陶冶造化,莫灵于人。故达其浅者,则能役用万物,得其深者,则能长生久视。(《内篇·对俗》)
> 天寿之事,果不在天地,仙与不仙,决(在)非所值也。(《内篇·塞难》)

意即,个人生命的存在、年寿的长短,决定于主体自我,并非决定于天命。修炼主体在"道"面前,不再是消极被动的接受者,而是主观能动的发挥者。修道之士毕生坚持勤修苦练,其中"修"之所以能修,就是因为他们坚信人有主观能动性,可以运用自己的灵性去认识、把握生命律则,参与甚至主导人生历程,"夺天地造化之机",最终"与道合真"而"长生久视"。与此同时,个人的祸福吉凶、生老病死也可以由自己的行为决定,通过主体自己的正心颐神而控制。"人能淡漠恬愉,不染不移,养其心以无欲,颐其神以粉素,扫涤诱慕,收之以正,除难求之思,遣害真之累,薄喜怒之邪,灭爱恶之端,则不请福而福来,不禳祸而祸去矣。何者? 命在其中,不系于外;道存乎此,无俟于彼也。"(《内篇·道意》)抱朴子展开论说,"长生之道,不在祭祀事鬼神也"(《内篇·金丹》),亦"不在于富贵也"(《内篇·论仙》)。在他看来,人生中的福分不是殷勤的恭敬所能够请来的,生活中的灾难也不是虔诚的祭祀可以祛除的;相反,只要有修道的决心和切实的行为,则福不请自来,祸不驱自去。要言之,即"夫求长生,修至道,诀在于志,不在于富贵也。"(《内篇·论仙》)诚如道经所言:"人欲长久,断情去欲,心意以索,命为反归之,形神合同,故能长久。"(《西升经·民之章第二十九》)在道门思想中,人的生命就掌握在自己手里,人"与天地分一气而治",通过自我控制,就可以达到长生,所谓"长生可学得者也"(《内篇·黄白》)。葛洪"我命在我""长生可得"的一贯主张,表明了人类对自身生命的高度重视和对生命永恒的强烈追求。

比较能凸显葛洪的生命主体性价值的,就是他的役物自力理念。他说:"夫陶冶造化,莫灵于人。故达其浅者,则能役用万物,得其深者,则能长生久视。知上药之延年,故服其药以求仙。知龟鹤之遐寿,故效其道引以增年。"葛洪认为,人的知性识得浅近之理即可役用万物,洞察更深奥的道理就能做到长生不死。他所谓"浅者"盖指物之理之类的自然法则,"深者"当指生命奥秘。在葛洪及其此前的时代,中国古人认为万物同源,其性可易可移,譬如黄金,其性不朽,那么其不朽之性亦可易可移,进而,人们确信通过服食自己烧炼药用"神丹",就可以将其不朽之性置入人自身,这样,自身生命就可以绵延乃至长生不死。《抱朴子·内篇·金丹》断言:"升仙之要,在神丹也。知之不易,为之实难也。子能作之,可长存也。"意即,得道升仙的秘要在于神丹,知道这一秘要已属不易,炼制出神丹更是难事。你若能炼出神丹,你就可以与世长存。人们将这一人工合成、炼制神丹妙药的方法,称作"外丹术"。此术被视为身为万物之灵的人之灵性的重要体现,也是对役用万物之方法的创造性发挥;对此术的执着研发与不懈探求,充分诠释了生命主体主宰自我、超脱死亡的精神渴求与强力意志,也是葛洪这类道教知识分子的生命实践的重要内容。

葛洪不仅重视"外丹"的炼制,而且也重视体内精、气、神的炼养。抱朴子曰:"养生之尽理者,既将服神药,又行气不懈,朝夕导引,以宣动荣卫,使无辍阂,加之以房中之术,节量饮食,不犯风湿,不患所不能,如此可以不病。但患居人閒者,志不得专,所修无恒,又苦懈怠不勤,故不得不有疹疾耳。"(《内篇·杂应》)在道教文化中,生命本身是道生气化的产物,"万物感气,并亦自然,与彼天地,各为一物",天地万物乃阴阳之气交感,自然而然酝酿而成。人为万物之一物,"人生先受精神于天地,后禀气血于父母"(《内篇·勤求》),

意即,人是由父亲的精气、母亲的血液氤氲媾和,并且接受天地阴阳二气滋养而生就的,可是,"人一生下来之后,呼吸上面到口鼻,下面最多只到尾闾,甚至只到胸隔膜,所以'气'不能在全身流动,而且人在生活中有很多欲望,会耗费了原有的'元气',仅仅靠口鼻呼吸来补充是不够的,人的情欲耗费着人的精气神,五谷杂粮荤腥又占据了人体,使新鲜的'元气'补不进来,久而久之,'气'就衰败耗费了,生命力也就渐渐枯竭了"①。在一定意义上,"气"可谓人生命的根本,气存则身存,"气竭则身死";人若能"养其气,所以全其身"。不仅如此,葛洪认为既要养"气",又要"朝夕导引,以宣动荣卫,使无辍阕"。其中,"导"就是行气,如"吐故纳新"之类的气功,"引"就是体操,类似于华佗的五禽戏,"导引"兼指以意念引导气在体内流转,贯通周身血脉、气脉、经脉,"使无辍阕",配之以肢体协调运动,这样,可使人神气内和,形体外柔,确保生命处于最佳状态。另外,房中术的应用亦不可小觑。葛洪认为可将其配合行气,以健体强身守道;相反,若"不知阴阳之本,屡为劳损,则行气难得力也"(《内篇·至理》)。葛洪这种养气、行气之方,房中之术,其炼养的核心内容,不外乎人体内在之精、气、神,此乃其后道教"内丹术"的先声。

葛洪不仅从生命炼养的技术层面强调生命历程重在主体的方术操作,而且从生命主体的德行修养层面凸显善德对成仙的基础性价值。他说:"德之不备,体之不养,而欲以三牲酒餚,祝愿鬼神,以索延年,惑亦甚矣。"(《内篇·勤求》)又说:"天地有司过之神,随人所犯轻重,以夺其算,算减则人贫耗疾病,屡逢忧患,算尽则人死,……又言身中有三尸,三尸之为物,虽无形而实魂灵鬼神之属也。欲使人早死,此尸当得作鬼,自放纵游行,享人祭醊。是以每到庚申之日,辄上天白司命,道人所为过失。"(《内篇·微旨》)他还告诫人们,"行恶事大者,司命夺纪,小过夺算,随所犯轻重,故所夺有多少也。凡人之受命得寿,自有本数,数本多者,则纪算难尽而迟死,若所禀本少,而所犯者多,则纪算速尽而早死"(《内篇·对俗》)。此处所谓"夺算",据《抱朴子·内篇·微旨》所释,一算就是三日;人若犯一过失就夺一算,便是减少三天寿命。比算大一级的,还有纪,一纪合三百日;人若犯一大错则夺一纪,也就是减少三百

---

① 　葛兆光:《古代中国道教的修炼、仪式和方法》,《中国典籍与文化》2002 年第 2 期。

天寿命。道教所谓善恶功过,不仅仅指人的言论与行为,还包括人头脑中的念头。葛洪说,只有恶心但尚未有恶迹的夺算,做恶事损害到人的夺纪。而且这些算、纪不仅仅是对行为者本人的惩罚,还可能殃及当事者后代子孙。具体地说,若算、纪超出当事人应享的寿命,导致其亡故,却仍有余额,那么,先人死后,其余殃将会留给子孙后代,并折损子孙后代的寿命。这一说辞与《周易·坤·文言》"积善之家,必有余庆,积不善之家,必有余殃"之观念可谓一脉相承,却更显细化,用之于对庶民的生命教化,也更富道德威慑力。

需要说明的是,葛洪虽言"司过之神""夺其算纪",看似在人之外有神赏善惩恶,其目的在于"欲令人主自勉不息"(《内篇·论仙》),旨在声明善恶自为,寿夭自取,"吉凶由人"(《外篇·知止》)。在葛洪看来,"人身中有三尸","三尸"的功用是"欲使人早死";人若从善弃恶,三尸又如何?正言之,行善积德,服药有益,仙果可冀;若反之,犯过从恶,三尸自鉴,寿损命折。可见人们或寿或夭,皆在行为主体的善恶之举,正所谓"祸福无门,唯人自召"。基于此,葛洪正告世人:"夫天高而听卑,物无不鉴,行善不怠,必得吉报";倘若诸恶"能尽不犯之,则必延年益寿,学道速成也"(《内篇·微旨》)。

总之,葛洪的生命主体性价值凝聚为"我命在我"的生命实践法则——"假求外物以自坚固"的外炼论、"爱神保精养气"的内养论及"三尸"自鉴的功德济生论。无论是外炼内养的道术方技,还是德行内化的过程,无不凸显实践主体对于生命存在及其价值视阈的主体性。

## 二、"惜今日所欲"的人生的现实性价值

《抱朴子》中对生命价值的追求始终与肉体的修炼息息相关。葛洪肯定了人的肉体生命及其合理欲望,他从平凡的日常生活出发,关怀修炼者在现世的生活状态,鼓励人们通过自己的努力改善生存状态,获得身体的健康、精神的愉悦、德行的完善,将人的终极关怀与现世关注有机结合起来。对于修炼者而言,在尊道、体道、奉道、修道的修炼过程中,孜孜以求的首要目标,就是与存在意义紧密相连的"存在"本身,而不是绝对抽象的存在意义。他坦言:"笃而论之,求长生者,正惜今日之所欲耳,本不汲汲于升虚,以飞腾为胜于地上也。若幸可止家而不死者,亦何必求于速登天乎?"(《内篇·对俗》)意即,假如有

幸可以停留家中,又何必追求快速登仙呢? 追求长生不老的人,只是珍惜现实的欲望罢了,本来并不会急急忙忙地追求升天。从葛洪追求长生的最终价值目标来看,他并不是在人世间之外、之上,设立一个"天国",将仙界与凡界隔绝,相反,他强调人的现实生命的至上性,主张肉身飞升登仙,而不是以肉体毁灭之后灵魂得到救赎为目标,因此他在某种程度上肯定世俗生活的合理性。抱朴子说:"仙人或升天,或住地,要于俱长生,去留各从其所好耳。"(《内篇·对俗》)在他那里,只有寓抽象意义于具体之中的存在本身才是生动的、有意义的存在,才是具有现实性的生命存在;现实性的生命存在,是抽象性价值存在的起点与基础。

我们知道,道教的神仙世界和基督教的天国、佛教的极乐世界很不相同,它不仅不否定现世利益,反而对现实世界人们的生活欲望予以最大程度的肯定,它一开始就反对禁欲主义,并以现实世界的幸福观念为基础,其终极价值理想即是对现实世界的宗教补偿和人们生活欲望的虚幻延伸与放大。葛洪倡导欲求仙道,应不弃人伦,先尽人道。葛洪对婚姻、家庭与性等问题的论述,比较集中地表明了他对生命现实性价值的态度与主张。

在婚姻与家庭问题上,与基督教的独身、禁欲主义相反,葛洪肯定尘世人伦之道的合理性,他说:"欲求仙者,要当以忠孝和顺仁信为本。若德行不修,而但务方术,皆不得长生也。"(《内篇·对俗》)他与儒家伦理观念保持一致,重视夫妇之道,将家庭视为社会的基础,肯定家庭与婚姻的存在价值,除儒家倡导的忠孝和顺仁信之外,他还将夫妇性爱之术纳入养生之道系列,作为修道习仙的方术之一,这就是"房中术"。

葛洪认为,包括性爱在内的性情是伴随着人类的产生而开始的,属于人的自然本能。他说:"夫有欲之性,萌于受气之初;厚己之情,著于成形之日。"(《外篇·诘鲍》)对于人的这种性本能,葛洪主张要顺其自然,不可以不媾和,否则,阴阳二气不通,会生病患疾,但也不可"任情肆意",否则就会伤身损命。如其所言:"人不可以阴阳不交,坐致疾患"(《内篇·微旨》),"人复不可都绝阴阳,阴阳不交,则坐致壅阏之病,故幽闭怨旷,多病而不寿。任情肆意,又损年命。"(《内篇·释滞》)既然性是人的生理自然本能,那么,人通过婚姻来满足这一本能,也是合情合理的,是合乎道德的。葛洪在《外篇》中,对婚姻伦理也做了许多论述。他认为，人类最初没有婚姻，"裸以为饰，不用衣裳，逢女为偶，不假行媒"（《外篇·诘鲍》），后来，圣人制礼，以别男女："在《礼》：男女无行媒，不相见；不杂坐，不通问，不同衣物，不得亲授。……妇人送迎不出门，行必拥蔽其面。道路男由左，女由右。此圣人重别杜渐之明制也。"（《外篇·疾谬》）葛洪首肯儒家圣人制定的伦理观念，认为夫妇之道是一切社会道德伦理的基础。如说："人纲始于夫妇，判合拟乎二仪。是故大婚之礼，古人所重，将合二姓之好，以承祖宗之基。"（《外篇·弭讼》）葛洪提倡婚配，号召修炼之士过寻常人家生活；他自己也有妻室——其妻，人称"鲍姑"——"后世道教典籍中描写葛洪夫妻双双修成神仙"。[1] 在葛洪看来，两性交媾是养生的一种重要方法，具有补脑、美容、去病、长寿等价值。他说："善其术者则能却走马以补脑，还阴丹于朱肠，采玉液于金池，引三五于华梁，令人老有美色，终其所禀之天年。"（《内篇·微旨》）又说："服阴丹以补脑，采玉液于长谷者，不服药物，亦不失三百岁矣。"（《内篇·极言》）不仅如此，葛洪还把房中术视为修仙得道的基本方法之一。《内篇·微旨》曰："凡服药千种，三牲之养，而不知房中之术，亦无所益也。"《内篇·释滞》亦言："欲求神仙，唯当得其至要，至要者在于宝精行炁，服一大药便足，亦不用多也。"葛洪所言房中术是阴阳交媾以炼丹的一种实践方式，绝非常人眼中的放纵情欲。抱朴子说："房中之法十余家，或以补救伤损，或以攻治众病，或以采阴益阳，或以增年延寿，其大要在于还精补脑之一事耳。"（《内篇·释滞》）房中术的重要价值在于"宝精"，也就是《黄庭经》中所说的"长生至慎房中急，弃损淫欲长守精"。这里的"宝精、行炁"，正是后世道教倡导的"内丹"修炼的基础环节。

当然，葛洪倡导的"房中术"，是在遵循儒家纲常的前提下，夫妻居家修道的卫生之术，它对术中男女均有相当严格的要求，需要双方极其虔诚的心态，否则，就达不到应有的功效，甚至走向反面而导致种种流弊，正如有学者指出，"内丹的根本要义是采取各种方术将性欲转化为人体内部的'坎离交媾'，道法自然以成'圣胎'。房中术也是一种方术，但由于这种方术须通过男女交接这种过于实在的方式实现，既不易为世人所理解，又容易产生种种流弊，所以

---

① 参见宫哲兵：《葛洪与奥古斯丁的性伦理观比较》，《哲学研究》2005 年第 9 期。

房中术后来罕见流传"①。不过,从葛洪对婚姻、家庭及房中的论述中,可以看出他"本于生命崇拜的长生信仰所表现出的重视现世生活的态度,不仅与世俗伦常观念相调和,亦符合'道'崇拜的'道法自然'原则。由于肯定了世俗生活和现实生命,在逻辑上就势必要进而肯定宗法秩序的伦理规范存在的必要性"②。这样也就顺利地实现了儒家人伦道德与道家(道教)生命价值观念的对接,也为神仙道教立足于主流社会奠定了现实基石,为更多人士投身仙道做好了理论准备。乱世文人在饱受欲望不能满足而压抑的情况下,透过神仙思想表达其愿望;对于终年穷苦的黎民百姓,神仙生活岂不是梦寐以求的人生理想吗?

必须说明的是,道教的神仙世界虽然着重于对现实世界人们生活欲望的肯定,但是神仙世界毕竟是超现实的价值理想,它虽然挂搭着此在世界,但不会直接地简单承认人们世俗的全部欲望。为此,葛洪先为道教构建了一个超现实的价值世界,再设计一条从现实世界通往神仙世界的过渡津梁。

在葛洪看来,凡人会被个体自身的欲望满足所迷惑,沉迷于现实直接利益的追求,这种迷失戕害了个人禀道受气的自然状态,使生命存在陷入一种现实状态。这种现实状态表现为生命的暂存性、有限性,这便是对玄道的疏远和背离。在这种状态下,生命价值只能体现为具体的、直接层次上的利益获得。葛洪认为这样的生命价值不能持续、永恒,不可能成为人生的终极追求。在他看来,玄道是永恒无限的终极存在,而得玄道者(仙者)才能享有永恒幸福而自在极乐。

> 夫得仙者,或升太清,或翔紫霄,或造玄洲,或栖板桐,听钧天之乐,享九芝之馔,出携松羡于倒景之表,入宴常阳于瑶房之中。(《内篇·明本》)

> 得仙道,长生久视,天地相毕,……果能登虚蹑景……饮则玉醴金浆,食则翠芝朱英,居则瑶堂瑰室,行则逍遥太清。……或可以翼亮五帝,或

---

① 参见梁归智:《论中华道教文化的"神仙情结"》,《道教文化研究》第一辑,书目文献出版社1995年版。

② 陆建华、沈顺福、程宇宏、夏当英:《道家与中国哲学》(魏晋南北朝卷),人民出版社2004年版,第271—272页。

可以监御百灵,位可以不求而自致,膳可以咀茹华璃,势可以总摄罗酆,威可以叱咤梁成。(《内篇·对俗》)

得道仙人,或飞升太清,或翱翔紫霄,或造访玄洲,或栖息板桐,欣赏钧天妙音,享受九芝美食,出行则携带赤松子、羡门子高等古仙飘逸于上天之巅,闲居则宴请平常生、陵阳子明等高道馔饮于瑶房之中。可见仙界是一个享乐无穷的世界。在那里,衣食住行都能得到高品质的无限满足,个人价值也得到最大限度的实现。对比凡仙两界,不难发现神仙的享乐不外人间的衣食住行色声味触等内容,或根本就是人间肉体享乐的延续与强化。

葛洪首先对人们的世俗欲望进行肯定,继而指出现实利益的有限性,接着把人的世俗欲望加以净化和升华,使之向超越有限、直达无限的神仙世界飞跃,又在神仙生活里达到新的肯定。"人道当食甘旨,服轻暖,通阴阳,处官秩,耳目聪明,骨节坚强,颜色悦怿,老而不衰,延年久视,出处任意,寒温风湿不能伤,鬼神众精不能犯,五兵百毒不能中,忧喜毁誉不为累,乃为贵耳"。(《内篇·对俗》)从修为的角度说,从人道进入仙道,意味着要进行身心的净化与飞越,而这个身心净化和飞跃的过程,须要修道之士进行体道思玄守一的修为,只有体会了玄道的人才可能进入神仙世界。葛洪说:"夫五声八音,清商流徵,损聪者也。鲜华艳采,或丽炳烂,伤明者也。宴安逸豫,清醪芳醴,乱性者也。冶容媚姿,铅华素质,伐命者也。其唯玄道,可与为永。"这就是说,现实世界的快乐是短暂的,而且容易乐极生悲,伐命乱性,因而是暂存、易逝的。只有修行得道,才能享受神仙世界的永恒快乐。这样,对追求神仙世界的人来说,就必须抛弃现实生活中转瞬即逝的荣华富贵,才能真正修道得仙。例如秦皇汉武虽身为帝王,享尽世俗世界的荣华富贵,却难以进入神仙世界之门,就是因为他们"高位厚货,乃所以为重累耳"(《内篇·论仙》)。现世帝王的荣华富贵,反而成为他们修道登仙的赘累与障碍。

马克斯·韦伯说:理念创造的世界观常常以扳道工的身份规定着轨道。世界观决定着人们想从哪里解脱出来,又到哪里去。[1] 在葛洪的人生价值世界里,道是贯通现实与理想的枢纽,修道成仙的价值目标只是对生命的现实价

---

[1] 参见[德]马克斯·韦伯:《儒教与道教》,王容芬译,商务印书馆1995年版,第20页。

值的肯定与延续;修炼过程实际上就是修炼主体逐步克服自身缺陷,不断完善生命状态、追求永恒生命价值的过程。易言之,修仙的过程是一个修炼主体——以各种手段克服肉体的短暂性和相对性,赋予肉体以永恒性和绝对性——的过程;这个过程要经历葛洪所说的"知道""修道""得道"几个阶段,而得道成仙的目的也就从单纯的长生变为以永恒的存在来承载永远的享乐。这样,道家追求精神自由的传统在神仙道教这里被悄悄置换成追求永恒的肉体享乐。这种世俗享乐思想填补了中国现实社会的缺陷,把人生的世俗欲望全部给以满足,这使求仙的人在心理上产生一种和谐的宗教效应,从而培养他们的宗教感情,使之把神仙当作自己毕生追求的价值目标。葛洪强调在修道过程中,修为者须过清心寡欲的节制生活,但这种节制只是对修为过程中的严格要求,在修为结果上,他却肯定乃至放大人间的欲望,作为对证道登仙过程的回报与奖赏。这样,葛洪就从理论上给修行者以更多更大的信心与希望,让修为者觉得修为过程中对欲望的暂时的放弃与牺牲,相对于结果的加倍偿还与永恒享受而言,是非常值得的,因为那显然是一劳永逸的。

## 第二节 人生的外显价值

葛洪不仅从个体生命的主体性和现实性上肯定生命的内在价值,而且从个体与个体之间的关联中张扬人生的外显价值。笔者将从三个方面对这种外显价值进行梳理,这就是:"各随其性""诚合其意"的自足价值,"仙人无种"的起点平等性价值,生民安康、社会和谐的人伦价值。

### 一、"各随其性""诚合其意"的自足价值

葛洪出入儒道,兼综其长。他立足生命之道,又扬弃老子素朴自然之性,并精炼孟荀人为践履之性,形成独特的人性结构论。葛洪从"自然之有命"的前提出发,阐述生命个体"各随其性""诚合其意"的自足价值。在他看来,"性"首先即"人之自然",每人都有"自然",此乃个体生命"是其所是"的内在规定性。《抱朴子·外篇·知止》云:

斯皆器大量弘,审机识致,凌侪独往,不牵常欲,神参造化,心遗万物。

> 可欲不能蚩介其纯粹,近理不能耗滑其清澄。苟无若人之自然,诚难企及
> 乎绝轨也。

"人之自然"即人性的自然状态或自然本性,类似于老子的"素朴"。在葛洪看来,"素朴"之性,如同未雕琢之玉,是先天本然的。"自然"之中蕴含着"命"。对生命个体而言,本性中存有难以改变的成分,以此形成彼此迥异的个性,即"达乎通塞之至理者,不惝恫于穷否;审乎自然之有命者,不逸豫于道行"(《外篇·博喻》)、"或曰:'仲尼亲见老氏而不从学道,何也?'抱朴子曰:'以此观之,益明所禀有自然之命,所尚有不易之性也'"(《内篇·塞难》)。这里所谓个体禀有的"不易之性",正是每一生命体作为其存在的内在依据。对"命"的理解,葛洪与王充基本相同。《论衡·命义》曰:"天有百官,有众星,天施气而众星布精,天所施气,众星之气在其中矣。人禀气而生,含气而长,得贵则贵,得贱则贱。"不同的个人就是禀得不同的星的不同的气。葛洪《内篇·辨问》进一步借助仙经,表达星宿主命说:

> 《玉钤经》主命原曰:人之吉凶,制在结胎受气之日,皆上得列宿之精。其值圣宿则圣,值贤宿则贤,值文宿则文,值武宿则武,值贵宿则贵,值富宿则富,值贱宿则贱,值贫宿则贫,值寿宿则寿,值仙宿则仙。又有神仙圣人之宿,有治世圣人之宿,有兼二圣之宿,有贵而不富之宿,有富而不贵之宿,有兼富贵之宿,有先富后贫之宿,有先贵后贱之宿,有兼贫贱之宿,有富贵不终之宿,有忠孝之宿,有凶恶之宿。如此不可具载,其较略如此。为人生本有定命,张车子之说是也。

因此,世间万殊呈现出多样性,都有其存在的依据,因此都是合理的,它们各有所长,各有所短,都有其相对性,人们也不必用某一既定的价值标准去评剖论议。正如葛洪所言:

> 天道无为,任物自然,无亲无疏,无彼无此也……或人难曰:"良工所作,皆由其手,天之神明,何所不为,而云人生各有所值,非彼昊苍所能匠成,愚甚惑焉,未之敢许也。"抱朴子答曰:"浑茫剖判,清浊以陈,或升而动,或降而静,彼天地犹不知所以然也。万物感气,并亦自然,与彼天地,各为一物,但成有先后,体有巨细耳。有天地之大,故觉万物之小。有万物之小,故觉天地之大……天地虽含囊万物,而天地非天地之所为也。譬

犹草木之因山林以萌秀,而山林非有事焉。鱼鳖之托水泽以产育,而水泽非有为焉。"(《内篇·塞难》)

　　寻飞绝景之足,而不能骋逸放于吕梁;凌波泳渊之属,而不能陟峻而攀危。故离朱剖秋毫于百步,而不能辨八音之雅俗;子野合通灵之绝响,而不能指白黑于咫尺。(《外篇·博喻》)

　　夫存亡始终,诚是大体。其异同参差,或然或否,变化万品,奇怪无方。物是事非,本钧末乖,未可一也。夫言有始者必有终者多矣,混而齐之,非通理矣……万殊之类,不可以一概断之,正如此也久矣。(《内篇·论仙》)

感气自然而生的万物殊异,虽寄居天地之中,但并非天地所生,万物与天地各为一物,它们只有大小之别,其实都是道生气化的结果。天地只是万物存在的空间场域,如同山林之于草木、水泽之于鱼鳖,小大有别,这是大化流行、天道无为使然,万物无不具有其相对性,这种异同参差在某种程度上又表现为各自的局限性,譬如,善飞的而不善跑、善游的而不善攀、能辨秋毫的而不能别雅俗、能合通灵绝响的却不能分黑白于眼前,正所谓"诚以百行殊尚,默默难齐。"(《外篇·逸民》)

　　万物(含人)都有自己独特的性分,这种性分是与生俱来、难以变易的。万物独自产生,独自变化。随其性,则是其所是;违其意,则非其所是。抱朴子对万物之性分意殊有玄赜精辩,对人之应然也有入微析理:

　　人所好恶,各各不同,谕之以面,岂不信哉?诚合其意,虽小必为也;不合其神,虽大不学也。好苦憎甘,既皆有矣,嗜利弃义,亦无数焉。"圣人之大宝曰位,何以聚人曰财。"又曰:"富与贵,是人之所欲",而昔已有禅之以帝王之位而不用,委之以四海之富而不愿,蔑三九之官,背玉帛之聘,遂山林之高洁,甘鱼钓之陋业者,盖不可胜数耳。又曰:"男女饮食,人之大欲存焉。"是以好色不可谏,甘旨可忘忧。昔有绝穀弃美,不畜妻妾,超然独往,浩然得意,顾影含欢,漱流忘味者,又难胜记也。人情莫不爱红颜艳姿,轻体柔身,而黄帝述笃丑之嫫母,陈侯怜可憎之敦洽。人鼻无不乐香,故流黄郁金、芝兰苏合、玄胆素胶、江离揭车、春蕙秋兰,价同琼瑶,而海上之女,逐酷臭之夫,随之不止。周文嗜不美之菹,不以易太牢之

滋味。魏明好椎凿之声，不以易丝竹之和音。人各有意，安可求此以同彼乎？(《内篇·辨问》)

夫斥鷃不以蓬榛易云霄之表，王鲔不以幽岫贸沧海之旷，虎、豹入广厦而怀悲，鸿、鸥登嵩峦而含戚。物各有心，安其所长。莫不泰于得意，而惨于失所也。经世之士，悠悠皆是，一日无君，惶惶如也。譬犹蓝田之积玉，邓林之多材，良工大匠，肆意所用。亦何必栖鱼而沈鸟哉！嘉遁高蹈，先圣所许；或出或处，各从攸好。(《外篇·逸民》)

作为"有生最灵"的生命主体——人，"生各有所值"，无一不是独立的个体，有自己独特本性和独立人格，无不怀有自己的价值观，有规划自己人生理想、价值目标的自由，反映在人生理想上，"赴势公子"所谓"达者以身非我有，任乎所值。隐显默语，无所必固。时止则止，时行则行"可以存在；"怀冰先生"所谓"高尚其志，不仕王侯，存夫爻象，匹夫所执，延所守节"同样也可以存在，并且二者都是合理的。同理，"是以能立素王之业者，不必东鲁之丘。能洽掩枯之仁者，不必西邻之昌"(《外篇·博喻》)。即便是儒者治世典范——圣人，亦"不必仙"："若圣人诚有所不能，则无怪于不得仙，不得仙亦无妨于为圣人，为圣人偶所不闲，何足以为攻难之主哉？圣人或可同去留，任自然，有身而不私，有生而不营，存亡任天，长短委命，故不学仙，亦何怪也。"(《内篇·释滞》)可惜的是，"俗士"不能"唯见能染毫画纸者，便概之一例"(《外篇·尚博》)；"近人之情"更是从个人好恶出发，"爱同憎异，贵乎合己，贱于殊途"(《外篇·辞义》)。究其质，"人所好恶，各各不同"，"诚合其意，虽小必为也；不合其神，虽大不学也"。可惜的是，凡俗之夫不懂此理，故强求整齐划一；有道之人主，知"人各有意""物各有心"，"出处之各有性"，不会苛求万般一律，而是顺其自然。诚如《内篇·释滞》所言："夫有道之主，含垢善恕，知人心之不可同，出处之各有性，不逼不禁，以崇光大，上无嫌恨之偏心，下有得意之至欢，故能晖声并扬于罔极，贪夫闻风而忸怩也。"《外篇·审举》亦言："高干长材，恃能胜己，屈伸默语，听天任命，穷通得失，委之自然。"在葛洪的价值世界里，万物皆有自存自足价值，"安其长"，则"莫不泰于得意"；"违其意"，则"惨于失所"。正所谓"用得其长，则才无或弃；偏诘其短，则触物无可。"(《外篇·博喻》)

### 二、"仙人无种"的生命平等价值

《抱朴子》蕴含着生命平等思想,这种平等既包括生命起点的平等,又包括修道成仙结果的平等,我们将其简化为"仙人无种"的生命平等价值。①

葛洪从"道生万物"的哲学前提出发,论证了世间万物包括人都是道生气成、大化流行的产物,秉道授气是其共同的本源与本质,这一共同的本源与本质使每一生命具有起点平等的价值。"道也者,所以陶冶百氏,范畴二仪,胞胎万类,酝酿彝伦者也。""凡言道者,上自二仪,下逮万物,莫不由之。""道"是"自然始祖""万殊大宗",是宇宙万物"作为存在的存在":"乾以之高,坤以之卑,云以之行,雨以之施。胞胎元一,范铸两仪,吐纳大始,鼓冶亿类,……"。"道"是万事万物存在的根据,从生成论的角度来看,天、地、人、物,无不同源而下,因此,万象殊异的生命存在,在起点上是平等的。就现实生活中的任何个人而言,不管其身份、地位如何,智能高低怎样,处于哪个阶层,从事什么职业,是否拥有财富以及拥有多少财富,其生命初始价值都一律平等,即使他们各自暂存的生命状态有异,但却本源本质不二。这一点是不容置疑的。

与葛洪这种观念不同的是,魏晋时期有些养生家认为,神仙确实存在,但神仙"特禀异气",体质异于常人,非积学所能致,如嵇康《养生论》以为:"神仙……似特受异气,禀之自然,非积学所能致也。"(《嵇中散集》)葛洪对此提出了自己的见解。

首先,葛洪认为"仙人禀异气"并非说有人生来就是"仙人",只能说其特殊禀赋为成仙提供了更为便利的可能性,而有这种可能性的人也只有经过从师、炼养、功行、服饵等途径方能真正得道成仙。即便"禀异气",只是其禀得之"气"异于常人,无非所禀之"气"比寻常人更纯更清而已,但此"气"之上还有"道",在最终本源上,二者没有差别。易言之,仙人与凡人是同类,而非异类。《内篇·对俗》说:"至于彭老犹是人耳,非异类而寿独长者,由于得道,非

---

① 生命平等价值在"治世之圣"身上也有体现,如《外篇·勖学》言:"夫周公上圣,而日读百篇。仲尼天纵,而韦编三绝。墨翟大贤,载文盈车。"认为个人资质虽有差异,但只要专心向道,勖学勤求,同样可以成为圣人,即"质虽在我,而成之由彼"。此"彼"即超凡入圣的行为方式。这里为使问题简洁明朗,仅从"得道之仙"的角度论及"仙人无种"的生命平等价值。

自然也。……人有明哲，能修彭老之道，则可与之同功矣。若谓世无仙人乎，然前哲所记，近将千人，皆有姓字，及有施为本末，非虚言也。若谓彼皆特禀异气，然其相传皆有师奉服食，非生知也。"在葛洪看来，仙人乃修道得道之人，并非天然生成；倘若说仙人禀得异气，天然生成，那他就不必从师问道，亦无须炼丹服饵，但这与仙经记载不符——仙经上说仙人是修炼而得道的，修仙之事对他们而言也并非生而知之。《内篇·辨问》又说："仙经以为诸得仙者，皆其受命偶值神仙之气，自然所禀。故胞胎之中，已含信道之性，及其有识，则心好其事，必遭明师而得其法，不然，则不信不求，求亦不得也。"就是说，禀受异气的人只是在心识禀赋上比平常人多了些优势，多了些信道之性，好仙之心，若真要成仙，必须得"明师"、服丹药，方能成就仙果；再说，人为万物之灵长，有"明哲"之心、"有识"之能，即使起初禀赋不及彭老，也可通过习修彭老之道，变化气质，而达到与彭老一样的养生功效，进入长生久视的生命境域。在葛洪眼中，甚至像老子之师元君，"天下众仙皆隶焉，犹自言亦本学道服丹之所致也，非自然也。"（《内篇·金丹》）哪怕是传说中的黄帝，"生而能言，役使百灵，可谓天授自然之体者"，也"不能端坐而得道"（《内篇·极言》）。这样，葛洪实际上否认了"禀异气"对修道成仙的决定意义，因为在生命炼养致仙问题上，"气"只是炼丹修道的中间环节，"道"比"气"更为根本。

其次，葛洪从"物类一也"（《内篇·至理》）这个万物具有统一性的前提出发，通过对自然界诸多物种变化现象的深入观察，推导出"变化者，乃天地之自然"之论，进一步论证"仙人无种"。《抱朴子·释滞》转载了诸多神话传说，以表述宇宙万物的生成变化，可谓千奇百怪：

　　复问俗人曰："夫乘云蚩产之国，肝心不朽之民，巢居穴处，独目三首，马閤狗蹄，脩臂交股，黄池无男，穿胸旁口，廪君起石而汛土船，沙壹触木而生群龙，女娲地出，杜宇天堕，矕飞犬言，山徙社移，三军之众，一朝尽化，君子为鹤，小人成沙，女丑倚枯，贰负抱桎，寄居之虫，委甲步肉，二首之蛇，弦之为弓，不灰之木，不热之火，昌蜀之禽，无目之兽，无身之头，无首之体，精卫填海，交让递生，火浣之布，切玉之刀，炎昧吐烈，磨泥漉水，枯灌化形，山夔前跟，石脩九首，毕方人面，……凡此奇事，盖以千计，五经所不载，周孔所不说，可皆复云无是物乎？"

上述不少神话在《山海经》中已有记载：不必说女娃化精卫衔木石以填东海、女娲炼五彩之石以补苍天这些家喻户晓、妇幼皆知的神话故事，还包括食桑吐丝作茧的女子、有人无首却操戈盾立的夏耕尸、生而十日炙杀之女丑尸，更有长着人面一脚的毕方鸟、苍身无角独足的山㺊兽，以及臂长于身的长臂国、纯女无男的黄池国、胸有孔窍的贯匈国、兽身色黑口能吐火的厌火国等。其他人物故事，也在《博物志》《淮南子》《后汉书》《搜神记》《尔雅》等也有记载。在葛洪看来，这些光怪陆离的人物奇事，"盖以千计"，皆有出处，并非他个人杜撰，即便周公孔子不提此类奇事，也不能因他们不提及就完全否定其存在。葛洪不仅肯定这些奇闻异事的真实存在，而且还试图诠释其存在的依据。在他看来，生命体之间是可以相互转化的，甚至在生命体与无生命物之间也是可以相互转化的。他还以日常所见物象变化来反驳物类固定之说，如其于《内篇·论仙》争辩道：

> 若谓受气皆有一定，则雉之为蜃，雀之为蛤，壤虫假翼，川蛙翻飞，水蛎为蛉，䓍芩为蛆，田鼠为鴽，腐草为萤，鼍之为虎，蛇之为龙，皆不然乎？

> 若谓人禀正性，不同凡物，皇天赋命，无有彼此，则牛哀成虎，楚妪为鼋，枝离为柳，秦女为石，死而更生，男女易形，老彭之寿，殇子之夭，其何故哉？苟有不同，则其异有何限乎？

在葛洪看来，物类变化现象是真实存在的："雉化为蜃，雀化为蛤，与自然者正同"，"变化者，乃天地之自然"（《内篇·黄白》），变化现象不仅存在于自然界，"人之为物，贵性最灵"（《内篇·黄白》），人作为自然中最具灵性的存在，更会应用变化之术，创造与天然无异之物来。"夫变化之术，何所不为。""能为之者往往多焉。水火在天，而取之以诸燧。……云雨霜雪，皆天地之气也，而以药作之，与真无异也。"（《内篇·黄白》）用阳燧（古代铜制凹镜）向日可以取火，用方诸（古代的方铜镜）在月下可以取水，用人工合"药"可以造出与自然生成无异的云雨霜雪，这些都是物类变化的例证。而物类之所以可以变化（包括自然而然的变化及人工合成的变化），葛洪道出"（然）其根源之所缘由，皆自然之感致，非穷理尽性者，不能知其指归，非原始见终者，不能得其情状也。狭观近识，桎梏巢穴，揣渊妙于不测，推神化于虚诞，以周孔不说，坟籍不载，一切谓为不然，不亦陋哉？"（《内篇·黄白》）意即，狭隘的观点与浅近的见识,犹如束缚人的刑具、鸟巢、窠穴,使人将深奥奇妙揣度为不可捉摸,将神奇变化视为荒诞不经。在葛洪眼中,即使是周公孔子之类的权威没有认可,文献典籍没有记载,仅仅以此为标准,岂不过于浅陋了吗? 问题的关键在于,很多人不知万物根据,亦不知"原始见终"。其所谓"原始见终",实出于《周易·系辞上》"原始反终,故知死生之说"一句,意思是说,推原所始,反求其终,所以就知晓生死转化的道理。在葛洪看来,生死可以转化,这是宇宙生命的奥秘,其转化的枢机在于二者之间具有内在的统一性,物类之间亦具有统一性,即"物类一也",此"一"即"气"即"道"。能够参透此理的人,方可称之为"原始见终者";也只有他们才懂得修道及仙的奥秘:从变化生成的角度看,由凡及仙之路,即治身养性之途,其实质就是变化气质。尽管凡人受气有多少、精粗之别,在现实暂存状态上,智能虽有所明昧之别,体能也有强弱之异,但在修道证仙的结果上,是没有差别的:

> 受气各有多少,多者其尽迟,少者其竭速。其知道者补而救之,必先复故,然后方求量表之益。……故治身养性,务谨其细,不可以小益为不平而不修,不可以小损为无伤而不防。凡聚小所以就大,积一所以至亿也。若能爱之以微,成之于著,则几乎知道矣。(《内篇·极言》)

为了驳斥"仙人有种"之说,消除人们"似是而非"之惑,葛洪强调成仙在于自我修炼,他尤重彰显"效验"对认识的检验的意义,如《内篇·对俗》载:"或难曰:'神仙方书,似是而非,将必好事者妄所造作,未必出黄老之手,经松乔之目也。'抱朴子曰:'若如雅论,宜不验也,今试其小者,莫不效焉。"《内篇·塞难》亦云:"顾曾以显而求诸乎隐,以易而得之乎难,校其小验,则知其大效,睹其已然,则明其未试耳。"葛洪曾用铅丹变化试验来说明"效验"的意义:"铅性白也,而赤之以为丹。丹性赤也,而白之而为铅。"(《内篇·黄白》)就是说铅经过化学变化可以变成胡粉(铅白),即白色的碱性碳酸盐,胡粉再加热后经过化学变化,可以变成铅丹,即赤色的四氧化三铅,而这种赤色四氧化三铅再经过加热分解,又可变成铅白。在学习尝试的过程中,通过试验,就可以检验所进行的活动是否正确,他还举出"实例"来说明黄白术并非虚妄:"近者前庐江太守华令思,高才达学,洽闻之士也,而事之不经者,多所不信。后有道士说黄白之方,乃试令作之,云以铁器销铅,以散药投中,即成银。又销此银,以他药投之,乃作黄金。"(《内篇·黄白》)道士通过试作"黄金""白银",取得庐江太守华令思的信服,于是,太守"又从此道士学彻视之方"。葛洪就这样以实验验证的方法引导人们确信:"有以校验,知长生之可得,仙人之无种耳。"(《内篇·至理》)他笃信仙可学可得,有校验以证,绝非虚妄。诚如王明先生所言,"在葛洪身上,体现了宗教家和科学实验家两种不同的人格"[①]。

葛洪不仅从以上两点论述人人都有修仙得道的生命平等价值,但也意识到这只是一种理论上的可能性,面对现实生活中凡人不见仙人这一现象,他又从信仰与修为的关联入手,强调二者不可或缺。葛洪声称:"至于仙者,唯须笃志至信,勤而不怠,能恬能静,便可得之,不待多才也"(《内篇·辨问》)、"患于闻之者不信,信之者不为,为之者不终耳。夫得之者甚希而隐,不成者至多而显。世人不能知其隐者,而但见其显者,故谓天下果无仙道也。"(《内篇·至理》)葛洪肯定"现实世界"人多仙少的"事实",在他看来,凡人对于仙道,或虽听说而不相信,或虽相信而不实修,或虽实修而不能持久,这些是造成他们不能修成仙果的主要原因,并特别强调仙人"皆由学以得之",其道理就如同要有粮食收成就得播种一样,并非"特禀异气",生就而仙,他说:

> 彼莫不负笈随师,积其功勤,蒙霜冒险,栉风沐雨,而躬亲洒扫,契阔劳艺,始见之以信行,终被试以危困,性笃行贞,心无怨贰,乃得升堂以入于室。(《内篇·极言》)

> 仙之可学致,如黍稷之可播种得,甚炳然耳。然未有不耕而获嘉禾,未有不勤而获长生度世也。(《内篇·勤求》)

可见,修行入道之士,需勤求明师,栉风沐雨,契阔劳艺,历经各种心性考验,获得师门的首肯,乃得以升堂入室的门票;即便迈入道门,具体到炼养活动,对修行者的悟道能力、体道方法、炼丹条件等,仍有很高的要求。换言之,得道成仙不是一件易事,从修道结果来看,"学仙之事,万未有一"——一万人之中能有一人修成仙果已经不错,可见成功概率极低,难怪抱朴子明言,"一世不过数仙人"(《内篇·释滞》)。成仙虽难,但也不能以此"故谓天下果无

---

① 王明:《抱朴子内篇校释·序言》(增订本),中华书局1985年版,2002年第5次印刷,第10页。

仙道也"。另外,葛洪不仅肯定天下有仙道,也有人以此修道登仙,而且认为即便是得道仙人站在面前,凡夫俗子也有眼难辨:

> 浅识之徒,拘俗守常,咸曰世间不见仙人,便云天下必无此事。夫目之所曾见,当何足言哉?天地之间,无外之大,其中殊奇,岂遽有限,诣老戴天,而无知其上,终身履地,而莫识其下。形骸已所自有也,而莫知其心志之所以然焉。寿命在我者也,而莫知其修短之能至焉。况乎神仙之远理,道德之幽玄,仗其短浅之耳目,以断微妙之有无,岂不悲哉?(《内篇·论仙》)

就是说世俗之人感知范围十分狭小,心智能力又很浅薄,对于幽远玄妙的"神仙"之事根本无法体会,难怪会怀疑"神仙"存在,更何况求道成仙者,不慕世俗荣华富贵,不喜人间嘈杂喧嚣,他们"视爵位如汤镬,见印绶如缞绖,视金玉如土粪,睹华堂如牢狱"(《内篇·论仙》)。这样,凡人与仙人处于两种不同的生命状态,凡、仙便成为两种完全不同的生存模式,凡人对经验世界的依赖及直观认识的局限妨碍了对神仙一事的确认。①

葛洪还以仕途、稼穑、商贾、用兵等日常俗务为例,认为此等俗务与修道证仙相较容易很多,但尚有不达、不收、不利、无功等不尽人意的生活境遇,驳斥那些求仙无果就断定"天下无仙"的言说论调。其《内篇·论仙》云:"进趋犹有不达者焉,稼穑犹有不收焉,商贩或有不利者焉,用兵或有无功者焉。况乎求仙,事之难者,为之者何必皆成哉?……又何足以定天下之无仙乎?"

王充用元气自然的观点解释人和万物的生命由来,认为人和万物都是天地之气和合而生,都是气的自然而然的显现形式,人与物皆不例外,人只是物中有智慧者而已。其文云:"人,物也,万物之中有智慧者也;其受命于天,禀气于元,与物无异。"(《论衡·辨祟》)他还指出,生死现象其实是阴阳之气聚散使然:"阴阳之气,凝而为人,年终寿尽,死还为气。"(《论衡·论死》)王充以气解释生命现象,是汉代气化哲学的代表,是老庄自然哲学的延伸,而葛洪虽继承王充的元气自然、生死聚散、人物无异的思想,但他又将王氏"人以智慧而与物别"之论推向了极致——人以自己的智慧,探究生命运行规律、利用

---

① 参见曾勇:《葛洪的生命观及其现代沉思》,《湖北社会科学》2005 年第 3 期。

规律改变自然生命,以至"达其深者,则长生久视"——走向了以不死成仙为主旨的生命价值哲学。

### 三、生民安康、社会和谐的伦常价值

葛洪生活在处于分裂割据而又动荡不安的两晋之际。那个时代,战火连年不断,天灾疾疫频仍,是个较为典型的乱世。人们的生命安全时时受到威胁,生活缺乏安定,大多数人感到死生无常,性命难有保障,于是,个体生命的保存与人生价值的究竟便凸显为这一时期文化的主题。社会上多种人生思潮蜂起,各类生活方式纷呈。有人醉生梦死,穷奢极欲,主张及时行乐;有人迷信巫觋,成天祈神护佑,甚至冀望来世;也有人一边饮酒服药,一边清谈玄理,以此作为获得精神解脱的时尚方式。尤其是这后一种方式,名士倡导,众人跟从,一时间,药、酒之风大盛,①玄谈②之气蔓延,礼教渐颓,新法未立,社会更趋失序,甚至出现居丧饮酒等乱象,构成对名教制度的极大挑衅。葛洪对此痛心疾首。在他看来,这些社会乱象对于个人生存(如养生保健)来说,有百害而无一利,对于社会秩序建设来说,只能是有悖人伦而失和谐。鉴于此,葛洪在《酒诫》《疾谬》《刺骄》《道意》等篇,通过对这些社会弊端、生活陋习的揭露与讽刺,表达了他对生民安康、社会和谐的良苦用心与价值期许。

葛洪《酒诫》篇围绕"性""情""物"的关系问题,阐发自己对酒及当时盛行的酒风的基本观点。他说:

> 是以智者严隐括于性理,不肆神以逐物,检之以恬愉,增之以长算。
> 其抑情也,剧乎堤防之备决;其御性也,过乎腐辔之乘奔。故能内保永年,
> 外免衅累也。……盖计得则能忍之心全矣,道胜则害性之事弃矣。

杨明照先生分别引用孟子和荀子的语句来注释此处的"性"与"情"。"《孟子·尽心下》:孟子曰,口之于味也,目之于色也,耳之于声也,鼻之于臭

---

① 关于魏晋时期盛行的药、酒风气,可参见鲁迅先生《魏晋风度及文章与药及酒之关系》一文。
② 关于"清谈""清议""玄谈"的关系,请参见唐长孺《魏晋南北朝史论丛》之《清谈与清议》。唐先生认为葛洪所谓"清谈"是指"雅谈"——与"丑辞""谑调"相对,或"清议";而"清议"是指人物批评,旨在为征辟察举提供依据;"玄谈"是指对老庄的虚玄之谈。并认为葛洪最反对"玄谈"。本文从唐说。

也,四肢之于安佚也,性也";"《荀子·王霸》:夫人之情,目欲綦色,耳欲綦声,口欲綦味,鼻欲綦臭,心欲綦佚。此五綦者,人情之所不免也"。因此,这里的"性",是指眼、耳、鼻、口、四肢的先天本能,是"自然的赋予,即人的自然本质"①;而"情"是外物对"性"的反映,即色、声、味、臭、安佚。在葛洪看来,人之有性乃自然所赋,而情之所发是外物招致。外物对人作用引起的"情"会"惑性""危身",因此,明智的人应该保持生命的自然本性,时时把握自己,不被外物所惑而戕害自身,即"严隐括于性理,不肆神以逐物"。

葛洪把酒视为"害性生病之物",他说:"夫酒醴之近味,生病之毒物,无毫分之细益,有丘山之巨损,君子以之败德,小人以之速罪,……虽适己而身危也。"并认为嗜酒往往使人"精浊神乱,臧否颠倒",诱发种种祸患,导致种种灾难,因此,他对之严加指责:

> (嗜酒者)或肆忿于器物,或酗酱于妻子;加枉酷于臣仆,用刿锋乎六畜;炽火烈于室庐,掊宝玩于渊流;迁威怒于路人,加暴害于士友。衰严主以夷戮者,有矣;犯凶人而受困者,有矣。

> 言虽尚辞,烦而叛理;拜伏徒多,劳而非敬。臣子失礼于君亲之前,幼贱悖慢于耆宿之坐。……于是白刃抽而忘思难之虑,棒杖奋而罔顾乎前后。构漉血之雠,招大辟之祸。

> 以少凌长,则乡党加重责矣;辱人父兄,则子弟将推刃矣;发人所讳,则壮士不能堪矣;计数深克,则醒者不能恕矣。起众患于须臾,结百痾于膏肓。……其为祸败,不可胜载。

葛洪历数酗酒招致的祸患,认为"致极情之失,忘修饰之术"皆因此物,他再三提醒人们应从"人"本身出发,关注生命的自然本性,严守性理,而不能寄情于外物,尤其是"害性"之酒,认为它不但危及生命健康,而且扰乱社会风气,相反,若能"抑情""御性",则能"内保永年,外免衅累"。葛洪借此也表达了对玄谈的批判,认为清谈玄理非但不能实现人生价值,反而会对个人生命存在状态造成戕害,距离生命本真越来越远。葛洪在《抱朴子·外篇》中,对魏晋清谈放达之风多有微词,有时兼括汉末,实际上主要还是指摘魏晋时风。如说:

---

① 冯契:《中国古代哲学的逻辑发展》(上册),上海人民出版社1983年版,第279页。

世人闻戴叔鸾、阮嗣宗傲俗自放,见谓大度。而不量其材力,非傲生之匹,而慕学之:或乱项科头,或裸袒蹲夷,……此盖左衽之所为,非诸夏之快事也。夫以戴、阮之才学,犹以蹉跌自病,得失财不相补。向使二生敬蹈检括,恂恂以接物,竞竞以御用,其至到何适但尔哉!况不及之远者,而遵修其业,其速祸危身,将不移阴,何徒不以清德见待而已乎?……今世人无戴、阮之自然,而效其倨慢,亦是丑女暗于自量之类也。……夫古人所谓通达者,谓通于道德,达于仁义耳。岂谓通乎亵黩,而达于淫邪哉!(《外篇·刺骄》)

轻薄之人,迹厕高深,交成财赡,名位粗会,便背礼叛教,托云率任,才不逸伦,强为放达。(《外篇·疾谬》)

葛洪从社会生活与人伦秩序的大局出发,反观个人品行的意义与价值,认为所谓通达,本应通于道德达于仁义,而不是纵情任性,更不得背礼叛教。但他对东汉隐士戴良(字叔鸾)①、竹林七贤之一的阮籍(字嗣宗)等的放达则有所保留,除了因为戴、阮有玄心(上引"今世人无戴、阮之自然")外,还因为他们才力逸伦。也就是说,除非对玄学有高深的造诣,并有过人的悟性,才能真正放达"体道",否则,是不可"傲生""放达"的,如若不然,其结果就只能是东施效颦,贻笑大方,甚至"速祸危身"。《抱朴子·外篇·疾谬》说魏晋名士玄谈:"终日无及义之言,彻夜无箴规之益,诬引老庄,贵于率任,大行不顾细礼,至人不拘检括,啸傲纵逸,谓之体道。""及义之言"乃品德根本,也可以说是一种抽象概括,一种形而上学,但玄谈名士"诬引老庄",即使讲形而上学,其目的也不在于哲学本体论的理论追求,而只是作为可以无穷推演的谈资,来为他们个人生活的任诞狂放如酣饮、裸衣等提供理论依据。这些言辞与行为为葛洪所不齿。

---

① 据《后汉书》卷八十三载,戴良自小行为放纵不拘,其母爱听驴鸣之声,良常学驴叫,以乐其母。母亡居丧期间,戴良饮酒食肉,悲哀时哭几声,但面容憔悴。有人问良这样守丧合礼吗?戴良回答说:"合礼。礼是用来控制感情放纵的,感情如果不放纵,需要谈什么礼呢!吃美味而感觉不到甜美,所以造成面容憔悴的结果。如果口中吃不出美味,那么吃这些是可以的。"——在戴良看来,禁酒食素只是对居丧的外在形式要求,其饮酒食肉也只是外在行为表现,这一行为并不与其悲痛心情相悖,其面容之憔悴才是内在情感之真实流露。——在葛洪看来,戴之"傲俗自放"不可普遍化,因"世人无戴之自然"(才学),只能依礼立身处世。

在葛洪看来,社会秩序首先表现为人与人之间的关系,人与人之间的关系是一种特殊的生命关系;所谓"特殊"指的是此等生命不同于其他没有思想理念的动物生命。由于人有思想,可以交流,相互协调,通过一定的社会组织而生活,人类个体与个体之间就形成了有生命关联的社会关系。而这种社会关系的理性化、制度化即表现为一定的伦常秩序,它是人们美好生活、彼此良性发展的基本保证,而且,这种伦常秩序需要社会成员的内在认同与切实践履。玄谈名士只求个人生活的放纵任性,而不顾礼仪制度规范,扰乱了既定的人伦秩序,只落得进退不定自寻其病,得失不能相互补偿。葛洪认为如此行为,不仅表现为个人与社会之间的关系紧张与冲突,而且让个人生存只能举步维艰,并且使个人最终为社会所抛弃。阮籍的佯疯便是一例。为此,他在建构仙道理论时,就自觉地将儒家忠孝伦理思想纳入进来,并作为修道之士为人之本。

葛洪认为,学会做人是生命升华成仙的前提,如果连凡人都做不好,那就谈不上修道成仙了。如何做人?用今天的话说,此"人"不仅仅是生物学意义上的人,更是人文意义上的人,是在人文精神与人生意义观照下的对人生道路选择与人生价值获取创造的综合性的问题。这个问题首先涉及如何对待从父母那里遗传来的生物学意义上的生命。按照儒家的观点,"身体发肤,受之父母,不敢毁伤,孝之始也"(《孝经·开宗明义章》)。葛洪不仅认可这种观点,而且将之强化,成为其生命伦理的基本出发点。在道门中人看来,保持自身形体的完整与健康,这不仅是孝敬父母的基本要求,而且是天道流转人间的必然体现。"对人傲慢""轻率殴斗"都是"不孝"之举:"且夫慢人者,不爱其亲者也;轻斗者,不重遗体者也。皆陷不孝,可不详乎!"(《外篇·疾谬》)有人责备修道之士"背俗弃世,烝尝之礼,莫之修奉,先鬼有知,其不饿乎",葛洪解释说:

> 盖闻身体不伤,谓之终孝,况得仙道,长生久视,天地相毕,过于受全归完,不亦远乎?果能登虚蹑景,云举霓盖,餐朝霞之沆瀣,吸玄黄之醇精,饮则玉醴金浆,食则翠芝朱英,居则瑶堂瑰室,行则逍遥太清。先鬼有知,将蒙我荣,或可以翼亮五帝,或可以监御百灵,位可以不求而自致,膳可以咀茹华璚,……诚如其道,罔识其妙,亦无饿之者……然则今之学仙者,自可皆有子弟,以承祭祀,祭祀之事,何缘便绝!(《内篇·对俗》)

在葛洪看来,如果说,身体不受毁伤便可称为是最大的孝子的话,那么,修得仙道,长生不死,寿同天地,不是超过保持身体完整地来到世上、整全地离开人间之类的孝道很多很远吗?得道成仙,飞身冲举,汲取朝霞之鲜气,吸收天地之醇精;以玉醴金浆为饮品,以翠芝朱英为食粮,以瑶堂瑰室为居处,何等逍遥自由!祖先鬼魂假使有知,将会托福而蒙受荣光,有的可以辅佐五帝,有的可以监管百灵,职位可以不求自来,膳食可以咀茹华琼,权势可以总统罗酆鬼域,威仪可以叱咤梁成鬼帅。如此光宗耀祖,也合孝道;子弟传承,祭祀不辍,香火相续,也不违孝道。如果说,这些是仅仅限于对家庭(家族)伦理之孝道价值坚守与形式创新的话,那么道教思想家对于社会伦理之价值又如何看待,如何对待呢?在传统社会中,家国同构,家国同理,作为臣子,居家对"亲"为"子",出门面"君"称"臣",称呼有别,角色不同,其承担的伦理责任与义务也有差异,但其人伦价值所追求的和顺的价值目标不变。家庭(家族)伦理中子对亲的"孝",被移植为社会伦理中臣对于君的"忠",于是"忠"的价值,自然被葛洪纳入社会和谐的价值体系之内。《抱朴子·外篇·逸民》驳斥了那种认为"隐遁之士,则为不臣"的论调,明确指出:"何谓其然乎!……'率土之滨,莫非王臣'可知也。在朝者陈力以秉庶事,山林者修德以厉贪浊,殊途同归,俱人臣也。王者无外,天下为家,日月所照,雨露所及,皆其境也";"今隐者洁行蓬荜之内,以咏先王之道,使民知退让,儒墨不替,此亦尧、舜之所许也";"苟有卓然不群之士,不出户庭,潜志味道,诚宜优访,以兴谦退也"。看来,修道习仙是不违忠孝人伦之道了,忠孝不仅是世俗社会的人道之根本,而且也成了神仙世界的仙道之基础。

葛洪一方面宣扬不死成仙的宗教信仰;另一方面批判"妖邪""伪道",反对巫觋迷信活动,认为它们或是装神弄鬼,贻误诊疗,伤命竭财,或是"纠合群愚""称合逆乱",危人害群。他说:"夫福非足恭所请也,祸非禋祀所禳也。"疾病是因不懂荣卫养生保健所致,以"太牢三牲"祭神悦鬼,对治病疗疾则无济于事。他义正辞严地说:

> 若养之失和,伐之不解,百痾缘隙而结,荣卫竭而不悟,太牢三牲,曷能济焉?俗所谓道率皆妖伪,转相诳惑,久而弥甚,既不能修疗病之术,又不能返其大迷,不务药石之救,惟专祝祭之谬,祈祷无已,问卜不倦,巫觋

小人,妄说祸祟,疾病危急,唯所不闻,闻辄修为,损费不訾,富室竭其财储,贫人假举倍息,田宅割裂以讫尽,箧柜倒装而无馀。或偶有自差,便谓受神之赐,如其死亡,便谓鬼不见赦,幸而误活,财产穷罄,遂复饥寒冻饿而死,或起为剽劫,或穿窬斯滥,丧身于锋镝之端,自陷于丑恶之刑,皆此之由也。或什物尽于祭祀之费耗,穀帛沦于贪浊之师巫,既没之日,无复凶器之直,衣衾之周,使尸朽虫流,良可悼也。愚民之蔽,乃至于此哉!(《内篇·道意》)

巫觋"不务药石",祈神弄鬼,招摇撞骗,竭人钱财,愚民害命,为葛洪所深恶痛绝;葛洪主张应"刑之无赦"(《内篇·道意》),他还用自己的见闻劝诫人们应当弃巫信医,保持理性:"余亲见所识者数人,了不奉神明,一生不祈祭,身享遐年,名位巍巍,子孙蕃昌,且富且贵也。唯余亦无事于斯,唯四时祀先人而已。曾所游历水陆万里,道侧房庙,固以百许,而往返径游,一无所过,而车马无颠覆之变,涉水无风波之异,屡值疫疠,当得药物之力,频冒矢石,幸无伤刺之患,益知鬼神之无能为也。"(《内篇·道意》)

葛洪痛斥民间道教为"伪道",指责他们"假托小术""纠合群愚",危害社会,并非真正的体玄修道。《内篇·道意》直言:"曩者有张角柳根王歆李申之徒,或称千岁,假托小术,坐在立亡,变形易貌,诳眩黎庶,纠合群愚,进不以延年益寿为务,退不以消灾治病为业,遂以招集奸党,称合逆乱,不纯自伏其辜。"在葛洪看来,民间道教非但无助于个人与玄道的沟通,也会危及众人的共生同存,"或至残灭良人,或欺诱百姓,以规财利,钱帛山积,富逾王公,纵肆奢淫,侈服玉食,妓妾盈室,管弦成列,刺客死士,为其致用,威倾邦君,势凌有司,亡命逋逃,因为窟薮。"(《内篇·道意》)因此,对这些进不求延年益寿,退不能消灾治病的"伪道",葛洪主张要坚决禁绝。

葛洪对巫觋和民间道教的反对,都是从对个体生命关怀和社会安定和谐的角度展开的。在此基础上,他倡导道士兼修医术,"救人危使免祸"。他说:"为道者以救人危使免祸,护人疾病,令不枉死,为上功也。"(《内篇·对俗》)鼓励道医治病护人,救死扶伤,通过医术济世,建立人道功德,为修证仙道创造基础条件。葛洪见证了当时医家诊病,既抓不住主要症状,又爱用贵重药品,过度医疗,导致穷苦百姓无力看病,造成延误诊疗无数,他特著医书《肘后备

急方》。在该书序言中,他道出自己的写作动机:

> 抱朴子丹阳葛稚川曰:余既穷览坟索,以著述余暇,兼综术数,省仲
> 景、元化、刘戴秘要、金匮、绿秩、黄素方,近将千卷。患其混杂烦重,有求
> 难得……又见周、甘、唐、阮诸家,各作备急,既不能穷诸病状,兼多珍贵之
> 药,岂贫家野居所能立办。又使人用针,自非究习医方,素识明堂流注者,
> 则身中荣卫尚不知其所在,安能用针以治之哉!……虽有其方,犹不免残
> 害之疾。余今采其要约,以为《肘后救卒》三卷,率多易得之药,其不获已
> 须买之者,亦皆贱价草石,所在皆有;兼之以灸,灸但言其分寸,不名孔穴,
> 凡人览之,可了其所用;或不出乎垣篱之内,顾昐可具,苟能信之,庶免横
> 祸焉。①

"肘后",即便于携带取用之义,《肘后备急方》属急救之类"医疗手册"。
该书所论疾病多以急性病为主,并相当重视传染性疾患,同时也未忽视常见而
多发的慢性病。针对每一病候,均略记病因、症状,直述各种疗法,以应急需,
且"率多宜得之药","所在皆有",切合实用。该书后由梁高道陶弘景(456—
536 年)增补缺佚,得一〇一首,名为《补阙肘后百一方》;后又经金杨用道摘取
宋《经史证类备急本草》中的附方,随证类附于其后,名为《附广肘后方》。葛
洪的便捷实用、悬壶济民的杏林风范为隋唐时期的著名道士、人称"药王"的
孙思邈(581—682 年)所继承和发扬,孙真人将其广大并铸就了新的道教医学
著作《备急千金要方》(简称《千金要方》),为生民安康开拓了更为广阔的道
医园地。

## 第三节 生与道合的统一价值

如果说传统儒家把社会伦常之道作为人生价值的基本内容,其要点在于
道德②涵养的话,那么可以说原始道家则是以宇宙化生之道作为人生价值标
的,其核心在于取法自然,二者无不是在"天人合一"的思维范式下,建构各自

---

① (晋)葛洪:《葛洪肘后备急方》,人民卫生出版社 1983 年版,第 3 页。
② 道家的"道德"为"合道之德""至德",儒家的"仁义"即现代语境的"道德"。

的人生价值学说,不同的是前者重于伦常之德的修养,是以"人"为中心展开,用由近及远、从里向外的递推方式建构的立体德行系统,我们称之为"天人合德"的路数,而后者是立足于化生之道的高度,把人视为生命之道的一部分,强调"道法自然"道即自然(道的实质即自然),我们称之为"天人合道"的理路。葛洪从生命与大道的关联中,创造性地诠释"自然",并以自然为纽带,贯通儒道人生价值学说,整合成"生道合一"的价值体系,这一价值体系主要表现在三个方面,即名教合于自然的人文价值、"仁及万物"的生态价值、"以明统仁"的生命智慧。

## 一、名教合于自然的人文价值

如果说原始道家学说的核心是"自然",先秦儒家学说的核心是"仁义",那么可以说,西汉之初《淮南鸿烈》已经开始将仁义融入自然之中,并从人性论的角度推出了"仁义本于自然"的命题。如其文曰:"人之性有仁义之资,非圣人为之法度而教导之,则不可使乡方。故先王之教也,因其所喜以劝善,因其所恶以禁奸,故刑罚不用而威行如流,政令约省而化耀如神。故因其性,则天下听从;拂其性,则法县而不用。"(《泰族训》)就是说,人之性有善恶两面(此说无疑受儒家孟荀思想的启发),圣人劝善禁奸是因性而行,礼乐、刑罚、仁义本于人性。这就为圣人的仁义之教、礼乐之用、刑罚之设,提供了人性论根据。既然这样,仁义礼法之于道德在价值序列上,其层级关系如何?作者认为:"率性而行谓之道,得其天性谓之德。性失然后贵仁,道失然后贵义。是故仁义立而道德迁矣,礼乐饰则纯朴散矣,是非形则百姓眩矣,珠玉尊则天下争矣。凡此四者,衰世之造也,末世之用也。"(《齐俗训》)又言:"逮至衰世,人众财寡,事力劳而养不足,于是忿争生,是以贵仁。仁鄙不齐,比周朋党,设诈谞,怀机械巧故之心,而性失矣,是以贵义。……夫仁者所以救争也,义者所以救失也,……"(《本经训》)可见,仁义与礼乐,是衰世救弊的产物,因此仁义不是德行修养的最高层次,故"仁义之不能大于道德也,仁义在道德之包"(《说山训》)。仁义礼法是宗法名教(礼教)的核心内容,是汉儒学说的重中之重,而"道德"是原始道家的最高范畴(魏晋玄学用"自然"指代),《淮南鸿烈》极力融通调和儒道二家,正是在此意义上,萧汉明教授指出:"在魏晋玄学初期,夏侯玄、何晏、王弼等人都力主'名教本于自然',究其源头,《淮南鸿烈》实已开风气之先。"①我们认为,葛洪乃承传这一玄学观念,进一步肯定名教合于自然的人文价值。

魏晋时期名教与自然之辩一直是玄学所讨论的核心问题之一。与葛洪同一时期的鲍敬言,在这一问题上,其主张与嵇康和阮籍"越名教而任自然"②的观点基本上保持一致,与葛洪等相左。葛洪在与鲍敬言的辩论中,一方面维护名教治世的权威,另一方面也表达了其历史自然观。

鲍敬言继承了魏晋玄学激进派的观点,认为名教与自然格格不入,君主制度及其从属的名教之治从根本上乃是对于人性的违背和残害,他反复论证"有君之苦"和"无君之乐",进而提出无君论的主张,申明自己的社会价值取向。如说:

> 夫混茫以无名为贵,群生以得意为欢。故剥桂刻漆,非木之愿;拔鹖裂翠,非鸟所欲;……夫死而后生,欣喜无量,则不如向无死也。让爵辞禄,以钓虚名,则不如本无让也。……故曰:'白玉不毁,孰为珪璋?道德不废,安取仁义?'(《外篇·诘鲍》)

就是说,在混沌蒙昧之中,人们以名声不显于世为可贵,大家以如愿以偿为快乐。剥下桂皮割取漆汁不是树木的本意;拔下野鸡的翎尾,撕取翠鸟的羽毛,亦非鸟儿们的愿望。……人死而能够复生,当然会高兴到极点,但不如当初就没有死;辞让爵位俸禄以钓取虚名,那还不如当初就无爵位俸禄可让。……因此庄子说:"如果原初的白玉不被雕琢,哪里有什么珪璋? 如果道德不被废弃,从哪里去取得仁义?"易言之,世上原本没有珪璋(规章)仁义,只是随着历史的推移,人类有了分化,有了人为创制,才出现了仁义规范。在鲍氏眼中,仁义规范是人文创举,但它有违自然本性,导致很多社会问题,譬如出现了"强者凌弱""智者诈愚"等社会现象:"夫强者凌弱,则弱者服之矣;智者诈愚,则愚者事之矣。服之,故君臣之道起焉;事之,故力寡之民制焉。"(《外篇·诘鲍》)在鲍敬言看来,君臣之道的出现实乃强权意志的结果。而所谓"仁义"规

---

① 萧汉明:《〈淮南鸿烈〉与黄老思潮的终结》,《人文论丛》2002 年卷。

② 客观地说,嵇、阮批判的是虚伪名教,而非名教制度本身。鲍敬言更执着于名教与自然的对立。

范其实旨在维护君主制度与等级秩序,此即君臣之道——然而,在此制度下,人们的政治地位不再平等、财富分配与拥有差距悬殊,出现官贵民贱、俸禄厚下民贫等社会问题:帝王"役彼黎烝、养此在官,贵者禄厚,而民亦困矣"。"君臣既立,……夫獭多则鱼忧,鹰众则鸟乱,有司设则百姓困,奉上厚则下民贫。""降及杪季,智用巧生,道德既衰,尊卑有序,繁升降损益之礼,饰绂冕玄黄之服;起土木于凌霄,构丹绿于梦橑;倾峻搜宝,泳渊采珠。聚玉如林,不足以极其变;积金成山,不足以赡其费。澶漫于淫荒之域,而叛其大始之本。去宗日远,背朴弥增。"(《外篇·诘鲍》)鲍敬言认为,帝王的穷奢极欲,造成"内聚旷女,外多鳏男",穷究起来,国君"肆酷恣欲、屠割天下,由于为君,故得纵意也"。这种穷奢极欲之风不仅在国内滋生,而且向境外蔓延,导致国与国之间相互侵夺,"军备竞赛"不断升级——"弩恐不劲,甲恐不坚,矛恐不利,盾恐不厚"——继而,掠财争地的战火蜂起,这些频繁的无义战争,"推无仇之民,攻无罪之国,僵尸则动以万计,流血则漂橹丹野"。君臣利用自己的特权,巧取豪夺,"聚玉如林","积金成山","屠割天下",导致普通民众"食不充口,衣不周身,欲令勿乱,其可得乎?"(《外篇·诘鲍》)

鲍敬言一方面揭露帝王的穷奢极欲及其危害,另一方面指出君臣之义并非自古既有,进而对君主体制加以抨击并表示否定。他说:

> 曩古之世,无君无臣,穿井而饮,耕田而食,日出而作,日入而息。泛然不系,恢尔自得,不竞不营,无荣无辱。山无蹊径,泽无舟梁。川谷不通,则不相并兼;士众不聚,则不相攻伐。是高巢不探,深渊不漉,凤鸾栖息于庭宇,龙鳞群游于园池,饥虎可履,虺蛇可执,涉泽而鸥鸟不飞,入林而狐兔不惊。势利不萌,祸乱不作。干戈不用,城池不设。万物玄同,相忘于道。疫疠不流,民获考终。纯白在胸,机心不生。含餔而熙,鼓腹而游。其言不华,其行不饰。安得聚敛以夺民财,安得严刑以为坑阱?(《外篇·诘鲍》)

可以看出,鲍氏所谓"曩古之世",是指阶级社会产生以前的原始社会,所谓"降及杪季",是指此后的阶级社会。在鲍氏看来,远古社会,没有君臣之别,没有阶级之分,没有相互掠夺与兼并战争,人们自由平等,彼此和睦相处,大家靠自己的劳动过着和谐自足的生活。然而,阶级社会的建立,打破了原始社会的自由、宁静与和谐,而且,现实社会的一切罪恶,"皆有君之所致也"(《外篇·诘鲍》)——其矛头直指宗法制度的最高统治者——从本质上说,名教和君主体制就是对于自然人性的束缚和违背,是造成人民困苦生活的根本原因。① 在指摘这一制度的罪恶的同时,他推崇"无君无臣"的"曩古之世",因为那里没有阶级剥削,也没有阶级压迫,而且"万物玄同,相忘于道",并将此"曩古之世"视为理想社会。在这样的理想社会中,人们"身无在公之役,家无输调之费,安土乐业,顺天分地,内足衣食之用,外无势利之争"。(《外篇·诘鲍》)与"有君之苦"相较,"曩古之世"可谓有"无君之乐"!此"曩古之世",何尝不是陶渊明所描绘的"桃花源"式的乌托邦?鲍敬言如是揭露君主罪恶,反复论证"有君之苦"和"无君之乐",无非是要鞭挞乃至否定君主制,这就是鲍氏"无君论"的基本要旨。鲍敬言这种"无君论",从社会历史观角度论,显然鲍氏坚持"古者无君胜于今世"(《外篇·诘鲍》)即"昔胜今"的政治主张,反映在"名教"(礼教)与"自然"价值关系问题上,即属于"越名教而任自然"一派。

对于这一问题,葛洪还是与向秀、郭象站在了一起,他们在礼教与自然的价值关系问题上都是采取一种调和的态度。葛洪也认为自然与名教是不矛盾的,认同名教的建立有其宇宙论和人性论基础,坚持认为君主制度的存在是社会历史的进步。其《外篇·诘鲍》篇言:

> 盖闻冲昧既辟,降浊升清。穹隆仰焘,旁泊俯停。乾坤定位,上下以形。远取诸物,则天尊地卑,以著人伦之体。近取诸身,则元首股肱,以表君臣之序,降杀之轨,有自来矣。若夫太极混沌,两仪无质,则未若玄黄剖判,七耀垂象,阴阳陶冶,万物群分也。由兹以言,亦知鸟聚兽散,巢栖穴窜,毛血是茹,结草斯服。入无六亲之尊卑,出无阶级之等威。未若庇体广厦,粳梁嘉旨,黼黻绮纨,御冬当暑,明辟莅物,良宰匠世,设官分职,宇宙穆如也。贵贱有章,则慕赏畏罚;势齐力均,则争夺靡惮。是以有圣人作,受命自天,或结罟以佃渔,或瞻辰而钻燧,或尝卉以选粒,或构宇以仰蔽,备物致用,去害兴利,百姓欣戴,奉而尊之。君臣之道,于是乎生,安有

---

① 陈继华:《葛洪与鲍敬言之辩——〈抱朴子·诘鲍篇〉分析》,《中国哲学史》2004 年第 1 期。

诈愚凌弱之理?

若令上世人如木石,玄冰结而不寒,资粮绝而不饥者,可也。衣食之情,苟在其心,则所争岂必金玉,所竞岂必荣位? 橡茅可以生斗讼,蔡藋足用致侵夺矣。夫有欲之性,萌于受气之初;厚己之情,著于成形之日。贼杀并兼,起于自然,必也不乱,其理何居?

若人与人争草莱之利,家与家讼巢窟之地,上无治枉之官,下有重类之党,则私斗过于公战,木石锐于干戈。交尸布野,流血绛路。久而无君,嗤类尽矣。

在葛洪眼里,人类进化的结果,必然是上下有别,君臣道生,自然备物致用,去害兴利。由无君到有君,是人类由野蛮进入文明的表征。"人伦之体""君臣之序""降杀之轨",都是礼法的重要内容,而人伦"以有礼为贵","当令足以叙等威而表情敬"(《外篇·省烦》)。人生在世,不乏情欲,争夺相伴,须圣君设礼法以制衡。"在葛洪看来,阶级社会和原始社会相比较,无论就文化的发展水平而言,还是就人们的生活水平而言,都有胜过原始社会。"①这与鲍敬言"昔胜今"主张相对立。葛洪认为,名教(礼教)作为社会文化的一部分,也是符合社会变化规律的,他还在其他篇目中对名教存在的合理性进行论述。如在《外篇·讥惑》篇中,葛洪首先指出:"澄浊剖判,庶物化生。羽族或能应对焉,毛宗或有知言焉,于獏识往,归终知来,玄禽解阴阳,蛇蚁远泉流,蓍龟无以过焉,甘、石不能胜焉。夫唯无礼,不厕贵性。"以此来证明礼教是人类独有的、区别于万物,而且优越于万物的显著特征。接着,他还讲述礼教的起源及其必要性:"厥初邃古,民无阶级,上圣悼混然之甚陋,愍巢穴之可鄙,故构栋宇以去鸟兽之群,制礼数以异等威之品;教以盘旋,训以揖让,立则磬折,拱则抱鼓,趋步升降之节,瞻视接对之容,至于三千。盖检溢之堤防,人理之所急也。"最后强调名教对于人生的重要性:"安上治民,非此莫以",须臾不能背离,"盖人之有礼,犹鱼之有水矣。鱼之失水,虽暂假息,然枯麋可必待也。人之弃礼,虽犹觍然,而祸败之阶也。"(《外篇·讥惑》)国家无君,势必大乱;民无礼法,"不厕贵性"。

---

① 卿希泰:《中国道教思想史纲》第一卷,四川人民出版社 1980 年版,第 226 页。

与鲍氏揭露现实政治的罪恶,继而完全否定君主制,企图重返远古所不同,葛洪采取的是政治改良方案。为避免君主独裁,保障个体生存,葛洪预设一个君圣臣贤、上下和谐的理想社会:"君人者,必先修诸己以先四海,去偏党以平王道,遣私情以标至公。"(《外篇·君道》)"故圣君莫不根心招贤,以举才为首务。……劳于求人,逸于用能。上自槐棘,降逮皂隶,论道经国,莫不任职。恭己无为,而治平刑措;而化洽无外,万邦咸宁。设官分职,其犹构室,一物不堪,则崩桡之由也。"(《外篇·审举》)他反对"君臣移位","父子推刃"(《内篇·明本》),肯定臣之于君,如同子之于父,乃天理自然而不可废。《外篇·良规》言:"夫废立之事,小顺大逆,不可长也。召王之谲,已见贬抑。况乃退主,恶其可乎!……夫君,天也,父也。君而可废,则天亦可改,父亦可易也。"

葛洪讨论君主制问题,明显带有《周易》文本的印迹,并受到郑玄(127—200年)"一易三义"说的影响。作为"群经之首"的《周易》对变化之道阐扬得非常深刻、系统。此书以变化之道(即易道)涵括一切,视宇宙、社会、人生为一个变化不息、生生不已的过程,如说,"富有之谓大业,日新之谓盛德,生生之谓易"(《周易·系辞上》);认为变易是普遍的、绝对的,充满于宇宙天地,譬如,"易于天地准,故能弥伦天地之道"(《周易·系辞上》);认为变化有规律、有秩序,变化在这种秩序中体现出来,如说"天地设位,圣人成能中矣"(《周易·系辞下》)、再如,"天尊地卑,乾坤定矣"(《周易·系辞上》)。如果说,《易传》这种"变动不居""生生不已"着重于"变易"观,那么与此相对还另有"不易"义(即不变),"变易"与"不易"构成一种辩证统一。西汉末的《周易·乾凿度》(又名《易纬·乾凿度》)于此有较好的阐释:

> 易者,以言其德也。光明四通,通情无门,藏神无内,俭(简)易立节,天地烂明,日月星辰,布设八卦,错序律历,调列五纬,顺轨四时……此其易也。变易者,其气也。天地不变,不能通气,五行迭终,四时更废,君臣取象,变节相和,能消者息,必专者败……此其变易也。不易者,其位也。天在上,地在下,君南面,臣北面,父坐子伏,此其不易也。①

---

① 《永乐大典》卷一万四千七百八,明嘉靖隆庆间内府重写本,第13页。

天上之所以有日月星辰的排列分布,乃是造物者示人以简易可循之理;天地间一气周流,四时迁移,五行更迭,这就是变易;在位置安排上又有不变者,如天上地下,君臣之序,父子之伦,这都是永世不能更改的。东汉经学家郑玄据此在作《易赞》和《易论》中,把《周易》所阐扬的"易道"概括成为:《易》一名而含三义:易简,一也;变易,二也;不易,三也。"①此即"一易三义"说。其中,"简易",意为掌握了宇宙变化的总规律,预测人生变化就简单明了;"变易",是说从宇宙万物到社会人生永远变化不息;"不易",是指变化之中有不变的规则与秩序。② 郑玄"一易三义"说,尤其是变易与不易两义,为后世学人所重视。葛洪便是其一。

《周易·系辞上》开宗明义,指出宇宙秩序和人间秩序的确定不易。其文云:"天尊地卑,乾坤定矣。卑高以陈,贵贱位矣。动静有常,刚柔断矣。方以类聚,物以群分,吉凶生矣。"就是说,天是高的,地是低的,因此象征天的乾与象征地的坤的性质就确定了。天高地低的现象事实已经摆在那里,人间社会的尊卑贵贱的地位也就可以确定了。天是动的,地是静的,因而天的刚健、地的柔顺也就可以断定了。人们的意向相同就彼此结合,万物的种类不同就彼此分开,吉和凶就从此而生。《易传》这种从天高地低的事实存在中类推出天尊地卑的价值判断的"乾坤定位"的不变的哲学思路,成为不少士人认定君主制具有合理性的元典依据,也成为尊君论者的辩护佐证。葛洪所谓"乾坤定位,上下以形。远取诸物,则天尊地卑,以著人伦之体。近取诸身,则元首股肱,以表君臣之序,降杀之轨,有自来矣",便是这一"不易"理路的例证。此"不易",实乃对君主制合理性的确信不疑,对尊君主义的笃信不易。

在尊君论者那里,"'君'为古代大夫以上据有土地的各级统治者的通称",为"天选的据土临民者","含有社会组织者、领导者的意蕴"。③ 如《仪礼·丧服》称:"君,至尊也。"郑玄注:"天子、诸侯及卿大夫有地者皆曰君。"再如,《左传·襄公十四年》云:"天生民而立之君,使司牧之,勿使失性。"再譬如,《荀子·君道》对"君"的社会功能有更清晰的揭示:

---

① (汉)郑玄撰(唐)王应麟辑:《周易郑注》,《四部丛刊》元刊本,第28页。
② 参见冯天瑜:《中华元典精神》,上海人民出版社1994年版,第443页。
③ 冯天瑜:《中华元典精神》,上海人民出版社1994年版,第300页。

君者何也? 曰:"能群也。"能群也者何也? 曰:"善生养人者也,善班
治人者也,善显设人者也,善藩饰人者也。"

"班治",即治理;"显设人"是安排人到某个官位上去就职的意思;"藩饰人"
是说让人穿上特定服装以标示其身份与地位。此"君子之道"正是葛洪时代
"名教"的重要内容。在葛洪一类维护名教的尊君论者那里,"君"是社会组织
者、管理者和领导者,其尊严、高贵乃至权威是不容质疑的,用葛洪的说法,
"夫君,天也,父也。君而可废,则天亦可改,父亦可易也"①,尊君之文化传统
对于社会之良善治理是不可废弃的,也是不容更改的。强调尊君明分的葛洪
们,凸显的是对君本"礼教"的推崇备至。

与此对立的"越名教而任自然"派,揭露君主制度的罪恶,批判尊君主义
的危害。客观地说,鲍敬言的"无君论"立足于自然原则,指出了君主制给人
类带来的深重灾难,并认为君主对于自然人性的沦丧负有不可推卸的责任,唯
其如此,他才要彻底否定君主制。可以说,鲍氏对社会发展的消极后果的揭露
与批判是入木三分,但他回避和掩盖了人类文明的正面,抹杀了社会发展的积
极意义,而且其解决问题的方案——回归到"无君无臣"的无政府世界——也
是不切实际的,援用葛洪《诘鲍》所言,"今使子居则反巢穴之陋,死则捐之中
野。限水则泳之游之,山行则徒步负戴。弃鼎铉而为生臊之食,废针石而任自
然之病。裸以为饰,不用衣裳;逢女为偶,不假行媒。吾子亦将曰:不可也。"
可见鲍氏所谓"无君无臣"的"曩古之世"的理想及"古者无君胜于今世"的论
调都是有问题的,尤其是后者所反映出的社会历史观,较之葛洪,更显得虚幻
乏力。

葛洪与鲍敬言围绕"尊君"与"无君"之论战,在某种意义上代表了传统文
人在政治价值论问题上尊君派与民本派这两大根本对立派别的基本主张的分
歧,看似水火不容的政治见解,其实无不充满对社会民生的眷眷深情,洋溢着
浓郁充沛的人文精神,只是彼此持有对人文精神的不同理解。这种人文精神
反映在社会历史观上,结合其所处的时代,我们认为葛、鲍在社会历史观上的
交锋,焦点只有一个,那就是"自然"。基于对"自然"的不同诠释,得出殊异的

---

① "君,天也。"出自《左传·宣公四年》。

人性论和价值观。"鲍生敬言,好老、庄之书",他秉承原始道家自然人性论,如说,"削桂刻漆,非木之愿;拔鹖裂翠,非鸟所欲;促辔衔镳,非马之性;荷轭运重,非牛之乐",认为人为事工违背了物之自然天性,是对物之天然状态的破坏,人作为群生的一个组成部分,也以"得意为欢"。简言之,"人类具有天赋的自然人性,即无拘无束、纯洁质朴,对此加以束缚和破坏是错误的"。①

葛洪认为"性"首先即人之自然,每人都有"自然",但"自然"并非一成不变,人若能顺性而为,在"自然之性"上用功夫,其人生的意义与价值将会更高。

> 斯皆器大量弘,审机识致,凌侪独往,不牵常欲,神参造化,心遗万物。可欲不能蛊介其纯粹,近理不能耗滑其清澄。苟无若人之自然,诚难企及乎绝轨也。(《外篇·知止》)
>
> 达乎通塞之至理者,不惆悢于穷否;审乎自然之有命者,不逸豫于道行。(《外篇·博喻》)
>
> 或曰:"仲尼亲见老氏而不从学道,何也?"抱朴子曰:"以此观之,益明所禀有自然之命,所尚有不易之性也。"(《内篇·塞难》)

"人之自然"即人性的自然状态或自然本性,类似于老子的"素朴"。在葛洪看来,"素朴"之性,如同未雕琢之玉,是先天的,而"自然之有命"并不完美,有待人为介入,方能成器。"命"中"有不易之性","这里是'有',不是'是',也正是这点,为其道德教化设定了依据。"②于是,葛洪便推崇顺性自然而人文化成,因为性中善恶因素俱在,"夫有欲之性,萌于受气之初,厚己之情,著于成形之日。贼杀并兼,起于自然",如若放任自流,何以凸显人之贵?再说,"古者事事醇素,今则莫不雕饰,时移世改,理自然也"(《外篇·钧世》)。

在葛、鲍之前的魏晋时期,对于自然的强调和推崇是玄学的主流思想,但是,有人一味强调自然,却不能认识到自然本身也有负面的影响,批判名教,却不能认识到名教原本所具有的意义和作用。在葛、鲍生活的时代,任自然的风气已经给社会生活带来了很大的负面影响,如《外篇·疾谬》所言:"世故继

---

① 柴文华、孙超、蔡惠芳:《中国人伦学说思想研究》,上海古籍出版社 2004 年版,第 253 页。

② 许建良:《魏晋玄学伦理思想研究》,人民出版社 2003 年版,第 358 页。

有,礼教渐颓,敬让莫崇,傲慢成俗,侪类饮会,或蹲或踞,暑夏之月,露首袒体。盛务唯在搏蒱弹棋,所论极于声色之间,举足不离绮襦纨袴之侧,游步不去势利酒客之门。不闻清谈讲道之言,专以丑辞嘲弄为先";"终日无及义之言,彻夜无箴规之益。诬引《老》《庄》,贵于率任,大行不顾细礼,至人不拘检括,啸傲纵逸,谓之体道"。那些傲慢放纵、背叛礼教的行径互相标榜,严重败坏了政治风气,诚如生活于两晋之际的干宝的《晋纪·总论》所谓:"进仕者以苟得为贵,而鄙居正,当官者以望空为高,而笑勤恪。……由毁是誉,乱礼于善恶之实。情慝奔于货欲之涂,选者为人择官,官者为身泽利。"在这种情况下,鲍敬言仍然宣扬自然而排斥名教,并不是一种现实的、积极的做法,而葛洪在此对于自然的负面影响的揭露和对任自然所导致的弊端的批判,则是很有见地和针对性的,所以更具现实意义。如果说,《淮南鸿烈》开了"名教本于自然"风气之先河,从人性论中触及仁义之资,那么,我们不妨说,《抱朴子》沿此发轫,为名教的合理性找寻到自然的依据,从而倡导名教合于自然的人文价值。

### 二、"仁及万物"的生态价值

众所周知,"究天人之际"是中国哲人的一个基本使命,而中国哲学的基本理念是"天人合一"。不同的哲学流派和哲学家对此又有不同的理解,譬如,道家更重"自然"一面,儒家更重"人文"一面,但是,"天人合一"基本含义都是人与自然的内在统一,包括人与其所处的自然生态的和谐共存。

客观地说,天人合一是中国古人的一种生活智慧,也是一种道德实践,还是儒家追求的最高道德境界。这种境界在儒家那里表述为"仁"。儒家伦理思想即以"仁"为核心,而以"仁"标示的境界,乃是"德配天地"的生命境界。

儒家经典《易传·系辞下》说:"天地之大德曰生。""生"意味着孕育、创造。天地创生万物,人乃万物中之一物;没有天地自然的好生之德,人类世界、一切生命便无从说起。在儒家先贤看来,人类之佼佼者可称之"大人"——"夫大人者,与天地合其德,与日月合其明,与四时合其序,与鬼神合其吉凶。先天而天弗违,后天而奉天时。"(《易传·乾·文言》)大人不违背天地运行之律则,不悖逆春夏秋冬之秩序,带领百姓安排农事,祭祀鬼神。大人所作所为,合乎天地之德。由此可见,儒家所谓天人合一,即为天人(统)合(于)德,或曰,人是以德合天,人合于天地之处也便在此"仁"德。

儒家伦理思想注重"仁"德,然而,"仁"除却"仁者爱人"之意,还要进一步推衍开去,推及"爱物"。譬如:《论语·述而》讲孔子"钓而不纲,弋不射宿";《礼记·祭义》载:"曾子曰:树木以时伐焉,禽兽以时杀焉。夫子曰:断一树,杀一兽,不以其时非孝也。"《大戴礼记·卫将军文子》载孔子曰:"开蛰不杀则天道也,方长不折则恕也,恕则仁也;汤恭以恕,是以日跻也。"《孟子·尽心上》说:"亲亲而仁民,仁民而爱物。"汉儒董仲舒也说:"质于爱民以下,至于鸟兽昆虫莫不爱,不爱,奚足谓仁!"(《春秋繁露·仁义法》)在儒门伦理学家看来,人既然来自天地自然,与宇宙万物具有共同的生成机制,就不存在西方人所谓的"人类中心主义"或"非人类中心主义"之类的人类与他物之间的对立与冲突,因为,人与物乃一气相通的生命共在,皆属天地自然造化的生命样态。于是,儒家之"仁"自然可以延伸到关爱自然环境、关爱动物植物。基于此,孔子说:"开蛰不杀当天道也,方长不折则恕也,恕当仁也。"相反,不能以"仁"德体恤万有、感通万物者,在儒家看来实不足为道,甚至认为其处于生命不完备状态,类似于中医状述"麻木不仁"之症。儒家哲学旨在追求生命完备,本质上乃生命哲学。

在此生命哲学之域,天、地、人是一大的生命系统。在此生命系统中,人性与物性,人道与天道,彼此贯通,不曾阻隔。万事万物从生命产生之源头,到生命存活发展之动力与趋势,都无一例外遵从同样的律则。从生成论而言,万物莫不"天生""地成",自然生就,氤氲化成。从价值论而言,人居天地之间,其独特价值体现为一种使命或天职,这一天职"天命"乃辅助天地,"继善成性"。在儒家看来,天地阴阳之气使万物得以生、成、长、养;人秉受天地之气,持承"天道"而参与、辅佐自然万物,此乃人道善行;成就天道的事业正是人的本性。此即《易传·系辞上》概括的,"一阴一阳之谓道。继之者善也,成之者性也"。可以说,在人性论问题上,儒家"寓含有人的善性源自天道,源自宇宙生生之德,同时又强调人的后天努力,效法天道、扩充其性的双重含义"①;而且,儒家对包括草木瓦石的自然万物,从不将其视为自己的身外之物,更非人类自

---

① 郭齐勇:《中国哲学史》,高等教育出版社 2006 年版,第 102 页。

我生存发展的对立面、敌对物,相反,将其纳入道德关爱的视域,并视为生命之"至宝",正如《易传·系辞下》所言:"天地之大德曰生,圣人之大宝曰位。何以守位曰仁。"在儒门,这种"仁及万物"的善德是"圣人"耐以守"位"之本分。在不同的儒者那里,对居仁之士,其称谓虽有"大人""圣人"之区别,但在以"仁"配天之德行内涵,及以"继善成性"为人生要务上,则无甚殊异,二者都是儒家美德高标——"仁者"。

与儒家标榜人之仁德价值相异趣,道家尤重人与自然的关系,并对自然的内涵与位阶做了很好的诠释。老子指出:"人法地,地法天,天法道,道法自然。"(《道德经·第二十五章》)在由人、地、天、道所构成整个宇宙生态系统中,道即自然(自己如此,自然而然),它处于最高的位阶,它是天地人物共同的生命本原。庄子在《齐物论》言:"圣人愚芚,参万岁而一成纯。万物尽然,而以是相蕴。"其意本指万物互动而和谐自如,但若引申开来,则自然间的万物乃互相依赖而共同变化,而人类置身其中,当然也不例外。①

早期道教继承先秦以来天人和谐共生思想,认为天地人物同根同源同质相感,宇宙世界是生生不息的有机生命整体,如《太平经》明确提出"天人一体"②的论断,其《生物方诀》告诫人们:"夫天道恶杀而好生,蠕动之属皆有知,无轻杀伤用之也。故万物芸芸,命系天,根在地,用而安之者在人。得天意者寿,失天意者亡,凡物与天地为常,人为其王,为人王长者,不可不审且详也。"意即,芸芸万物,天赋其命,地植其根,人为万物之王,协同役用万物,是人的天职。

葛洪承传前哲天人合一理念,融通儒道"天道流行""生生不息"之说,铸就万物一体思想,倡导"尊道贵德"价值取向。抱朴子说:"天道无为,任物自然。无亲无疏,无彼无此也。"(《抱朴子·塞难》)"天地之大德曰生,生,好物者也。"(《内篇·勤求》)在葛洪看来,天地无心,没有意识,没有目的,只是不断生生(产生生命),并以生生为大德,此乃"天德",而天地人物乃阴阳二气酝酿所生,自然生人,"赋予人以内在德行和神圣使命",人"要在实践中实现生

---

①　谢青龙:《科学伦理的源始与终结》,《哲学与文化》2005 年第 8 期。
②　王明:《太平经合校》,中华书局 1960 年版,第 16 页。

命的价值——'与天地合其德',而不是满足不断膨胀的物质欲望"①。究竟如何合其德？援用宋儒的说法,人"为天地立心",也就是说,人应作天地之心,辅佐万物实现各自的价值,即葛洪所谓应"各随其性""各从攸好",来成就其德。易言之,人对待万物,理应"尊其道""贵其德"。

"尊道贵德"出自《道德经》第五十一章。《老子》从万物之生命存有的层面论"道"言"德":

> 道生之,德畜之,物形之,势成之。是以万物莫不尊道而贵德。道之尊,德之贵,夫莫之命而常自然。

就是说,"道"使万物得到滋生,"德"使万物得到繁殖,形体使万物得到具体显现,环境使万物得到——成熟。可见,"道""德"内在于生命,是生命存有的内在依据,也是生命发展的内驱动力。因此,世间万物无不尊崇"道"重视"德",而且"尊道贵德"是生命存有与生命历程中应然的价值取向,其中没有任何外在强加与他物干预,一切皆自然而然。

关于"道""德"如何内在于生命,或者说,"道""德"在生命中有何功能、究竟如何体现,冯友兰先生做过如是揭示:在《老子》思想体系中,"'道'就是万物之所由来。万物在生成过程之中,都有'道'在其中。在万物之中'道'就是'德','德'的含义就是'能力'或'品德',它可以解释为万物本有的品质,也可以解释为在人伦关系中的德行。因此,'德'就是事物的本性"②。冯先生此论十分精准。诚然,在道家思想中,天、地、人、物不过是生命存在的不同形式,这些不同的生命形式却有一种相通的内在关联。从生命的源头而言,天、地、人都是"道"的产物,"道"隐含在天、地、人之中;而下贯天、地、人中之"道",凝聚成它们各自之秉性,使他们获得有别于他物之性分,此即为"德"("性德")。"道""德"与现实世界、社会人生并不隔膜,相反,宇宙万物(含人)都有各自的"性德",其生存发展都是普遍共相之"道"与个性殊相之"德"共同作用使然。尤为重要的是,性德乃万物(含人)"是其所是"的本质规定,万物(含人)皆有其天生自然性德。③ 就人生而论,"道""德"内在其中,人生

---

① 蒙培元:《人与自然——中国哲学生态观》,人民出版社 2004 年版,第 3 页。
② 冯友兰:《中国哲学简史》,赵复三译,天津社会科学院出版社 2007 年版,第 163 页。
③ 参见曾勇:《"道法自然"与生命教育》,《广东社会科学》2011 年第 1 期。

无不秉道持德,而且每一生命个体无一例外皆为普遍之"道"与特殊之"德"的和合体。于是,"道""德"内在地规定并制约着生命存在的态势与发展的方向,同时,"尊道贵德"也便成为生命存在与发展应然的价值取向。

道教认为,人是道的中和之气所化生的,是万物之中最有灵气、最有智慧的物类。因此,道教把人放在"万物之师长"的位置,成为"理万物之长"(《太平经》)。也就是说,人负有管理和爱护万物的职责。《太平经》说,人应该"助天生物","助地养形",使自然界更加完美。道教此论与儒家之说,具有一致性。或者说,这就是儒家以人德合于天德——天人合一的基本路数;但道教之为道教,除了继承儒家仁道善德学说之外,更加强调"生命之道"的道本立场,即便言及仁德,也不离道本而推衍。故而这种由道及德、以体达用的思维特征以及由用显体、"立德明道"①的修养方式,便构成道家道教生命哲学特有的精神气象。在道教,其所言"德",常常是指合乎"道"意要求之德,简言之,"合道之德"。"合道之德"反映在日用人伦之中,通常表现为"慈""仁"之类的行为方式,譬如葛洪所谓"慈心于物""仁逮昆虫"等道德戒律,而这些道德戒律的形上基础是宇宙万物之一体化理论——"万物感气,并亦自然,与彼天地,各为一物"(《内篇·塞难》),天地万物感气受形,虽有生命形式、形态的殊异差别,但异中有同,其实皆为生命的活性元素"气"的流注显现,本质上乃气化生成的存在形态,而气化生成背后的主导之"道",才是一切宇宙现象现存的终极根据,即"道者,万殊之源也""其唯玄道,可与为永"——易言之,本体之道乃道教之道德戒律(道诫)的终极依据,道诫只是道本的内在要求与表现形式。这样,"道之尊,德之贵",便有了新的生命道德内涵与伦理规范要求,《内篇·微旨》对此作出了较为透彻的诠释:

> 山川草木,井灶洿池,犹皆有精气;人身之中,亦有魂魄;况天地为物之至大者,于理当有精神,有精神则宜赏善而罚恶,但其体大而网疏,不必机发而响应耳。然览诸道戒,无不云欲求长生者,必欲积善立功,慈心于物,恕己及人,仁逮昆虫,乐人之吉,愍人之苦,周人之急,救人之穷,手不

① "立德明道"语出《庄子·天地》:"故形非道不生,生非德不明。存形穷生,立德明道,非王德者邪! 荡荡乎! 忽然出,勃然动,而万物从之乎! 此谓王德之人。"

伤生,口不劝祸,见人之得如己之得,见人之失如己之失,不自贵,不自誉,不嫉妒胜己,不佞谄阴贼,如此乃为有德,受福于天,所作必成,求仙可冀也。

万物同源同构,都是道生气化的显现与存在。在道教思想中,山川草木、井灶洿池,皆含精气,而精气又被称之为清阳之气;阴阳与生死相关联,其中,阴主死,阳主生,阳能增强肌体的免疫功能——如此一来,山川草木等都成为有生命的存在了。人身之中有灵魂,"灵魂分为两种,即上有三个(魂),下有七个(魄)。虽然关于这些灵魂在另一个世界变成什么样子,各有不同的见解,但大家都同意在人死后它们即行分散。……人体是一个统一体,是这些以及其他精灵的住所。因之,只有靠肉体以某种形式永存,我们才能设想作为一个整体生活着的个人人格的继续。"[1]每一存在物,无论是生物还是非生物(近现代科学意义上的),在葛洪仙道理论中,都成了形态各异、功能有别的生命体,这些生命体相互依存、相互贯通,组成了宇宙生命共同体。在葛洪看来,深悟了宇宙生命奥秘,就能明白人类在宇宙世界的地位与作用,找到自身存在与发展的方式与途径。葛洪认为人是自然生态的一部分,他还把人与自然生态的关系,视为一种由伦理原则来调节和制约的关系,并把道德关怀的对象扩展至所有的存在物,于是便有"慈心于物,恕己及人,仁逮昆虫"之说。此说后来被北宋末年出现的《太上感应篇》所吸收,并衍生为"慈心于物;忠孝友悌;正己化人;矜孤恤寡,敬老怀幼;昆虫草木犹不可伤"等宗教戒条。对于"慈心于物",《太上感应篇图说》注:"隐恻矜恤于物,谓之仁。如钓而不纲、弋不射宿、启蛰不杀、方长不折之类。"可见,"慈心于物"的"物"主要是指动植物;所谓"慈心于物",就是要施仁慈于动植物,也就是要保护、关爱动植物。至于"仁逮昆虫",就是要求像仁爱待人那样,去爱护动物,乃至昆虫。二者相合,也就是《太上感应篇》所谓"昆虫草木犹不可伤"。此外,在《内篇·微旨》所列的各项善事中还有"手不伤生",提出不要伤害生命,同样也是要求保护动植物生命。

从思想传承来看,葛洪所谓"慈心于物,恕己及人,仁逮昆虫",是受先秦

---

[1]　李约瑟:《中国科学技术史》第二卷,科学出版社、上海古籍出版社1990年版,第167页。

道、儒"慈""仁"思想影响。其"慈心于物"显然与老子思想相关。老子说："我有三宝,持而保之,一曰慈,二曰俭,三曰不敢为天下先。"(《道德经·第六十七章》)又说:"圣人常善救人,故无弃人;常善救物,故无弃物。"(《老子》第二十七章)其"恕己及人,仁逮昆虫",与儒家"忠恕""仁爱"思想如出一辙,足见他对孔孟董思想的借鉴与吸收。不过,葛洪对儒道仁、慈思想的兼综,是站在生命及其存在为第一要义的生命哲学立场上进行的,不只是仁爱情感的向外推衍,也不只是出于万物自生自灭、自足自存的自在目的,其"慈心于物"是出于"以道观之"①立场与方法——在本原之"道"面前,物我具有平等的生命权;其"仁逮昆虫"是出于尊重生命的生存权——尊重他物,平等地对待他物,这是尊道贵德的具体体现,因为每一生命都是道生德畜的结果——对他者生命的尊重,即是对生命终极道德的恪守。如果说传统儒家以仁德体现人在宇宙中的责任意识,道家以自然无为表达不干涉主张的话,那么,我们也可以说,葛洪相应的生态伦理观点则是:宇宙万物皆为一体,每一生命存在皆有其合理性,各自维持其生命存在也有其正当性;整个宇宙世界乃统一于道的有机生命价值体系,而身处其间的人,对每一生命形式都应尊其道、贵其德。当然,我们也不否认葛洪推崇"恕己及人,仁逮昆虫"有其功利思想的一面,出于为道者"积善立功"的功利需求,或出于"役用万物"的炼养需要。需要说明的是,不同于原始儒家基于农耕时代之国计民生之长治久安的考量,对维持生态平衡而提出"仁"爱万物的道德要求,道教思想家更多出于修道证仙的终极需要,出于炼丹役物的直接目的,提出"溥爱八荒"的生态伦理规范。如葛洪《内篇·论仙》明言:"仙法欲令爱逮蚑蠕,不害含气。……仙法欲溥爱八荒,视人如己。"将如此仁爱善行视为道戒仙法的内在要求,作为修炼仙道的基础条件,用之于为得道成仙的价值目标服务,这恐怕就是道教生态伦理实用主义的一面了,但其道戒背后的形上理论无疑是更为本根性的。

在葛洪看来,仁爱动植物,维持其生命存在,无疑是善事,"然善事难为,恶事易作,而愚人复以项讬伯牛辈,谓天地之不能辨臧否,而不知彼有外名者,

---

① "以道观之"语出《庄子·秋水》:"以道观之,物无贵贱;以物观之,自贵而相贱;以俗观之,贵贱不在己。"

未必有内行,有阳誉者不能解阴罪,若以荠麦之生死,而疑阴阳之大气,亦不足以致远也。盖上士所以密勿而仅免,凡庸所以不得其欲矣。"(《内篇·微旨》)意思是说,愚蠢的人拿项讬、伯牛这些有才有德的人们早死作例子,说什么不能辨别善恶好坏,却不知道那些人表面虽有善名,实际未必就有善行,不知道获得了阳誉的人,并不能因此解脱了他的阴罪。假如因为荠麦的冬生夏死,便怀疑阴阳大化的存在,那就不足以达到高远境界了。这大概也就是优异的人之所以谨慎勤勉而得以解脱,平凡庸俗的人之所以不能如愿以偿的缘故了。为鼓励人们弃恶从善,他特地开列诸恶如下,供人禁忌戒免:

> 若乃憎善好杀,口是心非,背向异辞,反戾直正,虐害其下,欺罔其上,叛其所事,受恩不感,弄法受赂,纵曲枉直,废公为私,刑加无辜,破人之家,收人之宝,害人之身,取人之位,侵克贤者,诛戮降伏,谤讪仙圣,伤残道士,弹射飞鸟,刳胎破卵,春夏燎猎,骂詈神灵,教人为恶,蔽人之善,危人自安,佻人自功,坏人佳事,夺人所爱,离人骨肉,辱人求胜,取人长钱,还人短陌,决放水火,以术害人,迫胁尫弱,以恶易好,强取强求,掳掠致富,不公不平,淫佚倾邪,凌孤暴寡,拾遗取施,欺绐诳诈,好说人私,持人短长,牵天援地,咒诅求直,假借不还,换贷不偿,求欲无已,憎拒忠信,不顺上命,不敬所师,笑人作善,败人苗稼,损人器物,以穷人用,以不清洁饮饲他人,轻秤小斗,狭幅短度,以伪杂真,采取奸利,诱人取物,越井跨灶,晦歌朔哭。(《内篇·微旨》)

这里把"弹射飞鸟,刳胎破卵,春夏燎猎"列为恶事,与先秦思想家倡导的生态价值思想有关。他们要求应根据动植物的自然生长规律进行砍伐和田猎,以保证自然资源的可持续开发和循环利用。《礼记·月令》中有较多此类记载,比如:孟春之月:"祀山林川泽,牺牲毋用牝。禁止伐木,毋覆巢,毋杀孩虫、胎夭飞鸟,毋麛毋卵。"仲春之月:"毋竭川泽,毋漉陂池,毋焚山林。"荀子也极力主张:"草木荣华滋硕之时,则斧斤不入山林,不夭其生,不绝其长也。鼋鼍鱼鳖鳅鳣孕别之时,罔罟毒药不入泽,不夭其生,不绝其长也。"(《荀子·王制》)儒家要求根据动植物的自然生长规律进行砍伐和田猎的思想,从发展农业的角度看,体现了可持续发展的生态农业观。先秦道家也不乏类似思想,如先秦道家著作《文子》说:"先王之法,不掩群而取猋夭兆,不涸泽而渔,不焚林而猎。豺未祭兽,置罘不得通于野;獭未祭鱼,网罟不得入于水;鹰隼未击,罗网不得张于皋;草木未落,斤斧不得入于山林;昆虫未蛰,不得以火田;育孕不杀,鷇卵不探;鱼不长尺不得取。犬豕不期年不得食。是故万物之发生若蒸气出。"葛洪把"弹射飞鸟,刳胎破卵,春夏燎猎"列为恶行坏事,尤其是反对"刳胎破卵,春夏燎猎",实际上是对以上有关生态农业思想的继承,①是对生态价值的充分肯定。

在《抱朴子》那里,"慈心于物,恕己及人"不是屈服于外在神灵"赏善罚恶"的权威,而是出于以道观物,物无贵贱的平等意识,因为修道成仙不是人类的特权,龟鹤蛇猿、虎兔熊鹿,亦能变化,长寿百千,乃至结丹了道。《内篇·对俗》于此作如是说:

> 《玉策记》曰,千岁之龟,五色具焉,其额上两骨起似角,解人之言,浮于莲叶之上,或在丛蓍之下,其上时有白云蟠蛇。千岁之鹤,随时而鸣,能登于木,其未千载者,终不集于树上也,色纯白而脑尽成丹。如此则见,便可知也。然物之老者多智,率皆深藏邃处,故人少有见之耳。按《玉策记》及《昌宇经》,不但此二物之寿也。云千岁松树,四边披越,上杪不长,望而视之,有如偃盖,其中有物,或如青牛,或如青羊,或如青犬,或如青人,皆寿万岁。又云,蛇有无穷之寿,狝猴寿八百岁变为猿,猿寿五百岁变为玃。玃寿千岁。蟾蜍寿三千岁,骐驎寿二千岁。腾黄之马,吉光之兽,皆寿三千岁。千岁之鸟,万岁之禽,皆人面而鸟身,寿亦如其名。虎及鹿兔,皆寿千岁,寿满五百岁者,其毛色白。熊寿五百岁者,则能变化。狐狸豺狼,皆寿八百岁。满五百岁,则善变为人形。

在葛洪的生命意识里,人与物之间没有严格界限,如说"牛哀成虎,楚妪为鼋,秦女为石"(《内篇·论仙》)等,一切现存皆可变化,其变化都是终极存在之"道"使然,而"道"本身不变,这是因为,"道"是永恒的存在,万殊现存都因"道"或生或灭,源于"道"归于"道"而成为一体。葛洪这种万物一体的思想,在中国哲学史上影响甚深。如王阳明(1472—1529 年)在论述其天下万物为一体观念时,尚云:"盖天地万物与人原是一体,其发窍之最精处,是人心一

---

① 　参见乐爱国:《抱朴子内篇生态伦理思想之探讨》,《道学研究》2003 年第 2 期。

点灵明。风、雨、露、雷、日、月、星、辰、禽、兽、草、木、山、川、土、石,与人原只一体。故五谷禽兽之类,皆可以养人;药石之类,皆可以疗疾:只为同此一气,故能相通耳。"①足见阳明先生对道教思想的借鉴、吸收与传承。甚至可以说,现代语词中的"生态"一词——生物在一定的自然环境下生存和发展的状态——在中国古代哲人眼中,是一幅人与万物相生相养、相照相温的和谐景象。在这幅景象中,人与天地自然万物之间有一种交感的关系。人们需要从自然中吸取其生存的养分,通过开发汲取自然资源以求生存,但没有宰割和奴役自然的意欲,人们没有以"征服自然"的方式来表征自己的主人身份,也没有以"改造自然"的力度来凸显自己的才智高能,而是以"参天地之化育"的方式来体现人之为万物之灵长。"这使道教在对待人类与自然的关系上,达到了宗教可能达到的最高境界。而这种境界不但不以损害人类自身利益为前提,反而是在更高层次上满足了人类利益,延长和扩展了人类的生存及其价值。所以,道教的这种生态伦理观,可说是一种可持续发展的伦理观,是对人类中心主义伦理观的一种超越。"②

这种生态伦理不是外在的道德规范,而是生命的内在需求,它对种种戕害生命的律条具有打破和重建的作用,它也使生命保留了发展的可能性,体现了生命之间的关爱与共存,以及生命之间原始的自然的平等。同时,这种道德意蕴会扩展到自然界中的各种生命存在,因为自然界的主人不再仅仅是人。这种道德要达到的至境是:"懂得尊重不同的他人,不同的文化和民族,以一种平等宽容的心态对待一切差异性和多样性"。③ 真正达到这样一种道德至境,尚需"以明统仁"的生命智慧。

### 三、"以明统仁"的生命智慧

梁漱溟先生认为儒家哲学的实质是一个"生"字,"在儒家思想中,这一个

---

① (明)王守仁撰,《阳明先生集要》理学编卷二,《四部丛刊》上海涵芬楼藏景印明隆庆刊本,第132—133页。
② 卿希泰:《道教生态伦理思想及其现实意义》,《四川大学学报》(哲学社会科学版)2002年第1期。
③ 郝克明:《面向21世纪:我的教育观》,广东教育出版社2000年版,第391页。

生字是最重要的观念","孔家没有别的,就是要顺着自然道理顶活泼顶流畅的去生发"①。牟宗三先生亦将儒家学说概括为"生命的学问"。儒家的生生脱离不了宗法、等级、秩序、礼乐,而儒学的宗法伦理和忠孝精神都包含在此"生"之中。"天地之大德曰生"(《周易·系辞下》),如果说儒家哲学的本质是道德哲学的话,儒者正是通过"生"贯通"天人"之德的。在孔子,贯通天人之际的就是"仁"德。孔子对"仁"的规定继承了《国语·晋语》中"爱亲之谓仁"的血缘伦理思想,视血缘亲情为"仁"的根本与始点,其高足有子畅达师意,明确指出"孝弟也者,其为仁之本欤"(《论语·学而》)。孔子对"仁"尽管作了诸多方面界说,但无一例外地皆与"生"发生关联,并且是立足人伦道德而展开的对生命价值的反思与践行。简言之,"仁"乃人文性生命实践的起点和归宿,或者说,贯通儒家价值性人生之起点与归宿的主线是人文关怀和道德理性,此或许即为儒门之"仁"学的核心要义。与儒家旨趣相异的道家,其生命哲学侧重于生命智慧和精神超脱;《老子》有关"明"范畴的论述,即为道家生命睿智代表性的一个注脚。《老子》说:"知人者智,自知者明"(意即,能够准确辨识善与非善、能与非能的人,是有智慧的人;能够全面认识自己的人,是高明的人);"夫物芸芸,各复归其根。归根曰静,静曰复命,复命曰常,知常曰明"(意即,万物虽是芸芸之众,但终将复归其根源。这归根的道理就叫"静",静下之后,即叫"复命",也就是向道复命归根。这种复命之理,就叫作"常",知此常道,就叫作"明");"不自见,故明;不自是,故彰"(意即,不固执己见,方能明白事理;不自以为是,方能有远见卓识)等等。可见,"明"与"昏"相对应,乃是指洞达一切的生命智慧,是对生命之本"道"的睿智把握。葛洪兼修儒道,融通"仁""明",在《抱朴子·外篇·仁明》中比较分析"仁""明",对二者关系问题表明了自己独到的见解。

葛洪认为"明有本根",是一种先见之明的睿智。他说:

> 夫明之所及,虽玄阴幽夜之地,豪氂芒发之物,不以为难见。苟所不逮者,虽日月丽天之炤灼,嵩岱干云之峻峭,犹不能察焉。(《内篇·微旨》)

① 梁漱溟:《东西文化及其哲学》,商务印书馆 1987 年影印本,第 121—122 页。

聪者料兴亡于遗音之绝响;明者觇机理于玄微之未形。故越人见齐桓不振之徵,于未觉之疾;箕子识殷人鹿台之祸,于象箸之初。(《外篇·广譬》)

人有识真之明者,不可欺以伪也;有揣深之智者,不可诳以浅也。不然,以虺、蛇为应龙,狐、鸮为麟、凤矣。(《外篇·广譬》)

在葛洪看来,即使玄远幽深阴黑如夜之地,细微似毫厘芒发之物,因"明"而自见,不仅自在之物如此,万物之灵的人,亦因"明"能在"遗音之绝响"处觉察"兴旺",在"玄微之未形"时见到"机理"。葛洪将"聪"与"明"对等并列,以耳目器官功能之卓越(聪明),指代"明"者个人素质之高、能力之强,而不同凡响。葛洪认为,"明"者识真探微,不可欺之以伪、诳之以浅,他们具有极强的分辨能力,"有识真之明""揣深之智",不可与常人鱼目混珠。"聪者贵于理遗音于千载之外,而得兴亡之迹;明者珍于鉴逸群于寒瘁之中,而抽匡世之器。"(《外篇·博喻》)聪明之辈不是常才,因为"常才不能别逸伦之器。盖造化所假,聪明有本根也"(《外篇·博喻》)。聪明源自本根,而本根即个体禀道受气成形的先天性,人们所受之气有精粗、厚薄、多少等天赋上之差别,于是造成每一个体后天才能上也有高下之分殊,其中的佼佼者即为"明者""智者"。"明者""知精得神""原始见终",通达生命本体,如《外篇·博喻》曰:"体粗者系形,知精者得神;原始见终者,有可推之绪;得之未朕者,无假物之因。是以昼见天地,未足称明;夜察分毫,乃为绝伦。"透过纷繁的现象分析其各自内在之理,寻求自然万物普遍之道,葛洪称之为"原始见终"。这里的"原始见终"即《易传》所谓"原始反终",亦称"原始要终"。《易·系辞上传》云:"仰以观于天文,俯以察于地理,是故知幽明之故;原始反终,故知死生之说。"《周易·系辞下传》亦云:"《易》之为书也,原始要终,以为质也。""原"意为推原、探源,"反"是指反求、推及。意思是说仰观天上日月星辰的文采,俯视地面山川原野的理致,就能知晓幽隐无形和显明有形的事理;推演事情的初始、反求万物的终结,就能知死生存亡的规律。在葛洪看来,若能以小见大,以显求微,原始见终,就能对宇宙万物有一整体的把握,对生命运动规律有一透彻的理解。这一说法其实是对《道德经·第五十二章》"见小曰明,守弱曰强"(能把自己看作是弱小卑微的人,是真正的聪明人,能以柔弱的姿态示于人前的人,是真正的强者)辩证思想的发挥。

葛洪不仅扩展道家"明"范畴的内涵,而且对儒家思想的核心范畴"仁",也颇有论述。他对"仁"的描述,是与"明"的对比之中进行的,而且是从二者的功用上做界定的。葛洪说:

> 夫料盛衰于未兆,探机事于无形,指倚伏于理外,距浸润于根生者,明之功也。垂恻隐于昆虫,虽见犯而不校,睹穀觫而改牲,避行苇而不蹈者,仁之事也。尔则明者才也,仁者行也。杀身成仁之行可力为而至,鉴玄测幽之明难妄假。精粗之分,居然殊矣。夫体不忍之仁,无臧否之明,则心惑伪真,神乱朱紫,思算不分,邪正不识,不逮安危,则一身之不保,何暇立以济物乎?(《外篇·仁明》)

葛洪将"明"指向才智,此才智表现为辨别是非、真伪、臧否,预测未来吉凶、安危的能力;"仁"所指涉的是人人同具的恻隐不忍的道德情感及其由此引发的道德行为。与"仁"的普及遍在不同,"明"为绝伦独到的个性才能,譬如在白天看见天地,乃常人所能,此不足以称"明",相反,黑夜里洞察秋毫,非常人所及,即"昼见天地,未足称明;夜察分毫,乃为绝伦"。概言之,"明者才也,仁者行也。"简言之,"明"指"神明"之才智,"仁"指"仁爱"之德行。于是,由来已久的德才之辨被置换成了仁明之辨。葛洪认为,杀身成仁之类的道德践履,只需勇气便可达至,而"鉴玄测幽"、洞察事理,非高深的智慧则不可企及。再说,如果心存不忍心的"仁",却没有鉴别善恶的"明",那么内心就会迷惑于真与假,神智就会混淆于纯与杂。思考与策划不分,邪恶与正直不辨,加之不懂得安危玄机,则会使自个生命安全都得不到保证。进而,倘若一个人连知安危、保自身的才智都不具备,那么他又何以能治国济民呢?

不难看出葛洪的思想倾向,他用"明"侧重于反映行为主体导引"仁"事行为的大智慧,主张以"明"智主导"仁"行;倘若缺失"明"之范导,仅仅源于"仁"的行事动机,也只能有"一身之不保,何暇立以济物"之不堪实效。在这种意义上,"明"之于"仁"类似于今人常言理智与情感的关系。基于此,葛洪得出推论:"夫心不违仁而明不经国,危亡之祸,无以杜遏,亦可知矣。"(《外篇·仁明》)为进一步论及"明"与人类生存的密切关联,葛洪还从文明进化史的角度,强调人类智慧对生活、生存的价值与意义。

炽潜景以易咀生,结栋宇以免巢穴,选禾稼以代毒
烈,制衣裳以改裸饰,役(後)舟楫以济不通,服牛马以息负步,序等威以镇祸乱,造器械以戒不虞,创书契以治百官,制礼律以肃风教,皆大明之所为,非偏人之所能辩也。

人类文明的发展,是和智慧的发展进化紧密联系的,而这些又以"大明"之才造器役物的成果为标志,而这些物质成果又非偏才之辈所能辩、所能及。如果说,"明"与"仁"是个体生命理想状态应兼具的两种内在素质,我们不难发现葛洪在对二者的功用比较中折射出它们在生命之中的权重的不同,其意义与价值有层级之分,为此,他将"明""仁"之德类比于《易》书的天地之德,说:"乾有仁而兼明,坤有仁而无明。……夫唯圣人与天合德。"乾之所以统坤,是因为乾具有坤所缺乏的"明",故而"仁""明"兼备。这一观点与《易传》精神一脉相承。《易传》虽一方面倡导"自强不息"的乾德、赞美"厚德载物"的坤德,另一方面对于乾之刚健与坤之柔顺并非平列齐观,而是以乾之刚健支配坤之柔顺,以乾之"大生之德"统领坤之"广生之德"。如《系辞传上》所言:"夫乾,其静也专,其动也直,是以大生焉。夫坤,其静也翕,其动也辟,是以广生焉。广大配天地,变通配四时,阴阳之义配日月,易简之善配至德。"意即:象征阳性的乾,静止的时候抟作一团,发动的时候刚直不挠,所以能大播生机,这就是大生之德;象征阴性的坤,静止的时候收敛闭合,受动的时候舒展开放,所以能广育万物,这就是广生之德。大播、广育之德与天地同功,变化、亨通之用与四时相合,阳刚、阴柔的意义与日月相符,刚健、柔顺的美善同至德相配。再如,《易传·象传上》如是解释乾卦经文"元、亨、利、贞":"大哉乾元,万物资始,乃统天。云行雨施,品物流形。大明始终,六位时成,时乘六龙以御天。乾道变化,各正性命。保合大和,乃利贞。首出庶物,万国咸宁。"指出乾阳是万物的本原,居于众物之首,犹如国君居于民众之首,使得天下得到安宁;乾道变化,赋予万物以生命,天地太和,利于万物获得各自的生命和属性,并使这生命和属性正固持久而不夭折。另外,解释《坤》卦经文"元、亨、利牝马之贞"的《象传》的象辞亦云:"至哉坤元,万物资生,乃顺承天。坤厚载物,德合无疆。含弘光大,品物咸亨,牝马地类,行地无疆,柔顺利贞。"阐明阴阳配合、阴随阳动这一宇宙生命景象。如果说《易传》此论阐明了乾坤为"生生"之源的秘义

的话,那么我们不妨说,葛洪"以明统仁"之辞道出道教创生生命的智慧。

当门人以孔孟之语、圣贤之言、竹素之证,皆彰显"仁"而鲜及"明",而葛氏"贵明",未见典据,深表不解时,师徒之间的对话也耐人寻味。

门人曰:"仲尼叹仁为'任重而道远'。又云:'人而不仁,如礼何?''若圣与仁,则吾岂敢!'孟子曰:'仁,宅也;义,路也。''人无恻隐之心,非仁也。'……此皆圣贤之格言,竹素之显证也。而先生贵明,未见典据。小子蔽暗,窃所惑焉。"

抱朴子答曰:"古人云:'好仁不好学,其蔽也愚。'子近之矣。曩六国相吞,豺虎力竞,高权诈而下道德,尚杀伐而废退让。孟生方欲抑顿贪残,褒隆仁义,安得不勤勤谆谆独称仁邪!然未有片言云仁胜明也。譬犹疫疠之时,医巫为贵,异口同辞,唯论药石。岂可便谓鍼艾之伎,过于长生久视之道乎?且吾以为仁明之事,布于方策。直欲切理示大较精神,举一隅耳。而子犹日用而不知,云明事之无据乎?《乾》称'大明终始,六位时成'。是立天以明,无不包也。《坤》云'至哉,万物资生'。是地德仁,承顺而已。先后之理,不亦炳然!《诗》云:'明明上天,照临下土。''明明天子,令问不已。'《易》曰:'王明,并受其福。''幽赞神明。''神而明之。'此则明之与神合体,诚非纯仁所能企拟也。孔子曰:'聪明神武。'不云聪仁。又曰:'昔者,明王之治天下。'不曰仁王。《春秋传》曰:'明德惟馨。'不云仁德。《书》云:'元首明哉!'不曰仁哉。老子叹上士,则曰:'明白四达。'其说衰薄,则曰:'失道而后德,失德而后仁。'《易》曰:'王者南面向明。'不云向仁也。'我欲仁,斯仁至矣。'又曰:'为仁由己。'斯则人人可为之也。至于聪明,何可督哉!故孟子云:凡见赤子将入井,莫不趋而救之。以此观之,则莫不有仁心。但厚薄之间,而聪明之分,时而有耳。昔崔杼不杀晏婴,晏婴谓杼为大不仁而有小仁。然则奸臣贼子,犹能有仁矣。"

葛洪首先指出孟子"褒隆仁义"有其特定的时代背景,那就是"六国相吞,豺虎力竞,高权诈而下道德,尚杀伐而废退让"的史实。况且,即使强调"仁"让,孟子也没有直言"仁胜明"。犹如巫医治病,虽长于鍼艾之技,但比于长生久视之道术,其高下、优劣之别,自见分晓。接着他引经据典,对比"明""仁"

之性,尤其是以乾之为乾,是"立天以明",所以"无(所)不包";坤之资生万物,其至德就是"承顺"之"仁"。简言之,"明"为天德,"仁"为地德。统合而言,"无(所)不包"的"立天之明",通过"地德"之"仁"来实现"资生万物"的功能。这样,时间的先后,也是逻辑的前后,更是价值的高下。因为逻辑的前提中,已经蕴含结论的可能,"明"先"仁"后,无疑就内具"以明统仁"的价值取向。

客观地说,葛洪所引《诗》《书》《易》《春秋传》之"明",其内涵并非与"超拔的才智"一致相当,这种引证显然会因过于牵强而自降其说服力。譬如说,孔子所谓"我欲仁,斯仁至矣",原本强调道德行为"为仁由己"的主体性意义,但也只是"人人可为之"的可能,而非真正达"仁"的生命境界。在这点上,儒家论及行仁,犹如葛洪谈及证仙,是说人人都具备资格,但确实修成仙果者又有多少? 毕竟是凤毛麟角,因此,《论语》中孔子不轻许"仁"予人,在他看来,"知及之,仁不能守之,虽得之,必失之。……知及之,仁能守之,庄以莅之,动之不以礼,未善也"(《论语·卫灵公》)。也就是说,聪明才智足以得到的东西,仁德不能保持它;即便得到,也一定会丧失。……聪明才智足以得到它,仁德能够保持它,能用严肃庄严的态度来治理政务,假若不能合情合理地动员百姓,其治理也是不好的。可见,在儒家思想体系,仁德价值高于聪明才智,"'仁'是本根性的美德,且是一般人不易依守的。同时,仁德的实践不但需佐以'智'且应动之以'礼'才算完善圆满"。① 而葛洪言及之"仁",是对儒家之"仁"的部分吸纳,只取恻隐、仁让之类的道德感之意,而非儒家"本根性的美德",于是,在"仁""明"发生矛盾冲突时,他甚至提出崇明黜仁、"舍仁用明"的过激之论:

> 盖明见事体,不溺近情,遂为纯臣。以义断恩,舍仁用明,以计抑仁。仁可时废,而明不可无也。汤、武逆取顺守,诚不仁也;应天革命,以其明也。徐偃修仁以朝同班,外坠城池之险,内无戈甲之备,亡国破家,不明之祸也。

葛洪从正反历史事件出发:"汤、武革命,应乎天而顺乎人"(《易·革·彖

---

① 参见曾春海:《玄学及〈抱朴子·外篇〉中的理想人格》,《哲学与文化》1999 年第 7 期。

辞》),汤、武为人臣,"逆取顺守"当属"不仁",但以有道伐无道,此乃大明义举;徐偃修仁政以期诸侯朝拜自己,但在外失去城池护卫的险阻,于内没有武器甲胄的防备,从而导致家破国亡,这是不明招来的祸患。看似对立的"仁""明",放在生死存亡的境地加以考量,葛洪无疑是将"明"置于"仁"之上,旨在倡导"以明统仁"的生命智慧。葛洪认为,当原有道德观念与时代需要发生矛盾冲突时,舍弃原有道德观念,采取果敢行动,推翻暴君,"舍仁用明",是值得肯定的。在他看来,保全生命是第一要义,这是治世济民的基本前提,是实现仁德的生理性物质基础。在葛洪的语境中,"明"可达"道","仁"及万物,"道"以"明"显,物以"仁"泽。如说,"仁在于行,行可力为,而明入于神,必须天授之才,非所以训故也";"《易》曰:'王明,并受其福。''幽赞神明。''神而明之。'此则明之以神合体,诚非纯仁所能企拟也。"(《外篇·仁明》)从"神明""合体"及本达道的高度,彰显明道对人生、社会的引领意义,阐发"以道制情"(《外篇·知止》)、"以明统仁"的生命智慧。可以说,他撇开了儒家之"仁"超越层面意蕴,抽取"仁"内涵的片段——道德情感,并将其融入道家"明"范畴之中,再现了他"道本儒末"的理论特色。"此一'明'字,道出了道教伦理以尊道贵德为本,以达乎时变为用的精神。"[1]

葛洪的仁明论,在一定程度上是对儒道学说的糅合与贯通,同时,也是对举仕制度、人物批评中选举标准问题的探讨。至于后者,与其说他是对汉魏以来王充(27—约97年)、刘劭(生于168—172年间,卒于240—249年间)等"才(能力、才智)性(品德、操行)异论"的"照着说",不如说是对曹操"唯才是举"的"接着说",是对儒家重德轻才思想的反动。王充《论衡》以"性"作"性行"解,"才"作"才能"解。如说:

故夫临事知愚,操行清浊,性与才也。(《命禄篇》)

论人之性定有善有恶……善渐于恶,恶化于善,成为性行。(《率性篇》)

人性有善有恶,犹人才有高有下也。(《本性篇》)

操行清浊性也。(《骨相篇》)

王充认为才性有别,这便是能力与操行、才智与道德的区别。葛洪"仁可

---

① 姜生:《汉魏两晋南北朝道教伦理论稿》,四川大学出版社1995年版,第141页。

力为"就是说道德之善可力行,这种"仁"即王充所谓"性";而"明难妄假"是说"鉴玄测幽"的过人才智,难以随便地借助于什么,因为"明入于神,必须天授之才,非所以训故也",这里的"明"即王充所谓"才"。于是,王充的"才性异论"被葛洪置换成了"仁明异说"。王葛二氏崇"明"尚"才",都是针对社会时弊而发论。

　　魏晋"九品中正制"流行之后,政界举仕尤重家世出身、品德举止,而鲜顾真才实学,官场上随之出现许多溜须拍马、攀附名贵、假仁伪善、趋炎附势的丑恶现象,由此衍生了许多社会问题。在葛洪看来,"介洁而无政事者,非拨乱之器;儒雅而乏治略者,非翼亮之才。"(《外篇·博喻》)单有德行,缺乏治略,不能拨乱反正,救世济民,并不是真正的人才。葛洪切中社会流弊,提出仁明之辨,变通了儒家重德的政治传统,在一定层面上解决了德(仁)才(明)的内在紧张关系,①也为官府举察仕人提供了新的参考标准。②

---

① 　参见罗炽:《论葛洪的道德价值观》,《珞珈哲学论坛》第四辑,湖北人民出版社 2000 年版。
② 　葛洪有关举荐标准问题,本书第五章第一节另有论述。

# 第四章 人生价值理想

　　人既是自然的生物性存在，又是自为的社会性存在，人生的历程是在天然性分与后天作为的辩证统一中铺展开来；理想的人生价值就包括修己与融世过程中自身潜质最大限度的实现，正是借由对人生价值的预设、实施、达就而完成自己对理想人格的塑造。在葛洪，这一理想人格典范有三："治世之圣"、"得道之仙"及"身国同治"之"长才"。对于现实生活的士人人生，葛洪拒绝把"学而优则仕"①作为唯一价值取向，提出"隐显任时"的弹性立世原则，认为君子"藏器稸德"要有所等待，显现自己的才能与道德修养，奉事知遇的君主，要看准时机，但这种时机可遇不可求。再说，归隐或仕进又都是士人自己的人生选择，而选择的依据是各自的本然心性、各自的人生价值观，故而不必整齐划一；即使是同一个人的亦隐亦显、乍出乍入，那也是其根据时代机遇，选择的从不同侧面对其人生价值理想的实现方式，同样可以得到同情地理解。

## 第一节 "隐显任时""出处同归"

　　一般说来，儒家以经世济民为人生要务，道家（道教）以身与道合为要义，儒道两家对人生价值各有自己的理想诉求，其立身处世亦有迥异的生活方式。葛洪一生，兼修儒道，徜徉于入世与出世之间，即使隐遁修道证仙，仍不忘关心国计民生，在隐显之间，葛洪是否存在自我矛盾？ 在或出或入问题上，他又是如何解决的？ 我们认为，这两问题可以从葛洪"隐显任时"的弹性原则、"出处同归"的价值目标上进行诠释。

---

① 语出《论语·子张》："子夏曰：'仕而优则学，学而优则仕。'"原意为，做官了，有余力就去学习；学习了，有余力就去做官。后人则将"学而优则仕"译作学习优秀者就可以去做官，并将其视为教育的目的。

## 一、"隐显任时"的弹性原则

葛洪肯定每一个体人生历程都有或"穷"或"达"的时运之别,在不同运程,理想的筹划应该是顺应时运,或隐遁林泉修道全真,或仕进庙堂经邦济世,这就是葛洪"隐显任时"的弹性立身原则,《抱朴子·外篇》多处论及这一原则。

《外篇·应嘲》针对有些人对隐士议政的责难,葛洪争辩道:"君臣之大,次于天地,思乐有道,出处一情,隐显任时,言亦何系?大人君子,与事变通。"强调议政不是达官贵人的专利,大人君子选择或仕或遁的处世方式,是遵循隐显任时的立身原则,即使归隐山林,依然可以秉道而行,畅谈自己的政治见解。《外篇·嘉遁》亦云:"先圣忧时,思行其道,……潜初飞五,与时消息,进有攸往之利,退无濡尾之累,明哲以保身,宣化以济俗。"抱朴子借用《易·乾》"初九,潜龙勿用"、"九五,飞龙在天,利见大人"及《易·未济》"小狐汔济,濡其尾,无攸利"之辞,以"潜初"谓归隐,以"飞五"谓出仕,用"潜初飞五,与时消息"表示隐显任时原则,喻示有道之士应准确把握时局与时机,恰当选择出处与进退,当潜隐则潜隐,当准备跃动则准备跃动,当展翅翱翔则展翅翱翔,同时,又以小狐狸过河,快到岸边时,弄湿了尾巴,没有什么好处为喻,申明有道之士当谨慎辨别事物、时务,使万物各得其所,使人己皆受其宜——所谓洞察事理以保全自身,传布德化以救助俗人——可谓显隐任时,进退两安。

葛洪所说的"时",其含义就是社会的客观环境与条件所构成的时机与形势。[①] 在葛稚川看来,"时"运之于人生非常重要,如其所云:"穷达者时也,有会而不可力焉"(《外篇·广譬》);"时命不可以力求"(《外篇·博喻》)。而"时"的核心,"为臣不易,岂将一途?要而言之,决在择主"(《外篇·知止》),葛洪认为君主是构成"时"的最重要的政治条件(时局),这一条件不是贤能之人通过主观努力所能改变或实现的,贤能之人所做的当务之急是要识时,即辨识("择")君主是明君还是庸君;其次,是要"会"时,即善于等待时机的到来。遇上"迷于皂白"的"庸君",那就意味着"时否",而非"时泰",此时,不可贸然

---

① 参见张成扬:《葛洪论道俗两家的嫉妒》,《开封大学学报》1998 年第 3 期。

行事；然而，即使是遇上明君，也未必就意味着"时泰"，也存在"时否"的可能，此时，仍然须审时度势。所以，葛洪借用典故，告诫士人要会时、俟时，他说，"以贤说圣，犹未必即受，故伊尹干汤，至于七十也"（《外篇·时难》）。伊尹是大贤，商汤是大圣，史书上说，伊尹劝谏（"干"）商汤竟达到七十次，可见"以贤说圣"，也未必立即能为明君所接受。再说，历史上也不乏明君统治时期妒害贤能的事件发生，这都是因为人臣未能很好地识时、会时、俟时，才导致的人生悲剧。据此，我们可以作如是理解，葛洪所说的"时"，包含两层意义：其一，等待明君出现的时代，因为圣明的君主不是每个时代都会有的，所谓"明主不世而出"，故为臣者要有所等待；其二，选择时机向明君"纳言"——遇上明君的时机，可谓"谈时之难也"，向明君进言的时机也很有讲究，应相当耐心谨慎，且须选择适当的时机，只有二者兼备，才是最为合宜的"时"："若夫使言必纳而身必安者，须时。"（《外篇·时难》）贤能之人必须在如此"时"机，这般环境条件下，方可既发挥才智，又避免妒害，"言纳"而"身安"，君臣双益，身国两利。所以，他劝慰贤能之人："适世为奇"，"合时为妙"，"乍屈乍伸者，良才所以俟时也。"（《外篇·广譬》）"时行则行，时止则止"（《外篇·嘉遁》），"时行，则高竦乎天庭"（《外篇·任命》）。由此可见，葛洪言仕之行止，依"时"而定，而"时"之表征，其关键无非有无"明君"执政。"明君"当朝，乃出仕为官的前提条件。

如果说，"时运"侧重于君子成就社会价值的外在条件的话，那么，"德才"则是君子为人处世的内在素养。葛洪认为，对于一个君子来说，无论仕进抑或隐修，必须提高自己的道德修养和充实自己的才学，而且应始终如一地保持一种平和的心态与达观的心境。"若席上之珍不积，环堵之操不粹者，予之罪也。知之者希，名位不臻，以玉为石，谓凤曰鹮者，非余罪也。"（《外篇·任命》）就是说，一个人如果才学积聚得不够渊博，节操修持得不够纯粹，完全是他自己的过错；很少被人知道，名誉地位不高，美玉被当作石头，凤凰被视为鹮雀，那就不是他本人的过失。同时葛洪指出君子可达到的最高境界是：无论通达或困厄，运气的好坏都不能让自己悲伤或愉快。无论是彷徨失意，抑或是春风得意，都要保持一种豁达、愉快的心境，至于采取出仕或隐居的处世方式，都不必记挂心头。所谓"被褐、茹草、垂纶、罝兔，则心欢意得，如将终身；服冕乘辂,兼朱重紫,则若固有之!常如布衣。"(《外篇·任命》)意即:身为普通百姓时,可以心欢意得;处于高官显位时,仍保持布衣般的平常心。也就是说,人生尽量演好两种不同的角色:若隐居,就要静得彻底,可为隐逸之民的宗本;若出仕,就要动得显赫,可为八元八凯的表率。即便扮演两种不同的社会角色,却怀有同样的平常心。他分别列举了失意时的虞舜、吕尚、范雎、公孙弘和卜式以及得志时的韩信、文种、傅说、管仲加以说明:"夫其穷也,则有虞婆娑而陶钧,尚父见逐于愚妪,范生来辱于溺篑,弘、式匿奇于耕牧;及其达也,则淮阴投竿而称孤,文种解屠而纡青,傅说释筑而论道,管子脱桎为上卿"。(《外篇·任命》)穷达无变于己,显隐来去自如,退则充分开发生命内在的潜能,进则努力发挥自己习得的才能,但最为基本的是,活出生命的本真,做个最好的自己,这样,人生便会少却一些遗憾。

不过,在葛洪看来,上述两种不同的社会角色,并非静止不变的人生两极,而是变通互置的两种状态,这两种不同的处世方式的转换所体现的,就是"隐显任时"的弹性原则,所谓"盖君子藏器以有待也,稽德以有为也"(《外篇·任命》),"是以智者藏其器以有待也,隐其身而有为也"(《外篇·良规》)。君子"藏器""隐身"并非遗弃世事,而是要"有(所)待""有(所)为",但是要待时而动、伺机而为。君子要等到恰当的时候,方可显现自己的聪明才智,只有奉事知遇的君主,才有可能身国俱泰,否则,极有可能己身不保,更勿论造福民生,问题的关键,在于时机。但是,时机又是可遇而不可求的。因为圣明的君主不是每一代都会出现的,更多的是昏庸无能之流。昏庸的君主黑白不分、是非不明,他们抛弃臣子的逆耳之言,不给臣子尽忠效国的机会。历史上忠臣劝谏暴君,通常会遭冷眼、被拒绝,比如文王进谏商纣,便是一例。如果没有明君,士人可以选择退隐而远离朝廷,甚至可以轻视天子和诸侯,即使自身德才兼备而不急于显达。对于这种时运不济的隐士,知道他们名号的人就很少,其名位、声望在社会上当然不显不扬,其高尚的道德节操和惊人的才能几乎被埋没,君子认为所有这些并非隐士们自己的过错,故而抱朴子不得不发出如此感叹:"士能为可贵之行,而不能使俗必贵之也;能为可用之才,而不能使世必用之也"。(《外篇·任命》)所以君子只能待时而动,隐显任命:倘若困厄不达,也不必悲戚忧伤;假使时来运转,则正道行世,亦不可喜形于色。

　　葛洪认为,若不能济世救民则退而保身,但这种隐退并不排斥再度复出,其基本前提是,隐士始终挺立其社会担当意识,一旦时机成熟,复出侍奉明君,必当临斧铖而上谏,据鼎镬而进言,公正无私,为国尽忠;一旦"忠而见疑,诤而不得,待放可也;必死无补,将增主过者,去之可也"(《外篇·臣节》)。在葛洪看来,没有一成不变的政治时局,也没有保治百病的良策妙方,"常制不可以待变化,一途不可以应无方,刻船不可以索遗剑,胶柱不可以谐清音"(《外篇·广譬》)。必须用"变动不居"的观念看社会历史问题。

　　面对社会历史,葛洪认为,个人的实际作用显得非常有限。在他看来,上天意志幽远难及,宇宙本身深妙难测,一切事物都在不断发展变化和相互转化之中;而个体生命只是一个短暂而具体的存在,个人的潜能即使充分发展到极致,对于浩瀚的宇宙来说简直是沧海一粟,不足为道。抱朴子在《任命》中指出,"迅游者不能脱逐身之景,乐成者不能免理致之败",就是说人即使跑得再快,也不能追逐自己的影子,功成名就的人也不能避免情义招致的衰败。个人难以改变瞬息万变、来势凶猛的时势,就像高岩将要崩溃的时候,不是一根细缕所能系缀的,龙门沸腾,不是填一把土所能遏制的。所以大丈夫能屈能伸,要在把握好时机,待时而动,做一个明智的人。"运屯,则沈沦于勿用;时行,则高竦乎天庭。士以自炫为不高,女以自媒为不贞。"(《外篇·任命》)士人若不审时度势,出仕为官难免会遭危受辱。骏马胡乱奔跑则会走入险境,君子胡乱猎取名誉地位会毁掉名声。即便身处乱世,也不可苟且投机取巧,不可冒险侥幸取利。① 总之,士人选择自己的生活方式、扮演自己的社会角色,要待时顺命,不可执意强求,无论是归隐修道,抑或是出仕为政,都是秉持道义,身体力行,为了最大限度地实现人生价值。

　　葛洪"显隐任时"的弹性原则,在中华传统文化中不乏其迹,如《易·艮·象》曰:"时止则止,时行则行,动静不失其时,其道光明。"意即:其时该停止就停止,该行进就行进,或动或静都不失时机,如此一来,其道路则光明灿烂。《史记·老子韩非列传》载,孔子问礼,老子曰:"君子得其时则驾,不得其时则蓬累而行。"葛洪倡导待时顺命,反对刻意强求,既是对上述文化资源的继承,

_____

① 　参见黄霞平:《浅析葛洪的隐修与出仕观》,《中国道教》2001 年第 6 期。

更是对乱世生存智慧的弘扬。

## 二、"出处同归"的价值尺度

在中国古代社会,到朝廷中担任官职,叫作"出仕",简称为"出";不到朝廷担任官职,在家耕读,叫作"处"。①《易·系辞上》有"君子之道,或出或处,或默或语"之论,道出君子立身处世的原则,即有时出仕执事,有时闲居休养,有时沉默无语,有时议论风生,最为基本的,"君子藏器于身,待时而动"(《易·系辞下》),意即:君子把利器藏在身上,等待时机而行动。在论及"出"和"处"的关系时,孔圣人虽有"邦有道则现,邦无道则隐"的说辞,但在选择"出"、"处"立世问题上,儒家总体上是主张出仕的,希望得到施展政治抱负的机会,旨在对社会作贡献,为民众谋福祉。譬如说,子贡曾请教孔子:"有美玉于斯,韫椟而藏诸? 求善贾而沽诸?"孔子的答复是:"沽之哉! 沽之哉! 吾待贾者也。"(《论语·子罕》)儒家并不反对出仕,但又不以此为目的,并且,其主张出仕为政也不是毫无条件的。在儒者看来,个人是否出仕,要看能否实行君子之道——如果朝廷奉行君子之道,当然可以出仕;反之,就应该拒绝出仕。但圣人无论是出仕,还是处家,都不放弃行道的责任,不推卸对社会的义务。用孟子的话说,这叫作"穷则独善其身,达则兼善天下";亦称为"虽大行不加焉,虽穷居不损焉,分定故也"(《孟子·尽心上》)。可以说,孔孟一生奔走列国,栖栖遑遑,都是以崇仁行义为己任,以天下太平为标的。深受儒家思想熏陶的葛洪,既肯定儒家出处有则的正当性,同时,又变通改造了"出""处"的内涵,尤其强调"处士议政"的合理性。

我们知道,《抱朴子》之作,自西晋惠帝太安(302 年)始至东晋建武(317年)初成,历凡十数年,其间恰是中国历史上少有的乱世。时局的动荡乃至政治的变革极易导致文化的嬗变,于参政救世精神甚为强烈的儒家文化而言,其命运走向更是如此。在葛洪看来,"干戈云扰,则文儒退;丧乱既平,则武夫黜。"(《外篇·博喻》)又云:"昏惑之君……重兼并而轻民命,进优倡而退儒

---

① 也有学者谓"出"指出家修道,"处"指居家处俗。本书从《外篇·逸民》"非有出者,谁叙彝伦? 非有隐者,谁诲童蒙?"另有《外篇·应嘲》"君臣之大,次于天地,思乐有道,出处一情,隐显任时,言亦何系? 大人君子,与事变通。"取"出"作"出仕为官""处"作"隐逸修道"义。

雅。"(《外篇·君道》)此说不仅道破"世道多难"而"儒教沦丧"的事实,同时也表明他对当代儒学群体走向的关切。面对血雨腥风、生死无常、得失急骤、仕途狭窄的残酷现实,士大夫们渴望摆脱苦难而又找不到出路,主张积极救世而又感到报国无门,因而表现出一种既追求又失望、既向往又颓废的特殊心态。葛洪自言生逢"文武之轨,将遂凋坠"的"多难之运",觉解到昔日以"得君行道"为己任的儒学,正面临着生存空间的激烈挑战,于是认为,儒学的主体难以继续维系于庙堂之上,而应迁回转至林泉之中。"明哲色斯而幽遁,高俊括囊而佯愚,疏贱者奋飞以择木,絷制者曲从而朝隐。"(《外篇·汉过》)

民间普通儒生的生存境遇如何?我们不妨看看抱朴子笔下的一段对白。《内篇·遐览》篇中一儒士抱怨:

> 鄙人面墙,拘系儒教,独知有五经三史百氏之言,及浮华之诗赋,无益之短文,尽思守此,既有年矣。既生值多难之运,乱靡有定,干戈威扬,艺文不贵,徒消工夫,苦意极思,攻微索隐,竟不能禄在其中,免此垄亩;又有损于精思,无益于年命,二毛告暮,素志衰颓,正欲反迷,以寻生道,仓卒罔极,无所趋向,若涉大川,不如攸济。

葛洪以"余亦与子同斯疾者也"做回应,对对方皓首穷经又无益生存的处境深表同情,可见二人是同病相怜。他们这段心灵告白代表了众多庶族儒士求生无门、出头无望的共同心声。儒士治经求仕之途维艰,经世致用之志难酬,则儒学之重心势必不能与乱世政治对接,"庙堂之儒"的理想只好转向而回落"山林之儒"(或者说隐者之儒)(《外篇·擢才》)的现实。

客观地说,回眸士与仕的关系史,我们认为,葛洪所论亦不无道理。西汉初期,汉武帝接受董仲舒、公孙弘等"独尊儒术"提议,郡县举孝廉改以"士"为对象,太学中博士弟子成为入仕的重要途径,汉代郎、吏出于士由此开始制度化了。魏晋以降,随着王权政治的衰微,儒学定于一尊的局面即被打破,况且,魏晋九品中正制度随着门阀世族的垄断政治,实际上已从根本上断绝了儒士"学而优则仕"的理想路径。葛洪言:"官人则以顺志者为贤,擢才则以近习者为前。上宰鼎列,委之母后之族;专断顾问,决之阿谀之徒。所扬引则远九族外亲,而不简其器干;所信仗则在于琐才曲媚,而憎乎方直。"(《外篇·君道》)可见当时用人唯亲、唯势的官场风气。在这种举士标准下,所取之士也就名不副实。葛洪引俗语相讥:"举秀才,不知书;察孝廉,父别居。寒素清白浊如泥,高第良将怯如鸡。"(《外篇·审举》)葛氏此论与其说是针砭"灵献之世",不如说是托古刺今。在国家动乱、政治腐败的残酷现实中,儒士们深感治经入仕取禄已是遥远的历史,传统的"治经求仕"的理路,如今已被堵塞而不再可行,"禄在其中"的允诺,亦成空头支票,他们叹息生不逢时,很多人纷纷弃儒崇道,隐遁世外,求得心灵解脱。葛洪也主张隐逸林泉,但他消沉而不消极,认为山林之中才是乱世之儒的生存空间。在他看来,山林之中既可"切磋后生",又能"弘道养正",做个林泉儒士亦不失为两全之策。

> 若拥经著述,可以全真成名,有补末化;若强所不堪,则将颠沛惟咎,同悔小狐。故居其所长,以全其所短耳。虽无立朝之勋,即戎之劳;然切磋后生,弘道养正,殊途一致,非损[狷介]之民也。(《外篇·嘉遁》)

> 昔颜回死,鲁定公将躬吊焉,使人访仲尼。仲尼曰:"凡在邦内,皆臣也。"定公乃升自东阶,行君礼焉。由此论之,"率土之滨,莫匪王臣"可知也。在朝者陈力以秉庶事,山林者修德以厉贪浊,殊途同归,俱人臣也。(《外篇·逸民》)

葛洪主张儒者的著书立言,与其祖辈秉持的"修齐治平"之人生理想相比,无疑是一种退让,但在性命难全的乱世,能够退隐林泉"拥经著述"、"立德立言",也是济世利民的高尚之举。正如他自己所言:"盖士之所贵,立德立言。若夫孝友仁义,操业清高,可谓立德矣;穷览《坟》《索》,著述粲然,可谓立言矣。"(《外篇·逸民》)亦云:"立言助教,文讨奸违,摽退静以抑躁竞之俗,兴儒教以救微言之绝,非有出者,谁叙彝伦? 非有隐者,谁诲童蒙? 普天率土,莫匪臣民。亦何必垂缨执笏者为是,而乐饥衡门者可非乎!"(《外篇·嘉遁》)可见,葛洪虽然自称"才非政事,器乏治民",但自信能够"立言助教",诲谕童蒙。在他看来,出仕与隐居就儒教而言,仅是服务社会的途径不同而已,"或运思于立言,或铭勋乎国器。殊途同归,其致一焉"。(《外篇·任命》)葛洪不仅如此主张,而且身体力行,一部《抱朴子·外篇》,无论是国家政事的得失,抑或是风俗教化的兴替,他都给予充分的评论,足见他对林泉儒士的归隐著述的价值认同与行为支持。正是在此意义上,他也圆成了自己"著一部子书"的"儒者"之梦。

不难看出,葛洪对于入世精神的理解与传统儒家有别。《论语·宪问》云:"士而怀居,不足以为士也。"表达了孔门的入世品格与进取精神。今人蒋伯潜先生也指出:"既名为士,则顾名思义,当有无穷责任,无穷事业,怎么可以贪恋安逸呢?"钱穆先生在《论语新解》中对此作注曰:"士当厉志修行以为世用,专怀居室居乡之安,斯不足以为士矣。"其实,无论是孔子抑或是蒋、钱所言,皆否认隐士具备入世精神。因为在他们看来,一入世精神实靠士之入仕来体现。孔子高足子夏言"学而优则仕"(《论语·子张》)、子路谓"不仕无义"(《论语·微子》),即恰切地反映出了儒家入世精神。葛洪不以入仕行为作为士人体现入世精神的唯一方式,而是更多地强调"以心入世",认为"以心入世"不仅不违背儒家的基本精神,相反,它恰恰是从儒家"道尊于势"的道德主义原则中推导出来的。葛洪明言:"夫善卷无治民之功,未可谓之减于俗吏;仲尼无攻伐之勋,不可以为不及韩、白矣。"(《外篇·逸民》)在他看来,善卷虽不入仕、仲尼虽无战功,然其德化万民,移风易俗之功愈于俗吏、韩(信)白(起)。总之,葛洪以儒家所重之德化风教视为隐士入世精神的体现,这也就显示出了葛洪儒隐一体的意图。①

葛洪一生常在出仕与隐修之间徘徊迂回,而他自认为"思乐有道,出处一情,隐显任时"。他对庙堂之儒与山林之儒的分别,显然是他对明道救世精神的时代把握,他的出处有则、"殊途同归"之论,更是对儒道精神的融通整合。葛洪主张隐士议政,并以"拥经著述"的方式来"弘道养正",这种"出处一情"的价值趋向,反映了许多士人共同的时代心声:面对极度混乱的政治局势,他们一方面想远离政治权力中心,存身保命,另一方面又对国家人民充满了忧患意识而不能袖手旁观,缄默不语,于是就形成了以葛洪为代表的隐士议政的文化现象,这种文化现象背后,便是"出处同归"的价值诉求。

## 第二节 人生价值向度

葛洪的人生历程,亦仕亦隐,儒道兼修,最终止于罗浮山,从事炼丹,悠游

---

① 参见邹远志:《葛洪儒道思想研究》,湖南师范大学硕士论文,2003年,第27页。

闲养,著述不辍。纵观其人生轨迹,不难窥视出他对人生价值的把握是多向度的,对于这种多向度,我们不妨将其归纳为隐逸的志趣、淑世的情怀及了道的信仰。

## 一、隐逸修道的人生志趣

隐逸的情愫,在中国文化中,可谓源远流长。不用说游世逍遥的道家,就是经世济民的儒家也不乏例证。《论语·泰伯》载孔子言:"天下有道则见,无道则隐。邦有道,贫且贱焉,耻也;邦无道,富且贵焉,耻也。"在邦国无道时,夫子主张归隐民间,甘于贫贱,洁身自好,像颜回那样,"一箪食,一瓢饮,在陋巷,人不堪其忧,回也不改其乐";如若此时身居庙堂,富足且尊贵,则有乱中取财牟利之嫌,于君子这当属一种耻辱。对于乱世中的隐者,孔子常常抱有同情,在《论语·宪问》中,他曾把避世者称为"贤者",其文云:"贤者辟(避)世,其次辟地,其次辟色,其次辟言。"《论语·季氏》又云:"隐居以求其志,行义以达其道。"夫子特别礼赞伯夷、叔齐这些"逸民",称其"不降其志,不辱其身",(《论语·微子》)认为其志其行难能可贵。隐逸之民及其所行何以得到孔子如此认同与赞誉,其实基于他"天下有道则见,无道则隐","邦有道则仕,邦无道则可卷而怀之"(《论语·卫灵公》)的处世哲学标准;在夫子看来,隐显二者在生存价值观上具有相通一致性,实乃出于对"有道""无道"的价值判断之后,人们"与道浮沉"的两种选择而已。《孟子·尽心上》亦言:"故士穷不失义,达不离道。穷不失义,故士得己焉。达不离道,故民不失望焉。古之人,得志泽加于民,不得志修身见于世;穷则独善其身,达则兼济天下。"孔孟为道而隐的思想对后代儒士影响至深。不过,孔孟隐逸的情愫更大程度上湮没在他们行仁达义、匡世治国的行动哲学之中。为此,王充(27—约97年)《论衡·语增》曾言:"若孔子栖栖,周流应聘,身不得容,道不得行。"唯其如此,孔子被石门看守(晨门)称之为"知其不可而为之者"(《论语·宪问》)。在葛洪看来,"仕"毕竟是儒学的主流意向,"治世"是其道义担当,于是,他们"自欲除残去贼,夷险平暴,制礼作乐,著法垂教,移不正之风,易流遁之俗,匡将危之主,扶亡征之国,……训童蒙,应聘诸国,突无凝烟,席不暇暖"(《内篇·辨问》)。

魏晋之际,受时政与玄学的影响,隐逸之风盛行。葛洪"少有定志,决不出身"的隐逸之志,受时风所感,更显笃定。其实,葛洪素有隐居山林的志趣,其《外篇·自叙》有言:

> 自度性笃懒而才至短,以笃懒而御短才,虽耸肩屈膝,趋走风尘,犹必不办,大致名位而免患累,况不能乎? 未若修松、乔之道,在我而已,不由于人焉。将登名山,服食养性,非有废也。事不兼济,自非绝弃世务,则曷缘修习玄静哉! ……而古之修道者必入山林者,诚欲以违远谨哗,使心不乱也。今将遂本志,委桑梓,适嵩岳以寻方平、梁公之轨。

葛洪评价自己非常懒惰且才能低下,认为凭懒惰之身驾驭低下之才,即使是耸肩屈膝,跟着别人马后的扬尘跑,也仍然成不了事,包括大到获取名誉地位,小到免除祸患牵累诸事,更何况自己还不肯为此起心动念。在他看来,还不如行修赤松子、王子乔的隐逸之道,自己支配自己,而不受制于他人。于是,他准备遁入名山,服食丹药,涵养本性,如此并非要废弃什么。因为凡事不可同时两全,如果不能断绝世上的俗事,那么如何有机会参修玄道? 再说,古代修炼道法之士必入山林,就是因为确实想要以此远离喧嚣之地,使得心神不乱,而能专心向道。他自己就准备顺遂本心志趣,离开原乡故土,前往中岳嵩山,寻求王方平、梁鸿的足迹,过上体道修真的生活。

入山修真体道,大多不乏特殊的时代背景。诚如葛洪在《外篇·汉过》中所言:"历览前载,逮乎近代,道微俗弊,莫剧汉末也。当途端右、阉官之徒,操弄神器,秉国之钧,废正兴邪,残仁害义……于是明哲色斯而幽遁,高俊括囊而佯愚,疏贱者奋飞以择木,絷制者曲从而朝隐。"不仅一般儒生,甚至一些硕儒高人也隐迹林野,参道悟真。葛洪《神仙传》中言其尊崇的祖师左慈,"少明五经,兼通星纬,见汉祚将尽,天下乱起,乃叹曰:'值此衰运,官高者危,财多者死,当世荣华不足贪也。'乃学道术,尤明六甲,能役使鬼神,坐致行厨,精思于天柱山中,得石室内九丹金液经,能变化万端,不可胜纪。"葛洪主张的归隐,并非废弃人伦之常,相反,他认同儒家先王之道,君臣之礼,如《外篇·逸民》说:"在朝者陈力以秉庶事,山林者修德以厉贪浊,殊途同归,俱人臣也。……今隐者洁行蓬荜之内,以咏先王之道,使民知退让,儒墨不替";《外篇·应嘲》亦言:"君臣之大,次于天地,思乐有道,出处一情,隐显任时,言亦何系? 大人君子，与事变通。老子无为者也，鬼谷终隐者也，而著其书，咸论世务。何必身居其位，然后乃言其事乎？……余才短德薄，干不适治，出处同归，行止一致。岂必达官乃可议政事，居否则不可论治乱乎？"基于此，就"常恨庄生言行自伐，桎梏世业。身居漆园，而多诞谈。好画鬼魅，憎图狗马。狭细忠贞，贬毁仁义。可谓雕虎画龙，难以征风云；空板亿万，不能救无钱；孺子之竹马，不免于脚剥；土桴之盈案，无益于腹虚也。"由此可见，葛洪所言隐遁有别于庄子等弃绝世事于不顾，只寄托内在精神超越的身心同隐，他倡导归隐山林意在"立言助教"，"匡失弼违，醒迷补过"（《外篇·应嘲》）。

比较集中反映葛洪隐逸志趣的篇目是《外篇·嘉遁》，他假托怀冰先生与赴势公子的对话来阐释隐与仕的关系，申论他隐遁不仕并非无义的别样胸怀。怀冰先生代表对名利势位失去热情的冷静隐者，赴势公子代表热衷外在势利的所谓救世之士。赴势公子劝说怀冰先生：先生有济世之才，为何不用以治国，使之"能沾大惠于庶物，著弘勋于皇家"。在赴势先生看来，隐者"往而不返"，"不仕无义"，因此，他指责怀冰先生"洁身而忽大伦之乱，得意而忘安上之义"，并劝诫怀冰先生，如此遁世则"存有关机之累，没无金石之声"，进而"深愿先生不远迷复"，早日出山入仕。怀冰先生却"萧然遐眺，游气天衢，情神辽缅，旁若无物"，以超逸神情回应道："……至人无为，栖神冲漠，不役志于禄利，故害辱不能加也；……以慾广则浊和，故委世务而不纡眎；以位极者忧深，故背势利而无余疑。其贵不以爵也，富不以财也。侣云鹏以高逝，故不萦翮于腐鼠；以蕃、武为厚诫，故不改乐于箪瓢。"意即，至人顺应自然，清静无为，凝神专一，虚寂恬淡，不役使自己的精神去追求俸禄利益，因而损害与侮辱就不能危及其身；因为欲望过多则污浊之气便会汇合聚集，所以应抛却世俗的追求而不在其中纠缠；又因为位高权重者忧虑重重，故而应远离权势名利而免遭猜疑。况且人之尊贵不是靠爵位，富有不是靠财产。犹如和云中的大鹏一起翱翔远去，所以不会在腐鼠周围飞来绕去；记取先圣的教导作为座右铭，所以不改变一箪食一瓢饮的自在乐趣。

又说："玄黄遐邈，而人生倏忽，以过隙之促，托罔极之间，迅乎犹奔星之暂见，飘乎似飞矢之电经。聊且优游以自得，安能苦形于外物哉！"就是说，天地无限久长而人生倏忽苦短，役使自己的精神去追求俸禄利益，不如拒斥常人眼中的势利名位,而无拘无束、优游自得地生活,这样就可免却外物对个人生命的苦累。他还列举历史典故:庄子宁愿在濮水垂钓而不愿作卿相,柏成宁可躬耕也不慕诸侯高位,此举皆以明其志。相反,"侥求之徒,昧乎可欲,集不择木,仕不料世,贪进不虑负乘之祸,受任不计不堪之败;……伺河龙之睡而拨明珠,居量表之宠而冀无患;耽漏刻之安,蔽必至之危;无朝菌之荣,望大椿之寿;似蹈薄冰以待夏日,登朽枝而须劲风;渊鱼之引芳饵,泽雉之咽毒粒;咀漏脯以充饥,酣鸩酒以止渴也。"意即,心怀侥幸的人,贪图仕进而没有预测所负担造成的祸患,接受职位而没有预计承受不了时的失败。犹如乘河龙沉睡去偷摘明珠,踩着薄冰等待夏天降临,这不是太危险了吗?在怀冰先生看来,历史上没有几个圣明的皇帝,也没有几个身全的贤臣,伴君如伴虎,如此铤而走险,诚惶诚恐,不如"躬耕以食之,穿井以饮之,短褐以蔽之,蓬庐以覆之,弹咏以娱之,呼吸以延之,逍遥竹素,寄情玄毫,守常待终,斯亦足矣。且夫道存则尊,德胜则贵,隋珠弹雀,知者不为。何必须权而显,俟禄而饱哉!"况且,"安贫者以无财为富,甘卑者以不仕为荣"。

赴势公子一时词穷,接着又以"不仕无义"相诘难,他说,"夫入而不出者,谓之耽宠忘退;往而不反者,谓之不仕无义。故达者以身非我有,任乎所值。隐显默语,无所必固。时止则止,时行则行。"进而指出,逢乱世昏君理当避世养生,而当今却是圣明之世,先生嘉遁养内不是有些不合情理了吗?怀冰先生陈述自己"逍遥于丘园,敛迹乎草泽","诚以才非政事,器乏治民,……若拥经著述,可以全真成名,有补末化;若强所不堪,则将颠沛惟咎,同悔小狐。故居其所长,以全其缩短耳。虽无立朝之勋,即戎之劳,然切磋后生,弘道养正,殊途一致。"

怀冰先生接着又说,即便是尧舜时期,天下太平,圣人也允许隐士"高尚其志,不仕王侯",让他们安于性情,自得其适。先生进一步援用《易·蛊·上九》"不事王侯,高尚其事"之辞,表明其对隐士不侍奉王侯,把保持节操道义看得至高无上的高洁志趣的肯定,以及对圣人宽厚仁德的褒扬。退而言之,"(隐遁)学仙之士,未必有经世之才。立朝政用,得之不加尘露之益,弃之不觉毫厘之损者乎?"(《内篇·释滞》)一席话,说得赴势公子"勃然自失,肃尔改容",进而,他五体投地,满怀钦佩地说,"先生立言助教,文讨奸违,摽退静以抑躁竞之俗，兴儒教以救微言之绝，非有出者，谁叙彝伦？非有隐者，谁诲童蒙？普天率土，莫非臣民。亦何必垂缨执笏者为是，而乐饥衡门者可非乎！"他认同"普天率土，皆为臣民"，出处有别，殊途同归，都有利于社会安定，文化繁衍，并且，一方面强调出仕辅弼、垂缨执笏的必要性，另一方面凸显隐遁林泉、高尚其志的合法性。最终，他折服怀冰先生的论辩，更尊崇先生的德行，并向先生表达了立雪师从的希冀。

从怀冰先生与赴势公子的对话中，我们对葛洪有关乱世中的人生价值取向一览无余，同时，也隐约见到孔子高徒曾点的影子，依稀看到"暮春者，春服既成，冠者五六人，童子六七人，浴乎沂、风乎舞雩、咏而归"的情景，另有孔老夫子喟然而叹"吾与点也"（《论语·先进》）的首肯与赞誉。葛洪《抱朴子》外篇首列《嘉遁》，既是时代风气的产物，又是个人思想行为的注脚，他将儒家创始人隐逸情愫跃然竹帛，并现实生活化，表现出一种文化创新的理论勇气与洁志全身的生存智慧。

在葛洪看来，隐士"肆之山林，则能陶冶童蒙、阐弘礼敬"（《外篇·逸民》）。"其静也，则为逸民之宗；其动也，则为元凯之表"（《外篇·任命》），他们著书指陈时弊、以身示范天下，陶冶童蒙、有补末化，是以别样的方式积极匡世救危，维护人文精神，创造生命价值。这种生存方式可谓身隐世而心入世。这样，士人之于出与处、仕与隐，虽形式有别，却异曲同工。隐与仕的两难价值选择巧妙地得到解决，葛洪就为身处乱世的士大夫们也拓展了安身立命的精神家园。

## 二、经世济民的社会情结

如果说身隐世而心入世是葛洪有别于身心同隐者的隐逸志趣之所在，那么，其明道救世的情结则是与传统儒家相共鸣的音域。葛洪既为江东士族子弟，又深受左慈、郑隐等道人忧国忧民精神的影响，从小就有"国家兴亡，匹夫有责"的社会责任感。尽管因世道陵夷使他早萌"不仕王侯"的志向，但"心愿太平，窃忧桑梓"（《外篇·吴失》）的情结却根深蒂固。反思社会历史，总结东吴、西晋灭亡的政治教训，为东晋王朝提供历史借鉴，成了同时代正义士人所必须解决的历史课题，葛洪对此也是责无旁贷。他从年轻时代就开始思索治乱之因，并对汉末以来的政治、思想等进行反思与批判，中年写成的《抱朴子·外篇》充满着强烈的社会批判意识，表达了稚川积极的匡世救危精神。以下就《汉过》与《吴失》等篇相关思想作以概述，以透析葛稚川的淑世情怀。

葛洪《汉过》开篇直陈，"历览前载，逮乎近代，道微俗弊，莫剧汉末也"。意思是说，正道衰微，风气败坏，有史及今，没有比汉末更为严重的了。追根溯源，弊在朝纲不振、权臣跋扈。"当途端右、阉官之徒，操弄神器，秉国之钧，废正兴邪，残仁害义，蹲踏背憎，即聋从昧，同恶成群，汲引奸党，吞财多藏，不知纪极。"那些贪官污吏，结党营私，不顾纲纪王法，大量聚敛财物，官场衍变为名利场。官员晋升，唯财是举，讼案决判，以贿为衡，即"进官，则非多财者不达也；狱讼，则非厚货者不直也。官高势重，力足拔才，而不能发毫厘之片言，进益时之翘俊也。其所用也，不越于妻妾之戚属；其惠泽也，不出乎近习之庸琐。"朝野上下任人唯亲、行贿受贿之风愈刮愈烈，很多人忙于结识名流上层、罗织裙带网络，那些有权有势的既得利益者们遮掩阻滞有才有德之士，忌妒有功劳的人并去危害他，痛恨清白廉洁的人并去排挤他，讳忌忠诚直言的人并去陷害他，厌恶操守坚定的人并去摈弃他。此即葛洪描述的官场生态："于时率皆素餐偷容，掩德蔽贤，忌有功而危之，疾清白而排之，讳忠说而陷之，恶特立而摈之。"如此以来，"柔媚者受崇饰之祐，方棱者蒙讪弃之患。养豺狼而歼骐虞，殖枳棘而翦椒桂。"意思是说，柔和诣媚的人受到夸饰、得到帮扶，刚直不阿的人受到诋毁、遭到遗弃。（整个社会）豢养豺狼而杀死麒麟、驺虞，繁殖枳树、棘树却毁灭椒树、桂树。"于是明哲色斯而幽遁，高俊括囊而佯愚，疏贱者奋飞以择木，絷制者曲从而朝隐，知者不肯吐其秘算，勇者不为致其果毅。忠謇离退，奸凶得志。邪流溢而不可遏也，伪涂阘而不可杜也，以臻乎凌上替下，盗贼多有。宦者夺人主之威，三、九死庸竖之手。忠贤望士，谓之党人，囚捕诛锄，天下嗟嗷。无罪无辜，闭门遇祸。"《汉过》篇尾，托言汉末，指斥时事，云："微烟起于萧墙，而飚焚遍于宇宙；浅隙发于肤寸，而波涛漂乎四极。金城屠于庶寇，汤池航于一苇。劲锐望尘而冰泮，征人倒戈而奔北……夫何哉？失人故也。"此可谓西晋乱亡历史镜头的真实回放。

社会上诸多正不压邪的现象，让葛洪痛心疾首，他大发感叹："余徒恨不在其位，有斧无柯，无以为国家流秽浊于四裔，投畀于有北。"（《外篇·交际》）

其深恶痛绝之情溢于言表,但苦于自己无权无势,又能奈之如何?身为一介书生,只能"发愤著论,杜门绝交",(《外篇·交际》)"立一家之言","言人间得失,世事臧否",抨击流弊,警示世人,敦化民风。

葛稚川《吴失》篇借恩师郑隐、师祖左慈之口,检讨东吴亡国之过。其文云:

> 余师郑君具所亲悉,每诲之云:"吴之晚世,尤剧之病:贤者不用,滓秽充序,纪纲驰紊,吞舟多漏。贡举以厚货者在前,官人以党强者为右。匪富匪势,穷年无冀。德清行高者,怀英逸而抑沦;有才(财)有力者,蹑云物以官跻。主昏于上,臣欺于下。不党不得,不竞不进。背公之俗弥剧,正直之道遂坏。"

意思是说,吴国末世尤其严重的毛病是,贤德之士不被任用,渣滓污秽充斥官位。法网纲纪松弛紊乱,吞舟之鱼(巨贪豪墨)常常有恃无恐,也不受法纪约束制裁,成为漏网之鱼,因为官场俨然成为攻守同盟的联合体,权贵与贪腐一体互通。贡举士人把行贿多者前置,任命官员则党徒强盛者优先。财富与爵位联姻,无财无势,终老也没有被提携的希望。道行高尚的人,胸怀出众的才华却被压抑沉沦;有钱有势的人,平步青云而跻身官场。君主昏庸,群臣相欺。不结党者不得官,不竞攀者不晋职。背弃公德的行为愈演愈烈,公正率直的风气由此而败坏。对滥竽充数的官员、乌烟瘴气的官场,稚川刻画得入木三分:

> 或有不开律、令之篇卷,而窃大理之位;不识几案之所置,而处机要之职;不知《五经》之名目,而飨儒官之禄;不闲尺纸之寒暑,而坐著作之地;笔不狂简,而受驳议之荣;低眉垂翼,而充奏劾之选;不辨人物之精粗,而委以品藻之政;不知三才之军势,而轩昂节、盖之下;屡为奔北之辱将,而不失前锋之显号;不别菽麦之同异,而忝叨顾问之近任。

意思是说,有的人没有打开过律法书卷,却窃居大理寺的官位;有的人不知几案应放在什么地方,却处于办理机要的职务;有的人不知"五经"的名目,却享有儒官的俸禄;有的人不熟悉书信问寒嘘暖,却坐在著书立论的地位;没有志高疏阔的笔法,却有善作驳议之奏的荣耀;低眉顺眼、两臂下垂,却充任监察弹劾的官职;不能分辨人物的优劣,却委任品评等级的中正官衔;不知道依天地人三才划分三军编制,但趾高气扬地在伞盖下持节指挥全军;多次败北受辱的将军,但并未失去先锋官的荣显称号;不能分别豆子与麦子的异同,却担任皇帝顾问的近臣。如此的名不副实的乌合之众,何以担当经世安民之务?!葛洪对此等政治生态下的国计民生深表忧虑。

如果说《汉过》篇的写法受汉初贾谊《过秦论》的影响,那么《吴失》篇的写作目的更是昭然若揭:"二君之言,可为来戒,故录于篇,欲后代知有吴失国,匪降自天也。若苟讳国恶,纤芥不贬,则董狐无贵于直笔,贾谊将受讥于《过秦》乎?"

不难看出,以上两篇都是为总结历史教训而作。联系其成书时间,显然是为新兴的东晋王朝提供借鉴史料。官场耀武扬威的是贪墨与庸才,林野流溢飘荡的是清谈与任诞,在葛洪看来,这都是误国害民的前车之鉴,对此,他都进行了无情的鞭笞。在《外篇·疾谬》中,他憎恨京洛名士的放诞不羁,如说:"汉之末世,……蓬发乱鬓,横挟不带,或袒衣以接人,或裸袒而箕踞……终日无及义之言,彻夜无箴规之益,诬引老、庄,贵于率任,大行不顾细礼,至人不拘检括,啸傲纵逸,谓之体道。呜呼惜乎!岂不哀哉!……若问以《坟》《索》之微言,鬼神之情状,万物之变化,殊方之奇怪,朝廷宗庙之大礼,郊祀禘祫之仪品,三正四始之原本,阴阳律历之道度,军国社稷之典式,古今因革之异同,则怳悸自失,……强张大谈曰:'杂碎故事,盖是穷巷诸生、章句之士,吟咏而向枯简,匍匐以守黄卷者所宜识,不足以问吾徒也'"。葛洪用陈古刺今的手法,针砭当朝政事民情,谴责名士不守礼法,不习阴阳律历,不修神仙谶纬法术,助长了浮华任诞的学风,在一定程度上也影响乃至败坏了社风。

无论是《吴失》,抑或是《汉过》,都折射出葛洪对朝廷用人制度的不满情绪,对所用官员职能不符的深深谴责,对颓唐社会风气的极大担忧。那么,我们不妨追问:葛洪又是以什么为标准来评判时局与人事呢?按唐长孺先生所言,"葛洪是汉代遗风的继承人",他"是以汉儒传统说法来批评社会风气",其学属以注释儒家经典见长的江南土著之学。① 诚然,葛洪是以传统儒家的道德主义原则为标准,立身处世、评判价值,如借隐士之口讲:"世之所贵,立德

---

① 参见唐长孺:《魏晋南北朝史论丛》之《读〈抱朴子〉推论南北学风的异同》,河北教育出版社2000年版,第364页。

立言。若夫孝友仁义,操业清高,可谓立德矣。穷览《坟》《索》,著述粲然,可谓立言矣。"(《外篇·逸民》)"且夫道存则尊,德胜则贵。"(《外篇·嘉遁》)又言:"儒生高极乎唐、虞者,德而已矣,何必官哉!"(《外篇·逸民》)尽管这些言论所反映的是葛洪对儒士本质属性的判断,但因为出于隐士之口,故也有隐士唯儒家之德是尊的意思,然而,他又不拘泥传统,而是与时俱进,于此,李丰楙博士所言,可谓切中肯綮,他说,"葛洪的抱朴、保守性格具现于外篇,就是延续并转化汉人旧学,其中含摄儒、墨、道、法、兵诸家,而归本于儒家,他以之论人间的得失、世事的臧否,常因应时势,因事制宜。所以论出处去就之道,适应魏晋多故的政局,多倡逍遥隐遁,知止任命的道家思想;论君道臣节之道,感于晋世纷乱的政治,提倡君尊臣卑之说,君主修德,又能分官任贤,则权臣不再跋扈、能臣能有出身,近于外法内儒的思想。论讥俗救生之法,激于魏晋士风的颓废,因而主张严刑峻法的法家与省烦去侈的墨家,而反对俗儒的仁政、道家的迂阔"。① 诚然,《抱朴子·外篇》糅合百家之长,而归本于儒家:它指陈时弊,旨在救亡济世,而非消解宗法礼制;倡导隐遁,意在全志存身,而非逃避人伦责任。相反,葛氏既针砭时弊流俗,又出策匡世救危,如其"援法入儒"仁礼兼行的治国理念、"举贤任能"文德并重的用人主张,无不闪烁着儒家经邦济世的人文精神。

陆机《五等论》曾言:"企及进取,仕子之常志;修己安民,良士之所希及。"葛洪又何尝不是仕进与隐修兼重,或者说,葛洪的隐逸志趣同他的淑世情结何尝不是并行不悖。葛洪所嘉之遁是身在林泉、心系魏阙的行为,他所尊之隐是那些奉守儒家道德精神、伦理规范的隐士。这些隐士逸民以积极的方式传承人文精神,维护伦常价值,这正是葛洪尊崇隐儒的本质之所在,也是葛洪淑世情怀的集中体现。葛洪把这种乱世之中的隐士称为"山林之儒",有别于治世之中的"庙堂之儒",二者以不同的形式,不同的途径,演绎儒家的淑世情怀,尤其是在隐者身上,既彰显了儒家淑世精神的要义,又洋溢着道家贵生理念的光辉。可以看出,葛洪将儒家所重之德化风教视为隐士入世精神的圭臬,这样的隐士是其理想人格的化身,承载着他的人生态度和志向情趣,也诠释出了葛

---

① 李丰楙:《不死的探求——抱朴子》,海南出版社、三环出版社 1998 年版,第 102—103 页。

洪儒隐一体的良苦用心。

### 三、了道证仙的终极信仰

神仙有无之辩是魏晋时期的一大论题，养生家多主有，如嵇康在《养生论》中说："夫神仙虽不目见，然记籍所载，前史所传，较而论之，其必有矣。"但他认为神仙并非勤学可致。扬雄、王充则否认有不死之仙。《法言·君子》曰："有生者，必有死；有始者，必有终。自然之道。"《论衡·道虚》亦言："物无不死，人安能仙？"葛洪深受传统道家及魏晋玄学的影响，把"道""玄""一"神秘化、实体化，并作为神仙存在的保证，并多方位论证神仙实有，还从仙道信仰与"勤求"修为相结合的角度，论证神仙实有、仙可以勤学而致。

在葛洪生命哲学中，"道"既是万物之本体——最高的存在，又是万象之本源——万殊之所出者。《内篇·道意》说："道者涵乾括坤，其本无名。论其无，则影响尤为有焉；论其有，则万物尚为无焉。"葛洪认为"道"并非简单的"有"或"无"，而是"有""无"共俱，与具体事物相比，"道"是一种独特的存在，不为人的感官所能感觉，只能用心去体认。葛洪又将"道"与神秘的"一"联系起来，将"一"作为人格化的神，视为道教的"元始天尊"，甚至比"道"更本根，体现出神仙道教的本质和特色。①《内篇·地真》言："一有姓字服色，男长九分，女长六分，……此乃是道家所重，世世歃血口传其姓名耳"；"守一存真，乃能通神"。对"道""玄""一"的体认，就是对生命本体的体认，即是一种对至上的理性之思。通过这种理性之思，葛洪确立了永恒的大道的信仰，认为"道""玄""一"既是宇宙生命的根源，又是世界万殊的终极存在者。每一个体都禀之以生，只要遵循道教教义，积极修炼，最终将得道成仙。在葛洪的眼里，人有了信仰，生活就有了意义，人生也有了方向与动力。同时，生与道合，并非坐而论道，而是要以术达道，《内篇·对俗》亦言，"服丹守一，与天地毕"。就这样，葛洪将神仙信仰与修道工夫糅合一起，建构了道成仙的通途。

葛洪的了道信仰并非否认生死自然之理，但又走出生死必然的思维定式。他援用汉代以来的"元气自然论"，认为道是"万殊之大宗"，每一生命都是道

---

① 参见戢斗勇：《葛洪的"玄""道"与"一"不是一回事》，《江西社会科学》1984 年第 5 期。

生气成的产物。对于生命个体,葛洪肯定生死自然的客观现实。在他看来,由于"人在气中,气在人中,自天地至于万物,无不须气以生者也"(《内篇·至理》)。所以气存则身在,气竭则会导致"身死""命终",而死则死矣,"死者不可生也,亡者不可存也"(《内篇·地真》),故人皆惜生畏死,所谓"生可惜也,死可畏也"(《内篇·地真》)。葛洪以百年之寿对人生的历程作了解析:

> 百年之寿,三万余日耳。幼弱则未有所知,衰迈则欢乐并废,童蒙昏耄,除数十年,而险隘忧病,相寻代有,居世之年,略消其半,计定得百年者,喜笑平和,则不过五六十年,咄嗟灭尽,哀忧昏耄,六七千日耳,顾眄已尽矣,况于全百年者,万未有一乎? 谛而念之,亦无以笑彼夏虫朝菌也。盖不知道者之所至悲矣。里语有云:人在世间,日失一日,如牵牛羊以诣屠所,每进一步,而去死转近。此譬虽丑,而实理也。(《内篇·勤求》)

此说与今人所言"人一天天走近坟墓"一样,无情而又平实地导出人生有限、生死自然的道理。葛洪承续老庄生死自然和汉代"元气自然"的哲学思想,作为其生命哲学的起点,并由此走向不死的神仙信仰。[1]

葛洪的神仙信仰与个人生存相关联。他认为"道"是生命的根源,也是宇宙的终极存在者,道本身不死不灭。每个人都禀"道"气化而生,随着生命历程推进,体内之气不断消耗,最终会"气竭身死",但如果遵循道教的教义,积极进行宝精爱气、服丹守一之类的修炼,最终将得道成仙,进入永恒、自由的理想生命境界。于是,了道升仙就成了葛洪终身的信仰,生与道合成了他努力的方向。为了倡导自己的仙道信仰,必须从理论上对神仙实有、长生不死的宗教目标进行详尽、深入而又系统的论证。葛洪的证仙是这样展开的:

首先,葛洪以史为证,说明神仙实有。他引证说:"万物云云,何所不有,况列仙之人,盈乎竹素矣。不死之道,曷为无之?"(《内篇·论仙》)"若谓世无仙人乎,然前哲所记,近将千人,皆有姓字,及有施为本末,非虚言也。"(《内篇·对俗》)他援引刘向《列仙传》所载神仙传说,声称:"邃古之事,何可亲见? 皆赖记籍传闻于往耳。《列仙传》炳然,其必有矣。"(《内篇·论仙》)这种论证,尚停留于经验层面,而现实却是"人皆有死"的冷酷反证,况且史籍记载也

---

[1]　参见曾勇:《葛洪生命观及其现代沉思》,《湖北社会科学》2005 年第 3 期。

有真伪,这些皆为不容回避的问题;不过以史为鉴、以书为证,却也是当时思想家通用的论证方法——葛洪如此证仙,也出于时人相信史籍非虚的大众心理。

其次,葛洪运用万物的特殊性与人的认识的有限性论证神仙必有。葛洪说:

> 存亡终始,诚是大体。其异同参差,或然或否,变化万品,奇怪无方,物是事非,本钧末乖,未可一也。夫言始者必有终者多矣,混而齐之,非通理矣。谓夏必长,而荠麦枯焉。谓冬必凋,而竹柏茂焉。谓始必终,而天地无穷焉。谓生必死,而龟鹤长存焉。……万殊之类,不可以一概断之……何独怪仙者之异,不与凡人皆死乎?(《内篇·论仙》)

天地间万事万物大多有始有终、有生有死,但也有少数长存不灭的(如天地、龟鹤等),以此类推,既有必死之凡人,也应有不死之仙人。葛洪进一步从认识角度出发,指出:

> 浅识之徒,拘俗守常,咸曰世间不见仙人,便云天下必无此事。夫目之所曾见,当何足言哉? 天地之间,无外之大,其中殊奇,岂遽有限,诣老戴天,而无知其上,终身履地,而莫识其下。形骸已所自有也,而莫知其心志之所以然焉。寿命在我者也,而莫知其修短之能至焉。况乎神仙之远理,道德之幽玄,仗其短浅之耳目,以断微妙之有无,岂不悲哉?(《内篇·论仙》)

就是说世俗之人感知范围十分狭小,心智能力又很浅薄,对于幽远玄妙的"神仙"之事根本无法体会,难怪会怀疑"神仙"存在,更何况求道成仙者,不慕世俗荣华富贵,不喜人间嘈杂喧嚣,"居高处远,清浊异流,登遐遂往,不返于世,非得道者,安能见闻"(《内篇·论仙》)。这样,凡、仙便成为两种完全不同的生命存在样态,凡人对经验世界的依赖及直观认识的局限妨碍了对神仙一事的确认,而且神仙亦无须借助凡人的认可来得到确证。

再次,葛洪将长生不死从观念升华为信仰,认为,神仙是"信则有,不信则无"。《内篇·微旨》云:"夫学道当阶浅以涉深,由易以及难,志诚坚果,无所不济,疑则无功,非一事也。……非诚心款契,不足以结师友;非功劳不足以论大试;又未遇明师而求要道,未可得也。"《内篇·辨问》篇亦言:

> 按仙经以为诸得仙者,皆受命偶值神仙之气,自然所禀。故胞胎之

中,已含信道之性,及其有识,则心好其事,必遭明师而得其法,不然,则不信不求,求亦不得也……苟不受神仙之命,则必无好仙之心,未有心不好之而求其事者也,未有不求而得之者也。

这样,将人是否信仙,能否成仙,推诿于人的先天禀赋有无"仙命"。因为"人生星宿,各有所值",(《内篇·释滞》)"其值圣宿则圣,值贤宿则贤,……值寿宿则寿,值仙宿则仙"。(《内篇·辨问》)在葛洪看来,人生受气结胎之初,各有所值的星宿,若刚好碰巧是仙宿,那么此人出身之后,自然就相信仙道,然后便会去寻师访友,刻苦修炼以证成仙果。

可以看出,葛洪论证神仙的存有是不周延的,也不能令人信服。问题在于,他把信仰当作实有,把经验与超验两种不同层次的东西混为一谈,在这一点上,他比康德逊色许多。后者在《纯粹理性批判》中把知性(即人的认识能力)限定在经验界、现象界,把经验之外的领域留给了上帝、留给了信仰。换言之,在知性视域,属于信仰层面的上帝并不在场。而在《实践理性批判》中,他又请出上帝,并把祂装扮为集"至善"与"幸福"于一身的超验典范。尽管如此,二者论证的目的与意图是一致的。"神仙"抑或"上帝",是道德领域中"自由"的代名词,是突破有限、达至无限的象征,是理想生命状态的存在。不同的是,康德把"上帝"局限于道德视域,是为解决"至善"与"幸福"二律背反而作的理论预设,"上帝"之于凡人,可望而不可即——在基督教文化中,凡人处于天使与野兽之间,凡人之修行虽能使其不断向上向善,以至与上帝同在,分享上帝的荣光,但人终究不可能变成神,人与神之间总有不可逾越的鸿沟;与此不同的是,道教思想家葛洪却把"神仙"观念实有化,认为若外有名师指点,内有个人尊道、奉道、修道之类的笃信践履,最终得道成仙是不成问题的。

恩格斯在谈到宗教信仰时指出:"即使是最疯狂的迷信,其实也包含有人类本质的永恒规定性。"①意思是说,人类之所以需要包括迷信在内的各种信仰,是基于人类的永恒本性。原始信仰中的创世神话,宗教信仰中的天地结构观念,哲学信仰中的本体论,分别预设了不同的"宇宙图式"供人信仰。葛洪的仙道信仰强调仙与人同类,而且可学可致,他所创建的"宇宙图式是人类在

---

① 《马克思恩格斯全集》第 3 卷,人民出版社 2020 年版,第 520 页。

宇宙中建立的精神家园,是在无限和永恒中确立的立足点,并以此阻断了无限和永恒,使人生活于一个可以理解、可以把握的宇宙中"①。葛洪一方面强调仙道微妙难明:"天下之事万端,而道术尤难明于他事者也"(《内篇·金丹》);另一方面又说明自己的信仰建立于众方校验之上:"微妙难识,疑惑者众。吾聪明岂能过人哉?适偶有所偏解,犹鹤知夜半,燕知戊己,而未必达于他事也。亦有以校验,知长生之可得,仙人之无种耳。"(《内篇·至理》)在他看来,长生可得由校验可知,不死之仙乃凡人修炼而致,人仙本为同类而非异类,修炼成仙的关键在于"信而求之"。于是葛洪将"信""求"联姻置于养生成仙的生命实践之中。《内篇·勤求》说:

> 先师不敢以轻行授人,须人求之至勤者,犹当拣选至精者乃教之,况乎不好不求,求之不笃者,安可衔其沽以告之哉?其受命不应仙者,虽日见仙人成群在世,犹必谓彼自异种人,天下别有此物,或呼为鬼魅之变化,或云偶值于自然,岂有肯谓修为之所得哉?苟心所不信,虽令赤松王乔言提其耳,亦当同以为妖讹。然时颇有识信者,复患于不能勤求明师。夫晓至要得真道者,诚自甚稀,非仓卒可值也。然知之者,但当少耳,亦未尝绝于世也。由求之者不广不笃,有仙命者,要自当与之相值也。然求而不得者有矣,未有不求而得者也。

> 若心有求生之志,何可不弃置不急之事,以修玄妙之业哉?其不信则已矣。其信之者,复患于俗情之不荡尽,而不能专以养生为意,而营世务之余暇而为之,所以或有为之者,恒病晚而多不成也。

有学者对世界观与信仰之间的关系作出这样的概述:"由于世界观是一种主观意识,更由于每个人所持的世界观都是一种自我认定为真的认识,因此,既没有第三者保证我的见解为真,也没有第三者确证我的见解为假,我个人的主观态度——即对某一世界观的确信,就是使我感到确定、真实的基础。这就是人的信仰本性。"②我们认为葛洪的仙道信仰,其实是建立在对生命存在及其存在意义的思考与实践基础上,他自认为较好地论证了仙人实有、仙道

---

① 冯天策:《信仰:人类的精神家园》,济南出版社2000年版,第18页。
② 冯天策:《信仰:人类的精神家园》,济南出版社2000年版,第14—17页。

不虚,并且还论证了凡人长生成仙的可能性,探索创建了一套身心修炼的理论与方法,使生命真正具有了可操作性,使信仰有了现实着落,其仙道思想得到玄门认可与遵循,了道证仙亦成为道门人生的终极价值关怀。

## 第三节　理想人格典范

理想人格是人生哲学理论宗旨的重要内容,它体现了人生价值、意义以及完成人生理想目标的典型形象。葛洪对于人生价值的理解是多维的,以此建立起来的理想人格也是多层的。对于理想人格,传统儒家以圣人为最高榜样,原始道家以无为、逍遥为人生理想。在葛洪看来,周孔为"治世之圣",老子是"得道之仙",黄帝是"兼而修之"之"长才"。可以说,"圣""仙""长才"是葛洪理想人格的典范。

### 一、"治世有作之圣人"

圣人是儒家的理想人格,何谓圣人?《孔子家语·五仪》载:"孔子曰:'所谓圣者,德合于天地,变通无方,穷万物之始终,协庶品之自然,敷其大道而遂成情性;明并日月,化行若神,下民不知其德,睹者不识其邻。此谓圣人也。'"《孟子·离娄上》称,"圣人,人伦之至也"。战国后期的荀子(约前313—前238年),既重视对"天道"的探索,更强调研习人伦制度,《荀子·解蔽》说:"圣也者,尽伦者也;王也者,尽制也,两尽者,足以为天下极矣。"葛洪继承原始儒家对"圣"作出的"德合于天地,明察如日月"的内在规定,《抱朴子·外篇·诘鲍》篇言:"圣人,与天地合其德者也。其德与天地合,岂徒异哉!夫岂徒欲以顺情盈欲而已乎?"在《抱朴子·外篇·行品》篇也有类似表述:"拟玄黄之覆载,扬明并以表微;文彪炳而备体,独澄见以入神者,圣人也。"就是说,模仿天地那样覆盖托载,发扬可与日月相比的光辉以扬举已经衰微的学说;著述篇章文采灿烂诸体兼备,有独到透彻的见解可入于神化,这样的人就是圣人。这是从圣人德化天下的功用方面进行的界说。另外,葛洪还从经世济民方面论及圣人对社会的突出贡献,如说:

儒者,周孔也,其籍则六经也,盖治世存正之所由也,立身举动之准绳

也,其用远而业贵,其事大而辞美,有国有家不易之制也。(《内篇·明本》)

  圣人受命,不值长生之道,但自欲除残去贼,夷险平暴,制礼作乐,著法垂教,移不正之风,易流遁之俗,匡将危之主,扶亡征之国,刊《诗》《书》,撰《河》《洛》,著经诰,和《雅》《颂》,训童蒙,应聘诸国,突无凝烟,席不暇暖。……且夫俗所谓圣人者,皆治世之圣人,……治世之圣人,则周孔是也。(《内篇·辨问》)

  夫升降俯仰之教,盘旋三千之仪,攻守进趣之术,轻身重义之节,欢忧礼乐之事,经世济俗之略,儒者之所务也。(《内篇·明本》)

可见,圣人是经纶国事的杰出人士,他们负有特殊使命,制定礼法道德和"君臣之道",向人们传播文化礼仪,并注重从童蒙开始施行教化,以"移不正之风,易流遁之俗",为民"去害兴利",其所作所为充分显示了一种强烈的社会责任感。可以说,圣人在武功、文治、教育、外交等方面,都能给国家社稷作出突出贡献,是凡人之中的佼佼者,即所谓"圣者,人事之极号也"(《内篇·辨问》)。在葛洪那里,圣者并非全知全能的兼才,而只是专擅一技的专才;不同的行业,也都有各自业内的圣人,诸如棋圣、书圣、画圣等(《内篇·辨问》)。在《外篇·诘鲍》中,葛洪也道出"圣人有作"之论:

  是以有圣人作,受命自天;或结罟以眅渔,或赡辰而钻燧,或尝卉以选粒,或构宇以仰蔽,备物致用,去害兴利,百姓欣戴,奉而尊之。君臣之道,于是乎生……

这种"兴利除害"的"圣人有作"论,其实早于葛洪的韩非(约前280—前233年)已有论述。《韩非子·五蠹》云:

  上古之世,人民少而禽兽众,人民不胜禽兽虫蛇;有圣人作,构木为巢以避群害,而民悦之,使王天下,号之曰有巢氏。民食果蓏蚌蛤,腥臊恶臭而伤腹胃,民多疾病;有圣人作,钻燧取火以化腥臊,而民悦之,使王天下,号之曰燧人氏。中古之世,天下大水,而鲧、禹决渎。近古之世,桀纣暴乱,而汤武征伐。

韩非所论"圣人",无一例外地皆大有作为于民,他们帮助人们解决某些生存问题,此类"圣人"乃治世济民的专门人才,然而他们也有自己的局限,譬如说

他们不知、亦不懂长生之道,甚至连凡人所有的病痛、衰老、死亡诸多困扰,圣人亦不能幸免:

> 圣人不食则饥,不饮则渴,灼之则热,冻之则寒,挞之则痛,刃之则伤,岁久则老矣,损伤则病矣,气绝则死矣。此是其与凡人无异者甚多,而其所以不同者至少矣。所以过绝人者,唯在于才长思远,口给笔高,德全行洁,强训博闻之事耳,亦安能无事不兼邪?……世人谓圣人从天而坠,神灵之物,无所不知,无所不能。甚于服畏其名,不敢复料之以事,谓为圣人所不能,则人无复能之者也;圣人所不知,则人无复知之者也,不可笑哉?(《内篇·辨问》)

儒家圣人虽然“才长思远,口给笔高,德全行洁,强训博闻”,但他们并不神秘,和普通人一样离不开饮食男女,有寒热冷暖,有生老病痛,与凡人“无异者甚多”,而“不同者至少”,尤其反映在死亡问题上,圣人依然没有摆脱生命单向有终的自然生理局限,至多也只是少生病、尽天年。究其质,圣人是通过教育和人事历练而致,凡人只要“匠之以六艺,轨之以忠信,莅之以慈和,齐之以礼刑”(《外篇·君道》),借由纲常名教等道德规范修身立德,便可成为圣人。①易言之,凡圣之间相通无碍,教育历练是超凡入圣的必由之路。

《内篇·辨问》明确指出:“世人以人所尤长,众所不及者,便谓之圣。”就是说,大凡能力卓著者,便可称之为圣人。在此意义上,儒者之孔、道者之老,皆为圣人。“仲尼,儒者之圣也;老子,得道之圣也。”(《内篇·塞难》)老子之类圣人,亦可称为“玄圣”或“神仙圣人”(《内篇·微旨》)。在葛洪这里,既然孔、老皆圣,自然就有“尊道贵儒”的主张:“所以贵儒者,以其移风易俗,不唯揖让与盘旋也。所以尊道者,以其不言而化行,匪独养生之一事也。”(《内篇·塞难》)至于孔子与老子之关系,他援用史书上孔子拜见老子问礼之说,认为,作为学生的孔子虽敬服老子,但没有接受其长生之道,只是“用心汲汲,专于教化”,匡时救危,经世济民,德化天下,因其心思不在方术,故不修长生之道。抱朴子说:“且夫周孔,盖是高才大学之深远者也,小小之伎,犹多不闲。使之跳丸弄剑,逾锋投狭,履絙登幢,摘盘缘案,跟挂万仞之峻峭,游泳吕

---

① 参见罗炽:《论葛洪的道德价值观》,《珞珈哲学论坛》第四辑,湖北人民出版社2000年版。

梁之不测,手扛千钧,足蹑惊飙,暴虎槛豹,揽飞捷矢,凡人为之,而周孔不能,况过于此者乎?"(《内篇·辨问》)更何况周孔已经在"安上治民"等方面作出了卓越成就,"(圣人)既已著作典谟,安上治民,复欲使之两知仙道,长生不死,以此责圣人,何其多乎?吾闻至言逆俗耳,真语必违众,儒士卒览吾此书者,必谓吾非毁圣人。吾岂然哉?但欲尽物理耳,理尽事穷,则似于谤讪周孔矣。"(《内篇·辨问》)他们不必以超越肉体死亡的方式引领人们都"委供养,废进宦而登危浮深",若全民效仿,则会出现"家无复子孙,国无复臣吏,忠孝并丧,大伦必乱"(《内篇·辨问》)的社会失序景象。这样,在葛洪看来,周公、孔子就成了勇担社会责任,铸就社会价值的治世圣人。葛洪申明自己并无诋毁非难治世圣人的意思,只是指陈周孔圣人的肉体生命仍有其局限性这一事实。

众所周知,此前汉儒神化孔子,将孔子装扮为全知全能的儒教教主,这本身已将儒学异化为荒诞的神学。葛洪的直陈道白,又把神化了的圣人还原为凡尘中的人杰,在那个时代,这需要足够的勇气与胆识,同时,也说明葛洪具有一定的务实求真精神。不仅如此,葛洪还承袭汉人星命说,从天赋有别的角度,对圣之为圣给予理论上的辩护:

> 《玉钤经》主命原曰:人之吉凶,制在结胎受气之日,皆上得列宿之精。其值圣宿则圣,值贤宿则贤,值文宿则文,值武宿则武,值贵宿则贵,值富宿则富,值贱宿则贱,值贫宿则贫,值寿宿则寿,值仙宿则仙。又有神仙圣人之宿,有治世圣人之宿,有兼二圣之宿,……(《内篇·辨问》)

> 自古至今,有高才明达,而不信有仙者,有平平许人学而得仙者,甲虽多所鉴识而或蔽于仙,乙则多所不通而偏达其理,此岂非天命之所使然乎?(《内篇·辨问》)

> 吾所以不能默者,冀夫可上可下者,可引致耳。其不移者,古人已末如之何矣。太上自然知之,其次告而后悟,若夫闻而大笑者,则悠悠皆是矣。……实理有所不通,善言有所不行……彼诚以天下之必无仙,而我独以实有而与之诤,诤之弥久,而彼执之弥固,是虚长此纷纭,而无救于不解,果当从连环之义乎!(《内篇·塞难》)

高才明达乃上智,而"上智与下愚不移"(《论语·阳货》),他们不信仙,亦不习仙,因此也就不得仙。周孔圣贤,"外以为国",承担社会责任,成就社会价值,这才是他们的终极关怀。在葛洪眼里,"圣人或可同去留,任自然,有身而不私,有生而不营,存亡任天,长短委命,故不学仙,亦何怪也。"(《内篇·释滞》)于是葛洪就得出"圣人不必仙,仙人不必圣"(《内篇·辨问》)的结论,个中原委在于,他们禀赋不同,志趣有别,价值取向各异。具体说来,圣人希冀通过经世济俗、安上治民,体现个人生命对社会存在的意义与价值,将个人有限的生命融入无尽的历史之中;仙人致力于修道合真获得自身生命的不死,力求在个体生命之内以身合道进行人生超越。对于社会而言,治世的圣人、合道的仙人,各有其存在的合理性。在葛洪那里,他既不神化圣人,也不抬高仙人,而是把他们视为由不同的生活方式和人格理想选择所导致的两种不同的生命境界。

葛洪将历史上的圣人分为治身长生的圣人与治世济民的圣人,前者是以黄老为代表的"得道之圣"(亦称"玄圣"),后者是以周孔为典范的"治世之圣",此所谓"仲尼,儒者之圣也;老子,得道之圣也"。进而,老子与仲尼之间的师徒关系,就不仅仅是个人的事情,而且代表儒道两家的关系,意味着道家与儒家的源流关系,用葛洪的说法,即"道本儒末"。与葛洪同时代的袁宏,曾提出"道明其本,儒言其用"①的主张。我们认为,二人主张旨在说明儒道各有所长,各有其用。葛洪所谓"道本"强调个体修养遵循道家的思想与原则,而"儒末"则要求治理国家以儒家思想为手段与工具。从生命存在的角度来看,治国与治身是彼此依赖、相即不离的。国家的和谐平安,有利于个人的生存发展;个人身心健全,也有利于社群共存,国家安定。有学者认为,葛洪的《抱朴子》反映中国道教的两重性格:"一方面追求个人的解脱超俗,即避世修道,长生成仙,这是他的治身的原则;另一方面又追求佐时济俗的社会功效,即治国安邦,为稳定封建社会秩序服务,这是他的治世的原则。"②两者相合,就是他提出的"夫道者,内以治身,外以为国"的总原则。

---

① (晋)袁宏撰,《后汉纪》卷十二,《四部丛刊》景无锡孙氏小绿天藏明翻宋本,第204页。
② 任继愈:《中国哲学发展史》(魏晋南北朝卷),人民出版社1988年版,第408页。

在葛洪看来，具有高才博学而又以天下为己任的圣人，他们的终极目标就是"入世""经邦"，维护社会持续发展，从这个角度说，他们的终极关怀问题，在其社会责任中得以体现，在人生历程中得以解决，然而，能堪此大任者毕竟不在多数，芸芸众生明显不可与之同日而语，仅仅是资质上的差别，就使其难于像圣人那样在社会事功中体现人生价值，其人生关怀与终极走向，最为基本的，就是从自我做起，做个最为真实的自己，并从关怀生命、保持生命入手，而在这种关怀与保持中，让家族、种族之香火不辍、生生不息，使个体生命成为族类生命承前启后的一个环节，并经由这一环节中的角色使命的完成，将个体生命融进族类历史，通过族类生命链的延绵而获证个体人生的价值。

## 二、"修真得道之仙人"

葛洪认为人之所以是万物之灵长，在于人有聪明才智（"明哲"），而且这种聪明才智是人类与生俱来的天然禀赋，若懂得善用此天然禀赋，自可参悟宇宙生命的奥秘与个人生命的价值。"魏晋时期，人本思想已极普遍，认为人较诸万物为明灵，这种明灵可以体道，可以得道，因此足以吸收天地自然的玄秘，丰沛自己的灵质。"①葛洪强调人乃贵性之物，所谓"有生最灵，莫过于人"。借助这种灵异特质，个人便可体道、达道；根据修道、体道程度的不同，人或可役用万物，或可长生久视。如《内篇·对俗》言：

> 夫陶冶造化，莫灵于人。故达其浅者，则能役用万物；得其深者，则能长生久视。知上药之延年，故服其药以求仙。知龟鹤之遐寿，故效其道引以增年。且夫松柏枝叶，与众木则别。龟鹤体貌，与众虫则殊。至于彭老犹是人耳，非异类而寿独长者，由于得道，非自然也。众木不能法松柏，诸虫不能学龟鹤，是以短折耳。人有明哲，能修彭老之道，则可与之同功矣。若谓世无仙人乎，然前哲所记，近将千人，皆有姓字，及有施为本末，非虚言也。若谓彼皆特禀异气，然其相传皆有师奉服食，非生知也。

神仙可学可致是葛洪仙道学说的主要命题，他不完全赞成神仙特禀之说——所谓特禀异气，生而知之，不假修炼而可致仙，这是神仙不可学不可致之说，此

---

① 李丰楙：《不死的探求——抱朴子》，海南出版社、三环出版社 1998 年版，第 168 页。

说与汉代以来圣人生知之说有密切关系。葛洪批判这一学说,主张"长生之可得,仙人之无种"(《内篇·至理》)。葛洪的"仙人无种"说是从"神""仙"的分梳开始的。

客观地说,仙或者神仙观念在中国起源甚早,近年来一些考古发掘表明,在远古时代国人就有着神仙信仰的萌芽。从文字学视域来看,"仙"字,上古时作"仚",《说文解字》释为"人在山上儿"。"儿"即"貌"之古字。可见,"仚"既可指人在山上修炼的状态,又可引申为其"高举上升"的功能。再者,"仙"在古代又作"僊",《说文》谓"长生仙去"者为"僊",意为人之迁化长生之生命状态。统合而论,"仙"之本意是指人之长生久视或轻举上升,而早期道教之"仙"已是二意的结合。何谓"神"?"'神'的古字通'示',又可简作'T','|'为男根,'一'为上意,'T'为生殖器之上,即生命原始起点"①。《说文》谓:"神,天神引出万物者也,从示,申声"。"神"从"示"旁,是祭祀、崇拜的对象,从"申",意即"伸",谓"引出万物",亦即"生"出万物,故"神"之所以被用作祭祀、崇拜的对象,在于其功能之神妙莫测——我国古代也有祖先神崇拜的习俗,其所祭祀对象祖先(人)即被视为神,但祖先乃为死后的人(即通常所说的鬼神②),而非现今存活着的人,因为先民深信死去的祖先与自己同在,人神可以沟通,而逝去的祖先既是自己生命的血缘本源,其逝去并非完全绝对消亡,只是另一种形式的存在,而且这种存在又与自己的生命存在相互关联,于是,活着的后人可以通过祭祀仪式,与祖先神灵进行交流,慎终而追远,安心而立命。在某种意义上可以说,整个祭祀活动具有人文传承与生命教化功能——祖先乃当下生命之本源,而祭祀祖先本身既是一种生命崇拜,也是一种人生反思:追思祖先,感念其德业,当思何以传承之、弘扬之,亦即对自己人生多些警醒,其内容更多的是,反思自己该如何向死而生;再说,从祭祀者心理而言,也有祈求祖先神护佑自己、帮助完成自身能力不及的事情之意,易言之,借助信仰中的神力,来实现当下人的美好生活——推而广之,从祖先神到人文神,再到自然神,诸多神灵与当下活人组成一立体网络系统,人借助神、通过神

---

① 冯天瑜:《中华元典精神》,上海人民出版社1994年版,第180页。
② 《正字通》云:"神,阳魂为神,阴魄为鬼;气之伸者为神,屈者为鬼。"

表明一种人文价值的诉求,表达一种对自身的超越:在先民眼中,"神"的功能大大超越了人的能力,因为人类只能制造工具甚至发明器物,但当下的人力是有限的,而信仰中的神力却不可思议——先民深信"神"的功能要比人大得多,甚至可以说人当下所无法执行的功能最终由神的护佑来帮助完成。

仙与神,既有联系又有区别。从某种角度说,仙可以看作特殊的神。因为在古仙谱系中天仙一类都具有神的品格,如葛洪"三品仙说"中的"上士",此所谓天神。但在通常语境中,仙又有许多与天神所不同的内涵。一般地说,仙主要是指通过修炼而有所谓"不死"或"死而复生"之"功能"的超人。而神的由来则不必是人,天地自然万物皆能为神。神侧重于"灵性"方面,仙侧重于"形性"方面。①

秦汉时期,神与仙开始连称,彼此的界限逐渐趋于模糊。《史记·封禅书》载:"其明年,东巡海上,考神仙之属,未有验者。"可见,最迟在战国末期,神仙已经连称了。就结构来讲,"神仙"既可以当作并列词组看,也可以当作偏正词组看。就并列的构成而言,"仙"是超人的升格,因为有超人的功能,所以能够与神比肩;就"偏正"的角度而言,"神"作为"仙"的修饰语,而落脚点则在"仙"字上,当"神"成为"仙"的修饰语时,"仙"的属性便通过"神"的功能而显示出来。这时的"仙"是指那些具有超越凡人功能的特异者。道家所谓神仙,侧重于后一种意义,它反映的是先民的寿老追求和能力扩展的愿望。道教组织酝酿产生之前,神仙故事已经开始流行,刘向撰写的《列仙传》进一步将古代传说中的"神"仙人化。葛洪《抱朴子·内篇》(亦可参考《神仙传》)对"神""仙"的区分是有明确界定的。书中再三强调"仙化可得,不死可学"(《神仙传》),神则为特禀、为异类,如《内篇·道意》言"鬼神异伦""神不歆非族,鬼不享淫祀""况于天神,缅邈清高,其伦异矣,贵亦极矣"等。葛洪认为"神灵异类,非可学也。"就是说神灵与人在本质上不同,二者之间有天然的、不可逾越的鸿沟,人类是不可能通过修习炼养之类而跨越这一疆界的。葛洪也用偏正意的"神仙",指那些具有神奇功能的得道仙人,譬如他笔下的老子,

① 参见詹石窗:《道教神仙信仰及其生命意识透析》,《湖北大学学报》(哲学社会科学版)2004年第9期。

就是这样一位受人尊崇的"神仙"。葛洪《神仙传》认为老子是"得道之尤精者","非异类也",是与人同类的仙人,是个人通过修真体道而实现生道合一的价值目标,是凡人中"得道者"而已。在葛洪看来老子这样的宗师,其实并非"神异",只是勤学修成的仙,而非仅供仰视的神。简单地说,仙是有心向道之人的行修典范,祂既是人世间修道功成的往昔先例,又成为当下习道合真者的理想生命符号;而神最多也只能对人的成仙起指导和帮助作用,并且常常是指人们可望而不可即的生命胜境。

葛洪推崇的生命状态可分为在世的延年益寿和出尘的羽化登仙两个层级。延年益寿是常人祈求身心健康的一般心理反应,羽化登仙是长生不老的潜在需求诉诸,是葛洪理想的生命境界。现实的凡人是有限的生命存在,受多种条件的局限与制约,其人生甚至是难得自由的;理想的神仙是无限的生命状态,无忧无虑而又逍遥自在。正如葛洪在《神仙传·彭祖》中所言:"仙人者,或竦身入云,无翅而飞。或驾龙乘云,上造太阶。或化为鸟兽,浮游青云。或潜行江海,翱翔名山。或食元气,或茹芝草,或出入人间,则不可识,或隐其身草野之间。"①凡仙虽有次第之别,但其生命构成皆为形神统一体,本质上是道生气化的结果。"夫道也者,逍遥虹霓,翱翔丹霄,鸿崖六虚,唯意所造。"(《内篇·明本》)"陶冶造化,莫灵于人";人之"灵",在于人的主观能动性。借此,人能把握万物的规律,继而"役用万物",并且,如果他们潜心修炼,"达其深者",则能突破生命的有限,使"生道合一",而"长生久视"。

我们知道,老庄自然哲学认为,道生万物,而道自身不生不死。在葛洪看来,人生而具有明哲、灵质,加之"惜生畏死"(《内篇·地真》)的态度倾向,其生命本能使其欲求返道归真,以超越死亡,而一旦生道合一,便进入长生久视之域,此即神仙境界。如《内篇·对俗》所谓:"夫得道者,上能竦身于云霄,下能潜泳于川海。是以萧史偕翔凤以凌虚,琴高乘朱鲤于深渊,斯其验也。"对现实生命个体而言,神仙可学而致,令人无限神往。而由凡及仙的途径便是,尊道、体道、奉道、修道。他说:"若夫仙人,以药物养身,以术数延命,使内疾不生,外患不入。虽久视不死,而旧身不改,苟有其道,无以为难也。"(《内

---

① (晋)葛洪:《神仙传校释》,胡守为校释,中华书局2010年版,第16页。

篇·论仙》)修成仙果就有了许多常人所不具备的能力,尤其是超越死亡之限的能力。所以对于抱朴子来说,仙人即由凡人修炼而成,并非自然生就。"至于彭老犹是人耳,非异类而寿独长者,由于得道,非自然也"(《内篇·对俗》),即使是"天下众仙皆隶"的老子之师"元君","犹自言亦本学道服丹之所致也,非自然也"(《内篇·金丹》)。在葛洪看来,长生不死的奇特能力来自个人的后天修为,并非天然生就,老子师徒皆是修真得道的楷模。

比较一下老子在历史不同时期的形象,不难看出葛洪所谓"得道之仙"的价值寓意。在司马迁的《史记》中,老子还只是一个隐士,因有感于周室衰微,他西出函谷关,而不知去向;在刘向的《列仙传》中,老子已被尊为神仙;在《太平经》中,老子又被神化为道教教主;《老子想尔注》亦云:"一者道也,……一散形为气,聚形为太上老君。"①就这样,老子由隐士逐步被推上神坛,成为道教尊神。到了葛洪这里,老子又被还原为凡人修道成仙之典范。从本质上讲,他与凡人同类,只是寿辰独长;其实,那也是修行仙道使然,并非天生即为神仙。可见,葛洪的仙道学说是建立在神仙信仰与人生实践联袂的基础之上的。在他看来,人生即修行,证仙在修为,而且人人皆可参与这种修为,而修为的价值指向便是得道成仙;得道成仙之人,不仅其生命有了与凡人迥异的样态,而且其能力也是常人无与伦比的:

> 老君真形者,思之,姓李名聃,字伯阳,身长九尺,黄色,鸟喙,隆鼻,秀眉长五寸,耳长七寸,额有三理上下彻,足有八卦,以神龟为床,金楼玉堂,白银为阶,五色云为衣,重叠之冠,锋铤之剑,从黄童百二十人,左有十二青龙,右有二十六白虎,前有二十四朱雀,后有七十二玄武,前道十二穷奇,后从三十六辟邪,雷电在上,晃晃昱昱。(《内篇·杂应》)

> 得道之士,呼吸之术既备,服食之要又该,掩耳而闻千里,闭目而见将来,或委华驷而骖蛟龙,或弃神州而宅蓬瀛,或迟回于流俗,逍遥于人间,不便绝迹以造玄虚,其所尚则同,其逝止或异。(《内篇·对俗》)

所谓老君真形——心里要时刻存想——姓李名聃,字伯阳;他身长九尺,黄色面容,嘴如鸟喙,鼻梁高耸,秀眉宽达五寸,耳廓长至七寸,额头有三条纹路上

---

① 饶宗颐:《老子想尔注校证》,上海古籍出版社 1991 年版,第 12 页。

下贯通,脚上有八卦图案若隐若现;他以神龟坐卧,住金楼玉堂,用白银作台阶,用彩云制衣裳;他头戴层层重叠的冠冕,腰挂锋利无比的宝剑,身边另有一百二十位黄童相跟随;他左边有十二条青龙,右边有三十六只白虎,前面有二十四朱雀,后面有七十二玄武;其前还有十二头名为穷奇的神兽开道,后有三十六只名为辟邪的怪兽压阵,头顶再有雷电,一路闪射轰鸣。葛洪此处描述的,虽为道教存想功夫中的景象,但从其青龙白虎、朱雀玄武、童男童女、珍禽奇兽等生命元素中,不难想象修道证仙之生命跃迁。这种生命之跃迁,须具备呼吸吐纳之功,洞悉炼丹服饵之术,且时时修习,处处炼养,须臾不离,在行道人士,这就是登堂入室、了道证仙的人生梯航。

在道教生命观念中,人是形、气、神的统一体,但凡人之为凡人,最为基本的在于其不懂变化,更无神通,只是一种有形有限的存在,且他生活在俗世之中而不能超拔,所以人生呈现出一系列的短暂性与局限性。抱朴子认为:

> 凡人之所汲汲者,势利嗜欲也。(《内篇·勤求》)

> 凡夫不能守真,无杜遏之检括,爱嗜好之摇夺,驰骋流遁,有迷无反,情感物而外起,智接事而旁溢,诱于可欲,而人理灭矣,惑乎见闻,而纯一迁矣。心受制于奢玩,情浊乱于波荡,于是有倾越之灾,有不振之祸,而徒烹宰肥腯,沃酹醪醴,撞金伐革,讴歌踊跃,拜伏稽颡,守请虚坐,求乞福愿,冀其必得,至死不悟,不亦哀哉? 若乃精灵困于烦扰,荣卫消于役用,煎熬形气,刻削天和,劳逸过度,而碎首以请命,变起膏肓,而祭祷以求痊,当风卧湿,而谢罪于灵祇,饮食失节,而委祸于鬼魅,蕞尔之体,自贻兹患,天地神明,曷能济焉? (《内篇·道意》)

在葛洪看来,凡人之所以为凡人,是因为他们不能守真修道,无法杜绝侵扰、遏制诱惑,容易嗜奇好异、心摇神荡,并且迷不知返,于是,精神因烦恼而困迫,气血为事务而消耗,最终损毁生命自然机理而病入膏肓。究其质,凡人不知"寿命在我",也不懂荣卫其身,故而"自贻兹患"于性命;如若能够劳逸适度、饮食有节,抟气炼形、体玄守一,延年益寿乃至得道成仙,都不成问题。

仙人是由凡人修炼而成的,然而,要想成为神仙,若仅靠方术是不够的,还需有良好的社会人伦基础,应该先学会做人,即所谓"欲修仙道,先修人道"——学会做人对得道成仙具有基础意义。在葛洪那里,学习做人的基本

准则,便是儒家的人伦规范。他说:

> 览诸道戒,无不云欲求长生者,必欲积善立功,慈心于物,恕己及人,仁逮昆虫,乐人之吉,悯人之苦,赒人之急,救人之穷,手不伤生,口不劝祸,见人之得如己之得,见人之失如己之失,不自贵,不自誉,不嫉妒胜己,不佞谄阴贼,如此乃为有德,受福于天,所作必成,求仙可冀也。(《内篇·微旨》)

> 欲求仙者,要当以忠孝和顺仁信为本。若德行不修,而但务方术,皆不得长生也。……积善事未满,虽服仙药,亦无益也。(《内篇·对俗》)

所谓立善,从根本上说就是要遵循主流社会要求的行为规范,因为它是天道观照之下的人伦诉诸。换言之,体道修仙不能与行善修德相分离,否则,就可能出现邪恶无德的"仙人"——如此有才悖德的"仙人",远比无才有德的"庸人"恐怖,因其才能不被常德范导,难免不会行恶,而一旦行恶,其造成的恶果危害比无才之人不知严重多少——这样的仙道也就不值得人们去践履,更别说让人去信仰了,因为它走向了人道的反面。不仅如此,习仙修道之士也可能成为尽人得而诛之的对象,因为从心理上讲,谁都不能接受一个长生不死的恶仙的存在。从这层意义上说,"仙真"与"德善"具有内在的一致性。因此,与其他宗教一样,去恶向善的价值趋向也被葛洪纳入仙道体系。如《内篇·对俗》说,"若委弃妻子,独处山泽,邈然断绝人理,块然与木石为邻,不足多也"。在葛洪那个时代,人间善恶准则的直接资源当是儒家的伦理规范,于是儒家伦理思想自然就被纳入修道习仙规范体系。葛洪的融儒入道,一方面是将自己信守的儒家纲常融入道教戒律,另一方面,也是为了防止有人借修道之名破坏社会秩序,影响国计民生与人伦和谐。

葛洪虽用星命观念与"上智与下愚不移"之说,解释了儒家圣人周孔不修仙道的原因,同时,也为一般凡人[属于"可上可下者","可引致耳"(《内篇·塞难》)]可以修道习仙留下了余地,因他们受气结胎时恰值生星,就有得道成仙的福分。如《内篇·塞难》所言:"天道无为,任物自然,无亲无疏,无彼无此也。命属生星,则其人必好仙道。好仙道者,求之亦必得也。""夭寿之事,果不在天地,仙与不仙绝非所值。"《内篇·黄白》甚至高唱,"《龟甲文》曰:我命在我不在天,还丹成金亿万年"。这样是否形成了先天性的规定(命)与人的后天主观努力（力）上之间的相互矛盾呢？有学者认为葛洪此说并不矛盾："说天道无为，是说天并不干预具有先在性、规定性的过程在具体运行中的状态。过程由先天决定，过程中的状态是可以因人而有变异。这种说法表面上的矛盾，在儒家关于'天人感应'的观念中，是个早就解决了的问题。天意总是通过人意来体现其意志，但人是否能顺天意而行，并符合天意，就决定于人对天意的了解。天是不会主动干预一个人体验天意过程中的状态，至多是到时给予警示而已。"①这样理解，一方面凸显了个人修为在葛洪价值理论中的至关重要的地位，另一方面，援用了汉儒天人感应学说，诠释葛洪的价值观念中命与力的关系，认为天意决定过程，而人意可以改变过程中的状态，并且说天意是不会主动干预一个人体验天意过程中的状态，即是说天意不会干预致力于改变过程的人意。我们认为，此说未必能圆通，值得商榷。问题关键在于过程与结果之间的关系。严格说来，上述解读中言及"过程"实为常言所谓"结果"，而"过程中的状态"实为常言所谓"过程"。一般而言，天命论就是命定论，就是说个人生命的结局（结果）是确定不移的，这个结局（结果）不会因过程如何变动而有所改变，因它是个定数，否则，也就无所谓天命论或命定论。我们的观点是，葛洪所谓"命属生星"之"命"是一种潜在，"生"中蕴育不死成"仙"的可能，而要将这种可能转化为现实，则需"强力之才"（《内篇·对俗》）的介入——人力修为，或者说，是人力的介入才把"仙"从"生"中实现出来。缺失了人力修为，"生"只能走向死亡，走向自然凋亡；而有了人力修为，"生"走向了不死，走向了"非自然"——"仙"（下文还要论及人为与自然的关系）。正是在这层意义上，葛洪才说"我命在我不在天"（此处"天"即"自然"）。足见人力修为在得道成仙过程中的意义与价值。当然，此处所言人力修为是广义的，包括明哲、役物、奉师、积德诸多方面，在不同的生命体上，诸多因素又存在着个体差异。由于个人修炼能级和领悟水平的不同，所得仙果亦有品位之别，在葛洪，这就是"神仙三品说"：

> 朱砂为金，服之升仙者，上士也；茹芝导引，咽气长生者，中士也；餐食

---

① 王延武：《简论葛洪的仙道体系》，载《首届葛洪与中国文化国际学术研讨会论文集》，浙江大学中国思想文化研究所编印，2003 年 11 月。

草木,千岁以还者,下士也。(《内篇·黄白》)

上士举形升虚,谓之天仙。中士游于名山,谓之地仙。下士先死后蜕,谓之尸解仙。(《内篇·论仙》)

上士得道,升为天官;中士得道,栖集昆仑;下士得道,长生世间。(《内篇·金丹》)

上士得道于三军,中士得道于都市,下士得道于山林,此皆为仙药已成,未欲升天,虽在三军,而锋刃不能伤,虽在都市,而人祸不能加,而下士未及于此,故止山林耳。(《内篇·明本》)

在葛洪看来,仙人品级的分别,或源于服饵的量、质上的差异,或出于阴德、善功上的悬殊,或是资质、能力等方面的参差不齐。三品之中,"上士"是神仙之上品,那是修道成真的极品,亦称为儒道"兼而修之"的"长才",但这两种称谓之间,在内涵上又各有侧重。如果说"上士"着重于修道成仙的果位品级至上而言,那么可以说,"长才"更擅长于身国同治的修炼涵养层面而论。

### 三、"得道而匡世"之"长才"

葛洪不仅推崇"治世隆平"之圣人、"修真得道"之仙人,而且仰慕"得道而匡世"之"长才",并把"长才"视为完美的理想人格,赋予其最高的人生价值。葛洪主张儒道兼修,身国同治,有其特定的意义。在常人看来,道在养生,儒为治世。葛洪却不以为然,他反驳说:"夫所谓道,岂唯养生之事而已乎?"在葛洪的观念中,说道为本,是说它既是宇宙人生之本,也是治世理身之本。高明的理身治世之方,是依道而行、无为而治。抱朴子在《内篇·明本》篇凸显道的普遍性,他说:

治世隆平,则谓之有道;危国乱主,则谓之无道。……凡言道者,上自二仪,下逮万物,莫不由之。但黄老执其本,儒墨执其末耳。今世之举有道者,盖博通乎古今,能仰观俯察,历变涉微,达兴亡之运,明治乱之体,心无所惑,问无不对者,何必修长生之法,慕松乔之武者哉?……今苟知推崇儒术,而不知成之者由道。道也者,所以陶冶百氏,范铸二仪,胞胎万类,酝酿彝伦者也。……夫道者,内以治身,外以为国,能令七政遵度,二气告和,嘉禾毕遂,疫疠不流,祸乱不作,堑垒不设,干戈不用,不议而当,

> 不约而信,不结而固,不谋而成,不赏而劝,不罚而肃,不求而得,不禁而止,处上而人不以为重,居前而人不以为患,号未发而风移,令未施而俗易,此盖道之治世也。①

天下太平、社会隆盛,人们称之为有道之世;国家危亡、君主惑乱,人们称之为无道之邦。……大凡论道,上自天地,下及万物,没有不依从于祂的;然而,只是黄老道学掌握了道的根本,儒墨二家从事的却是道的末务罢了。当今时代,所谓有道人士,大抵都要博古通今,他们能够仰观天文,俯察地理,能够发现变故的规律,探究深奥的道理,通晓兴亡的缘故,明达治乱的特征,他们洞察秋毫而没有迷惑,应对问题游刃有余势如破竹。他们何必一定要修炼长生不死之法术,仰慕赤松子、王子乔这些仙人之业绩呢?……当今也有人仅仅晓得推崇儒术,却不明白儒术来源于道本。从本源上看,道是这么一种存在,祂生成了人类,造就了天地,蕴育了万物,蕴藏着人伦纲常与自然律则。……从功用上说,道,对内可以用来炼养身体,对外可以用来治理国家。道,能使日月星辰正常运行,能使阴阳二气协和顺畅,能使四季不失寒暑交替节度,能使风雨不为人世造成残暴灾害。道,能使天气应时变化,永远呈现风调雨顺的嘉征;能使甘霖催绿禾苗,总是彰显政德和洽的瑞应。道,能使狂飙、霓虹这些灾害物象不再来作怪,能使乱云、恶鸟这些不详征兆不再敢逞凶。道,能使日月高悬而普照万物,能使庄稼丰美并苗壮成长,能使疾病不再流行,能使祸乱不再发生,能使城池不再设置,能使干戈不再动用。道,能使人们不必商议而措施得当,不必缔约而相互信任,不必结盟而联系牢固,不必谋划而事业成功,不必行赏而彼此勉励,不必施罚而社会整肃,不必营求而目标实现,不必禁止而恶行消除。身处高位,人们不会感到有压力;站在面前,人们不认为是忧患。号召尚未发出,社会风气就已经改变;命令尚未贯彻,民间习俗就已经好转。以上这些生态景象大抵就是有道的太平盛世了。

在葛洪看来,道本儒末,本末一体;治世为外,养生为内,内外互济。这样,他就一改常人对儒、道的理解,赋予儒、道以新的含义。他以道来统摄养生与治世,使"兼而修之"的"上士"成为一种全新的"真人""长才"。这种"真人"

---

① 王明:《抱朴子内篇校释》(增订本),中华书局 1985 年版,第 184—185 页。

"长才"不再是远离尘世,隐遁山林,飘忽不定,来去自由,好高骛远,洁身清高,坐而论道,纸上谈兵的"绝尘""清谈"之人;更不是拘俗守常、名利熏心、仅懂治世之术的浅薄之徒,而是不以物累、和光同尘、进退自如、人格丰满的全能"长才"。① 在他们的精神世界里,"以富贵为不幸,以荣华为秽汙,以厚玩为尘壤,以声誉为朝露,蹈炎飚而不灼,蹑玄波而轻步,鼓翮清尘,风驷云轩,仰凌紫极,俯栖昆仑。"(《内篇·论仙》)

葛洪提倡儒道双修,"身国同治",并将"佐时治国"的圣人与长生久视的仙人合而为一,称为"上士"或"长才",这便是葛洪所追求的最高人格理想。针对时人的发难:"人道多端,求仙至难,非有废也,则事不兼济。艺文之业,忧乐之务,君臣之道,胡可替乎?"他辩解道:

> 长才者兼而修之,何难之有? 内宝养生之道,外则和光于世,治身而身长修,治国而国太平。以六经训俗士,以方术授知音,欲少留则且止而佐时,欲升腾则凌霄而轻举者,上士也。(《内篇·释滞》)

> 古人多得道而匡世,修之于朝隐,盖有馀力故也。何必修于山林,尽废生民之事,然后乃成乎?(《内篇·释滞》)

在葛洪看来,儒者之圣与道者之仙的完美统合,具有最高的人生价值,譬如说,历史上的黄帝、彭祖、伯阳、宁封、方回、吕望、仇生、马丹、范蠡、琴高、常生、庄公等,就是这类"得道而匡世"的"长才",他们深得葛氏礼赞。他借用典故与传说,盛赞这些匡世"长才":"黄帝荷四海之任,不妨鼎湖之举;彭祖为大夫八百年,然后西适流沙;伯阳为柱史,宁封为陶正,方回为闾士,吕望为太师,仇生仕于殷,马丹官于晋,范公霸越而泛海,琴高执笏于宋康,常生降志于执鞭,庄公藏器于小吏,古人多得道而匡世。"(《内篇·释滞》)抱朴子尤其敬仰"先治世""后登仙"的"长才"黄帝,他说"黄帝先治世而后登仙,此是偶有能兼之才者也"(《内篇·辨问》),在肯定黄帝身国兼治的超凡才能的同时,也深感自惭形秽,在《外篇·自叙》中,他以自嘲的口吻道出心中的无奈:

> 余以庸陋,沈抑婆娑,用不合时,行舛于世,发音则响与俗乖,抗足则

---

① 参见王卓民:《葛洪神仙道教教育思想探微》,《道教文化研究》第一辑,书目文献出版社 1995 年版,第 269 页。

迹与众近。内无金、张之援,外乏弹冠之友。循涂虽坦,而足无骐骥;六虚虽旷,而翼非大鹏。上不能鹰扬匡国,下无以显亲垂名,美不寄于良史,声不附乎钟鼎。

葛洪自叹"乏进趣之才",遂"偶好无为之业","岂敢力苍蝇而慕冲天之举,策跛鳖而追飞兔之轨",于是,"望绝于荣华之途,而志安乎穷否(《晋书》作'圮')之域。藜藿有八珍之甘,而(《晋书》无此字)蓬荜有藻棁之乐也。故权贵之家,虽咫尺弗从也。知道之士,虽艰远必造也。"(《内篇·序》)与"兼而修之"的"长才"相比,葛洪自愧不如,声称"人生星宿,各有所值"(《内篇·释滞》),自己"才非政事,器乏治民",不及"盖有余力"的"长才"。这样,只能退而求其次。然而,这并不是说葛洪就满足于现实的自我状况,相反,他从未放弃"兼而修之"的"长才"理想,反映在现实生活中,他既鄙视"入而不出""耽宠忘退",又反对"往而不返""不仕无义",而是追慕"隐显默语,无所必固"、"以身非我有,任乎所值"的"达者"风范(《外篇·嘉遁》),希冀人生价值的最大化。

"长才"之"内以治身,外以为国",且"治身而身长修,治国而国太平",无论是自身价值,抑或是社会价值,都得以充分实现,其生命无论是质态(丰满度),抑或是量度(延绵性),都进入至真、至善、至美的圆满境地,因此,《抱朴子》中又将"长才"称之为"至人""一流之才"。在葛洪眼中,"至人尸居,心遗乎毁誉"(《外篇·博喻》);"至人无为,栖神冲漠,不役志于禄利,故害辱不能加也"(《外篇·嘉遁》);"一流之才""瞻径路之远而耻由之,知大道之否而不改之,齐通塞于一途,付荣辱于自然"(《外篇·穷达》);"是以至人消未起之患,治未病之疾,医之于无事之前,不追之于既逝之后。民难养而易危也,气难清而易浊也。故审威德所以保社稷,割嗜欲所以固血气。然后真一存焉,三七守焉,百害却焉,年命延矣。"(《内篇·地真》)总之,至人禀自然之赋,处无为之事,外毁誉,齐通塞,能解患难于未起之时,会治疾病于未发之前,既保社稷,又延年命,真正实现了"治身而身长修,治国而国太平"的身国兼治的人生价值理想。

我们知道,道教长生不死之说的起点是,凡人皆有生死,生死乃生命历程的两端,道教认为,死亡是包括人在内的有生命之物的必然归宿。如《太平经》说："夫物生者,皆有终尽,人生亦有死,天地之格法也。"①由生及死乃常人无可逃脱的普遍规律,诚如抱朴子所言:"人在世间,日失一日,如牵牛羊以诣屠所,每进一步,而去死转近。此譬虽丑,而实理也。"(《内篇·勤求》)同时又认为,贪生是万物的共性,即使是天地与神仙也不例外。道教指出面对死亡的威胁,"世人皆知悦生而恶死"(陈致虚《元始无量度人上品妙经注解序》)。即便是儒家圣人周公、孔子,也同常人一样"不乐速死",他们与常人所不同的,仅在于不为死之将至而空忧。在葛稚川看来,周孔圣人之所以如此,是因为他们"固不知免死之术,而空自焦愁,无益于事。故云乐天知命,故不忧耳,非不欲生也。"(《内篇·勤求》)圣人肯定生死为一自然过程,认为死是生命的必然结局,无须为此空自焦虑,而应"由生观死"②——以"生"之作为来评判"死"的意义——用个我有限生命去践行与自然相通的应然之"理",铸就精神价值之"不朽"。在葛洪看来,儒家主张的精神生命的不朽是可贵的,但这是生命价值在社会层面的实现,如若能够保持"旧身不改"、形神相依,使个体生命可以长生久视,那就是圆满无憾的了。葛洪为此设计的"得道而匡世"的"长才",就是这样完美的生命形象:儒道兼修,仙圣一体,既可以使己身长生久视,又可以使邦国长治久安,这也是葛洪所追求的最高理想人格。作为深受儒风熏染的葛洪,对于当时腐败的政治无力反抗,只能通过文字予以揭露,并希望通过自己的努力去宣传儒家道德,教化万民,移风易俗,恢复儒家的正面形象,以拯救名教危机;作为金丹道派传人的葛洪,则又希望避开人世之腥秽,"绝庆吊于乡党,弃当世之荣华","远登名山,成所著子书","合神药,规长生","然道与世事不并兴,若不废人间之务,何得修如此之志乎?"(《内篇·金丹》)这种儒者与道士的矛盾,似乎不可两全,葛洪却通过"长才"这一理想人格的设计,使二者内外贯通、本末一体而统一完善起来。

　　客观地说,葛洪也是以拯救名教、匡扶儒业为己任,然而,观照《抱朴子》之《外篇》与《内篇》,不难发现葛洪确实并非"纯儒"。《内篇》多言神仙方药、养生延年、鬼怪变化、禳邪却祸之事;若按学术派别划分,《内篇》主旨当属道

---

① 　《太平经》,《道藏》第 24 册,文物出版社、上海书店、天津古籍出版社 1988 年版,第 478 页。
② 　参见郑晓江:《解读生死》,社会科学文献出版社 2005 年版,第 28 页。

家道教,且道教色彩浓过道家。然而,在抱朴子那里,"道者,儒之本也;儒者,道之末也。"他以本原之道为体为本,以治世之儒为用为末,一再申明道不舍儒,儒不离道,同时,又以道家道教的养生之道与儒家的居仁由义之道相结合,标示二者具有内在统一性。稚川云:"夫所谓道,岂唯养生之事而已乎?《易》曰:立天之道,曰阴与阳;立地之道,曰柔与刚;立人之道,曰仁与义。夫道者,内以治身,外以为国。"因此,有学者认为,葛洪是"以神仙养生之说作为内,谓之为儒之本,却以儒家淑世功业视为外,谓之为'道'之末。""葛洪的理想人格系以道教的养生之术抽换儒家品学兼修的内圣内涵。""葛洪在其《抱朴子·外篇》的理想人格是以儒摄名法,至《内篇》时,则以内道教外儒术,统合成新的理想人格。"①我们认为此论区分了"内""外"在《内篇》《外篇》中不同的内涵,诚谓研几察微,泾渭分明,但这样也许会肢解葛洪理想的儒道兼修、内外合一之"长才"的意蕴。我们不妨借用汤用彤先生评介《庄子注》理想人格时的说法:"内圣外王之义,乃向、郭解《庄》之整个看法,至为重要。且孔子贵名教,老、庄崇自然。名教所以治天下,自然所以养性命。《庄子注》之理想人格,合养性命治天下为一事。"②郭象以内圣外王的架构来调和道家自然与儒家名教,提出"神人即圣人说":"夫神人即今所谓圣人也,夫圣人虽在庙堂之上,然其心无异于山林之中。"(《逍遥游注》)"神人即圣人也。圣言其外,神言其内。"(《外物注》)"圣人"的意涵侧重于外在的功用;"神人"意谓虚静无心所达到的无执心境。郭象"神人即圣人"乃以"神"言工夫修持所成就的内在涵养,以"圣"言由名教定分的社会人格。在郭氏那里,"圣"的言行礼教是可观之"迹","神"是"圣"之"所以迹"。两者通过内圣外王的格局统合成一无心顺有,迹冥圆融的整全人格。总之,郭象的理想人格"系将道家修至德无心的'神人'与儒家践名教之迹的'圣王'融铸成一体"。③ 简言之,郭象是以道释儒,以儒合道,将道家自然纳入儒家名教,得出礼教之中有自然的"庙堂即山林"结论,诚如《大宗师注》所言:"夫理有至极,外内相冥,未有极游外之致而不冥于内者,未有冥于内而不游于外者也。故圣人常游外以冥内,无心以

---

① 参见曾春海:《玄学及〈抱朴子·外篇〉中的理想人格》,《哲学与文化》1999 年第 7 期。
② 参见汤用彤:《魏晋玄学论稿·向郭义之庄周与孔子》,人民出版社 1957 年版,第 105 页。
③ 参见曾春海:《对郭象人生论的考察》,《哲学与文化》1997 年第 5 期。

顺有,故虽终日挥形而神气无变,俯仰万机而淡然自若。"其中,"游外"是笃行名教,以实现"外王";"冥内"是任运自然,以实现"内圣"。"游外"与"冥内"的统一,就是名教与自然的统一,就是外王与内圣的统一,而内圣外王就是郭象的人格理想。

葛洪建构的"长才"人格理想,虽然也有内外之说,类似于内圣外王之论,但他的外内之分,并非像郭象"迹""所以迹"的关系,他是基于道家"以道观之"的立场,以身喻内,以国喻外,而身国皆源于一气;由于身国同构、同源,因此,治身治国不二理,它们是"道"在不同层面的价值应用,正如葛洪所言,"夫治国而国平,治身而身生,非自至也,皆有以致之也。"(《内篇·勤求》)这里"有以致之"者就是"道",源此而下,方言"内以治身,外以为国"。而且葛洪论及"道"治,总是身国兼顾,如说:"凡自度生,必不能苦身约己以修玄妙者,亦徒进失干禄之业,退无难老之功,内误其身,外沮将来也。"(《内篇·勤求》)葛洪也论及"朝隐",他说"古人多得道而匡世,修之于朝隐,盖有余力故也"。葛洪的"朝隐"观念,就是六朝《招隐诗》所说的"大隐隐于市";对于当时兼合儒道的士人而言,一方面要不废人伦纲纪,另一方面又要希冀自然,就产生一种任官而不任事的流弊,但在魏晋时期却多以此调停自然与名教的冲突。郭象的"游外"以"冥内"、内圣合外王,虽然从理论上解决了自然与名教的统一性问题,但在现实中其"'内圣外王'演绎成西晋士人粉饰其庸俗人生的托词"。① 葛洪所谓内外,是分述人生价值在不同层面的实现,其所谓内侧重于个体生命对个我的一面,其所谓外侧重于个体生命对社会的一面,可见,内与外是同一个体之人生价值在自我与社会两个向度的显相。在葛洪看来,"有馀力"之"长才",统合"治身"与"为国",调停自然与名教,是不成问题的,而且这种"得道匡世"的"朝隐",也摈弃了任官而不任事之嫌,成为集治世有作之圣人与修真得道之仙人于一体,实现了社会价值与自我价值的至尊理想典型。

葛洪的人生价值观体现了儒家和道家(道教)的传统思想,更为重要的是,他把"道""德"视为生命内在的一个重要组成部分,"道""德"既表征着生

---

① 罗炽、白萍:《中国伦理学》,湖北人民出版社 2002 年版,第 200 页。

命的使用价值,又体现了生命的目的价值,再通过"长才"这一理想人格,实现了生命使用价值与自身价值的统一。在他那里,"经世济俗"的社会价值和"长生久视"的自身价值,是人生价值在不同层面的表现形式,"兼而修之"的"长才"就是身国兼修同治、充分实现了两种价值的人格典范。"得道匡世"是人生终极价值实现的理想状态,是"载道之生"与"生生之道"契合的自由境地。在葛洪的价值世界里,"道"是自在自为的,是逍遥无待的,是永恒无限的,"生"是个体的,是此在的,是有限的。"仙"是有限之"生"对无限之"道"的回归。而人生期盼摆脱无限,追寻永恒的潜在心理需求由来已久,甚至亘古未易。从这个角度看,葛洪的人生价值观至今仍有一定的现实意义。

# 第五章　人生价值实践

　　葛洪生命哲学不仅具有较为完备的理论架构,而且具有较强的操作系统,表现出较为明显的实践①特征。他不仅注重修身体道,而且强调经邦纬国;在表达方式上,他时常身国互拟,譬如说,"一人之身,一国之象"。葛稚川认为,"理(治)身与理(治)国同"之"同",不仅是"道同",而且是"貌合",如说:"胸腹之位犹宫室也,支(肢)体之位犹郊境也,骨节之分犹百官也,腠理之间犹四衢也,神犹君也,血犹臣也,炁犹民也。故至人能治其身亦如明主能治其国。夫爱其民所以安其国,爱其气所以全其身。民弊国亡,气衰身谢。是以至人上士,乃施药于未病之前,不追修于既败之后。故知生难保而易散,气难清而易浊。若能审机权,可以制嗜欲,保全性命。且夫善养生者,先除六害然后可以延驻于百年。"②"故知治身,则能治国也。……民散则国亡,气竭则身死"(《内篇·地真》)。简言之,"身国同构",则"身国同理""身国同治"。人生价值实践逻辑上蕴含治国与理身两大子系统,即葛洪《内篇·明本》所言:"夫道者,内以治身,外以为国",而且,治身与治国内外相通,并行不悖,皆"一道共治"(简称"道治"),其理想状态——"治身而身长修,治国而国太平"(《内篇·释滞》),具有最高的生命实践价值。

## 第一节　经世安民思想简论

　　我们知道,葛洪《抱朴子》既研究长生成仙学说,又讨论社会治理问题,力

---

① 此处"实践",偏重于葛氏有关"身国同理共治"的"道治"思想实践,而非其人生具体细节活动。

② 《道藏·抱朴子养生论》,《道藏》第18册,文物出版社、上海书店、天津古籍出版社1998年版,第492页。

图将儒家的治国安邦之策与道教的神仙不死之术合二为一。尤其是外篇,其中《君道》《臣节》《官理》《贵贤》《任能》《钦士》《用刑》《审举》《擢才》《百里》《接疏》《省烦》等篇,大凡帝王的御民之术,臣子的为臣之道,以及选贤任能,仁刑并用,删定《三礼》,严格举试等治国方略,葛洪都畅所欲言。在推崇儒家之教的同时,他主张兼采百家之言,并在总结汉末与三国末年吴国的政治衰败的历史教训的基础上,提出了颇有见识的"刑为仁佐"的治世理念及"举贤任能"的用人思想。

## 一、"援法入儒""刑为仁佐"

儒家思想是封建社会的正统思想,葛洪推崇儒学,崇尚儒教,《外篇·崇教》所崇,就是儒家之教,尤其是儒家治世之策。葛洪明确提出要"释老庄之不急","精六经之正道":

> 朝夕讲论忠孝之至道,正色证存亡之轨迹,以洗濯垢涅,闲邪矫枉,宜必抑情遵宪法,入德训者矣。

> 今圣明在上,稽古济物,坚堤防以杜决溢,明褒贬以彰劝沮;想宗室公族,及贵门富年,必当竞尚儒术,搏节艺文,释老、庄之不急,精六经之正道也。

从教育内容看,那就是要早晚讲解议论忠君孝亲的最高道义,严肃论证生存灭亡的发展规律;从教育目的看,那就是便于洗涤污垢沉泥,防止邪恶,纠正偏差,引导士子控制情欲,遵循法度,进德修业——一言以蔽之,就是说,若要坚固宗法礼制之大厦,就必须崇尚治世之儒术。相比之下,发生流变之老庄末学反而成了不急之务,因为其"道意远而难识","达之者寡"(《内篇·塞难》),适应不了当下封建政治统治的实际需要。① 所以他说:

> 世人薄申、韩之实事,嘉老、庄之诞谈。然而为政莫能错刑,杀人者原其死,伤人者赦其罪,所谓土桴瓦釜,无救朝饥者也。道家之言,高则高矣,用之则弊,辽落迂阔,譬犹干将不可以缝线,巨象不可使捕鼠,金舟不能凌阳侯之波,玉马不任骋千里之迹也。若行其言,则当燔桎梏,堕囹圄,

---

① 参见许抗生:《葛洪社会政治思想探析》,《学术月刊》1985 年第 1 期。

罢有司,灭刑书,铸干戈,平城池,散府库,毁符节,撤关梁,捣衡量,胶离朱之目,塞子野之耳。泛然不系,反乎天牧;不训不营,相忘江湖。朝廷阒而若无人,民则至死不往来。可得而论,难得而行也。(《外篇·用刑》)

葛洪主张实行申不害、韩非切实实用的学说,而摈弃老子庄周末流荒诞不经的论调,这是因为在他看来,汉末至东晋,已是"网漏防溃,风颓教沮"(《外篇·审举》),"道衰于畴昔,俗薄乎当今,而欲结绳以整奸欺,不言以化狡猾,委辔策而乘奔马于险途,舍柁橹而泛虚舟以凌波……未见其可也"(《外篇·用刑》)。道家末流之学辽远空旷,不切眼前实际,犹如远水不解近渴,其现实功效只能是,其言"可得而论,艰得而行也"。道家末流的主张既然已行不通,葛洪反思历史认识到,经世安民必须刑仁并举。他一方面将"仁"与天下得失联系在一起,宣称"三代得天下以仁,失天下以不仁"[1](《外篇·仁明》);另一方面则又强调"明主不能舍刑德以致治"(《外篇·广譬》)。葛稚川主张,治理国家应该刑仁并举,以刑辅仁,"刑为仁佐"。至于儒家"纯仁""德教"又如何?葛洪批评不懂周兴秦亡之故的"俗儒"之见,在《外篇·用刑》中指责道:"俗儒徒闻周以仁兴,秦以严亡,而未觉周所以得之不纯仁,而秦所以失之不独严也。"葛洪认为,"德教"只能施于"平世",刑罚可以救治"狡暴",犹如一个人到了"病笃痛甚,身困命危"时,须用和与扁鹊的去疾之方,而不能再靠赤松子王子乔那样的长生之道一样。《外篇·用刑》篇言:

> 盖天地之道,不能纯仁,……温而无寒,则蠕动不蛰,根植冬荣。宽而无严,则奸宄并作,利器长守。故明赏以存正,必罚以闲邪。劝沮之器,莫此之要。观民设教,济其宽猛。

> 譬存玄胎息,呼吸吐纳,含景内视,熊经鸟伸者,长生之术也。然艰而且迟,为者鲜成,能得之者,万而一焉。病笃痛甚,身困命危,则不得不攻之以鍼石,治之以毒烈。若废和、鹊之方,而慕松、乔之道,则死者众矣。仁之为政,非为不美也。然黎庶巧伪,趋利忘义。若不齐之以威,纠之以刑,远羲、农之风,则乱不可振,其祸深大。以杀止杀,岂乐之哉?

> 抱朴子曰:"莫不贵仁,而无能纯仁以致治也;莫不贱刑,而无能废刑

---

[1]　《孟子·离娄上》也有类似表达:"三代之得天下也以仁,其失天下也以不仁"。

以整民也。"或云:"明后御世,风向草偃。道洽化醇,安所用刑?"余乃论
之曰:"夫德教者,黼黻之祭服也;刑罚者,捍刃之甲胄也。若德教治狡
暴,犹以黼黻御剡锋也;以刑罚施平世,是以甲胄升庙堂也。故仁者养物
之器,刑者惩非之具,我欲利之,而彼欲害之,加仁无悛,非刑不止。刑为
仁佐,于是可知也。"

葛洪主张治理乱世,须用"刑法","以杀止杀",甚至呼吁恢复肉刑。基于此,
有学者指出:"与礼度并行的刑法,葛洪主张趋于严峻,主张'以杀止杀',来对
付人民。"①此说道出了葛洪重视刑法这一事实,却忽略了葛洪倡导"以法治
国"的目的与前提。我们认为葛洪的以法治国体现了他"援法入儒"的政治意
图。葛洪虽然主张树立刑法的威严,以严刑峻法治理国家,但他反对滥用酷刑
而不顾仁德。如说:

> 刑加无辜,破人之家,收人之宝,……凡有一事,辄是一罪。(《内
> 篇·微旨》)

> 道之衰也,则叔代驰骛而不足焉。夫唯有余,故无为而化美。夫惟不
> 足,故刑严而奸繁。黎庶怨于下,皇灵怒于上。(《内篇·明本》)

> 吕尚长于用兵,短于为国,……甘于刑杀,不修仁义,故其劫杀之祸,
> 萌于始封,周公闻之,知其无国也。(《外篇·逸民》)

> 昔秦之二世,不重儒术,舍先圣之道,习刑狱之法,民不见德,唯戮是
> 闻。故惑而不知反迷之路,败而不知自救之方。(《外篇·勖学》)

> "亡国非无令也,患于令烦而不行;败军非无禁也,患于禁设而不止。
> 故众慝弥蔓,而下黩其上。夫赏贵当功而不必重,罚贵得罪而不必酷
> 也。"(《外篇·用刑》)

由以上言论可知,葛洪不仅反对滥用刑法,而且也排斥不修仁义专尚刑法的为
政之道。他不赞同那些不知法令的官吏行使刑罚之权,原因在于那些人不重
视"百姓之命"。葛洪用刑的对象非一般的平民百姓,而是作奸犯科之徒。他
讲:"仁之为政,非为不美也,然黎庶巧伪,趋利忘义;若不齐之以威,纠之以
刑……则乱不可振,其祸深大"。其所言"趋利忘义"之人自非一般百姓。而

---

① 侯外庐:《中国思想通史》第三卷(魏晋南北朝思想卷),人民出版社 1957 年版,第 313 页。

且,从上引文可知,即使是对这些巧伪之民用刑也实属无奈之举,所以他讲:"以杀止杀,岂乐之哉?"再说历史上也有安于、商鞅因严刑峻法而生禁贪安民之效的政绩。

> 是以安于感深谷而严其法,卫子疾弃灰而峻其辟。夫以其所畏禁其所玩,峻而不犯,全民之术也。明治病之术者,杜未生之疾;达治乱之要者,遏将来之患。若乃以轻刑禁重罪,以薄法卫厚利,陈之滋章,而犯者弥多,有似穿阱以当路,非仁人之用怀也。(《外篇·用刑》)

治世犹如理身,术高者以重刑厚法禁奸卫生,旨在"杜未生之疾""遏将来之患",此乃仁德之士所为。葛洪一再强调:"善莅政者,必战于得失",且"率俗以身"(《外篇·广譬》),为政者应正己示人,治亲整疏,不能枉曲法律,任意行事。

> 善为政者,必先端此以率彼,治亲以整疏,不曲法以行意,必有罪而无赦。若石碏之割爱以灭亲,晋文之忍情以斩颠。……肃恭少怠,则慢惰已至;威严暂驰,则群邪生心。当怒不怒,奸臣为虎;当杀不杀,大贼乃发。水久坏河,山起咫尺。寻木千丈,始于毫末;钻燧之火,勺水可灭;鹊卵未孚,指掌可縻。及其乘冲飚而燎巨野,奋六羽以凌朝霞,则虽智勇不能制也。(《外篇·用刑》)

> 故诛贵所以立威,赏贱所以劝善。罚上达则奸萌破,而非懦弱所能用也;惠下逮则远人怀,而非俭吝所能办也。(《外篇·广譬》)

用刑的重要环节,在于"诛贵","诛贵所以立威"。因为对统治阶层直接构成威胁的,通常情况不是外部而是内部,不是基层而是上层,不是平民而是贵戚。如果不"诛贵",养虎为患,其后果不堪设想,非如此不能"端此以率彼,治亲以整疏"。"诛贵"可以达到"诛一以振万,损少以成多"(《外篇·用刑》)的统治效果。而"诛贵"的观点突破了"刑不上大夫"的传统,对后世最高统治者具有借鉴价值。[①]

可见,葛洪的刑法思想是以仁义为前提与旨归的。这是他与法家思想的不同之处。因为法家政治思想建立在人性皆恶与趋利避害的理论预设之上,

---

① 参见金毅:《葛洪〈抱朴子·外篇〉概论》,《北京第二外国语学院学报》1997年第1期。

与之相应而提出的治世策略是悬赏兴刑、威逼利诱,这种治理手段的本质在于以恶制恶——人性中的恶被放大、被恶用,人性中的善几乎遮蔽殆尽——正是在此意义上,法家治世可谓严刑而寡恩。法家眼中的百姓,充其量只是利益的动物,没啥尊严或价值可言。这与葛洪的政治价值观相去甚远。在前面的论述中,笔者提及葛洪对不用仁义而专尚刑法之举持反对态度。这其实也就表明了葛洪以礼义仁德为中心的政治价值观。葛洪直言:"莫不贵仁,而不能纯仁以致治也。"从思想的来源看,他可能受到了孟子"徒善不足以为政,徒法不能以自行"(《孟子·离娄上》)的影响。同样,他也同孟子一样,认为仁义中心地位仍不可动摇。他讲:"故仁者养物之器,刑者惩非之具……刑为仁佐,于是可知也。"从"刑为仁佐"来看,孰主孰次,葛洪当了然于胸。他又讲:"爱待敬而不败,故制礼以崇之;德须威而久立,故作刑以肃之。"所谓"制礼"崇爱、"作刑"立德,其发端在制礼作刑而旨归则在崇爱与立德。①

追溯葛洪"刑德以致治"理念的思想源头,可以说其直接资源便是《韩非子·二柄》:"明主之所导制其臣者,二柄而已矣。二柄者,刑、德也。何谓刑、德?曰:殺戮之谓刑,庆赏之谓德。为人臣者畏诛罚而利庆赏,故人主自用其刑、德,则群臣畏其威而归其利矣。"韩非是以人性本恶为预设,以人们趋利避害的心理为依据,建构诛罚庆赏的刑德之说。葛洪与此并非完全一致,他改造了韩非"庆赏之谓德"的"德"的内涵,回归先秦儒家以"仁"为"德"的基本含义上,虽有"礼""刑"之分,但旨趣皆在崇仁、立德。葛洪以水火与生命存在的关联为喻,说明"礼""刑"对社会存在的价值。他说"礼""刑"犹如双刃剑,巧用可自成,拙使则自伤,用之于治国,若施行得当,"能令慝伪不作,凶邪改志",但若"用刑失理,其危必速";亦如同水火之于生命,"所以活人,亦所以杀人,存乎能用之与不能用。夫症瘕不除,而不修越人之术者,难图老彭之寿也。奸党实繁,而不严弹违之制者,未见其长世之福也。"(《外篇·用刑》)基于此,我们认为葛洪以儒者身份自居有别于法家是不成问题的。

众所周知,先秦儒家思想与以血缘为纽带、以农耕为基础的中国社会状况相适应,创立发展出一整套的贵贱有别、尊卑有序的宗法等级制度。这套制度

---

① 参见邹远志:《葛洪儒道思想研究》,湖南师范大学硕士论文 2003 年。

转化为具体的规范仪轨就成为"礼"和"法"。孔子期待着光复周礼,梦寐以求,使之成为人人遵循的社会准则,所谓"非礼勿视,非礼勿听,非礼勿言,非礼勿动"(《论语·颜渊》)。因为"礼"是宗法等级制的具体体现,那么维护"礼",就是维护宗法等级制,稳定统治秩序。孔子所提倡的"礼之用,和为贵"(《论语·学而》)的精神实质即在于此。到荀子那里,"法"是"礼"的辅助,"隆礼"和"重法"成为儒家治国方略的重要组成部分,二者各有其适用的阶层、领域,"由士以上则必以礼乐节之,众庶百姓则必以法数制之"。(《荀子·富国》)葛洪也阐释"制礼数"出于"以异等威之品"(《外篇·讥惑》),认为礼治的核心是建立、完善、巩固尊卑等级制度,使其"足以叙等威而表情敬"(《外篇·省烦》),"用刑"以"惩非"治罪。在对维护宗法等级制度、和谐社会生活的作用上,"礼"无疑是积极的、主动的,"刑"无疑是消极的、被动的。葛洪的"诛贵"之说,则是对荀子"以法数制众庶百姓"的延伸。由此可见,葛洪对儒家"礼""法"思想都进行了改造,使之适用于两晋之社会现实治理。

### 二、"举贤任能""文德并重"

在葛洪所处的时代,人们将经世安民的美好希望寄托在为政者的德才等素质上,认为参与国家社会事务管理的人的综合素质,直接影响到切实的国计民生,关涉到政权稳固、社会安定、庶民康泰等重大时代议题,因此,举荐合适人选出任官职,管理各种国家事务,便成为国家长治久安、人民安居乐业的关键因素之一。在如何举荐官员,以及采取什么标准举荐等问题上,葛稚川提出"举贤任能""文德并重"等选人用人主张。

葛洪不仅承传儒家"德治""仁政"精神,而且凸显为政由人的人本特质,强调为政者自身素质与其政绩的正向关联。易言之,政治清明与否,直接源于为政者贤能与否。葛洪通过反思"汉过""吴失"的历史认识到,"失天下"在于"贤者不用""失人(才)故也",而通向"治国而国太平"的关键,在于人君得贤用能,非用人佐治不可。"人君虽明并日月,神鉴未兆,然万机不可以独统,曲碎不可以亲总,必假目以遐览,借耳以广听,诚须有司,是康是赞。"(《外篇·审举》)在他看来,君主能否在历史上建树不朽业绩,有无贤才辅佐极为重要,"良友结则辅仁之道弘矣"(《外篇·交际》);"夫有唐所以巍巍,重华所以恭己,西伯所以三分,姬发所以革命,桓、文所以一匡,汉高所以应天,未有不致群贤为六翮,讬豪杰为舟楫者也。"(《外篇·嘉遁》)他认为刘汉王朝的建立是因为发挥了人才的作用。他明确指出,如果论"决策于玄帏","定胜乎千里",则刘邦不如张良、陈平,如果论"治兵多而益善","所向无敌",则刘邦不如韩信、黥布,然而刘邦因为能够"兼而用之",故能"帝业克成"。(《外篇·任能》)葛洪强调君主应该"以致贤为首务,得士为重宝,举之者受上赏,蔽之者为窃位"(《外篇·钦士》),而且"官贤任能,唯忠是与"(《外篇·良规》)。他规劝君主应充分发挥贤才的作用,做到"进善黜恶","昭德塞违,庸亲昵贤,使规尽其圆,矩竭其方,绳肆其直,斤效其斲(斫),器无量表之任,才无失授之用"(《外篇·君道》),进而,人尽其才,才为国用。①

葛洪的政治主张仍然属于贤能政治,将行政者的良好素质视为治国安民的有力保障。为此,他十分重视政治上"举贤任能",并在《抱朴子·外篇》的《贵贤》《任能》《审举》《擢才》《清鉴》《汉过》《吴失》《百里》等篇中,都讨论了这一问题,认为"招贤用才"乃是"人主之要务"(《外篇·贵贤》)。他申述道:

华、霍所以能崇极天之峻者,由乎其下之厚也;唐、虞所以能臻巍巍之功者,实赖股肱之良也。虽有孙阳之手,而无骐骥之足,则不得致千里矣。虽有稽古之才,而无宣力之佐,则莫缘凝庶绩矣。人君虽明并日月,神鉴未兆,然万机不可以独统,曲碎不可以亲总,必假目以遐览,借耳以广听,诚须有司,是康是赞,故圣君莫不根心招贤,以举才为首务。(《外篇·审举》)

为何人君要以知人善任为首要任务呢? 葛洪指出,一个君主只要有一批贤才辅佐,就不难把国家治理好,致使天下太平,退一步说,只要有了贤才辅佐,即使国君"骄恣",也不至于政权败亡。

抱朴子曰:南溟引朝宗以成不测之深,玄圃崇本石以致极天之峻。大厦凌霄,赖群橑之积;轮曲辕直,无可阙之物。故元凯之佐登,而格天之化洽;折冲之才周,则逐鹿之奸寝。舜、禹所以有天下而不与,卫灵所以虽骄恣而不危也。众力并,则万钧不足举也;群智用,则庶绩不足康也。故繁

---

① 参见庞天佑:《论葛洪的学术思想》,《贵州社会科学》2004 年第 5 期。

足者死而不弊,多士者乱而不亡。(《外篇·务正》)

相反,人君若不能知人善任,则可能"破国亡家"。他以"构室"为喻,说明这个道理:"设官分职,其犹构室,一物不堪,则崩桡之由也。"(《外篇·审举》)他援用史事论述"致贤""得士"关涉家国生死存亡:"由余在戎,而秦穆惟忧。楚杀得臣,而晋文乃喜。乐毅出而燕坏,种、蠡入而越霸。破国亡家,失士者也。岂徒有之者重,无之者轻而已哉!柳惠之墓,犹挫元寇之锐,况于坐之于朝廷乎?干木之隐,犹退践境之攻,况于置之于端右乎?郅都之象,使劲房振慑。孔明之尸,犹令大国寝锋。以此御侮,则地必不侵矣;以此率师,则主必不辱矣。"(《外篇·钦士》)

既然贤能关乎国计民生,实乃圣君之宝,那么,"举贤任能",势在必行。然而,"英逸之才,非浅短所识"(《外篇·擢才》),为此,葛洪提出审举的原则与方法是:首先要"至公无私","用之不得其人,其故无他也,在乎至公之情不行,而任私之意不违也"(《外篇·百里》),避免"所举皆在乎附己者也,所荐皆(者)先乎利己者也"(《外篇·名实》)。

在论及人才标准时,葛洪提出应文德并重、名实相符:

但共遣其私情,竭其聪明,不为利欲动,不为属托屈。所欲举者,必澄思以察之,博访以详之,修其名而考其行,校同异以备虚饰。(《外篇·审举》)

孤贫而精六艺者,以游、夏之资,而抑顿乎九泉(渊)之下;因风而附凤翼者,以驽庸之质,犹迥遑乎霞(云)霄之表。舍本逐末者,谓之勤修庶几;抱经求己者,谓之陆沈迂阔。于是莫不蒙尘触雨,戴霜履冰,怀黄握白,提清挈肥,以赴邪径之近易,规朝种而暮获矣。(《外篇·勖学》)

或有德薄位高,器盈志溢,闻财利则惊掉,见奇士则坐睡。繿缕杖策,被褐负笈者,虽文艳相、雄,学优融、玄,同之埃芥,不加接引。若夫程郑、王孙、罗裒之徒,乘肥衣轻,怀金挟玉者,虽笔不集札,菽麦不辨,为之倒屣,吐食握发。(《外篇·交际》)

亦有出自卑碎,由微而著。徒以耸肩敛迹,偓伊侧立,低眉屈膝,奉附权豪,因缘运会,超越不次。毛成翼长,蝉蜕泉壤,便自轩昂,目不步足,器满意得,视人犹芥。或曲晏(宴)密集,管弦嘈杂,后宾填门,不复接引。

或于同造之中,偏有所见,复未必全得也。直以求之差勤,以数接其情,苟苴继到,壶楂不旷者耳。(《外篇·刺骄》)

关于人才识别问题,葛洪首先肯定识别人才有难处,其次强调识别人才的重要性,而后论及识别人才的方法。他认为,"英逸之才,非浅短所识',识别者自身既要有对人才的渴望,又要具备敏锐的眼光,不要被"暗俗"蒙蔽。而"弘伟之士"多追求高远,不求闻达,不自陈于世,更增加了识别的难度。《外篇·擢才》篇说:

弘伟之士,履道之生,其崇信匪徒重仞之墙,其渊泽不唯吕梁之深也,故短近不能赏,而浅促不能测焉。因以异乎己而薄之矣,以不求我而疾之矣。不贵不用,何足言乎?

贤才、隐逸之士常常遭到世人的诽谤、攻击、甚至陷害,这是不容争辩的客观事实,究其原因,无意攻击者是因为人才"异乎己""不求我",顿感其另类;有意攻击者则是嫉贤妒能,如孙膑、韩非等之遭人打压排挤。所以,"怀经国之术""有匡危之具"者不但长久被埋没,且经常被诬陷。这样,举荐者应有充分的心理准备,切忌偏听偏信。

关于人才的使用,则不可求全责备,要扬长避短、各尽其能,充分发挥人才的长处和优势。《外篇·备阙》篇说:

故能调和阴阳者,未必能兼百行,修简书也;能敷五迈九者,不必能全小洁,经曲碎也。

若以所短弃其所长,则逸侪拔萃之才不用矣;责具体而论细礼,则匠世济民之勋不著矣。

如果因人才之所短而不利用其长处,则出类拔萃的人也会被埋没。如果善于发挥人才的长处,而避开人才的短处,则既能成就事业,又不浪费人才。正所谓"役其所长,则事无废功;避其所短,则世无弃材矣"(《外篇·务正》)。葛洪的这番议论,是针对当时品评人物过分注重个人小节,因而使大量真正的人才无晋升之阶的现实而发,对于矫正社会风气具有积极意义。

关于举荐标准,传统的儒家思想,以德行为本,文艺为末;自东汉末年始,士人乃有文德并重之说,王充的"人无文德,不为圣贤"、曹丕的"文章为经国之大业,不朽之盛事"、陆机以子书未成为终身憾恨等等,均推进士人新的人才价值观的形成。及至葛洪,他认为"德行文学者,君子之本也。"(《外篇·循本》)又言:"文章之与德行,犹十尺之与一丈。谓之余事,未之前闻。"(《外篇·尚博》)葛洪这个德行、文学统一的观点,突破了自孔子以来至魏晋时期的儒家德本文末、重本轻末、唯德是举的传统观念。葛洪文德统一的观点反映在用人标准上,不是重德轻文,而是文德兼顾,他所推崇称道的陆机、陆云,便是"德行"与"文章"兼备的典范。《抱朴子·外篇·佚文》言:"观此二人,岂徒儒雅之士,(亦)文章之人也。"就"德行"与"文章"相较而言,"文章"的意义与价值,甚至超过"德行"。《抱朴子·外篇·尚博》主要如是陈述缘由:

> 荃可以弃,而鱼未获,则不得无荃;文可以废,而道未行,则不得无文。
> 德行为有事,优劣易见;文章微妙,其体难识。夫易见者,粗也;难识者,精也。夫唯粗也,故铨衡有定焉;夫唯精也,故品藻难一焉。吾故舍易见之粗,而论难识之精,不亦可乎?

《庄子·外物》言:"荃者所以在鱼,得鱼而忘荃。……言者所以在意,得意而忘言。""荃"之于"鱼",乃手段与目的之关系;一般而言,通过手段而达到目的。但在庄生与葛氏,其意有别:在《庄子》,"得鱼而忘荃",凸显了目的的至上性;在《抱朴子》则申明"鱼未获,则不得无荃",强调手段的基础性。基于此,葛洪又说:"夫文学也者,人伦之首,大教之本。"①(《太平御览》六〇七引《抱朴子·佚文》)文以载道,倘若无"文",何以言"道"。另外,葛洪认为:德行之事,显现于外,权衡有则,优劣易见;文章之事,品藻难一,微妙难识。此论绝非空穴来风,它主要是针对"举秀才不知书,察孝廉父别居"的察举失真的社会现实,深感德行可伪(名不副实),而以伪举仕,则贻害家国。在葛洪看来,孝廉之类行为可以矫揉造作,以至达到甚至超过举荐标准,但它与文章相比,毕竟为"易见之粗",不见得能真实地反映行为主体之"德",相形之下,文为心声,以之载道,文章、学问之事为"难识之精",其"难"在于现行"识别"机制(九品中正制)本身。对此,葛洪深有感触,《外篇·审举》说:

---

① (宋)李昉等奉勅撰:《太平御览》卷六百七,《四部丛刊》中华学艺社借照日本帝室图书寮京都东福寺东京静嘉堂文库藏宋刊本,第 5426 页。

于是曾、闵获商臣之谤,孔、墨蒙盗跖之垢。怀正居贞者,填笮乎泥泞之中;而狡猾巧伪者,轩翥乎虹霓之际矣。而凡夫浅识,不辩邪正,谓守道者为陆沈,以履径者为知变。俗之随风而动,逐波而流者,安能复身于德行,苦思于学问哉!是莫不弃检括之劳,而赴用略之速矣。斯诚有汉之所以倾,来代之所宜深鉴也。

九品中正制度是继承东汉官吏选拔制度又加以改革的结果。东汉选拔官吏,主要是依据儒家的道德行为标准,宗族乡党的评定成为政府选拔官吏(具体途径是察举、征辟)的主要甚至唯一的依据。时至汉末,这种举仕制度流弊丛生。曹操对此颇有微词,但他对乡间评议并未笼统否定,反对的只是汉末乡间评议中产生的弊病。他纠正的办法一是提倡"唯才是举",以反对虚伪道德和名实不符;二是压制朋党浮华和私人操纵选举,力图将选举之权控制在政府手中。九品中正制的许多特点在曹操当政时期已有萌芽,曹丕、陈群进一步加以制度化。九品中正制创立之初,评议人物的标准是家世、道德、才能三者并重。但由于魏晋时门阀世族完全把持了官吏选拔之权。于是在中正品第过程中,才德标准逐渐被忽视,家世则越来越重要,甚至成为唯一的标准,到西晋时终于形成了"上品无寒门,下品无世族"的官场人事生态。① 这种"门阀政治"阻绝了天下英才进入权力中枢的道路。在德才之间,葛洪认为,德有可能矫揉造作,才更为真实可信。

为防止滥选人才,葛洪主张"明考课试",认为课试既可以鼓励士人潜心治学,又可杜绝追求虚名,"今贡士无复试者,则必皆修饰驰逐,以竞虚名,谁肯复开卷受书哉?"(《外篇·审举》)葛洪还极力主张选拔那些沈抑、疏贱、不显不贵,而有真才实学的士人,为此,他特地写下《接疏》篇,予以论述:"若以沈抑而可忽乎? 则姜公(姜尚)不用于周矣。若以疏贱而可距乎? 则毛生(毛遂)不贵乎赵矣。若积素行乃讬政,则甯戚不显于齐矣。若贵宿名而委任,则陈(陈平)、韩(韩信)不录于汉矣。明者举大略细,不恔不求,故能取威定功,成天平地。岂肯称薪而爨,数粒乃炊,并瑕弃璧,披毛索靥哉!"

① 《晋书》,中华书局 1974 年版,第 2205 页。

## 第二节　修身证道学说述略

葛洪的理身学说属于其人生价值观的实践部分,主张即身修道,修身证道,把生命形上之道通过术的形式,贯通到可操作的形下层面,寓道于术,方便修行者以术修真合道,最终与道为一而飞升成仙。即使是在理身证道这一人生实践部分,葛氏又有身心炼养理论与修行炼养方术之分,现择其要加以概述浅析。

### 一、身心炼养理论

道教养生家一般都把炼养分为性功与命功两个方面,前者主要是对心与性的修炼,后者主要是对身与命的炼养,而且,不同的养生家对二者又有不同的权重,或只重其一,或兼而修之,至于葛洪,我们认为他是兼而有重。为便于表述,我们将其分为"正心""养性"的以德济生论、"形宅神主"的神住形固论及"假求外物以自固"的籍物增益论。

#### (一)"正心""养性"的以德济生论

在历史长河中,各家有关养生长生的论述异彩斑斓,但几乎都有一共同点,那就是,重视道德修养被古代许多思想家和养生家放在养生的首要位置,看作是"养生之本"。孔子提出"仁者不忧","大德必得其寿","仁者寿"[1]等观点。老子主张"少私念,去贪心",认为"祸莫大于不知足,咎莫大于欲得"。就是说一个在物欲上贪得无厌的人,必然会得陇望蜀,想入非非,甚至损人利己,自己也会终日神不守舍,因心理负担重而损害健康。董仲舒《春秋繁露》分析指出:"故仁人之所以多寿者,外无贪而内静,心和平而不失中正,取天地之美以养其身。"[2]揭示个人德行之于其夭寿状态之密切关联:君子行事坦荡,内心平和中正,得天地之美,自然长寿;小人则处处计较,自然常戚戚而夭,即便苟且长命,也因心胸狭窄,品行低下,其生命质量也较差。嵇康《养生

---

① (宋)朱熹:《四书章句集注》,中华书局 1983 年版,第 116、25、90 页。
② (汉)董仲舒:《春秋繁露》卷 77,(清)凌曙注,中华书局 1975 年版,第 571 页。

论》言："智止于恬,性足于和""泊然无感,而体气和平"。正说明古人养生不是单纯地从物质形态考虑的。佛教提倡"诸恶莫作,众善奉行",认为行善可改变命运,能延年益寿。葛洪作为一个仙道信仰者、一个道教理论家,他从生命哲学角度,将道德修养纳入长生成仙理论体系之中,构建以"正心""养性"为内容的修德济生论。

葛洪有关"德""善"与"长生"正向关联的论述不少,如《内篇·对俗》云:"若德行不修,而但务方术,皆不得长生";"积善事未满,虽服仙药,亦无益也。若不服仙药,并行好事,虽未便得仙,亦可无卒死之祸矣"。他倡导人们体道修德,积善立功,渐次长生成仙。如前所述,葛洪所谓"道",并不排斥儒家伦常之道,正所谓"道也者,所以陶冶百氏,范铸二仪,胞胎万类,酝酿彝伦者也"。(《内篇·明本》)此处"彝伦",即人伦道德。他进一步将遵循社会人伦规范作为修德的基本要求,以儒家"忠孝和顺仁信"等伦理法则为修德的主要内容,视积善施仁为功德,并与养生实践相对接。葛洪指出:"为道者以救人危使免祸,护人疾病,令不枉死,为上功也。"(《内篇·对俗》)这样,悬壶医世就成了包括葛洪在内的道教医学家共同的情结——《老子想尔注》曰:"道人宁施人,勿为人所施",《抱朴子》亦言:"是故古之初为道者,莫不兼修医术,以救近祸焉。"(《内篇·杂应》)——道门中人,研习医术方药,既便于自身健康,又可治病救人,并把"救人危使免祸"之类的善德,作为证仙了道的内在需求。"设使有困病垂死,而有能救之得愈者,莫不谓之为宏恩重施也。今若按仙经,飞九丹,水金玉,则天下皆可令不死,其惠非但活一人之功也。"(《内篇·释滞》)若以不死之法传授世人,使天下黎民成仙,更是莫大的功德。

葛洪认可儒家人伦之德,还将其与道门隐修之品行相勾连。不用说修道成仙的老子,是"兼综礼教"(《内篇·明本》)的典范,而且在葛洪所推崇的隐逸修道者身上都可得到印证,如"游神典文,吐故纳新"的"逸民"(《外篇·逸民》)、"游精坟诰,乐以忘忧"的"居泠先生"(《外篇·任命》)、"六艺备研,八索必该"的"乐天先生""大儒"郑隐等,无一不是德高行洁的隐士。在葛洪看来,一方面,修道之人追随明师,务必磨砺德行,勤求勤学,另一方面,为师者对弟子心性也是屡试不爽,只有确信其性笃行贞,心无怨贰,才会授以秘诀,否则,"苟非其人,虽裂地连城,金璧满堂,不妄以示之"。(《内篇·明本》)于是,德行善举成为道门对修道证仙者之基本要求,"性笃行贞"便成为修行者登堂入室、撷取道法、修成仙果之重要条件。正如《内篇·极言》所言:

> 彼莫不负笈随师,积其功勤,蒙霜冒险,栉风沐雨,而躬亲洒扫,契阔劳艺,始见之以信行,终被试以危困,性笃行贞,心无怨贰,乃得升堂以入于室。

德行不仅是师父考量弟子的重要内容,而且也是个人健康状态——精神卫生的重要标示。"十道九医"。道医养生历来重视精神卫生,在西汉成书的《黄帝内经》这一医学的圣典有言"恬淡虚无,真气从之,精神内守,病安从来",就明确提出养生应注重精神方面的保养。抱朴子亦言,"夫人所以死者,诸欲所损也"(《内篇·至理》),他分析说,"俗民既不能生生,而务所以煞生"(《内篇·极言》),意即凡俗百姓不但不懂保全生命,相反却不知不觉中在损害生命。之所以如此,是因为他们不识"太初之本",专修"流淫之末"。(《内篇·道意》)这里"太初之本"即生命之原——"道","流淫之末"即伤生害真的世俗之物。与追名逐利、舍本求末的凡夫俗子不同,"山林养性之家"有着迥异的价值取向与生活方式,葛洪于此有所揭示:

> 故山林养性之家,遗俗得意之徒,比崇高于赘疣,方万物乎蝉翼,岂苟为大言,而强薄世事哉?诚其所见者了,故弃之如忘耳。是以退栖幽遁,韬鳞掩藻,遏欲视之目,遣损明之色,杜思音之耳,远乱听之声,涤除玄览,守雌抱一,专气致柔,镇以恬素,遣欢戚之邪情,外得失之荣辱,割厚生之腊毒,谧多言于枢机,反听而后所闻彻,内视而后见无朕,养灵根于冥钧,除诱慕于接物,削斥浅务,御以愉慔,为乎无为,以全天理尔。(《内篇·至理》)

在葛洪看来,人们不同的生活方式,源自不同的价值取向,俗人之俗是陷于功名利禄而不自觉,甚至沉迷于声色犬马而不自返,将养生工具当成养生目标,这样养生工具反而变成生命之负累,甚至成为"厚生之腊毒",最终导致人之夭折短寿。葛洪认为,"所忧者莫过乎死,所重者莫急乎生"(《内篇·至理》),"长生者,道也;死坏者,非道也。"[①]营卫工具抑或价值目标,因人心理

---

① 《三天内解经》,《道藏要籍选刊》第八册,上海古籍出版社1989年版,第388页。

倾向不同,而行为取舍有异,凡圣由此可见分晓,这不只是个人保健营卫之事,行为方式之宜,更与道德人格、心性修养相关联。

关于心,葛洪认为,心就是人心,是认识的器官,具有认知之功能。他直言:"见老君则年命延长,心如日月,无事不知也。"(《内篇·杂应》)做到了心如日月,就可以无事不知,说明心具有知的功能。而心在普通人那里往往被种种欲望占据。葛洪指出:"若夫睹财色而心不战,闻俗言而志不沮者,万夫之中,有一人为多矣。故为者如牛毛,获者如麟角矣。"(《内篇·极言》)若睹财色而心不战,说明见到财色心往往要"战",能够做到不战的,"万夫之中,有一人为多矣"。修道之人要认识心,使之不被过分的欲望所遮蔽,于是心又成为认识的对象、修养的对象。在葛洪看来,就是要"养其心以无欲,颐其神以粹素,扫涤诱慕,收之以正,除难求之思,遣害真之累,薄喜怒之邪,灭爱恶之端"。

至于性,在葛洪那里,多指"天然之性""人之自然",如说,"刚柔有不易之质,贞桡有天然之性。是以百炼而南金不亏其真,危困而烈士不失其正"(《外篇·博喻》);"可欲不能蛊介其纯粹,近理不能耗滑其清澄。苟无若人之自然,诚难企及乎绝轨也"(《外篇·知止》)。性本自然,"食、色,性也",现实生活中常表现为欲,而欲也是中性的,所谓"夫有欲之性,萌于受气之初;厚己之情,著于成形之日"。(《外篇·诘鲍》)——正当的欲望无可厚非,过分的嗜欲则是葛洪所要摒弃的,而这种当与不当的识别是靠心来把握、抉择的,其标准当然是卫生——利于生为当,是善;害乎生,是恶。因为"要当重生,生为第一"(《太平经·不用书言命不全诀第一百九十九》卷一百一十四),①生命至上无疑成为人们择善——道德价值取向的基本原则。这样,心与性,因欲而关联,全生尽年成为葛洪关于人生的基本价值取向。

关于心与性的关系,葛洪认为,心有嗜欲则本性迷失,心无嗜欲则本性显现,人的嗜欲之心与达道之本性具有一定的相克关系。其《内篇·金丹》说:"凡人唯知美食好衣,声色富贵而已,恣心尽欲,奄忽终殁之徒,慎无以神丹告之,令其笑道谤真。"常人就是喜欢恣心尽欲,而一旦心驰于世务、思锐于俗事,就往往使人对养性之方不屑一顾。在他看来,这是无法回避的事实,所以

---

① 《太平经》,《道藏》第 24 册,文物出版社、上海书店、天津古籍出版社 1988 年版,第 576 页。

葛洪说"知天下之事,不可尽知,而以臆断之,不可任也。但恨不能绝声色,专心以学长生之道耳"(《内篇·论仙》),但是,如果做到了"心绝所欲"(《内篇·论仙》),做到了"宠贵不能动其心,极富不能移其好"(《内篇·释滞》),自然也就"性笃行贞,心无怨贰",仙道何愁不成!

修道一定要善养其性,所谓"治身养性,务谨其细,不可以小益为不平而不修,不可以小损为无伤而不防"。(《内篇·极言》)正心养性应以"与道合真"为指向,修心养性的过程即"与道合真"的过程,同时是个人追求道德完善和精神圆满的过程。需要说明的是,通过一系列可操作的修炼方法去除病痛,抵御外邪,获得生理生命的健康,这只是道教养生修炼、追求生命不朽的初级阶梯。因为光有肉体生命的长存,还是不能够实现长生久视,与道同一的。在葛洪看来,"道存则尊,德胜则贵"(《外篇·嘉遁》)。只有修道,方能"存道",如何使有限的个体"存"守无限的大"道",那就要正心养性修德,外物节欲,以心合道。《外篇·逸民》说:

> 且夫交灵(升)府于造化,运天地于怀抱,恢恢然世故不栖于心术,茫茫然宠辱不汩其纯白,流俗之所欲,不能染其神,近人之所惑,不能移其志。

这里的包容天地的"造化"是指"道","灵府"即"心","交灵府于造化"就是以心合道。心合于道,则世俗功名利禄遣至心外,纯素本性得以彰显,如此体道修德,自然就能道存德胜。

我们知道,道教修炼讲究"命功""性功"双修,其中强身健体始终只是养生的一部分,属"命功",而心性修养、道德修养和人格修养的一部分是"性功"。只是在历史不同阶段,道教徒对二者的权重有别,在葛洪是讲究性命双修,修命还得修性,性功贯穿命功,所谓"修得一分性,保得一分命",自始至终不离修炼者内在心性和道德的修养。葛洪这种以德济生的理念,在唐代高道名医孙思邈真人的《千金要方》则有更直白的表述:"性既自善,内外百病悉不自生,祸乱灾害亦无由作,此养性之在经也";"德行不克,纵服玉液金丹未能延年"。大意是说,能保持心性善良的人,不容易生病,也不容易受到天灾人祸的侵害,所以道德修养才是养生的根本。而德行不好的人,即便服用金丹玉液也无法延长寿命。

### （二）"假求外物以自坚固"的籍物增益论

在葛洪生命哲学中，"玄者，自然之始祖，而万殊之大宗也。""道者，万殊之源也。"玄或道"作为存在的存在"，是一切现存的原因及其本质规定，而自然万殊便是玄或道的现实表象，它们虽形态殊异，但本原不二。我们不妨将葛洪这一理念概括为"万物一体论"。万物既为一体，物质变异与转化就有了本体论上的依据。《内篇·论仙》曰：

> 若谓受气皆有一定，则蜣之为蝱，雀之为蛤，壤虫假翼，川蛙翻飞，水蛎为蛉，苻苓为蛆，田鼠为驾，腐草为萤，鼺之为虎，蛇之为龙，皆不然乎？

> 若谓人禀正性，不同凡物，皇天赋命，无有彼此，则牛哀成虎，楚妪为鼋，枝离为柳，秦女为石，死而更生，男女易形，老彭之寿，殇子之夭，其何故哉？苟有不同，则其异有何限乎？

禀道"受气"而成的世间万物，虽有形态、功能之别，但这些并非一成不变，即使是"有生最灵"的人，也只是万物中之一物，在一定条件下，人亦可变为物，譬如"楚妪为鼋""秦女为石"，皆为"气"在不同条件下呈现出的两种态势。由此推演，有机物与无机物、高级生命与低级生命，是可以相互转化的。其实，早于葛洪的古代中国人就相信各种物类之间有一种深刻的感应和关联，特别是在古代中国知识背景中属于同类的现象与事物之间。《周易·乾·文言》中有一段话是"同声相应，同气相求，水流湿，火就燥，云从龙，风从虎……各从其类也"，前两句话所表达的意思，在秦汉时代是思想家们普遍认可的真理，不仅是数术方技者相信，就连最富于理性的儒家也相信这种互相感应。[①]于是，人们不仅相信同类的东西可以互相感应，而且还相信同类也可以互相辅助，它们既然是同类，它们特有的性质也可以互相挪移与借用。在葛洪眼中，不仅"同声相应，同气相求"，就是"异类"也可"增益"，尤其是作为万物灵长，人更能够懂得"观变察机"，将"宜身益命之物，纳之于己"。《内篇·对俗》云：

> 余数见人以蛇衔膏连已斩之指，桑豆易鸡鸭之足，异物之益，不可

---

① 参见葛兆光：《宇宙、身体、气与"假求于外物以自坚固"——道教的生命理论》，《中国哲学史》1999 年第 2 期。

诬也。若子言不恃他物,则宜捣肉冶骨,以为金疮之药,煎皮熬发,以治秃鬓之疾耶? 夫水土不与百卉同体,而百卉仰之以植焉。五谷非生人之类,而生人须之以为命焉。……金玉在九窍,则死人为之不朽。盐卤沾于肌髓,则脯腊为之不烂,况于以宜身益命之物,纳之于己,何怪其令人长生乎?

"水土"与"百卉"形态非同,性质不一,然"百卉"赖"水土"以植;"五谷"与"生人"亦形态非同,性质有别,然"生人"须"五谷'以延其命。按照葛洪的见解,这些经验事实之所以是可能的,其根据原只在于一切万有皆一气所化,其形态虽异但本质不二,故虽"异物"而可以同"性",其相互为益,"不可诬也"。循此而论,则黄白丹砂、仙药芝草,虽亦与人形态相异,然因其本质之不异而可以益人身命以至于长生久视,便是不容置疑的了,故云:"夫五谷犹能活人,人得之则生,绝之则死,又况于上品之神药,其益人岂不万倍于五谷耶? 夫金丹之为物,烧之愈久,变化愈妙。黄金入火,百炼不消,埋之,毕天不朽。服此二物,炼人身体,故能令人不老不死。"(《内篇·金丹》)由此便显而易见,葛洪关于人的生命的现存形态可以获得其形体永固之可能性的论证,是以道所主导之下的天下万物的一体化为理论基础的,根据这一基础,则人的生命仅仅是宇宙生命之全体的一部分,正原于全体之存在本质的不异以及存在性本身的同一性,部分之间相互"增益"乃是可能的;而所谓相互增益,其实质则是物之"性"的转移,或一物之"性"由于他物之"性"的介入而发生了改变。就人的生命现存而言,其形态的延续是通过五谷之"性"的介入来实现的,以此类推,人若服食金丹,则黄金"百炼不消""毕天不朽"之"性"即移注于人,人的现存形态便可因此而亦"毕天不朽"。故葛洪云:"虽呼吸道引,及服草木之药,可得延年,不免于死也;服神丹令人寿无穷已,与天地相毕,乘云驾龙,上下太清。……世人不合神丹,反信草木之药。草木之药,埋之即腐,煮之即烂,烧之即焦,不能自生,何能生人乎?"(《内篇·金丹》)

中国古代的思想家将自然、社会、人视为一个有机的整体,"人们在日常直观的感觉、经验基础上,将各种并不相干的事物凭着某种感觉经验上的相似而系连在一起,并以此推论出它们之间有相关性、感应性,而这种'感觉经验上的相似'往往突破自然、社会与人的分界,因此,自然、社会、人的万事万物就在这个基础上达到了某种统一与和谐,形成了一个整饬有序的系统。"①根据这一点又可引导出这样的一般理念,既然天下万物为一体,虽形态万端而本质不异,则不同事物之间源于这种本质的同一性而相互"增益"其性便不仅是可能的,而且是有其实在性的本质根据的;或反过来说,经验中已被证实的不同事物对于生命存在之"增益"的本质根据,正在于天下万物原为一体这种生命存在之本质的普遍性。②

葛洪之所以认为"还丹金液"为"仙道之极",乃由五谷养人、草木之药愈疾而联想、类推而得。五谷、草木均为易朽之物,"烧之即烬",它们尚且能够活人延年,而金丹等"上品之神药,其益人岂不万倍于五谷耶? 夫金丹之为物,烧之愈久,变化愈妙。黄金入火,百炼不消,埋之,毕天不朽。服此二物,炼人身体,故能令人不老不死。此盖假求于外物以自坚固,有如脂之养火而不可灭,铜青涂脚,入水不腐,此是借铜之劲以扦其肉也。金丹入身中,沾洽荣卫,非但铜青之外傅矣。"(《内篇·金丹》)如此得出的结论就是,"服金者寿如金,服玉者寿如玉也"。(《内篇·仙药》)

葛氏这一思维过程实为类比推理,即由易朽之草木具有养人、愈疾之功能,推出毕天不朽之金丹具有令人长生不死之神效,企图以医药知识为前提,通过理性思维,创立仙道理论。这一努力无疑是积极的,至少是不神秘的。遗憾的是,他的推理过程失之于严密性不足,即由正确的前提推出了荒谬的结论。问题在于前提与结论之间没有必然联系,从前提之真不能推导出结论亦真。另外,在实践上也不能解决如何把金丹的"不朽"性转化为人体的"不朽"性的问题。所以,即便炼出了还丹金液,仍不能达到长生不死的目的。在现实生活中,服食者非但不能长生,反而中毒夭亡。问题的关键在于,葛洪等外丹家不知人与他物之间存在着质的疆界。然而,我们也不能说葛洪及其他道士的炼丹活动完全失败了:其实他们是现代实验化学的先驱,积累了丰富的汞、铅、砷、矾等物质的化学材料,虽未炼出可令人长生不死的仙丹,但却为医药学宝库创制了一批外治化学药物。诸如红升丹、黄升丹(含 Hg)、轻粉(含氯化

---

① 葛兆光:《道教与中国文化》,上海人民出版社 1987 年版,第 122—123 页。
② 参见董平:《庄子与葛洪——论道家生命哲学向宗教信仰的转变》,《浙江社会科学》2004 年第 4 期。

亚汞 $HgCl_2$）等，直到现在，这些药物仍在发挥其疗疾除病作用。[1]

葛洪"以远况近，以此推彼"（《内篇·塞难》）的推理方式，大致属于逻辑学上的类比推理，但他的推理在逻辑上并不严密，当然就不能保证其结论的正确。道教思想家们从对自然界多种生命现象的观察、体验中总结发现，某些生命的存在形态是可以发生转变的，如蛇、蝉等的蜕化现象，而人们又很少见到死蛇、亡蝉，于是就认为它们通过蜕化获得了长生。人体虽不能像蛇、蝉那样蜕化更新，但可服药进补以求长生不死，于是不少人相信将某些动植物入药，通过服食吸收此药，可以帮人延年益寿，乃至永生不朽。他们观察到茯苓生于松树下，松树常青，推论茯苓就具有松树常青之性，假若服食茯苓就可以使人永存，同样的道理，外观似人形的何首乌之所以可以算长生药，也因为它具有人之形，乌龟之所以在古代中国的药物志上可以列入长生药，也是因为它的生命长久。[2] 葛洪收集大量不死成仙药物的配伍之方，并根据功效将其分类，希冀对"后之同志好之者"有所裨益。据《内篇·仙药》载：

> 上药令人身安命延，升为天神，遨游上下，使役万灵，体生毛羽，行厨立至。……中药养性，下药除病，能令毒虫不加，猛兽不犯，恶气不行，众妖并辟。……仙药之上者丹砂，次则黄金，次则白银，次则诸芝，次则五玉，次则云母，次则明珠，次则雄黄，次则太乙禹余粮，次则石中黄子，次则石桂，次则石英，次则石脑，次则石硫黄，次则石台，次则曾青，次则松柏脂、茯苓、地黄、麦门冬、木巨胜、重楼、黄连、石韦、楮实、象柴，一名托卢是也。

所谓上药，在人间，道教相信就是金石，葛洪说是丹砂、黄金、白银、诸芝、五玉等等，因为这些东西本身，在常态下是不变的，而人如果食用了它，也就拥有了它的不朽之性，所以他又引《玉经》说"服金者寿如金，服玉者寿如玉"（《内篇·仙药》）；但是，自然黄金含有对人体有害的成分，须烧炼去毒去杂，《内篇》所谓"黄金"，并非《玉经》所说的自然黄金，而是多种原料配伍炼制而成的可服食的药用黄金，他说："又化作之金，乃是诸药之精，胜于自然者也。……

---

① 参见薛公忱：《〈抱朴子·内篇〉长生思想辨析》，《中医文献杂志》1996 年第 2 期。
② 参见葛兆光：《宇宙、身体、气与"假求于外物以自坚固"——道教的生命理论》，《中国哲学史》1999 年第 2 期。

且夫作金成则为真物,中表如一,百炼不减。故其方曰,可以为钉。明其坚劲也。此则得夫自然之道也。故其能之。"(《内篇·黄白》)服食人工炼制的药金,能够一次就摄取其中所含的"诸药之精",这比服食真金只汲取一种精气,功效固然要远"胜于自然者"了。

这种以食补求不朽的思想起源很早,被称为万古丹经王的《周易参同契》中曾说:"金砂入五内,雾散若风雨。熏蒸达四肢,颜色悦泽好。发白皆变黑,齿落生旧所。老翁复丁壮,耆妪成姹女。"意思是说,金丹入口,变为元气以补人体中固有元气之不足,可以使人青春焕发,返老还童。个中奥秘在于物性可移,魏伯阳认为,"金性不败朽,故为万物宝,术士服食之,寿命得长久"。当时的科学家认为,金丹浓缩了天、地、日、月的精华,具有超越黄金、白银等贵金属的不朽属性,人一旦服食了金丹,就可与天地齐年。在他们看来,一种物质可以吸取或挪移另一种物质的性质,这就是后来道教炼丹术的最基本道理之一。葛洪的假物论正是承传此说,讲得更加明确。他说:"金玉在九窍,则死人为之不朽。盐卤沾于肌髓,则脯腊为之不烂,况于以宜身益命之物,纳之于己,何怪其令人长生乎?"(《内篇·对俗》)作为医家兼仙家的葛洪,搜集了有汉以来流传的大量丹方,仅《内篇·金丹》所载就有三十多种。其中不少丹方属于益寿之方,并不神秘。譬如:

> 陈生丹法,用白蜜和丹,内铜器中封之,沈之井中,一期,服之经年,不饥,尽一斤,寿百岁。

> 石先生丹法,取乌鷇之未生毛羽者,以真丹和牛肉以吞之,至长,其毛羽皆赤,乃煞之,阴干百日,并毛羽捣服一刀圭,百日得寿五百岁。

陈生丹方是用丹砂与优质蜂蜜相配,称其功效为长服不饥、延年百岁;石先生法是用丹砂和牛肉饲养一种雏鸟,等它长到毛羽赤色时杀掉,吃它的毛羽和肉,据说能益寿五百岁。这些功效似乎过于夸张,但对延年益寿确实并不虚妄。在葛洪至少是致力于大量药方的配伍、炼制、品尝,有前人或本人经验事实或试验基础。这种探求生命不朽的精神与役用万物的勇气在今天看来无疑还具有积极意义。

### (三)"形宅神主"的神住形固论

形神问题即身心的关系,是养生理论中必须回答的问题,也是中国哲学重要问题之一。因此,从先秦的思想家开始,即十分关注形神关系的探讨。

最早的讨论可以说始于《管子》,其中《内业》篇虽未明确标举形神问题,但提出了关于形神的一些观点:"凡人之生也,天出其精,地出其形,合此以为人。"认为人的精神由天而来,是由精构成的;人的身体由地而来,是由气构成的。《心术下》篇说:"气者身之充也",身体是充满了气的;又曰:"一气能变曰精",精也是一种气。《内业》篇说:"精也者,气之精者也。"精不是普通的气,是精微之气。篇中还认为人的思虑智慧都是精气的作用:"思之思之,又重思之,思之不通,鬼神将通之,非鬼神之力也,精气之极也。"天地之间充溢着许多精气,人可以吸收这些精气,变得健康智慧,"定心在中,耳目聪明,四枝坚固,可以为精舍。"

《荀子·天论》篇中,肯定了神对形的依赖关系,提出了"形具而神生"的命题,至汉代,桓谭提出烛火的比喻,用以说明形神关系。他说:"精神居形体,犹火之然烛矣";"气索而死,如火烛之俱尽矣。"(《新论·形神》)明白指出,精神不能脱离形体而独存,如同火不能离烛而存在一样,人的形体一旦死亡,精神也就消失了。王充发展桓谭的学说,进一步论证了形神的依存关系。他说:"人之所以生者,精气也;死而精气灭。能得精气者,血脉也。人死血脉竭,竭而精气灭。"(《论衡·论死》)精神是血脉产生的,血脉枯竭,精神也就消灭了。

道教思想家吸收了上述这些思想,从而建立了形神统一的生命观念。葛洪之前的道教经典《太平经》中论述说:"凡事人神者,皆受之于天气,天气者受之于元气。神者乘气而行,故人有气则有神,有神则有气,神去则气绝,气绝则神去。故无神亦死,元气亦死。"这是从元气论出发,说明精神和形体是统一的。"故人有气即有神,气绝即神亡""失气则死,有气则生",气神互相依存,不可分离;"神精有气,如鱼有水,气绝神精散,水绝鱼亡。"这些论述说明,形神统一的基础是气,气决定精神,精神不能离开气而独立存在。经中又说:"夫人本生混沌之气,气生精,精生神,神生明。本于阴阳之气,气转为精,精转为神,神转为明。"这里的"精"是指"气"最根本的活力和最纯粹的本质;"神"是指"气"运动变化不可测度的态势;而"气"的运动变化不是杂乱无章,而是有自身的规律性和必然性,这就是"道","道"是对宇宙存在本质的概括。

统合而言,"精"与"神"不是独立的存在,而是统一于"气",所以说,精、气、神三位一体,或者说,一个实体,三种属性。① 从这一观点出发,《太平经》中提出了常合形神的"守一"之道。它说:"人有一身,与精神常合并也。形诸乃主死,精神者乃主生。常合则吉,去则凶。无精神则死,有精神则生,常合即为一,可以长存也。"这里所说的"一",即形神依存的状态。世人有生有死,"常患精神离散,不聚于身中,反令使随人念而游行也。故圣人教其守一,言当守一身也。念而不休,精神自来,莫不相应。百病自除,此即长生久视之符也。"这就是从人身形神统一观出发,来建立其炼养理论。②

葛洪继承《太平经》形神依存思想,阐释生命结构论和生命本质论,为其"肉体成仙"的价值目标作理论支撑。他的生命结构论是从"形""神"关系展开的。

> 夫有因无而生焉,形须神而立焉。有者,无之宫也。形者,神之宅也。故譬之于堤,堤坏则水不留矣。方之于烛,烛糜则火不居矣。身劳则神散,气竭则命终。根竭枝繁,则青青去木矣。气疲欲胜,则精灵离身矣。夫逝者无反期,既朽无生理,达道之士,良所悲矣!(《内篇·至理》)

葛洪所谓"形",指人的形体器官;所谓"神",指人的精神活动。就人的现实存在来说,人是形神的统一体。受魏晋玄学影响,葛洪用"有""无"说明"形""神"关系。认为"形"是"神"寄寓的场所、宅舍,"神"是宅舍的主人。"形"因"神"之需而存,如同要筑堤蓄水,若无堤则水无处可存,一旦堤崩决,水就荡然而去,不留堤内。至于人,形体有了精神,才成为有生命的人,形体坏死,精神则没了着落。这样,"形""神"之于生命,如同硬件、软件之于电脑一样,二者不可或缺。"道家认为,人的身体和灵魂(神)可以通过修炼而永远结合在一起,这样不仅可以享受生活中的种种快乐,而且由神形合一进入超越的神仙境界。"③

要使"神"保存于"形"内,那么这个"形"就须是坚固的、永远不坏的

---

① 参见陈战国、强昱:《超越生死——中国传统文化中的生死智慧》,河南大学出版社 2004 年版,第 246 页。
② 参见张远国:《道教养生学的基本理论》,中华周易金剑咨询网。
③ 汤一介:《儒释道与内在超越问题》,江西人民出版社 1991 年版,第 289 页。

"形"。如何做到这一点呢？葛洪认为要养"气"。因为"气"是构成生命的质料，是世界万有的基本要素。"浑茫剖判，清浊以陈，或升而动，或降而静，彼天地犹不知所以然也。万物感气，并亦自然，与彼天地，各为一物，但成有先后，体有巨细耳。"（《内篇·塞难》）万物乃阴阳之气交感，自然酝酿而成。人为万物之一物，"人生先受精神于天地，后禀气血于父母"（《内篇·勤求》），"养其气，所以全其身"，存其气则存其身，反之，"气竭则身死"。

在葛洪那里，"气"不仅是构成生命的基本元素，"气"也是生命的本质所在。宇宙之间，充盈是气。气为万物存在的生命基础，万物皆为气之在的存有形式。"夫人在气中，气在人中"，万物之一的人，得天地中和之气（"有生最灵，莫过于人"——人之最灵，在于人禀得气的中和之质，具有独立的精神活动，而有别于其他没有感性知觉能力的事物），存于充盈气的宇宙空间，人体不断与外界进行着信息、能量的交换，维持其存活，可以说，人体的生死亦系于一气，再推广至其他万物，莫不如此，"自天地至于万物，无不须气以生者也"，而且"受气各有多少，多者其尽迟，少者其竭速。"（《内篇·极言》）就是说，禀气有纯杂厚薄之别，故万物形态各异，其存在绵延亦有修短之殊；就个体生命存在而论，不同的个体其所禀之气亦有质与量属性的不等，生命历程中气的耗损亦不相同，一般而言，若随顺生命的自然状态，气必因损而衰，因衰而竭，"气绝之日，为身丧之候也"（《内篇·极言》），但若藉借某种手段补充其气，使之存于身而绵绵不竭，则此身便可长存。这就是葛洪养生学说中的"养气论"的主要理论依据。

"气"在生命现存之中既可表现为生命物态状况之"形"，又可体现为该生命活动功能之"神"。对于某一生命存在而言，它是"气"的某种存有形式，以"形"述其状，以"神"示其用，以"形""神"统一言其存活，这一存活即为"气"的"此在"。当该生命体"是其所是"时，就是维持了"形""神"的现实统一；当生命体"非其所是"时，就突破了原有的统一，表现为"气"的新态势与新功能。既然个体生命的夭寿乃以"气"为重要标识，因此生死存亡系于气之质量、数量及其变化，"苟能令正气不衰，形神相卫，莫能伤也。"（《内篇·极言》）就是说，若能使"正气"不减、"形""神"互卫，则"生"莫能伤。这样，"气"则成为"形""神"统一的基础，也是联通人与天地、万物的特殊流质。"人的形体和精神是由气构成,气把天地人统一起来,在气和气之间又有着感应关系。如果人能根据'道'的要求把'精气'养得很灵妙,那么和整个宇宙的感应就很灵敏,这样有限的个体的人就可以超出个体的限制,而和无限的宇宙合而为一体,具有超自然的伟力了。"①换言之,生命之本质乃阴阳和合之气。这是与当时医学观点相一致的看法。当时的中医学认为,生死现象就在于"有气""无气","有气"则生,"无气"则死,因而"气"是感通"形""神"、维系生死的关键。基于形神相合为生、形神离散为死的理论,葛洪以为,如果永远保持生命能量,使它不耗散,使它扩充甚至达到自由控制的程度,就可成为永生的神仙。具体到生命构成,鉴于"气"与"形""神"的关联,若能把"气"养好,使"精气"永存体内,使"形""神"不离,甚至"形""神"俱妙,则人长生不死,进入神仙境界。可见,"气"是个人修道及仙的生命基础。

另外,葛洪认为"形须神而立",则有"形为神设""神主形从"之意。在他看来,精神活动的存在才意味着生命的存在,精神主宰着肉体,但又不是一个脱离肉体的独立存在。

葛洪的生命本质说属于"气"化生成论,它折射出中国古代哲学的一大特质,它以融通性、无间性而有别于西方哲学中莱布尼茨的"没有窗口"的"单子说"。可以说,"气论"是中医理论、气功理论的哲学基础,而中医、气功在人类历史的进程中,对生命的延护、精神的调理,无疑是有积极意义的。法国著名的道教学者马伯乐(H·Maspero)曾经说:"如果说道家在追求长生不老时他们所想的并不是灵魂的不朽,而是肉体的不朽,那末,这并不是因为他们在不同的可能解答上有意加以取舍,而是因为那是他们唯一可能的解答。希腊—罗马的世界很早就习惯于把精神与物质置于相对立的地位,而其宗教形式则是认为灵魂附着于肉体的。但中国人从未把精神和物质分开,对于他们来说,世界乃是从空虚的一端通向最粗重的物质的另一端的一种连续体,因之'灵魂'对物质来说从未处于相反的地位。"②

由于气的作用,形神能够统一,而形神的统一,构成了人的现实生命;相

---

① 汤一介:《中国传统文化中的儒道释》,中国和平出版社 1988 年版,第 125 页。
② 转引自李约瑟:《中国科学技术史》第二卷,科学出版社、上海古籍出版社 1990 年版,第 167 页。

反,没有气的贯通,形神不能相合,生命无从呈现。可见,生命存在表现于人则为精气神的统一,精气神以人的生理机能为呈现形式,从逻辑上看二者并非并列关系,而是有主从依赖关系。在汉初《淮南鸿烈》那里,人的身体就是天地的投影,小宇宙即大宇宙的化身,因为"夫精神者,所受于天也,而形体者,所禀于地也……头之圆也象天,足之方也象地,天有四时、五行、九解、三百六十日,人亦有四肢、五藏、九窍、三百六十节",这个身体"与天地相参"①,因而它拥有与天地一样的存在合理性,也拥有与天地一样的永恒可能性。尔后,董仲舒又以人符天数论为天命观寻找理论基础,葛洪则将人身整体和各器官的关系引向了人身内部器官之间各种功能的互相制约关系。《内篇·地真》云:"故一人之身,一国之象也。胸腹之位,犹宫室也。四肢之列,犹郊境也。骨节之分,犹百官也。神犹君也,血犹臣也,气犹民也。故知治身,则能治国也。夫爱其民所以安其国,养其气所以全其身。民散则国亡,气竭即身死,死者不可生也,亡者不可存也。是以至人消未起之患,治未病之疾,医之于无事之前,不追之于既逝之后。民难养而易危也,气难清而易浊也。故审威德所以保社稷,割嗜欲所以固血气。然后真一存焉,三七守焉,百害却焉,年命延矣。"人的生理器官如同国家一样,存在着高下主从的相互依存关系。气是基础,神是统帅,精是归宿,君、臣、民三者相互依存,协调控制人的生理器官诸种机能,最终使生命得以长久。精、气、神三者和谐地存在于个人,生命的活力就可以长久地保存下去。②

"气"在葛洪那里有时又作"炁",如"凡学道当阶浅以涉深,由易以及难,志诚坚果,无所不济,……九丹金液,最是仙主。然事大费重,不可卒办也。宝精爱炁,最其急也,并将服小药以延年命,学近术以辟邪恶,乃可渐阶精微矣。"(《内篇·微旨》)"炁"是指后人常言"元气",而"元气"是精气神的统一体,其中精指能动变化,是元气中最纯粹的部分;神指元气运动变化的神妙不测;一般称谓"气"指阴、阳二气的属性:阳清阴浊,阳无形阴成质,阳代表元气能动的方面,而阴与之对立,不存在绝对纯阳纯阴的事物。如果说,葛洪是用

---

① (汉)刘安:《淮南鸿烈集解·精神训》,刘文典撰,中华书局 1989 版,第 220—221 页。
② 参见陈战国、强昱:《超越生死——中国传统文化中的生死智慧》,河南大学出版社 2004 年版,第 279 页。

精气神描述元气的三位一体,那么,可以说,他是在用形神表述生命形体与功用不二,而贯穿流注形神的仍是气。葛洪这一思想在其后的养生家那里多有继承。明代王文禄《胎息经疏略》弘扬了形神相依的思想,指出"神住形固,长生也。神去则气散,形败乃死"。可以说,这是对葛洪形神论的很好的注脚。正是这种形宅神主、神住形固的理念,成了道教养生与修炼的基础。后来道教内丹术把人的身体比作炼丹的鼎炉,其实就是把身体视作存在的依据,人的身体是依赖精、气、神维持的,如果既能把人与生俱来的、先天的精气神保存不失,又能吸收天地间的精神和元气,并凝聚在自己的身体中,就可以长生不死。

客观地说,葛洪的形神论,在道学理论上有较大影响。一方面,以求长生、追求生命的延续为主要目的,这标志着生命意识的高度觉醒;另一方面,葛洪更多关注的是蝉蜕羽化、肉体成仙的问题,不大注意心灵自觉和精神超越的问题,随着道教理论的进一步发展,这种修道思想的局限性会越来越明显。① 关于形体和精神的不同意义,其实《庄子·养生主》已有形象的描述——"指穷于为薪,火传也,不知其尽也。""烛薪"好比人的生命之躯,"火种"好比人的内在精神,烛薪燃烧到一定的时候必然熄灭,而火种却可以传承延续,永不熄灭。这种修道思想,为葛洪之后的重玄学所弘扬,并成为此后道教修道思想的主流。

## 二、修行炼养方术

葛洪系统地总结了秦汉以来的各种炼养方术,认为应根据不同情况采取不同养生方法,不偏不执,要懂得行气、导引、房中、饵药、金丹(外丹),才能延年益寿,达到长生不朽的生命境界。不仅如此,他还将儒家"仁者寿"(《论语·雍也》)的理念融入养生实践之中,将修德积善与生命修短进行直接量化。

### (一)功德与养生(功过量化与生命修短)

葛洪继承儒道传统,在修道习仙上十分强调道德的修养。他说:"若德行不修,而但务方术,皆不得长生也"(《内篇·对俗》)。何为德? 葛洪自言:

---

① 参见罗中枢:《论葛洪的修道思想和方法》,《世界宗教研究》2004 年第 4 期。

"要当以忠孝和顺仁信为本。"又说:"欲求长生者,必欲积善立功,慈心于物,怒己及人,仁逮昆虫,乐人之吉,愍人之苦,周人之急,救人之穷,手不伤生,口不劝祸,见人之得如己之得,见人之失如己之失,不自贵,不自誉,不嫉妒胜己,不接陷阴贼,如此乃为有德。"他还指出诸如"憎善好恶""口是心非""虐害其下""弄法受赂""废公为私""教人为恶""坏人佳事""夺人所爱""不公不平""辱人求胜""好说人私""不敬所师"等 67 件事为有损德行之事。这些有损德行之事不但不能做,连想也不能想。"但有恶心而无恶迹者夺算,若恶事而损于人者夺纪"。即缺德事若做了,则做一件折寿 300 天,若未做但想了,则存一念折寿 3 天(《内篇·微旨》)。这里,葛洪不但提出了德的具体标准,还将养性和养命有机地联系在一起。不管一个人养命功夫如何好,若不注意养"德行",则会以负数加人命功中,使命功达不到应有的效果。①

针对"生死有命,修短素定"之说,《内篇·对俗》予以批驳,坚持认为"我身在我",并明确功德善行与生命修短之间的正相关性,倡导"为道者当先立功德",具体而言,"立功为上,除过次之。为道者以救人危使免祸,护人疾病,令不枉死,为上功也。"这里所言"立功为上"之"功",并非指社会功名,而是指施德行仁之类的善事,并且以能救人性命为最大之"上功"。不仅如此,葛洪还从正面开列了严格的功德量化指标,云:"人欲地仙,当立三百善;欲天仙,立千二百善。若有千一百九十九善,而忽复中行一恶,则尽失前善,乃当复更起善数耳。故善不在大,恶不在小也。虽不作恶事,而口及所行之事,及责求布施之报,便复失此一事之善,但不尽失耳。……积善事未满,虽服仙药,亦无益也。若不服仙药,并行好事,虽未便得仙,亦可无卒死之祸矣。"在他看来,一个人要想得成天仙,须广修阴德,积善立功,成就一千二百善事;若行一千一百九十九善时,忽然行一恶,则会前功尽弃,再欲求仙,须一切从头开始,再计善数。彭祖得成地仙,并非他不想成为天仙,只是由于他积善功不足,不及成就天仙的要求标准。

无论何种求仙手段都必须包含一个不可或缺的基本要素:善德。"何谓

---

① 参见黄霏莉:《葛洪〈抱朴子·内篇〉养生学术思想探微》,《中国医药学报》1998 年第 13 卷第 2 期。

善? 善即正确处理人际关系的准则, 亦即道德。""道德是处理人际关系的准则。"①在葛洪看来, 善德之多寡乃是一个人能否成仙升举的关键因素。② 即使是贵为天子的汉武帝, 也未能在这一点上获得宽免的资格。武帝汲汲于得成神仙不死, 而图之于李少君, 少君则言于武帝说, 帝求仙之心切矣,"而陛下不能绝奢侈、远声色, 杀伐不止, 喜怒不除, 万里有不归之鬼, 市朝有流血之刑, 神丹大道, 未可得成。"故而仅"以小丹方与帝, 而称疾, 固非大丹方也。"③道教伦理思想家认为, 即使是贵为人君, 若其德未济, 亦不可得神仙不死之真道。

葛洪这种功过与寿夭的正相关性在儒家也有类似说法, 那就是善恶与对应的福祸之间的关系。《周易·坤·文言》:"积善之家, 必有余庆; 积不善之家, 必有余殃。"曾子亦言:"人之为善, 福虽未至, 去祸远矣。人之为恶, 祸虽未至, 去福远矣。"意思是说, 为善作恶, 虽然不一定马上就有相应的报应, 但是, 经常行善积德的人, 他可以离各种灾祸远一些; 相反, 经常行凶作恶之人, 虽然不一定马上遭到恶果, 但至少很难得到什么福报。其中所关注的, 显然是现实的人, 其着眼点, 无疑是人在当下的作为。葛洪这里用宗教语言, 将其表述为功过格。所谓功过格, 是指中土遵从封建礼教或佛教、道教宗教伦理的人, 将自己的言行予以善恶功过的分类, 并为善恶评估打分, 依此分数作为判定行为伦理价值的标准, 并作为获取福祸报应的根据。这种借善恶的多寡来决定祸福的思想, 本来是中土道教最基本的伦理思想, 它最早见于葛洪的《抱朴子》一书中, ④其大致内容如下:

> 《易内戒》及《赤松子经》及《河图·记命符》皆云, 天地有司过之神, 随人所犯轻重, 以夺其算, 算减则人贫耗疾病, 屡逢忧患, 算尽则人死, 诸应夺算者有数百事, 不可具论。又言身中有三尸, 三尸之为物, 虽无形而实魂灵鬼神之属也。欲使人早死, 此尸当得作鬼, 自放纵游行, 享人祭酹。是以每到庚申之日, 辄上天白司命, 道人所为过失。又月晦之夜, 灶神亦

---

① 张岱年:《生命与道德》,《北京大学学报》(哲学社会科学版)1995 年第 5 期。
② 参见姜生:《道德与寿老——论道教生命伦理的道德决定论特征》,《学术月刊》1997 年第 2 期。
③ (晋)葛洪:《神仙传校释》, 胡守为校释, 中华书局 2010 年版, 第 207—208 页。
④ 参见赖永海、王月清:《宗教与道德劝善》, 江苏古籍出版社 2002 年版, 第 134 页。

上天白人罪状。大者夺纪。纪者,三百日也。小者夺算。算者,三日也。
吾亦未能审此事之有无也。然天道邈远,鬼神难明。……山川草木,井灶
洿池,犹皆有精气;人身之中,亦有魂魄;况天地为物之至大者,于理当有
精神,有精神则宜赏善而罚恶,但其体大而网疏,不必机发而响应耳。
(《内篇·微旨》)

对于"司命神""司过神""三尸(神)"诸事,葛洪承认自己也不能断定其有无。
但他还是倾向于有,如说,山川草木等物都有精气,人也有魂魄,推论开去,天
地亦应有"精神",以便赏善惩恶。葛洪在此也采取了"宁可信其有,不可信其
无"的态度,或许他是出于普通民众"善有善报,恶有恶报"的社会心理。

**(二)医学与养生(行气、导引与房中之术)**

行气与导引是修道之士常用的呼吸修炼法。在我国,现存最早而又完整
描述呼吸修炼的,便是石刻文《行气玉佩铭》。据郭沫若考订,该铭文玉佩为
战国初年的实物,郭氏将铭文译成现在通行文字:"行气,深则蓄,蓄则伸,伸
则下,下则定,定则固,固则萌,萌则长,长则退,退则天。天几春在上,地几春
在下。顺则生,逆则死。"[①]在《奴隶制时代》一书中,郭氏对此做了进一步说
明,认为"这是深呼吸的一个回合,吸气深入则多其量,使它往下伸,往下伸则
定而固;然后呼出,如草木之萌芽,往上长,与深入时的径路相反而退进,退则
绝顶。这样,天机便上动,地机便朝下动。顺此行之则生,逆此行之则死。"早
期道教经典《太平经》以神、精、气分属于天、地、人,把三者都视为一种气,提
出"人欲寿者,乃当爱气尊神重精也。"[②]

葛洪对"行气"方法做了具体论述,《内篇·释滞》指出:"初学行炁,鼻中
引炁而闭之,阴以心数至一百二十,乃以口微吐之,及引之,皆不欲令己耳闻其
炁出入之声,常令人多出少,以鸿毛著鼻口之上,吐炁而鸿毛不动为候也。渐
习转增其心数,久久可以至千,至千则老者更少,日还一日也。夫行炁当以生
炁之时,勿以死炁之时也。故曰仙人服六炁,此之谓也。一日一夜有十二时,
其从半夜以至日中六时为生炁,从日中至夜半六时为死炁,死炁之时,行炁无

---

① 《沫若文集》第16册,人民文学出版社1962年版,第407页。
② 王明:《太平经合校》,中华书局1960年版,第728页。

益也。"①为什么"行气"能起到长生的作用？在葛洪看来，"夫人在气中，气在人中，自天地至于万物，无不须气以生者也"。(《内篇·至理》)葛洪以汉代的气化宇宙说奠定其气功理论的基础。依据他的气功理论，人生活在大气之中，气充塞于人体之内，人的生命靠气来维持。人体外的气，是呼吸之气(凡气)，而人体之中，则有真气(元气)，行气者要呼吸后天凡气，以培植人体内先天真气，人体真气旺盛，则精力自强，百病自消。②至于"行气"的功用，葛洪归纳为"内以养身，外以却恶"。(《内篇·至理》)在《内篇·释滞》又做了进一步的说明，他指出：

> 行炁或可以治百病，或可以入瘟疫，或可以禁蛇虎，或可以止疮血，或可以居水中，或可以行水上，或可以辟饥渴，或可以延年命。其大要者，胎息而已。得胎息者，能不以鼻口嘘吸，如在胞胎之中，则道成矣。……善用炁者，嘘水，水为之逆流数步；嘘火，火为之灭；嘘虎狼，虎狼伏而不得动起；嘘蛇虺，蛇虺蟠而不能去。若他人为兵刃所伤，嘘之血即止；闻有为毒虫所中，虽不见其人，遥为嘘祝我之手，男嘘我左，女嘘我右，而彼人虽在百里之外，即时皆愈矣。

作为道士兼医学家的葛洪提倡导引。所谓导引，亦作道引，即导气和引体相结合的功法。先民以舞蹈舒展肢体，强身祛病，便是最初的导引。葛洪说："知龟鹤之遐寿，故效其导引以增年。"(《内篇·对俗》)可知汉代道士模仿龟、鹤等长寿动物的动作，将导引作为延年长生之术。不过，葛洪是将伸屈肢体、俯仰运动、呼吸锻炼都称之为导引。《抱朴子·别旨》云：

> 夫导引不在于立名象物，粉绘表形著图，但无名状也。或伸屈，或俯仰，或行卧，或倚立，或踟蹰，或徐步，或吟，或息，皆导引也。不必每晨为之，但觉身有不理则行之。皆当闭气，闭气节其气冲以通也。亦不待立息数，待气似极，则先以鼻少引入，然后口吐出也。缘气闭既久则冲喉，若不更引，而便以口吐，则气粗而伤肺矣。如此，但疾愈则已，不可使身汗，有汗则受风，以摇动故也。凡人导引，骨节有声，如大引则声大，小引则声

---

① "气"字在道书中常写为"炁"，故行气亦云行炁。后世内丹家则以炁专指人体的先天元气。

② 参见胡孚琛:《魏晋神仙道教——抱朴子内篇研究》，人民出版社 1989 年版，第 290—292 页。

小,则筋绥气通也。夫导引疗未患之疾,通不和之气,动之则百关气畅,闭之则三官血凝,实养生之大律,祛疾之玄术矣。①

然而行气之术与导引之法的最显著差异在于,前者突出意念和呼吸而不注重肢体运动。葛洪讲养生并不单一主静,而是主张动静结合,"浑象尊于行健,坤后贵于安贞。七政四气以周流成功,五岳六柱以峙静作镇"(《外篇·博喻》)。天地自然是动静相宜,人的养生也应效法天地,要动静结合。在强调静以养神外,葛洪提出了"体欲常劳,食欲常少;劳勿过极,少勿至饥"(《抱朴子·养生论》)。"朝夕导引以宣动荣卫,使勿辍阂"(《内篇·杂应》)。葛洪的这种动静结合的养生观点,着重强调从适应养生治疗的需要出发,"多闻而体要,博见而善择",有选择性地进行一种或几种方法练习,而不能偏信、偏修一方一法,也"不必每晨为之,但觉身有不适,则行之",他认为形体的锻炼应以较便易行,有益身心为原则,不必拘于时辰、名物、身姿,"或屈伸,或俯仰,或行卧,或倚立,或踯躅,或徐步,或吟,或息……但觉身体有不理则行之。"这种认识是较为科学而适用的。除此之外,他还在动功方面提出了"清晨建齿三百过者,永不摇动"(《内篇·杂应》)的坚齿之道;另外还有聪耳之道,他说,"能龙导虎引,熊经龟咽,燕飞蛇屈鸟伸,天俛地仰,令赤黄之景,不去洞房,猿据兔惊,千二百至,则聪不损也"(《内篇·杂应》)。这种模仿龙、虎、熊、龟、燕、蛇、鸟、猿、兔等的导引术,与华佗的五禽戏一脉相通。② 葛洪认为通过导引炼形,使精血充盈,肾气旺盛,听力就会变好。可以说导引术至葛洪则提高到一个新的水平了。

行气、导引又有诸多要领,关键是要做到:遐栖幽遁,掩藻埋饰,遏制渴望的眼睛,排斥损伤视力的色彩,堵塞思音的耳朵,远离扰乱听觉的声响,涤除妄想,守朴归真,专气致柔,甘心淡泊,排除悲欢邪情,丢弃得失荣辱,割舍厚味腥臭,安心少言寡语,反听然后听得清,内视然后看得明,到混沌中去修身养性,

① 《百子全书》(八),浙江人民出版社1984年版。
② 《后汉书·华佗传》云:"古之仙者为导引之事,熊颈鸱顾,引挽腰体,动诸关节,以求难老。吾有一术,名五禽之戏:一曰虎,二曰鹿,三曰熊,四曰猿,五曰鸟。亦以除疾,兼利蹄足,以当导引。体有不快,起作一禽之戏,怡而汗出,因以著粉,身体轻便而欲食。"葛洪《抱朴子·内篇·至理》亦言,"有吴普者,从华佗受五禽之戏,以代导引,犹得百余岁。"

在接物时要无动于衷,抛却俗务,处之漠然,为乎无为,以保全天理本性。(《内篇·至理》)

在葛洪看来,金丹大药、行气和房中术是长生成仙的三个主要方术,其中服金丹大药为长生之本,行气能加速服药的效果,而房中术则又能配合行气"还精补脑",三者缺一不可。他说:"服药虽为长生之本,若能兼行气者,其益甚速,若不能得药,但行气而尽其理者,亦得数百岁。然又宜知房中之术,所以尔者,不知阴阳之术,屡为劳损,则行气难得力也。"(《内篇·至理》)

房中术,是古代相传的"性卫生术",在道教文化中,又称"男女合气之术""黄赤之道""阴丹"等,属于男女性技巧之类。据说房中秘诀本口耳相传,外人难以窥其真谛,然而,有关房中术的故事或资料却也不少。譬如,葛洪《神仙传》卷一记载商王命采女求道于彭祖的故事。在彭祖与采女的对话中涉及房中术。其文云:

> 又有采女者,亦少得道,知养形之方,年二百七十岁,视之年如十五六。王奉事之于掖庭,为立华屋紫阁,饰以金玉,乃令采女乘青軿而往,问道于彭祖。采女再拜,请问延年益寿之法,彭祖曰:"欲举形登天,上补仙官者,当用金丹,此元君太一所服,白日升天。然此道至大,非君王所为。其次当爱精养神,服饵至药,可以长生,但不能役使鬼神,乘虚飞行之耳。不知交接之道,虽服药无益也。采女能养阴阳者也,阴阳之意可推而得,但不思之耳,何足枉问耶?"[1]

> 天地得交接之道,故无终竟之限。人失交接之道,故有残折之期。能避众伤之事,得阴阳之术,则不死之道也。天地昼离而夜合,一岁三百六十交,而精气和合者有四,故能生育万物。不知穷极,人能则之,可以长存。……但知房中之道,闭气之术,节思虑,适饮食,则得道矣。[2]

所谓"交接之道"即"房中之法",而"房中闭气"即是交接之时兼凝神炼气的一种方式。在道教文化中,房中之法乃长生升仙的生命逆返功夫,这一逆返功夫受天地之道的启示,由效法天地出发,不仅将其视为性生活的节宣技巧,而

---

① (晋)葛洪:《神仙传校释》,胡守为校释,中华书局 2010 年版,第 15—16 页。

② (晋)葛洪:《神仙传校释》,胡守为校释,中华书局 2010 年版,第 17—18 页。

且作为修身炼形、养形变体的合道手段。道教思想家通过《易经》卦象来说明
这种手段的可行性。在易学思想中,天地为乾坤,男女为坎离,坎离为水火。
坎卦(☵)三爻,上下为阴爻,中间为阳爻,即阴中有阳;离卦(☲)三爻,上下为
阳爻,中间为阴爻,即阳中有阴。若能于交接之际,行"守一"之术,即男女双
方各自存想肚脐中赤色大如鸡蛋之物,导引行气,则坎中之阳可抽取,离中之
阴可填补,水火既济,于是后天之坎(☵)离(☲)返回到先天之乾(☰)坤(☷)
位置上,变成纯阳(☰)与纯阴(☷)之体。也就是说,坎卦(☵)中爻,由阳变
阴,则三爻俱阴,变成纯阴之坤(☷);离卦(☲)中爻,由阴变阳,则三爻皆阳,
故为纯阳之乾(☰)。乾德大生,坤德广生,大广相须,天长日久。后人将此法
简称为"抽坎填离"。房中之术,模拟天地和合之道、阴阳相得之理,并由后天

返还先天,即是复归父母生身之本真,重现婴儿之生机。

在"易学"八卦图式中,有先天卦位与后天卦位的区别。先天卦位,乾坤定南北之向,坎离界东西之位;后天卦位,坎离移位于南北,以作为后天宇宙与人身的形态表征。道学修炼,由后天而返回先天,这种返回的具体操作,就是采取坎卦中间的阳气,弥补离卦中间的阴气,阴阳回复,后天即归于先天。这套法度就叫作"抽坎填离"。

据葛洪统计,当时流行的房中术有十余家,有的用以补救伤损,有的用以攻治疾病,有的用以采阴补阳,有的用以增年益寿,但是主要的机理在于"还精补脑"。依道家脏象学说,肾为藏精之府,主骨、生髓、通于脑。髓藏于骨腔之中,一般藏于骨者称为"骨髓",藏于脊骨者称为"脊髓",藏于脑者为"脑髓"。脑为髓之海,脑髓充足,则精力充足,劳作持久;脑髓不足,则精力衰退,疲乏无力。脑髓与脊髓相连,也与骨髓相关。而肾又主骨、生髓,所以肾和脑有着很密切的联系,肾精充足则脑髓充足,人的精力就很充沛;肾精耗损则髓海不足,就会出现疲乏、头晕、嗜睡、记忆力减退等症状。而性生活是导致肾精耗损的主要原因。为了解决这个问题,古人作了多方的探讨,目的是在男女交合中使精气不外泄,还要补脑髓之不足。[①] 道门中人要求行使房中之道时,强调意守脐中(守一),静默不语,这样无形中就使大脑得到休息,这或许就是葛洪所说"还精补脑"的缘故。至于房中术与成仙之间的关系,《内篇·微旨》自有揭示:

> 或曰:"闻房中之事,能尽其道者,可单行致神仙,并可以移灾解罪,转祸为福,居官高迁,商贾倍利,信乎?"抱朴子曰:"此皆巫书妖妄过差之言,由于好事增加润色,至令失实。或亦奸伪造作虚妄,以欺诳世人,隐藏端绪,以求奉事,招集弟子,以规世利耳。夫阴阳之术,高可以治小疾,次可以免虚耗而已。其理自有极,安能致神仙而却祸致福乎? 人不可以阴阳不交,坐致疾患。若欲纵情恣欲,不能节宣,则伐年命。善其术者,则能却走马以补脑,还阴丹以朱肠,采玉液于金池,引三五于华梁,令人老有美色,终其所禀之天年。而俗人闻黄帝以千二百女升天,便谓黄帝单以此事

---

① 参见韩建斌:《葛洪的养生术》,《世界宗教文化》1996 年第 3 期。

致长生,而不知黄帝于荆山之下,鼎湖之上,飞九丹成,乃乘龙登天也。黄帝自可有千二百女耳,而非单行之所由也。凡服药千种,三牲之养,而不知房中之术,亦无所益也。是以古人恐人轻恣情性,故美为之说,亦不可尽信也。玄素谕之水火,水火煞人,而又生人,在于能用与不能耳。大都知其要法,御女多多益善,如不知其道而用之,一两人足以速死耳。彭祖之法,最其要者。其他经多烦劳难行,而其为益不必如其书。人少有能为之者。口诀亦有数千言耳。不知之者,虽服百药,犹不能得长生也。"

医家以延年益寿为主旨,其目标在于健康长寿(长生),仙家以得道成仙为要义,其归旨在于超越死亡(不死)。"长生只是较常人的生存时间为长,这种长短只有相对的意义,只要还在'时间相'中,就还没有达到终极的超越,在无限的时间长河里,生存几百年甚至几千年都只是短短的一瞬。……不死则不然,不死须超越生死之对立,而超出时间相之外,达乎永恒之境。"①葛洪认为行气、导引、房中皆为长生之术,葛洪把长生之术的目标规定为"耳目聪明,骨节坚强,颜色悦怿,老而不衰,延年久视,出处任意。寒温风湿不能伤,鬼神众精不能犯,五兵百毒不能中,忧喜毁誉不为累,乃为贵耳。"(《内篇·对俗》)这一目标既有身强体健、年延寿益的内容,也有情绪稳定、精神愉悦的规定。说明葛洪已意识到身体健康既包括肉体、也涵括精神,与今天的健康标准一致。他说:"虽呼吸道引,及服草木之药,可得延年,不免于死也。"(《内篇·金丹》)"夫阴阳之术,高可以治小疾,次可以免虚耗而已"(《内篇·微旨》)。又言:"然长生之要,在乎还年之道。上士知之,可以延年除病;其次不以自伐者也。若年尚少壮而知还年,服阴丹以补脑,采玉液于长谷者,不服药物,亦不失三百岁也,但不得仙耳。"(《内篇·极言》)可见,房中术的功效仅在延年益寿,至于那些企望依靠房中之术而求永生者,则愚蠢之至也,他说:"一涂之道士,或欲专守交接之术,以规神仙,而不作金丹之大药,此愚之甚矣。"(《内篇·释滞》)欲求神仙不死,须借助金丹大道,因为"服神丹令人寿无穷已,与天地相毕,乘云驾龙,上下太清"。(《内篇·金丹》)

如果说葛洪对于房中之术的推崇,还仅限于延年益寿之推介,那么《彭祖

---

① 戈国龙:《道教内丹学探微》,巴蜀书社2001年版,第46页。

添油接命金丹大道》对此法之理之揭示,则可增强我们的理解。其文云:"夫孤阴不产,寡阳不生,一阴一阳斯谓道也。但男女媾精者,多恣其情欲,必以泄精为乐,又且先天本来不足,细腻不固,更有多体弱精滑、时或不举中痿、举而不坚不久、一泄无余,令人憎厌;又有一见美色,其精自出;有忍精至成淋症白浊,医治莫能施功,良可悲也。吾年八百余岁、娶妻四十九、生子五十四,面若童颜,举步如飞,岂有他术? 不过一房中之诀耳! 因而将诸传于后世,听人自趋而图进,或有夙根仙缘遇此,先以行气操练为主,后期炼己功夫,取坎中一阳,补离中之一阴,久则精盛生气,气盛生神,神旺而体自健矣! 外邪何入? 病何由作? 至于延年住世,亦可小补云尔。"①可见,其文对房中秘诀之功用亦不外固精生气旺神之类的保健卫生事宜,虽借"年逾八百、娶妻四十九、生子五十四,面若童颜,举步如飞"之寿星"彭祖"之口,给人不乏夸大其词之感,但对于所谓"延年住世"之功效,还是平实道出不过"小补"而已。同样是此文,其后另有"还精补脑口诀",此诀对人生超越作出别样的揭秘。其诀如下:

> 夫还精补脑者,良久壮心未息,彼此各自讨敌。于当敌之时,排列阵势,虽则不一,当此境界,更宜操守严密。倘玉兔西沉,金乌东起,于琴床上行地天泰卦之功,须闭息协腹、紧撮谷道,存想我之精气,转尾闾、升夹脊双关、升上玉枕、过泥丸、入髓海以补其脑,心观于此,则我精必回。所谓还精补脑,又名撒手过黄河,又名牵白虎。经云:"能骑三足马,善牵独角牛;人从桥上过,桥流水不流。"若能行至九日之后,自然真精永固,寿齐天地矣!②

南北朝时期善慧禅师有"空手把锄头,步行骑水牛;人从桥上过,桥流水不流"的偈语诗作。徒手如何握持锄头? 是身体的主人公使然,而非手自身的妙用;人之步行,也是主人公驱使躯体的妙用,犹如人骑着水牛行走赶路,骑牛者才是行动的主人,而非水牛的自行。所谓"人从桥上过,桥流水不流",就是说觉悟之人,将其色身视为桥梁,将其法身视为主人,将人生历程视为以色身证法身之征程。在觉者眼中,色身有生老病死,犹如桥梁可流可变、可毁可坏,法身

---

① 胡孚琛:《丹道实修真传——三家四派丹法解读》,社会科学文献出版社 2012 年版,第 59—60 页。

② 胡孚琛:《丹道实修真传——三家四派丹法解读》,社会科学文献出版社 2012 年版,第 63 页。

即佛性却亘古长存、不动不摇，人之过桥渡河，犹如以色身证法身，色身可变，法身依旧——常人眼里的水流桥不流的现象，在觉者看来那只是色相，其流不流之类的对立，只是人生色相、幻相，而非人生真谛，人生真谛乃缘起性空；倘若能从人生的色相的世界之中解脱出来，那么对包括生死在内的对立与矛盾的意识便会即刻消失。禅师将"人生"比喻为"桥梁"，把"佛性"比作"水"，将"真我"视为"过桥之人"——在禅宗思想中，人生无非出生入死的一个过程，其历程之始终犹如桥梁之两端，人之肉身躯壳乃真我所住之宅舍，而佛性方为宅舍之主人。修行之士须知，众生于此佛性，人人具足，个个圆成，要在明心见性。与佛门要义重在对自性本空之佛性心灵觉悟类似，玄门强调对自然真精元神的养护持守，而且此真精元神不离自身性命，却又异于后天性命，因为人一旦出生，构成其生命元素之精气神三宝便逐步分离，此三宝也随着生命活动的展开而不断消耗，当其消耗殆尽之时，便是人之血肉之躯终了之际。道门不甘于人身三宝之消耗路径，不甘于坐以待毙之生命历程，体悟出一套宝精惜气、还精补脑之术，以炼养后天逆返先天，了命至性，生道合一——玄门以后天返先天、以幻身证真身之理路，与佛门以假我求真我、以色身证法身之法门，可谓殊途同归，皆指向对现实生命之超越、对终极价值之确证。

**（三）丹道与不朽（丹道实践与不朽探求）**

在仙家看来，生命的不朽状态，是人类所应追求的理想境地，对于现实世界的个人，只有通过修炼，使自己摆脱各种局限，直至逆返于世界本原之道，进入生道合一的状态，才是生命的最高境界。而这一超凡入仙的转化过程，是以信仰为支撑的生命实践过程。丹鼎道派的代表人物——葛洪，就有以炼气、导引、房中为主要内容的内丹思想成分，如"夫始青之下月与日，两半同升合成一。出彼玉池入金室，大如弹丸黄如橘，中有嘉味甘如蜜，子能得之谨勿失。既往不追身将灭，纯白之气至微密，升于幽关三曲折，中丹煌煌独无匹，立之命门形不卒，渊乎妙矣难致诘。"（《内篇·微旨》）大意是说，宇宙永恒的生命元气内含阴阳，阴阳运化的形象表征是空中日月，当它们完全交融的时候便实现了统一。它不在我们的生命之外运行，而在我们日常的呼吸之中出入。它从上丹田到下丹田有秩序的运转便形成了如同弹丸大小的黄色东西，人们能够感觉到它如同蜜一样的滋味。如果能将此炼就获取，就千方百计不要让它流逝。不坚持修炼将半途而废,它不是别的什么不可理解的东西,而是一种纯白之气,但其功能却实在太神奇了。不断地让这股纯白之气在自己体内沿着任、督两脉周天流动,最终以心灵的中丹田为归宿,就可大功告成。当它以命门为家园时,生命将不再凋谢。这一道理及其功效难以言喻。

按照葛洪的理解,如此以身体为丹鼎,以元气为材料炼得的"黄如橘""甘如蜜"的弹丸一样的东西,可以使生命之树常青。我们认为,这就是后世成熟道教内丹思想的先声。不过在葛洪那里,比较凸现的还是外丹学说。他特别强调通过烧炼、服食金丹仙药来践履神仙信仰,成就不死之道。

在道教文化中,"丹"是指用铅汞等矿物石、植物精等炼制而成的一种药物,其颜色以红色为多见,形态则以丸状为多见,道门中人认为服食此等丹药,可以长生不老,乃至羽化登仙。丹分内外,即"内丹"与"外丹"。从名称发生的先后来讲,"外丹"早于"内丹";从历史发生的角度来看,"外丹"也早于"内丹",或者说,"外丹"盛行先于"内丹"。国人熟知的"嫦娥奔月"这个神话故事,就涉及外丹——相传远古时期的部落首领后羿,从西王母那里得到的长生不老的金丹,其妻嫦娥知道后,就悄悄把金丹给吃了,然后,便飘飘然飞入月宫,成为月宫中的女仙——这一故事最早见于先秦的占卜书《归藏》,汉代道家文献《淮南鸿烈》有更为具体的描述。这一神话故事寄托着先民们对生命的超越梦想,也表达了对外丹的推崇厚爱。

葛洪以炼丹、服饵为证道成仙的根本途径,认为这是"仙道之极"(《内篇·金丹》),故特重金丹。金丹又称"大药""上药""神药","仙药之大者,莫先于金丹"(《内篇·遐览》)。丹即丹砂,俗称朱砂,化学成分主要是硫化汞($HgS$)。在鼎炉中,煅烧自然丹砂,其中所含的硫变成二氧化硫,而游离出金属汞,再使汞和硫磺化合生成硫化汞,在一定温度下,硫化汞可升华为赤红色晶体,此即赤丹,葛洪亦称"还丹"。烧炼九次而成之丹谓之"九丹",亦称"神丹"。所谓"金液"即用化学的方法制得的金($Au$)溶液,或类似金溶液的药金(铜合金)溶液。由于金为比较稳定的固态物质,一般不与其他元素起化合反应,人体无法服食、吸收,故须制成"金液"。金液与神丹合称"金丹"。葛洪饵丹成仙思想的基础是"假外物以自固"的理念,认为金丹百炼不消,坚固不朽,人服食之后,获取其不朽之性,也能使身体如金丹一样"毕天不朽"。

　　葛洪对仙丹进行了仔细的分类:丹华、神丹、神丹(神符)、还丹、饵丹、炼丹、柔丹、伏丹、寒丹九种,各种仙丹由于制作程式不同,各自的功效——服食后成仙的时日也有殊异。《内篇·金丹》云:

> 一转之丹,服之三年得仙。二转之丹,服之二年得仙。三转之丹,服之一年得仙。四转之丹,服之半年得仙。五转之丹,服之百日得仙。六转之丹,服之四十日得仙。七转之丹,服之三十日得仙。八转之丹,服之十日得仙。九转之丹,服之三日得仙。

服食任何一种仙丹都能使人超凡入仙,但对于常人而言,炼制仙丹,获得仙药,难于上青天,但是,在葛洪看来,丹药虽难以炼得,但并非不能炼就。葛洪还介绍了许多炼制金丹的方法,供有志者尝试参考:如乐子长丹法、李文丹法、稷丘子丹法、张子和丹法、玉柱丹法、肘后丹法、刘生丹法、王君丹法等等,他自己也是不遗余力地炼制金丹,正因为如此,才使我们得以窥视古代化学的原貌。

　　我们知道,中国炼丹起源于先秦时期,当时,人们在采矿和冶金技术的基础上,用各种矿物原料精心烧炼所谓的"灵丹妙药",以满足人们追求长寿或不老的愿望。而且这种炼丹术还跨出了国门,走向了世界。中国的炼丹术首先传到阿拉伯国家,阿拉伯人称之为 alkimiya。12 世纪传入欧洲,拉丁文写作 alchimia,16 世纪中叶去掉 al,法文作 chimie,后来演变为英文的 chemistry(现在译为"化学",实际上就是现代炼丹术)。[①] 葛洪也因其卓越的炼丹术,被李约瑟视为一个不寻常的、才华出众的实际化学家,而且,李约瑟认为,葛洪还"把奇异的信念同真实的事实混在一起",他"是一个比艾恩西德伦(Einsiedeln)的狂想实验家早一千多年的真正的帕拉采尔苏斯,他被许多事实所陶醉,倾向于相信万物无奇不有。"[②]对于葛洪,其奇异的生命信念,便是炼丹服药以求返璞归真从而不死成仙。在葛洪他们看来,服食丹药可以使人生命永恒,是因为丹药集聚天地之精华,蕴涵大道不朽之性,之所以神丹具有不朽之性,那是因为炼丹的鼎炉本身,就是一个宇宙的象征,《大洞炼真宝经九还金丹妙诀》就说,建造炼丹炉,用金的数量,要用二十四两以象征二十四节

---

①　参见常敏毅:《葛洪在医药学上杰出的贡献》,《首届葛洪与中国文化国际学术研讨会论文集》。

②　李约瑟:《中国科学技术史》第二卷,科学出版社、上海古籍出版社 1990 年版,第 469 页。

气,炼丹炉,不仅要按八卦、十二神定位,而且要合二十四寸,上台象征天,有九窍象征九星,中台象征人,开十二门象征十二辰,下台象征地,以八达象征八风,连炼丹时的用火也有严格的象征性,象乎阴阳二十四气,七十二候,五日为一候,三候为一气,二气为一月,十二月为一周年,"他们相信,宇宙是永恒的,天地间如金、玉、汞等,也在宇宙中永恒地或循环地存在,如果人为地创造一种类似宇宙的环境,模拟宇宙间阴阳的配媾,五行的交替,使这种本来就坚固的金石药物的自然存在过程在浓缩的状态下再度演出一遍,那么这些药物就可以获得高度浓缩的永恒性质,而人们如果服食了它,也就可以拥有这种永恒的性质"。①

从方法上讲,葛洪炼丹实验,符合科学实验的基本要求。在实验目的上,葛洪炼丹的目的主要是得到长生不老的金丹神药,目标明确;在实验原料上,仅《内篇》就记载了上百种炼丹原料,其中金石类矿物就有丹砂、黄金、水银、白银、石硫磺、雄黄、雌黄、戎盐、白矾、礜石、牡蛎、浮石、玛瑙、赤石脂、硝石、滑石、玉脂、凝水石、胡粉、火浣之布、曾青、慈石、铜青、太一禹余粮、艮雪、黄铜、铅、珊瑚、龙石膏、紫粉、石桂、豆金、玉石、云母、明珠、石胆、石脑、铅丹、灰汁、丹阳铜这四十种;在实验场所上,对择址、作屋、筑坛、置炉、安鼎都有严格规定,如需择僻静无干扰之处,基本上符合现代实验室对场所的要求;在操作规范上,要求炼丹者心善、有责任心,炼丹前要沐浴更衣,这也与现代实验对实验者的要求基本吻合;在操作技术上,葛洪总结了升华法、蒸馏法、水法、伏火法、关法、点化法、养法、灸法、煅法等等,其中一些方法至今仍被广泛运用于现代实验与生产实践中。

葛洪炼丹尽管建立在实际操作基础上,但因受宗教信仰及当时科学技术水平限制,规定了它不可能是现代科学意义上的严格实验,二者之间有着质的区别。主要表现在这几个方面:宗教神秘性伴随其实验始终,诸如择吉日、焚香、敬神、斋戒百日,悬剑、挂镜、贴符,要求炼丹者不食五辛生鱼、不与俗人相见、不跨井越灶、不迎见丧事、不晦歌朔哭等;炼丹目标的虚幻性,由于炼丹实

① 葛兆光:《宇宙、身体、气与"假求于外物以自坚固"——道教的生命理论》,《中国哲学史》1999年第2期。

验的目标——不死神丹是虚幻的,必然导致作为实验结果的丹药药效的不真实性;炼丹活动的封闭性——《内篇》所载炼丹原料虽达上百种,但常用的不过铅、汞、硫等少数几种,方法也少,主要是升华法,显得局限性很大,重复操作极多,几乎落入"有术无学"的境地。

可见,葛洪的炼丹实验与现代意义上的科学实验还相差很远距离。科学实验的基本特征之一,就是能够保持批判精神,不断扬弃以往理论与方法,但在葛洪这里,却走不出信仰的迷雾,缺失理性批判精神,对丹药不成、仙不可得,只能从没有仙命、鬼神不佑、个人心地不诚等宗教立场去阐释。在他看来,世人不得仙,主要归咎于信仰的缺失与实践的不力,即"不信不求"。《金丹》篇对此有深刻的描述:

> 世人饱食终日,复未必能勤儒墨之业,治进德之务,但共逍遥遨游,以尽年月。其所营也,非荣则利。或飞苍走黄于中原,或留连杯觞以羹沸,或以美女荒沈丝竹,或躭沦绮纨,或控弦以弊筋骨,或博弈以弃功夫。闻至道之言而如醉,睹道论而昼睡。有身不修,动之死地,不肯求问养生之法,自欲割削之,煎熬之,憔悴之,漉汔之。而有道者自宝秘其所知,无求于人,亦安肯强行语之乎? 世人之常言,咸以长生若可得者,古人之富贵者,已当得之,而无得之者,是无此道也。而不知古之富贵者,亦如今之富贵者耳。俱不信不求之,而皆以目前之所欲者为急,亦安能得之耶? 假令不能决意,信命之可延,仙之可得,亦何惜于试之。试之小效,但使得二三百岁,不犹愈于凡人之少夭乎? 天下之事万端,而道术尤难明于他事也。何可以中才之心,而断世间必无长生之道哉? 若正以世人皆不信之,便谓为无,则世人之智者,又何太多乎? 今若有识道意而犹修求之者,讵必便是至愚,而皆不及世人耶? 又或虑于求长生,傥其不得,恐人笑之,以为暗惑。若心所断,万有一失,而天下果自有此不死之道者,不亦当复为得之者所笑乎? 日月有所不能周照,人心安足孤信哉?

从哲学的角度看,葛洪修道思想和方法中最具特色和最有价值之处在于从本体论和认识论的高度来论证长生成仙的可能性。如前所述,葛洪把"玄"提升到本体的高度,把玄作为万事万物的共同本原或一切事物和变化的主宰。像葛洪这样用"玄"来概括神仙信仰所追求的最高目的,在道教史上还是第一次,其思想已显现出哲学理论的高度和超拔于世俗生活的文化特征。进一步说,"如果站在一种比纯哲学更广泛的社会文化的角度看,道教的神学信仰之玄,对此前道家而言,可以说是为之架设了一道走下哲学圣殿的桥梁,为公众开拓了一条逐步接近和理解道家哲学玄奥的途径。而对此后道教而言,则可以说神学信仰之玄开启了道教系统吸收道家理论的门径"。① 他强调,学仙修道必须立志、明师、勤求,"夫求长生,修至道,诀在于志,不在于富贵也。"(《内篇·论仙》)"仙者,唯须笃志至信,勤而不怠,能恬能静,便可得之。"(《内篇·辨问》)可见中国本土宗教之宗教信仰与操作实践在实现成仙目标上的重要意义。

---

① 卢国龙:《道教哲学》,华夏出版社 1997 年版,第 159、188—189 页。

# 第六章　葛洪人生价值观的反思

以"道"为本体,以"生"为载体,以"生与道合"为价值取向,构成了葛洪的人生哲学的基本内容。比照西方哲学,本体论、认识论、价值论各有着落,三位一体。葛洪生与道合的价值理念,正是中国传统哲学"天人合一"理论的特色。这一理念既反映了他那个时代士人对人生问题的思考与实践,也对现时代的人们"上不在天,下不在地"的生存困境具有启迪意义。

## 第一节　历史人文价值

葛洪作为两晋之际的一位知识分子,他以生与道合为主旨的生命价值观,不只是他个人人生历练的感悟,也是那个时代众多士人对生命时限与厚度的共同关注,同时又是儒道激荡通融互补的时代见证。

### 一、超越时空的生命愿景

在人类发展过程中,自然与社会给个体造成的最大心理刺激莫过于生命的结束。通常而言,个体生命"所忧者莫过乎死,所重者莫急乎生"。(《内篇·至理》)生死本是自然规律,出生入死是生命历程不可遏止的必然趋势,每一个体只有一张由生及死的单程车票,诚如葛洪所言,"里语有之:人在世间,日失一日,如牵牛羊以诣屠所,每进一步,而去死转近。此譬虽丑,而实理也"。(《内篇·勤求》)尤其是在战争与瘟疫面前,个体生命愈发显得脆弱,这不得不促使思想家们对人生作出更多更深的反思,这种反思对于葛洪而言,即是对个人生命时限与厚度的探究。

魏晋时期是中国前期封建社会发生大动荡的分裂时期。社会动荡不安,战乱连绵不断,门阀地主阶级内部斗争异常残忍,寻常百姓民不聊生,所谓

"出门无所见,白骨蔽平原"(王粲《七哀诗》),即是对当时社会惨景的真实写照。残酷的现实,更加激发了人们的生命意识,促使士人重新审视生命的本质与价值。有人借酒消愁,用加倍的放纵弥补生命的短促。据《世说新语·任诞》载:"步兵校尉缺,厨中有贮酒数百解,阮籍乃求为兵校尉。"阮籍求官入伍不为军功,意在厨房中贮存的美酒。到任之后,他整天"纵酒昏酣,遗落世事",酒一喝完,便离任而去。另有刘伶酗酒,其作《酒德颂》以言"酒人之志",且"纵酒放达,或脱衣裸形在屋中"(《世说新语·任诞》),放浪形骸,不顾礼法,甚至连性命也可不要。"天生刘伶,以酒为名",其人生旅途,可谓寸步不离酒。每次出门,总要带一壶酒,还要仆人扛把铁锹跟着,谓曰:"死便埋我。"(《晋书·刘伶传》)一旦醉死途中,即可就地掘坑而葬。

也有人弃官隐遁林泉,遗世而寄情山水。儒学的衰颓,玄学的兴起,佛教的传入,使魏晋士人失去了原先那种"天生德于予,桓魋其如予何"(《论语·述而》)的气魄和欲在政治上一展宏图的远大抱负,其时也没有了可依附的政治生态。天下纷纷,智者求退,于时无望,归隐山林,寻一块适意的空间,修心养性以尽天年。嵇康就是这样一位归隐山林的养生家。《晋书》列传第十九《嵇康传》有文曰:

> (嵇康)常修养性服食之事,弹琴咏诗,自足于怀。以为神仙禀之自然,非积学所得,至于导养得理,则安期、彭祖之伦可及。乃著《养生论》。……(嵇康)论曰:"夫称君子者,心不措乎是非,而行不违乎道者也。何以言之?夫气静神虚者,心不存于矜尚;体谅心达者,情不系于所欲。矜尚不存乎心,故能越名教而任自然;情不系于所欲,故能审贵贱而通物情。物情通顺,故大道无违,越名任心,故是非无措也。……是以大道言'及吾无身,吾又何患'。无以生为贵者,是贤于贵生也。"
>
> (嵇康)曰:……老子、庄周,吾之师也,……又闻道士遗言,饵术黄精,令人久寿,意甚信之。
>
> 康性慎言行,一旦缧绁,乃作幽愤诗,曰:……托好老庄,贱物贵身,志在守朴,素素全真。

从《晋书·嵇康传》的记载可知,嵇康著《养生论》,其重点有二:修性与服食。嵇康修性实乃受道家哲学的影响——"无以生为贵者,是贤于贵生也""贱物贵身,志在守朴,养素全真";而服食则是汲取道教方术——"饵术黄精,令人久寿"的要诀,本乎此,嵇康以为神仙虽是天赋异禀,非积学可得,然导养得理,仍可以延年益寿。

与嵇康类似,葛洪从具体的、感性的个人出发,引导人们养生修炼求得健康长寿的生存状态,并获得道德的完善和精神的自由;与嵇康又不同,葛洪认为神仙实有,长生可得,仙可学致,他将人们希冀长生的期盼推向极端,用得道之仙这一理想生命状态超越死亡。这无疑属于生命宗教的梦境。

葛洪继承道教乐生贵生的理念,肯定"生可惜也,死可畏也"(《内篇·地真》)。在他看来,就连富有理性的儒家圣人也"不乐速死",其《内篇·勤求》说,圣人"云乐天知命,故不忧耳,非不欲久生也。姬公请代武王,仲尼曳杖悲怀,是知圣人亦不乐速死矣",推而广之,"夫圆首含气,孰不乐生而畏死哉?"(《内篇·至理》)易言之,人人都是乐生而畏死。在葛洪眼中,与生相反的死,是最可怕的事情,"且夫深入九泉之下,长夜罔极,始为蝼蚁之粮,终与尘壤合体,令人怛然心热,不觉咄嗟"(《内篇·勤求》)。死亡既然如此恐怖可怕,那么,生命及其存在则是无比可贵,非常值得珍惜的了,这样就更是激活了其对保存生命并使之永恒不死的潜在心理情愫。在葛洪看来,长生是合乎天地生生之大德的:"天地之大德曰生,生,好物者也。是以道家之所至秘而重者,莫过乎长生之方也。"(《内篇·勤求》)生命及其存在是人生天地间最"好"(价值高)的事物,也是人们最喜"好"的事物,它就是天地之大德,是天地之间最为伟大崇高的神圣至"德"。换句话说,天地之大德在于生,现存之生乃本原之道的现象性具化,人效法天地之德亦应追求生、保持生乃至长生不老,最终与道合一、超越死亡。因此说,"道家之所至秘而重者,莫过乎长生之方也";"长生之道,道之至也,故古人重之也"(《内篇·黄白》);"夫神仙之法,所以与俗人不同者,正以不老不死为贵耳"(《内篇·道意》)。

《抱朴子·内篇》着力介绍了长生之术、不死之方,表达了作者对生命时限与厚度的极大关注,以及对主宰生命并使之与道合真的充分自信。

至于生命时限,葛洪一方面借鉴汉代的星宿学说及元气自然说,承认生命个体禀道受气皆有一定,形成各自殊异的个性,同时,他更加强调变化乃天地之自然律则,每人可根据这一律则改变现存状态,变化气质,役用万物,延年益寿乃至突破死亡而长生久视。究其质,气化哲学是葛洪超越死亡大限理念的理论基础。如果说这一基础尚属自然哲学,侧重于自然理性的一面,那么其对生命厚度、生命丰满度的关注,更多地体现了他的人文关怀,体现了他对道德理性的思考。在葛洪看来,得道成仙虽是个人行为,但任何个人都是社会的一员,没有完全脱离社会而孤立存在的个体,修道习仙不能弃世绝人,相反,应立世修德积善,促进人群社会更好的生存与发展,通过生命在社会层面的价值实现来增强生命内在丰满度。从善德与仙阶的量化关系中,不难看出善功对于仙果的基础意义。从这层意义上说,成仙之人就是道德圆满之人。再说,葛洪理想生命状态的仙人,不只是突破生命时限的不死之人,而且具备妙不可言的特异功能,其德其能具有让帝王稽首的超拔态势。也就是说,仙人既有圆满道德,又有特异功能,必然会充分利用其德其能去造福人类。这些在葛洪《神仙传》中随处可见。譬如,《神仙传·河上公》载汉孝文帝与河上公的故事:文帝好老子之道,但对于经书有不解之处;有人推荐河上公,说他能解惑。帝"即遣诏使赍所疑义问之,公曰:'道尊德贵,非可遥问也。'帝即驾幸诣之,公在庵中不出。帝使人谓曰:'溥天之下,莫非王土;率土之滨,莫非王民。域中四大,而王居其一。子虽有道,犹朕民也。不能自屈,何乃高乎?朕能使民富贵贫贱。'须臾,公即拊掌坐跃,冉冉在空虚之中,去地百余尺,而止于虚空。良久,俛而答曰:'余上不至天,中不累人,下不居地,何民之有焉?君宜能令余富贵贫贱乎?'帝大惊,悟知是神人,方下辇稽首礼谢曰:'朕以不能,忝承先业,才小任大,忧于不堪。而志奉道德,直以暗昧,多所不了。惟愿道君垂愍,有以教之。'"可见得道之人,不畏帝王权势,不为凡俗名利所困,其生存空间,"上不至天,中不累人,下不居地",神通广大,逍遥自由,就连贵为天子的人间帝王也羡慕不已。

不仅帝王对神仙之能力表示叹服,普通士人对道教健身之道也推崇有加,譬如颜之推(531—595年)《颜氏家训·养生》篇曰:

> 神仙之事,未可全诬,但性命在天,或难种植。人生居世,触途牵
> 絷……纵使得仙,终当有死,不能出世,不愿汝曹专精于此。若其爱养
> 神明,调护气息,慎节起卧,均适寒暄,禁忌食饮,将饵药物,遂其所禀,
> 不为夭折者,吾无间然。诸药饵法,不废世务也。庾肩吾常服槐实,年

七十余,目看细字,须发犹黑。邺中朝士,有单服杏仁、枸杞、黄精、术、车前得益者甚多,不能一一说尔。吾尝患齿,摇动欲落,饮食热冷,皆苦疼痛。见《抱朴子》牢齿之法,早朝叩齿三百下为良,行之数日,即便平愈,今恒持之。

颜氏见证了道人之养生效验,也受益于葛洪之健齿良方,特地撰文向家人推荐道门诸多行之有效的修养之道。由此可见,对生命健康的关注,对年寿时长的关切,实属人之常情。需要说明的是,葛洪承认每一个体都有不易之性,因此,他并没有把修道习仙作为唯一的价值目标来要求每一生命个体,他是通过仙人在德(仁及万物)与能(超越死亡)的双重肯定,来寄托对生命存在及其意义的重新定位,对生命价值的全新评估。在他那个时代,即使是一种宗教的生命诠释,无疑也是具有积极意义的。

## 二、返璞归真的人生践履

道家之学在汉初有了长足的发展,这便是黄老新道家。其"无为而治"的政治主张契合百废待兴的时局,得到统治者的倡导而大发异彩,"内修外养"的养生理念也与世人延年益寿的心理相共鸣而积淀人心。随着刘汉政权的巩固,武帝"罢黜百家,独尊儒术",学界注经之学风行,又因内部今古文之争,日趋烦琐,遂流于谶纬迷信,而渐趋衰落。经学的衰落,并不意味着儒者经世思想的衰变,相反,士人变通方式表达治世理念及社会理想。印度佛学的东传,菩萨说教的导入,诱发了本土宗教——道教(制度道教)的产生,道家自然哲学逐步衍变为道教生命哲学。这是因为,动荡的社会,频繁的战争,使得生命的问题(包括生命的本原、构成、存养及其价值与意义)已凸显为时代的主题,对于在道德理想与严酷现实夹缝之间求生存的知识分子,探究生命价值便是责无旁贷,于是涌现出关于生命价值的各种哲学思潮。

葛洪的人生价值观是以个体生命为立足点,以治世成圣或得道成仙为人生价值之所在。和中国古代许多知识分子一样,葛洪自始至终都怀有治国升平、拯救伦常的宏愿,但跻身庙堂、行政济民,并非每位士人都有机会,于是,他发愤著一部子书,畅言其志。葛洪自称《抱朴子·外篇》属儒家,论人间得失与世事减否,但他也明知自己并非"纯儒",而是力求做一个广纳儒、道、墨、法诸家思想的"文儒"。在《外篇·自叙》中,葛洪追忆自己年少时"但贪广览,于众书乃无不暗诵精持。曾所披涉,自正经、诸史、百家之言,下至短杂文章,近万卷……竟不成纯儒,不中为传授之师",这是一种无可奈何的感叹。葛洪最初的志向不过是"念精治五经,著一部子书,令后世知其为文儒而已"。历经磨难之后,著子书成一家之言以传后世的愿望得以实现,他自谦为"儒者之末"。客观地说,葛洪的"文儒"之志,如实地反映了当时儒家经学衰败、子书受到重视的学术潮流。早在东汉时就有学者对经生、腐儒进行批判,王充的杰出子书《论衡》亦不乏论述儒生、人才等内容的篇章,他把贤才分为文吏、儒生(世儒)、文儒(通人)、文人、鸿儒,至于什么是"文儒",王充说:"著作者为文儒,说经者为世儒。"王充是葛洪钦羡的对象之一,在《抱朴子》中,葛洪不仅称赞王充是"冠伦大才",为王充遭到世人菲薄予以辩护,而且《抱朴子》的著述很多方面都是刻意模仿《论衡》。因而我们可以推测,葛洪立志成为"文儒",极有可能受到了王充的影响。按照王充的分类,文儒明显胜似文吏和世儒,文儒既能博览群书、贯通古今,又能著书立论、灵活应世。在文论方面,传统儒家,以德行为本,文艺为末,自东汉末年始,士人乃有文德并重之说,如王充的"人无文德,不为圣贤'、曹丕的"文章为经国之大业,不朽之盛事"、陆机以子书未成为终身憾恨等等。客观地说,这些均可视为抱朴子成就子书、志成"文儒"的催化剂。

传统儒家认为隐士不具备入世的精神。因为在他们看来,入世精神实靠士人之入仕行为来体现。孔子言"学而优则仕"(《论语·子张》),子路谓"不仕无义"(《论语·微子》),即恰切地反映出了儒家入世精神。葛洪不以入仕作为士人入世精神体现的主要手段,而主张"以心入世"。在他看来,"以心入世"的思想并不违背儒家的基本精神,相反,它恰恰是从儒家"道尊于势"的道德主义原则中推导出来的。葛洪明言:"夫善卷无治民之功,未可谓之减于俗吏;仲尼无攻伐之勋,不可以为不及韩、白矣。"(《外篇·逸民》)他认为,善卷、仲尼虽不入仕然其德化万民、移风易俗之功超迈俗吏、韩信、白起。其实,葛洪以儒家所重之德化风教视为隐士入世精神的体现,尤其是在乱世,士人可以归隐山林,修身养性,著书议政,蒙童教化,承传淑世精神,这也就显示出了葛洪儒隐一体的意图。葛洪提倡隐遁,但又不排斥人事,他主张"出处任时",不拘泥定式,而应待时而动。

　　葛洪在对待儒道两种不同的文化时所采取的是一种尊道贵儒的态度,这种态度在《内篇·塞难》中有非常明晰的阐述。他讲"且夫养性者,道之余也,经世者,儒之末也。所以贵儒者,以其移风而易俗,不惟揖让与盘旋也。所以尊道者,以其不言而化行,匪独养生之一事也"。可见,葛洪之所以尊道,乃是为了追求一种"不言而化行"的理想境界,这种境界的达成又完全可以通过内求诸己的方式,完善自我的人格,充实自我的德性而实现。因此,从整体来看,葛洪尊崇道家道教文化,其旨归在于个体内在人格的修为和生命的超越自然的维度上。而他之所以贵儒,乃是为了实现其"移风易俗"的目的。他认为在治民安邦上必须奉守儒家文化,只有充分地运用儒家"礼"制纲维社会秩序,再参之于其他有为之手段,国家才能达到长治久安的目的。再结合"养性者,道之余也,经世者,儒之末也"来看,在葛洪的学术视阈中,儒道原本相通无碍。从这个意义上讲,葛洪尊道贵儒的实质就是内道外儒。

　　针对乱世之中知识分子的安身立命问题,葛洪设计山林之儒的人格形象,以言兼修儒道之志。山林之儒既怀儒家治世情结,又以道家(道教)全身为要,并以全身为治国的先决条件。若从儒道二家的生命终极价值关怀的角度看,山林之儒身上又集中展示了葛洪对儒家之圣人与道教之仙人的关系问题的看法。山林之儒显隐任时,出处同归,"其动也,则为元凯之表"——时机成熟,举动行事,治世希冀为圣,"其静也,则为逸民之宗"——时机不到,韬光养晦,修道以期成仙。在圣仙关系问题上,葛洪既不神化圣人,也不抬高仙人,而是把他们看作由不同的生活态度和人格理想选择所导致的两种不同的生命境界。"夫圣人不必仙,仙人不必圣"——这是他在圣与仙问题上的基本观点。具体来说,"圣人受命,不值长生之道,但自欲除残去贼,夷险平暴,制礼作乐,著法垂教";而仙人则要"闭聪掩明,内视反听,呼吸导引,长斋久洁,入室炼形,登山采药,数息思神,断谷清肠"(《内篇·辨问》)。可见,葛洪是把圣人和仙人当作两种不同的价值存在和生命境界来对待的:圣人侧重于治世的社会功用价值,仙人侧重于修身的个体生命状态理想,不仅如此,他还推崇儒道兼修、先治世后登仙的"长才"为最圆满的人格理想。

　　葛洪对儒家思想的承传可以从两个视角进行考量:"圣人不必仙,仙人不必圣"之说,是将儒道理想人格对举,此其一;另外,他将儒家伦理思想纳入道教戒律规范体系,以遵循人伦之道作为修习仙道的基本条件,此其二。前者,反映出葛洪作为儒者身份的修道之士的"文儒"情怀——经世济民;后者,体现了葛洪作为道士身份的儒者敬畏自然的生命情结——仙不弃世。在他看来,成就经世济民的社会价值,客观上需要相应的外在条件与社会氛围,但这些通常并非个人能力所及,个人只得变通途径与手段;而修道证仙,相较而言,更多表现为个人行为,对外在条件的要求相对较少,对个人要求也"不待多才",因而,在乱世习仙更具有现实可行性。"道成之后,略无所为,未成之间,无不为也"。儒家经邦济世的道德热情具化为道者入山采药、合丹服饵的生命操作的勇气与毅力,道家无为而治的政治理想置换成得道成仙之后的"略无所为","未成之间",尚需"无不为",譬如"立言助教""修德厉贪浊",促进社会整体价值的实现。

　　若从社会分工与个人职业选择来看,葛洪提出的山林之儒也为乱世文人的去就指明了一条生存道路。孟子亦言"穷则独善其身,达则兼善天下",不过他所谓"善"是从道德品行修养的路径进行,着重于道德生命的开拓与延绵,而葛洪却是以自然生命的存在为要义,以"生"为最大的"善",以生与道合为终极关怀。鉴于当时冶炼技术的长足发展,以及人们养生服食的迫切需求,葛洪倡导"假求外物以自固",鼓励更多高素质的士人从事炼丹服饵,而不必执着于从政入仕,因为在他看来,若欲为官行政惠及百姓,除了个人需要治世之"多才"之外,还需要具备很多外在的社会条件——后者对个人而言,往往是可遇不可求的。在乱世,这更是不可遇,亦不可求的。与其众人竞技于求仕之途,不如在生命自身寻求价值与意义。如若炼得不死之方,授之于人,令不枉死,则为"上功"。在葛洪看来,潜心炼丹,精心配药,是利己利人的善行,而这一活动又需大量高素质的士人的通力合作甚至是全身心的投入。修道之士以术合道,其术又有浅、深之分,"达其浅者,则能役用万物;得其深者,则能长生久视"(《抱朴子·内篇·对俗》)。有学者认为,这里所谓"浅者",系指掐诀、念咒、画符之类的符箓道术,直接目标是役使万物;所谓"深者",当为包括内丹、外丹在内的丹鼎道术,最终目的是长生久视,并进一步指出,役使万物、长生久视,以"造福于人类",正是西方"科学技术"的宗旨。① 我们认为,对道术之"浅者""深者"内涵所指,虽有仁智之见,但对道术的作用对象,却了无异议,那就是人体,包括人脑和心理活动,而且以术御道的终极目的,乃是为了人的生命生存、更好生存、永远生存,这也是包括西方人在内的全人类迄今乃至将来永恒的生命动力。葛洪主张从知识分子队伍中分流出一部分,让这批士人专门从事人体生命、生理及其活动的研究,这对促进人类健康发展无疑是有益的。对比军功国事业绩与救死扶伤免祸,其价值自见分晓。《内篇·释滞》曰:"世之谓一言之善,贵于千金然,盖亦军国之得失,行己之臧否耳。至于告人以长生之诀,授之以不死之方,非特若彼常人之善言也,则奚徒千金而已乎?设使有困病垂死,而有能救之得愈者,莫不谓之为宏恩重施矣。"军国得失,行己臧否,价值千金;而长生之诀,不死之方,岂止千金;救困扶危,把重病缠身的人从死亡边缘拉回,将他治愈医活,给他带来第二次生命,这更是莫大的恩德。从广义上说,人们的一切劳动和努力,一切养生学术的研究,保健食品的研制,都是为了提高对死亡的免疫力,延续生命的存在,提高生命的质量,丰厚生命的价值。今天的生命科学与技术,仍在揭示生命奥秘,探寻对生命及其过程的操作及驾驭,以更好地保障生命的健康。从某种意义上,不是可以说,这也是对葛洪思路的校正与延伸。

士人果真归隐山林,修心养性,其实就为得道成仙迈出了第一步。《内篇·明本》指出:"山林之中非有道也,而为道者必入山林,诚欲远彼腥膻,而即此清净也。"就是说,山林之中并没有仙道,但要想成仙须归隐山林。或者说,处士隐遁山林不必全是为了修炼仙道,但证成仙果一般要经过隐士修炼阶段,因为炼丹所用的原料都在名山深林,不隐就不能采到天然药物;再说,炼丹合药是一项极其神圣的事业,俗人秽气皆不能侵扰。正是在此意义上,葛洪鼓励士人入山修持,采药炼丹、体道合真,而且很多隐士深居简出,一心向道,逍遥自由,宛若仙人,难怪蜀学奇才刘鉴泉在《道教征略》中也说,"神仙亦只隐士耳"。

① 谢松龄著:《天人象:阴阳五行学说史导论》,山东文艺出版社 1989 年版,第 104 页。

# 第二节　现实人生启示

《抱朴子》的生命哲学从现实生命存在出发,以玄道为生命之本,以合道为价值指归。如果说要用几个关键词勾勒葛洪生命哲学的话,那么,"玄""道"、"生""命"、"圣""仙"①这几对范畴基本上就可以了。我们认为准确把握"生""命"的内涵是较好理解葛洪生命价值观的基础。

## 一、正视整全生命

在《抱朴子》中,"生"首先表现为"产生",是与死亡对举的生,如《内篇·塞难》中"夫虱生于我,岂我之所作? 故虱非我不生,而我非虱之父母,虱非我之子孙"。另外,"生"又指生命存在,如《内篇·金丹》言:"草木之药,埋之即腐,煮之即烂,烧之即焦,不能自生,何能生人乎?"是说草本药物不能自我长久存在,怎能让人服食之后就生命长存呢? 而生命长存就是长生,这正是葛洪极力追求的理想生命状态,他认为长生有道,古人就很重视长生之道。其《内篇·黄白》云:"长生之道,道之至也,故古人重之也。"而长生之道可学可得,如效仿龟鹤之道(导)引以延年遐寿,合成金银以服饵求仙,所谓"金银可自作,自然之性也,长生可学得者也"(《内篇·黄白》);"夫陶冶造化,莫灵于人,故达其浅者,则能役用万物,得其深者,则能长生久视。知上药之延年,故服其药以求仙。知龟鹤之遐寿,故效其道引以增年"(《内篇·对俗》)。可见,葛洪论述"生"有"产生""出生"之类的瞬间意义,也有"长存""永生"之类的时段意义,而瞬间意义的"生"是既定的,对每一生命主体都是源道禀气,本原不二,无须更多追究,但作为时段意义的"生",却是生命主体自己可以操作、可以把握的,这层意义的"生",葛洪常用"命"指称。

关于"命",《抱朴子》肯定它是"寿命""年命",而非"命运",并且"寿命在我者也,而莫知其修短之能至焉"(《内篇·论仙》)。生命主体如若能勤学勤求,得其术,尽其用,则寿命可延。葛洪引《龟甲文》说:"我命在我不在天,

---

① 圣人、仙人,都是生道合一的价值指称,前者侧重于社会层面,后者侧重于自我层面。

还丹成金亿万年。"（《内篇·黄白》）旨在说明，生命的长短实际上是由主体自己的修炼方法、修炼程度来决定的，那些长生久视者，就是得道的仙人，所谓"若夫仙人，以药物养身，以术数延命。"（《内篇·论仙》）仙人与凡人并"非异类"，只是突破了死亡大限而获得生命永恒、拥有绝妙精神境界的人。"境界是我们现在用来反映《抱朴子》中关于长寿者的精神状态的词语"，"《抱朴子》肯定长寿者的精神活动与未能长寿者的精神活动是不同的，且前者高于后者"，"并树立起长寿时的精神境界为提高精神境界的目标而立论"。① 联系葛洪的生命"形神"构成论思想，这一崇高精神境界无疑属于"神"的范畴，可以说，仙人仍是"形神互卫"的生命统一体，并且是"旧身不改"（《内篇·论仙》），而这"不改"之"旧身"（"形"）尚"须神而立"，即"形须神而立焉"（《内篇·至理》），足见，精神境界在生命存在与生命质量中的地位与作用。而"形神相须"、形神俱妙的理想生命状态，是凡人在有生之年，通过修为练就而成。这一说法即便不乏宗教的迷狂，但也少了几分神秘，给人更多的是现实可感性，因为生命的圆满状态不是来自神灵的拯救，更不需要以舍身害生为代价，只需笃信向道，勤炼身形，超拔境界，并且得道成仙就在今生今世，没有什么彼岸来世。

葛洪所谓"生""命"，就是指今人所言生命及其存在，"仙"是指生命主体通过对包括德行在内的诸多内容的修炼，而达成的长久延续不死的生命状态。作为一种生命理想，"神仙"是修道者的终极价值目标，在这一目标的背后，也流露出人们对生死这一生命历程之两端的普遍情愫，借用《抱朴子》所言，即"夫圆首含气，孰不乐生而畏死哉？"（《内篇·至理》）即使是富有理性的儒家圣人，也感叹"逝者如斯夫"，嗜望能"假我数年"，看来生命确实可贵，值得倍加珍惜。不过孔夫子之类的圣人是要在有限的生命中，作出尽量多、尽量大的事功德行，以不朽的道德成就生命的永恒，而在葛洪却是期盼以生命的修炼、操作，去探求生命自身的不朽，实现形神的相须不离。如果撇去其宗教神学含义，把葛洪那里的"神"诠释为对生命潜在功用神奇无比的推崇，"仙"理解为对生命逍遥自由状态的诉诸，那么，这种生命自为、夭寿自得的主体性意义便

---

① 岑孝清：《读〈抱朴子〉的"生""命"》，《中国道教》2006 年第 1 期。

是不言而喻的。至于"命"与"仙"之间的关联,葛洪究竟是持怎样的观点,我们认为这就不可避免地要从"命"的另一层含义及其与"力"的关联中展开讨论。

葛洪一方面认为个人禀气受命各不相同,其中禀赋之优者,值圣为圣,值仙为仙,另一方面,又说成圣登仙,事在人为。一般而言,若由禀赋决定结果(结局),当属命定论,此时,人力只能改变过程而不影响最终结果;反之,若是强调结果(结局)源自人力,是人力主导事情发展的过程与结果,当属非命定论。在葛洪这里,是否出现了"命"与"力"的自相矛盾。我们认为,这一问题应放在葛洪生命哲学具体的语境中去分析。为了使问题简洁清晰,我们撇开圣人,仅以仙人为例,剖析禀气、修为与仙果之间的关系。

《内篇·塞难》曰:"命之修短,实由所值,受气结胎,各有星宿。命属生星,则其人必好仙道。好仙道者,求之亦必得也"。《内篇·辨问》亦云:"按仙经以为诸得仙者,皆其受命偶值神仙之气,自然所禀。故胞胎之中,已含信道之性,及其有识,则心好其事,必遭明师而得其法,不然,则不信不求,求亦不得也。"这里"命"是指"结胎受气"的先天之命,亦即现代话语中的"天赋""潜能"。葛洪援用汉代的星宿学说及元气自然说,认为每个人的先天禀赋不尽相同——"人生先受精神于天地,后禀气血于父母"(《内篇·勤求》);"受气各有多少"(《内篇·极言》)——有人"含信道之性""心好此事",有人则"不信不求"。由这种先天有别的禀赋,引出各不相同的价值取向,或者说,每个人都根据各自的固有素质,选择自己的行为方式,把各自的潜能实现出来,这一过程就是潜能的现实化过程,而这一过程是靠人力有为来实现的,就是说,"力"是贯穿于潜能实现过程的始终的,而潜能需通过力为才能转化为现实。譬如老子之师元君,"天下众仙皆隶焉,犹自言亦学道服丹之所致也,非自然也"(《内篇·金丹》);再如传说中的黄帝,虽"禀仙气","生而能言",但他也"不能端坐而得道"(《内篇·极言》)。在葛洪看来,"禀仙气"只是成仙的一个条件,用逻辑学的说法,仅是充分条件,而"勤求"力为也是成仙的一个条件,并且同样是充分条件。前者无疑就是人们所谓"命",后者正是人们常言"力","命"与"力"的结合,共同组成"成仙"的充分必要条件,二者是缺一不可的。可以看出,葛洪所谓"禀仙气"之所禀,乃现代话语的"先天潜能",并非所谓的命运必然性,有葛洪所言"我命在我不在天"佐证。如果说"我命"是一种必然,岂不成了"我命在天不在我"? 诚然如此,他撰写《内篇》畅谈延年益寿、长生成仙,意义何在? 他一再强调成仙重在后天努力,《勤求》篇诠释了他的良苦用心,如说:"然求而不得者有矣,未有不求而得者也";"然未有不耕而获嘉禾,未有不勤而获长生度世也"。这里的"勤求"即力为。

葛洪所说"勤求",有两方面的含义:一为"勤求明师",二为勤于"校验"。由于道教有道不外传和择贤而授的传统,为学者不勤求明师则不得真传,即"先师不敢以轻行授人,须人求之至勤者,犹当拣选至精者乃教之,况乎不好不求,求之不笃者,安可炫其沽以告之哉?"再说体道习仙的修行,不仅涉及仙学可成的信仰问题,而且关联尝试校验的"实证"经验。葛洪说:"假令不能决意,信命之可延,仙之可得,亦何惜于试之。试之小效,但使得二三百岁,不犹愈于凡人之少夭乎?"(《内篇·金丹》)炼丹合药是复杂的试验活动,"药当先试造金,金成即丹成也。金若不成,丹亦未成,更须飞之。……其浓丹滓乃将作银,亦可依此以滓试之矣。"(《黄帝九鼎神丹经诀》)还丹大药制备出来后,先试作点金之用(其浓丹沉淀物可试作点银),若有效,表明丹已成;若无效,表明丹药未成,须进一步飞炼。[1] 葛洪认识到实验验证的意义,《内篇·塞难》说:"顾曾以显而求诸乎隐,以易而得之乎难,校其小验,则知其大效,见其已然,则明其未试耳。"基于丹药对成仙"校验"的有效性的执着,葛洪《内篇·至理》说,"亦有以校验,知长生之可得,仙人之无种耳"。

从"受命偶值神仙之气"这种蕴含仙人天赋(潜能)的生命状态,到"信命之可延"与信仰结合的现实生命形式,再到长生不死的高级生命理念,"命"的内涵各不相同,其间"勤求"之类"力"的介入是关键性因素,正是"力""变化人的气质"[2],使潜在的可能转化为"实在"的现实。

简单地说,先天仙命,需配以后天之力,方获得仙果。按照葛洪的逻辑,如果说某人没有成为仙人,那么是因为这人或许缺乏仙人禀赋,或许努力不够,或许两个条件都不具备。现实生活中,人们的禀赋是一种不易显见的可能性

① 盖建民:《道教科学思想发凡》,社会科学文献出版社2005年版,第48页。
② 汤一介:《魏晋南北朝时期的道教》,陕西师范大学出版社1988年版,第169页。

存在,难以说清谁有谁无仙命,因此,只有强调后天人为,要通过"力"的介入,使潜在的可能现实化,把禀赋实现出来。这一推理如果不是用以证明仙人有无问题上,就纯粹逻辑层面讲,是不无道理的。即使是在科学昌明的今天,每一生命个体都在不断提升自己的品位、完善自己的人格,从某种意义上说,人们都是以自己的先天禀赋为起点,在不断地实现着潜在的素质,至于每人的生命极限,个人最高成就(广义的),都是难以定论的,因为人寿极限的弹性和个人能动性相当可观,每个人潜在的禀赋(或者说是基因遗传)难以限量,也不可估量。葛洪《抱朴子·内篇》或许已经意识到这一点,他把个人生命自身价值的充分实现形式,用理想中的仙人现象表达出来,并立足现实的凡人,建构超凡入仙的长生成仙的生命价值学说。葛洪并未把长生成仙的生命价值学说停留在神秘主义幻想之中,而是将其理性化、方术化,即变为可以理解和操作的实践过程。

客观地说,老与死在个体生命历程中虽不可避免,但是它们的临近的时间表却是非常有弹性,可借助人力而改变。同样是生活于天地之间,有人"半百而衰","自之死地",有人却"百岁尚健,犹能生子",享受生之欢娱。这些在现实生活之中都有鲜活的例证。另据科学研究报道,人体细胞每0.24年分裂一次,最多可能分裂500次。所以一般情况下,人的可能寿命是120岁。但是,无数事例证明,即使是120岁,也不是最大极限。可见,人寿极限的弹性和能动性是多么令人乐观。从这层意义上说,葛洪的"我命在我"强力躬行的生命理念,至今仍有借鉴价值。

## 二、立足德性生活

葛洪的人生价值观,体现了儒家和道家修道积德的传统思想,他不仅倡导"尊道贵德"的价值理念,而且视道德为生命重要的内在组成部分,赋予生命以德性内涵。道德作为伦理学的一个核心范畴,其内涵是与时俱进的。今天的道德是对一切以往道德的批判与发展,无论它获得多少新的内容,然而,德性生活总是时代的价值目标。

生命价值的体现无外乎两种,一种是生命对于生命主体的意义,另一种是生命主体对其生存的社会群体的价值,前者反映生命的自我价值,后者反映个我与他者的关系意义,或者说,生命的自我价值是一种目的价值,生命的社会价值是一种工具价值,而目的价值和工具价值是生命价值不可或缺的两个方面,因为对于任何一生命个体而言,其生命的获得是一自然过程,其生命存在又是一社会过程,作为自然的存在,他有自在的目的与价值,作为社会的存在,又有为他的责任与义务。世界上没有完全意义上的离群索居、寡然独处的个我,也没有抽象空洞绝对排斥个我的社会,这样看来,个人与社会也就是一种相即不离的关系。这种关系在人类历史衍进的过程中,总是在动态中相互制约、相互平衡,从个人终极的价值追求来看,个人又一直试图超越社会必然,力求获得自由与幸福,但这种自由与幸福的获得又不能离开社会历史的现实基础,并且,也只有立足于社会现实,将个人生命融入现实社会生命洪流,才能获得真实的自由与幸福。易言之,生命价值总是在自我与社会两个层面展开并获得不同程度的实现。

生命自身价值的实现与获得是在个我生命之内用功夫。要实现生命自身价值,就是要善待自己,珍视生命,德行生活。在葛洪的价值体系中,价值源头在道、在天,价值取向在人、在心,价值生成靠脚踏实地、强力躬行。“道”是世间万殊的总根源和总法则,也是人的效法对象与价值归旨;人是“道”的产物,也是“道”的体现。如果说“道”是万物之所共由的根本,“德”是个我之所自得的依据,那么就可以说人是道德的载体,而且,德行是人性中天然就有的,“德”之“应然”和“道”之“实然”是有机统一的,过有德行的生活就是对道的遵循,也是对道的回归。德行生活反映在生命自身价值实现层面,就是要将日常生活,包括饮食起居、知情意行都纳入价值体系,使自己生活的方方面面、生命历程的时时刻刻都富有意义与价值。

日常生活的德行化,生命历程的意义化,并非对现实生活的抽象化,而是对生命价值的细化与具化。说到底,德行生活就是要在日常生活都要合乎于道。在葛洪看来,只有遵循道、过有德行的生活,才能使人返于道、生与道合,力求生道合一,实现生命价值。德行生活,意味着生活中应持德禀性,而所持之德、所禀之性乃生命自身内具,因此,德行生活即秉任生命本真之性而生活,它是建立在对生命本真的领悟的基础之上。在日常生活中,德行总是体现为一定的原则,直接表现为个人行为举止的适当,表现为对事物需求的度的把握。葛洪肯定人们现实生活中的正当需求,他说,饥饿寒冷让人难以忍受,贫困低贱亦为人难以承受,即"饥寒,难堪者也","困贱,难居者也"(《外篇·酒诫》),认为"人道当食甘旨,服轻暖,通阴阳,处官秩,耳目聪明,骨节坚强,颜色悦怿,老而不衰,延年久视"(《内篇·对俗》),同时,他又认为"情不可极,欲不可满",因为"生生之厚,杀哉生矣"(《外篇·知止》)。意思是说卫生养生条件过分丰厚,违反摄生之道,就会戕害生命。在《抱朴子养生论》中,葛洪进一步指出日常生活中有 12 种过左行为有害于身体健康,他说,"多思则神散,多念则心劳,多笑则藏腑上翻,多言则气海虚脱,多喜则膀胱纳客风,多怒则腠理奔血,多乐则心神邪荡,多愁则愁鬓憔枯,多好则志气倾溢,多恶则精爽奔腾,多事则筋脉乾急,多机则智虑沉迷",并认为它们"伐人之生,甚于斤斧;损人之命,猛于豺狼"。葛洪结合中医理论,指出了日常行为的不当对身体器官的危害,对生命精气神的损伤,提出养生之道在于"保和全真","恬淡自守":"心内澄,则真神守其位,气内定,则邪物去其身。行欺诈则神悲,行争竞则神沮。轻侮于人当减算,杀害于物必伤年。行一善则魂神乐,构一恶则魄神欢。常以宽泰自居,恬淡自守,则身形安静,灾害不干,生录必书其名,死籍必削其咎,养生之理,尽于此矣。"(《抱朴子养生论》)葛洪这里羼入了"善""恶"与生命夭寿关联的因果报应说,如果撇开这一宗教观点,从心理调节角度来看,培养恬淡、少欲的心性,做到齐得失、外爱恶、等穷通,使自己保持平和、清澄的健康心态,通过这种精神状态,自然可以提高自身肌体免疫力,如同《外篇·广譬》所言,"若夫通精元一,合契造化,混盈虚以同条,齐得失于一指者。爱恶未始有所系,穷通不足以滑和",不求于道,而道自归之,无为而自得。再说,"得人者,先得之于己者也;失人者,先失之于己者也。未有得己而失人,失己而得人者也。"(《外篇·广譬》)其于为恶者,虽则动机本是损人以利己,实则害人必先害己,伤人最伤己。伤及人,必失于己;修之此,必得之彼,故"德者得也","得"者亦"得生"也。

如果说适性养生是葛洪德行生活的重生活习性培养的一方面的话,那么,可以说主张提升品德、精深学问则是葛洪德行生活的另一方面。葛洪看到世人为贪婪追求更多的声名财富,身心憔悴,失去自主与自由,他力主重新树立一种不同于世俗观念的价值观:"荣位势利,譬如寄客,既非常物,又其去不可得留也。隆隆者绝，赫赫者灭，有若春华，须臾凋落，得之不喜，失之安悲?"（《外篇·自叙》）荣华富贵如过眼烟云，为之扰乱心绪是不值得的，只有品德的高洁与学问的精深才是值得追求和引以为豪的财富和尊贵："立德践言，行全操清，斯则富矣，何必玉帛之崇乎？高尚其志，不降不辱，斯则贵矣，何必青紫之兼拖也?"（《外篇·广譬》）"六艺备研，八索必该，斯则富矣;振翰摛藻，德音无穷，斯则贵矣。"（《外篇·安贫》）他将恬淡这一道德要求与闻道得道的终极生命追求联系起来，认为淡泊于权位财富是得道之人所具有的心态。权位财富是世人生活的价值追求，适度获取有利于生命的保存与发展，若为之迷而不反，则是为求取养生之具，而丧失生命自身，误将工具视为目的，并且舍本逐末，这是违道害性的。权位财富是生活的一部分，但并非生命本真（道），生命本真素朴淡泊。外物不乱性命素朴，贫贱不改合道取向。"栖重渊以颐灵，外万物而自得。"（《外篇·安贫》）"得"什么？得生命自然之真，得道。

在葛洪看来，人作为道德的载体是具有主体性的生命存在，能够通过自我日常生活的修炼去完善在现实生活中日益削弱了的生命素朴本性，去自觉地进行道德践履，完善自己的德行，从而进入道德自由的境界，不再被动受制于礼法规范，不再需要借助外力或内心的压力强行压制自己，使自己合乎社会的要求。这样，道德不再是高高在上、外在于人的，"德"在修炼的过程已经融进自我生命，渗入日常生活的每一个角落。人是自由自觉的，人们对道德规范的遵守不是因其约束力，而是实现生命自身价值的内在需要，修德心、炼德行是自然而然的价值实现与获得过程，人们遵守道德却并不感到它对人的约束和压制。在这个境界中，生命主体克服限制，打破束缚，率性而为，获得了在道德面前的自由。

生命的社会价值的获得与实践，也是以个人生命为基础，"任何人类历史的第一个前提无疑是有生命的个人的存在"。[1]个体生命不仅是人类历史的出发点，也是人类历史所追求的目标。在葛洪看来，宇宙生命同源同质，世间万殊皆有道性，在获得道性上是没有区别的，任何事物在任何一个起点都可以修道，从任何一个方面沿着任何一条道路都可以通往道，在"道"面前万物平

---

[1]　《马克思恩格斯选集》第1卷，人民出版社1972年版，第35页。

等,无不具有追求生存的权利及获得生命价值的自由。这就是说每个人都是平等的,每个人都有持德率性追求生命价值的平等权利。既然如此,人们之间应相互尊重。在追求自身价值实现的同时,也应尊重他人价值的实现,尊重他人的选择,尊重他人的个性。作为社会的一员,成就自己是在成就别人的共生关系中实现的。成就别人就是促成别人率性而为,使其自身性分价值最大限度地实现出来。每一个体都是社会网络里的一个端点(元件),对这一网络的维护与拓展具有独特而不可替代的价值,而每一端点(元件)只有充分发挥其功效,整个网络的运营效能才会最优。反过来,强势的网络的优越性也正在于为每一端点(元件)提供了施展自身价值的平台,并让每一端点(元件)之间协调运作。每一端点(元件)不能离开它所在的网络,否则,其功用得不到发挥;整个网络如果没有支持它的端点(元件)的运作,这个网络就会瘫痪而毫无价值。需要说明的是,这个比喻有不尽恰当之处,网络与其中的端点(元件),毕竟是技术运用之中的关系,网络可以改造升级,元件可以置换,而个体生命与社会生命之间,尤其是个体生命的不可替代性,"任何人不可仅仅被当作工具,而同时应永远地把他当作目的"。(康德语)人可以通过服务社会来实现对他人、社会、人类的意义与价值,但这是以自身自觉为前提,社会价值的获取以个人生命的存在为基础,是生命内具德行的外化,是生命价值的对象化展现。

总之,作为知、情、意的统合体,尤其是作为有自由意志的生命存在物,人能够控制自己的动机和行为,没有任何力量能够剥夺一个人的德行。践行德行是符合本性的事,是人性尊严的体现与要求,也是人的责任与义务。过有德行的生活要求我们首先珍视生命、善待自己,对自己负责,因为生命是大自然给予我们最有价值的礼物,顺遂自我本性,开发生命潜能,实现生命价值,过身心健康的生活才是合乎道德的。过有德行的生活要求我们对社会负责,因为人是社会存在物,生下来就负有此世间的责任。人应该依天性而行动,尽量施展自己的才能,履行社会责任,服务社会人群;应该不断完善自己的德行,使自己的行动符合社会规范的要求,并与社会协调,以促进人类的整体利益。过有德行的生活,要求我们在考虑人生目标时应兼顾社会的福祉和公共的利益,以使我们的行动对社会有益,从而改善社会环境。当我们拥有德行时,我们就能直面人生的卑微,超越痛苦,摆脱烦恼,就能获得身心的健康,就能获得生命永恒的价值,过上幸福的生活。因为,人生的幸福就在于道德的完善,潜能的展现,有德行的生活就是幸福的生活。

### 三、尽伦循理养生

所谓伦理养生,是对"以伦理修养为特征的养生方式与养生结果的概括",此时,伦理并非一般意义上的道德说教,却"成为一种养生的技术形式",通过这一形式,使原本属于道德范畴的东西,"由于生命意识的贯注而导致了'过程化'和'技术化'"。[①] 也就是说,伦理已内化于生命历程,生命被烙上道德印迹,伦理道德与生命康寿贯通起来——养生者通过伦理体认、道德修持诸方式与途径,臻于净化身心、变化气质、升华生命之目的。对于道教,可以说,这是一种以伦理道德与生命夭寿之内在关联为理论预设,以劝善去恶为修持内容,以长生久视为生命愿景,着力探讨以德延年的一种生活化道德学问,也是一门伦理化修养功夫。葛洪论养生便具有如此特征:他既注重"以忠孝和顺仁信为本",又强调以"慈心于物""仁逮昆虫"为用,将养生延年益寿证仙诸活动打上道德烙印,并倡导"假求外物"优化生命性能,以良德善行增益生命长度,促进长生久视。

#### (一)"忠孝和顺"以保身

人是社会的存在,个人总是处于特定人伦关系之中,位于社会人际网络的某个节点,这是不可否认也无法回避的。个人生存与社会存在,尤其是与人伦社会秩序,其关系相当重要。一方面,和谐顺畅的人世秩序是个体健康生活的社会条件,是个人颐养天年的重要保证;倘若社会失序,人们就得为之枉费精神、虚耗气力,这将直接影响到个人生活品质。另一方面,即便外在的社会秩序井然有序,也并不意味着就会直接带来每位社会成员的健康生活,因为良好的社会生活秩序不仅需要个人对伦理规范有心理认同,而且需要个人去切实维护与遵守,关键应从生命意识出发,从社会伦理视角,从社会生命共在与个体生命自存之内在关联中去体认、去力行。葛洪于此,提出"忠孝和顺"以保

---

① 　詹石窗:《道教科技与文化养生》,科学出版社 2005 年版,第 13 页。

身之说：

> 欲求仙者，要当以忠孝和顺仁信为本。若德行不修，而但务方术，皆不得长生也。①

葛洪主张炼养身体、修德证道应不离社会人伦。其所谓修德证道之"道"，蕴含儒家伦理之道，他在《抱朴子内篇·明本》明示，"道也者，所以陶冶百氏，范铸二仪，胞胎万类，酝酿彝伦者也"。此处"彝伦"即人伦道德。传统儒家以此见长。在葛洪看来，人伦道德乃人们养生实践的社会必要条件，"忠孝仁信"等德目是生命修为的基本内容，遵循人伦社会规范是修德体道的基本功夫，也是证仙合真的下手之处。于是，磨砺德行、和顺人伦便与养生实践对接起来。

在传统社会生活中，礼法是和谐人伦关系、维系社会秩序的重要保证。葛洪认同礼法对人之生存的不可或缺，在他看来，"盖人之有礼，犹鱼之有水矣。鱼之失水，虽暂假息，然枯糜可必待也。人之弃礼，虽犹觍然，而祸败之阶也"。② 而且，循礼守法是人之亲缘情感的自然流露，是人之生命的内在必须，并非外在强求，因此，也不必在意那些外在形式。

> 安上治民，莫善于礼。弥纶人理，诚为曲备。……人伦虽以有礼为贵，但当令足以叙等威而表情敬，何在乎升降揖让之繁重，拜起俯伏之无已邪？③

在葛洪那个时代，"孝"被视为人伦道德的始点与基础，"忠"乃"孝"的延伸与放大，二者是礼法制度的主要构件。在葛洪看来，以忠孝为主要内容的礼法制度的存在，是生命和谐共处的客观要求，有其合理性与正当性，对个人而言，尽忠行孝不只是礼法制度之外在要求，更是个体生命自存之内在必须，它既须生命主体的内在认同，更须付诸日常的道德践履。因为行为之善恶，不啻在于是否合乎礼法之规定，更体现为对个体生命安危利害之运思。在葛洪那里，保全性命为善，"慢人""轻斗"为恶——"且夫慢人者，不爱其亲者也；轻斗

---

① 王明：《抱朴子内篇校释》（增订本），中华书局 1985 年版，第 53 页。
② 杨明照：《抱朴子外篇校笺》（下），中华书局 1997 年版，第 7 页。
③ 杨明照：《抱朴子外篇校笺》（下），中华书局 1997 年版，第 80 页。

者,不重遗体者也。皆陷不孝,可不详乎!"①循礼守法不仅出于对他人生命的
尊重、对社会秩序的维护,更源自对自身生命存在的需要,本于对自我整全生
命发展的考量。因为"慢人""轻斗"皆陷入"不孝"之境地,而"不孝"又缘于
对身体之危害,即对生命之"不祥"(此处,"详"通"祥")。由此可见,遵循礼
法、持守孝道并非目的,安顿身心、保全性命才是根本。易言之,"忠孝和顺"
也是为了保身护命。倘若言行危及生命,则有悖生命大道,这是葛洪所诟
病的。

《抱朴子·外篇·刺骄》以戴良、阮籍不拘礼节、"傲俗自放",落得"速祸
危身"、于世难容为佐证,奉劝世人切莫"遵修其业"、重蹈覆辙。

> 世人闻戴叔鸾、阮嗣宗傲俗自放,见谓大度。而不量其材力,非傲生
> 之匹,而慕学之:或乱项科头,或裸袒蹲夷,……此盖左衽之所为,非诸夏
> 之快事也。夫以戴、阮之才学,犹以蹉跎自病,得失财不相补。向使二生
> 敬蹈检括,恂恂以接物,兢兢以御用,其至到何适但尔哉! 况不及之远者,
> 而遵修其业,其速祸危身,将不移阴,何徒不以清德见待而已乎?②

戴良(字叔鸾)、阮籍(字嗣宗)乃汉魏名士。在葛洪看来,戴阮二士虽才
高旷达,仍不可遗世孤行,而应恭敬处世、检点行为,谦和谨慎待人接物,戒惧
持重约束自我;凡夫俗子更不可跟风模仿,否则会落得东施效颦,贻笑大方,甚
至速祸危身。这是因为,个人若不能协调好与社会的关系,那么其生存就举步
维艰,难立于世,最终会危及身家性命。

现实生活中,骄傲自大,目中无人,愤世嫉俗,不可一世,带来的往往是人
与人的关系紧张,人与社会的冲突对立,在这种紧张对立的人际关系与社会氛
围中,个人的生存要承受更大的精神压力,随之会产生很多负面的情绪反应。
雷久南博士在《身心灵整体健康》中指出,负面情绪会贻害身心健康,不同的
负面情绪引起不同部位的癌症:"对死亡的恐惧,能引起肺癌;母亲与子女对
立,能引起左边乳癌;与一般人对立,能引起右边乳癌;在工作业务上的纠纷,
能引起直肠癌;被人欺负而怀恨在心,能引起肝癌;因工作或生活上的改变而

---

① 杨明照:《抱朴子外篇校笺》(上),中华书局 1991 年版,第 605 页。
② 杨明照:《抱朴子外篇校笺》(下),中华书局 1997 年版,第 29—32 页。

感到生命茫然,能引起骨癌;与家人之间的矛盾,能引起胃癌……"①

常识告诉我们,负面情绪与过多过大的精神压力都会影响到个人的行住坐卧,严重者会使人食寝难安。倘若长此以往,个人健康必将受损。人们若仍不觉醒,也不矫正,又何以长生久视?《抱朴子·内篇·对俗》昭示:"人有明哲,能修彭老之道。"——自见之谓明,明智之谓哲。个人之明智,乃修得长生久视之道的前提条件;若自视过高,乃自毁生路,实非明智,即无缘长生——就道德规范而言,循礼守法,和谐人伦,顺世而为,明哲保身,仍不失为人生一基本生存智慧。

**(二)"慈心于物"以延年**

葛洪的伦理养生观点注重以维护纲常伦理为前提,但又并非仅为维持一种礼法制度而尽忠行孝,而是着重以道德之善促进身心健康,同时,他并非将此美德善行只局限于人伦社会,还要扩充到"山川草木"天地万物,并且,一方面倡导"慈心于物""仁逮昆虫"等生态伦理精神,另一方面主张"假求外物以自坚固"等延年益寿技术,并以役物自固为其宇宙生命伦理的功用价值。

> 山川草木,井灶洿池,犹皆有精气;人身之中,亦有魂魄;况天地为物之至大者,于理当有精神,有精神则宜赏善而罚恶,但其体大而网疏,不必机发而响应耳。②

在葛洪的生命理念中,万物同源同构,都是道生气化的显现与存在;包括山川草木、河池灶井、人身天地在内的每一存在物,无论是生物还是非生物(近现代科学意义上的),无不秉精含气、持魂着魄,都是"道"的表现形式。其中,"魂"属精神,"魄"属形体,"魂""魄"的不同组合,便形成形态各异、功能有别的生命体;这些生命体精相类,气相合,神相会,一起组成了宇宙生命共同体。这一生命共同体蕴涵一种精神。"这种精神就是调和。自然万物没有优劣之分,任何事物都被赋予了特有的作用,以帮助其他的生命。"③只有了悟宇宙生命奥秘的人,才能明白自身在宇宙世界的地位与作用,找到自身生存的恰

---

① 傅荆原:《不养而养——养生的至真境界》,洪昭光主编:《养生大讲堂》,燕山出版社 2006 年版,第 58 页。
② 王明:《抱朴子内篇校释》(增订本),中华书局 1985 年版,第 125 页。
③ [日]江本胜:《水知道答案》2,李炜译,南海出版公司 2009 年版,第 169—170 页。

当方式与生命发展的合理途径。在葛洪看来，"夫陶冶造化，莫灵于人"（《内篇·对俗》），人之灵性足以把自己与万物的关系协调起来，用伦理原则来调节物人关系，把道德关怀的对象扩展开来，延伸至宇宙万物，于是便有"慈心于物""仁逮昆虫"的伦理诉诸：

> 然览诸道戒，无不云欲求长生者，必欲积善立功，慈心于物，恕己及人，仁逮昆虫，……手不伤生，口不劝祸，见人之得如己之得，见人之失如己之失，不自贵，不自誉，不嫉妒胜己，不佞谄阴贼，如此乃为有德，受福于天，所作必成，求仙可冀也。①

在这个宇宙生命伦理体系中，葛洪主张人应立正自身的位置，做到"不自贵""不自誉"，仁慈于物，这种伦理观点不同于"人类中心主义"；同时，他凸显"人之明哲"，强调"役用万物"，追求"长生久视"，亦有别于"非人类中心主义"；既倡导生命至上的道教理念，又充分肯定并彰显人的灵性，主张通过灵性之"我"在现实生活中通过对"道"的生命领悟，经由"生道合一"的炼养实践，修得长生久视之道，来体现人的大生命智慧，诚如《内篇·对俗》所言：

> 故达其浅者，则能役用万物，得其深者，则能长生久视。……人有明哲，能修彭老之道，则可与之同功矣。②

葛洪这种珍生惜命、以物延年的生命伦理观念承袭了道教"仙道贵生"的价值传统，秉持了养生延年、修道合真的道教宗旨，除此之外，他尤其推崇役物自用的炼养技术，明确提出"假求于外物以自坚固"之说，及合药服饵不朽成仙之论，并视人工合成之"还丹金液"为"仙道之极"。

在葛洪的经验世界里，万物一体，其性可易。他认为，五谷、草木均为易朽之物，"烧之即烬"，却能够活命延年，而金丹等"上品之神药，其益人岂不万倍于五谷耶？夫金丹之为物，烧之愈久，变化愈妙。黄金入火，百炼不消，埋之，毕天不朽。服此二物，炼人身体，故能令人不老不死。此盖假求于外物以自坚固，有如脂之养火而不可灭，铜青涂脚，入水不腐，此是借铜之劲以扞其肉也。金丹入身中，沾洽荣卫，非但铜青之外傅矣。"（《内篇·金丹》）

---

① 王明：《抱朴子内篇校释》（增订本），中华书局1985年版，第125—126页。
② 王明：《抱朴子内篇校释》（增订本），中华书局1985年版，第46页。

葛洪所谓"黄金",并非天然黄金,而是由多种原料配伍炼制而成的可服食的药用黄金,他说:"又化作之金,乃是诸药之精,胜于自然者也。……且夫作金成则为真物,中表如一,百炼不减。故其方曰,可以为钉。明其坚劲也。此则得夫自然之道也。故其能之。"(《内篇·黄白》)服食人工炼制的药金,能够一次就摄取其中所含的"诸药之精",功效固然要远远超出只含一种精气的自然之金了。黄金具有不朽之性,借由服食黄金,服食者便获得黄金不朽之性,从而炼得不朽之身,这便是葛洪理想的生命状态,即不死之仙。

由此可见,在宇宙生命系统中,关于人与物之生命伦理关系,葛洪既主张"慈心于物",又倡导"假求于外物以自坚固",即通过合药服饵,炼得不朽之身,强调在慈爱与役用之间的明哲睿智,这一伦理智慧对于化解当今不断恶化的生态危机不无借鉴意义。

近现代工业文明是建立在物我二元对立的基础上,并以征服、占有外物来凸显人的主体地位;当今社会最大的顽疾就是不断刺激人的欲望,让人不断向外观望,向物索取,驱使人去不断获取更新、更多,去追求所谓的"优越感",去强化所谓的"主体性"……由此带来的却是人与生态环境的空前紧张。如果说"慈心于物"表达的是包括道教在内的"爱与感谢"的宗教情感,那么,或许可以说,这种仁心善意是化解当今生存困境的一支清醒方剂。我们知道,水是生命的表征,生命之事可以以水反观。日本江本胜博士通过水结晶实验,试图揭示"生命的答案":江氏做法是让自然水"看"文字、"听"语言,使其对比感受"感谢"与"混蛋"两组不同的信息——得出如是结论:"无论是日语、英语、德语,还是其他语言书写的'谢谢',水看到后,其结晶都非常整齐而美丽。与此相反,只要是看了带有侮辱及攻击性的,例如'混蛋'等字眼,而不管是哪个国家的语言,水都散乱得无法形成结晶,而且样子惨不忍睹"。[1] 倘若水结晶实验可靠无误,那么,这一实验无疑给人许多生命启迪,它或许有助于人们恃才傲物自大心态之矫正,有助于其协和万物感恩心念之形成,有助于其延年益寿健康生活方式之养成。

(三)"积善累德"以证仙

如果说"忠孝和顺"旨在倡导建构一种合乎世人健康养生的人伦社会生

---

[1]　[日]江本胜:《水知道答案》,[日]猿渡静子译,南海出版公司2009年版,第62页。

活环境的话,那么可以说,"慈心于物"更注重人类可持续生存发展的宇宙生命系统。社会生活环境与宇宙生态系统对人的养生保健都不可或缺,但如何在日常生活中,劝导人们向善,敦促人们戒恶? 葛洪提出"积善累德"以证仙之说,加之道教神灵监督,通过"赏善罚恶"等"司命"职能,强化善恶与寿夭之内在关联,为劝善积德指出一条终极的生命归宿。

道门中人,研习医术方药,既便于自身健康,又可治病救人,并把"救人免祸"之类的善举,作为证仙了道的功德要求,如《抱朴子·内篇·杂应》所谓,"是故古之初为道者,莫不兼修医术,以救近祸焉"。《内篇·释滞》亦言:"设使有困病垂死,而有能救之得愈者,莫不谓之为宏恩重施矣。今若按仙经,飞九丹,水金玉,则天下皆可令不死,其惠非但活一人之功也。"就是说,若以不死之法传授世人,教导天下黎民成仙,更是莫大的功德。在葛洪看来,得道成仙是对为道者所做功德之最大福报,而且其所修得仙阶果位之高低,与其所做功德之众寡直接关联:

> 立功为上,除过次之。为道者以救人危使免祸,护人疾病,令不枉死,为上功也。……人欲地仙,当立三百善;欲天仙,立千二百善。若有千一百九十九善,而忽复中行一恶,则尽失前善,乃当复更起善数耳。①

在葛洪那里,个人行为之善恶首先与自身生命之寿夭相关联,《内篇·微旨》将善恶与夭寿的关系进行量化说明:倘若有人犯过失一次,则折阳寿三天,即"夺算",犯大错一次,则损命三百天,即"夺纪";所谓善恶功过,不仅仅指人之言语行为,还包括其思想念头,即"但有恶心而无恶迹者夺算";而且,算、纪超出该人寿限,此人死后,余业报应会殃及其子孙后代。

不仅如此,葛洪在《内篇·对俗》还设置"司过神""三尸神""灶神"等神灵,具体记载申诉每一生命体的恶行罪过,执行夺命惩治之职能:

> 天地有司过之神,随人所犯轻重,以夺其算,算减则人贫耗疾病,屡逢忧患,算尽则人死,诸应夺算者有数百事,不可具论。又言身中有三尸,三尸之为物,虽无形而实魂灵鬼神之属也。欲使人早死,此尸当得作鬼,自放纵游行,享人祭酹。是以每到庚申之日,辄上天白司命,道人所为过失。

---

① 王明:《抱朴子内篇校释》(增订本),中华书局 1985 年版,第 53 页。

又月晦之夜,灶神亦上天白人罪状。①

需要说明的是,葛洪虽言"司过之神""夺人算纪",看似在人之外设置神灵赏善惩恶,其目的主要是"欲令人主自勉不息"(《内篇·论仙》),旨在声明善恶自为,寿夭自取。如说"人身中有三尸","三尸"在人身三丹田,或说在头、腹、足三处,其中,上尸彭琚引人好财货,中尸彭瓆好美味;下尸彭矫好淫欲。"三尸"的职责是"欲使人早死",人若犯过从恶,三尸自鉴,则损寿折命,反之,若人"能尽不犯之,则必延年益寿,学道速成"。(《内篇·微旨》)于是,自身的德行与生命的夭寿联通起来:为善则延年,行恶则折寿,不仅限于本人,而且世代相续,因蔓不断——生命的夭寿与道德的善恶发生正向关联,自己的德行与子孙的命运也承负因果。这也是对《太平经》以来,善恶报应、因果承负观念的发挥。就这样,葛洪就为生命健否夭寿深深地打上了功过是非等伦理道德的烙印。

在葛洪看来,生命乃秉道持德之存在,对人而言,"道存则尊,德胜则贵"(《外篇·嘉遁》),遗憾的是,常人不知"尊道",也不懂"贵德";只有尊道修道,方能"存道"长生;如何使有限的个体"存"守无限的大"道",那就要修德养性,外物节欲,以心合道。如《外篇·逸民》云:

且夫交灵(升)府于造化,运天地于怀抱,恢恢然世故不栖于心术,茫茫然宠辱不汩其纯白,流俗之所欲,不能染其神,近人之所惑,不能移其志。

这里包容天地的"造化"指的是"道","灵府"即"心","交灵府于造化"就是以心合道。心合于道,则世俗功名利禄遣至心外,纯素本性得以彰显,如此体道修德,自然就能道存德胜。具体到日常生活中,就应善于处理生活所欲与生命所需之关系,正确把握生活欲望与生命本真之度量分界。如《内篇·道意》所言:"人能淡漠恬愉,不染不移,养其心以无欲,颐其神以粹素,扫涤诱慕,收之以正,除难求之思,遣害真之累,薄喜怒之邪,灭爱恶之端,则不请福而福来,不禳祸而祸去矣。何者?命在其中,不系于外;道存乎此,无俟于彼也。"因为在道教生命伦理思想中,道性素朴,命本淳真;生以显道,命系于道;

① 王明:《抱朴子内篇校释》(增订本),中华书局1985年版,第125页。

伤生为恶,护命为善;延年为福,病疾即祸;个人的祸福吉凶、生老病死可由生命主体的道德修为来扭转,通过自己正心颐神、去妄遣累等途径来控制。

道教理想的道存德胜状态,乃长生不死的神仙果位。在道教生命学说中,道是最高的、永恒的存在,道化生万物与人,万物与人禀受道性,受道的支配;一般而言,物人有生有灭,但若能悟道体道、与道合真,则可能生道契合、长生久视。生与道合,首先展示为人生修为过程,表现为养生延年功夫,经由系列修炼来净化身心、变化气质、升华生命;一旦生道契合为一,人便获得道之永恒不朽,此即道教理想之仙真人格。可见,仙真乃凡俗修养迁化跃升的结果。伦理道德在这一迁化跃升的过程中,是一种重要的技术手段,修德体道是一种促进生命状态转化的方便法门。

葛洪强调养生合真始终不离修炼者内在心性涵养和良德善行累积,而且以善德量化促进生命"仙化"。葛洪这种以德济生的理念,假如撇开宗教神学这层神秘面纱,仅从养生延年层面而言,那么,我们不妨从唐代医家孙思邈《千金要方》以窥其意——"性既自善,内外百病悉不自生,祸乱灾害亦无由作,此养性之在经也";"德行不克,纵服玉液金丹未能延年"。大意是说,能保持心性善良的人,不容易生病,也不容易受到天灾人祸的侵害,所以道德修养才是养生的根本;反之,德行不好的人,即便服用金丹玉液也无法延年益寿。"药王"此言可谓是对葛洪以德养生观点的直白注脚。

在中国传统文化中,儒家以伦理思想见长。当代著名海外新儒家代表之一的成中英先生,对伦理的见解颇具代表性。成先生将伦理视为"内含于生命与生活之中",是"维持生命与生活平衡、和谐、完整与创造力的原则、道理",亦"即人生与社会存在与延续的逻辑",他"把伦理定义为规范社会行为的价值意识与确定社会秩序的价值原则"。① 成先生对伦理的认知,接续了儒家的传统,着眼于社会整体,以社会管理、整体共存为伦理要义,这与葛洪以个体生命生存发展为道德鸿鹄之旨趣相异。儒家伦理的致思路径是从个人走向他人、社群,指向人伦关系的扩充、未来时空的延展,意在让个人美德于历史中随人文精神传承而获得永存;葛洪倡导的伦理智慧,无论是人类社会中的忠孝

---

① 成中英:《文化·伦理与管理》,东方出版社 2011 年版,第 239—240 页。

德行,抑或是"慈心于物"的仁善义举,无一例外皆立足于劝善进道、以德证仙的生命教化立场上,加之以神灵监督机制保证,强化善功累积与神仙果位之生命内在关联,其出发点与落脚点仍在于个人生命与不朽仙道之贯通无碍上,伦理修为只是亲证仙道的一种手段或途径,生道合一、不死成仙才是终极目的,简言之,是以伦理益生、借不死劝善为特质,其本质仍不出超凡入圣、长生久视等道教仙化思想,其消极意义也就不言而喻。

### 四、启迪教育慧命

教育是与人类存亡相始终的事业,教育的根本宗旨是服务人类生存发展,范导人们安身立命。从这层意义上讲,大凡教育,都属于生命教育。

对于生命教育的内涵,不同的研究者提出了殊异的看法,较为典型的主要有以下几种观点:其一,从生命实践的角度来看,强调生命教育的生活化,即在生活中体现生命教育的内涵,如重视生命的呵护保养、人际关系的调适、社会生存能力和道德良心等的培养与培植,通过实践涵养关爱生命的情怀;其二,从批判生命的工具化的角度入手,强调生命的终极关怀,探索生命的终极归依;其三,从轻视生命的事实角度着眼,强调生命的本体价值,教导学生学会珍爱生命、尊重生命,形成一种乐观积极奋发向上的人生观。① 再有,就是"生命教育,顾名思义,即是关于生命的教育"②。

笔者认为,进行生命教育,准确理解生命教育中"生命"的内涵,是关系生命教育实践成败的关键——所谓"生命教育"的"生命",既是教育的内容,又是教育的对象,还涉及教育的方式、方法。在内容上,这里的"生命"既包括自然科学层面的生命,又包括人文意义层面的生命,而且重在后者,侧重于人文生命的教育;在对象上,涵盖整个学校文化的主体——老师、学生及学校管理者,他们都有必要参与生命教育大讲堂,也都是生命教育的受众;在方式上,可以采取讲座、集训、授课等多种生命展示或双向互动等生动活泼的形式,让受众一方面晓之以整全的生命理念(知情意与身心灵),另一方面导之以恰当的

---

① 石艳华:《大学生生命教育初探》,《学校党建与思想教育》2005 年第 6 期。
② 郑晓江:《生命教育演讲录》,江西人民出版社 2008 年版,第 11 页。

成长生命之方,最终通过生命内敛功夫逐步建构各自的意义人生,真正落实"育人为本"这一核心价值与根本目标。然而,随着经济社会的快速发展,教育内容的不断分化,学科分类的日趋细化,人们在享受自然科学带来的种种福祉,生活变得越来越便利的同时,也在叫苦不迭,大喊身心俱累,神形欠安。笔者认为,教育于此应该是大有作为的,因为,教育的指向与人生的标的,都是人之幸福,这更是生命教育的应有之义。贯穿生命教育的主线是价值观,尤其是人生价值观,它是整个生命教育的灵魂。没有人生价值观引领的生命教育,或许只是热热闹闹的情景剧,其教育难以尽心入神。以人生价值观指导生命教育,就是要将价值观渗透到生命教育的始终,将抽象的价值观与整全生命的诸多要素结合起来,同学生的生命成长联系起来,并直面人生历程中的生命困惑,针对相关问题,提出解决对策与建议。具体说来,当下生命教育从内容到方法,当且仅当更新观念,创新形式,燮和知行,砺炼志情,才能确保教育的生命气息与价值的智慧导引联袂;也只有让生命教育成为人生价值观教育,我们的教育才能真正融入学子生命之中,最终开花结果。

**(一)生命之知**

一般而言,生命教育首先要立足于对生命本身的体知,这种体知不外乎科学和人文两个层面。当下,科学的生命观是以生物学、西方医学、心理学为基础的生命观念,表现为哲学上的唯物实体观,简言之,生命无非就是 DNA,就是碳水化合物。不少人认为,生命存在便是生命的存活,存活的标志就是有呼吸、有心跳,一旦呼吸终止、心脏停搏,就意味着死亡,死亡便是生命的尽头,死则死矣,万事戛然而止,"人死犹如灯灭",一死而百了。这种生命观反映在现实生活中对人生的看法,即相应的人生观,其流弊种种——由于将生命存在简化为唯物是观——只关注物质的占有、物质的享受,以至物的感受主导了生命存在,而精神涵养、灵魂超越被消解淡出,走向虚无,生活感受遮掩了生命本真。于是乎,生命存在衍化蜕变成拥有与失去的感受,而得失关涉无非声色犬马、名利权势,人们为物所喜,为物所忧,如此,心随物迁,形为神主。物欲的不断膨胀与人生的极度有限之间的紧张,愈演愈烈,弄得人们身心疲惫,苦不堪言。问题的症结,或许就在这种唯物至上的生命观。

当今的人们满足于科学领域所给予的生命机械论的解释,渐渐放弃了对生命神圣性的反思。他们对人文层面的精神、灵魂，或不屑一顾，或视为妖言迷信。于是乎，生命的灵光被剥落殆尽，生命的存活沦为不断的挥霍与反复的攫取，以拥有物质财富的众寡代言生命价值的高低、生命成就的大小，长此以往，人们为物所困，为利迷茫，生命的意义无从说起，生命的归宿只能是油尽灯灭、人走茶凉。这不能不说是充分享受丰富物质生活的现代人，在精神生活中的深切悲哀，也是教育教学之中，文理分科、生命肢解的时代阵痛。要减轻或消除生命之痛，还须从生命之知入手。借鉴传统文化，汲取历史资源，或许不失为一剂良方。

道教哲学认为人的生命是性与命、形与神的和合体。"性"指人的内在精神或灵性，它得自道体，又称本性，表现为精神性、超精神性存在；"命"指人的形体气质，受之父母，又称本命，表现为生理性存在。形神不离是个体生命存在的基础。对形神、性命，葛洪《抱朴子·内篇·至理》认为：

> 夫有因无而生焉，形须神而立焉。有者，无之宫也；形者，神之宅也。故譬之于堤，堤坏则水不留矣。方之于烛，烛糜则火不居矣。身劳则神散，气竭则命终。根竭枝繁，则青青去木矣。气疲欲胜，则精灵离身矣。

受魏晋玄学影响，葛洪用"有""无"说明"形""神"关系，认为"形"是"神"寄寓的宅舍，"神"是宅舍的主人。"形"因"神"之需而存，如同要筑堤蓄水，一旦堤决，水就荡然而去，不留堤内。宅舍为主人所设，没有主人居住的宅子，便是空宅，空宅是没有意义的；另一方面，主人生活离不开起居之地，这就是他的生活必需，没有宅舍，居无定所，在葛洪看来，这是不可想象的。至于每一个体，形体有了精神，精神附着形体，才成为有生命的、现实的个人。这样，"形""神"之于生命，如同硬件、软件之于电脑一样，二者相依，不可或缺。另外，"形须神而立"还有"神主形神"之意，道出精神性生命的至上性。葛洪这种以"形宅神主""形神相依"为主要内容的生命结构论，是对生命组成的比较准确的认知。

如果说葛洪"形宅神主"侧重于形神互持则生的话，那么，可以说南北朝时期的道教学者陶弘景则从"形神离别则死"的向度，进一步发挥了这一思想。其《养性延命录·序》云：

> 夫神者生之本，形者生之具也。神大用则竭，形大劳则毙。神形早

衰,欲与天地长久,非所闻也。故人所以生者,神也,神之所托者形也,形神离别则死。死者不可复生,离者不可复返。①

从功能结构上看,"形""神"是生命结构的一体两面,二者缺一不可。其中,"形"乃人体生命存在的物质载体,"神"乃人体生命活动的控制主宰。"形""神"相持互依,和谐不离,表现为现实的活生生的生命,反之,"形神离别"两分,就意味着原有的生命解体而不复存在。可见,"形""神"之于生命,犹如硬件、软件之于电脑,二者相互依存、不可或缺。

唐代以前,道教对生命结构的体认,大致不出"形宅神主"模式,有唐以降,随着宋元内丹学的勃兴,性命之说逐渐受到重视。其实,"性"的实质即"神","命"之所指乃"形"。所谓生命构成的性命统一合和之说,仍不违形神合和之论,或者说,是形神统一论的翻版。事实上,唐宋以后,道教在生命构成认识上的这两种观点,都很流行,在实际应用中,形神统一观甚至更为普遍传播和接受,因其思维更合乎国人习惯,图示更为直观,表述更显清晰。

孔德《实证哲学教程》被认为是 19 世纪初思想状况的一个百科全书。这本百科全书的大纲就是科学分类。众所周知,学科的不断分化与专门化是一种不可遏制的趋势,也只有科学的分门别类才能告诉我们它们发展的逻辑线索和历史线索,然而,如果仅仅是沿此线索走下去,不断细化深入,而不知回头追溯,那也是很危险的,因为它带之而来是零碎的片面的知识,不可能有对生命整全的理解与阐释。《商君书·更法》曾言:"曲学多辩。"意思是说,学识片面的人大多喜欢毫无意义的争辩。这种"无意义"是说对完整层面的生命意义而言,因为它不能很好地指导人们的智慧生存与全面发展,却很有可能搞得人们精疲力竭,正如《庄子·养生主》所言,"吾生也有涯,而知也无涯。以有涯随无涯,殆已"。就是说,个人的生命是有限的,而知识是无穷的,以有限的生命去追求无穷的知识,就会搞得精疲力竭,这样也很危险。

我们知道,人生即人的生命历程,就是指人的出生入死这一单向历程,人们追问"我从哪里来",无疑是寻求生命根源,为生命的价值与意义找寻本体

---

① 陶弘景:《养性延命录·序》,《道藏》第 18 册,文物出版社、上海书店、天津古籍出版社 1988 年版,第 476 页。

的支撑;"我要到哪里去",则是对安身立命的方向性探求,对人生价值与意义的归宿性思考。这些正是我们生命教育的重要内容,是人生课堂的必修科目。苏格拉底说过:"没有反思的人生是没有价值的人生。"而人生的反思便是追寻意义与价值。苏氏认为"美德即知识"。今人注重科学知识与技术技能,淡化人文涵养与德性练就,对人的教育与培养而言,那样只能造就单向度的、生命厚度匮乏的人。难怪斯诺《两种文化》倡导,科学家应该读莎士比亚,而文学家应该懂得热力学第二定律。不幸的是,这种理想越来越难以实现了。到了 21 世纪初,除了高喊"科学与人文相结合"的口号外,什么也没有了,一维的人几乎降为零维的人。

**（二）生命之情**

现在的学生成天埋首于知识的学习,倒没有了对生命的感悟,没有了对生命的珍惜之情。这不能不说是现代教育的一大缺憾。著名教育家陶行知先生曾说:"没有爱就没有教育,教育最有效的手段是爱的教育。"其实,情感教育是生命教育的一个重要内容,生命教育包括生命之情在内的生命过程的感受性。

我们现在的孩子情绪体验不足,甚至家长还刻意地避免让孩子体验到负面的情绪,致使孩子对情感的感受能力和控制能力发展不平衡。

《中庸》明言:"喜怒哀乐之未发,之谓中;发而皆中节,之谓和。致中和,天地位焉,万物育焉。"一方面言明喜怒哀乐为常态人生所具有的各个情绪表现,另一方面言明情绪得到调理达于中和之境后的效能。诚然,感受生命历程的欢乐与悲伤,体会每一次成功的喜悦与失败的痛苦,品尝各种生活的滋味也是生命中重要而不可或缺的内容,并通过这种情感历练,学会坦然面对人生得意与失意,把握节宣之宜,持守不过不及之中,这是当前生命教育的重要内容。

常言道,人生不如意之事,十有八九。如果我们不能改变生活之中不尽如人意之事实,但我们可以确立面对事实的正确态度,尤其是教会学生们直面失败的正确态度,保持适中的情感波动,这是生命教育的应有之意。在当下社会,由于对竞争的片面而简化理解,使学生们面对失败时会有很强的失落感。如何正确对待失败与挫折(不仅是对待失败本身,还有失败时如何面对自己,面对对手,面对自己的观众——家长、老师、朋友等),这是当代学子急需解决的问题。教会学生直面生活的不如意,正确对待人生的逆境,将有助于培养青少年乐观豁达、积极主动的个性。

再说,生命之中蕴涵不可推诿的生命之重,这份重源自对生命的敬畏,现于对生命内在的责任与义务,与个体生命相始终,伴群体生命而传承。葛洪明言:"生可惜也,死可畏也";"死王不如生鼠"。明确生命至上的价值旨趣,暗含生活创造的无限可能。其中最为基本的,乃是对生命的眷念之情。

生命教育倡导立足现实、热爱生活,其根本宗趣就是要让人们热爱生命,珍惜生命,而不只是吃喝玩乐等感官享受,而是一种高于这样生活的生活,注重生活的意义和生命的质量。热爱生命并不空洞,可以从自我做起,爱自己,爱亲人,推己及人,溥爱众生。《太平经》有"要当重生,生为第一"之论,《抱朴子》更有"慈心于物""手不伤生"之说,为此,道教戒律不仅反对任何形式的滥杀和自杀,并以不得杀生、不因恨杀人为第一要戒,并以此为基础,扩展到不得败人成功,离人骨肉,当以道助物,令九族雍和。对其他物命也要做到:不得杀生以自活;当悯济群生,慈爱广救,情暖宇宙,等等。

葛洪推崇的凡人修道即可成仙学派,亦被称之为"仙道"派。"仙道"以"贵生"为宗旨,其重要的特征是重生贵生乐生,其最高的生活目标是修成"神仙"——"仙",并通过"仙"的理论预设,或者说,通过"仙"这种凡人人格的神格化,给凡夫俗子的修道生活以人生导引。究其质,"仙"之含义至少有二:"仙"写作"仚",乃人在山上修道合真之状,有超凡举升之义,是理想的生命态势;"仙"写作"僊",意谓"迁化之人",此"迁化"指的是变化气质、由凡及仙的生命能级的迁移转化。前者侧重于生命超凡脱俗的结果,后者侧重于迁化提升的过程,二者皆立足现实生命。至于"神",在很大程度上是对"仙"的功能概述,意即得道成仙之人,其能耐出神入化、非同凡响。要言之,即"神仙"。若撇开"神仙"的神秘外衣,视其为对人生境界的追求,那么,对于现时代人们的生命实践仍具有一定的借鉴意义。当今社会,人们若能淡泊名利,平衡饮食,合理运动,平和心态,无病无灾,健康平安,就是现实生活的活神仙。

在葛洪看来,"人生先受精神于天地,后禀气血于父母"(《内篇·勤求》)。个人生命,秉天地中和之气,受父母精血之育。敬畏天地,感恩父母,是对生命源头的自然情感。现实生活中的人们,珍爱自己生命,保持自身形体的完整与健康,不让父母为自己担惊受怕,就是在履行基本的孝道。换言之,对父母的孝敬,首先就表现为对自我生命的珍惜。因为从自然生命与人伦始点意义上说,"身体发肤,受之父母,不敢毁伤,孝之始也"(《孝经·开宗明义章》)。"人是情感的存在。"葛洪从生命源头出发,肯定存身与尽孝的正向关联,作为其生命伦理的核心基点,在全性保命的尽孝向善活动中,推导出"仙道乃人道之极",因为"仙道"不死,远远"过于受全归完"。他在《内篇·对俗》说:"身体不伤,谓之终孝,况得仙道,长生久视,天地相毕,过于受全归完,不亦远乎?"

在葛洪看来,凡人皆秉天地中和之气,受父母精血蕴育之情,生活中应体验生命性情,感通天地物我,将自我生命融入宇宙生命洪流。只有感悟至深,达至万物一体之境界,方能称之"通达"。《抱朴子·外篇·刺骄》云:"夫古人所谓'通''达'者,谓通于道德、达于仁义耳。""道德"乃宇宙之体,"仁义"乃人伦之用。感通宇宙之体,达于人伦之用,方谓"通达"。体用一源,万物同归。君臣之义、降差之序,取诸乾坤自然,人道效法天道,人伦取诸自然。《抱朴子·外篇·诘鲍》所言:"乾坤定位,上下以形。远取诸物,则天尊地卑,以著人伦之体。近取诸身,则元首股肱,以表君臣之序,降杀之轨,有自来矣。"于是,人伦之道"以有礼为贵",而"礼"的实质是践履自然之"理",表述一系列等、威、情、敬诸内涵,即"当令足以叙等威而表情敬"。人伦秩序是人类文明的体现,秩序的确立有天道依据,践履人道即为生命之分内应有之义。每一生命个体得天地纯正之气,沐父母养育之恩,享家国教辅之情,因而,感受亲情,体悟道义,则自知生命中有不可推诿之重,此重便是生命内在蕴含的责任与义务。

人生历程,生死两端。贵生恶死,乃人之常情,葛洪也不例外,他在《内篇·地真》说:"生可惜也,死可畏也。"这是因为,"死者不可生也,亡者不可存也"。葛洪认为"死去的王侯不如活着的老鼠"。他以百年之寿对人生的历程做了深入解析:"百年之寿,三万余日耳。幼弱则未有所知,衰迈则欢乐并废,童蒙昏耄,除数十年,而险隘忧病,相寻代有,居世之年,略消其半,计定得百年者,喜笑平和,则不过五六十年,咄嗟灭尽,哀忧昏耄,六七千日耳,顾眄已尽矣,况于全百年者,万未有一乎? 谛而念之,亦无以笑彼夏虫朝菌也。盖不知道者之所至悲矣。里语有云：人在世间，日失一日，如牵牛羊以诣屠所，每进一步，而去死转近。此譬虽丑，而实理也。"此说与今人所言"人一天天走近坟墓"一样，无情而又平实地导出人生苦短、去日不再、生死自然的道理。

葛洪从生命现实感受出发，从人伦情感立意，警醒世人生命单程，日趋终点，劝导修为者欲求正果，要从寻常凡事做起，研习世道人情，践履"忠孝和顺"，极力济世惠民，以此厚重生命，成就非凡。倘若凡人凡事都做不了，更与了道成仙无缘。葛洪这种重情感、贵体悟的以生合道精神，在今天的生命教育中仍有借鉴意义。

针对这些温室里孕育的花朵，基于其过度保护下的生长环境，以及由此带来的越来越自我中心的现实状况，我们的生命教育，就应该弥补有关挫折教育、情感教育的教学内容，通过设置相应生活场景，让大家置身其中，设身处地地扮演不同的角色，感受他人的感受，作出恰当的判断，选择适当的行为。在这设身处地的境况下学生们可体认社会生活的艰辛、人生道路的坎坷，并在身临其境中感受人世间的温暖，进而传递、分享这份温暖。

**（三）生命之志**

我们现在的孩子情绪体验本来就不足，加之一些家长刻意让孩子避免负面情绪，致使孩子对情志的认识能力和控制能力发展不平衡。孩子面临问题时容易心理失衡，而心理失衡可谓学生人格不健全的主要原因之一。生命意志的教育于此不可或缺。因此，需要加强学生的意志磨砺。

个体生命乃阴阳二气和合的产物，人为万物之一物，人之异于万物之重要标识，便在于其独到的灵性与意志，葛洪《抱朴子·内篇·塞难》说：

> 夫陶冶造化，莫灵于人。故达其浅者，则能役用万物，得其深者，则能长生久视。

人之"灵"于万物，在于人之生命得于纯正、中和之气，精于万物之处亦在于所秉之气更精微。人"与天地分一气而治"，不像其他万物，对自身生命无所作为，任其自生自灭，人生命运否泰由自己掌握，个人的生命夭寿主动权在于自己，如同《西升经·民之章第二十九》所言，"人欲长久，断情去欲，心意以索，命为反归之，形神合同，故能长久。"若能经过名师指点，通过自我调控，就可以达到长生。在此意义上，葛洪强调，"夭寿之事，果不在天地，仙与不仙，

287

绝非所值也。"长生与否,并非天地使然,也没有先验命定,更与富贵无缘。"夫求长生,修至道,诀在于志,不在于富贵也。"长生之诀在于志,贵于行,所谓"长生可学得者也"。

长生何以可学可得?葛洪凸显生命的主体性,强调"我命在我"。他引道教典籍《龟甲文》曰:"我命在我不在天,还丹成金亿万年。"这是一种重主体性、重能动性的积极有为的人生态度。葛洪认识到天的非主宰性:"……天不能使孔孟有度世之祚,益知所禀之有自然,非天地所剖分也……圣人之死,非天所杀,则圣人之生,非天所挺也。贤不必寿,愚不必夭,善无近福,恶无近祸,生无定年,死无常分……"就是说,人的生死、寿夭、福祸、善恶等,非天所为、非天主宰,人们要躬身自求,向内发力,借自己的力量智慧改变命运,追求长生。这种主体能动性的高扬,是对消极悲观的命定论的反动。这一思想与墨子倡导的"强力""非命"是相通无碍的,其积极意义至今不可低估。

运用自己的灵性去认识、把握生命律则,磨砺自己的意志,以切实的生命修为,把持生命的方向与历程,自己才能真正成为自我生命的主人。正如葛洪坚信,"我命在我不在天,还丹成金亿万年",修道成仙必须要有坚定的信念与超人的意志。"我命在我"凸显了自我意志,因为在炼就"还丹成金"的每一环节,譬如"负笈随师,积其功勤,蒙霜冒险,栉风沐雨,而躬亲洒扫,契阔劳艺",无一例外地渗透出意志的力量,在某种程度上,可以说这些行为都是意志力量的具化。

我们知道,修炼气功有百日筑基阶段,随着静坐修道的深入,气机反应愈来愈强,脑垂体、肾上腺与性腺等的活动也日趋旺盛,十之八九修炼者便会性欲亢奋,冲动难遣。在此关头,如果顺性遂意,"只羡鸳鸯不羡仙",则不但会前功尽弃,而且贻害身心。据说一位六十多岁的老夫,一次在山中练习静坐,遇此气机,渐至"亢龙不悔",他想尽办法,却总难收拾,甚至以冷水沐浴,也依然蛙怒如故。最后,他只好下山回家,寻找"老妻画纸为棋局"作罢。① 诚如朱熹所言,"世上无如人欲险,几人到此误平生"。儒家之圣、释家之佛、道家之仙,皆出自后天人为,然成者几何? 个中关键,诚乃"诀在于志"。即使不谈入

---

① 南怀瑾:《静坐修道与长生不老》,复旦大学出版社 1994 年版,第 59—60 页。

圣成佛登仙,凡事之达成亦离不开志向与毅力,没有志向的导引与毅力的保证,可谓诸事不成。这对当下生命教育,尤其是挫折教育,激发学子立志成长、逆风飞扬,具有重要的启示意义。

### (四)生命之行

神仙是人做,关键在修为。在葛洪看来,个人修为是通往仙界的必要环节。于此,《抱朴子》云:

> 仙者,唯须笃志至信,勤而不怠,能恬能静,便可得之。
> 故达其浅者,则能役用万物,得其深者,则能长生久视。

修炼主体在"道"面前,不再是消极被动的接受者,而是主观能动的发挥者。修道之士毕生坚持勤修苦练,其中"修"之所以能修,就是因为他们坚信人有主观能动性,可以运用自己的灵性去认识、把握生命律则,参与甚至主导生命历程,"夺天地造化之机",最终"与道合真"而"长生久视"。

在《抱朴子》中,葛洪通过养生修炼这样一种生命实践活动,把个人变成了可以自我创造的主体性存在,人自身之外的最高的"道"也变成了人活动的客体,实现了主体客体化和客体主体化的双向运动。人不再消极地接受奖励或惩罚,被动地对待生老病死,人的生命历程、生存质量可以通过自我操作而控制,通过主体的修持而改变。所谓"寿命在我者也,而莫知其修短之能至焉"。

对现实世界人们对福、禄、寿的追求,道教采取肯定——否定——肯定(否定之否定)的态度。首先是肯定人们对物质生活、精神寄托的合理需求,这也是立足于人们的现实生活,力图解决人们的生存问题。道教如此立意比较贴近现实民生,易于为普通民众接受。接着进入否定阶段。这种否定是说,在体道修德、证道合真的过程中,要放弃尘世间的功名利禄,而主动效法大道,淡泊宁静,简易功夫,斋心闭户,冥合道体。以无为之方式,达成无不为之态势。而这种无不为的态势,正是道教所谓得道成仙的境地。根据道教典籍描述,仙境即尘世理想乐园的改造与升华,葛洪如是说:

> 果能登虚蹑景,云舆霓盖,餐朝霞之沆瀣,吸玄黄之醇精,饮则玉醴金浆,食则翠芝朱英,居则瑶堂瑰室,行则逍遥太清。

理想的乐园,不在人生彼岸,亦不在生命尽头,它就在当下生命之内。生命诚可贵,贵在生命单程,生命真乃重,重在生命之操行——不同的操行,导致迥异的结局。生命操行,表现为日常生活方式。葛洪认为人的生命夭寿可以自我控制,长生久视的法门便是健康的生活方式。健康的生活方式是通往高质、长寿的生命标的之葵花宝典。《抱朴子养生论》言:"是以善摄生者,卧起有四时之早晚,兴居有至和之常制;调利筋骨,有偃仰之方;杜疾闲邪,有吞吐之术;流行荣卫,有补泻之法;节宣劳逸,有兴夺之要。"就是说,健康养生首先要注意饮食起居的生活规律,还要学用导引之术(相当于现在的体操或气功中的动功)调利筋骨,修炼吞吐纳气之功,加之服食保健养生的滋补药饵及节宣其和房中之事,就能起到延年益寿之功效。回眸现实现世,葛洪有感而发:

> 世人饱食终日,复未必能勤儒墨之业,治进德之务,但共逍遥遨游,以尽天年。其所营也,非荣则利。或飞苍走黄于中原,或流连杯觞以羹沸,或以美女荒沈丝竹,或耽沦绮纨,或控弦以弊筋骨,或博弈以弃功夫。闻至道之言而如醉,睹道论而昼睡。有身不修,动之死地,不肯求问养生之法,自欲割削之,煎熬之,憔悴之,漉汔之。而有道者自宝秘其所知,无求于人,亦安肯强行语之乎?"(《内篇·金丹》)

延年益寿要有健康的生活方式作保证。现在,人们的生活水平不断提高,而健康状况却令人担忧,非常普遍的肥胖症便是当下健康的一大天敌。按照世界卫生组织 1958 年给健康下的定义,健康不仅是无病无痛的生活状态,而是"完整的生理、心理和社会的最佳状态"。大多超重是因吃得多而动得少造成的,管住自己的嘴巴,锻炼自己的身体,便是廉价的减肥处方。然而,一日一餐的节制,易于做到,若长期坚持,几人可能?问题的关键,便是意志是否坚定,毅力是否顽强,良好操行能否持之以恒。如果说,瘦身减肥都难以为续,更何况进德修业之务哉?

众所周知,中国生命哲学不同于西方以逻辑知性构筑的生命哲学,葛洪的生命观即为典型的中国生命哲学范式。它是以体验性认知与力行践履相结合的生命学问,其中生命情感与强力意志相通无碍,与西方强调强力意志、凸显非理性的生命哲学相较,有着较为完整的生命体系,也就更接近于生命本真。

客观地说,生命不朽是人类亘古的梦想,不死的探求是不少人生命的主题,葛洪《抱朴子》便是这样一部不朽的生命乐章,对当下的生命教育仍不乏借鉴意义。道教所谓的得道成仙,在现代人看来那是痴人说梦,然而,它仍能给人许多生命的启迪：如果把"长生"视为"祛病延年"的引申，不仅不为过，反倒可以开出许多积极的意义——一个人可以顺着道教养生的方向，了解并掌握许多必要的养生学识，使自己活着时无病无痛，快快乐乐；临近死亡，自己身心两安，他人也不受拖累，便可了无缺憾地离去。——如此这般，生如春花绚丽，走似秋叶静美，这无疑是人生难得的幸福。至于"不朽"，意谓精神生命的永恒，而非肉体生命的常在。尽管个人生理生命有极限，然而精神生命可与宇宙精神之道本相契合，生道合一而获得不朽。

生命是最为复杂的现象与存在，生命一旦被分割、肢解，它就会重演"盲人摸象"的滑稽、可笑，时代的发展，科学的进步，学科分类愈来愈细化，这是不容争辩的事实，也是科学发展的必然趋势，目前大中小学校的科目学习，从大的方面而言，既是对生命的教育，又是有关生命的教育，因此都是生命教育的范围，如此的生命教育也是必要的生命教育环节，然而，仅此而已是不够的，因为分则不全，就难得建立整全的生命观。残缺生命观指导下的人生，很难说产生健康的人生观、适宜的价值观，当下人们"上不在天、下不在地、中不在心"的生命困境，与此便有直接关联。借鉴传统资源，反思当下生活境况，抉择健康行为方式，生命乐章才会更美妙。晓之以理，动之以情，导之以行，持之以恒，生命教育必会遍地开花，并将结出累累硕果。

下　篇

葛长庚人生价值观研究

# 第七章　人生之真

人生既可指人之生命,也可指人之生命存在与发展。前者侧重于作为类别的人所特有的生命称谓,后者倾向于此类存有的活动程式之展开,或者说,前者乃主词,后者乃谓词。可见,人生一词,内在地包含人之生命为何与何为两重意蕴。被称之为"生命宗教"的中国道教,对生命尤其是人之生命、人生之真意与真谛,多有洞悉明察。一代宗师白玉蟾,承前启后,对于生命之道与人生之真的探求,有着金丹派南宗特有的生命道韵。

## 第一节　生命之道与人生之相

一般而言,"觉解"的人生的展开,是建立在对生命的真切体认的基础之上。此"觉解"即取冯友兰先生从哲学意义上的"自觉了解"意。依照冯友兰的说法,"觉"是自觉,"解"是了解。"觉解"即是自觉地了解。在冯先生看来,世间上只有人具备这样的特质,世间上也只有人能够自觉地了解宇宙事物,又能够自觉地了解主体自身的行为,人生的意义正在于人对于人生的"觉解"。在道教思想家白玉蟾那里,对人生的体认立足于生命之形上道体与凡尘生命具象之际会。在道家、道教思想家那里,宇宙世界乃生生不息之大化流行之生命存在,一气衍生之万化具象构成休戚与共的生命共同体,他们既异彩纷呈,又同本同根,乃与道为一的生命之域。对此生命之域,道学概括出以"道、天、地、人"为内容的"域中四大",其中,以道统摄天地人,天地人共生于道中,并依道而行。道是域中最上位概念,人居天地之间。道乃生命之道,人乃道生气化之存在,对于常人,其生始于道本,其行依于道律,其止归于道山。白玉蟾立足于常人生命轨迹,反其道而追问人生之真,白玉蟾辑《修道真言》①认为:"人生若幻,须要寻着真身。天下无一件是宝,连此身也不是自家的。只这一点灵光,若无所依,到灭度时,何所附着?岂不哀哉!"②对生命之道与人生之真提出自己的见解。

### 一、"吾道一气"与"我本虚无"

道教自有"以气言道"之传统,卿希泰先生指出,"南宗的内丹学说,是以《阴符》《道德》二经为其最高的理论依据。张伯端在《悟真篇》中明确地说:'《阴符》宝字逾三百,《道德》灵文满五千。今古上仙无限数,尽于此处达真诠。'"③南宗五祖白玉蟾论道述人亦有"吾道一气"与"我本虚无"之论。

首先,白玉蟾从宇宙天地之生成本原的视阈,肯定道之先验性。

白玉蟾《静胜堂记》曰:"夫道者,天地之根,阴阳之原。"道是生天生地之本根,亦是阴阳二气之本原。居于天地之间的人,乃天施地化而成。如与白玉蟾同时代的朱熹(1130—1200年)《朱子语类》卷九四所言,"天地之初,如何讨个人种,自是气蒸结成两个人。……那两个人,便如而今人身上虱,是自然变化出来的"。此前,周敦颐(1017—1073年)《太极图说》明确指出:"二气交感,化生万物。……惟人也,得其秀而最灵。"意思是说,阴阳二气交感耦合,化生宇宙万物,而人便在其中,但人是得天地之精气或秀气所化生,故其性最灵。易言之,人与天地一气相通,并融天地之精为一体。这些有关宇宙生成论的思想观念,已被白玉蟾体验认同,他在《指玄篇注》云:"元始一炁,能生天生地生万物。"④其《蛰仙庵序》更以比较手法,畅言人生:

> 吾道只一气尔……有能穷一气之根,掣造物之肘,则虽天地水火山泽

---

① 据盖建民先生稽考认定,"《修道真言》乃清末民间道堂降笔之作,而冠名于白玉蟾",同时认为,"《修道真言》虽是晚清扶箕降笔之作,但其内容渗透白玉蟾南宗修行思想,故可视为南宗修行文献"。((南宋)白玉蟾著、盖建民辑校:《白玉蟾文集新编》,社会科学文献出版社2013年版,第50页。)本文认同盖先生此论。

② (南宋)白玉蟾:《修道真言》,《藏外道书》第23册,巴蜀书社1992年版,第800页;亦见(南宋)白玉蟾著、盖建民辑校:《白玉蟾文集新编》,社会科学文献出版社2013年版,第46页。

③ 参见盖建民:《道教金丹派南宗考论(上)——道派、历史、文献与思想综合研究·序》,社会科学文献出版社2013年版,第4页。

④ 盖建民:《白玉蟾文集新编》,社会科学文献出版社2013年版,第209页。

风雷,吾皆得与之俱化,夫何悲欢之有?①

在白玉蟾看来,人与天地水火山泽风雷万象虽有形态功能之殊异,但其本质属性不二,皆道生气化之显现;况且,人身难得,其性之灵,能穷究一气之根,役使他物为己之用;一旦用之得当,可使人生获得究竟解脱;倘若如此,又何必计较其悲伤欢愉之感受?

当然,白玉蟾如此体认乃对生命之道大彻大悟之觉解,作为一代宗匠,他有责任有义务去"先觉觉后觉",在《鹤林问道篇》载有其对弟子的教诲:

> 道生一,一生二,二生三,三生万物。道者,一之体;一者,道之用。人抱道以生,与天地同其根,与万物同其体。夫道一而已矣! 得其一,则后天而死;失其一,与物俱腐。筑之,以一以为基;采之,以一以为药;炼之,以一以为火;结之,以一以为丹;养之,以一以为圣胎;运之,以一以为抽添;持之,以一以为固济;澄之,以一以为沐浴。由一而一,一至于极,谓之脱胎。极其无极,一无所一,与道合真,与天长存,谓之真一。圣人忘形以养气,忘气以养神,忘神以养虚,道非欲虚,虚自归之,人欲虚心,道自归之。②

对于道,我们不得不提及金岳霖先生的《论道》,其论道十分精辟:如说"每一文化区有它的中坚思想,每一中坚思想有它的最崇高的概念","中国思想中最崇高的概念似乎是道。所谓行道、修道、得道,都是以道为最终的目标";"各家所欲言而不能尽的道,国人对之油然而生景仰之心的道,万事万物之所不得不由,不得不依,不得不归的道才是中国思想中最崇高的概念、最基本的原动力";"关于道的思想我觉得它是元学(元学或玄学,是中国人心目中的本体论学问)的题材。……研究知识论我可以站在知识论的对象范围之外,我可以暂时忘记我是人,凡问题之直接牵扯到人者我可以用冷静的态度去研究它,片面地忘记我是人,适所以冷静我的态度。研究元学则不然,我虽可以忘记我是人,而我不能忘记'天地与我并生,万物与我为一',我不仅在研究的对象上求理智的了解,而且在研究的结果上求情感的满足";"知识论的裁

---

①　(南宋)葛长庚:《琼琯白真人集·蛰仙庵序》,《藏外道书》第5册,巴蜀书社1992年版,第37页;亦参见盖建民:《白玉蟾文集新编》,社会科学文献出版社2013年版,第297页。

②　盖建民:《白玉蟾文集新编》,社会科学文献出版社2013年版,第10页。

判者是理智,元学的裁判者是整个的人"。① 金先生此论道出了中学之"道"的核心地位,也指出了中学之元学道论不同于西学"知识论"体系的重大分野之所在以及对待中西之学应有的不同态度。此论对中华之学之特质之概述可谓精当,对国人治学、修身、行道之共性之归纳可谓到位。

诚然,道是中华文化的中坚思想,也是道学思想的核心概念,它作为人对自身存在的终极领会,维系着人的文化生命,关联着文化世界中的每个成员的人生理想与生命实践,包括其价值目标与生活方式。

白玉蟾以人与天地同根、与万物同体,言宇宙世界的统一性,此即以道统摄大千世界的世界观,而此世界充满无限生机,乃生气盎然、彼此感通的整全生命存在,这种世界观——观(察)分析世界所形成得出的观点——以生命为存在内容,以宇宙为存在形式,我们不妨称之为宇宙生命观,这是因为,在道教思想家那里,一切皆流,是在大化流行中,孕育天地万物及人等生命形态,易言之,宇宙世界乃以道为源头为本根的生生不息、休戚与共的生命系统,在这个生命系统中的一切生命存在者,其生命历程,大抵载道受气而生,气尽归道而终,而道处于最上位,是一切存在者存在的根源,也是一切存在者不存在的依据,对于生命存在者而言,对于一切生命现象而言,道具有先在性,对最具灵性的人而言,亦具有先验性。

从本体论上讲,道具有先在性、超验性,它位于世间人事物之上、之外;从生成论上讲,道门以气言道,道化为气,它就在世间人事物之中、之内,是他们存在或不存在的源始根基与终极依据。道教以"元(源)始一炁"来解"道",此即"道生一"之"道"、之"一",此时,"道生一"有两层含义:其一,从本体论意义上而言,道是形上最高的存在,是一切存在者存在的依据,也是一切存在者不存在的依据,相对于存在者之众多而言,道是统一众多存在者之唯一理据,是一,其他存在者是多。易言之,道即一,所谓"道一而已矣";其二,从生成论意义上来讲,道与世界之人事物相较,犹如母子关系,道为母,人事物为子,但道生万物(含人、事)并非直接孕育,道以"元始一炁"为质介,所谓"元始一炁,能生天生地生万物",并且,在孕育化生过程中,"元始一炁"化为生命质

---

① 金岳霖:《论道》,商务印书馆 1987 年版,第 16—17 页。

素"气"，而内在于各类生命包括每一生命体中，以信息、能量表征该生命存在之属性。在道教文化中，道与世间人事物构成一整全的生命系统，祂既是形上本体，又是生命本原，形上之道与生成之道乃同一之道。从道教修持炼养角度而言，道教常用气指称道，以修炼神气来合道；从神文视角来看，道又被神格化，道乃最高神，所谓"一气化三清"，此化虽不可思议，但可悟可修，此修即与道顺生万物相逆返之成圣路径，因为在道教理论中，"顺之则凡，逆之则圣"①，逆返是"由三及二""由二及一""由一而道"的修行功夫。其中，"道者，一之体；一者，道之用"——"道"乃超越之本体，合道入圣即超越有限达至无限，但此超越之路却要借由形下之"一"，以"一"为用，用"一"得"道"，此"一"即"炁"与"气"，乃道教修持的核心内容。用宋儒的话说，道体与一用之间，实乃"体用一源，显微无间"之关联。对金丹派南宗而言，其"筑""采""炼""结""养""运""持""澄"，无一例外皆为"用一"之功夫，而此功夫的价值目标所在，无非"得其一，后天而死"，其实质是与道合真，不死成仙。

其次，白玉蟾从生命运动的视角，指出道之运行规律义。

《道德经》中有"常道"与"非常道"之分。前者是指恒久之道，此道不可言说，不可分析；后者则是指天地人物，包括日月星辰等可感可言之道。而这些可感可言的人事物，总是表现为生长壮老之过程而存在，而其生灭过程又呈现出一定的规律，这种规律可以为人所认识、把握乃至运用。在《道德经》那里，有生有灭之物（含人），以过程形式而存在，并非恒久之存在，其道乃"非常道"，但却可以言表，所谓"可道"；相反，与之对应，那个不可道之道，亦即"常道"。合而言之，此即"道可道，非常道"。②

既然"非常道"反映的是人事物自然生成发展变化之规律，我们不妨将之简称为生成律，此与《道德经》描述的"道生一，一生二，二生三，三生万物"的有关宇宙世界的衍生状态相一致。同时，《道德经》第四十章亦曰"反者道之

---

① （南宋）白玉蟾：《谢张紫阳书》，《修真十书杂著指玄篇》卷六，《道藏》第4册，文物出版社、上海书店、天津古籍出版社1988年版，第625页；亦参见盖建民：《白玉蟾文集新编》，社会科学文献出版社2013年版，第13页。

② （魏）王弼注，楼宇烈校释：《老子道德经注校释》，《新编诸子集成》，中华书局2008年版，第1页。

动"——"反,借为返,去而复回为返,即循环。自然界日月的运行,春夏秋冬的更替,都是往来循环,老子认为这就是道的运动。《道德经》第十六章:'万物并作,吾以观复。'复,返也。另一说:反与正相对,如高下、贵贱、成败、贫富等等,各向相反的一面转化。"①——看似一为"复返"之义,一为"相反"之义,在笔者看来,其实二者是从两个不同的角度对不同的主体所进行的运动方向的判断,譬如说,日月运行,从始点回到终点,完成一轮循环,此终点又成为下一轮循环运动之新起点,此其所谓"复返"之"反";再譬如《阴符经》有"生者死之根,死者生之根"之论,若就某一生命个体而言,生与死是其生命的两端,而且是非此即彼、相反相对的两极,代表同类属性的两个相反的向度,其生命的历程即出生入死的过程,在此过程中表现出由生走向死的一种转化运动,并且是转向与当下状态相反的那种状态,亦即向相反的方向的变化发展,这就是同类属性之内的方向变化。就个体而言,出生就意味着入死,生活死休,一般不会逆转;但就类生命而言,却有"江山代代有人出"之类的新陈代谢,于是便有了"生死互根"之说。无论是"复返"之"反"也好,抑或是"相反"之"反"也罢,这两种变化之背后皆有一种力量使然,这一力量就是"道"。而且是其内具之道,使其朝着自身始点回返循环,也是其内具之道促使其走向自己的对立面,也就是说,回返自身或走向相反,皆因道使然,乃道之运行规律之具体呈现,此类生命之"反动"规律,简言之,逆返律。对于道教丹士而言,上述生成律,即宇宙世界的衍生律,其应用即"顺则凡",他们更注重于道之逆返律,在他们看来"逆则仙"。道门从"一阴一阳之谓道"界定"常道"与"仙道",如云:"阴为阴,阳为阳,顺行者,世之常道也;阴取阳,阳取阴,逆行者,仙之盗机也。"②

上述有关"道"之规律二义,在道家道教之学之内,通常已成共识,但也面临新的挑战,我们不妨将一较典型的新解转引过来与同仁分享。针对《道德经》第一章:"道可道非常道,名可名非常名。无名天地之始,有名万物之母。故常无欲以观其妙,常有欲以观其徼。此两者同出而异名,同谓之玄,玄之又

---

① 高亨:《老子注译》,清华大学出版社 2010 年版,第 71 页,注①。
② 《紫阳真人悟真篇注疏》卷四,《道藏》第 2 册,文物出版社、上海书店、天津古籍出版社 1988 年版,第 934 页。

玄,众妙之门。"赵汀阳先生对此章诠释如下:

> 凡有规可循之道,就不是一般普适之道;凡可明确定义之名,就不是普遍概括之通名。无者,表达的是天地之根本状态;有者,说明的是万物之成形状态。因此,要从无定无实的原则去理解世界本质上之不可测;要从有形实在的原则去看待万物各自的限度。这两者是同一个道理的两面表达,同样都在说明世界万物之不可思议,而此种不可思议也是不可思议的,这是理解所有奥妙的入门。①

此段翻译从逻辑到遣词都非常精准,将有与无、"可道"与"不可道""定名"与"通名""无定无实原则"与"有形实在原则"等作了形而上与形而下的严格界定,表现出作者扎实的哲学底蕴与深厚的思辨功力。尤其是将"可道"中的"道"字诠释为"遵循",很有创见。赵先生将"有规可循"之道,视为"事理",作为人们执事之依据,但又认为此等有规可循之道,就不是一般普适之道。其所谓一般普适之道,乃形上之道,与"事理"有别。不仅如此,赵先生还认为,"中国思想中并无单纯关于'万物'(things)通理的形而上学,而是另外发展了一种关于'万事'(facts)通理的形而上学,思想重心不在万物而在万事,万物只是万事的相关背景,万物只是因为万事而具有意义。事情要一件一件做出来,因此,'做'的问题,尤其是'做法'问题,就成为中国思想的核心问题,道虽为万物万事之共理,但既然物之意义在事,因此,道的意义在于成为事理。当思想追问的是万事做法之通理,这种形而上追求就在本质上是作为方法论的形而上学,而不是作为超验解释的形而上学。"②赵先生此论道出"事""物"之别,"事理""做法"之异,笔者认为这种分析非常有见地。在笔者看来,国人治学修身,皆为生命实践,当不离"做法",同时,亦总是在"做"中"悟",而其所悟者,不见得只是"方法论的形而上学",而与"超验解释的形而上学"无关,庶几也是在"行"中"思",在"做"中"悟",然而,传统国人所思所悟却有不同于西方哲人的纯逻辑分析之特质,譬如说,金丹派南宗,较为典型的本土生命宗教,其修持无疑是生命实践,这是不容忽视的,其生命实践中亦

---

① 赵汀阳:《道的可能解法与合理解法》,《江海学刊》2011 年 1 期。
② 赵汀阳:《道的可能解法与合理解法》,《江海学刊》2011 年 1 期。

不乏修道方法,而方法所指,就很难说就只是"方法论的形而上学",因为对每一位修行者而言,其修持目标非常明确,这一目标不在"方法论的形而上学",而在超验的形上本体,这个超越本体即为道,修行者之修,既是修道,亦是合道。此时,"事理"所代表的规律,既是修道者认识论的内容,也是其方法论的依据,更是修养论的凭借。

同样是对老子《道德经》第一章的诠释,白玉蟾不是从语言与逻辑的层面来论道,而是从生命与生成的层面来体道。葛长庚撰《道德宝章·体道》曰:

> 道,如此而已。可道,非常道;可说即不如此。名,强名曰道。可名,非常名。谓之道已非也。无此即是道。名,天地之始;道生一,即是天地之初。有一生二,二生三,三生万物,故有。名,万物之母。一无生万有,万有归一。故常无虚心无念欲,以观其妙;见物知道,知道见心。常有守中抱一欲,以观其徼。身有生死,心无生死。此两者,万有一无,一无亦无,无中不无。同出而异名,万法归一,一心本空。同谓之玄。道非欲虚,虚自归之,人能虚心,道自归之。玄之又玄,虚里藏真,无中生有。众妙之门。悟由此入,用之无穷。[①]

道虽不可言,但其用可感,体道者可"见物而知道","知道见于心",于心而悟道;道之于体道者,亦可即身而修,反身而诚,修己以合道,何以至此? 在白玉蟾看来,"身有生死,心无生死","万法归一,一心本空"。这就为修道者开示了悟道、体道之入道门径。

白玉蟾《道德宝章注·去用章第四十》更用"以性全神"来注解"反者道之动",将对生之性之回归到完全原初之元神的生命炼养,视为对生命大道之逆返律的遵循,其实即"归根复命"的功夫。

道在中华文化世界可视为一种最基本的原动力,文化世界中的每一个体都受其驱动而不能逃避。这一基本原动力的运作呈现出一定的规律性。白玉蟾《大道歌》从日月运行、山川变迁之中,道出其运行皆有规律,变化之实质乃阴阳之相互作用:"乌飞金,兔走玉,三界一粒粟。山河大地几年尘,阴阳颠倒

---

[①] (南宋)葛长庚:《道德宝章》,《藏外道书》第 1 册,巴蜀书社 1992 年版,第 295 页;亦参见盖建民:《白玉蟾文集新编·蟾仙解老》,社会科学文献出版社 2013 年版,第 23 页。

入元谷。人生石火电火中,数枚客鹊枝头宿。桑田沧海春复秋,乾坤不放坎离休。"①在白氏眼里,修道之士应该洞察沧海桑田之物象,把握乾坤变化之律则,尤其要精通阴阳颠倒之丹道大法。因为,在白氏的生命体验中,不谙熟此道,难脱转瞬即逝之劫难。如其《蛰仙庵序》云:

> 夫人之根于斯世,而朝菌何异焉?方皓皓然于东隅,而又芒芒然于桑榆矣。然则半炊之睡,早已一生,七日于山,归而千载,亦无怪乎其非诞也。盖天地日月之不同,梦幻泡影之中,身随境转,心逐物移,未悟老椿之春秋,大鹏之南北,而或与腐草俱化而为萤者有之,或朽麦与之俱化而为蝴蝶者亦有之。尘沙浩劫,邈然渺弥,来日如波,任缘也已。以今观之,俯仰一世,酬酢百为,何以明月夜光而弹断崖之禽,此而趣矣乎!②

所谓"或与腐草俱化而为萤者有之,或朽麦与之俱化而为蝴蝶者亦有之",意在告诫世人,人生苦短,修道证道事不宜迟,但最为根本的,应及早懂得明了恒道丹法,并切实体悟,极力证道,以丹道修真了凡,返本归元。

> 夫道不可得而名言,惟弘之在人耳。所以前辈著述丹经,又形而为之歌诗契论,皆显露金丹之旨,必欲津筏后学,率归仙畛。所谓铅银汞砂者,即龙虎水火也。所谓乌兔房璧者,即为马牛龟蛇也。所谓夫妇男女者,即君臣子母也。所谓乾坤坎离者,即天地日月也。喻之为丁公黄婆,名之为婴儿姹女,假之为黄芽白雪,不过阴阳二字。觊乎尸解,积渐乎飞升,以要言之,形与神也,身与心也,神与气也,性与命也。其实一理。攒五行而聚五气,会三性而结三花,如是而修谓之丹,如是而入谓之道。③

"人能弘道,非道弘人。"易言之,弘道由人,惟人弘道。其所以弘者,乃道之规律、法则。对金丹派南宗而言,其所弘之道乃金丹大道,神仙不死之道,在不同的丹家,在不同的场景,此道隐喻众殊,不一而足,但终究其质,"不过阴

---

① 盖建民:《白玉蟾诗集新编》,社会科学文献出版社 2013 年版,第 100 页。

② (南宋)葛长庚:《琼琯白真人集·蛰仙庵序》,《藏外道书》第 5 册,巴蜀书社 1992 年版,第 37 页;亦参见盖建民:《白玉蟾文集新编》,社会科学文献出版社 2013 年版,第 297 页。

③ 《驻云堂记》,《修真十书·上清集》卷三十七,《道藏》第 4 册,文物出版社、上海书店、天津古籍出版社 1988 年版,第 773 页;亦见于盖建民:《白玉蟾文集新编》,社会科学文献出版社 2013 年版,第 251——252 页。

阳二字"，要在"攒五行而聚五气,会三性而结三花",如是而修结成丹,由此而入谓正道。白玉蟾《道德宝章·淳德章》指出:"道为万化之宗","道在万化而非万化","万化出乎道而入乎道"。[①] 修道方法可以千变万化,然而,万变不离其宗。

再次,白玉蟾以"先天一气"为基点,从超验层面提出"我本虚无"之说。

在道教文化中,超凡入圣与得道成仙,其实是异名同指,不死之仙即得道圣人。白玉蟾指出:"圣人忘形以养气,忘气以养神,忘神以养虚。道非欲虚,虚自归之。人欲虚心,道自归之。"[②]此论看似是对炼养程序的介绍,其间不乏对炼养理论的说明,这一理论的基本预设就是"我本虚无"。

从本原意义上说,"人抱道以生,与天地同其根,与万物同其体",天地人物同为道生气化之存在者。这些存在者其生存通常是,依道而生,归道而去,而道自身不随此变而有所变易。生成、变化、发展等皆属现象界的事情,是存在者的存在状态具象,而道是超乎现象界的超验的存在,如果说可以用"有"来指称存在者的话,那么,我们也不妨用"无"来状述存在,但需要说明的是,此"无"并非与"有"相对待的"无",袘属于本体世界的"虚无",而非现象世界的有无相待之"无"。同时,在属"有"的现象界,有一特殊的存在者,此存在者即为人,其特殊之处在于"其性最灵"。如白玉蟾《道德宝章·虚心章》云:

> 孔德之容,大无不包。惟道是从。细无不入。道之为物,惟恍惟惚。不可以知知,不可以识识。惚兮恍兮,即心即道。其中有象;恍兮惚兮,即道即心。其中有物;窈兮溟兮,心与道合。其中有精。其精甚真,其中有信。自古及今,心无所始,亦无所终。其名不去,人能弘道,非道弘人。以阅众甫。万物之中,惟道为大。吾何以知,众甫之然哉? 五行之中,为人最灵。以此。[③]

五行之中,惟人最灵,其灵何以体现? 在白玉蟾看来,人之有心,此心可以

---

① 葛长庚:《道德宝章》,《藏外道书》第 1 册,巴蜀书社 1992 年版,第 308 页;亦参见盖建民:《白玉蟾文集新编》,社会科学文献出版社 2013 年版,第 39 页。
② 盖建民:《白玉蟾文集新编·鹤林问道篇》(下),社会科学文献出版社 2013 年版,第 10 页。
③ 葛长庚:《道德宝章》,《藏外道书》第 1 册,巴蜀书社 1992 年版,第 299 页;亦参见盖建民:《白玉蟾文集新编》,社会科学文献出版社 2013 年版,第 28 页。

悟道、体道,所谓"即心即道",而且"自古及今,心无所始,亦无所终",心可达道,归于虚无。另一方面,人能弘道,其弘道之路,实乃返本之途,或曰"即道即心",修道之要,在于回归本心,此本心即自身之"主人翁"。因为在丹道派理论中,"身有生死,心无生死",此心乃本心,本体之心,虚无之心。可惜的是,众人大多"贪迷"不解,处于如《指玄三灿下篇》中白玉蟾所述之状:

> 家家有个主人翁,只为贪迷昧圣功。
>
> 若解转头颠倒做,守真志满总归空。①

金丹派南宗《修道真言》,跳出生活感受层面,以"先天一炁"为生命基点,道出生命现象之外的形上源头:"先天一炁,本属无形,妙能生诸有形,所以为生天生地生人生物之根本也,而道之源头在是矣。"②此先天一炁,非形下生命具象之中的呼吸之气,乃生命原初基点。此"炁"与"玄"对待,白玉蟾在《道德宝章·赞玄章》,一方面状述玄之不可言说,惟当意会,另一方面明言修道证真当以心入手,因为心道相通,古今如一。

> 视之不见名曰夷,身中之心。听之不闻名曰希,心中之性。搏之不得名曰微。性中之神。此三者不可致诘,不可以说说,惟当以会会。故混而为一……执古之道,本自圆成。以御今之有。本无生死。能知古始,古即今,今即古,听其自古自今。是谓道纪。如是,如是。③

在白玉蟾看来,道无古今、无生死,乃一永恒存在,心与道通,修道即修心,修心功夫便力求"复归于无物(见物便见心)","是谓无状之状(心无形相)",以心合道,终究本自圆成。有关道之形上性状,尤其是其"虚无""自然""大道"之性状,白玉蟾弟子留元长录《玄关显秘论》记载其师所论:

> 古者虚无生自然,自然生大道,大道生一气,一气分阴阳,阴阳为天地,天地生万物,则是造化之根也。此乃真一之气,万象之先,太虚太无,太空太玄,杳杳冥冥,非尺寸之所可量,浩浩汤汤,非涯岸之所可测。其大

---

① 盖建民:《白玉蟾诗集新编》,社会科学文献出版社 2013 年版,第 345 页。
② (南宋)白玉蟾:《修道真言》,《藏外道书》第 23 册,巴蜀书社 1992 年版,第 802 页;亦参见盖建民:《白玉蟾文集新编》,社会科学文献出版社 2013 年版,第 49 页。
③ 葛长庚:《道德宝章》,《藏外道书》第 1 册,巴蜀书社 1992 年版,第 298 页;亦参见盖建民:《白玉蟾文集新编》,社会科学文献出版社 2013 年版,第 26 页。

> 无内,其小无外,大包天地,小入毫芒。上无复色,下无复渊,一物圆明,千
> 古显露,不可得而名者。圣人以心契之,不获已而名之曰道。以是知即心
> 是道也。故无心则与道合,有心则与道违。惟此无之一字,包诸有而无
> 余,生万物而不竭。天地虽大,能役有形,不能役无形;阴阳虽妙,能役有
> 气,不能役无气;五行至精,能役有数,不能役无数;百念纷起,能役有识,
> 不能役无。①

此处"虚无生自然,自然生大道,大道生一气,一气分阴阳,阴阳为天地,天地生万物"之说,与唐代吴筠《宗玄先生文集》卷中《形神可固论》相关论述保持一致。吴文云:

> 余常思大道之要,玄妙之机,莫不归于虚无者矣。虚无者,莫不归于
> 自然矣。自然者,则不知然而然矣。是以自然生虚无,虚无生大道,大道
> 生氤氲,氤氲生天地,天地生万物,万物剖氤氲一炁而生矣。

有学者指出,《玄关显秘论》上段所引出自《形神可固论》,而且后者所谓"自然、虚无皆非道之上或之外另一实体,乃状道之词也,形容道之不同情状";白氏所谓"虚无生自然,自然生大道"与吴文"自然生虚无,虚无生大道",在形式上相反,"如果排除白玉蟾对吴筠文的'误引'或'笔误',我们也可依据中文表达的多义性,将'虚无生自然'解释为'虚无生于自然',其实与'自然生虚无'乃同义。因为我们可以确定的是,'自然''虚无'和'大道'不可能是指演化中的不同的层面,而是对道的演化状态的一种形容性的描述"。②

笔者认为,此说有一定道理,但与其将"虚无生自然"解释为"虚无生于自然",不若直译为虚无即自然,自然而然,不加外力;另将"自然生大道"直译为自然即大道,自己如此、不需他力者,即最高的存在,"不可得而名者",强名之曰道,或大道。也就是说,虚无、自然、大道乃形上之道的异名同指。称之"虚无",旨在说明其"太虚太无,太空太玄",处于"万象之先",有别于世间实有;言之"自然",凸显其没有额外力量推动、不受更高主宰使然,只是自己使然,

---

① 《海琼问道集》,《道藏》第33册,文物出版社、上海书店、天津古籍出版社1988年版,第141页。

② 戈国龙:《论返本还原》,《全真道学术研究报告》第八辑,青松出版社2013年版,第21—22页。

自然而然;谓之"大道"——以"大"饰"道"——乃以"大"言及价值之高、层级之上、意境之极,犹如"大方无隅""大器晚成""大音希声""大象无形"之"大"言"道",实与"常"相仿,故"大道"一方面意即"常道"与"非常道"相对,另一方面指修道之士返本还源、与道合一之意境,此处更倾向于得道之意境。中国文化一向有"意生象,象生言","得意忘象""得意忘言"之说,"象"与"言"在"意"乃为捕鱼之"筌",是辅助理解达意之工具,况且还有"言不达意"之无奈,因此,不拘泥于"言""象",以生命体验甚至心灵直觉超验之意境便显得更为紧迫,对于宗师弘道传道也更为关键。

需要特别引起我们注意的是,白玉蟾此处论述虚无、自然、大道,并非仅仅探讨宇宙演化生成之程式,更是为道教内丹修炼直指下手之端口——人心,而且明确标示修道鹄的——返本还源。人何以能达至如此成就? 个中缘由在于"我本虚无"。

《玄关显秘论》作如是诠释:

> 古经云:"生我于虚,置我于无。"是以归性根之太始,反未生之已前。藏心于心而不见,藏神于神而不出。故能三际圆通,万缘澄寂,六根清净,方寸虚明。不滞于空,不滞于无,空诸所空,无诸所无。至于空无所空,无无所无,净裸裸,赤洒洒地,则灵然而独存者也。道非欲虚,虚自归之;人能虚心,道自归之。……三毒无根,六欲无种,顿悟此理,归于虚无。[1]

> 能悟之者,效日月之运用,与天地以同功。夫岂知天养无象,地养无体,故天长地久,日光月明,真一长存,虚空不朽也。吾今则而象之,无事于心,无心于事,内观其心,心无其心,外观其形,形无其形,远观其物,物无其物,知心无心,知形无形,知物无物,超出万幻,确然一灵。[2]

可以看出,在白玉蟾的人生观念中,道本虚无、我亦虚无,道与人有内在的同一性,人与道沟通的通道,在于人对道的归依,其实亦是对先天本性的复返。

---

[1] (南宋)白玉蟾:《海琼问道集·玄关显秘论》,《道藏》第33册,文物出版社、上海书店、天津古籍出版社1988年版,第142页;亦参见盖建民:《白玉蟾文集新编》,社会科学文献出版社2013年版,第19页。

[2] (南宋)白玉蟾:《海琼问道集·玄关显秘论》,《道藏》第33册,文物出版社、上海书店、天津古籍出版社1988年版,第142页;亦参见盖建民:《白玉蟾文集新编》,社会科学文献出版社2013年版,第19页。

需要说明的是，白玉蟾申明"吾道一气"，类似于"吾道一以贯之"，表明一种基本立场，它代表的是一种道教文化的基本生命观念与人生立场，那就是以气言道，以气化理论与体悟方法贯穿人生学说及修行历程，此道即生命宗教之道。另外，白玉蟾宣示"我本虚无"，此"虚无"有二意：其一，借助"道"本体之"无以言表""不可状述"之绝对至上，明确道本乃人生之元始根基，为人生逆修返本开出学理理据——其基本理路就是，道本虚无，我生据道，则我本虚无，我之修为，需逆返归道，即将我之当下性命，逆溯复归性命之源，而与道合真；其二，"虚无"并非与"实有"相对，除了指代本体之外，在人生哲学、生命哲学中，它还指向一种境界、一种理想人格，甚至可以实体化为一种生命状态——这种虚无，超越"实际实有"，与"真际"不无关联。

冯友兰先生在《新理学·绪论》中区分了"实际"与"真际"两个术语，论述了实际与真际的关系，以说明哲学的根本任务与人生使命。其中不乏真知灼见，对于我们理解人生哲学，包括道教生命哲学有不少启发意义。

按照冯友兰先生的意思，大凡人们在日常生活中与之打交道的事物，可以形成人们对这些实际事物的经验、"识知"（见闻之知）；识知是对于外部事物的经验的判断，是外物在人的心灵中留下的感性印象；日常生活中的经验，大都是由对个别实际事物的判断所构成；若不是针对某一个别事物，而是针对一类事物，思想知道有该类事物之实际存在，思及该类事物何以被如此判断的道理，即归纳抽象出该类事物存在的共性特征，去对一类实际进行判断；这样就从日常经验判断上升到科学判断，而科学判断还在实际之中，是对实际的肯定或否定。

倘若我们不依赖任何来自实际的经验，不牵涉任何经验对象，只对某一道理进行纯粹思维，犹如在几何学中对"数"或"形"的"真际"的思维活动，也不需依赖任何实际的经验来证实，这种纯粹思维所关涉虽不切实际，却切合相应的实际事物只要存在就必定不能逃脱的"理"，则这样的思维，其思维所思必是真际。

由此可见实际与真际的关系：有实际，必有真际，如冯先生所说，"实者必是无妄"；有真际，不必有实际，如冯先生所说，"真者未必不虚"。进一步推论，实际必蕴涵真际，真际可超出实际；"凡真际与实际重合之处，均为有实际事物存在的领域,是'实际所是'的领域;科学对'实际所是'行思,即是为了揭示其'所以是',即由实际进入真际,这正如中国儒学所说'由著知微'。在由著知微的基础上,还可更进一步,去知那'未著之微',即知那真际超出实际的部分,这就是知'所应当是';"所应当是"不是"所是","故还是虚的,但此'虚'却不是'幻',而是理想。……理想是由著知微后所知道的'应当',故而是以真际之理作根据的'应当'";"人只是因为能由'所是'知'所以是',进而知'所应当是',才得以去树立理想。而正因为有理想,人才有文化生命"。①

冯友兰先生说:哲学是"以心静观真际,可使我们对于真际,有一番理智底,同情底了解。对于真际之理智底了解,可以作为讲'人道'之根据。对于真际之同情底了解,可以作为入'圣域'之门路"。② 一般而言,"人道"被理解为人生理想,"圣域"被诠释为圣贤境界,前者凭借理性推理,后者更需同情了解。对于白玉蟾"吾道一气"与"我本虚无"的生命哲学观点,或许既需理智又需同情,方可全面而深入地洞察其本意。

## 二、"人生若寄"与"槎上之仙"

生命犹如一条时光之河,它有源有流,个体生命是这条时光之河中的朵朵浪花,在国人文化传统中,此在个体生命并非孤立独处的自在,而是关系性的共在,从此在的个体生命往前溯源,可以达至祖宗神灵,往后观望,可见去向传承,即子孙后代之生命延绵,这便是生命纵向的维度,而横向的维度上,还有万物天地内在于己的丰富内涵,犹如唐代李白《春夜宴桃李园序》所言,"天地者,万物之逆旅;光阴者,百代之过客。而浮生若梦,为欢几何? 古人秉烛夜游,良有以也"。对修道之士而言,仅仅如此尚且不足矣,他们对生命、人生有更多、更深的体悟。白玉蟾对此发出"人生若寄"的生活观感,并参透世间万象,为自己确立"槎上之仙"的人生使命。

白玉蟾《劝道文》着眼于生命自存现状,道出人生苦短、时光易逝之生存困态,劝勉世人"各宜勉力",勤苦修炼,以期"快活千百劫"。其文云:

① 王德峰:《哲学导论》,上海人民出版社 2000 年版,第 36 页。
② 冯友兰:《阐旧邦以辅新命——冯友兰文选》,上海远东出版社 1994 年版,第 10—11 页。

嗟夫！人身如无根树，惟凭气息以为根株。百岁光阴，如梦相似。出息不保入息，今朝不保来朝。虚度岁时，忽然老死。百骸溃散，四大分离，神识昏迷，散堕诸趣。不知来世，又得何身。生死轮回，劫劫不息。迷不知悟，懒不知勤。而今既到宝山，切莫去时空手，到老依前病死，枉向人间一遭。各宜勉力，下死工夫。古语云：辛苦一二年，快活千百劫。从今收拾，一意无他，眼不外观，耳不外听，节饮食，省睡眠，绝笑谈，息思虑，把茅盖顶，莫求安适。①

白氏此论，汲取佛家生死轮回之说，发出类似庄子、李白等人生如梦之叹，更明确指出众生"迷不知悟""懒不知勤"之实，意在告诫人们，人身难得，"莫求安适"，奉劝世人"既到宝山"，"切莫空去"，坚信人生可为，"各宜勉力"，需"下死工夫"，修道合真，以跳出生死轮回，求得究竟解脱。

在道教金丹派南宗这里，儒释道各家人生学说皆有会通，尤其是针对佛学人生若幻之论，道教既有汲取吸收，更多改造转化，将其生死轮回之说，融入人生真际而告诸道友，以促其及早觉解，劝其着力修真，夯实其合道登仙之终极价值目标之基石。

在佛道思想中有关人生终极目标谁更紧迫、谁更彻底等问题上，南宗常以三祖薛道光由佛入道修仙了死一事为生命教化之素材，宣称道法较佛法之更为殊胜，白玉蟾于此有诗为证，"秃头俗相，做尽模样。张平叔若不再来，石得之不成信向，你即是道光和尚"。② 张伯端传石泰、石泰传薛道光之南宗丹道，有别于毗陵禅师之前修习之佛门禅事，紫贤有感于南宗道法之切实与彻底，乃弃绝空门皈依道教，师事南宗二祖杏林道人。白氏论及薛道光转佛就道之事，在《历世真仙体道通鉴》亦有更为详尽之记载。其文云：

薛道光，一名式，一名道原，陕府鸡足山人也。一云阆州人。字太原，尝为僧，法号紫贤，一号毗陵禅师。云游长安，留开福寺参长老……雅意金丹导养。宋徽宗崇宁五年丙戌冬寓郿县之青镇，听讲佛寺。适遇凤翔

① 《海琼白真人语录》卷四，《道藏》第33册，文物出版社、上海书店、天津古籍出版社1988年版，第135页。
② 原题《祖师鸡足紫贤真人赞》，《海琼白真人全集》卷七，《道藏精华》第十集之二，自由出版社1994年版，第983页。

府扶风县杏林驿道人石泰,字得之,年八十五矣。发绿朱颜,神宇非凡。夜事缝纫,紫贤心因异之。偶举张平叔诗曲,石矍然曰:识斯人乎? 吾师也。备言紫阳传道之由。紫贤乃稽首皈依,请因受业卒学还丹传授口诀真要,且戒令往通邑大都依有力者皆可图之。紫贤遂来京师,弃僧袈,黎幅巾缝披,和光混俗,顗了此事,乃注解《悟真篇》,作《复命篇》及《丹髓歌》行世。紫贤道成(百)一十四岁,于光宗绍熙二年九月初九日尸解。作颂云:铁马奔入海,泥蛇飞上天,蓬莱三岛路,元不在西边。明年沙道昭复见紫贤于霍童山。①

毗陵禅师薛道光"弃僧袈",着青衣,皈依道门,师事杏林道人石泰,修炼金丹大道,其人生轨迹之转向,在南宗看来绝非偶然事件,关键在于其对生命、人生有了更多更深的领悟与觉解,尤其是对人生终极关怀、生命究竟解脱有了彻底觉解,并且笃信金丹大道足以"顗了此事","起死回生",诚如颂中所云:愚妄众生似乘铁马奔向大海,圆觉道者炼养金丹飞升青天,通往蓬莱三岛的神仙之路,不在佛门西天法界,却在道门人生神炁性命之间。

据彭耜《海琼玉蟾先生事实》记载,曾有禅僧规劝白玉蟾弃道从佛,弘扬佛法,但被其拒绝。其理由如下:

> 吾中国人也,生于中国,则行中国之道,理也。若以夏变夷,背天叛道,吾不忍也。禅宗一法,吾尝得之矣。是修静定之工,为积阴之魄,以死为乐,涅槃经所谓生灭灭矣,寂寂为乐是也。吾中国之道也,是炼纯阳之真精,飞升就天,超天地以独存,以生为乐也。故曰本乎天者亲上,本乎地者亲下。夷夏之道有所不同,道不同不相为侔也。②

大略说来,在佛道关系上,白玉蟾一贯立足于道教本位,对外来佛教,包括已经本土化的禅宗,他并不太排斥,若撇开夷夏之辩,仅就佛道两教关于人生终极问题的学理基础、解脱方案及价值基本目标而言,白氏对两教的把握也有其独到见地:佛教以人生为苦海,寻求离苦得乐,有时甚至以死亡为解脱,以寂灭为了生脱死之途;道教从常人"好死不如赖活"的心理出发,"以生为乐",追

---

① 《历世真仙体道通鉴》卷四十九,《道藏》第 5 册,文物出版社、上海书店、天津古籍出版社 1988 年版,第 384—385 页。

② 盖建民:《白玉蟾文集新编》,社会科学文献出版社 2013 年版,第 376 页。

求长生久视乃至不死成仙为人生修道之终极目标，较之佛门就更接地气，更合乎"中国之道"。至于将佛门禅修视为"积阴之魄"，而道门修炼则"炼纯阳真精"，此说若真为白氏意思，或许是其早期的说法，因为此说不够精准，至少是对两家在阴阳问题的归纳上不够精准——需要说明的是，即便是道教练就的所谓纯阳真精，此纯阳，并非与纯阴相对，因为纯阳其实已非现实世界阴阳对立之一阳，而是先天先验之一道，易言之，练就了纯阳真精便是生道合一的羽化登仙状态，此时亦无阴阳可言，因为此时已经超越了阴阳之对立。再说，佛门追求的涅槃境界，实乃跳出生死轮回，进入不生不灭之生命状态。这一点，对于精通三教要旨的一代宗师白玉蟾而言，其"三教之书，靡所不究"①，不可能不知。或许他眼前的对象只是普通人士，他们只求大致了解佛老二教的差异。白氏也只是投其所好，念及其恋生惜命之实情，放大道门乐生长命之能事，同时，也是出于弘扬道教仙道贵生之主旨，吸引更多民众入道弘法之考量，方才如此化繁为简，随机择要宣化而已。

在笔者看来，在佛老二教有关如何化解人生终极问题的修道方案上，更能代表白玉蟾思想倾向的还是其"千虚不博一实"之论。

> 所以昔毗陵薛真人向禅宗了彻大事，然后被杏林真人穿却鼻孔，所谓千虚不博一实。张紫阳云："终日行未尝行，终日坐未尝坐。可谓怜儿不觉丑。今辰莫有向行坐中得见悟真篇么？纵饶得见悟真篇，抑且不识张平叔。诸人如鱼饮水，冷暖自知，还知薛真人既是了达禅宗，如何又就金丹窠白里脑门着地？若识得破，天下无二道，圣人无两心。若识不破时，唤侍者一声，侍者应诺。"师云："早上吃粥了么？"侍者云："吃粥了。"师云："好物不中饱人吃。"②

禅宗的明心见性着重于反求本心，且明心即见性，此心性不出佛教"一切皆空"之生命教义，这在宋代广为流传的《楞严经》中亦反复阐述，如云："或计涅槃因果，一切皆空，徒有名字，究竟断灭"③；"十方虚空，满足微尘，一一尘

---

① 留元长：《紫元问道集序》，见盖建民：《白玉蟾文集新编》，社会科学文献出版社 2013 年版，第 364 页。
② 盖建民：《白玉蟾文集新编》，社会科学文献出版社 2013 年版，第 78 页。
③ （清）刘道开撰述：《楞严经》第十，《继藏经》第 15 册，第 544 页。

中,现十方界"①。在道教看来,佛门禅宗之明心见性,其简易法门为明心即见性,其修为结果仍不免虚幻空无,而不及道教自身内丹之学,此学教人返本还原与道合一,以丹道修为练就长生久视之仙果,这种丹成仙就之切实受用,却正中契合了国人"实用"心理情怀。而注重人生受用,亦是儒道共同的人生理论与实践特色。如朱熹说:"释氏说空,不是便不是,但空里面须有道理始得。若只说道亦是个空,而不知有个实的道理,却做甚用?"②在金丹派南宗,人生须"穿却鼻孔""脑门着地",人不仅应觉知死亡,而且应被教化如何切实破解死亡密码,被教导如何克服死亡"大事",这或许就是毗陵禅师薛道光皈依道门,白玉蟾所谓"千虚不博一实"之论的人生真意所在。

　　金丹派南宗第五祖白玉蟾"千虚不博一实"之论,一方面驳斥常人眼中佛老虚无不及时务之谬,另一方面凸显道门生命信仰之切实之效,这一切实之效在南宗初祖张伯端(字平叔)那里亦有鲜活的例证。据说张伯端于宋神宗熙宁二年(1069 年)遇刘海蟾祖师,得金液大还丹火候之诀,他苦修内丹,习有所得。某日,一僧人与张平叔相遇,二人雅致相投,皆以修道为趣。此僧修戒、定、慧,自以为得上乘禅旨,能入定出神,数百里开外片刻即达。平叔祖师邀请僧人一道神游,共赴千里之外的扬州观赏琼花。于是,两人同处静室,瞑目入定,即刻出神悠游。僧人神游速度极快,待张抵达扬州,他已绕琼花转悠三圈。张伯端提议,既然你我一同至此,何不折花一朵作为凭证? 僧应允。及其收功睁眼相望,张伯端问僧人琼花何在? 禅僧两手空空,无以应答,张却从手中拈出琼花,含笑示意僧人观赏。此乃道门盛传的逸闻趣事,虽不乏夸张手法以神其事之成分,但也透露出金丹大道的一些重要信息,如张伯端所言,"今世人学禅学仙,如吾二人者亦间见矣……我金丹大道,性命兼修。是故聚则成形,散则成气,所至之地,真神见形,谓之阳神。彼(指禅师)之所修,欲速见功,不复修命,直修性宗,故所至之地,人见无复形影,谓之阴神。"③可见,张伯端的

---

① (清)刘道开撰述:《楞严经》第八,《继藏经》第 15 册,第 496 页。
② (宋)杨时撰,(清)张元济撰校勘记:《龟山先生语录》第四卷,《四部丛刊》常熟翟氏铁琴铜剑楼藏宋刊本,第 101 页。
③ 《历代真仙体道能鉴》卷四十九,《道藏要籍选刊》第 6 册,上海古籍出版社 1989 年版,第 287 页。

内丹功法有别于佛教禅宗的修行法式,其性命双修,阳神出窍,具有聚则成形、散则成气之效,与禅师只修性宗、仅出阴神相较,更显"千虚不博一实"之优势。①

有学者指出,人的生活始终包含种种矛盾或两歧性,其中有由人生所处的时代特征造成的矛盾引起的,所谓"历史的两歧"矛盾,它会随着时代的变迁而消失;与之相反,另有一类是人的"生存的两歧"矛盾,是任何时代的人的生存都有的,而且不会随时代变迁而消失,是人生无法消除的矛盾;"最根本的生存的两歧有三种:一,生与死的矛盾;二,人的长远想象与人的短暂生命的矛盾;三,根本上孤单的人与他人必须交往的矛盾。这三对两歧都是对理性原则的挑战。理性展开的是普遍性的王国,在这个王国中,生存得到无限肯定;长远的想象和计划是理性所允诺和要求的;个人的意义在于其社会性,即他作为人是因为他是社会世界的成员,这也是由理性加以揭示的。但理性如此规定人生,是遮蔽了每一对两歧中的同样真实的另一方面,这样,理性无疑地在总体上具有虚假性,因为理性不能克服它所肯定的这一方面与它所掩盖的另一方面之间的矛盾。"②既然理性原则无力彻底化解人之最根本的生存两歧矛盾,人生之求索也不会终止于理性原则,这便为宗教人学等思想留下了广阔的生长空间,中国道教金丹派南宗人生价值论便在此之列。

在白玉蟾眼里,人生苦多乐少、烦多顺少、迷多悟少,恰如佛教所谓人生若苦海、烦恼与生俱,作为寻常之人,他对现实生活有深切感受,作《水调歌头·自述十首》感叹人生若此,现摘录部分如下:

> 其二
>
> 吃了几辛苦,学得这些儿。
>
> 蓬头赤脚,街头巷尾打无为。
>
> 都没蓑衣笠子,多少风烟雨雪,便是活阿鼻。
>
> 一具骷髅骨,忍尽千万饥。

---

① 若仅从此故事诚然可得出"千虚不博一实"之论,但据佛门文献所载,佛教禅宗亦不乏性命兼修之事,如包括禅宗六祖惠能在内的诸多肉身菩萨真身实存之例,不排除其住世修行有性命双修之实。

② 王德峰:《哲学导论》,上海人民出版社2000年版,第130页。

头不梳,面不洗,且憨痴。

自家屋里,黄金满地有谁知?

这里一声惭愧,那里一声调数,满面笑嘻嘻。

白鹤青云上,记取这般时。①

其三

苦苦谁知苦,难难也是难。

寻师访道,不知行过几重山。

吃尽风僝雨僽,郁见霜凝雪冻。

饥了又添寒,满眼无人问,何处扣玄关?

好因缘,传口诀,炼金丹。

街头巷尾,无言暗地自生欢。

虽是蓬头垢面,今已九旬来地,尚且是童颜。

未下飞升诏,且受这清闲。②

在道教思想中,人生即修行;人生有苦难,修行更有苦难,包括寻师访道中"吃尽风僝雨僽,郁见霜凝雪冻"之餐风露宿之艰辛不易,其中"僝僽",有两层意思:其一,烦恼,憔悴;其二,折磨。即便表面言说的是求道修真之艰辛,联系修道之士"大隐隐于市"之生态,岂不也是对常人人生难料、世事维艰的生活写照——我们知道,在佛教思想观念中,人是事非若梦幻泡影,一切皆由性空缘起偶成,而人生之苦、之烦,皆因参透不够、执着有余所起,于是,佛陀教人学会放下,劝人破除执着,并从心性上入手,应在心灵的直觉感悟中,获得生命的特殊意义,即以心性的体悟或智慧的直觉,实现生命的最终解脱。白玉蟾参透人生苦多于乐、烦多于顺的生存现实,劝诫世人及早走出人生迷雾,除却心性之觉解,还应早下功夫,即身合道,并以金丹炼养、返还道原为究竟解脱之人生方案。这一人生方案,立足人之生存苦难,着重自家性命之双修,突出炼就仙丹与生命迁化之正向关联与人生解脱之终极价值,此方案之实施虽不乏艰辛

---

① 《修真十书·上清集》卷四十一,《道藏》第4册,文物出版社、上海书店、天津古籍出版社1988年版,第789页。

② 《修真十书·上清集》卷四十一,《道藏》第4册,文物出版社、上海书店、天津古籍出版社1988年版,第789页。

与苦难,却让信众有切实下手处,对终极理想亦有可观感,这种生命感受从诗中"满面笑嘻嘻""暗地自生欢""且受这清闲"等词句,呼之即出。这种清闲自适实乃对人生苦难之超越,亦是对与道合一之生命意境之状述。一言以蔽之,金丹派南宗此处所宣示的生命修为之即虚求实——仙道理想虽为虚构,但在现实修为中可落实,这种落实在于生命功夫,功夫所及内容乃"自家屋里黄金",而且人人具足、满地皆是;再者,修炼过程亦有可感可知之身心之愉悦伴随修道始终,其修为价值目标所指亦为人格化、实体化之"道",此即仙。

比照人的最根本的三种"生存的两歧"矛盾,对于生与死的矛盾,在传统儒家思想中,以孔子"未知生焉知死"为代表的观念的背后,更多的是理性原则支配下的,以建功立业为人生要义的生活哲学,希冀以生之轰轰烈烈,凸显德业精神之承传不辍,实现对死亡之超越,所谓虽死犹生,但仍无益于改变个体生命终究死亡之事实,此人生方案为人生意义颇多建树,为人类之存在、良性关系发展指明了方向,也提供了方案,但这些对于个人的长远想象与个人的短暂生命之间的恒久矛盾以及根本上孤单的个人与他人必须交往的现实矛盾,却难以圆满克服。因为儒家突出人之社会属性,然而,其局限性也是显见的:一方面,个人易于湮没于社会之中,另一方面,社会属性毕竟也是有条件的、变化的,是现世的、有限的,若将个体生命只托付于现世系列人际关系、社会序列,而这一托付之基本预设前提在于社会系统的持续稳定,事实上,这一理论预设本身是在不断受到挑战的,即便社会系统的持续稳定能遂儒者意愿,但作为个体的人,难以对社会关系置之不理不顾,相反,只能顺应,更多的可能是投身其中,消弭自我,这对个性的自持与自性的发展,无疑是苍白无力的。

道者异于儒者,最明显之处在于"以道观之"——即便言及人伦亲情,也因"以道观之",而颇有超迈气度。譬如针对人间情感恩爱,白玉蟾也在《相思》中倾诉:

> 萧瑟兮枫林,呜咽兮岩泉。
>
> 于此明月夜,拨动相思弦。
>
> 音容尚如昨,恩爱空自怜。
>
> 天风吹广寒,夜露飘飞仙。
>
> 夫岂不垂念,孤凤谁与眠?

人生亦客寄,胡不俱死遄。

使我向阑干,泪雨如涓涓。①

在白玉蟾看来,人伦情谊固然可贵,亦让人垂念,但思及长远理想与生命究竟解脱,其实"人生亦客寄,胡不俱死遄"——对道之皈依,对仙之渴求,乃至对仙道之情感认同,才是生命情感之最佳结点。以对道的情感皈依导引对人的亲情垂念,以对不死之仙之修为挑战人之生之极限,以对至上之道之设置鸟瞰人际交往之频仍——也就是说,人生若能以道观之,所谓三种"生存的两歧"矛盾,便有了终极参照,而这三种矛盾中,最为根本的还是生与死的冲突,倘若以道本反观人之生死两端,则人之生肇端于道,人生历程犹如一乘旅居远游,其终端亦在生命发端之处,其死乃是对始点之道的回归,所谓原始反终。然而,寻常人士即便能够勘破"人生亦客寄",却时时忧虑甚至惊恐于死亡大限的迅疾而至,懊恼自己的无能为力,道教思想可谓谙熟此道,那就是将凡尘之生死纳入道之生命视域,将生死置于生命之道之支配之下,并将生命之道视为不生不灭、永恒绝对之最高存在,而仙便是这最高存在的人格化形式,如此以道反观人生,人生自然亦客寄异乡,而对死亡大限的忧虑恐惧亦可以转化为对探求不死成仙的人生动力。当然,这些都只是人生观念的直白,这些观念本身绝非空穴来风,它自有生发场景,这一生发场景主要就是人们的现实生活与社会实践。

一般而言,人生的历练总是要在现实生活与社会实践中展开,在《自谓》中,白氏对人生之贫与富、心与性、欲与道等有深刻的揭示。其文云:

造物果小儿,可得问天公。

一生贫到骨,万感悲填胸。

形神本尘坌,身世相羁笼。

安得骑玉鳌,眇然追冥鸿。

锦步四十里,浊哉一石崇。

东阁万张颐,哺一公孙洪。

铜山流泉臭,到了埋邓通。

---

① 盖建民:《白玉蟾诗集新编》,社会科学文献出版社 2013 年版,第 18 页。

何如德行贵,希颜师仲弓。

文苑丽长春,学海深无穷。

人自泾渭水,我但夷齐风。

貂裘有何异?羊枣远不同。

人生水上萍,世事江头枫。

三思欲四休,一拙胜万工。

火宅煎杀人,此身如甑中。

于道有所味,触意无复忡。

心杓指以南,性水决而东。

炼得身如鹤,始可冲秋空。

道人亦不贫,朝灌三畦松。①

本诗作言及诸多文史典故,现仅以世人津津乐道的财富为例,管窥白玉蟾对世俗价值的基本观点。据史书记载,邓通乃西汉文帝宠臣,凭借与汉文帝的特殊关系,依靠当时铸钱业,广开铜矿,富甲天下。……文帝驾崩,景帝即位,邓通因故被革职,其铜山被追夺,家产被没收。昔日富可敌国的邓通,一旦落难,竟与乞丐无异,身无分文,最终饿死街头。白玉蟾以常人羡慕不已、富可敌国的邓通为例,从"铜山流泉臭,到了埋邓通"之人生无常,揭示名声、财富、权势乃至学问等皆属身外之物,通常被人关怀、惦记,人们亦不惜代价去努力谋取获得或保持不失,只可惜,即便幸运,能谋取于一时,保持于朝夕,却难得天长地久,更多的是,到头来却得而复失,枉费心机,究其质,人们所在意渴求的此类物件所代表的,即便有其价值可言,其实它们所有的只是相对价值,其价值的存有是有条件的,其价值的大小也是可测量的,而可测量的,也就意味着不可能穷尽,有条件也就意味着会被无常捉弄,因为条件一旦不复存在,此类价值将全面崩塌,一切将化为乌有,如此说来,此类价值何以能与奉道行道之士所奉行之人生价值相比,修道之士以"我命在我"的自信,以行筏溯源为喻,直抒证道合真之志。如白玉蟾诗作《酴醾香》所云:

自小孤云,身外无萦系。披一片,搭一片,逍遥快活计。破葫瓢、腰间

---

① 盖建民:《白玉蟾诗集新编》,社会科学文献出版社 2013 年版,第 18 页。

挂,别无行李。是人笑我没操持。尽数傍人点指。

　　古庙祠堂,且共泥神作戏。破砂盆,泼瓦罐,折匙无筋。破纸被,糊包定,弯跧打睡。只等待,行满功成朝玉帝。方表男儿有志。①

常人眼中被视为珍宝的锦衣玉食、朱门绣户,在修道者看来,易衍生为素朴生命之负赘,异化成性命炼养之障碍,故而,修道之士宁可抛却此珍宝异物,力致心无羁绊,返求至简之道,与道合真,此乃"男儿之志",此志在白玉蟾《仙槎序》有更直白的诠释:

　　人生天地间,真如寄耳,日月为双楫耳,乾坤特一转蓬耳。浮家泛宅,升沉乎爱河欲海之中,为世所网,将陟为之岸者几希! 然又以胸中谿壑,一日十二时,时时风波,则其东望蓬莱,又何止一弱水之隔。吾丹华则否也,经行坐卧,惟此一斋,动容俯仰,与世扞格,溯道之源,穷天之根,导神水而昆仑,运天河而溟涬,洒然于红尘之表,是盖泛汗漫,拍渺冥,跨鸿濛,浮黄漠者也。所谓手把八空,炁纵身云中飞者,奚必乘莲叶,骑鲸鱼,御飞龙,访河鼓,而后谓之槎上之仙。②

"槎"有竹木筏之意。如晋代张华《博物志》三有"年年八月有浮槎,去来不失期"之语。再如江西省九江市永修县有白槎镇,据说是镇之名与当年任职江州司马的白居易有关——白氏泛槎修河,来到此地,即兴赋诗,题曰《建昌江》,其中,"建昌"现名永修,"建昌江"或曰"修江""修河",乃鄱阳湖五大水系之一。其诗云:"建昌江水县门前,立马教人唤渡船。好似当年归蔡渡,草风沙雨渭河边。"世人为纪念其人其事,遂以白槎为命名此镇,意为白居易泛槎之地。

江州司马泛槎江上,悠悠山水,其生命状态与其号"乐天居士"名副其实。在某种意义上,乐天居士泛槎游江,纵情山水,自有其乐;紫清真人何尝不以"槎"度人度己,成就生命之不凡价值——道门之"我命在我"意在自我主宰,这种对生命主体性价值的高扬,绝非流于空疏,而是出于对生命究竟的彻底觉解,要以一种自我负责的人生态度,以自主力行的修为方式,体现于日常生活

---

① 《白玉蟾全集》(下册),宗教文化出版社 2013 年版,第 964 页。
② 盖建民:《白玉蟾文集新编》,社会科学文献出版社 2013 年版,第 299 页。

行住坐卧之中、"动容俯仰"之间,旨在"溯道之源,穷天之根",生与道合,臻于羽化成仙。

白玉蟾另有《瑶台月》畅达其"槎上之仙"之情思,其诗云:

> 烟霄凝碧。
>
> 问紫府清都,今夕何夕。
>
> 桐阴下、幽情远,与秋无极。
>
> 念陈迹、虎殿虬宫,记往事、龙箫凤笛。
>
> 露华冷,蟾光白。云影静,天籁息。
>
> 知得。是蓬莱不远,身无羽翼。
>
> 广寒宫、舞彻霓裳,白玉台、歌罢瑶席。
>
> 争不思下界,有人岑寂。
>
> 羡博士,雨泛仙槎,与曼倩、三偷蟠实。
>
> 把丹鼎,暗融液。
>
> 乘云气,醉挥斥。
>
> 嗟惜。但城南老树,人谁我识?①

"胸怀谿壑",志在蓬莱,把玩丹鼎,暗融金液,驾驭云气,挥斥风雷,这就是槎上之仙的驻世生活样态,如此的生活样态即便不为人识,亦不被理解,甚至是遭人耻笑,只要自己心中有道,并一心向道,且身体力行,那又有何妨?

如果说"人生亦客寄"是白玉蟾对现实生活的基本感受的话,他把人生历程的苦乐、穷顺、贫富、名利、权势等归之于人生之实际表象,同时认为这些实际表象都是变动不居的,不太值得以命相搏的,相反,有一最高的真际存在,值得一生孜孜以求,那就是生生不息之道,衪才是生命的大本大根,也是一切价值之源头,人生惟有以道为方向与目标,以人生为泛槎之旅,视己身为"槎上之仙",自泛自修,个体生命存在方可显出究竟意义,人生价值才可能得以圆满实现。

---

① 盖建民:《白玉蟾诗集新编》,社会科学文献出版社 2013 年版,第 296—297 页。

## 第二节　生命存有与身心性命

生命是道教不变的主题,操持并存有生命是南宗修道活动的基本内容,所谓"存者有也,亡者无也",①在白玉蟾那里,身心性命不分凡圣,人皆有之,这是修道合真的基本前提,但各自身心性命有待修炼转化,也只有对自家身心与性命有清晰体认,方知修道合真之下手处,即便找到修道合真之"端底",究竟如何操持修行,"勇于忘我"亦属关键法门。

### 一、"真俗不二,凡圣一体"的修道前提

中国传统文化之儒释道各家各派,无一例外地主张人生可为、人生可修,其修之内容亦不出各自之"道",其修之依据亦不外各自之"道",其修之必要乃在于人生之"障""瘴"。如曾任龙图阁学士的北宋梅挚,曾作一篇《龙图梅公瘴说》,列举出仕为官之"五瘴"。其文云:"急征暴敛,剥下奉上,此租税之瘴也;深文以逞,良恶不白,此刑狱之瘴也;昏晨醉宴,驰费王事,此饮食之瘴也;侵牟民利,以实私储,此财货之瘴也;盛陈姬妾,以娱声色,此帷薄之瘴也。"梅公《瘴说》从自然界"瘴岚"之气侵入人体会使人康寿受损入手,指陈那些贪官污吏其灵魂已被"五瘴"之气所侵染,也会引起民怨神怒,道出修德养廉乃出仕为政之正途的政治思想。梅氏所谓出仕之瘴不外酒色财气酷之类,此类顽疾于私(个体生命康泰发展)于公(公务政事职能发挥)皆成为人生价值拓展之障碍,亦有悖于传统儒者修齐治平之道德理想,造成人事之对立与冲突,其危害不可小觑。后人有感于梅文之深刻,将其文镌刻于昭州(今广西桂林)龙隐岩,作为士人修道为政之醒世箴言。

如果说儒士出仕之修道着重于"修己以安人""修己以安百姓""博施于民而能济众"的话,那么,可以说,此修道理路突出的是修道者之人格示范意义与社会秩序价值。在道教思想中,道是可修之道,其修之对象乃是自身生命,修之方向即与不死之道相契合——对于寻常人士,闻道而后学道,其修不离日

①　盖建民:《鹤林问道篇上》,《白玉蟾文集新编》,社会科学文献出版社2013年版,第8页。

用。白玉蟾声称自己也不例外,其《日用记》坦言:

> 予年十有二,既知有方外之学。已而学之,偶得其说,非曰生而知之,盖亦有所遇焉。后数年,洞究其妙,由是知三生之因缘,达四大之变灭,渐不堪(甚)留意于其学矣。①

"方外之学"与儒家入世之学相对,侧重于个体修道以求生命完善或心灵解脱。在世人眼中,佛道皆属方外之学。道教更重生命完善,追求与道合一,最终得道成仙;佛家尤重跳出生死轮回,追求生命解脱,臻于涅槃境界。在佛教哲学看来,世界万象"诸行无常",处于其中的现实人世,不过是世人暂时寄居客旅的他乡,而不遗余力追名逐利的世人所犯下的根本错误在于,误把他乡当作故乡,却不知人生的本源——涅槃之境——才是真正的精神家园,故而,"迷不知返"。"迷不知返"是释老之学对世人沉沦之根源分析所作出的共同结论,此论断为金丹派南宗所认同并继承。白玉蟾坦承自己学道亦有机缘,所谓"偶得其说",绝非生而知之,但同时指出,闻知不同于体知,"洞究其妙"更需时日,他借用佛教"因缘""四大"等术语,以诠释道教金丹派南宗之生命学问。

如果说,"一天人""合内外"是中国儒释道三家共有的文化特质的话,那么,也可以说,各家大凡有建树者,无不站在各派各宗之本位立场,不断汲取他人之长,将之纳入自己文化系统,进行融合改造,以为己用,并由此推进自身学问发展壮大。白玉蟾辑《修道真言》亦明示三教"殊途同归"之共同特点:

> 夫道未有不探讨而得者,即三教圣人语录,无非发天地之秘密,接引后学阶梯,细心玩味,便知端底。②

> 万事萌芽,在乎一心。心动则机动,机动则神明而合之。故曰:"至诚之道,可以前知。神而明之,存乎其人。"③

"万事萌芽,在乎一心",此"一心",实乃"人心",但它并不代表那种心理

---

① 盖建民:《白玉蟾文集新编》,社会科学文献出版社 2013 年版,第 230 页。
② (南宋)白玉蟾:《修道真言》,《藏外道书》第 23 册,巴蜀书社 1992 年版,第 802 页;亦参见盖建民:《白玉蟾文集新编》,社会科学文献出版社 2013 年版,第 48 页。
③ (南宋)白玉蟾:《修道真言》,《藏外道书》第 23 册,巴蜀书社 1992 年版,第 802 页;亦参见盖建民:《白玉蟾文集新编》,社会科学文献出版社 2013 年版,第 49 页。

学上的、经验层面的"小我"之心,也不指向那种主观唯心主义的"小我"之心,而是对普遍"人心"之指称。惟有普遍之人心,才可能真正领会存在,才可能开掘人之存在之意义与价值。一方面,若人心不领会存在,也不成其为人心,如此一来,人也不可能"为天地立心";另一方面,天地不离此心,天地若绝缘此心,天地便成为无意义的存在,人也就无所谓对道的终极领会。在国人文化传统中,天地与我并生,万物与我为一,"发天地之秘密"、知"万事萌芽,在乎一心"诚乃三教共识。天人同在,人洞天心,乃至人"为天地立心"之论,但儒者论天言心,多以天为依据,在宋儒更以天理为形而上学根基,对比人心,则无非要求人们强化伦理责任,而落实于心的认同,这一理路,难免有为维护现实社会秩序寻求合法性根据之嫌,甚至以天理贯通人心、以天理抑制人心人欲之势。由于过于突出"理"的绝对性、至上性,人在理面前除了服从听命之外,庶几没有多少可作为的余地,以至于可能成为人之自由自在的障碍。佛道两教于此看得清楚,佛家称此为"理障",禅宗并以缘起性空学说消解之;至于道教,则是站在原始道家回应超迈之道的高度,鸟瞰人间世事,认为社会人伦、政治秩序毕竟是世间法则,并非至上律则,只有不死之道,才是一切法之根本。在道门人看来,尘世中人应该直接与道沟通,与道契合,方可求得终极解脱;相反,若只知遵循世间法,仍不能解倒悬之苦。

佛教所谓"理障",即"以理为障",语出《圆觉经》。其文云:

> 一切众生由本贪欲,发挥无明,显出五性,差别不等。以二种障,而现深浅。云何二障?一者理障,碍正知见;二者,事障,续诸生死。……善男子!若此二障未得断灭,名未成佛。若诸众生永舍贪欲,先除事障,未断理障,但能悟入声闻缘觉,未能显住菩萨境界。善男子!若诸末世一切众生,欲泛如来大圆觉海,先当发愿勤断二障。二障已伏,即能悟入菩萨境界。若事理障已永断灭,即入如来微妙圆觉,满足菩提及大涅槃。①

所谓"事障",指因执着于万物的实有,未能达到"一切皆空"的认识;所谓"理障",指因求知求解、读经明理而执着于理,它妨碍了超越的般若智慧。禅宗注重般若智慧的直觉体悟,强调就理事相即而超越理事思辨,不仅以事相为

① (唐)佛陀多罗译,《大方广圆觉修多罗了义经》第一,《大正藏》第十七册,第916页。

障,而且也以理体为障,因此,二障皆为执着,务必加以除却。禅宗这种圆觉智慧,为白玉蟾汲取,并用之于对儒家文人、理学之士的批判上,如其《修道真言》曰:

> 今之文人,只因理障,难以入道,不知道即孔孟之道,濂溪、尧夫非此乎? 不可专作道家看,要知儒与道是合一的。周、邵二子,何尝出家修行耶? 今人将道作出世一派而畏之,何其误也![①]

周敦颐、邵雍承传孔孟儒学,汲取道家精义,开创北宋理学新风,即便二子不曾出家修行,但其学却融通道儒,究其质,儒道之学,原本贯通无碍。在白玉蟾眼中,执着于理学之理障之士,不懂儒道合一之处,将道教视为出世主义而产生畏惧,并加以排斥,其实这便是误解与偏见,其偏误在于不知儒道皆出于对生命之道的发掘与传承,无一例外地都是对人生、社会、历史等的生命体验与探索,尤其是在对心性、道理与祸福、善恶等的心的体认中,两家思想具有较高的统一性。如《华严原人论》云:

> 儒、道二教,说人畜等类,皆是虚无大道生成养育,谓道法自然,生于元气。元气生天地,天地生万物。故智愚贵贱、贫富苦乐,皆禀于天,由于时命,故死后却归天地,复其虚无。然外教宗旨,但在乎依身立行,不在究竟身之元由,所说万物,不论象外,虽指大道为本,而不备明顺逆起灭,染净因缘,故习者不知是权,执之为了。

宗密认为,儒道二教在"气"与"性"的关系上,在生死与大道的关联上,具有内在一致性;但同时也指出,儒道皆只"在乎依身立行,不在究竟身之元由",修习儒道者,不明顺逆起灭、染净因缘,终究不能超迈象外,了道入虚。

当然,《原人论》站在佛家立场,认为"依身立行"乃儒道二教宗旨,此论是精当的。以身心体验生命大道,感悟人生真谛,确实是中土传统文化的特色,这一特色在某种程度上,又集中体现于"心"上。如《太上老君内观经》曰:

> 人以难伏,唯在于心,心若清净,则万祸不生。所以流浪生死,沉沦恶道,皆由心也。

---

① (南宋)白玉蟾:《修道真言》,《藏外道书》第 23 册,巴蜀书社 1992 年版,第 800 页;亦参见盖建民:《白玉蟾文集新编》,社会科学文献出版社 2013 年版,第 47 页。

金丹派南宗《修道真言》亦明示：

> 心乃一身之主，故曰主人要时时在家；一时不在，则官骸乱矣。所以学道贵恒。始勤终怠，或作或辍，则自废也。①

> 人当以圣贤自待，不可小视自己，则上达矣，故天下未有不圣贤的神仙。②

白玉蟾于此首先指出心在个人生命之中的统帅地位与主导作用，强调"主人要时时在家"；其次，白氏告诫世人应善待自己，切莫妄自菲薄，并号召人们以"圣贤自待"，下学上达，希圣希贤——"圣希天，贤希圣，士希贤"原本是周敦颐的道德教育思想——白玉蟾借此表达的是，"凡圣一体"，意思是说，凡尘人士只要一心向道，专心修真，持之以恒，最终会超凡入圣，与道合一，因为这一修行功夫，相伴个人一生一世，表现出即世不离俗、于俗而超脱的生活特征，即所谓"真俗不二"。正如其"人生若幻，须要寻着真身"之论，在白氏看来，人生亦真亦幻，应善加分辨，后天之身只是个体生命之实际表象，此身有生死之变，只有先天一点灵光，与道同在，不生不灭，属于真际领域，问题在于，个人如何在有生之年，早有此等觉知（身有先后天之分），并及时即世修道（修道没有贤愚之别），而且，意在超拔出尘的修行功夫，即在现世不离凡俗的日用之中，如此观念，常人抑或不知，抑或知而不行，抑或行而不恒，然而，这正是金丹派南宗修行的基本前提，离开这一修道前提，一切皆为枉然。

为进一步了解白玉蟾"真俗不二""凡圣一体"之修道前提论，我们不妨以其《狗子佛性颂》为例，展开梳理——

白玉蟾《狗子佛性颂》载：

> 僧问赵州：狗子还有佛性也无？州云：无。乃为之颂云：
>
> 雨过西风寒，苍苔封战骨。
>
> 可怜老将军，饮马长城窟。③

---

① （南宋）白玉蟾：《修道真言》，《藏外道书》第 23 册，巴蜀书社 1992 年版，第 799 页；亦参见盖建民：《白玉蟾文集新编》，社会科学文献出版社 2013 年版，第 45 页。

② （南宋）白玉蟾：《修道真言》，《藏外道书》第 23 册，巴蜀书社 1992 年版，第 800 页；亦参见盖建民：《白玉蟾文集新编》，社会科学文献出版社 2013 年版，第 46 页。

③ 盖建民：《白玉蟾诗集新编》，社会科学文献出版社 2013 年版，第 257 页。

"狗子佛性",也称"赵州狗子""赵州无字",是名噪丛林的赵州公案之一。《五灯会元》卷四记载如下:

> 有僧人问道:"狗子还有佛性吗?"
>
> 从谂答:"没有。"
>
> 僧又问:"上至诸佛,下至蝼蚁,皆有佛性,为什么狗子却没有?"
>
> 从谂答:"因为它有业识在。"
>
> 又有一个僧人问:"狗子也还有佛性吗?"
>
> 从谂却答:"有。"
>
> 僧又问:"既有,为什么进这皮袋里来?"
>
> 从谂:"知而故犯。"

赵州从谂是中国唐代最伟大的禅师之一,因其居赵州(今河北省赵县)观音院,丛林中称"赵州从谂"。赵州禅师一说"无",一说"有",看似矛盾,其实是对机设教。赵州当然是肯定"佛性"的,他曾说:"未有世界,早有此性;世界坏时,此性不坏。"而"一切众生皆有佛性"本来也是中国禅宗"明心见性"的理论基础,在佛经中已有理据。如《涅槃经》卷九云:"彼一阐提虽有佛性,而无量罪垢所缠,不能得出。""一阐提",指不具信,断善根者,即作恶多端者。这句话意思是说,即便是作恶多端者,并不是没有"佛性",只是"佛性"被罪垢遮蔽了,其"佛性"得不到显现。

赵州说狗子无"佛性",实际上是正言反说,意在言外。针对当时不少禅僧迷信经典,数人之宝,拾人之唾,嘈嘈杂杂,逐气寻香的风气,赵州禅师告诫学人不要"知而故犯",加重"业识",以至把"佛性"装进狗袋子里去。

赵州的"狗子佛性"案,很受后人重视,被列为第一公案。赵州的一个"无"字,成为后代学人参究入门的"话头"。如宋代慧开就特地拈出赵州一个"无"字,为其书题名《无门关》,说:"且道如何是祖师关? 只者一个无字,乃宗门一关也。"其"无",不是与"有"相对的"无",而是"不涉有无"之"无";参透一个"无"字,也就是否定一切相对的概念,如生死与涅槃、烦恼与菩提、差别与平等、事与理、凡与圣、是与非等等。①

①　梁晓虹:《禅宗史话》,江西人民出版社 1995 年版,第 88—90 页。

　　佛教禅宗的言说方式,如其所谓:禅非禅,是为禅;般若非般若,是为般若;菩萨行于非道,是为通达佛道——与道家道教论述"道"之于现象与本体、实有与虚无、人性与道性等之相即不离的生命智慧,乃殊途同归。白玉蟾借用"赵州狗子佛性"话头,借机"佛性"以言"道性",抒发道教南宗对生命之道的体悟:"雨过西风寒,苍苔封战骨。可怜老将军,饮马长城窟。"——所谓老将饮马,封疆封侯,一旦雨过风寒,只剩苍苔战骨,岂不正是"一将功成万骨枯"的生命写照。在生命大道之观照下,将军卫国、谋臣执事,皆应秉道而行,这种秉道之行,在于舍弃一切人为所求之中求得生生之道,合于本体之道,在不执着于事理的同时,达至与道合真之玄妙,最终臻于道性圆满自现,此即得道成仙。在道教南宗那里,修道证仙,不是某些王公大臣的特权,凡俗士民,乃至佛家所谓无恶不作的"一阐提",甚至是草木沙石,皆含道性,禀持成仙之"种子",因为其当下存在,乃秉道持气的生命形态,而这一生命形态是可变易的,也是可完善的,这种完善的历程,一端是生命皆备的道性,即潜在的仙种,另一端是生命的终极理想,即道性的完美呈现,神仙人格。

## 二、"心即性,性即神,神即道"的性命要义

　　性命问题是中国古代诸子百家普遍重视的问题。据詹石窗先生稽考,在古汉语里,"性"乃象形文字,其左边是一个心脏,右边是一棵树——"性"从于"生",本像地上生出树木,表示树要生长起来,后来表示本性、思想、秉性、性格、精神等等;至于"命",本出于"令"。在古文字构型上,"令"好像一个人跪在地上,接受上天给予的能量。后来在令字的左下侧加上"口"字,象征人与天神感通交流,获取物质能量;引申之,则为生命能量等。"口"作为器皿,犹如讲话的话筒。通过这个话筒,把心里话传播出去;"命"这个字中的口也象征传播功能,只是那种传播不是单向的,而是双向互动的。除了向上传播,还向下传播。如果说,向上传播表示人向天发出信息,那么向下传播则表示上天给人传递信息,人由此得到正能量,也启迪了生命智慧。[①]

---

①　参见詹石窗:《大道利生,身国共治——道家"上善若水"解读》,《人民政协报》2014年12月1日;金文大篆"性""令""命"亦为詹石窗先生书写并拍摄。

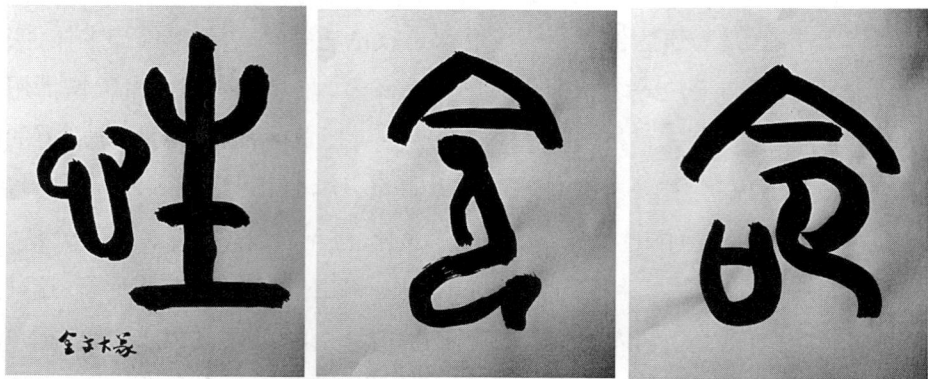

道教内丹学是生命的学问,是性命双修的学问。一般而言,从修炼次第来看,与北方全真道先性后命的路数不同,金丹派南宗强调先命后性,最终返本还原,契道合真。但这并不是说,南北各重一端,而忽略另一端,其实二者只是炼养下手处有所区别而已,从整个修炼内容而言,双方皆为性命双修。如果说,道教修炼,包括南宗之性命兼修在内,属于中国传统文化中"行"的层面,与"知"相对的话,那么,我们就非常有必要从"知"的视角,对"性""命"的内在意蕴做些诠释——作如此分辨,亦并非意味着"知"与"行"之二分,其实,在传统国人眼中,知行是一体的,正如王阳明先生所言"真知即真行""真行即真知",此举只是出于行文的便利——在白玉蟾那里,性命问题,言性论命,也是以行见知,知现于行,也有所谓"心即性,性即神,神即道"之论。

道教典籍《太上老君内观经》以"道"在"人身"则为"身之神",以"心"之"神明"言"道"之妙用"不测",其实,即以"心"言"道",以"修心"言"修道"。其文曰:

> 道者,有而无形,无而有情,变化不测,通神群生,在人之身则为神明,所谓心也。所以教人修道则修心也,教人修心则修道也。

如前所述,形上之道,若有若无,非有非无,变幻莫测,祂化生万象,而有形下群生——那么,形下万有如何与形上之道相沟通? 欲揭示其秘,尚需解"神"意——按《说文解字》,"神者,申也",意即"一物引出万物者",在中国古代贤哲那里,常用"天道"指代。这天道虽是形而上的,却不在彼岸世界,而就在人心之中,可以通过"诚"来领悟、来穷通。此所谓"至诚之道,可以前知。神而明之,存乎其人"。作为天道的形而上的神,与作为人文的本性的心,是互为贯通的,此即《周易·系词》所谓"范围天地之化而不过,曲成万物而不遗,通乎昼夜之道而知,故神无方而易无体"的一种"穷神知化"之生命精神。白玉蟾《道德宝章·谦德章》亦云:"神者万化之主,心者大道之源。"①此语所体现的就是这种生命精神——世上万有之生命皆与道相贯通,人作为世间万有之一,道之神明于人身,即落实于心。于是,对人而言,即身载道,心不远道;对道而言,道不离心,心外无道。因此,一方面,修道即修心,要修道即应从修心入手,将悟道证道转化为修心明心;另一方面,修心即修道,是通过修心明心去悟道证道。白玉蟾论心也是着力于此,如《鹤林问道篇上》云:

> 存者有也,亡者无也。存者存我之神,想者想我之身。闭目见自己之目,收心见自己之心。有物则可以存,谓之真想;无物而强存之,谓之妄想。此乃精思存念之妙。操者存也,舍者亡也。操者操真一之炁,存者存太玄之精。凝一神则万神俱凝,聚一炁则万气俱聚。顺我之物,则可以无心藏之;逆我之物,可以无心顺之。至如真妄本空,逆顺俱寂,则三际圆通,一灵晃耀。②

上文看似论及生命操持功夫问题,然而,其中不乏心、神、性、气等生命要素的基本观念。从生命存有层面而言,现世之有,即个体生命之活着状态,此身生命之无,即个体生命之终之亡。此亡即神离身去之状态。在道教文化中,有关生死有一典型表述:"气入身来为之生,神去形离为之死。"③也就是说,气在人身为生之生命体征,神离形去乃死之基本标识。于白玉蟾,气与身、神与形便是构成生命的基本要素;从生命修炼操持层面而言,存神想身、闭目收心、去妄存精、聚气凝神便是生命作为的当下功夫;从生命境界而言,"三际圆通,一灵晃耀"的回溯先天性命状态,便是其终极价值目标所在。当然,生命功夫与生命境界皆围绕生命存有而延展开拓,并以生命存有为学理基础。没有这

---

① (南宋)葛长庚:《道德宝章》,《藏外道书》第 1 册,巴蜀书社 1992 年版,第 307 页;亦参见盖建民:《白玉蟾文集新编》,社会科学文献出版社 2013 年版,第 38 页。
② 盖建民:《白玉蟾文集新编》,社会科学文献出版社 2013 年版,第 8 页。
③ 于德润:《长生久视——中华传统内丹学的现代转化》,光明日报出版社 2010 年版,第 45 页。

一学理基础,生命功夫便言之无物,同样的道理,没有这一学理基础,生命境界也就缺失了生成依据。

可以看出,以上三个层面,有一主线是白氏一以贯之的,这一主线就是,即心修道,统合性命,个中原委在于,"心即性,性即神,神即道"。白玉蟾《道德宝章·归根章》明示:"道即心,心即道。心无生死,道无往来。"①此"心",并非生理之心,亦非逻辑之心,而是本体之心,是从本体层面上讲,此"心"与"道"具有相同的意义。也只有本体之心,才会"无生死"。另外,他还将"道""心"置于体用关系而分辨,认为"道者心之体,心者道之用。"②

在阐述"即心即道,即道即心"的观念同时,白玉蟾还提出"心即性,性即神,神即道"③及"即心是道,神亦道,性亦道"④的命题,说明"心""性""神""道"在世界本原、本体意义上是同一的。具体到"心""性""神"三者,其两两之间,又有本末之别,如说:"神者,性之基;性者,心之本。"⑤对心、性而言,性为本,心为末;对性、神而言,神为本,性为末。具化到个体生命之内,白玉蟾认为有"身中之心,心中之性,性中之神"⑥的层次之差,也就是说,从"身"到"心"、到"性"再跃升到"神",有渐次擢升之层级之别,此实乃修道过程之不同功夫层级或达至的生命境界。

白玉蟾还以道统合性命,阐发性命要义。其《无极图说》云:

> 夫道也,性与命而已。性无生也,命有生也。无者,万物之始也;有者,万物之母也。
>
> 性与命犹日月也,日月即水火也。火者,离象也,惩忿则心火下降。

① (南宋)葛长庚撰:《道德宝章》,《藏外道书》第 1 册,巴蜀书社 1992 年版,第 298 页;亦见盖建民:《白玉蟾文集新编》,社会科学文献出版社 2013 年版,第 27 页。

② (南宋)葛长庚:《道德宝章》,《藏外道书》第 1 册,巴蜀书社 1992 年版,第 306 页;亦见盖建民:《白玉蟾文集新编》,社会科学文献出版社 2013 年版,第 37 页。

③ (南宋)葛长庚:《道德宝章》,《藏外道书》第 1 册,巴蜀书社 1992 年版,第 299 页;亦见盖建民:《白玉蟾文集新编》,社会科学文献出版社 2013 年版,第 28 页。

④ (南宋)葛长庚:《道德宝章》,《藏外道书》第 1 册,巴蜀书社 1992 年版,第 307 页;亦见盖建民:《白玉蟾文集新编》,社会科学文献出版社 2013 年版,第 38 页。

⑤ (南宋)葛长庚:《道德宝章》,《藏外道书》第 1 册,巴蜀书社 1992 年版,第 303 页;亦见盖建民:《白玉蟾文集新编》,社会科学文献出版社 2013 年版,第 33 页。

⑥ (南宋)葛长庚:《道德宝章》,《藏外道书》第 1 册,巴蜀书社 1992 年版,第 298 页;亦参见盖建民:《白玉蟾文集新编》,社会科学文献出版社 2013 年版,第 26 页。

水者,坎象也,窒欲则肾水上升。①

也就是说,道是性命之总,性命乃道之分,性命又有先天后天之别,其中先天之性,相当于万物之始基,先天之命,相当于群生之母体(元气)。为便于理解,白玉蟾又以具象加以阐述:对于形下万物(含人)而言,性命与每一个体生命,犹如日月之不可或缺;若用易学八卦言语系统表示,性即对应卦象为离,而命即对应卦象为坎。在人身小宇宙中,性命对应人身五脏中的心与肾;在五行观念中,性命对应五行中的火与水。应用到修炼功夫,在修道人士眼中,性可以指代心之火,命则指代肾之水,修炼功夫即可简化为心火与肾水的互济合和。表现为心性修为,则须"惩忿""窒欲",这是因为"惩忿则心火下降,窒欲则肾水上升",心肾相交、水火互济是丹道思想的基本原理与实践特征。白玉蟾《性命日月论》对此有进一步的阐释:

性命之在人,如日月之在天也。日与月和则常明,性与命和则长生。命者,因形而有,性则寓乎有形之后。五脏之神为命,七情所系也。

天地以坎离运行阴阳之道,周而复易,故魏伯阳谓日月为易。陆德明亦取此义训诂《周易》之字。余窃谓在天为明,明者日月之横合;在世为易,易者日月之纵合;在人为丹,丹者日月之重合。人之日月,系乎心肾。

性与天同道,命与人同欲。②

白玉蟾从字形结构组合的角度着眼,认为日月二字横向并列组合便构成"明"字,此所谓"在天为明";若日月二字纵向上下叠加便搭建为"易"字,此所谓"在世为易"。在天在世之日月组合乃事实的存在,与修道生活有何关联?在白玉蟾看来,除此两类组合之外,另有一人为组合,这一组合非常具有创意,那就是把日月重叠交加,并将之用于生命修炼之中,此即为合药结丹之妙用,此所谓"在人为丹"。当然,在日常生活中,由于人之心性又表现为情欲,所谓"惩忿则心火下降""窒欲则肾水上升",那么,在人生修养中,锤炼情欲亦即修炼性命,因为性命同源,天人同理。所谓"性与天同道,命与人同

---

① 萧天石:《海琼白真人全集》卷三,《无极图说》,《道藏精华》第十集之二,自由出版社1994年版,第383—384页。
② 萧天石:《海琼白真人全集》卷三,《性命日月论》,《道藏精华》第十集之二,自由出版社1994年版,第409页。

欲",反映在生命修为上,与宋儒"存天理灭人欲"之说,具有异曲同工之妙。再者,金丹派南宗这种性命双修功夫,与佛家心性修持有极大的相似性。白玉蟾《玄关显秘论》借用佛门言说方式,谈性论命不离虚明本心,劝诫道人"空无所空,无无所无",方见先天真性道本。其文曰:

> 知心无心,知形无形,知物无物,超出万幻,确然一灵。古经云:"生我于虚,置我于无。"是宜归性根之太始,反未生之已前,藏心于心而不见,藏神于神而不出。故能三际圆通,万缘澄寂,六根清净,方寸虚明。不滞于空,空诸所空,无诸所无,至于空无所空,无无所无,净裸裸,赤洒洒地,则灵然而独存者也。道非欲虚,虚自归之,人能虚心,道自归之。道本无名,近不可取,远不可舍,非方非圆,非内非外,惟圣人知之。三毒无根,六欲无种,顿悟此理,归于虚无。①

所谓"知心无心,知形无形,知物无物",此"知"乃生命体知,是立足于现实生命而体认先天性命之知,它不同于逻辑认知,因为逻辑认知阈限于既定的逻辑语言规范体系之内,按照相应的规则程序,大凡理性正常者,皆可由已知条件,推导出确定不移的知识性结论,而且这一知识性结论,不会因认知主体的差异而有别。易言之,逻辑认知,重于知识,是较为客观的程序推理,而且其结论其实暗含于逻辑语言体系之中,这一认知过程基本上是封闭的。与此逻辑推理大相意趣的体知,更多的是一种生命功夫,强调以体认知——体知的主体乃有生命的个体,是活着的生命体以其心来体认未生之前的存在,此即内丹学的先天性命。白玉蟾《满庭芳·修炼》之三,言及体知与功夫之内在关联。其诗云:

> 命似清风,性如朗月,莹然独见辉辉。灵光普照,何日不归依。常在无明之处,任升腾、斗转星移。通真理,不无不有,动静应神机。
>
> 其间多少事,皆是方寸,或是或非。在人人运用,志见高低。悟者头头皆是,未明时、处处皆迷。修真士,观天行道,功满步云归。②

---

① (南宋)白玉蟾:《海琼问道集·玄关显秘论》,《道藏》第 33 册,文物出版社、上海书店、天津古籍出版社 1988 年版,第 142 页;亦见盖建民:《白玉蟾文集新编》,社会科学文献出版社 2013 年版,第 19 页。
② 《白玉蟾全集》(下册),宗教文化出版社 2013 年版,第 965 页。

"命似清风,性如朗月,莹然独见辉辉",此"见"非眼观知见,而是体知心见,这种体认、体知内在的要求便是,"知心无心,知形无形,知物无物",旨在超出世间万幻,达至"不无不有",确证一空灵独存。此"灵然而独存者",白玉蟾描述的"净裸裸,赤洒洒"之状,在笔者看来,是对修道之士内结金丹之状述。

白氏这里借用佛教《金刚经》"不住色生心,不住声香味触法而生其心,应无所住而生其心"之说,阐明心与性之关联。

人眼观色时性迷于物而于物上生贪心,耳闻于声时性逐于声而于声上生嗔心,以此类推,人的眼耳鼻舌身意六根,接触色声香味触法六境时,随之产生生灭不已的意念,这些意念蜂拥而至,起伏跌宕,甚至前念未息,后念已起,不得消停,于是,心随境转,性失本真。人生一世之时光岁月,大多作如是状而悄然流逝。从某种意义上可以说,先天真性迷失而起心动念的过程,即现世生命顺向演化的过程,其结果便是所谓"顺则凡",而此凡则不离生死轮回。倘若以本心觉照,照破万缘皆虚假不实,而不被万缘所染,不滞留万幻物境,不随境起念,不住境生心,并力求清静无为,回归生生大道,这便是重新觉悟真性而逆向复归于道的修炼过程,如此修炼的价值指向便是所谓"逆则仙",即超迈凡尘,证道合真。由此可见,超凡证仙,在于一念,在于一心,亦在于一行;统合言之,在于以道心炼养性命,以性命契合道心。正如白玉蟾《道德宝章·益谦章》所言:

> 曲则全,性不可穷。枉则直,神不可测。洼(洼)则盈,心不可尽。弊则新,以心尽心。少则得,以性穷性。多则惑。以神测神。是以圣人抱一为天下式。心即性,性即神,神即道。不自见故明,见见之时,见非是见,见犹离见,见不能及。不自是故彰,多少分明。不自伐故有功,心上工夫,何分彼此?不自矜故长。寸心不昧,终古长存。夫惟不争,忘我。故天下莫能与之争。我尚自忘,何况非我?古之所谓曲则全者,性不可穷。岂虚言哉?是真实者。诚全而归之。一念既正,无往不正。①

---

① (南宋)葛长庚:《道德宝章》,《藏外道书》第 1 册,巴蜀书社 1992 年版,第 299 页;亦参见盖建民:《白玉蟾文集新编》,社会科学文献出版社 2013 年版,第 28—29 页。

所谓"性不可穷""神不可测""心不可尽",皆从经验层面否定认知,而"以心尽心""以性穷性""以神测神",则是从本体高度肯定体悟;经验之见识毕竟有限,难及性命本体,性命本体须"心上工夫",此"心不昧","终古长存",此心即道心,亦道本;以道心观照性命,以性命契合道本,关键在于把持本心,淳化人性。白玉蟾《道德宝章·淳化章》于此也有分述。其文如下:

> 以正治国,凝神。以奇用兵,明心。以无事取天下。了性。吾何以知其然哉? 得道。以此。道也。夫天下多忌讳,居移尭,养移体。而民弥贫;此心易失。人多利器,念念伏跃。国家滋昏;此性不明。人多伎巧,性静情逸。奇物滋起;心动神疲。法令滋彰,以心用心。盗贼多有。百念愈炽。故圣人云:如是如是。"我无为而民自化,神之所化。我好静而民自正,性之所正。我无事而民自富,心之所富。我无欲而民自朴。"我之所朴。①

在白玉蟾看来,本心易被百念干扰,本性常受情欲蛊惑,"心动神疲"不知所终,势必伤性害命。把持本心,淳化人性,乃卫生护命之正道。此论貌似探讨"凝神""明心""了性"等心性修养问题,其实在此背后蕴涵一基本生命观念,这一基本生命观念就是,以道本统摄性命、以人心联通性命、以本心直达道本的整体性生命理念。

白玉蟾论性及命,本为一体不二之说,如同陈撄宁先生《〈辨命歌〉按》所阐释:"性与命本是一物,不可分为两撅,就其'灵机'而言便谓之性,就其'生机'而言则谓之命。……可知,'性命'二者,乃互相为用,而不可分离。"易言之,生命是"灵机"与"生机"的统一,若只谈"灵机"不及"生机",则其"灵"失之生命基础;若只讲"生机"而不及"灵机",则其"生"失却发展方向与超越目标。先生所言,对于我们理解白玉蟾性命要旨具有很好的借鉴意义。

### 三、"勇于忘我,所以得道"的证道之途

据《论语·宪问》载:"子曰:君子道者三,我无能焉,仁者不忧,知者不惑,

---

① （南宋）葛长庚:《道德宝章》,《藏外道书》第 1 册,巴蜀书社 1992 年版,第 306—307 页;亦参见盖建民:《白玉蟾文集新编》,社会科学文献出版社 2013 年版,第 37 页。

勇者不惧。子贡曰：夫子自道也。"意思是："孔子说：君子所行的三件事，我一件也没能做到：仁德的人不忧虑，智慧的人不迷惑，勇敢的人不惧怕。子贡说：先生您自己正是这么在做的呀。"仁者乐天知命，内省不疚，故无忧无虑；智慧者明于事理，洞达因果，故不迷不惑；勇毅者折冲御侮，一往直前，故不畏不惧。这就是儒家倡导的"仁""智""勇"三达德。对此三达德，孔子自责自己未能做到，弟子却肯定先生正在践行。可见美德总是通过拥有此懿德之人之德行体现出来，譬如勇敢，亚里士多德也有类似表达，"恐惧与信心方面的适度是勇敢"；"勇敢的人是因一个高尚［高贵］的目的之故而承受着勇敢所要求承受的那些事物，而作出勇敢所要求作出的那些行为的"。① 也就是说，人因为做勇敢的事，而展现出其具有勇敢的美德；勇敢的美德只是一种潜在，要有与之潜在德行相对应人通过行动作出勇敢的事来实现。简言之，勇敢的人做勇敢的事，勇敢的事由勇敢的人做。如此说来，"勇"既是一种德性，也是一种德行。

如果说后天性命之修炼在于心有为之功夫，其间作为所求乃合药结丹的话，那么，可以说，先天性命之归根复命功夫则更是证道合真的必然要求，如《海琼白真人语录》言："出入虚无，还返混沌。"也只有出入虚无，方得以最终返本还原，丹成仙就。在道门中人看来，修道合真是毕生的事业，而人是物非、富贵贫贱、喜庆劫难等皆为生命历程不可回避，也无法回避的生活节点，如何化解人生之不如意，又如何不断精进？白玉蟾认为证道之途，虽有诸多道法提要，而关键之一，便是"勇于忘我，所以得道"。②

白玉蟾立足大道基点，俯视人间穷达、喜忧等现状，参透人生无常，劝勉世人平和心态，顺其自然，《鹤林法语》载有其基本的人生态度，曰："吾亦不喜其有，亦不忧其无。但知行道奉法，听其自然，所以尔者。"③世人大多以拥有财货之多为喜，以地位之高为幸，但白氏却"不喜其有，亦不忧其无"，泰然处之，在他看来，常人所喜所忧皆为无常之事、易逝之物，此等不堪与大道相比拟，也

---

① ［古希腊］亚里士多德：《尼各马可伦理学》，廖申白译注，商务印书馆2003年版，第49、80页。
② （南宋）葛长庚：《道德宝章》，《藏外道书》第1册，巴蜀书社1992年版，第310页；亦参见盖建民：《白玉蟾文集新编》，社会科学文献出版社2013年版，第41页。
③ 盖建民：《白玉蟾文集新编》，社会科学文献出版社2013年版，第97页。

只有生生之道,乃恒久不灭之常,因此,人生须"知行道奉法,听其自然"。

在白玉蟾那里,"行道奉法",修道合真,需立志精进,而且,证道合真须倾其一生笃行明辨,这于寻常人家,谈何容易? 其《修道真言》于此难点揭秘如下:

> 天下人不难立志,最怕转念。富贵二字,是钩人转念的香饵。所以每每得道者,非贫寒,即大患难之后。何也? 割绝尘累,回头皆空。①

> 自一身推之,吾一身即天地,天地即吾一身;天下之人即吾,吾即天下之人。不分人我,方是入道之器。②

世俗凡夫贪念富贵,修道之士以富贵为累,意在抛却累身之物,直奔生命之元。世俗凡夫大多有分别之心,修道之士力行"天地同根,物我一体"的生命理念,以己推及天地,则天地即吾身,以我推及天下人,则天地人我皆一体。一言以蔽之,"不分人我""融身天地",即"忘我"于天地人物之中,"方是入道之器"。"我尚自忘,何况非我?"其中之关键,在于凸显一"勇于忘我"之精神。道教金丹派南宗于此有其思想资源,如题为"紫阳真人张平叔撰"的《玉清金笥青华秘文金宝内炼丹诀》卷中云:

> 采取之法生于心,心者万化纲维枢纽,必须忘之而始觅之,忘者妄(忘)心也,觅者真心也,但于忘中生一觅意,即真心也。恍惚之中,始见真心,真心既见,就此真心生一真意,加以反光内照,庶百窍备陈,元精吐华矣! 要在乎无中生有,有中生无,到这境界,并真心俱忘而弃之也。我以无待己,则真息绵绵,真息绵绵之时,后天之气以定,后天隐则先天之气见,故阳生焉。

"忘"者乃去除妄念、妄心,也只有排除遣发妄念妄心,真心真意方可自现。妄念妄心乃属后天生命的内容,并且是背离生命本真的部分,平生所谓心猿意马皆为此类。此类妄念妄心是修道合真的大敌,必须加强静心功夫,不断勇猛精进,"忘"掉这后天执着妄念,而"忘"的切入点、下手处,无疑在人心。

---

① (南宋)白玉蟾:《修道真言》,《藏外道书》第23册,巴蜀书社1992年版,第801页;亦参见盖建民:《白玉蟾文集新编》,社会科学文献出版社2013年版,第48页。
② (南宋)白玉蟾:《修道真言》,《藏外道书》第23册,巴蜀书社1992年版,第802页;亦参见盖建民:《白玉蟾文集新编》,社会科学文献出版社2013年版,第48页。

在某种意义上,"忘"即去妄,需要否定与排除,更不外舍弃与拒绝,它是修道合真之途不可或缺的精神力量与意志保障。白玉蟾引谭峭《化书》之语,揭示调心、制心之关键在"忘":

> 谭真人:忘形以养气,忘气以养神,忘神以养虚,此忘形二字,则是制心之旨。①

若从身心层面论,人有身心对立之难、心为身累之苦,若能不刻意求其形,则其气自然流畅,若不刻意求其气,则其神怡然自得,若不刻意求其神,则其神自然归道。反观之,生命的存在乃道生气化之结果,修道之士若能忘形去我,则气畅道归,然而,对于生活于凡尘之中的人们,让其真正做到忘形忘我,又谈何容易?质言之,"忘"之难为难在心之执着,细究心之所执着者,无非声色名利权势,这些在世人眼里,乃为表征个人身份、地位、权力、影响力及幸福指数的符号,属于日常生活的必需,但在道家道教思想家那里,此等皆为累心害性之物,乃至成为生命之负赘,实属身外之物,故而,不必刻意追求,而应去除妄念,把持真心;惟其如是,生命方能"湛然常寂"。白玉蟾指出:

> "吾所以忘者,非惟忘形,亦乃忘心。心境俱忘,湛然常寂。"②
> "人但能心中无心,念中无念,纯清绝点,谓之纯阳。"③

在白玉蟾看来,人贵在学会持之以恒地"忘形""忘心",其所谓"形",不仅指形体,还包括有碍修道的诸多形色物件,其所谓"心",实与"念"相关,皆指向凡俗世间之贪嗔痴慢;修道合真就是要摒弃对俗务成心妄念之执着,以道心规约人心,让人心契合道心,以道心范导心念,使心念保持纯正。其间,时时处处皆不离勇猛精进。也只有坚持勇猛精进,才可能做到"心境俱忘""纯清绝点";也只有先做到"心境俱忘""纯清绝点",才可能跃升"湛然常寂"、清正"纯阳"之境地。

白玉蟾引述宋齐丘所云"忘形以养气,忘气以养神,忘神以养虚",进而指

---

① 萧天石:《海琼白真人全集》卷七,《道藏精华》第十集之二,自由出版社 1994 年版,第926 页。

② 萧天石:《海琼白真人全集》卷七,《道藏精华》第十集之二,自由出版社 1994 年版,第 926—927 页。

③ 萧天石:《海琼白真人全集》卷二,《道藏精华》第十集之二,自由出版社 1994 年版,第345 页。

出："只此'忘'之一字,则是无物也。本来无一物,何处有尘埃?其斯之谓乎!如能味此理,就于'忘'之一字上做工夫,可以入大道之渊微,夺自然之妙用,立丹基之顷刻,运造化于一身。"①而且"忘"亦修真证道之基础,如说:"忘形养气乃金液,对景无心是大还。忘形化气气化神,斯乃大道透三关。"②

白玉蟾撰《龙沙仙会阁记》,勉励西山修道之士,应以许逊"龙沙之谶"为思,"争先快睹,勇悟渐修,内以炼三龙四虎之精华,外以陶七乌九蟾之造化,穷理尽性以至命,积精累气以成真",切勿"以楼居自娱","玩愒岁月",此举非徒为修仙学道者增忧,亦使主盟斯道者蒙羞。③ 是非也好,对错也罢,皆须"勇悟渐修",以大道为基准,方可作出正确判断。

"勇"无论是作为一种德性,抑或是一种德行,并非一味强调无惧无畏,更非鲁莽草率行事,而是与之相反,做到谨慎与中道。如孔子有"危邦不入""乱邦不居"之说,《孟子·尽心上》有"知命者不立乎岩墙之下"之论,此皆具生命安全意识。老子《道德经》更有"勇于敢则杀,勇于不敢则活"之名言,将"勇于敢"与"勇于不敢"视为对待生命的两种不同态度:前者虽坚强,却导致死亡,后者虽柔弱,却导向存活。白玉蟾《道德宝章·任为章》,从金丹炼养与心性修为的角度,作出了新的诠释:

> 勇于敢则杀,有力于剪除妄念也。勇于不敢则活。有力于守雌抱一也。此两者,能杀能活。或利或害,吾道如剑,不能持者,伤锋犯刃。天之所恶,贵乎无所用。孰知其故?道本空相。是以圣人犹难之。道易知而不易于行,心易悟而不易于了。天之道,吾心而已。不争而善胜,无为。不言而善应,无念。不召而自来,无著。坦然而善谋。无无亦无。天网恢恢,何物不在此道之中?疏而不失。此道常在万物之内。④

---

① (南宋)白玉蟾:《海琼问道集》,《道藏》第 33 册,文物出版社、上海书店、天津古籍出版社 1988 年版,第 142 页。
② (南宋)白玉蟾:《海琼传道集》,《道藏》第 33 册,文物出版社、上海书店、天津古籍出版社 1988 年版,第 152 页。
③ (南宋)白玉蟾:《玉隆宫会仙阁记》,《藏外道书》第 5 册,巴蜀书社 1992 年版,第 107 页;亦参见盖建民:《白玉蟾文集新编》,社会科学文献出版社 2013 年版,第 235 页。
④ (南宋)葛长庚:《道德宝章》,《藏外道书》第 1 册,巴蜀书社 1992 年版,第 309—310 页;亦参见盖建民:《白玉蟾文集新编》,社会科学文献出版社 2013 年版,第 41 页。

白玉蟾将"勇于敢"释为坚强有力,将"杀"用之于"剪除妄念";将"勇于不敢"用之于"守雌抱一",指向守柔持弱、迂回从道一面。而坚强与柔弱两面,利害共存,犹如宝剑之用,用之得当,则随心所欲,用之不当,则"伤锋犯刃"。——如此看来,"勇"德不排斥"坚强",但坚强有其适合的面向,对于成心妄念,则须用力剪除,毫不犹豫;同时,"勇"德亦不绝缘柔弱,但柔弱只是一种策略,一种迂回方式,对于精进大道、"守雌抱一",却是不二法门。

在白玉蟾看来,修炼期间虽艰危孤苦,但只要有坚毅与勇猛做精神支撑,那些坚定的修行者,当会"念白发以磨青春",笃志"各修道业,炼红铅而入黑汞,结就丹砂",坚信"从今努力下工夫,管取他时成道果"。[①]

白玉蟾所谓"忘心",此心乃分别心、执着心、贪念心,是先天湛然之心与尘世之欲相混而缔结之心,此心随物欲之求不断膨胀而害性损命,遮蔽湛然纯清之本心,妨碍修道之士证道合真之正途,故应忘之、亡之、去之。在白氏看来,此心此念既然因物因事所起,理当于事于物之中入手,于有形中见无形,于成心之中觅本心。正如《海琼问道集》所谓:

> 无事于心,无心于事。内观其心,心无其心;外观其形,形无其形;远观其物,物无其物。[②]

不以凡事扰心,不以成心碍事,心无挂碍,真性自现。反观之,若要真性自现,前提是去除尘心妄念、成心成见。不仅如此,白玉蟾进而指出:"要在忘我,忘心,忘性,忘神,忘忘亦忘"[③];"忘物,忘我,忘心,忘性,忘神。神全,性全,心全,我全,物全"[④]。其所忘者,皆与本心、真性、元神相对者,只有去除此类世俗之物,甚至将忘的过程也忘掉("忘忘亦忘"),方能"心性无染,体露真常",臻于全精全气全神之生命化境。

---

① 萧天石:《白玉蟾全集》(上),《道藏精华》第十集之二,自由出版社1994年版,第251页。

② (南宋)白玉蟾:《玄关显秘论》,《道藏》第33册,文物出版社、上海书店、天津古籍出版社1988年版,第142页;亦见盖建民:《白玉蟾文集新编》,社会科学文献出版社2013年版,第19页。

③ (南宋)葛长庚:《道德宝章·天道章》,《藏外道书》第1册,巴蜀书社1992年版,第310页;亦参见盖建民:《白玉蟾文集新编》,社会科学文献出版社2013年版,第42页。

④ (南宋)葛长庚:《道德宝章·养德》,《藏外道书》第1册,巴蜀书社1992年版,第305页;亦参见盖建民:《白玉蟾文集新编》,社会科学文献出版社2013年版,第35—36页。

如果说"忘"也是一种修行功夫的话,那么,这种功夫有一明显特质,此即需与"勇"德关联起来,需通过"勇"之意志与毅力呈现其坚刚与精进。白玉蟾在《松岩序》以松之刚毅与岩之峭拔作喻象,畅达其对"勇"之意涵理解:

> 此乃涅槃妙心也,君其有所得矣! 盖其工夫宁耐,所以如松之坚刚,觉触孤危,所以如岩之峭拔。……以孤危之觉触,用宁耐之工夫,则其轰雷掣电,呵风骂雨,宜如何哉? 夫松者,以正信为根,以禅定为林,以智慧为枝,以机用为叶;岩者,以坚固为壁,以妙密为路,以直下为崖,以向上为窍……是岩者,以一尘为虚空三千世界,以一念为阎浮八千岁年。敬为铭曰:"松青青,岩冥冥,居其中,即空生。"①

在白玉蟾那里,如松般的坚强刚毅,既是一种德行品质,又是一种修行工夫,同样的,如岩般的坚固峭拔,既是一种生存艺术,更是一种生命境界。白氏眼中的松,其坚强刚毅,源于"以正信为根,以禅定为林,以智慧为枝,以机用为叶",方有"轰雷掣电,呵风骂雨"之能耐,这种能耐又是建立在"宁耐之工夫"之上,是宁耐工夫的自然呈现;反观之,松之长青生命,既是其坚贞意志之下修行工夫的结果,又是上苍对其正信、禅定、智慧、机用的褒赏。白氏文中的岩,其坚固峭拔,在于其"以一尘为虚空三千世界,以一念为阎浮八千岁年",貌似远嚣绝尘,实乃在尘出尘,空其所空,这既是一种超拔的生存艺术——所谓"以坚固为壁,以妙密为路,以直下为崖,以向上为窍"——更是一种玄妙的生命境界。由此可见,松与岩,已非寻常之物,业已成为一种理想生命符号,代言"孤危""宁耐"的生命符号;这一符号背后,蕴藏勇猛精进的精神气质。如果说,白氏以松岩指代精进修行所得的长生久视之效,或得道成仙之果,那么也可以说,此等果位之福报,正是对勇猛精进之天赐嘉奖。没有"勇于忘我"之精神,人之沉沦便在所难免,更勿论拯救解脱。

## 第三节　生死体认与人生作为

凡尘世间万物皆为特定时空的存在,其存在亦表现为一特定的生命历程。

---

① （南宋）葛长庚:《琼琯白真人集·松岩序》,《藏外道书》第 5 册,巴蜀书社 1992 年版,第 37 页;亦参见盖建民:《白玉蟾文集新编》,社会科学文献出版社 2013 年版,第 299—300 页。

在此历程中,有生亦有死,生死二极构成其一生历程的两个端点,出生入死便成为其存在的历时过程。作为万物之一的人,概莫能外。这便是人与万物之生命最大之局限。这一必死的局限实属一客观的存在,在不少人眼里,死亡的事实也在人生价值之列。有限之人在意识到无可奈何花落去的同时,却总在不断寻求超越死亡的不朽之道,这种超迈之路是通过其生命作为而铸就达至的。

## 一、"生死事大,无常迅速"的生死体认

客观地说,生与死乃生命历程之两端,对于个体而言,此两端属于不可回避之事实性存在——对于有自我意识的人而言,若将生死仅仅视为自然事实,满足于生物学、科学意义上的认知,自待其终即可,其人生反倒轻松,问题在于,实际上,人对自然现象、客观事实并非仅仅照单接受,相反,凡事总爱寻根问底,探求意义,以标示自己之生死有异于他物之处。在某种意义上我们可以说,正是基于对"生从何来,死归何处"之类问题的不断拷问与不懈探求,人类产生了哲学与宗教,而对人生终极关怀的追问与探索便导人走向了本体之思,或是引人步入了宗教之域。

道教金丹派南宗初祖张伯端《悟真篇》道出这一忧思:"百岁光阴石火烁,一生身世水泡浮。"——叹息人生短暂,幸福易逝——基于对无情现实的体认,激励道人战胜死亡威胁的意志,坚定其探索不死之道的信心——张平叔在《读〈周易参同契〉》中云:"大丹妙用法乾坤,乾坤运兮五行分。五行顺兮常道有生有死,五行逆兮丹体常灵常存。"作为金丹派南宗实际创派人的白玉蟾,其对生死的体认也是极为深刻的。如其《道德宝章注·爱己章第七十二》明示:"生死事大,无常迅速。"①我们知道,禅宗和尚也讲"生死事大",常说"佛以一大事因缘出世",这大事就是要了生死。不过,禅学所谓了生死,兼说生死,但重点在生,因为怕死。② 若诚如其是,则与道教金丹派南宗还是有所不同。

---

① 盖建民:《白玉蟾文集新编》,社会科学文献出版社 2013 年版,第 40 页。
② 张中行:《禅外说禅》,黑龙江人民出版社 1991 年版,第 33 页。

白玉蟾弟子留元长《海琼问道集·序》云："读韩昌黎桃源之句，则起神仙渺茫之念；读白乐天海山之辞，则起兜率归去之思。人心无根，随悟生智。噫！吾闻之：神仙可以学得，不死可以力致。非曰能之，愿学焉。幼时业爱修仙，鞭心于兹，不觉壬子又丁丑矣。人间岁月如许，头颅皮袋，又安以顿哉？天贷其逢，而于道有可闻之渐。是年春，遭遇真师海琼君，行白，讳玉蟾。"①众所周知，韩愈之于"桃源"、白居易之于"海山"，皆寄托了神仙逍遥之遐思，但他们仅仅将这种遐思诉诸笔端，不似道门中人"随悟生智"，化思为行——痛思人间岁月，终究"头颅皮袋"，何以究竟安顿？——道门给出的一种解脱方案，那就是：神仙可以学得，不死可以力致。可以说，"力致不死成仙"是道门不同于儒释最明显的标示。从这层意义上说，道门并非"怕死"而重生，而是力求不死而永生。

大凡有限之物，必受时空限制，惟有人的心灵与智慧，可以超越时空疆界。但超越的前提，在道教看来，在于对人生进行深层的思考，对生死应有彻底的体认。白玉蟾《水调歌头四首》之四，洞察人世百态，扼腕迷途之辈。其诗云：

　　　堪笑尘中客，都总是迷流。

　　　冤家缠缚，算来不是尔风流。

　　　不解去寻活路，只是担枷负锁，不肯放教休。

　　　三万六千日，受尽百年忧。

　　　得人身，休蹉过，急须修。

　　　乌飞兔走刹那，又是死临头。

　　　只这眼前快乐，难免无常两字，何似出尘囚。

　　　炼就金丹去，万劫自逍遥。②

在白玉蟾眼中，凡尘俗世不乏迷茫可笑之辈，他们不知寻求解脱活路，只是不断增重套紧人生枷锁，不肯松绑性命，不愿善罢甘休；如此人生，即便在世百年，却只能是受尽其忧，直到大限临头，还不知困在何处。于是，他警醒世人：人身难得，切莫蹉跎岁月，务必及早觉悟，参透无常，跳出囚笼。而解脱出

---

①　盖建民：《白玉蟾文集新编》，社会科学文献出版社 2013 年版，第 364 页。
②　盖建民：《白玉蟾诗集新编》，社会科学文献出版社 2013 年版，第 325—326 页。

尘之道,在白玉蟾看来,皈依道门,炼就金丹,亦不失为"化万劫自逍遥"的良方上策。

在道教思想中,"道是宇宙的终极本原,是自然界、生命界、人类社会、心灵世界一切运动的原动力和总规律。道以'虚、无、空'为体,以'灵、明、觉'为相,以'生、化、现'为用,具有无限性、绝对性、永恒性、质朴性、生化性、潜在性、不可言说性";①有限之物,皆以无限之物做背景。可惜的是,凡尘众生大多以有限之物为实有,不知其背后之无限之物才是真,更为可笑的是,末法众生只顾"眼前快乐","难免无常两字",实以囚笼为乐土,在白玉蟾看来,这都是对生死体悟不够,缺乏生命智慧,对大道领会不及所致。

白玉蟾《性命日月论》结合月象晦明与八卦变化,阐发老子"出生入死"之说。其文云:"故老子谓出生入死,生之徒十有三,死之徒十有三。言每月,月三日出而明生,生至于十五日也;每月,月十六日入而明死,死至于二十八日也。日月于卦为坎离,坎卦外阴而内阳,乾之用九归乎中;离卦外阳而内阴,坤之用六归乎中。乾坤之二用,既归于坎离,故坎离二卦,得以代行乾坤之道。一月之内,变见六卦,垂象于天。三日,一阳生于下而震卦出;八日,二阳生于下而兑卦出;十五日,三阳全,而乾始见。此盖乾索于坤,而阳道进也。十六日,一阴生于下而巽卦出;二十三日,二阴生于下而艮卦出;三十日,三阴全而坤始见。此盖坤索于乾,而阴道进也。"②

白玉蟾还将一月之内月象之圆缺变化,比拟为"出生入死"过程,此比附在《道德宝章·贵生章》亦有更为清晰的图示:

出生入死,月圆月缺之类。生之徒十有三,月自初三生魄,至有十五日乃圆,故曰十有三。死之徒十有三。月自十六日亏,至二十八日丧魄,故曰十有三。人之生,亦如月然。动之死地,亦十有三。前半月其上旬之十日,自初一日至初三日,亦十日之三日,其月尚生。后半月其下旬之十日,自二十八至三十日,其月已死。夫何故? 盖人与月相似。以其生生之厚。同乎天地之一气耳。盖闻善摄生者,无思无虑。陆行不遇兕虎,忘

①　胡孚琛:《张连顺教授〈新道学的生死观〉序》,《弘道》(香港)2014年第1期。
②　盖建民:《白玉蟾文集新编》,社会科学文献出版社2013年版,第21页。

形。入军不被甲兵。忘我。兕无所投其角,身非我有。虎无所措其爪,我亦非我。兵无所容其刃。夫生死者,特一炁聚散耳。夫何故? 是如此。以其无死地。此心自若,本无生死。①

在白玉蟾看来,从每月初三之月牙至十五日之月圆,此十三日犹如月魄(月影)之生成,简称为"生之徒十有三",即月影生成之路途共计十三日;而从是月之十六日至二十八日,此十三日则月魄逐渐缺损变小,以至完全消亡,此即为"死之徒十有三",就是说,月影由圆满变得残缺以至完全消亡用时十三天;前半月中之上旬十日中,从初一至初三,亦十日之三日,其月处尚生阶段,而后半月其下旬之十日内,自二十八至三十日,其月则已死。对于月象而言,"生者死之根,死者生之根",生死互渗,循环不已,皆"一气使然"。这就是月影之圆缺变化,"盖人与月相似,同乎天地之一气耳",其生死,无非"特禀一炁聚散耳"! 道教这种以日月运行之道推演人事修为之理的体认方式,在《彭真人金丹接命秘诀》中也有清晰的例证:

———————————

① (南宋)葛长庚:《道德宝章》,《藏外道书》第 1 册,巴蜀书社 1992 年版,第 305 页;亦参见盖建民:《白玉蟾文集新编》,社会科学文献出版社 2013 年版,第 35 页。后者将"月圆"之"月"误作"日",今正之。

夫金丹之道,先明天道,次明人道。天地一年,四时八节,二十四气,七十二候。生化之道,妙在阴阳造化之功。冬至一阳初动,万物发生。每月三十日为晦,即纯阴;初一日为朔,朔即一阳初生;三十日正日月合璧。前二十七日,月含先天一炁,未成质也;初三日,月出于庚方,人之月信生于癸水将尽,此时先天金炁始生成丹也;至初八日,上玄阴阳之气相停,即二候之得生气也;自此之后"金逢望远不堪尝"矣。修仙之道,要合日月天地交合之时,成彼此和合之妙。①

道门中人仰望夜空,从日月往来、晦朔交替之中,体悟阴阳和合之理,并将此理用之于意在超迈人生大限的金丹大道的生命实践之中。有道门诗诀为证:"晦朔之间窥生机,月中探取真消息。欲得骊龙颔下珠,须借人间让天梯。"②与此不同的是,芸芸众生每每仰望星空,目睹"年年岁岁月(花)相似"之状,却徒增"岁岁年年人不同"之感:俯察此身此世,念及作为现存之我,出生之前,那漫漫无始之过去时空并无我之存在,试想在我往生之后的世界,亦复一种无穷无尽的岁月流逝,前后两个向度都是无限延展;相对此等无限延展,我之今生今世之存在,不过是白驹过隙之刹那瞬间,真可谓稍纵即逝,显得多么微不足道。诚如是,吾身此世究竟还有何特殊意义?人之生命又有何价值?修道之士同样面临如此问题,白玉蟾曾为彭耜父亲彭觉非七十六寿庆而作《寿觉非居士》贺词两首,其中即表达了对生死价值的深刻洞见。其词云:

> 这身儿,从来业障,一生空自劳攘。
>
> 生死死生皆如梦,更莫别生妄想。
>
> 没伎俩,只管去天台雁荡寻方广。
>
> 几人不省,被妻子萦缠,生涯拘束,甘自归黄壤。
>
> 世间事,一斤两个八两。
>
> 问谁能去俯仰?
>
> 道义重了轻富贵,却笑轮回来往。

---

① 胡孚琛:《丹道实修真传——三家四派丹法解读》,社会科学文献出版社 2012 年版,第 65 页。

② 胡孚琛:《丹道实修真传——三家四派丹法解读》,社会科学文献出版社 2012 年版,第 16 页。

休勉强,老先生,从来恬淡无妆恍。

一声长啸,把拄杖横肩,草鞋贴脚,四海平如掌。①

白玉蟾与其徒彭耜乃"道门父子"关系,彭耜夫妇皆师从白玉蟾,彭耜老父觉非先生亦是白玉蟾多年老友。在老友寿庆时节,紫清真人一方面感叹生死如梦,奉劝世人别生妄想;另一方面勉励道友广求丹方,延命契真,并特意推荐张伯端祖师丹法。文中还叙及寻常人与世间事,通过对比寻常人家之"拘束生涯"与"自归黄壤",难逃"生死轮回",反衬修道之士笑傲江湖、出尘超世、举重若轻、一心合道、恬淡虚无之逍遥。毋庸置疑,这是两种不同的生死历程,前者在"妻子萦缠"与"道义""富贵"之权衡中,蹉跎岁月,耗尽一生,此生可谓沉重;后者"从来恬淡无妆恍","拄杖横肩","草鞋贴脚",轻装启程,一心向道,何等洒脱? 如白氏《鹤林问道篇上》所言:"天地与我同根,万物与我同体,往古来今本无成坏。第以生死流转,情识起灭,如浮云之点太清,如黑风之翳明月。"参透成坏,流转生死,自有物我同春、天人永存之意境。

死生事大,勘破不易,白玉蟾沿用道教以气言道之传统,并以物喻人,以景寓意,以松竹之常青对比四肢之凋零,旨在催人觉醒。他说:

先天一气今常在,散在万物与人身。花自春风鸟自啼,岂知造物天为春。百姓日用而不知,气入四肢徒凋零。松竹虚心受气足,凌霜傲雪常年青。况人元神本不死,此气即是黄芽铅。老者可少病可健,散则可聚从可延。心入虚无行火候,内景内象壶中天。②

大道至简,方便易行,然而,百姓日用而不知。凡俗世人为名利势位而伤神耗气,以物易命,诚为遗憾,却不懂"道即气,气即道"之生命至道,更不知"宝气凝神,虚心受气"等延年益寿之术。对于修道之士,仅仅知晓此道此术还不够,欲求不死登仙,还须炼养先天元气,逆修还丹大法。如《周易参同契分章通真义》所言:

世人欲延生命却死期者,须知得身之始末。始末者,元气也。喻修还

---

① 萧天石:《海琼白真人全集》卷八,《道藏精华》第十集之二,自由出版社 1994 年版,第 1094 页。

② 《海琼问道集》,《道藏》第 55 册,文物出版社、上海书店、天津古籍出版社 1988 年版,第 721 页。

丹全因元气而成,是将无崖之元气续有限之形躯。无崖之元气者,天地阴阳长生真精胜父灵母之气也;有限之形躯者,阴阳短促浊乱凡父母之气也。故以真父母之气,变化凡父母之身,为纯阳真精之形,则与天地同寿也。[①]

在道家辩证思想中,生死互渗,正反合义。立足于道而观之,有无相生,高下相形,生死一体,人世间诸相,即便相待、冲突,实乃道之阴阳之性使然,在更高层面上仍不失统一。在一般人为花落水流而伤感生命消亡、殒灭之际,道门人却读出了花落莲成、铅华尽处见淳真之意,所谓"生者死之根,死者生之根",不过,道家于此的价值取向在于遂性归去,顺道而行,道教则是以死为苦、为暗,以生为乐、为明,以不死成仙为合真得道之表征,故拒绝死亡,力求不朽,并穷其一生,"变化凡父母之身,为纯阳真精之形",臻于"与天地同寿也"。

道教贵生恶死的观念由来已久,如《老子想尔注》在注《老子》"公乃王,王乃大"及"道大、天大、地大、王亦大,域中有四大,而王居其一焉"两段经文时,以"生"置换"王",并明示:"生,道之别体也";《太平经》亦言"天道恶杀好生";再如《太上老君内观经》云:"道不可见,因生以明之。生不可常,用道以守之。若生亡则道废,道废则生亡";《抱朴子·内篇·勤求》曰"天地之大德曰生,道家至秘而重者"等,皆明确表达这一价值取向。于是,在个体生命之内,在当下人生之中,以生合道,便成为其人生选择之必由之路。

白玉蟾《谷神不死论》针对生命之中,究竟何为不死,人又以何不死,进行专门探讨:

> 谷者,天谷也。神者,一身之元神也。天之谷,含造化,容虚空。地之谷,容万物,载山川。人与天地同所禀也,亦有谷焉,其谷藏真一,宅元神。是以头有九宫,上应九天。中间一宫,谓之泥丸,又曰黄庭,又名昆仑,又名天谷。其名颇多,乃元神所住之宫。其空如谷,而神居之,故谓之谷神。神存则生,神去则死。日则接于物,夜则接于梦,神不能安其居也。黄粱

---

① 《周易参同契分章通真义》,《道藏》第 34 册,文物出版社、上海书店、天津古籍出版社 1988 年版,第 283 页。

已熟,南柯未寤,一生之荣辱富贵,百岁之悲忧悦乐,备尝于一梦之间,使其去而不还,游而不返,则生死路隔,幽明之途绝矣。由是观之,人不能自生而神生之,人不能自死而神死之。若神居其谷而不死,人安得而死乎?然谷神所以不死者,由玄牝也。玄者,阳也,天也;牝者,阴也,地也。然玄牝气,各有深旨,非遇至人,授以口诀,不可得而知也。《黄帝内经》云:"天谷元神,守之自真。"言人身中,上有天谷泥丸,藏神之府也;中有应谷绛宫,藏气之府也;下有灵谷关元,藏精之府也。天谷,元宫也,乃元神之室,灵性之所存,是神之要也。圣人则天地之要,知变化之源,神守于元宫,气腾于牝府,神气交感,自然成真,与道为一,而归于不死不生,故曰"谷神不死,是谓玄牝"也。圣人运用于玄牝之内,造化于恍惚之中。当其玄牝之气入乎其根,闭极则失于急,任之则失于荡,欲其绵绵续续,勿令间断耳。若存者,顺其自然而存之,神久自宁,息久自定,性入自然无为妙用,未尝至于勤劳迫切,故曰用之不勤。即此而观,则玄牝为上下二源,气毋升降之正道明矣。世人不穷其根,不究其源,便以鼻为玄,以口为牝。若以鼻口为玄牝,则玄牝之门又将何以名之?此皆不能造其妙,非大圣人安能穷究是理哉?①

白玉蟾认为,居天谷之元神,谓之谷神;神存则人生,神去则人亡。人不能自生而神使其生,人不能自死而神使其死。不死之要在于,守神于天谷,腾气于牝府,使神气交感,与道合一。

《道德宝章·归根章》就"我"与"道"之生死关联,进行了形上揭秘:

> 至虚极,忘形。守静笃。忘心。万物并作,忘物忘我。吾以观其复。回光返照,见天地心。夫物芸芸,身外无物。各复归其根,洞见本来,灵光独耀。归根曰静,无生无灭。静曰复命。我无生死,我不能无生死;我能生死,我本无生死。复命曰常,常光现前,如如不动。知常曰明。心死方得神活,魄灭然后魂昌。不知常,道不可以须臾离也。妄作凶。一念所形,无非妄幻。知常容,其大无外。容乃公。其小无内。公乃王,能为万象主,不逐四时凋。王乃天,本有之天。天乃道,一炁之始,万象之祖。道

---

① 盖建民:《白玉蟾文集新编》,社会科学文献出版社 2013 年版,第 21—22 页。

乃久,道即心,心即道。没身不殆。心无生死,道无往来。①

就形下生命而言,阴阳二性是生命内在固有的矛盾属性。在道教语境下,阳主生,阴主死,阴阳平衡,则人体康健,阴阳失衡,人患病疾,于常人之一生,其出生入死,皆受阴阳规律支配,在道门中人看来,欲求长生不死,就须打破阴阳,"变化凡父母之身,为纯阳真精之形",即由当下之阴阳之"二",蜕变无阴阳二分之"纯阳"之"一"。

这里有必要需要补充说明的是,有关"纯阳"观念的基本内涵。"在内丹学的宇宙论中,道是万事万物的本源,在道之中潜具一切阴阳的可能性,但道本身还没有显现阴阳的对立与分别。有时候这个无阴阳对立的先天境界内丹学又以'纯阳'一观念来代表,在这一意义上'纯阳'是内丹学修炼要达到的理想境界,这当然不是后天阴阳分立意义上的'孤阴寡阳'的概念。道生万物即是从道的无分别的统一中显化出阴阳二元属性,阴阳二元的千变万化、无穷组合即形成了天地万物,因此在最广义的概念上,一切事物都是由阴阳二元的变化所形成的,都具有无限的阴阳属性;阴阳之间不同的相互对立、相互作用是事物千变万化的根本原因。"②简言之,阴阳二元属性,乃形下事物内部相反相成的两个方面,二者既对立又统一,若从生命存有的层面言,在同一生命体内,生属阳,死属阴,或曰,阳主生,阴主死,生死互渗,阴阳一体,生死阴阳,此消彼长,对普通生命体而言,其生命之历程即出生入死一过程,亦即由阳之主导作用逐渐衰退最终被阴替代的过程,但在道教金丹派看来,打破阴阳的对立与分化,追根溯源,逆返无分别无对立的生命状态,即由阴阳两分之"二",返还无对待之生命本源之"一",即可挣脱生死之链,获得长生不死之果,这种生道合一的状态,即金丹修炼所要达到的理想境界,便用"纯阳"来表示,此"纯阳"并非阳中之阳,亦非确指阳之纯粹,而是对生命经由修炼而打破阴阳二分与对立之状态的一种指称,是对了生死合道本即超凡出尘的生命层级的另一种表达形式。

白玉蟾《西林入室歌》,援用佛门圆觉学说,开示门徒修习丹道妙法,以粉碎虚空,超越生死:

① (南宋)葛长庚:《道德宝章》,《藏外道书》第1册,巴蜀书社1992年版,第298页;亦参见盖建民:《白玉蟾文集新编》,社会科学文献出版社2013年版,第27页。
② 戈国龙:《论性命双修》,青松出版社2009年版,第30页。

有一明珠光烁烁,照破三千大千国。

观音菩萨正定心,释迦如来大圆觉。

或如春色媚山河,或似秋光爽岩壑。

亦名九转大还丹,谓之长生不死药。

步步华岩妙宫殿,重重弥勒宝楼阁。

墙壁瓦砾相浑融,水鸟树林共寥廓。

缺唇石女驾土牛,跛脚木人骑纸鹤。

三业三毒云去来,六根六尘月绰约。

所以然者本体空,谁言何似当初莫。

此珠价大实难酬(酬),不许巧锥妄穿凿。

若要秘密大总持,只于寂灭中摸索。

几多衲子听蛰雷,几个道人藏尺蠖。

茫茫尽向珠外求,不知先天那一着。

那一着,何须重注脚,注脚也不恶。

好呵兄弟! 杜宇声随晓雨啼,海棠夜听东风落。①

## 二、“天下无二道,圣人无两心”的修心功夫

有学者指出,“世界各大宗教修持的功夫境界,都是从揭示心灵的终极奥秘入手,直至在心灵的‘基态’发现‘真我’”。② 看来,修心是宗教共同的课题。

在道门观念中,修道即修心,修心即修道。如《太上老君内观经》曰:“道者,有而无形,无而有情,变化不测,通神群生,在人之身则为神明,所谓心也。所以教人修道则修心也,教人修心则修道也。”道门中人会通儒释心性之论,评说人的元神、真性,认为道教称之道、金丹,释氏谓之圆觉,儒家名之太极,其实本是一物。饱读儒释道三教典籍的白玉蟾,自谓“家居琼管(琯)海山隅,腹内包藏三教书”③,亦断言三教之学可以融通,而融通结点在于“一心”,其所

---

① 盖建民:《白玉蟾诗集新编》,社会科学文献出版社 2013 年版,第 104 页。

② 胡孚琛:《张连顺教授〈新道学的生死观〉序》,《弘道》(香港)2014 年第 1 期。

③ 萧天石:《海琼白真人全集》卷五,《道藏精华》第十集之二,自由出版社 1994 年版,第 683 页。

撰《暇日作伯阳宣父悉达三君子之肖仍拾其语为之赞》，以三教圣人形象代言其学问精髓，提炼出"天下无二道，圣人无两心"①之修心功夫说：

> 谷神不死，是谓玄牝。元（玄）牝之门，是谓天地根。人心惟危，道心惟微。惟精惟一，允执厥中。揭谛，揭谛，波罗揭谛，波罗僧揭谛，菩提萨婆诃。②

众所周知，上引三句分别出自传统经典《道德经》《尚书·大禹谟》与《心经》。暂且不再赘述玄门修道即修心、修心即修道的生命学说，先解读儒者修道治心要义——与白玉蟾同时代的儒学大师朱熹，将"人心惟危，道心惟微。惟精惟一，允执厥中"说成是孔门"十六字心传"，称其为尧、舜、禹心心授受的修身治国要义。朱子认为"心"有"人心"与"道心"之异："人心""生于形气之私"，与物欲相联系，故很危险；"道心""原于性命之正"，却很微妙；只有"精则察夫二者之间而不杂"，"使道心常为一身之主，而人心每听命焉"，才能使"危者安，微者著"，进而达至中庸境界。③ 显然，在理学家那里，其价值倾向是明确不易的，此即以"道心"范导"人心"，以"天理"制约"人欲"，而且必须"革尽人欲"，才能"复尽天理"。如说："人之一心，天理存，则人欲亡；人欲胜，则天理灭"；"学者须是革尽人欲，复尽天理，方始是学。"④需要说明的是，一方面，朱子所谓"人欲"只指"人心"中为恶的一面，而不包括"人心"中合理的欲望或可为善的一面；另一方面，"人心""道心"并非二心，实乃一心之善恶两面——理学家所谓孔门十六字心传，虽借经书文句做义理文章，却也标示出修心合道在儒门生命学问中的核心地位。

如果说孔门十六字心传之核心在心，那么佛门修道其重心何在？在白玉蟾眼里梵文咒语"揭谛，揭谛，波罗揭谛，波罗僧揭谛，菩提萨婆诃"，即代表了佛门般若波罗蜜多的总持法门。在梵文中，"揭谛"有"去"或"度"之意，也就

① 《修仙辨惑论》，《修真十书杂著指玄篇》卷四，《道藏》第4册，文物出版社、上海书店、天津古籍出版社1988年版，第618页，亦见盖建民：《白玉蟾文集新编》，社会科学文献出版社2013年版，第17页。
② 萧天石：《海琼白真人全集》卷七，《道藏精华》第十集之二，自由出版社1994年版，第981页。
③ （南宋）朱熹：《中庸章句序》，《四书章句集注》，中华书局1983年版，第14页。
④ （宋）朱熹撰，（宋）黎清德编：《朱子语类》卷十三，中华书局1986年版，第224—225页。

是般若的甚深功能,能够度众生达至彼岸;重复"揭谛"二字,表示度己度人之意。"波罗"可译为"彼岸";"波罗揭谛"意即"度到彼岸去"。"僧揭谛"之"僧",是指"众"、"总"或"普"等意,"波罗僧揭谛"意即"普度众生,同赴彼岸"。"菩提"即"觉""智""知""道",表示无上佛果;"萨婆诃"有"速疾"之意,表示依此心咒,便可急速得成大觉,成就无上菩提。① 由于咒语是一种特殊的信息符号,表达特有的生命意义,传播独特的信息能量,故遵循秘密不翻的原则,便借用汉语音译。

至于《道德经》"谷神不死,是谓玄牝。玄牝之门,是谓天地根"之意,南宗传人王大叙、史大作如是阐释:"玄牝,一阴阳也。阴阳,一天地也。《易》:'乾为天玄,坤为地牝。'类此天地之玄牝。人一身一乾坤,命肾左右分阴阳,此人之玄牝。命肾之间,其门欤? 其天地之根欤?《清静经》原动静即是理也。白玉蟾释经,为作图像于前,显明是义。盖会此经于方寸,非徒口耳之学也。尝谓儒者性命之说,释氏胎息之说,老氏玄牝之说,名虽殊而理实一。"② 天人相类,以心释道,这是金丹派南宗的理论特色:人身自有一乾坤,命肾左右分阴阳,而命肾之枢纽玄关,在于一心,此心犹如谷神,本无生死。

白玉蟾何以要将儒释道三家教旨并列集结,因为在他看来,一方面它们标示着三教文化之修道智慧,另一方面三教主旨趋同归一,皆为生命的学问,而非口耳的言说,这种生命的学问还有一共同的特征,那就是三教皆以心性为中心,是围绕心性修为展开的生命的功夫,所谓道家之修心炼性,儒家之存心养性,释家之明心见性,说辞虽异,其理不二。易言之,三家无不主张即心修道。白玉蟾《满庭芳·修炼》对此共性,直言不讳:

> 道释儒门,三教归一,算来平等肩齐。道分天地,万化总归基。佛在灵山证果,六年后、雪岭修持。儒门教,温良恭俭,万代帝王师。

> 道传秘诀,佛流方便,忍辱慈悲。大成至圣,岂辩高低。都是后学晚辈,分人我、说是谈非。休争气,三尊一体,瞻仰共皈依。③

---

① 陈秋平、尚荣译注:《金刚经·心经·坛经》,中华书局 2007 年第 1 版,第 100 页。
② (南宋)白玉蟾分章正误,王元晖注:《太上老君说常清静经注》,《道藏》第 17 册,文物出版社、上海书店、天津古籍出版社 1988 年版,第 174 页。
③ 《白玉蟾全集》(下册),宗教文化出版社 2013 年版,第 964 页。

客观地说,白玉蟾以心解道、即心修道的思想的形成,虽不离三教合一之文化大背景,但主要得益于自唐宋以来道教心性论的滋养。唐代施肩吾《西山群仙会真记》有《养心》专论,略云:

> 《西山记》曰:从道受生谓之性,自一禀形谓之命,所以任物谓之心,心有所忆谓之意。……上仙教人修道即修心也,教人修心即修道也。道不可见,因心以明之,心不可常,用道以守之。故虚心遣其实,无心除其有也,定心令不动也,安心令不危也,静心令不乱,正心令不邪,清心令不浊,净心令不秽。此皆已有令以除之。心直不返复也,心平无高下也,心明不暗昧也,心通无窒碍也。此皆固有,因以然之。①

"道不可见,因心以明之,心不可常,用道以守之",易言之,因心以明道,用道以守心,这便是《养心》的机理所在,而即心修道、用道守心,是这一机理的内在要求,其中"虚心遣实""无心除有",是即心修道的基本原则。白玉蟾接续此机理,其《道德宝章·为道章》,从本原层面,进一步揭示心道关系:

> 道者,万物之奥,心者,造化之源。善人之宝,一滴真金,源流天造。前无古人,后无来者。不善人之所保。人各有心,此心长存。……美言可以市,至言如宝。尊行可以加人。道可贵。人之不善,昧道。何弃之有?道亦在。故立天子,心也。置三公,神气精也。虽有拱璧,以先驷马,世之所贵。不如坐进此道。我之所宝。古之所以贵此道者,何也?在我本然。不日求以得,不离乎心。有罪以免耶?纯一如初。故为天下贵。道者,万物之奥。②

在白玉蟾看来,"心"是造化之源,但此心并非心理感受的器官,亦非闻见之知的窗口,它是宇宙本原,永恒长存,可与"道"互称,但言及人心,所谓"人各有心,此心长存",即将此本原之心下贯人身,犹如道在世间之落实生成,为人世修行预留下一片精神土壤,同时,白玉蟾又将人世间"天子"与"三公"的社会关系,诠释为"心"与"精气神"的生命关系,凸显"心"对于生命的绝对至

---

① 《西山群仙会真记》卷二,《道藏》第 4 册,文物出版社、上海书店、天津古籍出版社 1988 年版,第 429 页。
② （南宋）葛长庚:《道德宝章》,《藏外道书》第 1 册,巴蜀书社 1992 年版,第 307—308 页;亦参见盖建民:《白玉蟾文集新编》,社会科学文献出版社 2013 年版,第 38 页。

上性。白玉蟾在首肯"道为万物之奥"的同时,类似于佛学"万物唯心造"之心本论,提出"心为造化之源"之说,将本体之心,状述为"纯一如初",这就为修心功夫学说既奠定了修持方向,又确立了修为标准。

白玉蟾《镜溪序》以镜溪为喻,反衬阐发心之本体特征:

> 夫心者,澄之不清,挠之不浊,其非镜乎! 穷之益深,测之益远,其非溪乎! 辉天照地,耀古腾今,莹净无痕,虚明彻底,其镜溪之谓也。虚寂一灵,只是这个,森罗万象,总在其中。截断红尘,照见本来面目,洗清碧汉,还他本地风光。①

此心似镜可照彻万千世界,似光可耀腾古今天地,犹如幽溪之难究深远,此心不可思议,难以言表,只能说它似镜非镜,似溪非溪,因为它有镜溪般的功能,但并非镜溪本身,人们可以通过其现实功用感受到其客观存在,勉强以"虚寂一灵"状述这一存在,它属于本体层面,"森罗万象,总在其中",同时,"红尘""碧汉"也与之相即不离,但要识得本来面目,还它本地风光,却须下一番功夫。

白玉蟾借鉴运用《金刚经》的辩证理路与言说智慧,论及心与道之生命关联、修心法与证仙果之辩证关系——佛教经典云:"一切有为法,如梦幻泡影,如露亦如电,应作如是观";禅非禅,是为禅;般若非般若,是为般若;菩萨行于非道,是为通达佛道。——需要说明的是,白玉蟾即便是借用佛家智慧,仍不失道教立场,即使认同佛道两家文化,无非取释家之长,为金丹学说增色。其《指玄篇·谢张紫阳书》,设想与张伯端祖师论道言心,是书既保留了释家论道之理论特色,更畅达了内丹学"此心即道"与"此道即心"之基本观点:

> 尝闻天下无二道,圣人无两心。道之大不可得而形容,若形容此道,则空寂虚无,妙湛渊默也。心之广不可得而比喻,若比喻此心,则清静灵明,冲和温粹也。会万化而归一道,则天下皆自化,而万物皆自如也;会百为而归一心,则圣人自无为而百为,自无著也。推此心而与道合,此心即道也;体此道而与心会,此道即心也。道融于心,心融于道也。心外无别道,道外无别物也。所以天地本未尝乾坤,而万物自乾坤耳;日月本未尝

---

① 盖建民:《白玉蟾文集新编》,社会科学文献出版社 2013 年版,第 300 页。

坎离,而万物自坎离耳。①

道之"空寂虚无,妙湛渊默",与心之"清静灵明,冲和温粹",看似各有特征,其实,若主谓词互置,其意不变,个中原委在于,此心"纯一如初",实为"造化之源",与道不二,此乃佛老共同的心学主张,亦所谓"天下无二道,圣人无两心"。而且,从修养论角度而言,道不离心,心外无道,亦是儒释道基本的思想观念,如吕纯阳所谓,圣人"千言万语,抵不过发明炼心二字"。再者,此处"会万化而归一道","会百为而归一心",强调"万化""自化""百为""无为",标示出白玉蟾根本的道学立场。白玉蟾主张"此心即道""此道即心""道融于心""心融于道"等,不外乎为生命之道、形上之基,在个体生命之内、形下之心之中,确立本根,以便为个人之修道功夫在自身之内,找到可蕴育可滋养之种子,此时,人之心,就不仅具有形下属性,而且具备形上特质,言其形下,为方便个体修炼,找准一下手处,言其形上,乃是将心上升到先天之道等高的本体地位,为个人证道合真之归根复命指明方向与目标。诚如其《道德宝章·益谦》所云:"心上工夫,何分彼此";"寸心不昧,终古长存。"②

既然三教归一,平等齐肩,那么即心修道不妨彼此借鉴,尤其是佛门对心神意欲识爱等的甄别,对烦恼妄想执着的排遣,皆可为我所用,作为修心功夫的重要内容。如《修道真言》云:

　　夫心之动,非心也,意也。神之驰,非神也,识也。意多欲,识多爱。去此二贼,真性圆明。不欲何贪? 不爱何求? 无贪无求,性如虚空,烦恼妄想,皆不为累。③

　　功夫如不早做,及至精干血枯,屈曲蒲团,有何益哉?④

① (南宋)白玉蟾:《谢张紫阳书》,《修真十书杂著指玄篇》卷六,《道藏》第4册,文物出版社、上海书店、天津古籍出版社1988年版,第624页;亦见盖建民:《白玉蟾文集新编》,社会科学文献出版社2013年版,第12页。
② (南宋)葛长庚:《道德宝章》,《藏外道书》第1册,巴蜀书社1992年版,第299页;亦见盖建民:《白玉蟾文集新编》,社会科学文献出版社2013年版,第28—29页。
③ (南宋)白玉蟾:《修道真言》,《藏外道书》第23册,巴蜀书社1992年版,第799页;亦参见盖建民:《白玉蟾文集新编》,社会科学文献出版社2013年版,第45页。
④ (南宋)白玉蟾:《修道真言》,《藏外道书》第23册,巴蜀书社1992年版,第799页;亦参见盖建民:《白玉蟾文集新编》,社会科学文献出版社2013年版,第45页。

如前所述,心有本心与非本心之别,神有识神与元神之分。在白玉蟾看来,非本心衍生出意,意多欲求,而识神多偏好,二者纠缠一起,多生贪婪。贪婪心神,一念未灭,一念又起,沸沸扬扬,涌动不止,而且,痴心贪念愈多愈炽,背离本心元神愈远愈烈。愈多愈炽之痴心贪念,只能徒增烦恼妄想,使人精干血枯,让人伤性害命,在修道之士看来,必欲以本心排遣去之,而且须早做功夫,而此等功夫,在本质上实乃对心性之修炼陶冶。《修道真言》对此有诸多明示,如云:

> 修道总是炼得一个性,有天命之性,有气质之性。本来虚灵,是天命之性;日用寻常,是气质之性。今一个天命之性,都为气质之性所掩。若炼去气质之性,自现天命之性来,而道得矣。①

> 学道先以变化气质为主,再到与人接物上浑厚些,方是道器。②

> 烦恼是伐性之斧,人当于难制处下功。若不将气质变化过,怎成得善士?③

众所周知,"天命之性"与"气质之性"之疆界区分,原本出自宋儒,修道之士则进一步冠之以先天、后天之修辞,细化出先天天命之性与后天气质之性之分野,并认为先天天命之性常被后天气质之性所遮蔽,故而提出修心得道的实质,在于"炼去气质之性","自现天命之性"。可见,白玉蟾所谓"变化气质",始于后天日用之性,终于返还先天之性,其着力点在心。如此修心养性,意在建立个体与道本之直接关联。可见,其以即心修道,达至人与道的契合为一,与宋儒追求天理秩序谐和之旨趣相异。同时,在白玉蟾看来,"烦恼是伐性之斧"——此烦恼又是佛教常用术语,也是禅宗修持内容——白氏视之为道者修心下功之难点,将其纳入道门修炼范畴,并作为即心修道之关键节点,要求于人于物之上,见修心去烦真功。如白玉蟾《谢张紫阳书》说:"凿石以求玉,淘沙以取金,炼形以养神,明心以合道,皆一意也。所谓铅中取水银,砂中取汞

---

① (南宋)白玉蟾:《修道真言》,《藏外道书》第23册,巴蜀书社1992年版,第802页;亦参见盖建民:《白玉蟾文集新编》,社会科学文献出版社2013年版,第49页。
② (南宋)白玉蟾:《修道真言》,《藏外道书》第23册,巴蜀书社1992年版,第800页;亦参见盖建民:《白玉蟾文集新编》,社会科学文献出版社2013年版,第47页。
③ (南宋)白玉蟾:《修道真言》,《藏外道书》第23册,巴蜀书社1992年版,第800页;亦参见盖建民:《白玉蟾文集新编》,社会科学文献出版社2013年版,第47页。

之旨也。依而行之,夫欢妇合。以此理而质之儒书,则一也;以此理质之佛典,则一也,所以天下无二道也。天下之道既无二理,而圣人之心岂两用耶?"①在南宗即心修道思想中,人若诚心修心、实修实行,必会有实效实绩回报。《修道真言》对此确信不疑:

> 三界之中,以心为主。心能内观,即一时为尘垢所染,终久必悟大道;若心不能内观,究竟必落沉沦。故《道德经》首章曰:"常有欲以观其窍"者,观此窍也;"常无欲以观其妙"者,观此窍中之妙也。太上曰:"吾从无量劫中以来,存心内观,以至虚无妙道。"学子既欲潜心,先去内观,待心中如秋潭浸明月,再谈进步。②

> 垢渐去而镜明,心渐息而性澄。养成一泓秋水,我不求镜物,而物自入我镜中。有诸内,必形诸外,一毫也假不得。前贤云:"山有美玉,则草木为之不凋;身有妙道,则形骸为之不败。"故心有真工夫者,貌必有好颜色。③

白玉蟾欣赏江西阁皂山黄冠朱君"悟大隐居廛之说,心远地自偏之句",特作《心远堂记》,阐发如何即世修心合道。其文云:

> 夫心者,澄之不清,挠之不浊,近不可取,远不可舍,寂然不动,感而遂通,大包乾坤,小入芥粟,如玉莲之不(在)水,如云之已天,涣然如濯水之鱼,超然如跨山之虎,飘然如际云之鸿,贫贱不能移,富贵不能屈,居山林则推静,处市井未常稍喧,所谓在俗元无俗,居尘不染尘者也。……对镜无心,对心无镜,已绝云霄。④

"在俗元无俗,居尘不染尘",既是修道者应有的驻世心态,又是修心者应持的修道原则,关键在于"对镜无心,对心无镜",何以如此? 白玉蟾《玄关显

① (南宋)白玉蟾:《谢张紫阳书》,《修真十书杂著指玄篇》卷六,《道藏》第4册,文物出版社、上海书店、天津古籍出版社1988年版,第625页;亦见盖建民:《白玉蟾文集新编》,社会科学文献出版社2013年版,第13页。
② (南宋)白玉蟾:《修道真言》,《藏外道书》第23册,巴蜀书社1992年版,第802页;亦参见盖建民:《白玉蟾文集新编》,社会科学文献出版社2013年版,第49页。
③ (南宋)白玉蟾:《修道真言》,《藏外道书》第23册,巴蜀书社1992年版,第801页;亦参见盖建民:《白玉蟾文集新编》,社会科学文献出版社2013年版,第48页。
④ (南宋)白玉蟾:《心远堂记》,《修真十书·玉隆集》卷三十一,《道藏》第4册,文物出版社、上海书店、天津古籍出版社1988年版,第753页。

秘论》道出其中机要："以是知即心是道也。故无心则与道合,有心则与道违。惟此无之一字,包诸有而无余,生万物而不竭。"①"澄之不清,挠之不浊"之心,与"空寂虚无,妙湛渊默"之道,原本不二,只因此心为尘事俗物遮蔽,有失现本来面目,心生诸多贪念执着,才出现与道相违背离,欲求找回本心,务必从今往后,收拾身心,切实做到"以眼视眼,以耳听耳,以鼻调鼻,以口缄口,潜藏飞跃,本乎一心"。② 此"一心",实指"道心"。白玉蟾诗作《养真》,对此道心之跨越千古、一片虚寂多有揭示,还将人心、人之本心视为人之故土原乡,劝诫道人别做无根游魂,应归道返本。其诗云:

> 道人不作槐根梦,一片虚顽太古心。
>
> 无雪可摧桑柘老,有家原住白云深。
>
> 山头日落虎长啸,海面风生龙自吟。
>
> 世上几人能了此,野花啼鸟却知音。③

"虎啸""龙吟"既代表一片生机,更暗示擒虎驾龙之修心合道功夫。"人能弘道,非道弘人",对金丹派南宗而言,弘道传法乃世代传承不辍之生命事业,"前辈著述丹经""歌诗契论","皆显露金丹之旨",意在"津筏后学,率归仙畛",要在即心修道。白玉蟾《上清集·驻云堂记》对此有详尽论述:

> 夫道不可得而名言,惟弘之在人耳。所以前辈著述丹经,又形而为之歌诗契论,皆显露金丹之旨,必欲津筏后学,率归仙畛。所谓铅银汞砂者,即龙虎水火也。所谓乌兔房璧者,即为马牛龟蛇也。所谓夫妇男女者,即君臣子母也。所谓乾坤坎离者,即天地日月也。喻之为丁公黄婆,名之为婴儿姹女,假之为黄芽白雪,不过阴阳二字。觊乎尸解,积渐乎飞升,以要言之,形与神也,身与心也,神与气也,性与命也。其实一理。攒五行而聚五气,会三性而结三花,如是而修谓之丹,如是而入谓之道。④

---

① (南宋)白玉蟾:《玄关显秘论》,《海琼问道集》,《道藏》第 33 册,文物出版社、上海书店、天津古籍出版社 1988 年版,第 142 页。

② (南宋)白玉蟾:《玄关显秘论》,《海琼问道集》,《道藏》第 33 册,文物出版社、上海书店、天津古籍出版社 1988 年版,第 143 页。

③ 盖建民:《白玉蟾诗集新编》,社会科学文献出版社 2013 年版,第 163 页。

④ (南宋)白玉蟾:《驻云堂记》,《修真十书·上清集》卷三十七,《道藏》第 4 册,文物出版社、上海书店、天津古籍出版社 1988 年版,第 773 页。

即心修道,不外"形与神""身与心""神与气""性与命"等炼养内容,亦不离"以丹合道"、修心结丹之丹道法门。

### 三、"丹即道,道即丹"的丹道法门

道门虽有宗派之别,但只是源一而流分;修道虽有门派之异,但得道成仙乃其不变旨归。白玉蟾实创之金丹派南宗,便是以丹道法门见长的道教门派,其修真要义主要集中于"丹即道,道即丹"之修行智慧中。

有关"金丹"称谓及丹仙关联,张伯端《玉清金笥青华秘文金宝内炼丹诀》作如是诠释:"丹之初成也,交合之际,未免借阴阳二炁。以成之后,则渐以阳火炼成纯阳之体,故自强不息,乾道也,丹成矣。故凝神以成躯而成仙。丹之初成也,借五行以成其用,后则渐以真金,养成纯金之体,故通体之光金色也。金变日色故光,金象日性故刚,曰金丹,又曰金仙。"[①]张伯端如此言说金丹,类似佛门言及金刚,在佛道理念中,真金乃修炼所成,言之金丹也好,金刚也罢,无非一种指称,状述其色光亮照彻大千世界,其性坚固穿越一切时空,而且这一性状乃凡人修道之生命成就,在道教丹道派看来,凡体"凝神以成躯而成仙",其能否由凡及仙的关键在于,是否可以合药结丹,只有丹成,方可仙就。

白玉蟾承传的修仙合真之道乃肇端于钟吕金丹道法,所传实乃张紫阳伯端先生之丹道法脉,其《南康军成碛庵记》援引张伯端语,重申"学仙须是学天仙,惟有金丹最的端"。[②] 史称张伯端(字平叔,后名用成,号紫阳真人)、石泰(字得之,号杏林,一号翠玄子)、薛道光(字太源,一名式,一名道源,号紫贤)、陈楠(字南木,号翠虚,人称泥丸先生)、白玉蟾为金丹派南宗五祖。《白紫清指玄篇序》回顾其寻师访道之艰辛历程,云:"玉蟾尝思仙道精微,览诸经典,寻求玄奥,亦有年矣,莫得指归。或有言弃家室而孤修者,或有言入深山而求寂静者,或有言戒荤酒而斋素者,或有指用水火而炼药者,杂径歧途,莫知趋向。予因辗转寻思,寤寐默会。苦心孤诣,竭智尽神。……幸谒翠虚仙

---

① （北宋)张伯端:《玉清金笥青华秘文金宝内炼丹诀》卷下,《道藏》第4册,文物出版社、上海书店、天津古籍出版社1988年版,第376页。
② 萧天石:《白玉蟾全集》(上),《道藏精华》第十集之二,自由出版社1994年版,第376页。

师,……始知道在目前不远人,……此般至宝家家有。"①白玉蟾所谓"道不远人""家有至宝",其实乃宣示世人,道门已为金丹大药找到了原生药材,也为丹道妙法备好了配伍程式,只待有缘人体悟之、炼养之。

在白玉蟾那里,金丹包括内外丹,他尤其注重内丹修炼,而且还将内丹置换为心性之学,认为"心即是道""丹者心之义"也。如云:

> 至道在心,心即是道,六根内外,一般风光。内物转移,终有老死,元和默运,可得长生。②

> 魏伯阳参同契云:"金来归性初,乃可称还丹。"夫金丹者,金则性之义,丹者心之义。其体谓之大道,其用谓之大丹。丹即道也,道即丹也。③

在白玉蟾看来,所谓金丹大法,若以金言性,以丹言心,岂不就是心性之学?金丹也好,心性也罢,言其体,即为大道,言其用,即为大丹。易言之,道体丹用,异名同指。至于高足彭耜"世之所言阴丹、阳丹,此外丹耶?内丹耶?"之问,白真人明确指出:"外丹难炼而无成,内丹易炼而有成。所谓阴丹阳丹者即内丹也,丹者心也,心者丹也。阳神谓之阳丹,阴神谓之阴丹,其实皆内丹也。脱胎换骨,身外有身,聚则成形,散则成炁,此阳神也。一念清灵,魂识未散,如梦如影,其类乎鬼,此阴神也。今之修丹,不可不知此。"④冠名"白玉蟾祖师",实乃南宗后学文献之《樵阳经后序》,对内外丹及其关系亦有论述,如说:"人禀一以生,一存而存,一亡而亡,守一不离,乃可长生。此一非顽空之一,不落有,不落无,不落上下四旁,不偏不倚。乃'性命'二字,真阴真阳而成,分之为两仪,合之为太极,太极从无极中来。此一点灵光,生在无极之中,如黍米玄珠。故曰:'一粒黍中藏世界,实生天生地生人生万物之父母。'故曰:'无名,天地之始;有名,万物之母。'圣人制为金液还丹,名曰'外丹'。采元始祖气虚无妙有真山泽之中,而取日月之精华,乃天地之一,亦吾人之一,采而炼之,制为玉液还丹,名曰内丹。此丹采于吾人四大之中,生身受气之初,搏而混合,乃性命之真精。圣人知一之源,而从此一点修来,先内后外,以神驭气

---

① 萧天石:《白玉蟾全集》(上),《道藏精华》第十集之二,自由出版社 1994 年版,第 617 页。
② 盖建民:《白玉蟾文集新编·东楼小参》,社会科学文献出版社 2013 年版,第 86 页。
③ 盖建民:《白玉蟾文集新编·鹤林问道篇(下)》,社会科学文献出版社 2013 年版,第 10 页。
④ 盖建民:《白玉蟾文集新编》,社会科学文献出版社 2013 年版,第 94 页。

而成道，即是以性合命而成丹也。寂静虚无，觉照圆满真空，寂镇于中。中者即玄牝之门，一之安身定命处。故使一点性火下降，而一点灵光真命之水上升，混合于中宫而为一，是为得一之一。得一复忘其一，故曰'得丹'，亦曰'一点落黄庭'。此为内外双修之大旨。"①此处对金液还丹、玉液还丹的解说、内外丹之关系的论述以及性命双修思想的直陈，实与白玉蟾丹道思想一脉相承。

白玉蟾有关金丹炼养之理的论述颇丰，如说：

> 《道德》五千言，《阴符》三百字，形神与性命，身心与神炁，交媾成大宝，即是金丹理。②

> 夫修此理者，不若先炼形，炼形之妙，在乎凝神。神凝则气聚，气聚则丹成，丹成则形固，形固则神全。③

> 性全则形自全，气亦全，道必全也。道全而神则旺，气则灵，形可超，性可彻也。返复流通，与道为一，上自天谷，下及阴端，二景相逢，打成一片，如是久久，浑无间断，变化在我，与道合真。④

倘若联系白玉蟾《谢张紫阳书》所言，"推此心而与道合，此心即道也；体此道而与心会，此道即心也"，⑤不难推导出这一结论：修心即修道、修心可炼丹、炼丹即合道，心、丹、道，名称虽异，异于对生命不同层面、不同面向之指称，但其基本旨归不二，那就是对人生的究竟解脱。

有学者指出，"丹道是以研究解决生死问题为核心的"，"丹道之所以与其他一切宗教不同，是在于它特别重视修幻身"，"丹道家本有天元、人元、地元之三元和栽接、清净之两途，而'阴阳'二字则是贯穿在整个三元丹法与栽接、清净两途的"。⑥ 此言甚是。如吕洞宾《指玄篇》探赜丹道法门，深究玄道圭旨，白玉蟾作《指玄篇注》，诠释其生命要义，启迪修仙之士正信正行，其间皆

---

① 盖建民：《白玉蟾文集新编》，社会科学文献出版社 2013 年版，第 352 页。
② （南宋）白玉蟾：《修真十书·上清集》卷三，《道藏》第 4 册，文物出版社、上海书店、天津古籍出版社 1988 年版，第 785 页。
③ （南宋）白玉蟾：《海琼问道集》，《道藏》第 33 册，文物出版社、上海书店、天津古籍出版社 1988 年版，第 142 页。
④ 盖建民：《白玉蟾文集新编·东楼小参》，社会科学文献出版社 2013 年版，第 87 页。
⑤ （南宋）白玉蟾：《谢张紫阳书》，《修真十书杂著指玄篇》卷六，《道藏》第 4 册，文物出版社、上海书店、天津古籍出版社 1988 年版，第 624 页。
⑥ 张义尚：《丹道薪传》，社会科学文献出版社 2012 年版，第 3、39、16 页。

不离阴阳总纲。吕纯阳《指玄篇》其三云:

> 玄篇种种说阴阳,二字名为万法王。一粒粟中藏世界,半升铛里煮山江。青龙驾火游莲室,白虎兴波出洞房。此个工夫真是巧,得来平步上天堂。

> 白玉蟾注曰:阴阳二字,极有妙理,若欲见形,龙虎是也。一粒者,乃混沌之初,先天之气,故能包罗天地,养育群生。半升铛者,乃是炼药鼎器,非铁鼎之铛也。青龙在东,东方属木,木能生火,故谓之驾火,非凡之水火也。若求大药,有足能行,是个活物。莲室乃丹房之所。白虎在西,西方属金,金能生水,故曰兴波。波非海水,金非凡金,若求金水,有手能拈,亦是活物。近世多执凡水火锻炼金石草木,以修诸身者,深可惜也。洞房者,乃出丹之所。噫! 观此书者,当知神仙称赞大丹。若能得之,升天入地,不可测也。①

吕纯阳明确指出,《指玄》所言不离阴阳,阴阳二字乃"万法之王";白紫清既传承钟吕丹道之阴阳总纲,更以龙虎具象阴阳,用之于丹道修炼,配之以五行五方,明示丹道机理:"火里栽莲""水中捉虎"乃逆施造化、颠倒阴阳之具体应用,而且此应用,乃即身炼养,养就于神室丹房。白玉蟾在是注之末深表其忧,"今纯阳真人悯世愚迷,故诗中发泄。蟾今又注释之,指下琴音,世无知者"。其忧虑并非空穴来风,因为在他看来,"纯阳云:'北海初潮即是丹,井中新出之甘泉。'实为难得之宝耳! 盖初潮二字,便是先天一炁。真铅之炁,故谓之至宝,无价之宝,可为大丹之母。东山枯木,北泉注之,枝叶重荣,根本永固。歌云:'北方正气为河车,东方甲乙为丹砂。两情合养为一体,朱雀调运生金花。'《契》云:'丹砂木精,得金乃并。太阳流珠,常欲去人。卒得金花,转而相因。'盖此意也。以上丹经万卷,天机不漏"。可惜的是,已漏之天机,难得有人理会,不朽之龙虎丹法,往往束之高阁,或埋之深谷石函,静待"学仙者有缘得遇,信受奉行"。②

白玉蟾《阴阳升降论》进一步阐明丹道之阴阳总纲:

---

① 盖建民:《白玉蟾文集新编》,社会科学文献出版社 2013 年版,第 206 页。
② 盖建民:《白玉蟾文集新编》,社会科学文献出版社 2013 年版,第 210 页。

天以乾道轻清而在上,地以坤道重浊而在下,元气则运行乎中而不息。在上者,以阳为用,故冬至后一阳之气自地而升,积一百八十日而至天,阳极而阴生。在下者,以阴为用,故夏至后一阴之气自天而降,积一百八十日而至地,阴极而阳生。一升一降,往来无穷。人受冲和之气,以生于天地之间,与天地初无二体。天地之气,一年一周;人身之气,一日一周。自子至巳,阳升之时,故以子时为日中之冬至,在易为复;自午至亥,阴降之时,故以午时为日中之夏至,在易为姤。阴极阳生,阳极阴生,昼夜往来,亦犹天地之升降。人能效天地橐籥之用,冲虚湛寂,一气周流于百骸,开则气出,阖则气入,气出则如地气之上升,气入则如天气之下降,自可与天地齐其长久。若也奔骤乎纷华之域,驰骋乎是非之场,则真气耗散,而不为吾之有矣,不若虚静守中以养也。中者,天地玄牝之气会聚之处也。人能一意守之而不散,则真精自朝,元气自聚,谷神自栖,三尸自去,九虫自灭,此乃长生久视之道也。以是知真息元气,乃人身性命之根;深根固蒂,乃长生久视之道。人之有生,禀大道一元之气,在母胞胎与母同呼吸,及乎降诞之后,剪去脐蒂,一点元阳,栖于丹田之中。真息出入,通于天门,与天相接,上入泥丸,长于元神,下入丹田,通于元气。庄子云:"众人之气以喉,圣人之息以踵。"踵也者,深根固蒂之道。人能屏去诸念,真息自定,身入无形,与道为一,在世长年。由是观之,道之在身,岂不尊乎?岂不贵乎?①

在白玉蟾看来,对于丹道修炼而言,"所谓铅银汞砂者,即龙虎水火也。所谓乌兔房壁者,即为马牛龟蛇也。所谓夫妇男女者,即君臣子母也。所谓乾坤坎离者,即天地日月也。喻之为丁公黄婆,名之为婴儿姹女,假之为黄芽白雪,不过阴阳二字",炼出真阴真阳,合成日"头"月"脚",此即为"丹"。②

白玉蟾结合传统中医有关五官与五脏的关系理论,指出五官的过度运用

---

① （南宋）白玉蟾:《阴阳升降论》,《修真十书杂著指玄篇》卷四,《道藏》第4册,文物出版社、上海书店、天津古籍出版社1988年版,第619页;亦见盖建民:《白玉蟾文集新编》,社会科学文献出版社2013年版,第22—23页。

② 此语取自"金丹是阴阳共合而成,所以'丹'字是日'头'月'脚'"一句。见张义尚:《丹道薪传》,社会科学文献出版社2012年版,第24页。

会伤及五脏的协和健康,他说:"夫人之一身,其心之神,发于目而能视,视久则心神离,不在乎贪而丧心也。肾之精,发于耳而能听,听久则肾精枯,不在乎淫而败肾也。肝之魂,发于鼻而能嗅,嗅久则肝魂散,不在乎嗔而肝损。胆之魄,发于口而能言,言久则胆魄死,不在乎躁而暴胆也。至道之要,至静以凝其神,精思以彻其感,斋戒以应其真,慈惠以成其功,卑柔以存其诚。"①对人日常生活之视听嗅言等,从修道守真的立场,皆提出平衡守中之道。

冠名"白玉蟾真人授、龙眉子述、涵蟾子注"的《金液还丹印证图诗》之"和合法象",对于"世间之学道者多如牛毛,而达道者却凤毛麟角"之现象,从阴阳和合的视角作出说明:

和合诗曰:"二八清源正一斤,休言等分是均平。不知和合阴阳处,更要参详子午辰。申上见(建)元当用巳,亥支出处必寻寅。遇相合处成三五,和作中黄产至真。"

修炼金液还丹之道,不知铅汞和合,亦不成丹。二八乃龙虎所产药物之数,清源乃"八月十五玩蟾辉,正是金精壮盛时","三日暮震,月现庚方"是也。至人知时采取,候其经罢符至,水源至清之际,采此太极初分之气,龙虎始姤之精,以为大丹之基,即"乌肝八两,兔髓半斤"之谓也。……世间之学道者如牛毛,达道者如麟角,见龙不识龙,逢虎不识虎,当面蹉过。多以女子首经动时相交,采取淫姝之气以为道,犹如接竹点月,不亦远乎?彼岂知采取要识清源,和合要知时节,方可成丹?仙翁令其参详子午辰者,子午为天地之中、阴阳之首,要人仔细参究,以配合阴阳。申上建元,当用巳亥支,出处必寻寅者,且如铅属金也。金生在巳,巳金生水,水生在申,故金与水同宗,则申与巳相合也。汞属木也,木生在亥,亥木生火,火生在寅,故木与火共祖,则寅与亥相合也。其他自然而然,触类而长之可也。"遇相合处成三五,和作中黄产至真"者,炼丹之士,既得师旨,发大勇猛心,行大坚确志,一念咸通,上天垂佑。遇因缘则降龙伏虎,遇时节则采汞取铅,遇和合则穷究阴阳,遇制伏则调谐三五,即《悟真篇》所谓"三五一都三个字,古今明者实为稀。东三南二同成五,北

---

① 盖建民:《白玉蟾文集新编·东楼小参》,社会科学文献出版社 2013 年版,第 86 页。

一西方四共之。戊己自居生数五,三家相见结婴儿。婴儿是一含真气,十月胎圆入圣基"是也。三五一会而产生至真黄芽于中黄元海也。①

"遇因缘则降龙伏虎,遇时节则采汞取铅,遇和合则穷究阴阳,遇制伏则调谐三五"是上文的核心主旨,这里除了强调对药材、火候、配伍的及时把握之外,还有对"采淫姝之气"旁门左道的批评以及对阴阳和合之龙虎丹法的肯定——需要说明的是,龙虎丹法,以龙为火,以虎为药,从头到尾,始终强调龙虎并用,火药俱全,此法为南宗正传。如南宋丹家俞琰所释:"三者水一火二合而成三也。五者,土也。三五为一者,水火土相与混融,化为一气也。斯时也,玄黄相杂,清浊未分,犹如天地混沌之初。少焉,时至气化,无中生有,则窈窈冥冥生恍惚。恍恍惚惚结成团而天地之至精孕于其中矣。"②此处俞琰是从水火土三者关系着眼论释"三五",但此论尚且论及"三五"之"一",倘若运用此法并将其拓展,亦可窥视更多机密:从五行五方与象数关系而言,东方配木数三、南方配火数二,即青龙真汞,合数为五,此为木火一家;北方配水数一、西方配金数四,即白虎真铅,合数为五,此乃金水一家;戊己配土居中数五,实指丹士自身(中央神室),其二土自成一家。从阴阳和合而言,三与二合即木与火合;一与四合即金与水合;五乃戊己之土相合;统合以上可有三五,相见则为三家。亦言之,"三家相见"即东西南北中五气朝元,而结成内丹。这就是阴阳丹法中的"三家丹法"。故无名子亦云:"龙属木,木数三,居东;木能生火,故龙之弦气属火,火数二,居南;二物(木火)同元,故三与二合而成一五。虎属金,金数四,居西,金能生水。故虎之弦气属水,水数一,居北;二物(金水)同宫,故四与一合而成二五。二五交于戊己中宫,属土,土数五,是成三五也。三五合而成丹。丹者,一也。此三者结成婴儿,实希有也。"③由此亦不难推究此丹法的实质:将五气相合而结成丹,依五行而修出离阴阳,藉世间法而修遁世法。

金丹派南宗第四祖陈泥丸,归纳总结丹法要旨,其文如下:

---

① 盖建民:《白玉蟾文集新编》,社会科学文献出版社 2013 年版,第 149—150 页。
② 俞琰:《周易参同契发挥》卷七,《道藏》第 34 册,文物出版社、上海书店、天津古籍出版社 1988 年版,第 427 页。
③ 《修真十书》卷二十六,《道藏要籍选刊》第 3 册,上海古籍出版社 1989 年版,第 400 页。

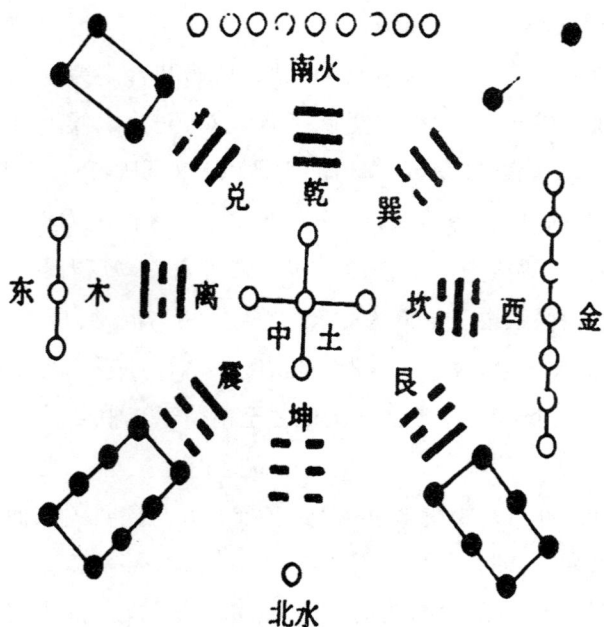

夫丹法之要,以身为坛炉鼎灶,以心为神室,以端坐习定为采取,以操持照顾为行火,以作止为进退,以断续不专为隄防,以运用为抽添,以真气熏蒸为沐浴,以息念为养火,以制伏身心为野战,以凝神聚气为守城,以忘机绝虑为生杀,以念头起处为玄牝,以打成一片为交结,以归根复命为丹成,以移神为换鼎,以身外有身为脱胎,以返本还源为真空,以打破虚空为了当。①

白玉蟾得师要旨,深究前贤哲理,阐明丹道妙义,如《指玄三灿下篇》,绝句三十二首,其四曰:"此法真中妙更真,无头无尾又无形。杳冥恍惚能相见,便是超凡出世人。"白玉蟾对此亦和曰:"真中无假假中真,听不闻声视没形。学道知机能着力,得之凡骨变仙人。"②白玉蟾《琼山紫清真人答隐芝书》亦声称:"金丹之道,在乎火药两传,乃能形神俱妙、性命两极者也。至如执着之

---

① 《修真十书杂著指玄篇》卷四,《道藏》第4册,文物出版社、上海书店、天津古籍出版社1988年版,第617页,亦见盖建民:《白玉蟾文集新编》,社会科学文献出版社2013年版,第17页。
② 盖建民:《白玉蟾诗集新编》,社会科学文献出版社2013年版,第345页。

者,既非师传,又非神授,白首无成,自取老死,惜哉!"①白玉蟾作《金丹赋》(亦名《金液大还丹赋》),称"学道之士,必修金丹"。其赋内容如下:

> 身木欲槁,心灰已寒。愿飞升于玉阙,必修炼于金丹。乾马坤牛,卫丁公于神室;坎乌离兔,媒姹女于真坛。降阙散郎,清朝闲士。使扶桑青龙奋翅出火,而华岳白虎飞牙入水。天炉地鼎,三关造化之枢机;月魄日魂,一掬阴阳之精髓。铅里藏土,汞中产金。龟乃子爻,蛇乃午象;兔为卯畜,鸡为酉禽。四象五行,不离乎戊;三元八卦,当资厥壬。朝既屯,暮既蒙,六爻有象;夜必复,昼必姤,万物无心。由是三性会合,攒簇元宫;二气升降,盘旋黄道。惟一味水银,才变黑玉;故七返朱砂,乃成红宝。珠橘琼榴,交梨火枣。普天白雪,翩翻紫府之清飚;满院黄花,隐映丹田之瑞草。吾知夫抽添何物,采取何地;生杀有户,缺圆有时。以浮沉为清浊之本,以间隔明动静之机。养正以抱一,持盈而守雌,举世无人能达此者。终日兀坐,不知所之。恩生害,害生恩,房躔见昴;主中宾,宾中主,斗度回箕。尝谓大道无言,内丹非术。玄珠垂象,而阴里抱阳德;婴儿结胎,而雄中含雌质。君臣之间,先后悔吝;夫妇之外,存亡凶吉。丁位之心,癸位之张。甲宫之女,庚宫之毕。刑德生旺,虽有否泰;沐浴潜藏,初无固必。药材斤两,东西南北以归中;火候城池,二八九三而为一。如是则鹊桥河车,百刻上运;华池神水,四时逆流。荣卫寒温,而鹑火鬼井,精神衰旺,而玄枵斗牛。子母函盖,身化心化;兄弟埙篪,福修慧修。六画动爻,见晦朔望弦之变;二至改度,有蝗虫水旱之忧。真人宇宙妙纵横,溪山归掌握。左军右军,自古仁义;大隐小隐,从今宫角。风悄悄,月娟娟,片云孤鹤,而长啸一声,编书以遗后学。②

此赋多隐喻,但大致不外药材火候、抽坎填离、颠倒乾坤、鼎炉还丹之类,其具体内涵须结合炼丹实践去领会体认,须一招一式展开揭示,这正是金丹大道之奥秘所在,但对修炼丹道而言,倘若不遁入玄门,不实修丹道,纸上得来,亦是枉然。所谓如是而修谓之丹,如是而入谓之道,切实修道方可言丹,丹中

---

① （南宋）白玉蟾原著,董沛文主编,周全彬、盛克琦编校:《白玉蟾全集》(上册),宗教文化出版社 2013 年版,第 175 页。

② 盖建民:《白玉蟾文集新编》,社会科学文献出版社 2013 年版,第 249 页。

蕴涵道人对生命之真解,对生命之意义觉解,丹道也凝聚着修真者之人生之终极价值。

著名心理学家、医学博士维克多·弗兰克尔(1905—1997 年)在《活出生命的意义》(*Man's Search for Meaning*)"存在之本质"一节指出:"我们说人要担负起责任,要实现生命的潜在意义,是想强调生命的真正意义要在世界当中而不是内心去发现,因为它不是一个封闭的系统。我将这种构成特点表述为'人类存在之自我超越'。它表明了一个事实:人之所以为人,是因为他总是指向某种事物或某人(他自己以外的某人)——不论是作为有待实现的意义还是需要面对的他人。人越是忘记自己——投身于某种事业或献身于所爱的人——他就越有人性,越能实现自己的价值。"维克多·弗兰克尔教授建议"用三种不同的方式来发现生命之意义:(1)通过创立某项工作或从事某种事业;(2)通过体验某种事情或面对某人;(3)在忍受不可避免的苦难时采取某种态度。"进而明言,第一种方式其价值目标就是人们常言之"成就或成功";"第二种方式是通过体验某种事情——如真善美——通过体验自然和文化或体验另一个人的独特性——就是说去爱某个人"。①

弗兰克尔对人之活出生命意义的论述,较为客观地道出人之意义与价值世界的实情,为我们理解人生之动力源泉之何以不可或缺以及个人如何实现生命存在之自我超越,提供了思路,也提供了方案。这些都是富有见地的。在笔者看来,生命的意义与人生的价值,是个亘古弥新的话题,也是反映人之为人的属性特征之一,无论何时何地的人们,总是在试图寻求这一问题的答案:生命的意义何在? 人生之价值几何? 此类问题不同寻常,这种不同寻常体现在,其答案一开始总是以一种人文预设的形式而出现,更重要的是,需要人们用生命实践去求证,而所有这些背后又有着一个深刻而巨大的帷幕,这个帷幕上写着的是人们对人生之真的生命感悟与人文认同。白玉蟾一再提及的《金刚经》与《圆觉经》,从某种意义上对理解人生之真,不失为一种开悟之论:

《金刚经》曰:"云何为人演说? 不取于相,如如不动? 何以故? 一切有为

---

① [美]维克多·弗兰克尔:《活出生命的意义》,吕娜译,华夏出版社 2010 年第 1 版,2013 年重印,第 135—136 页。

法,如梦幻泡影,如露亦如电,应作如是观。"也就是说,应当如何对他人宣说此经呢?那就应当不执着于一切相,安住于一切法性空而不为法相分别所倾动?为什么呢?一切世间的有为诸法,皆如梦如幻、如泡如影、如露也如电,应作如是的观照。① 易言之,世间的一切物质和现象都是空幻不实的,如梦幻泡影,实相者并非真相。因此,修行者应该"远离一切诸相"而"无所住",即放弃对现实世间的执着或眷恋,以般若慧契证空性。② 由此反观白玉蟾之人生理念,现存的现象世界乃一变动不居之有限存在,虽可言可感,但如梦幻泡影,而虚无之道本,却不生不灭,亘古恒常。人生若以有限之存在者为求,便终究会落空,因将随存在者之有限而不得解脱,相反,若能以道本为人生之价值之基点,生命之归宿,人生将会充满意义,生命自身也不断突破,走向超越。这种超越是内在性的,如《圆觉经》云:

> 我今此身,四大和合,所谓发毛爪齿,皮肉筋骨、髓脑垢色,皆归于地;唾涕脓血、津液涎沫、痰泪精气、大小便利,皆归于水;暖气归火,动转归风。四大各离,今者妄身,当在何处? 即知此身毕竟无体,和合为相,实同幻化。四缘假合,安有六根,六根四大中外合成,妄有缘气于中积聚,似有缘相,假名为心。善男子,此虚妄心,若无六尘,则不能有,四大分解,无尘可得,于中缘尘各归散灭,毕竟无有缘心可见。③

道教以"道大""天大""地大""人大"为"四大",言其价值尊贵;佛门以"风""火""地""水"为"四大",称其为组成生命之基本元素,"四大假合",意即人的身体为"风""火""地""水"四种物质元素假合而成,缘来则聚,缘去则散,色身终归会坏损。佛门之超越之路在于心灵觉悟,所谓"智慧愚痴心之隔,天堂地狱一念间。烦恼放下成菩提,心情转念即晴天",其理论依据在于缘起性空,白玉蟾所代表之金丹派南宗之超越之路,却要即身修道,以丹达道,通过以身心为炉鼎,以神炁为药物,以修幻身返求真身,此即着手后天逆返先天之合真证仙之善化大道。

---

① 陈秋平、尚荣译注:《金刚经·心经·坛经》,中华书局 2007 年版,第 74—76 页。
② 陈秋平、尚荣译注:《金刚经·心经·坛经》,中华书局 2007 年版,第 10 页。
③ 《圆觉经·普眼菩萨》,南怀瑾讲述:《圆觉经略说》,北京师范大学出版社 1993 年版,第67 页。

在道门思想中,"人身难得,真法难闻",身乃载道之器,炼就金丹修养幻身,反求真身以达道本,乃人生之正途,亦生命终究解脱之善化大道。如《添油接命金丹大道·三峰祖师还元丹诀》云:

自从盘古分天地以至今日,这人生轮回无有休期。嗟嗟!人身难得,光阴似箭,少年不肯省悟,老时甘心候死。临行一念有差,打在六道众生。真性命入于别壳,饶君万劫,难以出离,当次之际,悔何及也?……若识金丹大药之法,执着内观存想者,达士奇人一向毁之。……学道之人直待大药成时,光照十方,明彻四海,聚则成形,散则成气,千变万化,此乃大道也。男子有内外二肾,内肾者对脐贴着脊骨,两个腰子是也。人之元阳真精,从内肾而生。(内肾者,)又名偃月炉,又名玉炉;心为金鼎,内肾与外肾,坎象一卦。肾者,是五脏之主也。人有三宫三田:顶门为泥丸宫,名曰上丹田;(心为绛宫,名曰中丹田;)脐下一寸三分为黄庭宫,名曰下丹田,此是养圣胎之房,炼金丹大药之炉也。人有五脏,各有一精,五精皆聚在下丹田。(下丹田)左青、右白、上赤、下黑、中央黄色。下丹田者,一名五明宫,一名宝瓶宫,又名水晶宫、五行宫,又名龙池、凤穴、瑶池、丹池、铅池、七宝池、阿耨池、金利国、气海。人心是南方丙丁火,肾是北方壬癸水。心肾者,假水火也。心肾中铅汞是真坎离也。修仙学道之士,先要识性命宾主。性家宾主者,从于心猿奔驰,意马迷失,在外为宾,省后还家,不昏不昧,不摇不动为主,此是性家宾主也。命家宾主者,汞象木生火,龙者浮在离为宾;铅象金生水,虎沉在坎为主。张平叔曰:"自知颠倒由离坎,谁识浮沉定主宾。"太上以铅为君,以汞为臣,铅若不生,汞何以亲?故铅为造化之主,此是命家之宾主也。铅汞亦有真有假,亦以此证人身中炼金丹大药内铅汞玄妙之机。真铅汞生在天地之先,假铅汞生在天地之后,真铅汞乃无形之造化,假铅汞是有形之造化。夫真铅汞者,未有天地,虚空生出一来,一者西方无象庚辛(真)金也。金是铅,铅能生汞。铅汞者,是北方无象壬癸真水也。铅得汞而生形,次以渐生天地,生日月,生山河海,生人伦,生一切万物。金为水之母,母隐子胎;水者金之子,子藏母胞。金体刚,故无败朽,金为水根,固脐(济)为大丹之根基,明真金是万物之母。《道德经》曰:"无,名天地之始;有,名万物之母。"皇天真人注《阴符经》

曰:"一者,天地之根,阴阳之母,万物赖之以生成,千灵感之以舒惨,生于高天厚地,洞府仙山,玄象灵宫,神仙圣众,未有一物不用铅气生者。"子能炼铅成气,而万物自生,故不死耳。①

身中自有铅汞,身中亦有炉鼎;铅汞虽有多名,但殊名不妨实修;以后天铅汞为药,以炉鼎陶冶炼养金丹,再以金丹促使后天性命逆返先天道本,此即"修幻身证真身""以身合道"之修真法门,此法门亦即关联道教神仙信仰与现实人生之康庄大道,道门中人由此法门走上从有限人生通往超越永恒的归真之路。

---

① 胡孚琛:《丹道实修真传——三家四派丹法解读》,社会科学文献出版社2012年版,第77—79页。

# 第八章 人生之善

李泽厚先生曾用"实用理性"来概括"中国传统思想在自身性格上所具有的特色",这种实用理性"着重指示伦理实践特别是有自觉意识的道德行为"。李先生还从思想史的视角指出："先秦各家为寻求当时社会大变动的前景出路而授徒立说,使得从商周巫史文化中解放出来的理性,没有走向闲暇从容的抽象思辨之路(如希腊),也没有沉入厌弃人世的追求解脱之途(如印度),而是执着人间世道的实用探求。"①先生此论可谓精准。中国传统文化,包括儒释道在内,无不以伦理道德为底色,学以为己,导人向善,在人己良性互动中,激活并传递正能量,完善并成就大生命。如果说上引李泽厚先生从思想发端论及中华文化之实用理性的话,那么下述白玉蟾所论则是从融通中洞悉儒道释三教之善德教化。他说:

> 粤自两周之季始,自三教之兴,孔氏则四端五常,释氏则三乘四谛,老氏则三洞四辅。若夫孔氏之教,惟一字之诚而已。释氏之教,惟一字之定而已。老氏则清静而已。所谓是人能常清净(静),天地悉皆归。其在孔氏者,岂不见云:吾尝终日不食,终夜不寝,终日如愚。三月不违仁,善养吾浩然之气。念兹在兹,则其庶乎屡空也,必矣。夫为道学者,如何致君尧舜上,再使风俗淳。其在释氏者,岂不见云:二六时中,常光现前,壁立万仞,如鸡抱卵,常使暖气不绝,绵绵密密,无令间断。则所谓临崖撒手,便肯承当,绝后再苏,欺君不得也必矣。夫为禅学者,如何临济入门,便喝有理不在高声,德山入门,使棒打草,只要蛇惊。其在老氏者,岂不见云:洞晓阴阳,深达造化,追二气于黄道,会三性于元官,攒簇五行,合和四象,龙吟虎啸,夫唱妇随,玉鼎汤煎,金炉火炽,节候既周,脱胎神化,功成名

---

① 李泽厚:《中国古代思想史论》,天津社会科学院出版社 2004 年版,第 288 页。

遂,身外有身也必矣。夫为仙学者,如何牵将白虎归家养,产个明珠似月圆。毕竟三教是同是别,不知说个何年事,直至而今笑不休。①

在白真人看来,儒家之"诚"、释家之"定"、道家之"清静",皆生命涵咏修持炼养之妙诀,具体法门虽异同难言,但基于性命却相通无碍,尤其是三家以善达道之鹄的实乃殊途同归,究其质,儒释道皆以实用理性一以贯之。正如李泽厚先生所言,这种实用理性使中国民族"重经验,好历史,以服务于现实生活,保持现有的有机系统的和谐稳定为目标,珍视人际,讲求关系……"②在笔者看来,这种服务于现实的思想倾向,蕴含功利务实的价值取向,即便言善,也要将善具化到现实功用层面,论及人生受用与社会功效,若撇开于己于人、于事于物,国人大多会有虚无缥缈之感,叹其没有意义与价值;反观之,一种观念,一门学问,若是短时间内不见其现实功效,人们也不会认为其有多大价值与意义,如此的观念或学问也会慢慢被边缘化,渐次被淡忘掉。如白玉蟾亦谓:"内炼成丹,外用成法。"③"内炼"之"丹"无疑侧重于成就自己的仙品果位,"外用"之"法",指的是雷法符咒等功法,用之于己身之外,诉诸济困化厄,拯救民生,而且在内炼与外用之间,内炼是基础,外用是功能,内外互通,人己两利。此皆属善德。如此,白玉蟾之言善论德,就既不像德国人那样纯粹"为善而善"(如康德"为道德而道德"),也不像英国人那样仅仅以"功用言善"(如边沁"以幸福(利益)论道德"),而是在尊道贵德的前提下,将人生之善转化为于人于己、于事于物的善功累德。

## 第一节　善己:"内炼成丹"冀仙化

道不远人是三圣共识,学以致用乃国学旨趣,以道治身理事明心为三教既定价值选择,金丹派南宗接续这一人文传统,主张秉道修行,以丹合道,将大道用之于人生社会,通过人为活动实现出大道之现实功用。在白玉蟾那里,明确

---

① 萧天石:《海琼白真人全集》卷九,《道藏精华》第十集之二,自由出版社 1994 年版,第 1266—1299 页。
② 李泽厚:《中国古代思想史论》,天津社会科学院出版社 2004 年版,第 290 页。
③ 《玄珠歌注》,《道藏》第 29 册,文物出版社、上海书店、天津古籍出版社 1988 年版,第 234 页。

提出内炼成丹以善己,外用成法以济世两种善化向度。

道教的人生观,一方面认为人身难得,值得倍加珍惜;另一方面认为生有缺憾,亟待加以完善。在寻常人那里,其人生历程表现为"出生入死"的事实性进程;但在道门中人看来,"我命在我,不属天地"!道人在修道成仙终极信仰支配下,在"悦生恶死"生死态度抉择下,不仅要善待己身,贵生重命,更要以身证道,炼丹合药,希冀仙化,并将得道成仙视为人生首善。

在道教文化中,炼丹合药,修道成仙,不仅是一项必修道术,更蕴藏丰富的道德意涵,而且是立于生命信仰的视角,以不朽之道观照有限人生而觉解出的道德意蕴。有学者指出,从道德信仰的角度来看,"在修炼中发扬道德,也即是生命力弘扬的过程,道德形象愈丰满也就愈接近具有无限生命力的神仙地步"。① 如早期道教文献《老子想尔注》认为,"积善成功,积精成神,神成仙寿,以此为身宝也"。可见,积精和积善都是导致成神成仙的"身之宝",那么,二者之间有何关联呢?唐代高道施肩吾于此有所发挥,他把善行大小作为检验生命力强弱的标识,据其《西山群仙会真记》"养寿"载曰:"善养寿者,以法修其内,以理验其外。修内则闭精养气,安魂清神。形神俱妙,与天地齐年。炼神合道,超凡入圣也。验外则救贫济苦,慈物利人,孝于家,忠于国,顺于上,悯于下,害不就利,忙不求闲。……苟不达养寿之宜,安得内外齐成乎?"这一观念,在白玉蟾那里就概括为"内炼成丹,外用成法"。言下之意便是,内功足够精深,则可丹成而仙化,拥有此仙品果位者亦具非常之功力,其外用则可劾鬼招神,呼风唤雨。在外用与内炼之间,内炼是生命基础,外用是功能显现。如果说内炼成丹而羽化证仙是对个人生命完善之成就的话,这种善无疑处于基础地位,其他济世利人之善乃是建立于此善基础上之功用生发与生机拓展,二者乃一体两面之关系。

## 一、"金丹"善己之基本要求

龚鹏程先生指出,"内丹这个词语和观念,与唐代(这种)服气论的发展有密切关系:从服气到区分内气外气,到将内气称为元气,再到以服元气为胎息,

---

① 严耀中:《中国宗教与生存哲学》,学林出版社 1991 年版,第 140 页。

乃形成内丹之说"。① 此说颇有见地。但龚教授以张果《太上九要心印妙经》"内外丹"界说为证,完全否认铅汞金石药物之说,一味认同"只从气说内外丹"之论,也有以偏概全之嫌。其所引张果云:"其内丹不得,其外丹则不成。其外丹不得,则内丹无主。内丹者,真一之气,外丹者,五谷之气。以气接气,以精补精,补接之功不离阴阳二气"②,又说:"一气者,胎息也。胎乃藏神之府,息乃胎化,元因息生,息因神为胎"③。在笔者看来,仅以此为据,不足以彻底否定金石药物配伍烧炼外丹之说,这是因为,在玄门之内,内炼人之精气神为丹与外炼物之华天之宝为饵,这两条探索求证之途,一直在或明或暗地进行着;再说,即便是同一修道之人,或炼丹之书,也会因言说对象的不同、言说内容的偏重,发生遣词用语的差别。就张果此说,诚然以气言丹,此丹涵括内外二丹,尤其是这里所及外丹,乃"五谷之气"转化,而非金石药物所炼,但这并不意味着,其后所有修道之士皆抛却炼金之术、假物延命入圣之道。但唐宋以降,以内炼精气神合丹证道乃修道合真之主流,亦属不争之实。

盖建民先生在挖掘新的地方志史资料,结合田野考察,进行综合考辨的基础上指出:"白玉蟾创立的南宗除了修炼内丹外,还坚持修炼外丹,以内外丹合修并炼为修炼指针。'金丹'一词既包括内丹也包括外丹,白玉蟾创立的南宗实际上是以内外丹合修为修道基本原则。……内之丹药须和外之丹药配合,经过外丹点化,最后才能形神俱妙,超凡入圣。"④在笔者看来,内丹外丹相较而言,其内外之别,在于相对己身而言内外,内即身内,外即身外,无非言及合丹之药材原料来路有异,也就是说,内丹之药源自体内精气神,外丹之药取自体外金石,但作为炼成之仙丹而言,其功用指向,皆为善化己身之用,在促使修炼者变化气质、合道证真的价值目标上,却是统一不二的。内丹也好,外丹也罢,二者皆为道教丹道善己思想的重要内容。

① 龚鹏程:《道教新论》,北京大学出版社 2009 年版,第 203 页。
② 《七返还丹简要》,转引自龚鹏程:《道教新论》,北京大学出版社 2009 年版,第 203 页。
③ (宋)张果老:《太上九要心印妙经》,《道藏》第 4 册,文物出版社、上海书店、天津古籍出版社 1988 年版,第 313 页。
④ 盖建民:《道教金丹派南宗考论——道派、历史、文献与思想综合研究》(下册),社会科学文献出版社 2013 年版,第 817 页。

　　南宗丹道与钟吕(钟离权、吕洞宾)丹法一脉相承。胡孚琛先生《道学通论》"丹道篇"第五章,专论"钟吕丹法的基本特征"。胡教授文中将之总结归纳出四大特征:其一,性命双修——这一特征建立在钟吕内丹学派的形神观基础之上——在钟吕丹派看来,"人身是由形、气、意三个层次组成的统一体,即人的躯体结构、生命结构、心理结构三者的整合系统。精为形体之精华,气是生命能量,神为人的意识。内丹学是一项修炼精、气、神使之凝合为一,由后天转为先天,进而同道一体化的生命系统工程。如果形神分离,精气神分离,那就是死亡,是同内丹家关于'形神俱妙''与道合真'的目标背道而驰的"。其二,"以'炼心'为纲要,以'心息相依'为法门","讲究以假修真,从后天转入先天。后天的气就是呼吸,后天的神识就是意念,以意念调整呼吸,将注意力集中到呼吸上,以'心息相依'为要诀,逐渐由后天呼吸转变为先天元神显现时的胎息,便是内丹的入手法门"。其三,"传'取坎填离'之术,以调动人体性能量为丹法秘诀,以取得人的生命体验作为丹功成败的关键"——"在道教医学中,坎为肾,肾是'先天之本';离为心,心藏神,而脑为元神之府";"还精补脑的真义,就是从调整人的精囊、前列腺、胸腺、脑下垂体、松果体、胰腺、肾等内分泌系统的功能来改善整个人体的生命机能和精神状态"。其四,"以招摄先天一炁促进人体和宇宙的大循环为实效,以与道合真作为丹功修成的标志";也就是要将"残留在宇宙中的先天一炁招摄到体内,即通过元意识的激发在量子层次上和自然界基本节律共振发生相互作用,才能使自己的身心与混沌的宇宙融为一体,同宇宙的自然本性契合,返回先天的自然状态,进入同道一体化的境界","达到归一成真、还虚合道的目标"。① 简言之,性命双修、心息相依、取坎填离、人天调谐,是钟吕丹法的基本特征,用胡先生的说法,对于"欲修炼内丹功法"者而言,"首先掌握了这些特征,才可入门"。② 胡氏此论,实际上已将钟吕丹法的基本特征视为修炼丹道的基本要求。这对钟吕丹道传承而言,尤其是作为检验标准来判别某宗派之法脉归属问题上,上述四条归总,确实很有道理,其判别也比较准确。作为钟吕丹道后学之金丹派南宗,

① 胡孚琛:《道学通论》,社会科学文献出版社 2009 年版,第 381—384 页。
② 胡孚琛:《道学通论》,社会科学文献出版社 2009 年版,第 381 页。

基本保留了这些特征,但对修道者而言,若称其"掌握了这些特征,才可入门",就与修道实际有了差距,因为"掌握这些特征"更多的是认知层面的事情,若仅仅从"知识"的理解而言,对任何一个正常理性的人来说,都不是难事,相反,掌握了这些特征,也不见得"可入门",这是因为,在笔者看来,道门修持,可能更多的是,在修中悟,在悟中修,因为性命双修、心息相依、取坎填离、人天调谐,皆为知行合一、参证互持的系统生命工程,修道者不见得要以是否掌握这些特征作为入门条件,而应以之作为检验其是否解丹道的理论标准或学理要求。丹道理论应服务于炼养实践,并在炼养实践中不断发展丹道理论,从这个意义上说,笔者更倾向于将其视为个体入门修为丹道之学理上的基本要求,作为对修道者对生命与丹道之内在关联之切己体悟的基础性要求,也只有当其对人生有了一定的觉解,对丹道有了一定的认同,他(她)才会有入道合真之向往之心与实证之行。白玉蟾于此亦不乏类似见解:

首先,有关入道修丹之体悟觉解。

白玉蟾出于对人生无常、"世界会坏"之体悟,向世人提出参修丹道、"起死回生"之警示——冠以"白玉蟾真人授、龙眉子述、涵蟾子注",题以《金液还丹印证图诗》之"警悟法象"云:"人之有此身,乃天地间万物中之一物耳。故人为万物之灵,德(得)配天地而为三才。不能如天地之长且久者,以其有身则有患。名利役其心,酒色迷其性,恩爱索缠,情欲萦绊,耽恋于荣华富贵之域,迷蒙于醉生梦死之场,元精丧矣,元气竭矣,至死而不悟之。……(人生)纵得官高极品,禄享千钟,金玉齐斗,妻妾满堂,一旦无常,同归腐朽,钱财莫赎,妻子难留,尸骸弃积荒丘,恩爱翻成泪海。天地劫运到来,犹有坏日。人生团聚欢乐,能有几何?况忧愁哀乐之不齐,寿夭穷通之不一!流光迅速如捻指,耀灵疾骤若驰车,而又生儿长女,生老病死,千端万化,递递无穷。或堕六道轮回,三途恶趣,投胎异彀,戴角披毛,可不悲哉!急宜回思此身之难得,此道之可修,此生之可度,坚志苦心,寻师访道,结真友,采丹材,烹日月之英华,炼乾坤之精髓,点化凡躯,以成仙体。趁此有生而度,不在他生后世也。"① 既

---

① 盖建民:《白玉蟾文集新编·金液还丹印证图诗》,社会科学文献出版社 2013 年版,第 143—144 页。

然人生如此无常,己身乃至世界到头犹会坏死,何不及早悟道了死,炼丹合真?最基本的做法便是,"攒五行而聚五气,会三性而结三花,如是而修谓之丹,如是而入谓之道",也就是应入道炼丹,善度己身!

白玉蟾《谢张紫阳书》指出:"夫修炼金丹之旨,采药物于不动之中,行火候于无为之内,以神气之所沐浴,以形神之所配匹,然后知心中自有无限药材,身中自有无限火符。如是而悟之谓丹,如是而修之谓道。凿石以求玉,淘沙以取金,炼形以养神,明心以合道,皆一意也。"①这里已经点明金丹大道之主旨在于即身修真,以身中药材配之火候,于神室交媾成丹,并以丹道成就仙体,从而超越死亡。这一以金丹大道起死回生的思想,在南宗后学文献中十分常见,如白玉蟾再传弟子周无所著《金丹直指》载:

紫清白真人云:若晓《金刚》《圆觉》二经,则金丹之义自明,何必分别老释之异同也。②

金丹谕本性长存,是名金刚不坏,即《悟真篇》金丹妙色之身。③

学者罕明本本性,向外驰求,说龙虎便为命,学无为之道便为谈空。噫!何见之偏,是未知尽性以至于命也。性即命,命即性。④

可见,在白玉蟾那里,不仅是钟吕丹道思想,而且包括佛教禅宗思想,都可作为修炼金丹大道之宝贵精神资源,尤其是以"金刚不坏"之性置换"金丹妙色之身",将丹道思想直接落实到己身完善层面,为修炼丹道指明下手之处。

其次,有关性命双修之生命要义。

我们知道,金丹派南宗与同时期北方全真派,皆传钟吕丹道,都以性命双修为要,但在性命之修孰先孰后问题上,又有所不同,北宗王重阳主张先性后命,南宗张伯端却主张先命后性。白玉蟾身为南宗第五祖,遵循的是先命后性的修炼次第。他从修命入手,以修性了道而不死。如说:"命合于性,则交感

---

① (南宋)白玉蟾:《谢张紫阳书》,《修真十书杂著指玄篇》卷六,《道藏》第4册,文物出版社、上海书店、天津古籍出版社1988年版,第625页;白玉蟾原著,董沛文主编,周全彬、盛克琦编校:《白玉蟾全集》(上册),宗教文化出版社2013年版,第166页。

② 《金丹直指》,《道藏》第24册,文物出版社、上海书店、天津古籍出版社1988年版,第91页。

③ 《金丹直指》,《道藏》第24册,文物出版社、上海书店、天津古籍出版社1988年版,第91页。

④ 《金丹直指》,《道藏》第24册,文物出版社、上海书店、天津古籍出版社1988年版,第91页。

而成丹,丹化为神则不死。"①另据《静余玄问》载白玉蟾与弟子彭耜的答问,其文云:

> (白玉蟾)先生曰:自涕唾精津气血液之外,有真身不? 必去此而就彼,自喜怒哀乐爱恶欲之外,有真性不? 必是此而非彼。冥然无所念,宴然无所思,终日食而不味,终日衣而不丝。谓我容心于其间,则饥寒饱暖为可忧,生死苦乐为足凭,其知道之见,邪能知乎? 此番审能如此,则知张道陵、许逊、葛洪之徒,有妻子亦仙也,有酒肉亦仙也。其迹同于人,其心异于人。吾所以混俗和光者,不欲自异耳! 鱼欲异群鱼,舍水跃岸则死;虎欲异群虎,舍山入市则擒。

> (彭)耜曰:吁,诚哉! 吾生死有命,贵贱有天,世人何不乐天知命,徒尔恶死而好生,恶贱而好贵。夫寒暑付之天时,此身非我有,实天所生。天将寒暑之所,其如之何也已?②

此段对话围绕即身修道问题展开,其中包含"此身非真""身外有身"之意,但修炼金丹却要从此身着手,从命功下手——"内丹学称炼炁之术为命功,称炼神之术为性功"③——虽由命功入手,但不离性功,譬如张陵、许逊、葛洪等仙真,"其迹同于人,其心异于人",此异于人之心,更多指向修心炼神之性功,惟其如此,弟子才有"身非我有,实天所生"之悟,也正是在此意义上,白玉蟾道出"修丹口诀,第一是要聚气凝神"。④

再次,有关心息相依之基础功夫。

在内丹家就是要修炼入静功夫,排除常意识,呈现元意识,开发心灵潜能。白玉蟾说:"盖缘一念起则万念起,一窍开则九窍开,此无他,乃是以神驭气之意。我自无始以来,无名烦恼、业识,茫茫不可消释于顷刻而寝息于目前也。故古人有心息相依,息调心静之语,此非调心乎? 又如用志不分,乃凝于神等

---

① 萧天石:《海琼白真人全集》卷三,《性命日月论》,《道藏精华》第十集之二,自由出版社1994年版,第409页。
② 盖建民:《白玉蟾文集新编》,社会科学文献出版社2013年版,第316页。
③ 胡孚琛:《道学通论》,社会科学文献出版社2009年版,第376页。
④ 盖建民:《白玉蟾文集新编》,社会科学文献出版社2013年版,第316页。

语,此非精思乎?"①"心息相依,息调心静",仍属修炼功夫,内容不外神炁二字。另如《静余玄问》中白玉蟾所谓:"常常握固即聚气,念念守嘿即凝神";"万神常凝谓之灵,一气不散谓之宝";"心荒即神狂,狂则乱,乱则不凝";"心宁则气和,和则定,定则不散";"心死方得神活,魄灭然后魂昌"等,皆是针对心息相依功法而言。又如:"心常如愚,常要活泼泼,如走盘珠,故曰圆通";"此心呆又不是,死又不凝"等,乃白玉蟾对修道入定状态之描述,而"金丹即灵宝,灵宝即金丹",②便是对心灵潜能自现之刻画。而静心调息入定便成为修道炼丹改善己身的入门要求。

再者,有关取坎填离之核心机密。

白玉蟾《谢仙师寄书词》云:

> 夫金丹者,采二八两之药,结三百日之胎。心上工夫,不在吞津咽气;先天造化,要须聚气凝神。若要行持,需凭口诀,至简至易,非色非空,无中养就婴儿,阴内炼成阳气,使金公生擒活虎,令姹女独驾赤龙。乾夫坤妇而媒假黄婆,离女坎男而结成赤子。一炉火焰,炼虚空化作微尘;万顷冰壶,照世界大如粟米。神归四大,即龟蛇交合之时;气入四肢,是为乌兔郁罗之处。玉葫芦迸出黄金之液,金菡萏开成白玉之花。③

即心修道,取坎填离,颠倒阴阳,扭转乾坤,便成为白玉蟾丹道思想的重要内容,其中,"乾夫坤妇而媒假黄婆,离女坎男而结成赤子",既含三家相见之意,又不乏同类阴阳栽接之喻,而这些皆为改善生命状态之必要作为。

最后,有关人天调谐之生命归宿。

《静余玄问》记录了玉蟾师徒如下一段答问,这段对话亦是较好的诠释:

> 先生云:吞咽一事,《云房三十九章》已言之矣!毕竟上咽下泄,无所归。盖四大一身皆属阴,且道阳在甚处?
>
> 耜问:阳在甚处? 先生云:在乎杳杳冥冥,恍惚之中。释氏有云:不属中间与内外,是也。邵康节亦曰:见时似有觅时无。自内求之,皆属阴也;自外求之,则又非正阳,毕竟此事难说。

---

① 盖建民:《白玉蟾文集新编·鹤林问道篇》(上),社会科学文献出版社 2013 年版,第 8 页。
② 盖建民:《白玉蟾文集新编》,社会科学文献出版社 2013 年版,第 316—317 页。
③ 盖建民:《白玉蟾文集新编》,社会科学文献出版社 2013 年版,第 14—15 页。

耜问:《参同契》所论日月龙虎,是精血么? 曰:非也。是精气么? 曰:非也。耜曰:如是则是甚么字? 先生云:只是神气二字。①

所谓"日月龙虎""只是神气二字",此"神气"既指当下自身之神气,这是修道之下手之处,更指向生命大本大源之神气,那是丹道之价值目标。炼养神气本身即蕴含人天调谐之生命意涵。

人生之何去何从,在白玉蟾看来,既非"自内求之",亦非"自外求之",究竟如何求之? 看似"此事难说",其实路在脚下——以道为本源,以气为中介,从包含此身此心之此生着眼下手,以生与道合为方向,以生道合一、得道成仙为目标,这便是白玉蟾为世人指出的一条修炼金丹大道、求得终极解脱之人生正途。其《大道歌》即是其对金丹善生度己思想的浓缩凝集,修道学仙者须细细体悟,笃志力行,方可领悟要旨。其歌如下:

乌飞金,兔走玉,三界一粒粟。

山河大地几年尘,阴阳颠倒入元谷。

人生石火电火中,数枚客鹊枝头宿。

桑田沧海春复秋,乾坤不放坎离休。

九天高处风月冷,神仙肚里无闲愁。

世间学仙者,胸襟变清雅。

丹经未读望飞升,指影谈空相诳吓。

有时驰骋三寸舌,或在街头佯做哑。

正中恐有邪,真里须辨假。

若是清虚冷淡人,身外无物赤洒洒。

都来聚炁与凝神,要炼金丹赚几人。

引贼入家开宝藏,不知身外更藏身。

身外有身身里觅,冲虚和气一壶春。

生擒六贼手,活嚼三尸口。

三尸六贼本来无,尽从心里忙中有。

玉帝非惟惜诏书,且要神炁相保守。

---

① 盖建民:《白玉蟾文集新编》,社会科学文献出版社 2013 年版,第 314—315 页。

此神此气结真精，唤作纯阳周九九。

此时方曰圣胎圆，万丈崖头翻筋斗。

铅汞若粪土，龙虎如鸡狗。

白金黑锡几千般，水银朱砂相鼓诱。

白雪黄芽自无形，华池神水无泉溜。

不解回头一煮火，饥时只吃琼湖雪。

前年仙师寄书归，道我有名在金阙。

闲名落世收不回，而今心行尤其乖。

那堪玉帝见怜我，诏我归时未肯哉！①

所谓"身外有身身里觅"之"身外之身"乃法身、真身，对应于色身、幻身。在金丹派南宗那里，人身难得，此身既包括色身、幻身，又包括法身、真身，人生的意义与价值在于修炼，在于返还，在于修色身、幻身以证法身、真身，在于炼后天性命以返先天性命，在于生道合一。

## 二、"三宝"内炼之程序法式

在道教哲学中，常见精气神之类的术语，来表征生命景象。按照中国文化"取象比类"的传统，道教一般是用油灯来打比喻加深理解生命的——精犹如油灯之油，气如同油灯之火，神类似油灯之光亮。显而易见，油量足，灯火就盛，亮度亦明，也就是说，精足气就足，神也就昌明。反之，油灯之油尽，其灯火便要熄，对应油灯之光亮也不复再现。道教油灯之喻，精辟地说明生命乃精气神的和合体，或者说，精气神实乃个体生命内在的三位状述，究其质，三位一体，一体三位。至于每一生命体是否具有统一性，若有，又如何统一的问题，北宋时期道教金丹派南宗鼻祖紫阳真人张伯端在《悟真篇》做了这样的诠释："道从虚无生一炁，又从一炁产阴阳。阴阳再合成三体，三体重生万物昌。"就是说，本虚之道化生缥缈之气，此气内具阴阳二性，阴阳激荡氤氲，于是天生地就人成，尔后万物生化阜昌。可见，在道教哲学中，万物因道而统一，禀气而自得。生命因道而获得自身存在的终极依据，又因禀赋气的不同而呈现出百千

---

① 盖建民：《白玉蟾诗集新编》，社会科学文献出版社 2013 年版，第 100 页。

特色与个性。是道将大千世界统一起来，又因禀气的差异使世界五彩缤纷。至于每一生命个体，无一例外都是禀道受气的个性化存在。如果用形神表述生命形体与功用不二，而贯穿流注形神的无非仍是气。对此，金丹派南宗四祖泥丸真人陈楠在其《杂著捷径·保精神》中做了如下阐释：

> 精者，神之本；气者，神之主；形者，神之宅也。故神太用则歇，精太用则竭，气太劳则绝。是以人之生者，神也；形之托者，气也。若气衰则形耗，而欲长生者未之闻也。……倘不全宅以安生，修身以养神，则不免于气散归空，游魂为变。……神能服气，形能食味；气清则神爽，形劳则气浊。……夫神明者，生化之本；精气者，万物之体。全其形则生，养其精气则性命长存矣。①

在泥丸真人看来，"形全则生安"，"气清则神爽"。可见，"形""气""神"一损俱损，休戚与共，真乃相即不离。道教这种"形""神"互持、"气"贯"形""神"的生命构成论，实乃为道之士修道养生实践的生命学依据。内丹学将精、气、神称作人体"三宝"，白玉蟾《必竟凭地歌》亦对"人身三般物"进行先天、后天之甄别，深究此三宝与人之生死之关联，以及钟吕丹道"参元"之良苦用心。现摘录如下：

> 人身只有三般物，精神与炁常保全。
> 其精不是交感精，乃是玉皇口中涎。
> 其炁即非呼吸气，乃知却是太素烟。
> 其神即非思虑神，可与元始相比肩。
> ……
> 但知即日动止间，一物相处常团圆。
> 此物根蒂乃精气，精气恐是身中填。
> 岂知此精此神炁，根于父母未生前。
> 三者未尝相返离，结为一块大无边。
> 人之生死空自尔，此物湛寂何伤焉？

---

① （宋）陈楠：《杂著捷径·保精神》，《道藏》第 4 册，文物出版社，上海书店，天津古籍出版社 1988 年版，第 707 页。

……

忽然嚼得虚空破,始知钟吕皆参玄。

吾之少年早留心,必不至此犹尘缘。

且念八百与三千,云鹤相将来翩翩。①

被称作人体"三宝"之精、气、神,又有先天与后天之别,如上述"交感精""呼吸气""思虑神"即后天精、气、神,若"从物质世界和世俗社会的现实状态看",它们是"有形的,人为的,实体性的,同熵增的物质规律相一致的东西";与之相对,"所谓先天,是指从自然界和人类社会的初始状态看,那些无形的,自然本能状态的,功能性的,超越时空界限的东西"。"精、气、神是人体生命要素的三个层次,不仅有先后天之分,还可互相转化"。② 而且,先天元精、元气(炁)、元神与后天交感精、呼吸气、思虑神(识神)为体用关系,其中,先天精气神为本为体,后天精气神为用。同时,无论先天后天,"精""气""神"皆为内丹修炼之药物。如白玉蟾《药物火候图》云:"神是火,火属心,心为汞。气是药,药属身,身为铅。"其《产药川源图》亦云:"药在西南(心性)是本乡,蟾光(元神)终日照西川(性海)。"③

有学者指出,"精""气""神"同为生命要素,共筑生命大厦,虽三位一体,但亦各有分工。"神的功用是主宰智照,气的作用是运动流行,精的作用是生长化育。唐宋以来的内丹学更分精气神为后天与先天,强调唯先天精气神——名元精、元气(炁)、元神,方可作炼成内丹的大药。先天精气神中,元精、元气合称为'命'(生命之本),元神称为'性'(精神本原、本体)。先天精气神,主要根据气功静定中的主观体验而建立,当心念寂定不动,返归先天,远离杂念的干扰,超越阴阳五行时,斯际一念不生、寂照不动的心为元神,生发充溢身中的气为元气,气的运动为元精。元神的居处在脑,元气、元精的根本在肾,所谓'顶为性根,脐为命蒂'。"④此论直指内丹修炼,有助于我们理解金丹

① 《道藏》第4册,文物出版社,上海书店,天津古籍出版社1988年版,第783页。
② 胡孚琛:《道学通论》,社会科学文献出版社2009年版,第391页。
③ 《海琼传道集》,《道藏》第33册,文物出版社、上海书店、天津古籍出版社1988年版,第150页;亦见盖建民:《白玉蟾文集新编》,社会科学文献出版社2013年版,第57页。
④ 陈兵:《佛教生死学》,中央编译出版社2012年版,第328页。

派南宗的修行奥旨。

白玉蟾《必竟凭地歌》认为,人生于父精母血,成为有形之存在者,但在父母未生之前,元精(真精)、元气(真气)、元神已经存在,而且"此精此神此炁""三者未尝相分离",此不相分离其实即为一体,所谓"结为一块大无边",实乃为道为一,言其为三(精炁神),乃一体之道在三个层面的不同指称,即便人有生死,此"大无边"之道却永恒存在,不会因存在者之逝去而有丝毫损耗。同时,此大无边之存在与有生死之虞之存在者之间,又并非隔绝阻断之关系,最高存在之"虚空""无限"与存在者之实存有限之转化枢机。细细品味,这不正是钟吕丹法"参元"旨意所在吗?此"参"既可视为动词,作"参究"之"参"讲,又可作数词,解释为"叁"。所谓"参元",意即参究元始、探求本源——如钟离权《指玄篇》说:"沸唾精津气血液,七者元来尽属阴。若将此物为丹质,怎得飞神贯玉京?";若视为"叁元",即是对元精、元气(炁)、元神之合称,因为在金丹派南宗看来,以修炼后天精气神,返还先天精炁神,最终逆施造化、与道为一乃钟吕丹法之价值目标,亦是南宗不变的人生追求——如张伯端《悟真篇》云:"阳里阴精质不刚,独修一物转羸尪。……劝君穷取生身处,返本还元是药王。"王沐先生认为,此处"药王","指大药,内丹称药分三种:炼精化炁称外药,化炁终结生内药,过大关时叫大药"。[1]

除了人身三宝说之外,内丹学还结合《黄帝内经》,将人的生命之本细分为志、神、魂、魄、意五神,分别与水、火、木、金、土五行之气相对应,并将其纳藏于肾、心、肝、肺、脾五脏之列。众所周知,五行,为五种物质形态及其所代表的基本属性。在道教,阴阳交变的形态和数量,又常用八卦来表示,用坎离二卦表真阴真阳,离中生火(神)为真阴,乃性根;坎中生水(精)为真阳,乃命本。所谓性根命本,即先天精气神在后天形体中的潜藏,喻名青龙白虎。

白玉蟾《阴阳参同七鉴》,亦名《丹法参同七鉴》,对内丹修炼中有关范畴进行解说。其文云:"华池:心源性海,谓之华池;神水:性犹水也,谓之神水;黄芽:心地开花,谓之黄芽;白雪:虚室生白,谓之白雪;河车:一气周流,谓之河

---

[1]　张伯端撰、王沐浅解:《悟真篇浅解》,中华书局1990年版,第18页。

车;巽风:巽者,顺也,顺调其心;金丹:清净光明,圆通广大。"①在他看来,丹法的核心在于阴阳,参同的难点在于变化,参究变化时,勿"泥文执象"。为此,他作《丹法参同二十贯穿(子)》加以说明:"在天,为日月星辰。在地,为山河草木。在人,为夫妇男女。在易,为乾坤坎离。在象,为龙虎乌兔。在数,为九三二八。在药,为铅银砂汞。在医,为燥湿寒温。在内,为经络营卫。在外,为皮肤毛血。在形,为心肾肝肺。在时,为阴阳寒暑。在运,为金木水火。在用,为精神魂魄。在道,为隐显动静。在物,为壇炉鼎室。在妙,为虚无自然。在方,为东西南北。在色,为青红黑白。在景,为春夏秋冬。"②将天地人物纳为一体,使易象数药医贯穿对应,让丹道火药妙趣互为关联。

**五行之多种匹配**

| 五行 | 木 | 火 | 土 | 金 | 水 |
|---|---|---|---|---|---|
| 五星 | 岁星 | 荧惑星 | 镇星 | 太白星 | 辰星 |
| 五方 | 东 | 南 | 中 | 西 | 北 |
| 五时 | 春 | 夏 | 长夏 | 秋 | 冬 |
| 五气 | 风气 | 暑气 | 湿气 | 燥气 | 寒气 |
| 生化 | 生 | 长 | 化 | 收 | 藏 |
| 五音 | 角 | 微 | 宫 | 商 | 羽 |
| 五声 | 呼 | 笑 | 歌 | 哭 | 呻 |
| 五色 | 青 | 红 | 黄 | 白 | 黑 |
| 五味 | 酸 | 苦 | 甘 | 辛 | 咸 |
| 五官 | 目 | 舌 | 口 | 鼻 | 耳 |
| 五指 | 食指 | 中指 | 大拇指 | 无名指 | 小指 |
| 五脏 | 肝 | 心 | 脾 | 肺 | 肾 |
| 五脏气 | 臊气 | 焦气 | 香气 | 腥气 | 腐气 |
| 五腑 | 胆 | 小肠 | 胃 | 大肠 | 膀胱 |
| 组织 | 筋 | 脉 | 肉 | 皮毛 | 骨 |
| 五神 | 魂 | 神 | 意 | 魄 | 志 |
| 五志 | 怒 | 喜 | 思 | 悲 | 恐 |

① 《海琼传道集》,《道藏》第33册,文物出版社、上海书店、天津古籍出版社1988年版,第150页;亦见盖建民:《白玉蟾文集新编》,社会科学文献出版社2013年版,第62页。
② 《海琼传道集》,《道藏》第33册,文物出版社、上海书店、天津古籍出版社1988年版,第148页;亦见盖建民:《白玉蟾文集新编》,社会科学文献出版社2013年版,第63—64页。

金丹派南宗初祖张伯端《悟真篇》言:"人人本有长生药,自是迷徒枉摆抛";"大药不求争得遇? 遇之不炼是愚痴。"在张平叔看来,迷悟只在一念之间,悟而不炼乃为愚痴。人身之中精气神又被称之为自家水,在丹道家乃合丹之药材原料。白玉蟾说:"夫人身中有内三宝,曰精、气、神是也。神是主,精、气是客。……万神一神也,万气一气也,以一而生万,摄万而归一,皆在我之神也。"[①]白紫清强调人身精气神三宝中神的特殊地位,所谓以神驭气,以神炼精,始终不离神的主导作用。这一主张,在其师陈楠那里,更多的是从除欲宝精的角度立论,如说:"若欲延年救老残,断除淫欲行旁门。果将流形永驻世,除非运火炼神丹。神丹之功三百日,七解七蜕成大还。聚则成形散成气,天上人间总一般,宁可求师安乐法,不可邪淫采精血。古云天地悉皆归,须学无为清净诀。"[②]但精气神始终皆为基本的生命要素,是内炼善己的长生丹药。至于如何炼养人身三宝,善化己身,自然就被纳入议题。

白玉蟾作《丹法参同十九诀》,将内丹修炼程序归纳为 19 个步骤,这 19 个步骤包括从采药、结丹到过关、分胎,最终换鼎、太极等一系列环环相扣的阶段程式,并且每一步又分别归纳出大致 8 个字的修炼要诀,作为炼丹合道的方法指导。其具体内容如下:

一　采药:收拾身心,敛藏神气。

二　结丹:凝气聚神,念念不动。

三　烹炼:金液炼形,玉符保神。

四　固济:忘形绝念,谓之固济。

五　武火:奋迅精神,驱除杂念。

六　文火:专气致柔,含光默默;温温不绝,绵绵若存。

七　沐浴:洗心涤虑,谓之沐浴。

八　丹砂:有无交入,隐显相符。

九　过关:果生枝上终期熟,子在胞中岂有殊。

---

① (南宋)谢显道:《海琼白真人语录》卷 1,《道藏》第 33 册,文物出版社、上海书店、天津古籍出版社 1988 年版,第 111 页。

② (南宋)陈楠:《翠虚篇》,《道藏》第 24 册,文物出版社、上海书店、天津古籍出版社 1988 年版,第 206 页。

十　　分胎：鸡能抱卵心常听，蝉到成形壳自分。

十一　温养：知白守黑，神明自来。

十二　防危：一念外驰，火候差失。

十三　工夫：朝收暮采，日炼时烹。

十四　交媾：念念相续，同成一片。

十五　大还：对景无心，昼夜如一。

十六　圣胎：蛰其神于中，藏其气于内。

十七　九转：火候足时，婴儿自现。

十八　换鼎：子又生孙，千百亿化。

十九　太极：形神俱妙，与道合真。①

"在道教修行者看来，人体就像炉鼎，自身精气就是药物，意念是'火'，呼吸之气是'风'，意守'丹田'以'起火'，调整呼吸节奏如鼓风，以风吹火，而有'火候'的行持进退。"②此为丹道内炼己身之指导性原则。道教金丹派南宗认为，因修道者个体差异，其修炼体验会有所不同，下手功夫不尽一致，修炼层次亦有差别。一般而言，丹道内炼大体分为筑基、炼精化气、炼气化神、炼神还虚等几个阶段。所谓"筑基"，就是培筑根基，如同建造房屋，要先夯实地基，只有牢固基础，才能为完成后续工程做好铺垫。炼丹理论认为，人自降生到世间，从婴孩至长大成人，由于受到外界诸多因素干扰与自身身心困顿影响，其精气神都会有不同程度的亏损，而且这种亏损是不可避免的。因此，修炼内丹首先应该筑基，而筑基活动的主要内容就是"炼神、调气、养精"。当精气神"三全"时，才可进入"百日关"，也就是"筑基"之后的"初关"。此关主旨为炼精化气，大致需要一百天，故有百日筑基之说。"初关"的基本程序包括：采药、封固、炼药、止火四个步骤，因为操作过程需要意念的导引，所以被视为"有为"功夫。由于百日关功夫乃是引导内气运行于任督二脉，业内人士称此为"小周天"。炼通了"小周天"之后，就进入"炼气化神"的阶段，也就是要过"中关"。其基本程序包括：六根震动、七日生大药、抽铅添汞、守中、温养圣

---

① 《海琼传道集》，《道藏》第33册，文物出版社、上海书店、天津古籍出版社1988年版，第150页，亦见盖建民：《白玉蟾文集新编》，社会科学文献出版社2013年版，第62页。

② 詹石窗：《道教修行指要》，宗教文化出版社2006年版，第140页。

胎、移胎等。这一阶段体现了"有为"向"无为"过渡的特点,因为其操持以温养为主,好像"十月怀胎",故又称之为"十月关"。在这个阶段,精气运行贯通了十二经络,好像天体二十八星宿之运转,因此称作"大周天"功夫。通了"大周天"之后,便可进一步"炼神还虚",道门称此为"上关",其具体过程包括:乳哺、温养、出神、还虚等。与前两个阶段不同,本阶段乃是"无为"功夫,修行者任其自然,逐步提升境界。① 白玉蟾的丹法也对此多有沿袭,他主张对一般修行者而言,应遵照钟吕丹法的修习次第,从筑基入手,经由炼精化气、炼气化神、炼神合道等渐修方法,如其《鹤林问道篇》所述:"从无入有谓之成,以有归无谓之了。其运用之要:有动之动出于不动,有为之为出于无为。不过炼精成气、炼气成神、炼神合道而已。"②为便于理解《丹法参同十九诀》,不妨联系借鉴其他文献与研究成果,略做探讨:

（一）筑基

需要说明的是,在"采药"程式之前,炼丹之士需要做好筑基功夫,补足人体生理机能的亏损,初步打通任督和三关的路径,达至气通、热通、全身通,切实"炼神、调气、养精",使人精满、气足、神旺,达到"三全",只有做好基础储备,方可进入"采药"环节。

（二）采药

如前"炼精化炁称外药,化炁终结生内药,过大关时叫大药"所分,此时所采之药,当指外药。如《金丹真传》疏云:"得药者,采取后天鼎中外药,收入身中,与我补完之气血,两相配合,使点制阴精,化为真汞,然后形神乃全,寿元坚固,可为仙佛之阶梯。"在此环节,所谓"收拾身心,敛藏神气",即是对采收外药时的口诀要求。对此要诀,《金液还丹印证图诗》之"采取法象"云:"炼丹之士,既得真师指授鼎器之的、药物之真、火候之妙,方可下手采取,以炼还丹。夫采取之妙,待彼一阳初动之时,鼓动乾坤之囊籥,搬开离坎之枢机,运真水于天河,焚真火于髓海,循刻漏而森罗万象,驾河车而直透三关。泥丸风生,降宫

---

① 詹石窗:《道教修行指要》,宗教文化出版社2006年版,第140—141页。
② 萧天石:《鹤林问道篇》(上),《白玉蟾全集》(下册),《道藏精华》第十集之二,自由出版社1994年版,第924页。

月白。旋采而旋收,渐凝而渐结。"①此处"一阳初动",指内丹修炼时静极生动的一种现象,尤指男性丹士阳物无念而举之"活子时"。一阳初动,元炁产生,此谓产药。炼精化炁之小周天功夫所产之药也称"小药",亦名"真种子"。当药生之时,应不惊不惧,待时而采——当感到体内一团暖气,周身融和,四肢绵绵,阳物勃起时,说明元气已经充盈,不老不嫩,应抓住时机,凝神合气,采药归炉,即入下丹田处。

### (三)结丹

"采得外来之药,擒制体内五脏之气,使不散乱,两相凝结,聚而成丹(内药)。丹基初立,须将耳、目、口等六门紧闭,静心调息,谨慎梦遗,排遣昏沉,节省言语,进火退符,在下丹田(炁海)温养锻炼。如此百日火功,血化为精,精化为汞,阴退阳纯,得半斤真汞,名曰'己土',是谓结丹(内丹)"。② 如此内结成丹的生就功夫,须得"凝气聚神,念念不动"之要旨。使神气相依,息息不离。

### (四)烹炼与固济

"龙虎丹法每云'还丹容易,炼己最难',须将己身中之活汞,炼出一块干水银,称汞结成砂,方可行还丹之功。《金丹真传》疏云:'其必在欲绝欲,居尘出尘;洁净坛室,安排琴剑;看铅花而行火候,托黄婆而定浮沉;凭侣伴而分刻漏,照子午而备抽添。……使神冲气,气冲形,熏蒸百骸;火炼铅,铅炼汞,配合三家。赶退三尸九贼,消磨六欲七情。精津血液,一点化为琼膏;唾涕汗泪,半滴不生诸窍。'直到'骨气俱是金精,肌肤皆成玉质'。"③此功法既含借金液以炼形、借玉符以保身之环节,还直接指向"忘形绝念"、龙虎固济之目标。烹炼即烹炼药物,使精化气;固济,又名密封、泥法,本为烧炼外金丹的术语,指用药泥将炉鼎等反应器封闭起来,一方面以防加热时药散丹飞,另一方面有绝缘恒温使之不致急骤升温之效用。此处用之于内丹修炼,意在"忘形绝念",以伏神气,使之自固自济。

---

① 盖建民:《白玉蟾文集新编》,社会科学文献出版社 2013 年版,第 152 页。
② 胡孚琛:《道学通论》,社会科学文献出版社 2009 年版,第 427 页。
③ 转引自胡孚琛:《道学通论》,社会科学文献出版社 2009 年版,第 427—428 页。

### （五）武火、文火与沐浴

白玉蟾《呈万庵十章》之"火候"诗云："无位真人炼大丹，倚天长剑逼人寒。玉炉火煅天尊胆，金鼎汤煎佛祖肝。百刻寒温忙里准，六爻文武静中看。有人要问真炉鼎，岂离而今赤肉团？"[1]药物、炉鼎、火候是内丹学之三大要件。关于炉鼎，宗派不同，乃至同一宗派在不同的修炼阶段，其所对应炉鼎的内容也有异，大致不外身心、乾坤、天地、太虚太极等之类；关于火候，指炼丹时意念及呼吸运用的程度。"急运称武火，缓运称文火，停住吹嘘称沐浴。火候之妙在于真意的运用，用意紧则火燥，用意缓则水寒"。[2]在白玉蟾看来，"赤肉团"之人体即"真炉鼎"，而火候之文武急缓，却自有讲究——祛除杂念，振奋精神，以绝漏精之患，此武火之事宜；抟气致柔，韬光养晦，使真气氤氲不散，须文火跟进。关于沐浴，据《金液还丹印证图诗》之"沐浴法象"载：

> 沐浴诗曰："炼丹本是一年功，两月都缘要住工。兔遇上元时便止，鸡逢七月半为终。旱蝗水涝因差过，雨顺风调为适中，刑德既加宜沐浴，倾危断不到临穷。"
>
> 修炼金液还丹，本有一年之功，却遇兔鸡两月便要住工者。兔属卯，本是二月节气，却于正月上元，便当知止，防危虑险也。鸡属酉，本是八月节气，却于七月中元，要识持盈洗心涤虑也。《度人经》谓"璇玑玉衡，一时停轮"者，此也。旱蝗水涝，皆因运用之失宜；雨顺风调，可谓抽添之合度。"刑德既加宜沐浴"者，二月斗建在卯，四阳二阴，大壮卦也，万物至春而发生，故为德也。以其阳中有阴，至是而榆荚落者，德中有刑故也。八月斗建在酉，二阳四阴，观卦也，万物至秋而肃杀，故为刑也。以其阴中有阳，至是而齐麦生者，刑中有德故也。圣人炼丹，自冬至一阳来复，起火运符，而遇二月、八月阴阳分位之时，沐浴心虑，罢功守成，以防危怠，不至于终穷也。[3]

卯、酉罢功不为，看似停止吹嘘，"无去无来无进退，不增不减不抽添"，然

---

①　盖建民：《白玉蟾诗集新编》，社会科学文献出版社 2013 年版，第 158 页。
②　胡孚琛：《道学通论》，社会科学文献出版社 2009 年版，第 397 页。
③　盖建民：《白玉蟾文集新编》，社会科学文献出版社 2013 年版，第 162—163 页。

而,"爱河浪静浮朱雀,觉海波深浸白蟾"。① 丹士行子午周天数足止火之后,再行卯酉周天以团聚药物,此为沐浴。此时,"洗心涤虑","罢功守成"便是津要。

### (六)丹砂

炼精化气的小周天丹功之后,便转入炼气化神的大周天丹法。在进入大周天丹法之前,止火之后,卯酉沐浴之际,外呼吸停止,有气从会阴上腾丹田,内药产生,和外药相迎,凝结而成大药,此所谓"有无交入,隐显相符"而成丹砂。

### (七)过关与分胎

丹砂生成之际,如弹丸似火珠,惊颤旋动于脐间,丹士应用真意将神炁自会阴穴沿督脉引入尾闾穴,过尾闾,再经夹脊、玉枕,凡三关,入头顶泥丸宫,过印堂、十二重楼(喉下气管),落于黄庭中宫(中丹田),亦通彻于下丹田。

神气经过尾闾、夹脊、玉枕三关时,丹家常以羊车、鹿车、牛车为喻,称之为"三车牵引":由尾闾至夹脊,犹羊驾车,细步慎行;经夹脊至玉枕,如鹿驾车,巨步快奔;由玉枕至泥丸,因玉枕细微难通,须似牛驾车,大力猛冲。②

与以泥丸、黄庭为上、下鼎,以下丹田为炉之小周天鼎炉不同,大周天移鼎于黄庭中宫,将中丹田与下丹田合成一个虚空大境界,称作小鼎炉。采大药服食后入黄庭之中,将气(炁)与神合炼,使精气(炁)皆无,而化为神,此所谓"炼气(炁)化神",名曰合二化一,结果分胎。此分胎,实非有形有质之物,而是对神气(炁)凝结之比喻。

所谓"过关",除"过三关"之说外,还有"过十月关"之论。后者"为一种对丹功进程中人体真气发生质变飞跃的一种比喻。其内容是指百日关后期阳光三现后,顺利渡过七日关始得大药,阳神初孕,喻为胎儿或婴儿,其孕育过程状似'十月怀胎'之景象,故名曰:'十月关'",③过十月关,以炼气化神,达至出阳神为最终目标。

---

① 盖建民:《白玉蟾诗集新编》,社会科学文献出版社 2013 年版,第 158 页。
② 参见胡孚琛:《道学通论》,社会科学文献出版社 2009 年版,第 421 页,注②。
③ 王沐:《内丹养生功法指要》,东方出版社 2011 年版,第 176 页。

**（八）温养与防危**

南宗后学王庆升《注紫清白真人金液大还外丹诀》认为："温养，节次有六：一者入药温养，炼内铅为真种子时也。二者野战温养，进火时也。三者守城温养，退火时也。四者沐浴温养，火败火死而熏蒸时也。五者补寒温养，火绝而虚守时也。六者移炉换鼎温养，脱胎入口之后时也。其名虽六，不过只用入药一诀耳。"[①]此时温养，即对分胎婴儿之温养，大致需十月光景。在此阶段，"先以神入炁，后以炁包神，以元神为大药之主人，以大药为元神之宅舍，直到十月神归大定，恰如神炁交媾在胞中产育婴儿一般，故有养胎之喻"。[②]十月温养，知白守黑，神明自来。

小周天要求精不漏，大周天要求气不漏，修炼中，气比精更易泄漏，因而大周天则始终强调防危虑险，以免气散而功败垂成。大周天不转河车，只以二炁氤氲于黄庭、丹田之间，其火候不计爻象，昼夜无间断，以入定功夫，促使元神发育成长。若"一念外驰"，则"火候差失"。故特重入定功夫，此功旨在炼就阳神，在丹法上，称之为抽铅添汞。在道教丹道文化中，汞为阳，性动，铅为阴，主静，气动神散则为阴，炁定神纯则为阳。"炁定一分，阴消一分，阳长一分，至二炁全消，昏沉尽绝，独留一虚灵之阳神，方成纯阳果满之胎"。[③]

**（九）功夫与交媾**

内丹修炼的大周天功夫，也称乾坤交媾，要在"颠倒修之，离取坎补"。内丹南宗有一"核心机密"："抽坎填离""水火既济"。"坎""离"是《周易》的两卦，即《坎》卦和《离》卦。在《周易》中，《坎》卦的卦象由外面两个阴爻与中间一个阳爻组成，《离》卦的卦象则由外面两个阳爻和中间一个阴爻构成。在道教文化中，《坎》卦代表水，位居北方，配黑色；《离》卦代表火，方位在南，配红色；两卦之中，一阴一阳，可以谐和感通。就南宗丹法而言，《坎》卦之水，也指肾中元精；《离》卦之火，也指心中元神。白玉蟾《龙虎图》指出："身是虎（元气）；敛神束魂充虎饥，虎来食啖生髓脂。（受气）；心是龙（元神）；凝心息念任

---

①　盖建民：《白玉蟾文集新编》，社会科学文献出版社 2013 年版，第 342 页。

②　胡孚琛：《道学通论》，社会科学文献出版社 2009 年版，第 421 页。

③　盖建民：《白玉蟾文集新编·指玄篇注》，社会科学文献出版社 2013 年版，第 208 页。

龙蟠,龙蟠潭里珠光寒。(炼神)"[1]

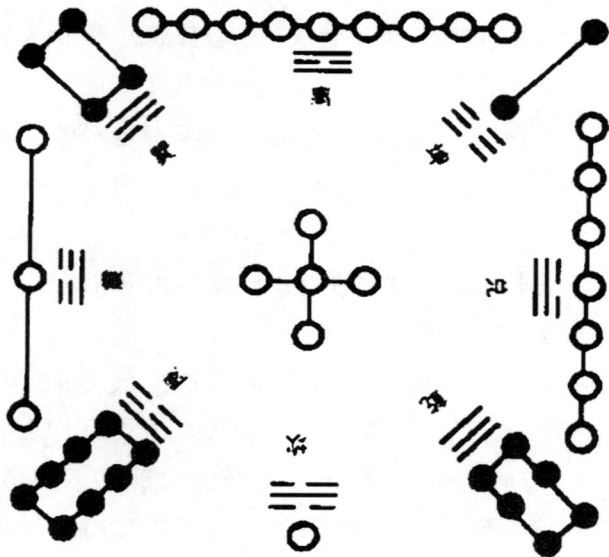

我们知道,"易学"八卦图式,有先天卦位与后天卦位之别。"先天卦位,乾坤定南北之向,坎离界东西之位;后天卦位,坎离移位于南北,以作为后天宇宙与人身的形态表征。道学修炼,由后天而返回先天,这种返回的具体操作,就是采取坎卦中间的阳气,弥补离卦中间的阴气,阴阳回复,后天即归于先天。这套法度就叫作'抽坎填离'。"[2]此"抽坎填离"即白玉蟾之"离取坎补"。"有口诀说:离从坎下起,兑在鼎中生。离为火,坎为水,兑为金,金便是药。此说乃起于水中之火,以炼鼎中之药。……白玉蟾说:一点真阳生坎内,填却离宫之阙;造化无声,水中起火,妙在虚危穴。丹阳真人说:水中火发休心景,雪里花开灭春意。"[3]真正验证起来就是这样,人的夹脊就像车轮一样,四肢就像山石一样,两肾就像煎汤一样,膀胱就像热火一样,一呼一吸之间,天机自然发

---

[1] 盖建民:《白玉蟾文集新编》,社会科学文献出版社 2013 年版,第 64—65 页。

[2] 詹石窗:《诚明中和的人格完善——儒道思想交涉之一个领域之考察》,郭齐勇主编:《儒家文化研究》第六辑,中国哲学与海外哲学研究专号,生活·读书·新知三联书店 2013 年版,第 335 页。

[3] 陈致虚:《上阳子金丹大要》,道藏第 24 册,文物出版物、上海书店、天津古籍出版社 1988 年版,第 28 页。

动,轻轻运炼,默默导炁,以意定息,应造化之枢机,则金木自然混融,水火自然升降,忽然金丹一粒,大如黍米,落入黄庭宫内。①

"离取坎补",后天返回先天,即所谓"颠倒修之"——"以人事推之,男儿固不可有孕,火里固不可栽莲。然神仙玄妙之道,有颠倒颠之术,辄使男儿有孕,亦犹火里栽莲也。何则日离为男反为女,月坎为女反为男,此颠倒颠之义也。二物颠倒,则能生丹。"②

颠倒功夫,生丹成胎,其中自有阴阳"交媾"。白玉蟾《造物图》中将"交媾"诠释为"龟龟相顾以神(君)交,鹤鹤相唳以气(臣)交",而与"磁石吸铁,隔碍潜通"之"交合"有别,也同"如鸡抱卵,煖(暖)气不绝;如龙养珠,不令间断"之"结胎"相异。③ "颠倒者,不以阴为阳,是为阴中取阳;不以阳为阴,是以阳中取阴。阴为阴,阳为阳,顺行者,世之常道也;阴取阳,阳取阴,逆行者,仙之盗机也。五行颠倒,阴阳互用,世罕知之,故曰:五行逆兮,丹体常灵常存。又曰:皆因儿产母,此之谓也。天下之兔皆牝,惟月中兔皆牡,兔望月成孕,故知月兔属阳。"④阴阳颠倒,乾坤交媾,以求"大还"。

### (十)大还与圣胎

"还丹全因元气而成,是将无涯之元气,续有限之形躯。无涯之元气者,天地阴阳长生真精圣父、灵母之气也;有限之形躯者,阴阳短促浊乱凡父母之气也。故以真父母之气,变化凡父母之身,为纯阳真精之形,则与天地同寿也。"⑤《罗浮翠虚吟》曰:"果欲留形永住世,除非运火炼神丹。神丹之功三百日,七解七蜕成大还。"内药为"大还",意为完全归还。《性命圭旨》指出:人身"真意",是为真土,动极而静,此"意"属阴,是为己土,静极而动,此"意"属阳,是为戊土。炼己土者,得离日之"汞",炼戊土者,得坎月之"铅",铅汞既

---

① 张兴发:《道教内丹修炼》,宗教文化出版社 2003 年版,第 436 页。

② 《紫阳真人悟真篇注疏》卷三,《道藏》第 2 册,文物出版社、上海书店、天津古籍出版社 1988 年版,第 928 页。

③ 盖建民:《白玉蟾文集新编》,社会科学文献出版社 2013 年版,第 64 页。

④ 《紫阳真人悟真篇注疏》卷四,《道藏》第 2 册,文物出版社、上海书店、天津古籍出版社 1988 年版,第 934 页。

⑤ 彭晓:《周易参同契分章通真义》,《道藏》第 20 册,文物出版社、上海书店、天津古籍出版社 1988 年版,第 148 页。

归,金丹自结,戊己者,重土之象也。①

南宗后学王庆升《注紫清白真人金液大还外丹诀》对"服此刀圭永驻颜"注曰:"服此者,灵乌望月而饮甘泉也。刀者,谓上士行之能裁成天地之道,下士行之则杀身而后已。圭者,戊己二土也。永驻颜者,长生不老也。"②今人张兴发在《道教内丹修炼》中指出,"刀圭,本指古代度量药物的单位,道教内丹用来表示水火二炁会聚于中宫丹田。中宫是脾,脾属土,真水聚此为己土,真火聚此为戊土,阴阳二土合为圭。水火二炁聚此后便会产生先天之炁,其量虽小,但极精极妙,效力无比,可点化全身阴质,使人脱胎换骨。《金药秘诀》即说:'刀圭者,乃刀头圭角,些子而已。'"③

吕洞宾《指玄篇》指出:"先天一炁号虚无,运转能教骨不枯。要识汞根寻蒂子,方求铅本问仙姑。人人会饮长生酒,个个能成不死夫。"白玉蟾进一步揭示:"先天炁为铅,无形而能制汞。离虚坎实,采而补之,汞精不致飞走,故能结胎神化。""真铅生于天地之先,号为元始一炁,能生天生地生万物。今者返而求之,须用阴阳交感,逆施造化,故能成仙成佛。上圣已知汞性好飞,遇铅乃结,炼真铅制伏真汞,如母伏子,不致逃失,方结圣胎,以为长生不老神仙。"④

与炼精化气、炼气化神之求"化"不同的是,炼神还虚阶段,虽炼却不再求"化",而是以"还"为目的,此时之炼,实为"乳哺",因为此时阳神尚未健壮,恰似婴儿幼小,有待乳哺,故曰乳哺。

炼神还虚阶段,神已大定,精与炁俱化,止余一神,此为阳神,当神已纯全,胎已满足之际,不可久留于胎,须迁胎入泥丸宫,使阳神归伏于上丹田。此亦名圣胎。乳哺圣胎,即炼就阳神。此时,"蛰其神于外,藏其气于内",三年乳哺功完。

(十一)九转

白玉蟾《天机图》(此图论火候),其文如下:

---

① 转引自王沐:《内丹养生功法指要》,东方出版社 2011 年版,第 153 页。
② 盖建民:《白玉蟾文集新编》,社会科学文献出版社 2013 年版,第 342 页。
③ 张兴发:《道教内丹修炼》,宗教文化出版社 2003 年版,第 316 页。
④ 盖建民:《白玉蟾文集新编·指玄篇注》,社会科学文献出版社 2013 年版,第 209 页。

　　老君曰:"绵绵若存,用之不勤。"

　　十一月,第一转火候,如桃核入土。取将坎位中心实,点破离宫腹里阴。

　　十二月,第二转火候,如桃核生芽。无质生质是还丹,谁信无中养就儿?

　　正月,第三转火候,如桃核抽条。白雪黄芽才过了,一炉猛火煅红桃。

　　二月,此一月属卯,木旺在卯。防危虑险,沐浴丹头。沐浴。

　　三月,第四转火候,如桃条发英。一霎火焰飞,真人自出现。

　　四月,第五转火候,如桃条敷华。牵个白虎归来养,产个明珠似月圆。

　　五月,第六转火候,如桃树生花。到此丹砂须沐浴,抽添运用更防危。

　　六月,第七转火候,如桃花已落,花蒂留其萼。饮刀圭,服丹砂。

　　七月,第八转火候,如桃花之萼结子。鸡卵中黄,龙珠内白。

　　八月,此一月属酉,金旺在酉。只宜养火,不可放逸。沐浴。

　　九月,第九转火候,如桃实红熟。十月霜飞丹始熟。十月胎圆,超凡入圣。

　　十月,十月脱胎吞入腹,始知我命不由天。①

　　因白玉蟾在《金丹火候口诀》云:"圣人传药不传火。"②可见,火候乃天地之玄机,不可明说,故不妨以药物变化生成,间接领会其意。

　　白玉蟾《仙化图》(此图论药物)亦论述"九转",记录药物之九转化生性状、名称及其要诀,如说:"第一转金丹,谓之一返,谓之一还。如粪壤中有虫,名曰蜣螂。用铅不用铅,须向铅中作。第二转金丹,谓之二返,谓之二还。如蜣螂采粪成丸子。玄珠成象,太乙归真。第三转金丹,谓之三返,谓之三还。如蜣螂有两个,一雌一雄。夫妇老相逢,恩情自留恋。第四转金丹,谓之四返,谓之四还。如蜣螂共滚粪丸,从地上行。周天火候,自在河车。第五转金丹,谓之五返,谓之五还。如两个蜣螂共抱粪丸,守而精思。养正持盈,守雌抱雄。第六转金丹,谓之六返,谓之六还。如粪丸之中有蠕白者。精神聚会,结成圣

---

① 盖建民:《白玉蟾文集新编》,社会科学文献出版社 2013 年版,第 67—68 页。
② 盖建民:《白玉蟾文集新编》,社会科学文献出版社 2013 年版,第 68 页。

胎。第七转金丹,谓之七返,谓之七还。如粪丸中蠕白已成蝉形。其中有精,杳杳冥冥;其中有物,恍恍惚惚。第八转金丹,谓之八返。如蝉形已弃其粪丸之壳。节候既周,脱胎神化。第九转金丹,谓之九还。如蜣螂死,粪丸裂,其蝉飞。形神俱妙。"①

以上环节要诀,其实既涵盖九转火候,也包括九转金丹,因为不论是火候,抑或是金丹,都不可能一蹴而就,逻辑上都是在前八转之基础上发展而来,才会有"火候足时,婴儿自现"之说。所谓十月怀胎,养就婴儿,乃大周天炼气化神功夫,"其火候要炉里自温温,镇日玩真空,念不可起,意不可散,十个月如一日,方能神全胎化"。② 此婴儿,乃神炁凝结之圣胎。圣胎乳哺、温养皆有时日、火候要求,"火候足时,婴儿自现"。

### (十二)换鼎与太极

阳神乳哺日久,若达至六通(指漏尽通、天眼通、天耳通、宿命通、他心通、神境通)已全,性合虚无,囟门自会打开,阳神便自泥丸宫脱胎而出。

阳神出窍,三年乳哺功成,但仍须六年温养相继。"此时在人的躯体二、三尺周围,出现一轮金光,即是温养元神(法身)的乳汁。其法先以法身近于光前,以念聚光收于法身之内,然后收法身入躯,依灭尽定而寂灭之。要以太虚为超脱之境,以泥丸为存养之所"。③ 此即为"换鼎"。换鼎只为炼虚,要在以定功炼虚,以温养成就阳神——为防止阳神出而不返,迷失本性,须旋出即收,多养少出,始则一出即收,宜近不宜远,宜暂不宜久;继而出稍远再收,逐步锻炼,渐出渐熟,使其逐渐老成。阳神愈炼愈灵,神通愈来愈大,放其出去,可以通天达地,"千百亿化",还能将法身愈分愈多,所谓"子又生孙",此即身外有身。"九载功备,无为之性自圆,而慧自生,纯阳之体自妙而神自灵,故得性命与道合真而无形矣。无形之形,随物现相,遇风则风,遇雨则雨,遇水火则为水火,遇飞走草木不测,倏存倏亡,瞻之在前,忽焉在后,故能分身百亿,应现无方,若一月之照万水,无不周遍。是以随缘赴感,靡无不应。原其至真之躯,处

---

① 盖建民:《白玉蟾文集新编》,社会科学文献出版社 2013 年版,第 65—67 页。
② 胡孚琛:《道学通论》,社会科学文献出版社 2009 年版,第 413 页。
③ 胡孚琛:《道学通论》,社会科学文献出版社 2009 年版,第 413 页。

于至静之城,同归于究竟寂空之本源也。"①

炼神还虚,还虚合道,复归太极,此为内丹学最终之撒手功夫。此时,"复将阳神收入祖窍之中,炼而复炼,炼神还虚,更于虚无处炼之,阳神百炼百灵,炼得阳神的慧光内神火,贯通躯体百窍,阳焰腾空,透顶透足,将色身(躯体)炼化入法身(阳神)之中,使神光普照。最后炼得通身神火,躯体崩散,粉碎为不有不无、无形无迹之先天祖气,还归于零,一如佛教之无余依涅槃,方是还虚合道了"。② 此即"形神俱妙,与道合真"之"太极"性状。

也有学者将金丹派南宗修炼步骤进行阶段性划分,这些阶段反映丹道修持的不同次第,这些次第前后连贯,环环相扣,分别对应各异的仙阶果位。譬如,"依龙虎丹法而言,由筑基、得药、结丹、炼己、还丹、温养、脱胎、乳哺、化形,一步接一步,丝毫不能逾越。筑基既成,则气血充溢,马阴藏相,最少可延年六十。再能得药结丹,则有三百岁以上之遐龄,是为人仙。由人仙而炼己、还丹、温养,是为地仙。此时已能飞空走雾,不饥不渴,寒暑不侵,长生不死,不过阳神未出,于刀兵水火之灾仍不能自在耳。由地仙而脱胎,以至化形,是为天仙。脱胎者,阳神已出,乳哺功熟,可以来去无碍,坐在立亡,但形未化气,未臻究竟。若达化形境界,则色身已化,质碍不存,可以步日月无影,入金石无碍,隐显莫测,变化无穷,方是圆满之天仙"。③ 若撇开遐龄延年之不可思议,仅视其为功夫深浅次第与证果境界高低之关联,那么可以说,这种将丹士修持阶段与其所修得仙阶格位相匹配对应的方法,比较直观地反映出功夫与成果之正向关联,具有一定的参考价值,亦可以用之于分析白玉蟾丹道善己之渐进特色,然而,笔者更倾向于从丹法参同程序自身探究其人身三宝之神韵迁化,因其参同之慈悲缘起在于人身与人生之内在特性之洞察——"只因四大皆属阴,阴浊夺阳阳不洁。降本流末而生形,于此生人有损缺"——其丹法机理在于逆施造化,颠倒阴阳,其十九秘诀尽管"尽把天机泄",但苦于世人"知之修炼得长生,不知修炼随形灭",他才毅然决然炼丹修道,并从修真善己做起,进

---

① 《紫阳真人悟真直指详说三乘秘要》,《道藏》第 2 册,文物出版社、上海书店、天津古籍出版社 1988 年版,第 1020 页。

② 胡孚琛:《道学通论》,社会科学文献出版社 2009 年版,第 424 页。

③ 张义尚:《丹道薪传》,社会科学文献出版社 2012 年版,第 58 页。

而教化众生,在他看来,即身炼养"个中消息自家知",自己只是一先行向导。①

倘若从人身三宝之陶炼迁化来看,大致说来,白玉蟾内炼程序可以划分为三个阶段:其一,从采药结丹,到烹炼固济,经武火文火,再到沐浴丹砂,可以视为第一阶段,这是内炼之初关阶段。在此过程中,人身三宝在小周天之内陶冶,处于所谓炼精化气(炁)状态,即由精气(炁)神之"三"宝,转化为气(炁)神"二"宝之状态,简言之,这是"合三化二"阶段。其二,从过关分胎,到温养防危,通过工夫交媾形成大还,此可视为第二阶段,乃内炼之中关阶段。此时段的主题是在大周天循环中,完成炼气(炁)化神之要务,将初关中之气(炁)神"二"宝,炼化为只神"一"宝,易言之,此为"化二为一"时期。那么,其余四个环节便构成第三阶段,也就是了道还虚阶段。此阶段功法主旨,乃炼神还虚,即"由一归零"。然而,本阶段之初,圣胎幼弱,有待乳哺,阳神出壳亦须换鼎,以保证最终还虚合道,复归太极。

这种划分或许可与人仙、地仙(在白玉蟾那里表述为"水仙")、天仙三分法对应,但笔者考虑更多的是,欲与白玉蟾"会得本来三二一,不会依前一二三"②的基本思想保持一致。在笔者看来,其"会"即领会、觉悟,"三二一"分言之,"三"可指精气神三宝,"二"可指阴、阳或火、药——因白氏有"药物阳内阴,火候阴内阳"③之论,"一"可指道(或丹),合言之,"三二一"代表递减、逆返、炼化,"一二三"代表递增、顺生、繁衍,而白玉蟾所谓"会得"与"不会"即是否明了逆返炼养之道理,所谓"会得本来三二一",即明了生命逆返之道,参透生命本来究竟;"不会依前一二三",则只是顺随生命生长壮老之自然进程而自生自灭,即顺应"道生一,一生二,二生三,三生万物"之自在凡成之理路。不难看出,"三二一"之路数也与"丹法参同十九诀"之理路相契合,与白玉蟾"只此火候与药物,顺之则凡,逆之则圣"④中逆修成圣之思想相一致,或许这就是其内炼丹诀之何以逆转、以何逆转,以及转向何处之生命要义之所在。

有关上述内炼19个步骤,盖建民先生指出,"较以往丹书的内炼步骤与

---

① 盖建民:《白玉蟾诗集新编·还丹歌》,社会科学文献出版社2013年版,第351页。
② 盖建民:《白玉蟾文集新编·武夷升堂》,社会科学文献出版社2013年版,第77页。
③ 盖建民:《白玉蟾文集新编·武夷升堂》,社会科学文献出版社2013年版,第77页。
④ 盖建民:《白玉蟾文集新编·谢张紫阳书》,社会科学文献出版社2013年版,第13页。

程序更为细化和明晰,也更具有实践操作性";从要诀内容来看,白氏十九诀"既有修身炼形的命功,也有修心炼神的性功,而且命功与性功交错进行,甚至在同一阶段命功与性功偶合不分,同时进行";"其下手诀要也强调修心炼性,将命功与性功融为一体,显示出南宗性命双修理论思想的特色"。① 盖先生此论甚是。此论成为我们研究白玉蟾内炼善己思想特质的基础。

### 三、"炼丹契真"之仙化特色

白玉蟾炼丹契真、仙化善己的丹道思想建立在前贤大德学以为己、厚德载物等生命观念基础之上,其丹道善己之人生主张,在善生价值取向上,汲取了儒释道人生哲学之生命精神,并用仙家丹道一以贯之,畅言超凡致仙之目标;在己身修为路径上,他既注重"凝神聚气",又清双兼顾,具有多元融汇之倾向;在合药悟丹之法门上,他不拘泥具象,随话锋论玄机,为丹士大开方便之门。

其一,融汇儒释、贯通丹道之善己取向。

白玉蟾《道法九要》之"立身第一"云:

> 学道之士,当先立身。自愧得生人道,每日焚香,稽首皈依太上大道三宝。首陈已往之愆,祈请自新之佑。披阅经典,广览玄文,屏除害人损物之心,克务好生济人之念,孜孜向善,事事求真,精严香火,孝顺父母,恭敬尊长,动止端庄,威仪整肃。勿生邪淫妄想,勿游花衢柳陌,勿临诛戮之场,勿亲尸秽之地。清静身心,远离恶党。始宜寻师访道,请问高人。此乃初真之士,当依此道行之。②

在白玉蟾看来,立身乃人生第一要务,这与传统儒释道之重人生修养、重人文涵养等思想相一致,尤其是对向善、求真之人文精神,更视为基本的人道要求。儒家有"苟日新日日新"的修身行道传统,白玉蟾以"首陈已往之愆,祈请自新之佑"与之相应;佛门有对贪嗔痴慢、酒色妄烦等之律己戒条,白玉蟾

① 盖建民:《道教金丹派南宗考论——道派、历史、文献与思想综合研究》(下册),社会科学文献出版社2013年版,第805页。
② 《道法会元》卷一《道法九要》,《道藏》第28册,文物出版社、上海书店、天津古籍出版社1988年版,第677页。

直呼皈依道经师三宝之道人应"清静身心","远离恶党",绝缘四大禁区……至于"屏除害人损物之心,克务好生济人之念"之类,乃三教一致认同之共善,但对玄门修行者而言,其行善之旨趣,在于炼丹合道,而修身正己虽以道为标的,但此道直指丹道仙途。如其所言:"夫此不可言传之妙也,人谁知之? 人谁行之? 若晓得金刚、圆觉二经,则金丹之义自明,何必分别老释之异同哉!"①白玉蟾《玉隆万寿宫道院记》亦有更多揭示:

> 然道之在天下,尧得之则仁,舜得之则孝,禹而功,汤而德;苟失之,则为丹朱,为商均、为桀、为纣。

> 岂独隐山林者谓之道士哉! 秦之徐福、汉之曼倩亦道士也,特所遭者,穷兵黩武之始皇,好大喜功之武帝,其道不价于时耳。后人以道士岐而为六:如广成子、务成子、郁华子、高元子、中黄真人、河上丈人,谓之天真道士也;尹喜、列御寇、杜仲轨、魏伯阳、徐来勒、安期生、黄初平,谓之神仙道士也;许由、巢父、四皓、王倪、啮缺、子綦、善卷,谓之山泽道士也;宋伦、彭谌、彭宗、王傑、封君达、王子年、陈室炽、李顺典、杜光庭、罗公远、叶法善,谓之教法道士也;钱铿、冷寿光、王浮、葛稚川、梅子真,谓之显贵道士也;王誗、栾巴、马明生、左慈、郭璞、崇明俨、王乔、李亚,谓之技能道士也。然皆仙矣,亦岂斯世之幸耶! 凡厥有生,均气同体,独以此为有道之士,则世道亦未知何也已。……盖知乎道士者,非止于晨香暮灯,板粥钟斋而已,要当虚绿葆真于云山水竹之表,烟扉月馆之下,擒离宫之三龙,驭坎府之四虎,炼黄婆于土釜,产赤子于金房,十月胎圆,九鼎火足,乘飚扇景,策空驾浮,与天为徒,与造物者游。夫如是,而后可谓之道士。②

道在天下,更在人心,但对于不同的存在者而言,其所行所奉之道,却不尽相同,如在尧舜禹汤,其所行所示乃仁道善德,在夏桀商纣,则为暴行恶德。同时,白玉蟾不惜笔墨,列举大量高道大德,无论是天真道士、神仙道士,抑或是山泽道士、教法道士,抑或是显贵道士、技能道士,无一例外皆修道而成仙,并且声称"凡厥有生,均气同体,独以此为有道之士,则世道亦未知何也已"——

---

① 盖建民:《白玉蟾文集新编·修仙辨惑论》,社会科学文献出版社 2013 年版,第 17 页。
② 盖建民:《白玉蟾文集新编·玉隆万寿宫道院记》,社会科学文献出版社 2013 年版,第 239—240 页。

由此足见白玉蟾之道教人本立场,他是以金丹大道贯穿于对儒释文化传统之汲取与融汇之中,立足存在者个体之存在与最高存在之直接生命关联基础之上,从以丹道可助人以彻底解脱、达至无限自由之理论预设之下,劝导世人皈依太上大道三宝,修炼神仙不死之道,将有时空局限、有人生缺憾之当下生命,不断优化、善化,乃至于超凡出尘、与道为一。

白玉蟾再传弟子萧廷芝,乃白氏高足彭耜之门徒,其《大道正统》畅言道脉宗系:

> 夫玄宗之为教也,以清虚正一为宗,以长生不死为乐,故浮黎元始天尊,不知其几千万劫,方至三清。又自三清,不知其几千万年,方且化身下降而为老子,以度真人尹喜,至仙卿李翼,凡十代,盖自周而汉也。于是河上丈人出焉,自安期生凡九传而至三阳,则迄乎五代之间矣。一自三阳唱道以来,至于海蟾真人,传之张紫阳、王重阳。紫阳传之翠玄,翠玄传之紫贤,紫贤传之翠虚,翠虚传之海琼,先生凡九传。又王重阳真人之所传,凡七真,其间潜通默会,旁出普度,未究其几千万人。若夫大道之正传,迄今海琼先生方三十五代尔。惟上世先贤,享年度世,寿数极绵,年劫亦远,粤从中古,天不爱道,流布人间,度人无量,又不知所传至今凡几年劫也。海琼而后,大道一脉归之鹤林先生,为往圣继绝学,为后世立法门,暇日因思所传之难,而究其自出,得其原委,以寿诸梓。廷芝忝出鹤林先生门下一人之数,乃焚香再拜稽首而纪之。①

萧氏不仅直陈金丹派南宗张伯端——石泰(1022—1158年),号翠玄(子)——薛道光(1078—1191年),号紫贤——陈楠(?—1213或1211年),号翠虚——白玉蟾(1134—1229?年),号海琼子等道脉灯系,还上承元始天尊之肇端,横联王重阳北宗七真之法脉,说明南北二宗同属吕洞宾、刘海蟾之金丹道派,仰慕"上世先贤",炼己修真,"寿数极绵",赞誉他们弘道度人,无量功德。

如果说后学萧廷芝此说较为清晰地勾勒出金丹派南宗法脉传灯谱系的话,那么不难看出,此谱系只仅仅道出玄宗内部之道脉关联,不曾涉及与儒释

---

① 《道藏》第12册,文物出版社、上海书店、天津古籍出版社1988年版,第186页。

文化之横向交往关系。与萧氏此论不同的是,白玉蟾对儒释道三教关系有一整体性的认识与把握,譬如,"三教异门,源同一也"①之说,与"道、释、儒门,三教归一,算来平等肩齐"②之论,白玉蟾皆以天人合一之道会通三教。如此一来,我们不妨进一步追问其会通之节点何在? 他又如何以此节点进行会通? 在笔者看来,这一节点就在人"心",并以"诚"感召会通。而此"心"此"诚",正是白玉蟾修身立世合道善己之生命基本功夫:

> 道之大不可得而形容,若形容此道,则空寂虚无,妙湛渊默也。心之广不可得而比喻,若比喻此心,则清静灵明,冲和温粹也。会万化而归一道,则天下皆自化,而万物皆自如也。会百为而归一心,则圣人自无为而百为,自无着也。推此心而与道合,此心即道也,体此道而与心会,此道即心也。道融于心,心融于道也。心外无别道,道外无别物也。③

> (白真人)曰:"天养无象,地养无体,故天长地天(久),日光月明,真一长存,虚空不朽也。吾今则而象之,无事于心,无心于事。内观其心,心无其心;外观其形,形无其形;远观其物,物无其物。知心无心,知形无形,知物无物,超出万幻,确然一灵。……藏心于心而不见,藏神于神而不出,故能三际圆通,万缘澄寂,六根清净,方寸虚明。"④

> (白真人)云:"一念之诚,与道合真,故可感召真灵无疑矣! 古者有孝心,有诚心,有义心,有慈心,有刚心,有忠心,皆于肸蚃之间感天动地。盖其一心之专、一念之正所以然也。"⑤

道本空寂虚无,以其至虚而无物不包,无物不容,故玄门修道应以虚中为要。修道之士从何处入手? 答曰:心也。修道即修心,修心即修道。既然道本为虚空,修心则应虚其心以合道。"何为虚? 却除杂念,变化气质,挖去历劫

---

① 《道法九要》,《道法会元》卷一,《道藏》第 28 册,文物出版社、上海书店、天津古籍出版社 1988 年版,第 677 页。
② (元)彭致中:《满庭芳》,《鸣鹤余音》卷三,《道藏》第 24 册,文物出版社、上海书店、天津古籍出版社 1988 年版,第 270 页。
③ 盖建民:《白玉蟾文集新编·谢张紫阳书》,社会科学文献出版社 2013 年版,第 12 页。
④ (南宋)白玉蟾:《海琼问道集》,《道藏》第 33 册,文物出版社、上海书店、天津古籍出版社 1988 年版,第 142 页。
⑤ (南宋)谢显道等:《海琼白真人语录》卷一,《道藏》第 33 册,文物出版社、上海书店、天津古籍出版社 1988 年版,第 112 页。

轮回种子,看破一切恩爱牵缠,一切假事不留,一概外物不受,万法归空,四大放下,无眼耳鼻舌身意,无声色香味触法,无恐怖烦恼,无好恶爱憎,无谄无骄,无矜无诈,无狂无妄,毋意毋必,毋固毋我,不爱一物,不纳微尘,有无不立,身心无累。"①一言以蔽之,只有排遣凡尘俗务,空掉假事外物,心方能虚、方能静、方能明,而心之虚、静、明是其合道的基本前提,对修行者而言,修心便是证道,虚心方可合道,身乃载道之器,心为一身之主,只有以心契道、以道导心,方为善待己身,方能完善己身。心与道合的表征何在?在白玉蟾看来,即心念之诚。基于心念之诚,才有所谓"胏肫之间感天动地"。

"胏肫"指神灵感应,如杜甫《朝献太清宫赋》亦言:"若胏肫而有凭,肃风飙而乍起。"人何以"感召真灵"?在古人眼中,凭借的是人的"专心""正念",包括"孝心""诚心""慈心""刚心""忠心"等。在白玉蟾看来,人之"一念之诚",可以"与道合真",自然可以"感天动地"。而且这种感天动地之生命功夫,并非一般文学作品之艺术手段,而是以身内之神调动身外之神,可以呼风唤雨、役雷驱疠之泽民惠生功夫。这就是雷法。但雷法属外用之法,其行使建立在己身内炼基础上,倘若没有坚实的内功修炼,雷法便成为无本之末、无源之水。

即便言及己身内炼,白玉蟾也援用传统道教哲学之范畴之"一",从体用关系展开对道之修炼、把握,尤其是对金丹炼制与形神修为之统一之中来阐述:"道者,一之体;一者,道之用。人抱道以生,与天地同其根,与万物同其体。夫道一而已矣!……筑之,以一以为基;采之,以一以为药;炼之,以一以为火;结之,以一以为丹;养之,以一以为圣胎;运之,以一以为抽添;持之,以一以为固济;澄之,以一以为沐浴。由一而一,一至于极,谓之脱胎;极其无极,一无所一,与道合真,与天长存,谓之真一。圣人忘形以养气,忘气以养神,忘神以养虚。道非欲虚,虚自归之。人能虚心,道自归之。"②内炼程序从"筑基""采药",到"结丹""养胎",乃至"脱胎""还虚",无不"以一"为内容,以"还道"为主旨,但就立丹基、修丹道、证仙真之功夫而言,从己身下手,对自身生

① (清)王建章、刘一明著,李宇林整理:《修道五十关》,宗教文化出版社2004年版,第32—33页。
② 盖建民:《白玉蟾文集新编·鹤林问道篇(下)》,社会科学文献出版社2013年版,第10页。

命进行逆施造化——"只此火候与药物,顺之则凡,逆之则圣","五行颠倒,大地七宝。五行顺行,法界火炕"①——即身炼就三宝、陶冶三田,"虚其心,忘其形,守其一,抱其灵","固其精,宝其气,全其神",使"三田精满,五脏气盈,然后谓之丹成",也只有使"一一于一",方"可以长生",②最终,还生于道,使生逆返于道,获得与道合一之位格,此即为"圣"。此"圣",并非治世理事之圣,而是治身修道之圣,亦即生命不朽之仙真。这就是仙道所要追求的对己身的最大之善。

白玉蟾强调善待自己,没有侧重于拓展人际社会关系之仁道与恩情,而是更多地落实于即身炼丹、以丹合道,冀望于以丹道改善生命性状、突破生命局限这一终极关怀上。易言之,善己致仙便是对这一终极关怀的一条出路,也是白玉蟾推介的一种生活方式:在平素生活之中,"采以药物,炼以火候,结而成丹,超凡入圣"③,即为理想的道人生活。

其二,"凝神聚气"、多元兼顾之证道路径。

盖建民先生将"命功入手、性功了道"归纳为金丹派南宗一大修道思想特色,认为这一特征有别于"先性后命"的全真道北宗,亦不同于"以性为主、以命为伴"的佛教。④ 这一论断当然包括白玉蟾修道思想在内,但对白玉蟾性命双修只是提及,而未多着笔墨。笔者认同盖先生在性命问题上对南宗修道思想的概括,同时也认为,白玉蟾对性命双修基本上是围绕凝炼神气问题展开。

另外,在对白玉蟾之修道路数归属清修抑或双修(此指阴阳男女双方的合修)问题上,不少学者将之归于前者,然而,统观白玉蟾修炼典籍,笔者不以为然,反倒感到盖建民教授对金丹派南宗修道思想具有"清双交修"特征之概括,更合乎白玉蟾修道实情,对诸如"白玉蟾本人在清修与双修问题上持并重态度","白玉蟾一系的许多道士实际上有清修之名而行双修之实"等观点,笔者也很认同,但又认为对其持论依据不太充分,因为若仅仅从南宋刘克庄《后

---

① 盖建民:《白玉蟾文集新编·谢张紫阳书》,社会科学文献出版社 2013 年版,第 13 页。
② 盖建民:《白玉蟾文集新编·鹤林问道篇(下)》,社会科学文献出版社 2013 年版,第 10 页。
③ 盖建民:《白玉蟾文集新编·鹤林问道篇(上)》,社会科学文献出版社 2013 年版,第 7 页。
④ 参见盖建民:《道教金丹派南宗考论》(下册),社会科学文献出版社 2013 年版,第 805—807 页。

村集》卷二十四《王隐居六学九书序》的记述来看,推导出"王隐居与黄天谷、白玉蟾一样都是有妇人的丹家"这一结论,再以此论作为白玉蟾行"双修之实"的依据,①笔者认为理据有些不足。朱越利先生《宋元南宗阴阳双修的代表人物和经诀》一文,论及"白玉蟾传授并实践阴阳双修"事宜。朱先生以白玉蟾诗词为内证、以刘克庄《王隐居六学九书序》为外证,认为"内证外证皆表明,钟吕金丹派南宗的建立者白玉蟾传授并实践阴阳双修"。② 笔者认为,诗词以喻象著称,一词多义,一义多词,且词句间意涵跨度颇大,给人无限联想空间,若仅以此为据,诚难让人信服。但这也不愧为一种了解先贤典籍的文献诠释学路径,此路径为我们认识哲人哲思提供了方法论的指导。除诗词之外,白玉蟾文集中留下一些线索。

据《鹤林问道篇》载:

> (弟子)又问曰:"古之系易者,惟穷理尽性,以至于命,固尝究之矣。夫性与命,其一理耶?二理耶?"(白玉蟾)答曰:"先圣不云乎:天命之谓性,率性之谓道,修道之谓教。实一理也。""若曰道也者,不可须臾离也,古今能几人哉?今吾之所以步骤乎老释之域者,盖亦不敢私为町畦之说。夫道本无秦楚也,讵可藩篱吾心哉!"③

在白玉蟾视野里,既然儒释道三教皆阐发"穷理尽性以至于命"这一共同议题,更何况是在玄门之内,其所传、所教,又何来二理?而此所谓"天命之谓性,率性之谓道,修道之谓教。实一理也"之说,落实于现实人生,即要性命双修,形神兼顾,凝神聚气,炼丹合药,切不可自作藩篱,"固执一见":

> 夫修此理者,不若先炼形,炼形之妙,在乎凝神。神凝则气聚,气聚则丹成,丹成则形固,形固则神全。④

> 先圣仰观天文,俯察地理,近取诸身,远取诸物,创为丹诀,以长生不死之意,以淑人心,其实一理也。其始入也,在乎阴阳五行;其终到也,归

---

① 参见盖建民:《道教金丹派南宗考论》(下册),社会科学文献出版社 2013 年版,第 813 页。
② 朱越利:《宋元南宗阴阳双修的代表人物和经诀》,《宗教学研究》2010 年第 2 期。
③ 盖建民:《白玉蟾文集新编》,社会科学文献出版社 2013 年版,第 9 页。
④ (南宋)白玉蟾:《海琼问道集》,《道藏》第 33 册,文物出版社、上海书店、天津古籍出版社 1988 年版,第 142 页。

乎混沌无极。如丹法所言,尽有所据。第互立一说,各执一见,所以众楚不可以一齐,要在吾所遇、所传、所得如何耳!①

丹诀不必雷同,但却本于"一理",丹法可有殊异,却不可"各执一见"。这是白玉蟾的基本观点。至于其修证方式归属问题,笔者认为首先应做些基础性工作,这就需要我们对所谓北宗之清修、南宗之双修之实质应达成共识,也就是要对其证道途径应有明确界定,对其丹法要义应有深入揭示,在此基础上确立一基本标准,然后参照此标准方能对道门宗派之修证方式作出较为本真的归类。

一般说来,内丹修炼分为清修和双修两种证道途径,其中,清修是指男女分开,各自独立修炼,而双修则是男女合炼。内丹理论认为,阴阳和合、坎离交媾才能成丹,清修论者则认为人自身之内有阴阳,有炉鼎,有药物,故而内炼己身即可成丹,不假外求;双修论者则认为男女交合而生人,丹士亦须通过从异性体内取得真元一气才能成丹。进而,宋元全真北派主张单修,严禁性生活;南派则分清修、双修二系。此说虽常见,但其实有些外在,它只是从形式上做了些界定,对内炼实质性分别却不够准确。

张义尚先生将丹道修证方法归纳为清净丹法、彼家丹法和龙虎丹法三类。其中,清净丹法"纯依一己下手,调息入定,以俟阳生,日积月累,开关展窍,然后于虚空中盗夺采取,以了大事",此为北宗正传;彼家丹法以炼气通关入手,"关通气灵,煨炉铸剑,采药结丹等事,皆假同类之虎为之。此中又有两派不同:一是有益于己,无损于人;另一则是双修双成,人己两利。但以前者为较普遍"。至于"有益于己,有损于人"之"泥水丹法","乃正宗道家之所唾弃者,故不列入";至于龙虎丹法,其"从头到尾,龙虎并用,火药俱全(龙为火,虎为药),乃南宗正传。举凡筑基得药,以至炼己还丹,功法虽步步不同,但始终皆由身外之龙虎运用,修丹者只坐享其成而已。古称金鼎火符之道,以及百二十岁皆可还丹,乃是专指此法而言"。② 张先生认为,清净丹法以本身后天之神气配阴阳,乃性命双修之渐法,且从修性入手,虽见效缓慢,然稳妥少弊,易为

① 盖建民:《白玉蟾文集新编·鹤林问道篇(上)》,社会科学文献出版社2013年版,第7页。
② 张义尚:《丹道薪传》,社会科学文献出版社2012年版,第58—59页。

人接受;彼家丹法只重药物之虎,而忽视火候之药,故不及龙虎丹法之效。①

张先生还将上述丹法之功效打一比方,他说,"清净丹法好比直流电,彼家丹法有如交流电,龙虎丹法则系集中多个电厂之电力而归于一途者,故其见功之速,与收效之大,当然远远超过前之二种"。②

张先生对修证方法的归纳与划分还是比较客观与稳妥的。若以此为标准来比照白玉蟾的证道思想,不难揭示其功法的多元综合属性,但从本质上讲,仍不出龙虎丹法,即同类阴阳龙虎丹法。譬如其《玄关显秘论》云:

> 日炼时烹,以至九转,天关地轴,在吾手中。经云:"人能常清净,天地悉皆归。"则是三花聚顶,五气朝元,可以入众妙门,玄之又玄也。更能昼运灵旗,夜孕火芝,温养圣胎,产成赤子。至于脱胎神化,回阳换骨,则是玉符保神,金液炼形,形神俱妙,与道合真。张平叔云:"都来片饷工夫,永保无穷逸乐。"诚哉是言也!盖道之基,丹之本,龙虎之宗,铅汞之祖,三火所聚,八水同归,万神朝会之门,金丹妙用之源,乃归根复命之关窍也。既能知此,则欲不必遣而心自净,心不必澄而神自清。一念不生,万幻俱寝,身驭扶摇,神游恢漠。方知道风清月白,皆显扬铅汞之机;水绿山青,尽发露虎龙之旨。③

看似白玉蟾推崇"清净",但此"清净"实为一种内炼状态,与"清净丹法"要求类似,并非就意味着他只用"清净丹法",因为其"日炼时烹",不外药物火候,此所谓"三花聚顶,五气朝元(玄)"之内容。我们知道,内炼过关进程中,在泥丸、髓海之内,会出现"三花(华)聚顶",又称作"三花(华)聚鼎"。有关"三花(华)聚顶",如华阳山纯乾道人《须臾莫离》第四节"三花聚鼎五气朝玄之解释"曰:"三花者,曰精、曰气、曰神。白昼间,精住于耳,气住于口,神住于目。无管视言动听,日日均有所耗,夜间则均住于肾。凡修道之士,能将三宝收归于金鼎之内(金鼎者,心肾相交之所),是为三花聚鼎也。""五气者,金木水火土也。昼夜间,亦各有住所。白昼间金气在目、木气在耳、水气在口、火气

---

① 张义尚:《丹道薪传》,社会科学文献出版社 2012 年版,第 39 页。

② 张义尚:《丹道薪传》,社会科学文献出版社 2012 年版,第 59 页。

③ (南宋)白玉蟾:《玄关显秘论》,《海琼问道集》,《道藏》第 33 册,文物出版社、上海书店、天津古籍出版社 1988 年版,第 143 页。

在鼻、土气在皮。夜间金气转于肺、木气转于肝、水气转于肾、火气转于心、土气转于脾。日日亦有衰败也。如遇明师指示明白，则回光返照，朝聚于玄关之所，是为五气朝玄也。"①

再者，"玉符保神，金液炼形"、"龙虎之宗，铅汞之祖，三火所聚，八水同归"等，也是龙虎丹法之一贯意旨。

> （玉蟾）深虑大道无传，丹法湮泯，故作玄关显秘论，盖将晓斯世而诏后学，以寿金丹一线之脉也。复恐世人犹昧此理，乃复为之言曰："以眼视眼，以耳听耳，以鼻调鼻，以口缄口，潜藏飞跃，本乎一心。先当习定凝神，惩忿窒欲。惩忿窒欲，则水火既济。水火既济，则金木交并。金木交并，则真土归位。真土归位，则金丹自然大如黍米，日复一粒，神归气复，充塞天地。"孟子曰"善养吾浩然之气"者，此也。肝气全则仁，肺气全则义，心气全则礼，肾气全则智，脾气全则信。若受气不足，则不仁、不义、不礼、不智、不信，岂人也哉？人能凝虚养浩，心广体胖。气母既成，结丹甚易，可不厚其所养，以保我之元钦？学者思之。敬书以授留紫元云。②

> 《灵枢内经》云："天谷元神，守之自真。"言人身中，上有天谷泥丸，藏神之府也；中有应谷绛宫，藏气之府也；下有灵谷关元，藏精之府也。天谷，元宫也，乃元神之室，灵性之所存，是神之要也。圣人则天地之要，知变化之源，神守于元宫，气腾于牝府，神气交感，自然成真，与道为一，而归于不死不生。③

龚云林《寿世保元》中"神仙接命秘诀"一段，对此是个不错的注脚。其文曰："一阴一阳，道之体也；二弦之气，道之用也；二家之气，交感于神室之中而成丹也。万卷丹经，俱言三家相会，尽矣三五合一之妙！慨世学仙者，皆不知

---

① 胡海牙总编，武国忠主编：《中华仙学养生全书——陈撄宁先生对健康长寿学说作出的独特贡献》（中），华夏出版社 2006 年版，第 672 页。

② （南宋）白玉蟾：《玄关显秘论》，《海琼问道集》，《道藏》第 33 册，文物出版社、上海书店、天津古籍出版社 1988 年版，第 143 页；亦见盖建民：《白玉蟾文集新编》，社会科学文献出版社 2013 年版，第 20—21 页。

③ （南宋）白玉蟾：《谷神不死论》，《修真十书杂著指玄篇》卷四，《道藏》第 4 册，文物出版社、上海书店、天津古籍出版社 1988 年版，第 618 页；亦见盖建民：《白玉蟾文集新编》，社会科学文献出版社 2013 年版，第 22 页。后者将"《灵枢内经》"写作"《黄帝内经》"。

下手之处！神室、黄道、中央、戊己之门，比喻中五，即戊也。真龙、真虎、真铅、真汞、金木水火四象，皆喻阴阳、玄牝二物也。炼己、筑基、得药、温养、沐浴、脱胎、神化，尽在此二物运用，与己一毫不相干，即与天地运行日月无二也。《悟真》云：'先把乾坤为鼎器，次将乌兔药来烹。既驱二物归黄道，争得金丹不解生。'此一诗言尽三家矣。千言万语，俱将三姓会合，虽语句不同，其理则一而已矣。"① 所谓"三姓会合"，指的是龙虎丹法的核心机要——"道家所谓龙虎丹法，就是一龙（男）一虎（女）与修行者，是为三家。彼家丹法，是用虎不用龙。三家相见本来是最秘密的，《参同契》所说的就是说此。不过不是明说，非一般人所能知，惟有东猜西猜。其实就是一男一女与修行者，是为三家。所说相见，实不相见，只能私通消息。其法：三人均隔以墙壁，修行者用木箱笼罩自己；女在墙壁之外，行者之前；男亦隔壁，在行者之后。龙用琴凳，虎用剑凳。上通以籥，用龙口气，通虎口气。下通以籥，用虎之气通行者之身。彼此不相见，通的是龙虎二者纯阳之气，以补行者之智慧。所以隔壁者，以不能稍动情欲也"。② 笔者认为，此或为一家之言。

龙虎丹法倘若真如是所云，难免遭受不明真相之士之误读、曲解，甚至诟病，需要说明的是，三家相见的龙虎丹法，"虽用乾坤二鼎，身体却不接触，仅通过橐籥借径搭桥，沟通鼎器与丹士间的气机交流，因此不会发生性侵犯等犯罪行为，也不会给鼎器造成身体和心灵上的伤害"。③ 真正的丹道之士，亦不会僭越天律，悖道妄为。白玉蟾对此即有要求："女子着青衣，郎君披素练。"④ 南宗传人孙汝真《金丹真传》亦有戒规："男不宽衣，女不解带，敬如神明，爱如父母。"

龙虎丹法重逆施造化，颠倒阴阳，白玉蟾亦将"阴阳参同七鉴"名为"丹法参同七鉴"，可见，其丹法核心在于阴阳，其"龙虎图"，所谓"身是虎（元气）；敛神束魂充虎饥，虎来食啖生髓脂。（受气）；心是龙（元神）：凝心息念任龙

---

① 转引自张义尚：《丹道薪传》，社会科学文献出版社 2012 年版，第 32 页。
② 陈健民：《曲肱斋全集》第 2 册，中国社会科学出版社 2002 年版，第 208 页。
③ 盛克琦：《张义尚先生丹道思想研究——兼论同类阴阳龙虎丹法之优越》，《弘道》（香港），2014 年第 1 期，第 83 页。
④ 盖建民：《白玉蟾文集新编·武夷升堂》，社会科学文献出版社 2013 年版，第 77 页。

蟠,龙蟠潭里珠光寒。(炼神)",可视为其丹道思想之核心观念。其《龙虎赋》宣示:"火是药之父母兮,药是火之子孙。……龙虎之气相交兮,金木之情契合。情性交结兮,温养子珠。"①白玉蟾另有"丹法参同十九诀""丹法参同三十对偶(子)""丹法参同二十贯穿(子)"等专论,这足以体现他对魏伯阳、吕纯阳、张伯端等前贤之法脉承续,只是在伯阳、纯阳、平叔那里晦而不明,白紫清使之更为明晰而已。如纯阳《指玄篇》"其十"云:"天机不泄世难知,漏泄天机写作诗。同类铸成驱鬼剑,共床作起上天梯。人须人度超尘世,龙要龙交出污泥。莫怪真情都实说,只缘要度众群迷。"白玉蟾曰:"同类者,天以地为类,日以月为类,女以男为类,阳以阴为类。契云:'勾陈腾蛇,青龙白虎,相呼相唤,相扶相舞,颠倒修之,离取坎补。'纯阳此诗,真实泄露天机,蟾复解此,惟愿后来万万人同向长生之域,各当及早修持,莫待今生错过。"②其后,元明之际道真张三丰,亦承此证道路径,如其《无根树》曰:"无根树,花正孤,借问阴阳得类无?雌鸡卵,难抱雏,背了阴阳造化炉。女子无夫为怨女,男子无妻是旷夫。叹迷徒,太模糊,静坐孤修气转枯。"又曰:"无根树,花正偏,离了阴阳道不全。金隔木,汞隔铅,阳寡阴孤各一边。世上阴阳男配女,生子生孙代代传。顺为凡,逆为仙,只在中间颠倒颠。"

由此可见,清修即孤修,乃以自身阴阳为本,不假外求;清修之外,有同类阴阳,然同类阴阳,亦不等同于男女双修、合修,其间,又分出彼家丹法与龙虎丹法。张义尚先生所述彼家丹法,乃常人所谓"双修",但人们判断"双修"的依据往往是丹士的婚姻状况,若有家室,则属双修之列。其实这种判断之依凭在"双",而忽视了"修",或者说,没有给出配合丹士的一方其"修"之凭据。然而,真正的修炼,包括双修在内,着重于每一丹士之切实修为,以葛洪为例,人们易于接受其为夫妇双修之结论,因为葛稚川同夫人鲍姑皆为丹家,且双双合修。除此之外,若仅以丹士有妻室为由,而没有其妻修为丹道,乃至与夫君合修丹道之论据,就断定该丹士行双修法门,就显得有些牵强。更为重要的是,彼家丹法在南宗人士看来,因其假同类之虎为之,有药无火,难见其效,而

---

① 盖建民:《白玉蟾诗集新编》,社会科学文献出版社 2013 年版,第 250 页。

② 盖建民:《白玉蟾文集新编·指玄篇注》,社会科学文献出版社 2013 年版,第 208 页。

成为讥讽对象。相反,同类阴阳之龙虎丹法,却更为南宗主流所推崇。

"丹道家本有天元、人元、地元之三元和栽接、清净之两途,而'阴阳'二字则是贯穿在整个三元丹法与栽接、清净两途的。"其中,"同类阴阳为人元,炉火黄白为地元,由地元而铸神室,以炼神丹,是曰天元。"① 从阴阳视角来看,南宗证道属于身外同类阴阳丹法,北宗为本身阴阳丹法;从修证方法途径而言,南宗属龙虎丹法(栽接),北宗为清净丹法。联系白玉蟾之修证,从其内外丹兼修,内丹配合外丹,并以外丹点化,促使形神俱妙来看,他本人就是人元丹法与地元丹法的践行者,若从其师徒对"修仙三等,炼丹三成"论的肯定判断,他也认同清净丹法——如此说来,白玉蟾在证道方法是肯定清净丹法,擅长龙虎丹法,采取的是多元兼顾的修证路径。

白玉蟾内炼丹法及其核心内容在《静余玄问》中亦有记录,如:

耜问:《参同契》所论日月龙虎,是精血么? 曰:非也。是精气么? 曰:非也。耜曰:如是则是甚么字? 先生云:只是神气二字。

先生曰:修丹口诀,第一是要聚气凝神。

又曰:常常握固即聚气,念念守嘿即凝神。又曰:万神常凝谓之灵,一气不散谓之宝。

又曰:金丹即灵宝,灵宝即金丹。②

不难看出,"凝神聚气"是白玉蟾丹法的核心内容,如其"药物火候图"所言,"神是火,火属心,心为汞";"气是药,药属身,身为铅"。其"三关图"(三关之图)亦明示,"形,忘形养气;气,忘气养神;神,忘神养虚"。③ 对精气神人体三宝,若视精为气的转化形式,则炼养三宝,自然转化为凝神聚气,"凝一神则万神俱凝,聚一炁则万气俱聚"④,"万神常凝谓之灵,一气不散谓之宝",而且"以火炼药而成丹者,即是以神御气而成道也。"⑤ 此即白玉蟾有关金丹操存之玄机。正如其《还丹歌》所云:"玄关一窍天地根,强作丹炉名偃月。不偏不

① 张义尚:《丹道薪传》,社会科学文献出版社2012年版,第194页。
② 盖建民:《白玉蟾文集新编》,社会科学文献出版社2013年版,第315、316页。
③ 盖建民:《白玉蟾文集新编》,社会科学文献出版社2013年版,第56页。
④ 盖建民:《白玉蟾文集新编·鹤林问道篇(上)》,社会科学文献出版社2013年版,第8页。
⑤ 盖建民:《白玉蟾文集新编·玄关显秘论》,社会科学文献出版社2013年版,第19页。

倚正当中,八卦五行环拱列。神仙指此作丹基,但要元神归炁穴。神气混合镇丹田,朗朗虚灵照函彻。"①

其三,随时合药、即事喻丹之方便法门。

在修炼金丹是否对所有丹士具有一成不变之惟一程式,炼丹是否只是少数人士之专利而与寻常百姓无关等问题上,陈泥丸给出否定的答复,此即所谓的"修仙有三等,炼丹有三成"之说以及"人人具足,个个圆成"之论。白玉蟾认同其师观点,并对合药炼丹更是大开方便法门。如其所云:

> 所以取之于内,而不泥其内象;取之于外,而不求其外物。是所谓无物无象者也。谓之先天一炁,混元至精,则是大而不可知之之谓神之意也。其体或聚或散,如轻烟薄雾然也;其象或有或无,如梦幻泡影然也。天地与我同根,万物与我同体,往古来今本无成坏。第以生死流转,情识起灭,如浮云之点太清,如黑风之翳明月。圣人悯世浇漓,诏人修炼,使从无入有,谓之成,以有归无,谓之了。其运用之要,有动之动,出于不动,有为之为,出于无为,不过炼精成炁,炼炁成神,炼神合道而已。若有作用,实无作用,似乎静定,即非静定。如龙养珠,如鸡抱卵,可以无心会,不可以用心作,可以用心守,不可以劳心为。此乃修丹之要,入道之玄(元)。②

> 坛炉鼎灶,本自虚无;铅银砂汞,本自恍惚;水火符候,本自杳冥;年月日时,本自妄幻。然而视之若无,而实有也,在乎斤两调匀,造化交合,使水火既济,金土相融。苟或不尔,则黄婆纵丁公以朝奔,姹女抱婴儿而夜哭。故先辈尽削去导引吐纳、搬运吞咽、呼吸存思、动作等事,恐人执著于涕唾精津气血之小,而不知专气致柔,能如婴儿之旨也。呜呼,妙哉!结之以片饷,养之以十月,是所谓无中养就婴儿者也。大要则曰:"有用用中无用,无功功里施功。"③

> 今夫知金丹之妙也,夫何用泥象之安炉,著相而造鼎。谓如黄芽白

---

① 盖建民:《白玉蟾诗集新编》,社会科学文献出版社 2013 年版,第 351 页。
② 盖建民:《白玉蟾文集新编·鹤林问道篇(上)》,社会科学文献出版社 2013 年版,第 7—8 页。
③ 白玉蟾原著,董沛文主编,周全彬、盛克琦编校:《白玉蟾全集》(上册),宗教文化出版社 2013 年版,第 162 页。

雪,非可见之黄芽白雪;神水华池,非可用之神水华池。喻之为铅精汞髓,
比之为金精木液,何处烹偃月之炉,何处炼朱砂之鼎,知此则曰:日乌月兔
也,天马地牛也。乾坤本无离坎之用,离坎亦无乾坤之体。红铅黑汞,非
龙虎交媾之物乎? 白金黑锡,非龟蛇交合之象乎? 二八九三皆阴阳之异
义,斤铢两数乃混沌之余事。要之配合而调和,抽添而运用,故此药非金
石草木之料,此火候非年月日时之数。父母未生以前,尽有无穷活路。身
心不动以后,复有无极真机……夫修炼金丹之旨,采药物于不动之中,行
火候于无为之内,以神气之所沐浴,以形神之所配匹,然后知心中自有无
限药材,身中自有无限火符。①

人人体内"自有无限药材,身中自有无限火符",这是白玉蟾对个体生命
的充分肯定,其人设范围不仅限于男性,女性亦不例外,如其《棘隐记》所云:
"古人有女仙传,亦有列女传,皆女流中之丈夫人也。如此,谓如张天师之妻
能飞升,而女亦飞升;许旌阳之妻能飞升,而女亦飞升;葛仙翁之妻能尸解,而
其女亦尸解;刘洞天师之妻能尸解,而其女亦尸解。夫修真炼元之士,炼谷食
为精,炼精为血,炼血为髓,炼髓为气,炼气为神,炼神为道,炼此一念之道而为
圣人。自非内有所养,而外有所固,则古之列女,何以羽化登仙若是也。……
若古今所传,简册所述,则女仙信乎有之,仙果可学也。学仙成道,何患乎其不
仙乎! 人既能返老还婴,则必能回阳换骨;人既能留形住世,则必能变化飞升。
用神仙之心,信神仙之事,学神仙之道,证神仙之果。学仙非为难,出尘离欲为
甚难哉! 神仙长生久视之道既可学也,则出尘离欲,夫何难之有?"②不仅是普
通女性,即便是青楼女子,白玉蟾也不排斥其修习丹道,认为皆有得道成仙之
可能,这在其《不赴宴赠邱妓》《题刘心月》等诗作之中,均蕴含此意。

另外,有关道场选择问题,前贤指出,"学道修身就要如同北魏侯楷所说
的'道在方寸,何必山林',也就是说要强调自己的方寸有道,而不依赖于山林
环境。方寸有道,就是自己头脑里有道,即便置身于车水马龙之中,仍可以一
尘不染"。③ 对金丹派南宗而言,也持此观点,如《修道真言》曰:"焚香烹茶,

①　盖建民:《白玉蟾文集新编·谢张紫阳书》,社会科学文献出版社2013年版,第12—13页。
②　盖建民:《白玉蟾文集新编·棘隐记》,社会科学文献出版社2013年版,第241—242页。
③　陈莲笙:《道风集》,上海辞书出版社2006年版,第17页。

是道也。即看山水云霞,亦是道。胸中只要浩浩落落,不必定在蒲团上求道。"在白玉蟾看来,修炼神仙看似是一种功夫,其实也是一种生活方式,一种譬似悠闲的生活方式——

> 要做神仙去,工夫譬似闲。
>
> 一阳初动,玉炉起火炼还丹。
>
> 捉住天魂地魄,不与龙腾虎跃,满鼎汞花乾。
>
> 一任河车运,径路入泥丸。
>
> 飞金精,采木液,过三关。
>
> 金木间隔,如何上得玉京山。
>
> 寻得曹溪路脉,便把华池神水,结就紫金团。
>
> 免得饥寒了,天上即人间。①

丹成仙就,天上人间,一样悠闲。反观之,修炼功夫也需悠闲心境,神清气爽便是易简功夫。

白玉蟾不仅认为丹士可以随时合药,他更即事喻丹,启迪道意,其诗作《茶歌》便是一例。如云:

> 绿云入口生香风,满口兰芷香无穷。
>
> 两腋飕飕毛窍通,洗尽枯肠万事空。
>
> 君不见,孟谏议,送茶惊起卢仝睡。
>
> 又不见,白居易,馈茶唤醒禹锡醉。
>
> 陆羽作《茶经》,曹晖作《茶铭》。
>
> 文正范公对茶笑,纱帽笼头煎石铫。
>
> 素虚见雨如丹砂,点作满盏菖蒲花。
>
> 东坡深得煎水法,酒阑往往觅一呷。
>
> 赵州梦里见南泉,爱结焚香瀹茗缘。
>
> 吾侪烹茶有滋味,华池神水先调试。
>
> 丹田一亩自栽培,金翁姹女采归来。

---

① 盖建民:《白玉蟾诗集新编·水调歌头·自述十首》之六,社会科学文献出版社 2013 年版,第 288 页。

天炉地鼎依时节,炼作黄芽烹白雪。

味如甘露胜醍醐,服之顿觉沉疴瘥。

身轻便欲登天衢,不知天上有茶无?①

中土有源远流长的茶文化,无论是文人墨客,抑或是社会贤达,乃至僧侣商贾,皆有品茗言志、寄情寓茶之雅趣,南宗宗师白玉蟾亦不例外,对他而言,品茗不止闲居消遣,茶中可蕴含道意,暗藏丹理,其诗作《茶歌》,以饮茶为意象,以梦境为依托,宣示道教丹道犹如茶道,对炼丹修真者而言,依据各自根器,选择合乎自己性情的法式,依据时节火候,采炒烹煎,定能淘炼出胜似醍醐的还丹玉液。

## 第二节　善人:"外用成法"以济世

《太上感应篇》云:"所谓善人,人皆敬之,天道佑之,福禄随之,众邪远之,神灵卫之,所作必成,神仙可冀。"②学以为己,利济世人,是国人传统的修身理事原则,在白玉蟾那里,即表现为"内炼成丹,外用成法"的贯通方式,在以善己利人的修道合真活动中,成就玄门独特的济世利民之功德价值。

由白玉蟾实际创建的金丹派南宗,未将修道合真仅视为丹士独善其身的纯粹个人行为,相反,却始终以行道弘道为道义担当与人生使命,以与道合一为价值追求,在契真合道旅程中,既要"收炁存神,惜精爱己",又要"内炼成丹,外用成法",③注重消灾避祸,济世救民。如果说内炼成丹侧重于对己身生命之优化迁善的话,那么可以说,外用成法反映的是对社会民生的福祉施与,而且这内外之间,"一理贯通"。④ 倘若果真有此一理,我们不妨追问:其理何在? 又如何把握? 让我们还是先从《海琼白真人语录》载有白玉蟾与弟子留元长的一段答问说起,此答问中蕴含金丹派南宗道法科教机理,特录如下:

元长问曰:"经中有谓神女三千六百,常在我傍。咒中有云敕吾身中

---

① 盖建民:《白玉蟾诗集新编》,社会科学文献出版社 2013 年版,第 99 页。

② 《道藏》第 27 册,文物出版社、上海书店、天津古籍出版社 1988 年版,第 28—33 页。

③ 盖建民:《白玉蟾文集新编·玄珠歌注》,社会科学文献出版社 2013 年版,第 317 页。

④ 盖建民:《白玉蟾文集新编·玄珠歌注》,社会科学文献出版社 2013 年版,第 323 页。

三万六千神。夫经咒,皆太上语也。谓之有耶? 无耶? 真耶? 妄耶?"答曰:"夫人身中有内三宝,曰精气神是也。神是主,精气是客。吾是主,金童玉女是客。所言神女三千六百,及乎三万六千神者,此皆精气所化。今人心猿意马,一日千里,又况精衰于淫,气竭于嗔,更且眼随色转,耳被声瞒,所益于己者几何? 而所丧者不可胜言也。曾不知神光外散,气力四驰,既精气不存,而欲金童玉女在左右可乎? 万神一神也,万气一气也,以一而生万,摄万而归一,皆在我之神也。"

真师曰:"人之一念,聚则成神,散则成气。神聚则谓之魂,气聚则谓之魄。生曰人,死曰鬼,阳曰魂,阴曰魄。"

耜问曰:"人之一念,自可感动天地。今凡发章奏,差将吏,既以焚化,自可上达。又何谓六天妖魔,得以遏截者耶?"答曰:"一念之诚,与道合真,故可感召真灵无疑矣。古者有孝心,有诚心,有义心,有慈心,有刚心,有忠心,皆于胗蚕之间,感天动地。盖其一心之专,一念之正,所以然也。今人焚章疏达帝宸,此则科教使之尔。缘心念之感,如以箭射物也,彼章疏之感,如持枪刺物也。箭虽远而急至,枪虽近而难及。故章疏是有形之物,妖魔得以遏截,如心念出于无形,则妖魔如何遏截也。"

元长问曰:"夫人念念纷起,起灭不停,因何此念不能感召?"答曰:"子不见猫之捕鼠乎? 双目瞪视而不瞬,四足踞地而不动,心无异缘,意不妄想,六根顺向,首尾一直,所以举无不中者也。"①

师徒围绕道门科仪发生原理与功法效验机要等问题展开,大致有这样几层意思:人身三宝精气神以神为主,精气为客;吾(神)是主,万神是客;人之一念之聚即为神,此神可感天动地,感召真灵;人念之诚、正、专,对外可显效验(此即为神通),而效验失灵,要在妄念分神。简言之,天人共神,人天感应。如此观念,在道教文化内部,包括金丹派南宗在内,自有其人文价值传统。

## 一、"外法"多师与功行"一理"

一般而言,人文价值总在人们的生产、生活等社会实践活动之中产生,并

---

① 盖建民:《白玉蟾文集新编》,社会科学文献出版社 2013 年版,第 89—90 页。

在人类生存、发展的生命实践中得以传承与弘扬。雷法符箓等道教科仪法术，是修道之士修行活动的重要内容，自然蕴含道人独特的人文价值理念，这些理念随同道术一起，在玄门世代相传。金丹派南宗常用功法主要有神霄雷法、符箓祝咒等。白玉蟾受授雷法，源自其师泥丸真人陈楠。陈泥丸得法经过，《道法会元》卷一〇八之《高上景霄三五混合都天大雷琅书》有载。其文云："嘉定戊辰（1208 年）（泥丸）游黎母山遇一道人，（道人）笑谓先生（即陈楠）曰：'子得薛紫贤太乙火符之旨，但未知太乙雷霆之法，亦可惜也。'先生谓道人曰：'某慕道而已，不欲多学以分其志。'道人笑曰：'子何其愚也！独善一身，不能功及人，神仙不取。……吾非凡人，即雷部都督辛忠义也。吾师汪真人亲授玉清，真王付度，今付与汝。'"①

　　《道法会元》卷一百四十七之《洞玄玉枢雷霆大法·事实》，记载了白玉蟾受授洞玄玉枢雷法的经历。其文云：

　　　　宗师白真人，海琼人也……足迹半天下。一日，云游至广南山路，遇一人衣服褴褛，问白君曰：子将何之？白君曰：愿见明师，参传道法。遂与之同宿大慈寺傍旅店。饮酒之余，双目火光照耀上下，褴褛之衣变为皂袍，语白君曰：吾乃雷霆猛吏辛某也。汝宿有仙骨，心存济利，吾故变相示汝。击案三声，而刘帅立现。辛君曰：此将司雷霆风雨之权，掌枢机二台之职，护帝驾出入，能救民疾苦，事无大小，扣之即应。今以授汝。……其法则名洞玄玉枢雷法。后又于海上倚玉阑干，授以洞玄之秘。白君得法于陈泥丸，得法于辛天君，皆神仙聚会，非偶然也。②

　　上述所载不仅表明了白玉蟾一脉雷法师承继袭之法脉，此即汪真人——辛忠义/陈泥丸——白玉蟾，除此之外，我们从文献资料中发现题为"侍宸灵慧冲虚道君王文卿撰、雷霆散吏紫清真人海琼白玉蟾注"的《玄珠歌注》一文。而王文卿（1093—1153 年）是一位擅长神霄雷法的江南高道，《玄珠歌》乃其有关雷法的代表之作，按照道门重道缘心传之说——如张伯端《浮黎鼻祖经

① 《道法会元》卷一〇八，《道藏》第 29 册，文物出版社、上海书店、天津古籍出版社 1988 年版，第 483 页。
② 《道法会元》卷一百四十七，《道藏》第 29 册，文物出版社、上海书店、天津古籍出版社 1988 年版，第 763 页。

序》云:"天不爱道,地不爱宝,吾岂敢自私。仆体太上之心,欲使人人成道,个个归真,以此未发之秘,条陈无遗。使世之留心性命专心修道者,有缘遇师,得此书印证,方肯诚心下手而为之。虽未面传,亦吾徒也。"——王侍宸与白紫清可视为"未面"师徒,"道教内部常常用天书降授或者梦中先师托付的形式进行丹法传授",①况且白玉蟾主要即是借对《玄珠歌》加注,来阐发其雷法思想的,二者思想可谓一脉相承。

从白玉蟾"恭惟圣师泥丸翁、翠虚真人,拓世英雄,补天手段,心传云雨深深旨,手握雷霆赫赫权。……终身怀大宝于杳冥,永劫守玄珠于清净"②等言辞中,不难看出,金丹派南宗对内炼大宝与外行功法之贯通一致,于此也宣示了南宗教义的价值取向——修炼金丹大法,可以独善己身,若不能功行于世,则不足为神仙所取;倘若行法利人,积功累世,方合道意;更进一步,"内炼成丹"与"外用成法",亦相辅相成,相得益彰,两者之间,有良性互动、彼此显发之关联。要言之,雷法符咒等乃金丹派南宗济世利人之善行。在内炼善己与行法利人之间,有其一贯之玄道机理。于此,我们不得不提一道经,那就是《黄帝阴符经》。

《黄帝阴符经》是一部有较多道家色彩的哲理书。晁公武《郡斋读书志》曰:"唐少室山人李筌注。云:'《阴符经》者,黄帝之书。……阴者暗也,符者合也,天机暗合于事机,故曰《阴符》。'"卿希泰先生指出,《阴符经》的主旨是以老庄的天道无为、道法自然思想为基点,着重阐发天道(自然规律)的客观性和必然性,指出人的思想和行为只有与之相暗合(阴符),所做事业才有成功的可能;如果违背它,就必然导致失败。③《阴符经》这种天人同道、人事合天的价值观念乃道教法术之哲理基础。

《黄帝阴符经》曰:"宇宙在乎手,万化生乎身。"意即宇宙的阴阳盛衰在人的手上反映出来,宇宙的千变万化也在人的身体上体现出来。此论明显是以天人合一观念为基础。夏宗禹《黄帝阴符经讲义》注曰:"人之一身,一天地

---

① 盖建民:《白玉蟾文集新编·谢张紫阳书》盖按,其二,社会科学文献出版社 2013 年版,第 14 页。
② 盖建民:《白玉蟾文集新编·谢仙师寄书词》,社会科学文献出版社 2013 年版,第 15 页。
③ 卿希泰:《中国道教史》第一卷,四川人民出版社 1988 年版,第 418 页。

也。有阴阳升降,有乌兔出没,有潮候往来,有风雨明晦,有雷电轰闪,有云气吐吞,有山河流峙,有草木荣枯,动静语默,阖辟变化,无一不与天相似。"①王文卿本于天人一体、人天相应之说,进而指出:"人禀天地之炁以生,天地正直无私,人返能夺天地造化。盖天地人三才之炁贯通,屏息万缘,则与天地相为表里,风雨雷电又何难之有。盖天有日月星,光明可普照天下。人有眼耳鼻,可闻可见识天地间之万物。地有三江五湖,四海五岳,四渎四肢,为万物。此身便是大地山河,无所不备矣。吾果能息缘调气,以身中克应,合天地之秘密,仍以我之真意,注想于所行之事,则天地真炁随吾意行,定见执应,此万无一失之事。"②这便是雷法的学理基础。白玉蟾于此,也有精深体悟,他在对王文卿《玄珠歌》所作注中说:

> 天地人物,无非阴阳生育。人与天地均体同炁,是可以参天地而赞化育也。一炁相感,天以炁下降,地以炁上升。人之呼吸,同天地之升降。③
>
> 吾身之中,自有天地。神炁之外,更无雷霆。④
>
> 风者巽也。火者心也。雷者胆炁也。电亦火也。雨者肾水也。运动自己阴海之炁,遍满天地,即有雨也。晴者,心火也。想遍天地炎炎大火,烧开自身炁宇,乃晴也。雪雹,尽用阴炁逆转,存阳先升,阴后降,方知是。⑤

白玉蟾强调人天一体,法不离道,如说"天地以炁而升降,人身以炁而呼吸。能知守一之道,静则金丹,动则霹雳。故侍宸云:世人见一不识一,一回存想一回空。"⑥这里所谓"霹雳",即指代雷法,乃是行法者运用自身精炁神发放外气感应自然神而作用于外部世界的一种功法;其所谓"静则金丹,动则霹雳",亦即"内炼成丹,外用成法"之类似表述。

① 《黄帝阴符经讲义》卷一,《道藏》第2册,文物出版社、上海书店、天津古籍出版社1988年版,第723页。
② 《道法会元》卷六十九,《道藏》第29册,文物出版社、上海书店、天津古籍出版社1988年版,第233页。
③ 盖建民:《白玉蟾文集新编》,社会科学文献出版社2013年版,第323页。
④ 盖建民:《白玉蟾文集新编》,社会科学文献出版社2013年版,第324页。
⑤ 盖建民:《白玉蟾文集新编》,社会科学文献出版社2013年版,第318—319页。
⑥ 盖建民:《白玉蟾文集新编·玄珠歌注》,社会科学文献出版社2013年版,第319页。

白玉蟾《道法九要·序》云："夫老氏之教者,清静为真宗,长生为大道,悟之于象帝之先,达之于混元之始,不可得而名,强目曰'道'。自一化生,出法度人。法者,可以盗天地之机,穷鬼神之理;可以助国安民,济生度死,本出乎道。道不可离法,法不可离道。道法相符,可以济世。"①紫清真人此处阐明道教之道的本源之意,所谓"象帝之先""混元之始",以及道教之教的基本宗旨在于修清静、求长生,更为重要的是,白真人从本源之道引出济世之法,指出道法之间,"道不可离法,法不可离道"——道为本体,法为功用,体用一体;道虽隐而不显,却与现象贯通无碍,并以功用显于现象,其功用呈现即以法之用为媒介,通过法而显发其无所不能——在修道之士那里,法的本质即"盗天地之机""穷鬼神之理",施法的价值目标在于"助国安民""济生度死",而确保这一"济世"价值目标实现的关键在于,施法者须真正做到"道法相符"。

在白玉蟾看来,"道法相符"是对道人"外用成法"的功行要求,亦是一种职业道德原则,本此原则行法,方为正道,否则,即为旁门。但这一原则毕竟比较抽象,除此抽象原则之外,行法道士还应明了行功"奥旨",此奥旨乃是对抽象原则的具体展开,施法者只有在对"道""法""人"之生命关联有了彻底了悟,对行法济世之道德意蕴切实参透之后,其法才会事竟功成。白玉蟾《汪火师雷霆奥旨序》云:

> 道者,具乎天地之先,混混沌沌,无形无名。法者,出乎天地之后,亘古今而神通变化。人者,生乎天地之间,禀天一之气而为万物之灵。故以吾言之清明澄彻者运而行之,则足以通天地,感鬼神,调阴阳,赞化育。等上语之,即丹成道备,朝昆仑,薄蓬莱,亦不难矣。盖天地一身,一身天地也。其大丹法,本不外乎此,失不治其本而欲理其末者,未之有也。②

《列子·周穆王》曰:"一体之盈虚消息,皆通于天地,应于物类。"意即:人的体质的充实或亏虚、衰弱或成长,都与天地变化相感通,与外物状态相感应。在道教文化中,"天地一身,一身天地"乃人天相应之生命基础,其中,气(炁)乃贯通天人之生命介质,道乃天地人物之先在本源,亦为天地人物运行规律之

---

① 盖建民:《白玉蟾文集新编》,社会科学文献出版社 2013 年版,第 71—72 页。
② 盖建民:《白玉蟾文集新编》,社会科学文献出版社 2013 年版,第 324 页。

基本律则；法为不言之道、总则之道呈现于万事万物之具象条理，尤以"神通变化"为要；人属秉道授气之存在者，且为"万物之灵"；人之"灵"在于其不仅是一自然存在者，更在于其是懂"法"悟"道"，运"气"调"神"之自为存在者，其中不乏"通天地，感鬼神，调阴阳，赞化育"之修炼之士，他们中道行功深俱佳者，"丹成道备，朝昆仑，薄蓬莱，亦不难矣"！

白玉蟾《道法九要》从道气相即、人天一理的角度，揭示施法纲领与行功要求，如其《行法》云："驱邪之道，先立正己之心，毋生妄想，审究真伪。古云：若要降魔鬼，先降自己邪。当以诚心召将而驱之。……盖人之气运于三焦五脏之间，顺则平康，逆则成病。或嗜欲失节，或心意不足而成邪，故邪气侵则成病。以我正真之炁，涤彼不正之邪，以我之真阳敌彼之阴"；同样的行法要领，在《济度》也有类似的表述："以我之明，觉彼自己滞；以我之真，化彼之忘；以我之阳，炼彼之阴；以我之饱，充彼之饥。"透过这些操作要求，可见其施法原理：以正心诚意契道合真，感召身外之神，从而助人驱邪降魔。

## 二、雷法运作程式简述

"神霄雷法是一种融道教传统的符箓、咒术、指诀、禹步、气功、存神及内丹术为一体的新型道法，并采纳吸收了儒学、禅学及密教的修持心法、真言密咒，可谓包容百家众术之精华。但究其根本，雷法直接源自符箓一系，是符咒之术在新的历史条件下，授引内丹之术为基础的产物。换而言之，符咒和内丹是构建雷法体系的两大支柱，内丹为本，符咒致用，二者有机地融合，终于将这种新型的道法推向了历史的前台。"[①]李远国先生认为，神霄派形成于北宋时期，林灵素、王文卿、张继先是该派此时期的代表人物，而王文卿可谓核心人物，他在理论与组织上对神霄派的形成与发展作了重大贡献；南宋是神霄派的兴盛期，萨守坚、陈楠、白玉蟾为该派行法高道，尤其是白玉蟾，"他不仅在组织上完善了神霄派的传承体系，更为重要的是他将内丹学与雷法有机结合，并广泛系统详实地论述了道教雷法的渊源、历史、理论、方法及其社会功用，从而极大地完善和丰富了道教的这门绝学。同时，也改变了南宗传统上的只重个

---

① 李远国：《神霄雷法——道教神霄派沿革与思想》，四川人民出版社 2003 年版，第 251 页。

人修为的小乘偏见,力主走向社会,运用雷法、丹道的威力,济民救世"。① 此言甚是。

白玉蟾有关雷法的作品颇丰,最重要的如《九天应元雷声普化天尊玉枢宝经集注》《玄珠歌注》《道法九要》《木郎祈雨咒》《雷霆妙契》(亦名《坐炼工夫》)《书符内秘》《雷霆三帅心录》等,以下仅围绕《先天一炁火雷张使者祈祷大法》,结合已有研究成果,对其行法运作程式及其要义做些探究。

大致说来,白玉蟾《先天一炁火雷张使者祈祷大法》可分解为如下程序,各道程序也有相应行法要求。具体如下:

第一步,前行。

前行:

主法、将班、宗旨、内蕴、坐炼工夫、祈祷行持。

起召:

召合(作符秘诀)、檄式、符位、天皇符、天皇咒、诗括(消息图)。

行雷:

踏翻斗柄造化、倒涌黄河、动雷、停雷、起霆、起电(鞭龙起电、起风、止风、斩虹、催雨、太乙雷钻符、天罡符)、天罡、太乙。

运用:

祈晴、祈雨、杀伐(紧用倾倒四渎法(又法))、封庙符、信雷罡。

纪实:

行持备论、雷霆三帅心录(世系)、事实。②

雷法内涵丰富,功法秘诀多端,但根本要旨有六,道书谓之"雷府六事"。白玉蟾曰:"雷有六府,非世人所知。盖其真符、真咒、真炁、真罡、真诀、真机。""夫一炁之秘,非假存想,取炁布罡,掐诀以为灵,惟以'致虚极,守静笃'六字为主。保养太和,使自己元炁纯全,自然气壮神灵,以此感彼,如谷应声。"③此"六真""六主",乃神霄雷法之灵魂,也是施法者的行功指南,贯彻于

---

① 李远国:《神霄雷法——道教神霄派沿革与思想》,四川人民出版社 2003 年版,第 92 页。
② 参见郑庆云:《略论白玉蟾雷法在丹道修炼中的作用》,《宗教学研究》2006 年第 1 期。
③ 《道法会元》卷八十四,《道藏》第 29 册,文物出版社、上海书店、天津古籍出版社 1988 年版,第 341 页。

各程序环节。

上述程序中，"纪实"属于附录部分，而"前行""起召""行雷"及"运用"乃行施雷法的四个步骤程式。其中，"前行"实乃准备阶段，从功法操作层面讲，主要包括"内蕴""坐炼工夫""祈祷行持"等事宜。白玉蟾对这些环节都有明确要求，譬如说"内蕴"，白氏强调施法者"法自先天玄妙处，无言可说。其要在守乎中正"；须使"灵台莹彻，太乙神居玄府，先天炁入玄关穴，寂然不动感而通"。意思是说，施法者应心静入虚，契合道本，冥合万化，让先天炁入玄关穴，以身神感通自然神，为"运风雷，祈雨雪，役鬼神，祛妖孽"做好准备。然而，这毕竟属于无为工夫，行此工夫，亦非易事，仍需建立在"坐炼工夫"之上。

关于坐炼工夫，赤松子尹真人有口诀，曰："两眼对两肾，认取此中间。忽然一声响，霹雳透泥丸。复运丹田养，如蜜甜又凉。有人达此者，即可返仙乡。"白玉蟾进行分段解释。兹摘录如下：

**两眼对两肾，认取此中间。**

凝神定息，舌拄上腭，心目内注，俯视丹田。片时存祖炁氤氲，绵绵不绝，即两肾中间一点明，又名曰"破地召雷法"。

**忽然一声响，霹雳透泥丸。**

当一阳初动，存祖炁自下丹田，透过尾闾，微微凸胸偃脊，为开下关；觉自夹脊而上，运动辘轳，微微伸中，为开中关；却缩肩昂头，觉过玉京入泥丸，为开上关。师云："夹脊双关透顶门，修行只此是为根。"此名"开天门"也。

**复运丹田养，如蜜甜又凉。**

当觉津液满口，闭息合齿，微微吞咽，如石坠下丹田，师云"华池玉液频吞咽"。即中理五炁，混合百神，十转回灵，万炁齐仙。刀圭橐籥，阖辟工夫，皆在此矣。①

白玉蟾"师云"内容，皆出自陈泥丸《翠虚篇》，表明师徒雷法思想之一脉相承。此"祖炁"，即"先天一炁"，如其《玄珠歌注》云："玄牝，祖炁也。乃天地之根，性命之本。人能知此一窍，为道则真，为法则灵。乃神炁之化，坎离之

---

① 《白玉蟾全集·坐炼工夫》（下册），宗教文化出版社2013年版，第568页。

精";"玄牝为五炁之祖,若要运用,须是先闭五炁,祖炁方有所养。开晴致雨,斡旋造化,须仗此发用。"①譬如泥丸宫中"五气朝玄(元)",诚如李远国先生所言,它属于"周天"功法,所谓"周天"功法,即运炼三宝之法,包括四象和合、五气朝元、三花聚顶。这种功法要求练功之际,含眼光,凝耳韵,调鼻息,缄口气,此谓和合四象;夫眼不视而魂在肝,耳不闻而精在肾,口不开而神在心,鼻不息而魄在肺,四肢不动而意在脾,故曰五气朝元;以精化气,以气化神,以神化虚,故曰三花聚顶。② 此"坐炼工夫"如同丹道内炼,如其所云:"人之修炼,要神炁混合,内炼成丹,则圣胎凝结";③在白玉蟾那里,内外贯通,丹法相即,所谓"内炼成丹,外用成法。神炁散乱,法不灵也",而且道法之灵验,建立在神炁凝结为丹之基础之上。

白玉蟾认为,"坐炼工夫"乃有为转入无为不可或缺的环节:"谓如升坛行事,则须凝神静定,闭息绵绵,瞑目练神,密运内旨。金精木液,真炁真神。我即元始,元始即我。机动则神聚,念动则彼应。若精炁不全,想念妄杂,此造化之外事也,又何益耳?"④按照雷法机理,行雷施雨,实乃以人身金精木液、真炁真神,感念天地间风雷雨雪之神,是否可以感念,基本条件在于施法者自身修炼工夫——若有精进工夫,自然机动则神聚,念动则彼应;若精炁不全,想念妄杂,则不足为是。

关于"祈祷行持",意在帮助力有未逮者,劝其以虔诚敬意,恭请诸天神祇保佑,助其施行雷法;另外,也要求行法者收摄神炁,专注诚敬,使其在行法中体会如何致虚极守静笃,加强内功修炼。如白玉蟾说:"古之圣人以道学难入,世欲易迷,设科戒仪范之文,以一其外;著注念凝神之法,以正其心。复以炼气胎元之方,制其食味。又以祈真朝谢之品,涤其过尤。然后趋于学。无学之徒,臻乎冥寂,栖于损又损之府,契乎无为,则邪谲之关键不开,镇静之醇和可致。"⑤

---

① 盖建民:《白玉蟾文集新编》,社会科学文献出版社 2013 年版,第 320 页。
② 李远国:《雷法、丹道与养生》,《宗教学研究》2010 年增刊。
③ 盖建民:《白玉蟾文集新编·玄珠歌注》,社会科学文献出版社 2013 年版,第 319 页。
④ 《道法会元》卷八十二,《道藏》第 29 册,文物出版社、上海书店、天津古籍出版社 1988 年版,第 321 页。
⑤ 《海琼白真人语录》,《道藏辑要》娄集第七册,第 22 页。

第二步,起召。

起召,即召请诸天雷部神兵神将降临坛前。须以脾土为中心,致虚守静,脾窍若开,金光乍现,遣使召将,以合神真。而召请天兵天将须用符咒之术,"白玉蟾以丹道为基础,重新阐释古老的符咒之术,把符咒之术建立在元气论的基础之上。"①白玉蟾认为,"今但专佩一箓,专受一职,专行一法,专判一司文字,于一司将吏前,专用一符一水,不过只是心与神会,用之则灵耳";"咒之意义,贵乎心存目想,则号召将吏,如神明在前之说"。② 指出符水灵验与否,要在"心与神会""心存目想"。正如上官真人诗曰:"一笔分明无起止,此是雷霆玄妙理。若能念念不忘吾,三界万神咸顶礼。"白玉蟾注解说:"凡行持须备香案,面南焚香,跌坐定息凝神。两手雷局握固,瞑目定心。却以两目下视两肾,舌拄上腭。待气定神凝,魂安魄妥,见吾心如太阳,大如车轮,红光赫奕,九芒交射,恍有〇〇〇三字,金光粲然。一吸入至心宫,见心如莲花状,三字在太阳莲花中。微觉玉液水生,即咽下注入心宫,自然如真晶玉露自莲花内出,下降滴入玄府,如日月之光明照彻五内。真水滴注,飒飒有声,水火激剥,自然火发风腾。却运自三关冲焰而起,入中宫祖气根蒂之内,即用意一提透,上玉楼十二重,过刚风浩气,直至八宫之内。众妙之门,日月交映,遍身火热,金光朗耀,光芒四进,此即金弹丸也。再运收入中宫,微微咽津纳气,存注祖气穴中,充塞中宫,永镇黄庭,金光迸耀,表里洞明。每日于子午卯酉时中运一次,如此修持,更得名师点化,玄妙渐可成也。"③可见,书符内秘,在于内炼功夫,也只有深炼精进,达至炉火纯青,方可感召真灵。

白玉蟾既然为雷法传人,其所感召对象当以雷神为主,在他看来,行法者须知雷霆将吏体系。其《太上九天雷霆大法琅书序》云:

雷霆火师曰:昔在龙汉之初年,浮黎之始劫,虚无之表,混沌之先,浩气结成太乙,下降谓之玉清。神母元君,自然圣胎,化生九子。其长,则元始天尊;其末,则神霄真王也。夫真王应九元之运,总九气之真,而神霄乃

① 李远国:《神霄雷法——道教神霄派沿革与思想》,四川人民出版社2003年版,第257页。
② 《海琼白真人语录》卷一,《道藏》第33册,文物出版社、上海书店、天津古籍出版社1988年版,第113—114页。
③ 盖建民:《白玉蟾文集新编·书符内秘》,社会科学文献出版社2013年版,第326—327页。

九霄之上霄,为九清之玉清,所以真王在乎高上神霄玉清府也。所掌者何? 盖五雷之总司也。……雷部则有帅,雷府则有宰,雷城则有将,雷局则有官,雷天则有君,雷门则有吏。震为雷官,巽为雷门。大曰雷,小曰霆。雷主善,霆主恶。然万物之于天地间,其禀性赋形,而与雷霆何异焉! 太上混元皇帝括阴阳之妙,操造化之机,作为符图印诀罡咒之文,乃成九天雷霆大法琅书,以付有道之士。得之者兵随印转,将逐符行,役使风雷,区别人鬼,代天行化,佐国救民,辅正除邪,剪妖酘毒,明彰天威,显扬道法。……雷之气,乃中天大魁之气,故中央之数系乎五,恐其气数皆五,而曰五雷也。得法之士,自非刚毅中正而邪佞懦怯,不可行也。苟能精勤香火,朝谒帝真,孜孜度人,切切济物,三千功满,八百行圆,手握龙泉,腰横雷玺,部领将吏,飞步太空,可胜快哉![①]

"符图印诀罡咒之文","九天雷霆大法琅书",实乃文字符号系统,是行法道士必修功课。白玉蟾要求施法者,手飞、足步并口念、心存:"吾奉上帝勅召五雷,雷奔电激,助我行威。天将天兵,互换相随,扫荡妖孽,摧魔伐非。神光所照,万恶俱摧。流铃急召,雷火奔飞……"其间,除默诵密咒召请,亦需作符运符,而且"(施法者)先须设案焚香,点检纸笔。俱顺却,凝神静定,端坐密运精炁神,会聚于一,取笔于手(祈雨则用覆手取笔,祈晴则用仰手取笔),密诵心咒。凝定良久,消息一到,作意下笔。一点于纸,乃使者先天之炁已成。"令作符时之精炁神化为先天元始之精炁神,"奋身丁立,乘怒意,一笔扫成。意与笔俱转,炁与笔俱运,并无间断。恍惚之间,心与神会,将逐令行。""本将符体,初无正形,务要笔力劲健,形势急躁,教师聚会,意炁相随,一笔而成。书毕即遣发而去,不可九滞。"白氏以一消息图作小节,说明祈请晴雨要求有别,要在"晴则左机先动,雨则右机先动"。[②]

第三步,行雷。

行雷,即布雷行雨、驱妖斩魔。白玉蟾于此详述人体与天体之对应关系,认为天罡即天地之心,与人心相比拟对应,天罡与人心分别是主宰天地与人身

---

① 盖建民:《白玉蟾文集新编》,社会科学文献出版社 2013 年版,第 303—304 页。
② 《道法会元》卷八十二,《道藏》第 29 册,文物出版社、上海书店、天津古籍出版社 1988 年版,第 322 页。

之中枢,二者因道炁相通无碍,于是,以人心感通天罡便成为行雷程式的核心。白玉蟾《玄珠歌注》曰:"天罡,心也。以心运诸炁,动阳则阳报,动阴则阴报。运转五行,常朝上帝。斡旋造化,颠倒阴阳,随机而应。"①在传统宇宙观看来,天地人相应,如说"上应天之五星,中应人之五藏,下应地之五岳";②人身与天地相副,木火土金水五星,在人乃对应肝心脾肺肾。五行生克的原理,不仅适用于自然界之风云雷雨电现象生成,也可运用在人为祈雨祈晴活动中,这也是道教雷法的行功法则之依据。所谓"五炁往来,生生化化";"五行生旺墓魁克,方成造化"是也。③

从操作层面而言,施法者"闭息内观,五炁自聚,炁满泥丸,方朝上帝"。其实,"泥丸,万神会约之所,乃上帝所居"。这就要求,"行功之际,运炁自尾闾上度夹脊双阙关,直至泥丸,方得天翻地覆,晴雨随机"。在白玉蟾看来,"木肝火心。木能生火,火从木而生。以木生火,火乃祈晴祈风之窍也"。所谓"风者巽也。火者心也。雷者胆炁也。电亦火也。雨者肾水也。运动自己阴海之炁,遍满天地,即有雨也。晴者,心火也。想遍天地炎炎大火,烧开自身炁宇,乃晴也";"金肺水肾,金能生水,水从金生。以金生水,以水克火,乃金水辅太阳,祈雨之妙也";"诸炁无土,不能造化。随炁生克者,如祈雨,金水相生,木火相得;动雷,金木相克也"。④ 祈雨动雷,本于五行生克原理,要在五炁往来激荡,玄于"吾"之神通法力。

所谓"踏翻斗柄造化",亦名"烹山煮海",具体而言:

> 山者,心也。海者,元海也。斗柄者,亦心也。盖天以斗斡旋造化,人以心图万事。凡作用,须静定。候消息至,则缩水谷道,紧咬牙关,闭炁,以鼻引清炁归心,不可出炁,则心自摇动。如炁冲塞上运至顶,则电光亦入斗矣。腹中鸣动则为雷矣。雷电即作,则雨亦降矣。⑤

可见,以人身脏器(身神)与情志对应天地自然现象,将雷雨视为天地大

---

① 盖建民:《白玉蟾文集新编》,社会科学文献出版社 2013 年版,第 318 页。
② 盖建民:《白玉蟾文集新编》,社会科学文献出版社 2013 年版,第 320 页。
③ 盖建民:《白玉蟾文集新编》,社会科学文献出版社 2013 年版,第 320 页。
④ 盖建民:《白玉蟾文集新编·玄珠歌注》,社会科学文献出版社 2013 年版,第 318 页。
⑤ 《道法会元》卷八十二,《道藏》第 29 册,文物出版社、上海书店、天津古籍出版社 1988 年版,第 325 页。

怒之行,与人之发怒乃胆气发作相匹配,易言之,以人身之胆神感召自然之雷神,祈请雷神携雨,便是施法者不宣之秘,其间,对内外消息的感受能力,白玉蟾还提出很高要求:当消息一至,施法者应"以舌拄左窍,缩谷道,阴炁自然上升,从顶门送下华池,甘露降而为雨。华池水满,甘甜妙甚,决有大报应",此即"倒涌黄河"。①

在白玉蟾雷法思想中,"神乃自己元神","上帝乃泥丸真人,即我也","我口是敕,随吾令行",吾"号召万神,无不听令",②"肝者木也。心发火,肝神方怒,自体魂惊。我怒即上帝之怒,鬼神孰敢不惧,听令施行? 肝神,辛君也,青炁也。"③所谓"三帅者,邓辛张是也。心为邓帅,肝为辛帅,脾为使者。意诚则使者至,肝怒则辛帅临,心火奋发则欻火降。"④"盖本法以邓帅在心,辛帅在胆,张帅在肾,皆按其祖所王天下之德。自天一生水,地二生火,天三生木而论,火不假土而激,岂足以济其炎。木不假水以溉,岂足以发其秀。况木能生火,土独居水火之中,实主五行。"⑤其实,"雷霆三帅,本一家人也。……主帅为欻火邓伯温,判官为负风辛汉臣,使者为直符张元伯。欻火者,神首之名也。负风者,乃扶风之讹也。即以父兄之子为氏之义。直符者,主直雷霆符命之职也。"⑥"脾中宫土也。念头急切,有感皆通,不疾而速,不行而至,动天地,感鬼神。人之至诚尚能之,况执法之士耶。脾神,使者也,黄炁也。"⑦所谓"动雷",即"以胆为体,以怒为用","以念相感",具体来说,其要点如下:

> 使者以胆为体,以怒为用。雷霆乃天之威。人以怒炁合之,声震万里,警诫无道。怒合之说,要紧闭二目,内视二肾,塞二穴,怒火降,真水升,极阴激老阳。身中消息,触机而动,念头到处,雷亦到彼。雷声若在四山,或在干上响动,宜用诏诏之。如雷在云头上鸣而无雨到坛,则用勾雷

---

① 《道法会元》卷八十二,《道藏》第29册,文物出版社、上海书店、天津古籍出版社1988年版,第325页。
② 盖建民:《白玉蟾文集新编·玄珠歌注》,社会科学文献出版社2013年版,第321页。
③ 盖建民:《白玉蟾文集新编·玄珠歌注》,社会科学文献出版社2013年版,第319页
④ 盖建民:《白玉蟾文集新编·玄珠歌注》,社会科学文献出版社2013年版,第319页。
⑤ 盖建民:《白玉蟾文集新编·雷霆三帅心录》,社会科学文献出版社2013年版,第329页。
⑥ 盖建民:《白玉蟾文集新编·雷霆三帅心录》,社会科学文献出版社2013年版,第329页。
⑦ 盖建民:《白玉蟾文集新编·玄珠歌注》,社会科学文献出版社2013年版,第319页。

法,用黄纸半幅书 Ø,转过来,到下一直落,即焚之,立效。……凡雷震云头,风从对起,当请太乙逐天罡,于雷上复过雨,后喝雷神于此,大降甘雨。令牌一震,吾策乃行。①

之后,白氏还介绍了停雨、起电诸法,及效验欠佳时的应对催雨之术等。

第四步,运用。

运用,即结行。前述程序完成妥当,即可展开祈晴或祈雨仪轨。前者是天罡赶太乙,欸,究其质乃以阳逐阴;后者乃太乙赶逐天罡,忽,实乃以阴逐阳。"太乙者,乃会阴穴至阴之炁也。其穴在谷道前,水道后,正陷中。其炁低头引腹缩二穴,则其炁自升,即捲水擒龙妙用也。"②但运用起来,也务必切记如下几点:

"金木水火,相生相克,土者不动。诸炁无土,不能聚会,不能生发。土,脾也,意也。脾神乃使者。但水年戊月不必祈雨,还则本身犯祖讳也,达道者不为也。"③

"先行阳火遍身,次行阴水,缩谷道,放下水火相交,引上昆仑,便有雨也。""如祈雨运用之时,遍身冷汗沾衣,凄惨惊寒,即大雨降。""祈雨之时,冷汗先湿左臂,东方雨起;先湿右臂,西方雨起;湿于头,南方雨起;湿于肾,北方雨起。"④

"天罡煞炁。罡星在丑,炁冲斗牛。心怒则煞炁发。行持之际,以心大怒,紧咬牙关,忍炁忿怒而作,以北方之炁一吹,天倾地裂,雷雨大作。"⑤

有关"杀伐",其要点在于"太乙打天罡。臧。豐。"操作要领为,"怒发天罡,以天皇诀引下塞谷道,伺气无容,以无名指掐大指中文天皇诀,引下至膝,万窍俱泄,大怒发去"。⑥

---

① 《道法会元》卷八十二,《道藏》第29册,文物出版社、上海书店、天津古籍出版社1988年版,第325页。
② 《道法会元》卷八十二,《道藏》第29册,文物出版社、上海书店、天津古籍出版社1988年版,第326页。
③ 盖建民:《白玉蟾文集新编·玄珠歌注》,社会科学文献出版社2013年版,第318页。
④ 盖建民:《白玉蟾文集新编·玄珠歌注》,社会科学文献出版社2013年版,第322页。
⑤ 盖建民:《白玉蟾文集新编·玄珠歌注》,社会科学文献出版社2013年版,第320—321页。
⑥ 《道法会元》卷八十二,《道藏》第29册,文物出版社、上海书店、天津古籍出版社1988年版,第326页。

最后一个环节为"信雷罡",要领如下:

> 一踏天地暗,子兑。二踏万里光,丑玉。三踏诸星暗,卯玉。吾身是雷王。坤己。雷公,巽过未。电母,午过己。风伯,巽午。雨师,子未。五岳,末。四渎,坤申。天下城隍,酉兑。雷霆三省,戌。玉帝有敕,亥玉。命令天皇。子。雷祖大帝,丑。役使九罡。玉兑。溪源潭洞,兑申。圣井龙王,坤离。雷轰八极,离午。霆震十方。子巳。稍有违慢,未。摄赴魁罡。巳出。急急如九天雷祖大帝律令。

诗曰:

> 三七二十一,青天轰霹雳。若人遇此罡,破地召雷毕。①

以罡步配时辰八卦,人神相合,时空联通,将风雨雷电等生发止息之能力信息,纳入吾身,运诸掌上。白玉蟾《跋上清灵枢山雷火云秘法》云:"关尹子曰:'衣摇空得风,气嘘物得水。水注水即鸣,石击石即光。'知此说者,风云雷电皆可为之。盖风云雷电,皆缘炁而生。炁缘心生,犹如内想大火,久之觉热;内想大水,久而觉寒。知此说者,天地之德,皆可同之。仙人谭景生《化书》云:'动静相磨,所以化火也;燥湿相蒸,所以化水也;水火相勃,所以化云也;汤盎投井,所以化雹也;喷水向日,所以化虹霓也。'由是知风云可以命,霜雹可以致,阴阳可以召,五行可以役。"②道生气化,气缘心生。行法道士内炼己身,"以阴阳生克,作用木郎咒以盖之,运霹雳两边,合起雷火以激之,山倾谷沸,霹雳迅发,雷光奔飞。却加入鸣灭摄,直下藏阳出阴,祈晴祷雨,轰灭淫恶。复以腥烟合同加罡触发,加以欻火太乙真符,大煞,役使社令神祇。夫如是而取报应,顾不伟欤"。在他看来,人神互通相感,道法人心相应,其间性灵妙玄,惟诚可格。此所谓"吾等三神,素扶玄化。人心道法,杳杳莫明。间有灵者,格其诚耳。"他声称自己,"显微阐幽,历穷所据,用之既勿疑,授之顾不轻。可谓法海之砥柱,后学之津梁。符到奉行,吾当力是"。③ 足见其对神霄雷法之信仰之坚定,对施法行功之使命之忠实,对正己度人之能力之自信!

---

① 《道法会元》卷八十二,《道藏》第 29 册,文物出版社、上海书店、天津古籍出版社 1988 年版,第 327 页。

② 盖建民:《白玉蟾文集新编》,社会科学文献出版社 2013 年版,第 306 页。

③ 盖建民:《白玉蟾文集新编·雷霆三帅心录》,社会科学文献出版社 2013 年版,第 329 页。

### 三、行功效验与价值诉求

玄门自立教以来就有"积功累德"的济世传统,道门人士通过做"真功",行"真行(heng)",累积善德,磨炼心性,脚踏实地,拔人疾苦,度人困厄,以躬行道法来济世利民,彰显大道的慈爱精神。常言道,人能弘道,非道弘人。玄门以弘道为己任,但弘道效验大小、质量高下,关键在于行道者自身功力,在于其综合素质。道教金丹派南宗以行施雷法、符咒等道法而著称,南宗高道们亦以施法惠民为自己的天职。白玉蟾在诗文中自号神霄散吏、神霄故吏、神霄谪仙等,凸显其所奉行之雷法之神圣性与神秘性,以及自身使命之神圣性,这种神圣性或许与其功行效验相关,这种神秘性或许即为"非其人不传"之道门传统之鲜活注脚——其《题三山天庆观三首(神霄吟三绝)》诗曰:

> 渺渺神霄天,玉京何岌嶵!
> 琼花露泣蕊,琪树风鸣条。
> 瑶妃侍云笈,羽童舞金翘。
> 嗟彼世间人,红尘徒朝朝。
>
> 紫琼飞清都,翠云护绛阙。
> 不见有星辰,俯视但日月。
> 下世二千年,不敢向人说。
> 吾已成金丹,留下飞仙诀。
>
> 玉皇香案吏,金阙紫垣卿。
> 宝炉烹日月,铁石鞭雷霆。
> 晓炼西山云,夜煎北斗星。
> 城南告树精,吾家在瑶京。①

诗中既有对神霄天府的风景人物描述,也有对斋醮法会的科仪规程刻画,更为重要的是对内炼金丹与外行雷法之间的关联启示。"吾已丹成",却"不

---

① 盖建民:《白玉蟾文集新编》,社会科学文献出版社 2013 年版,第 25 页。

向人说",不说而已,但须"内炼刀圭,外储功行。体天行化,佐国救民"。① 在白玉蟾那里,佐国救民不是空泛之论,而是要化为利人度人之功行,并以切实功效助人解危化厄。

道人并非仅仅独善其身,他们还将施法度人视为义不容辞的社会责任,而且能力愈强,其肩负的责任也就愈大,其法事活动也自然就不会少。白玉蟾《雷府奏事议勋丹章》云:"约于今年十二月辛亥日,遣令五雷官吏将兵,预赴元应太皇府,录功纪绩。并于丙子年正月初一天腊之晨,径上玉清朝谒,乞于三月初七日得预天曹举选赏会,至于正月初一日甲子之晨,太乙简阅神祇之旦,使五雷将吏各获一功,听候正月十五日上元天府官赐福之晨,悉赴北极紫薇璿枢宫,例出一职,各转一资。臣当愿九玄七祖同获升迁,三界鬼神咸沾福利。然后愿臣祈晴祷雨,召雪兴云,摄呼雷电,驱风降雹,封山破洞,伐庙除魔,诛斩蛟龙,制伏狼虎,驱禳水火,遣逐旱蝗,为民禳灾,驱邪治病,行遣符命,显现报应。"②此处所及乃实施雷法,为民祈福,为民造福之法事活动安排。

在不同的法事活动中,白玉蟾以不同的角色司职,也以不同的称号自处,如《忏谢朱表》末云:"太岁丙子嘉定九年正月,上清大洞宝箓弟子五雷三司判官知北极邪院事臣白某表奏。臣姓白,系金阙玉皇选仙举进士,见在醮坛所伏地听命。"③其时,白玉蟾身为"上清大洞宝箓弟子",职为"五雷三司判官、知北极邪院事";在《雷府奏事议勋丹章》,白自称"初霄典雷小吏""金阙选(仙)士";在《表奏法坛传度首过谢恩朱章》《法曹陈过谢恩奏事朱章》皆为"金阙选仙举进士"。

符咒是道教常用道术。白玉蟾不仅将符箓应用于"祈晴祷雨,召雪兴云,摄呼雷电,驱风降雹"等自然生态问题上,而且还兼采符咒、外丹之术,用之于"驱邪治病,行遣符命"等民生民瘼上。其实,后者亦与师承宗风密切相关。

《历代真仙体道通鉴》卷四九曰:"每人求符水,翠虚捻土付之,病多辄愈,故人呼为陈泥丸。宋徽宗政和中,擢提举道录院事。后归罗浮,以道法行于世,所至与人治鬼。……济人利物,效验有不可撰者。……以丹法授琼山白玉

---

① 盖建民:《白玉蟾文集新编·传度谢恩表文》,社会科学文献出版社 2013 年版,第 295 页。
② 盖建民:《白玉蟾文集新编》,社会科学文献出版社 2013 年版,第 293—294 页。
③ 盖建民:《白玉蟾文集新编》,社会科学文献出版社 2013 年版,第 288 页。

蟾,其出入白玉蟾常侍左右。"①可见,白玉蟾之师陈泥丸,其道法高深,不仅可以捻土符水为人治病,而且还会驱鬼降魔,不仅在民间受拥戴,而且为朝廷所擢提,个中缘由,即其道法效验之不可掩。陈与行《跋陈泥丸真人翠虚篇》云:"翠虚之门,有鞠九思、沙道昭、白玉蟾,皆心传口授,其高弟也。是三人者,不可得而见,幸白公岁一逢焉。翠虚之道,得白公而益显。"②常言道,"名师出高徒",白玉蟾乃泥丸高足,诚然师出有名,道行不浅,据彭耜《海琼玉蟾先生事实》载:"嘉定癸酉(1213 年),翠虚假水解于临漳,复出于武夷,悉受诸玄秘,先生尽得其旨。乃披发佯狂,走诸名山,足迹几遍。人有疾苦,或草或木,或土或炭,随所得予之,饵者辄愈。"可见,由于得到泥丸真传,白玉蟾道法医术也甚高明,其治病救人,可谓药到病除。

"翠虚之道,得白公而益显",其中"益显",意即更为显扬,易言之,徒弟将师父之道发扬光大了,此可谓"青出于蓝而胜于蓝"!何以见得白玉蟾"青出于蓝而胜于蓝"?陈与行《跋陈泥丸真人翠虚篇》亦不乏说明:"嘉定丙子,余来金华,海南白公,比岁再遇,邂逅辄弥日欤!议论滚滚,无非发明其师之道,平生出处甚悉,盖泥丸学者徒也。"如果说陈楠修内丹以固命求真,行雷法以济世度人,那么,其高足白玉蟾可谓承前贤丹法发扬光大,集玄门道术别开生面。譬如对道门符篆的校正,对炼度的阐发,对行持功夫中教外修持理论的吸收等,都属创新之举。

彭耜《海琼玉蟾先生事实》云:"乙亥(1215 年)冬,武夷詹氏之居,火光坠其家,延先生拜章以禳之。已而大书一符于中庭,是夕闻户外万马声,有呼云火殃已移于延平某人之家。验之果然,信慕益众。"南宗符篆,也是一类符号,承载着不可思议的信息,蕴涵难以言表的能量。符篆之用,即对此类信息与能量的转移与传播。白玉蟾用之驱邪禳祸,符到灾止,众人信服羡慕不已。

另据《海琼玉蟾先生事实》载:"丙子春,过江东,憩龙虎山。先是,宫主王南玘感梦甚异,夙兴而先生至。上清篆才一阅,记诵无遗。至于符篆,亦不少差。岁旱,诸羽流诵木郎咒弗应,先生乃为改正,诵之,果雨,人疑为虚靖后

---

① 《道藏》第 5 册,文物出版社、上海书店、天津古籍出版社 1988 年版,第 385 页。
② 盖建民:《白玉蟾文集新编》,社会科学文献出版社 2013 年版,第 369 页。

身。"①符箓若要用之有效,最基本的要保证符箓自身正确无误。白玉蟾在道教实践中,发现一些道友施法失灵,原来问题出在符箓咒语上。《白玉蟾全集》卷十《木郎祈雨咒》咒文后有柳智通跋语,曰:"唐宋以来,皆诵木郎咒祈雨,然旧本错误颇多、白紫清祖师特为改正,并加注释。诚心持诵,其感应必矣。唯咒本,世间不多概见。壬戌秋,于《道藏全书·白真人集》内,得此咒本,敬付梨枣,以公同志。尤望善信之士,广为流布,庶几四海永无亢旱之虞,万姓共享丰穰之乐。其功德岂可胜量哉?"②校正符咒,不只是文本勘定的"小学"事宜,更是关涉民生水火、万姓丰穰的国家大事,其功在当代,利在千秋。

宋末元初虞集《景霄雷书后序》云:"浦云吴君者上清道士,得坐致雷雨役使鬼神之法,不自以为功。已而去之北游燕赵诸郡,得景霄雷书于异人,而未尽通其说。闲居京华幽坊静室,与学者数人居香火。清夜玉蟾降其室,亲为校正其疏略,剖析其精微,内以自修外以救世。灿然朗耀,莫逆于心。浦云告于玉蟾曰:天不爱地道不爱宝,请以所定书藏诸名山以俟来者如何?玉蟾肯之。"③此序虽以天降神人的手法,描写白玉蟾校正雷法事宜,在常人看来不足为信,但对"天不爱地道不爱宝""正之藏诸名山以俟来者"之论而言,确实是包括白玉蟾在内的玄门道真的一贯主张与做法。

佛门以"佛""法""僧"为"三宝",佛教宗旨劝人皈依佛法僧三宝。与此类似,道教亦有"三皈五戒",其中,"三皈"即皈依"道"——"道"原本虚空难知,但一气化三清,化为尊神;皈依"经"——"道可道非常道","道"于"经"中见真义;皈依"师"——师父答疑解惑,导人向道。佛教"以福利施与人"为"布施","所施虽有种种,而以施与财物为本义"。其中包括,"舍财济贫"的"财施","说法度他"的"法施","以无畏施与人"——救人之厄难的"无畏施",及"笔施"——"见人之发心书写经典,以笔施之,助成善缘"、"墨施"——"见人书写经典,以墨施之,助成善缘"、"经施"——"刊造经板,施与于人,使之读诵"等等,其中,最高的布施乃法布施,这是通过"说法使人闻之而修因证果"

---

① 盖建民:《白玉蟾文集新编》,社会科学文献出版社 2013 年版,第 376 页。
② 盖建民:《白玉蟾文集新编》,社会科学文献出版社 2013 年版,第 219 页。
③ 《道法会元》卷一〇八,《道藏》第 29 册,文物出版社、上海书店、天津古籍出版社 1988 年版,第 484 页。

的最上的"布恩施惠"。① 借用佛学概念,白玉蟾校正疏略,教人正法,导人正行,促成正果,其弘道功德,不正如佛教倡导诸多布施之中最高品级的"法施"吗?

出生入死是众生共同的人生路径,生死两端蕴含诸多的人文意涵,不同的文化对"生死大事"都有自己的价值诠释与应对策略,包括道教在内的宗教亦不例外。在诸多应对策略中,济生度亡乃道人人道关怀的重要方式,炼度便属此类道术。白玉蟾师徒曾对此有过探讨:

> 元长问曰:"尝疑炼度是两件事,不知是否?"答曰:"《度人经》云,生身受度一也。又云死魂受炼二也。今观《朱陵景仙度命箓》文,有曰:南昌官所摄二官,一曰上官,一曰下官,上官主受炼司事,下官主受度司事。生身在下土,故以下官主之;死魂升上天,故以上官主之。总而名之曰朱陵火府,亦曰南昌炼度司。今人所称南昌上官受炼司真官典者,所用受炼司印,却并主生身受度符箓事,委是无据。既言南昌受炼司,而又称上官受炼司,此又无据。今不须言上官下官,亦不须说受炼受度,但言南昌炼度司,却用本司印,方有所本尔。其印文曰:'南昌炼度司印'。只用人间叠篆,方圆一寸三分。"

> 耔问:"召将或用叱咄可乎?"答曰:"前辈有云:敬之如君父,驱之如仆使。盖呼召将吏之说,则是以神感神也。人若无威,则神不全。凡呼召时,须是秉太上之敕命,则左右呵斥,俨然若存,庶几可以我之神而役彼之神也。"②

炼度即祭炼度亡之术。白玉蟾指出,所谓炼度的两事,可指生身受度为一,死魂受炼为二。针对当时炼度科仪中一些败乱科典现象,"白玉蟾根据《灵宝玉鉴》辨析炼度科仪,亦强调行法要有科教义理的根据。""白玉蟾和弟

---

① 参见丁福保编纂:《佛学大辞典》之"布施"条,文物出版社 1984 年版,第 431—432 页。
② 谢显道编:《海琼白真人语录》卷一,《道藏》第 33 册,文物出版社、上海书店、天津古籍出版社 1988 年版,第 112—113 页;亦见盖建民:《白玉蟾文集新编·海琼白真人语录》,社会科学文献出版社 2013 年版,第 91 页。

子讨论科教义蕴,认为科教的科戒仪范等各种法术,都旨在使人臻于无为之道学"。① 功行有本、法不离道,此乃白玉蟾之基本主张,离苦得乐是法师炼度的价值取向。

白玉蟾指出,雷法符咒之效验,在于施法者之内在功夫,功夫愈深则其法效验愈灵,反之,功夫不到,其效验便没了保障,进一步追究,施法者之内在功夫又该如何炼就? 在白玉蟾看来,系于其人身之心之修炼,他说:

> "至道在心,即心是道。六根内外,一般风光,内物转移,终有老死,元和默运,可得长生。……至道之要,至静以凝其神,精思以彻其感,斋戒以应其真,慈惠以成其功,卑柔以存其诚,心无杂念,意不外走,心常归一,意自如如,一心恬然,四大清适。"②

> "万法从心生,心心即是法,语嘿(默)与动静,皆法所使然。无疑是真心,守一是正法。守一而无疑,法法皆心法。法是心之臣,心是法之主。无疑则心正,心正则法灵。守一则心专,心专则法验。非法之灵验,盖汝心所以。"③

"万法从心生,心心即是法",此为"心法"。在白玉蟾看来,"心法"即"道法","即心是道"——以人心合道心,使至道在吾心,修之炼之,以至于道心合一,心道不二。"法是心之臣,心是法之主",炼就心功,是施行道术(道法)的前提,也是功行效验的保障。白玉蟾《道法九要·行法第六》云:"夫法者,洞晓阴阳造化,明达鬼神机关,呼风召雷,祈晴请雨,行符咒水,治病驱邪,积行累功,与道合真。超凡入圣,必先明心知理,了了分明,不在狐疑。……救人功满而证仙阶,而为妙果欤!"④紫清真人这里强调的是道教法术追求的是"与道合真",乃行法之终极价值目标,意在告诫道友法师,其施法行事并非为显能而行法,亦非仅为事功而施法,诸如"呼风召雷,祈晴请雨,行符咒水,治病驱

---

① 张泽洪:《论白玉蟾对南宋道教科仪的创新——兼论南宗道团的雷法》,《湖北大学学报》(哲学社会科学版)2004 年第 6 期。

② 谢显道编:《海琼白真人语录》卷三,《道藏》第 33 册,文物出版社、上海书店、天津古籍出版社 1988 年版,第 130 页。

③ 谢显道编:《海琼白真人语录》卷三,《道藏》第 33 册,文物出版社、上海书店、天津古籍出版社 1988 年版,第 135 页。

④ 盖建民:《白玉蟾文集新编》,社会科学文献出版社 2013 年版,第 73—74 页。

邪”，无非秉道持义，行道仗义之“积行累功”，其终极的价值诉求乃“救人功满而证仙阶”，修得妙果，此仙果即合道之人格化形式。白玉蟾认为，“世间所有一切法，法中所有一切门，此皆合药之方，治病之药也。须知汤使，其药始验”；“心乃法之汤使也”。① 也就是说，心是联通道与法之媒介，亦是融通道法，见诸效验之枢纽。

道门谓人之仙化，常以驾鹤而去来表述，“追鹤”乃玄门秘诀。白玉蟾《追鹤秘法》云：

> 愚于甲辰岁末，忽庆会于宝盖武阳之洞，奉事一心。乙巳天腊日，具状投香，礼拜求师收录，点化金丹火候造化，自是心印默契，俱符证验。因是念师之恩高于须弥，深于大海，虽粉骨碎身，莫能报德也。师不云乎：勤而不遇，必遇至人。遇而不勤，终为下鬼。心常昼夜二六时中，不忘此戒，决志勉进，转加坚固，愿成清净解脱无上正真大道，以度玄祖父母、三师法友、亿劫种亲，普及法界众生，同往仙家之乐，岂敢此生容易蹉过耶！动静忽觉数年，复又所获仙师召鹤之书，岂偶然哉！于是三伏于地，礼谢祖师仙师，得蒙付授，可以行持，钦崇仙化，证果登真。凡召鹤之士，要是修真佩箓，道德及人，累有功积在天，德泽万民，祈祷雨旸，济度幽显，玄功广博，名列仙阶，官极一品、二品，乃可行之。甚验。然要是祖师鹤会斋大善缘中，方可于三日前行持。限定日时，方有准验。若非高品职任道德之士，则不可召之。得此法者，慎勿轻泄也。若轻泄者，立遭天谴。可不慎乎！秘之秘之。②

白玉蟾《追鹤秘法》文中罗列了“召直符”“召鹤合同符”“催鹤符”“归鹤符”等仪轨，除“修真佩箓”之技术性标示之外，亦对召鹤之士提出了善德善功要求，包括“道德及人”“功积在天”“德泽万民”及“祈祷雨旸，济度幽显，玄功广博”等，以此作为召鹤之必备资质条件，不可或缺，否则，无论其法力有多高，也不配有召鹤之资格。由此可见，善德善功对生命仙化之基础性意义。

---

① 谢显道编：《海琼白真人语录》卷一，《道藏》第33册，文物出版社、上海书店、天津古籍出版社1988年版，第111页；亦见盖建民：《白玉蟾文集新编·海琼白真人语录》，社会科学文献出版社2013年版，第89页。

② 盖建民：《白玉蟾文集新编》，社会科学文献出版社2013年版，第337—338页。

生命炼养犹如婴儿孕育,需要多重营养,以成其全;内炼外用,也可借力发力,以成其大。白玉蟾对"坐炼工夫"之末句"有人达此者,即可返仙乡"作注曰:"复存祖炁在中黄脾宫,结成一团金光,内有一秘字,觉如婴儿未出胞胎之状。咽液存炼,金光结聚,忘机绝念,然后剔开尾闾,涌身复自夹脊双关直上,师云'紫府元君直上奔'。心目注射,胸间迸裂,自眉间明堂而开。仰视太虚,金光秘字分明,充塞宇宙,则火炎中使者现。师云:'踏翻斗柄天昏黑,倒卷黄河水逆流。'又云'倾翻北海万重云,卷起黄河千丈雪'是也。"①这里两次提到的'金光秘字',传统内丹学中不曾有见,此属雷法修持中所特有。"究其根本,则取自佛教唐代密宗的'修种子字'法。至于'使者',为驱使雷部诸神的真灵,亦为丹道中所无"。② 可见,行持法术不仅是内功的运用,反之,通过施法度人也有助于增强法师的内炼功力,或者说,行持道法也是在修炼丹道,在白玉蟾那里,这些皆为生命修持炼养,而且是一种开放式的生命大道之修为,没有儒释道之疆界,消弭宗派门户之成见,只要有利于修行即可,因为修行大道才是人生之根本出路。

一般人将"内炼成丹,外用成法"之"法"理解为雷法符咒等功法,这是把内丹与外法分为两端来看,此两端说可备为一说;若换一思路,基于国人的思想文化深处,向来便有"一天人""合内外"的人文传统,就金丹派南宗而言,其丹道理论与生命实践又何尝不是接续此传统? 内炼不离外法,外法难舍内炼,仅就修道而言,合药凝丹,既有内炼人身精气神的功夫,又有外炼自然铅汞药精的作为,只不过在历史的不同时段,不同门派各有侧重,从而,内炼与外炼呈现出或显或隐的不同状态而已,尤其是在南宋时期,金丹派南宗虽以内修称道,但并不排斥、也没放弃外炼之努力,在白玉蟾那里,甚至是将整个社会视为一个大的炉鼎,不仅认为人身之内可以修炼结丹,而且认为时时处处皆有丹,此丹须有心人、体道人,时时留意,四处炼养,方可成就,因为人生处处皆道场,事事含道性,于事于物于人皆可积功累德——换言之,修道之士内炼于己,丹

① 白玉蟾原著,董沛文主编,周全彬、盛克琦编校:《白玉蟾全集·坐炼工夫》(下册),宗教文化出版社2013年版,第568—569页。
② 李远国:《神霄雷法——道教神霄派沿革与思想》,四川人民出版社2003年版,第256—257页。

成而仙化,同样的道理,推之于人,用之于世,视他人、社会为炉鼎,采药烧炼,
也会有丹成仙化之功效,这种功效体现为风调雨顺、人际谐和、社会良性发展
之生生不已的康泰祥和的生命状态。

# 第九章  人生之美

　　白玉蟾是一位杰出的道教思想家和"天仙才子",他一生勤于创作著述,乐于传道授业,是典型的"文教道士"——有人称道"先生博洽儒术,出言成章,文不加点,时谓'随身无片纸,落笔满四方'";他还擅长运用诗词手法弘道传教,随机开示道友门徒,教人"学诗有似学仙难,炼句难于学炼丹"。① 王时宇《重刻白真人文集叙》称赞白玉蟾是"固天仙才子,合而为一"的旷世奇才。其文辞典雅、空灵缥缈,诗文多被收入《全宋文》《四库全书》及唐宋诗词集多种版本之中,较为集中的如《葛白叟诗集》《海琼摘稿》《海琼子词》等。盖建民先生在前人工作基础上,以清同治戊辰(1868 年)重刻《白真人集》所收白玉蟾诗词为底本,参照明万历甲午《琼琯白真人集》诗词内容,与《葛白叟诗集》《海琼摘稿》《海琼子词》所收内容相互补充,对比校勘,考订出处,斟酌文字,汇集现存《道藏》《藏外道书》《中华续道藏》及方志文献中散佚的白玉蟾诗词,辑校出《白玉蟾诗集新编》,共收录白玉蟾诗词 1412 首,是目前收集白玉蟾诗词篇目之大全。②

　　白玉蟾作品有一显著特点,那就是立足人世近境,着眼体道悟真,畅达修仙理想,即便描绘山水人物,言及行住坐卧,也不离联想神仙佳境。要言之,其诗文立于人生凡尘,出于生活负累,臻于生命完满。如其《卧云》诗云:"满室天香仙子家,一琴一剑一杯茶。羽衣常带烟霞色,不惹人间桃李花。"③将完美的得道成仙境界,与眼前的修行生活,尤其是修道者的虚怀若谷的胸襟意境与

---

① 《海琼白真人全集》卷六《赠诗仙》,《道藏精华》第十集之二,自由出版社 1994 年版,第832 页。

② 盖建民:《白玉蟾诗词集新编》,社会科学文献出版社 2013 年版,第10 页。

③ 《武夷集》卷五十一,《道藏》第 4 册,文物出版社、上海书店、天津古籍出版社 1988 年版,第818 页。

淡泊名利的生活方式,交融一体,显示出作者高超的艺术手法。通过这种艺术手法,将常人眼中繁杂无奈的人生事务,甚至是道人修行过程的枯燥乏味与艰辛苦痛,转化为向道而修、秉道而行之臻美航程中的生命浪花。

# 第一节　人生之美的界定

白玉蟾身为金丹派南宗实际创立者,其弘道传教活动本身便会带有自身文化特质。在白玉蟾看来,人生的展开即为依道修行,无论是修行场所,抑或是修行过程,时时处处无不充满着大道之美,需要修道者细心体会、慢慢品味,最为基本的,应透过"天光水色"之盎然生机与"胎神范形"之化生景象,去感悟生命大道的无限美妙,并以这种道妙观照修行生活,体味修道妙意真情,而不应只视其为"苦行僧"般的索然无味。

## 一、"天光水色"之盎然生机

山林之静谧、江河之畅达,通常会成为文人墨客欣赏的自然景观,人们对于这些自然景观往往流连忘返,甚至是乐不知返;在欣赏这些自然美景的同时,他们常常寄情山水,借景言志,以此表达其对美好生活、美妙意境的憧憬向往。对此类憧憬向往,也可以理解为是一种对凡尘生活的艺术化超越。《庄子·知北游》便蕴含此意。《庄子》认为天地自然是最美的:"天地有大美而不言,四时有明法而不议,万物有成理而不说。"天地之大美、四时之明法、万物之成理,此皆自然客观之存在,而此等存在均属不言不语的生命存有;如此生命存有一旦纳入人的视阈,便可与人构成一生命共在,与人形成意义关联,抑或成为人的欣赏对象,抑或成为人的情志寄托。人之精神生命一旦融入天地自然生命,便同天地同在一片美域之中,易言之,人由于精神通达天地而自获其美。无论是将天地自然视为美的欣赏对象,抑或是美的情志寓所,人始终融入美之中,成为美的重要组成部分。这种美不乏"道通为一"之整体美韵,究其质,乃道之美。

与庄子的亦诗亦哲的理路不同的,亦有将山水自然视为可居可游者,如宋代著名的山水画大家兼理论家郭熙,其《林泉高致》曰:"山水有可行者,有可望者,有可游者,有可居者,……但可行可望不如可居可游之为得。"文人墨客对"可居可游"的优选,其实表达的是"一种生活的风神和人生的理想",一种对"整体自然与人生的牧歌式的亲切关系"①。这种田园牧歌式的乐趣,在笔者看来,类似欧阳永叔《醉翁亭记》所谓"醉翁之意不在酒,在乎山水之间也"之感受。"文教道士"白玉蟾也有此等美意感受。我们不妨摘录其诗作《赠方壶高士》,从其所绘景致,感受此意:

> 蓬莱三山压弱水,鸟飞不尽五云起。
>
> 紫麒晓舞丹丘云,白鹿夜啮黄芽蕊。
>
> 浩浩神风碧无涯,长空粘水三千里。
>
> 中有一洞名方壶,玉颜仙翁不知几。②

诗中"丹丘",乃传说中的海外神仙居所,此地昼夜长明,没有黑暗。如屈原《远游》曾云:"仍羽人于丹丘兮,留不死之旧乡。"旧题晋王嘉《拾遗记》亦云:"有丹丘之国,献玛瑙瓮,以盛丹露。"再者,"方壶",也是神仙驻地,其自有出处,早见于《列子·汤问》:"渤海之东,不知几亿万里,有大壑焉,实惟无底之谷。其下无底,名曰归墟。八纮九野之水,天汉之流,莫不注之,而无增减焉。其中有五山焉:一曰岱舆,二曰员峤,三曰方壶,四曰瀛洲,五曰蓬莱。其山高下周旋三万里,其顶平处九千里,山之中间相去七万里,以为邻居焉。其上台观皆金玉,其上禽兽皆纯缟。珠玕之树皆丛生,华实皆有滋味,食之皆不老不死。所居之人皆仙圣之种,一日一夕飞相往来者不可数焉。"这里的"岱舆""员峤""方壶""瀛洲""蓬莱",即传说中的海中五座仙山之名,又称"五神山",乃神仙居处。其中,"方壶"亦名"方丈",而且,"方壶""瀛洲""蓬莱"此三者,又常被合称为"三神山",如《史记·秦始皇本纪》:"齐人徐市等上书,言海中有三神山,名曰蓬莱、方丈、瀛洲,仙人居之。"《史记·封禅书》云:"自威、宣、燕昭,使人入海蓬莱、方丈、瀛洲。此三神山者,其传在渤海中,去人不远;患且至,则船引风而去。盖尝有至者,诸仙人及不死之药皆在焉。其物禽兽尽白,而黄金银为宫阙。"如此一来,"丹丘""方壶"自然会被白玉蟾于诗文中常

---

① 李泽厚:《美学三书》,安徽文艺出版社1999年版,第171页。
② 盖建民:《白玉蟾诗集新编》,社会科学文献出版社2013年版,第84页。

常提及。

既然是赠送方壶高士的诗作,作者无疑会言及方壶本身的状况,然而,诗人并没直接描述其景其物,而是发挥自主想象,联想蓬莱、方丈、瀛洲三山仙岛,勾勒那里的碧空、瑞风、紫气、丹丘、弱水等,由此呈现出一种若隐若现的神仙胜境,境中依稀可见祥鸟、麒麟、白鹿等吉祥品类与长寿仙人相伴左右,更有一洞名曰方壶,此洞乃修道高士炼养修真之所。作者先对修道之士理想中的蓬莱三山仙境作一描绘,带人进入其所营造的艺术空间,再以紫、丹、黄、白、碧等祥和色彩作点缀,道出仙境中与修真证道直接关联的内丹术语与修为方式,譬如"晓舞丹丘云""夜啮黄芽蕊",再从"浩浩神风"与"三千粘水"之中,拨云见日,让人眼前一亮——境中有洞,"洞名方壶",且洞中有人,此乃修真高士,此乃"玉颜仙翁",他人不知其高寿几何!——诗作者这里既描绘出令人神往的仙界佳境的自然景观,烘托出一片吉祥谐和的炼养氛围,给人思想以无限驰骋的联想空间,又由远而近,由面及点,勾勒出一修真高士及其具体炼养场所,并以此高士之形神状态——所谓"玉颜""不知几(岁)"——为落脚点,将修真场所之自然景致与人物证道活动融为一体,形成一无以言表的美妙画卷。整幅画卷,妙趣横生,气象非凡。画中既充满生命的律动,又不乏神秘的静谧,静中有动,动中有静,此动无疑是指高士修炼金丹活动,包括晨练晓舞动、夜啮昏合等,此静既包括修道人所处的自然环境,又指向修真所梦想的天国仙境。如果说修真自然环境是天然自在的话,那么,这一天然环境也有待有心人去寻求;而天国仙境也与自然环境不无关联,联系二者的津梁与枢纽,便是修道之士——正因为修道之士心中有仙梦,并且以真信实修为保障,通过变化气质,以至于脱胎换骨,进而可能跃升步入天国仙境。

道教称神仙所居之名山洞府为"洞天福地",道教文化中亦有十大洞天、三十六小洞天和七十二福地之说。较有代表性的相关文献,譬如,唐代杜光庭之《洞天福地岳渎名山记》,北宋张君房《云笈七签》之"天地宫府图"。在白玉蟾眼里,人生便是修行,只要心中有道,一心向道,随时随地便有道场,而丽川秀峰只为悟道修行提供些许便利。

"江右福地"自古道风畅飚,不少高道大德也曾在赣鄱大地弘法传道,白玉蟾便是其中之一,白氏诗文对此也多有记载,《涌翠亭记》便是其一。

修江,亦即今江西修河,乃鄱阳湖五大水系之一。修江源出于幕阜山南麓(湖南平江、湖北通城和江西修水三县交界处),经铜鼓、修水,至武城(即今江西武宁),城西河畔有一山,其"翼然如舞天之鹤,婉然如罩烟之龙",故名柳山。"山之下而江,江之上而亭。亭曰'涌翠',盖取东坡'山为翠浪涌'之句。"紫清真人于此作《涌翠亭记》,由此记不难解读其于自然"天光水色"之审美情趣:

> 观其风物,披其景象,如章贡之郁孤台,如浔阳之琵琶亭者,涌翠亭也。飞翚际天,倒影蘸水,天光水色,上下如镜,烟柳云丝,高低如幕,绿窗漏蟾,朱檐吸雨,华橡跃凤,鳞瓦铺鸳,四榻无尘,一间如画。

> 若夫风开柳眼,露浥桃腮,黄鹂呼春,青鸟送雨,海棠嫩紫,芍药嫣红,宜其春也。碧荷铸钱,绿柳缲丝,龙孙脱壳,鸠妇唤晴,雨酿黄梅,日蒸绿李,宜其夏也。槐阴未断,雁信初来,秋英无言,晓露欲结,蓐收避席,青女办装,宜其秋也。桂子风高,芦花月老,溪毛碧瘦,山骨苍寒,千崖见梅,一雪欲腊,宜其冬也。复何所宜哉!朝阳东杲,万山青红,夕鸟南飞,群木紫翠,桐花落尽,柏子烧残,闲中日长,静里天大,渔舟唱晚,樵笛惊霞。

> 芦湾不尽,凫渚无穷,挽回亭前,酌以元酒,招入酒里,咏入新诗,名公钜儒,鳞蹄叠副,骚板如栉,峻韵如霜,前者唱,后者和,长篇今,短篇古,亦莫罄其趣也。最是春雪浮空,高下玉树,夜月浸水,表里冰壶,渔歌断处,碧芷浮天,帆影落时,绿芜涨岸,菰蒲萧瑟,舟楫往来,其乐自无穷也![①]

上述所记看似是在对自然景观挥笔着墨,对四时变化刻意描摹,然而,亦不难发现在"天光水色""烟柳云丝"间,不无渔歌樵笛、"菰蒲萧瑟",推而论之,作者所描述的真可谓人物交融、动静相宜的和合胜境。当然,传统文人墨客很少为写景而写景者,白玉蟾亦不例外——在作者那里,回落现实人生,观照生命超越,此情此景方可探究其生命意义,倘若可以触动心灵才可彰显其人生价值。如其文末所言:"予亦酩酊,明日追思,世事如电沫,人生如云萍。蓬莱在何处?黄鹤杳不来!"——既然人生如流云浮萍,世事似闪电泡沫,一切皆变幻莫测,甚至转瞬即逝,何不突破此凡尘藩篱,探索究竟解脱之道?——

---

① 盖建民:《白玉蟾文集新编》,社会科学文献出版社2013年版,第254—255页。

此乃作者真意所在。

细究起来，白玉蟾为何作《涌翠亭记》时着重突出"天光水色"？不难发现，除了作为文学艺术手法，将客观自然山水与人文理想境界相贯通之外，作者自身的道教宗师身份亦不可忽视，因为"天光"自然给人无限的遐想，"水色"乃明显富含道意——以水喻道是道门不变的传统，以光言灵亦宗教通用的文字手法——对于金丹派南宗而言，《涌翠亭记》中的"天光水色"背后，是一片大道生机，修道之士若能参透此大道生机，潜心修炼，何愁蓬莱难及，黄鹤不来？

真正参透大道生机，精通陶冶机理，亦并非易事，需时时体悟天道，处处分辨真意。为此，我们不妨欣赏白玉蟾另一首七言排律《慵庵》。其诗云：

> 绛阙清都旧姓名，此生落魄任天真。
> 横窗古砚前朝水，挂壁闲琴几日尘。
> 幽草莫除沿石静，落花不扫衬苔匀。
> 倩风来作关门仆，借月权为伴酒人。
> 书史无言古滋味，关山不动画精神。
> 有茶不作蜗牛战，无梦可为蝴蝶身。
> 一得自家慵底事，幽禽檐外一般春。①

"慵"，意"懒"，如唐代白居易《咏怀》诗："有琴慵不弹，亦与无弦同。"紫清真人描述的《慵庵》主人，以仙都有名自居，以率真遂性为式，"幽草莫除"，"落花不扫"，何以如此？只因花草皆含春意，一切皆蕴生机，犹如白玉蟾《修道真言》所揭示："春桃多艳，是三冬蕴藏之真阳也；秋菊多黄，是三伏聚养之真阴也。此中玄理，意会者得之。"自然界娇艳欲滴的春桃、金黄琉璃的秋菊，花姿卓越，逗人喜爱，然而，几人去理会，又有几人知晓，在其繁华倩影之后、之外，何以至此的生机玄理。于此，别人或许不屑一顾，但修道之士却在静观玄览中，悟出是自然大化、阴阳际会的道理。于是乎，与寻常人士"幽草皆除"、"落花必扫"之忙碌不停相较，修道之士却是另外一种行为方式——何必有劳自身，如此徒耗精神？反倒不如，顺遂草长英落去，任凭清风自关门，或可邀月

---

① 盖建民:《白玉蟾诗集新编》，社会科学文献出版社 2013 年版，第 164—165 页。

来伴酒,一同品茗静观书,纵使"书史无言",其实意涵千古,你看那"横窗古砚",盛纳的又何尝不是"前朝之水"? 史书记载的,又何尝不曾有"瞬间亦可永恒"的生命奇迹? 在常人眼里,人生乃以个体生命精神耗尽为终结,终究逃脱不了色身腐朽之宿命,但在词作者看来,倘若能够专心"自家慵底事",休管"闲琴几日尘",力求专注身心修为,"不作蜗牛战"伐,便可达至《庄子》刻画的"庄周化蝶"般的"神奇",此亦永葆人生之树常青之回春良方。正如白玉蟾《汉宫春·次韵李汉老咏梅》词作所描绘:

潇洒江梅,似玉妆珠缀,密蕊疎(疏)枝。

霜风应是,不许蝶近蜂欺。

嫣然自笑,与山樊、共水仙期。

还亦有,青松翠竹,同今凛冽年时。

何事向人如恨,半苍苔,半倚临水荒篱。

孤山嫩寒放晓,尚忆前诗。

黄昏顾影,说横斜、清浅今谁。

它自是,移春手段,微云淡月应知。①

作者通过对江梅"玉妆珠缀,密蕊疎枝"等生命状态进行描摹,霜风凛冽的气候条件的铺垫,以及"半苍苔,半倚临水荒篱"的生存环境的刻画,加之不见蝶飞蜂涌,毅然孤傲潇洒、自得其乐,凸显修真之士入定体道、心无旁骛之超凡卓绝。词人借梅喻人,一方面借助梅花生命力的旺盛,畅达自己对梅花品质的欣赏,另一方面从中体悟出"移春手段"的高妙。这一妙手回春的手段,正是修道之士孜孜以求的发现美、创造美的重要方式与途径。达此境地,自有难以言表之美妙。白玉蟾《契妙》即表此意:

契妙堂中静养神,神凝气聚一壶春,

青山绿水无非道,翠竹黄花有几人?

世味不知千百世,身中还更两三身。

一从契得虚无妙,明月清风是我邻。②

---

① 盖建民:《白玉蟾诗集新编》,社会科学文献出版社 2013 年版,第 318 页。

② 盖建民:《白玉蟾诗集新编》,社会科学文献出版社 2013 年版,第 126 页。

　　修真之士从体认道教之"道——人——仙（道）"的生命机理，到悟出"青山绿水无非道"的普遍法则，经由"神凝气聚一壶春"的逆返功夫，再到合道"契得虚无妙"的超越状态，终究会与"明月清风"长依守，生命便与日月永同春。

## 二、"胎神范形"之化生景象

　　"得意忘象""得意忘言"是美学常用术语，在历史文化传承中，也积淀成为道教炼养美学的生命基因。白玉蟾炼养思想中的"胎神范形"之化生景象，便可视为其生命基因的衍生流变。

　　《晋书·阮籍传》云："（阮籍）嗜酒能啸，善弹琴。当其得意，忽忘形骸。"是说阮籍嗜酒弹琴以至于忘掉自身的存在。中文除"得意忘形"之外，还有"得意忘象""得意忘言"，也都是强调忘，或忘掉具象，或忘掉语言。元代鲜于必仁《折桂令·画》亦云："辋川图十幅生绡，老桧森森，古树萧萧。云抹林眉，烟藏水口，雨断山腰。韦偃去丹青自少，郭熙亡紫翠谁描？手挂掌拗，得意忘形，眼兴迢遥。"看来，丹青紫翠少不得，然而，仅此绝非最高妙处，其高妙在于得意忘象、兴致迢遥。

　　再如我们熟悉的陶渊明的诗句："暧暧远人村，依依墟里烟，犬吠深巷中，鸡鸣桑树颠。户庭无尘杂，虚室有余闲，久在樊笼中，复得返自然。"这便是五柳先生勾勒的归园田居的生活图轴。陶潜先生"宁固穷以济意，不委屈而累己。既轩冕之非荣，岂缊袍之为耻。诚谬会以取拙，且欣然而归止"。仕途的不畅与人生的失意，促使其更多更深地对人生进行价值的反思与批判——经历痛苦辗转的反思，价值得以重估：在他看来，"不是外在的轩冕荣华、功名学问，而是内在的人格和不委屈以累己的生活，才是正确的人生道路。"对他而言，"无论人生感叹或政治忧伤，都在对自然和对农居生活的质朴的爱恋中得到了安息。"[1]在白玉蟾看来，"陶渊明当刘氏代晋之季，耻为斗米之所折腰，去而归柴桑，终日娱心于酒，是欲忘世者也。"[2]不期当朝执事，隐心柴桑乡里，适

---

①　李泽厚：《美学三书》，安徽文艺出版社 1999 年版，第 108 页。
②　盖建民：《白玉蟾文集新编·心远堂记》，社会科学文献出版社 2013 年版，第 256 页。

情园田闲居。惟其"心远地偏",超然事外,诗化人生,渐至"醉梦物我,糠粃天地,湛然无营,泊然不谋,故其诗文超迈群俗"①。陶潜如此"湛然不谋","归园田居",其闲居之"归",不也正是一种参透人生仕途,回返自然天地的生活方式选择?仕途多变,命运多舛,既然生命之轮终究无非九九归一,何不顺应自然大化,回归天地山水?陈寅恪先生于此有深刻剖析,其《陶渊明之思想与清谈之关系》一文指出:陶潜"惟求融合精神于运化中,即与大自然为一体。……自不致与周孔入世之名教说有所触碍,故渊明之为人实外儒而内道。"此"外儒内道"式人生模式之论,自有一番道理,笔者不妨进一步追问:这种对自然运化的回归,是否也是其叶落归根、根入泥土的情感皈依?除此之外,是否还另有蹊径?

在宗教人士眼中,人生在世也就意味着行走在修行、修持的生命旅途;在道门中人看来,人的一生,亦即与道为一的修炼过程,而且在修持、炼养的过程中,又有许多讲究。譬如说,"一方面要选择环境,设静室,避喧哗之声,喜良好采光,并且通风;另一方面则要求调心,控制情感活动,排除忧虑,然后才能进入'守一'的具体修持"②。白玉蟾于武夷山驻云堂,为道众讲经宣道,阐发体道之幽思,他有感于"苦趣众生","生死死生",循环不已之现实,生发出"慈悯众生之美意"。他说:"瞥然于五浊恶世之顶,所视苦趣众生,生死死生,如蚁施磨,不忍为之鼻酸。于是胎其神于尘胞,范其形于色界,自襁褓以及了冠,不昧夙昔,常生修真养元之念,发猛勇心,办精进力,易服毁形,问津于道家者流,以此可见其慈悯众生之美意。"③白玉蟾不仅道出同侪道友济世利人之志,而且指明一条修己了道以救人出尘之途,个中关键在于切实"修真养元",真正"胎神范形"——在白玉蟾看来,这是一以仙道信仰为前提,以"胎神范形"为要义,以化生跃迁为景象的美化生命的过程。兹摘录《驻云堂记录》以示其意:

---

① 盖建民:《白玉蟾文集新编·心远堂记》,社会科学文献出版社2013年版,第256页。
② 詹石窗:《道教文化十五讲》,北京大学出版社2003年版,第237—238页。
③ (南宋)白玉蟾:《驻云堂记》,《修真十书·上清集》卷三十七,《道藏》第4册,文物出版社、上海书店、天津古籍出版社1988年版,第773页;亦参见盖建民:《白玉蟾文集新编·驻云堂记》,社会科学文献出版社2013年版,第251页。

（玉蟾）或垢面而松发，或赤足而秃鬓。或冠逍遥如意之冠，或服灵静清淡之服。或青巾纸袄，或巨剑长琴。或单瓢只笠，或藜杖芒鞋。倘徉乎井里，萧散乎廛陌。世之人以目争睹，以手争指，耆以告稚，甲以喻乙，此则道人也。夫道不可得而名言，惟弘之在人耳，所以前辈著述丹经，又形而为之歌诗契论，皆显露金丹之旨，必欲津筏后学，率归仙畛。所谓铅银汞砂者，即龙虎水火也。所谓乌兔房璧者，即马牛龟蛇也。所谓夫妇男女者，即君臣子母也。所谓乾坤坎离者，即天地日月也。喻之为丁公黄婆，名之为婴儿姹女，假之为黄芽白雪，不过阴阳二字。觊觎乎尸解，积渐乎飞升。以要言之，形与神也，身与心也，神与气也，性与命也，其实一理。攒五行而聚五气，会三性而结三花，如是而修谓之丹，如是而入谓之道，则道人在天地间，固非庸常物。呜呼！昔年穴土以为庐，葺草以为窠（室），寒则纫兰，馁则茹芝，在于林下，一两声铁笛，发出无穷天地之秘。未得登天以前，巢其身，灰其志，惟恐闲名落人耳，又恐异状碍人目。与溪山鱼鸟相忘，与风月烟霞俱化。白云悠悠，青草芊芊，茂松青竹之下，虽不敢望肉生翅，且图千百岁，坐视桑田沧海如何？此则道人也。①

文中"与溪山鱼鸟相忘，与风月烟霞俱化"所呈现的，乃修道之士的隐修生活样态，其中虽不乏诗情画意，但却也隐含生命迁化腾跃的内在机理。

在道教生命观中，形与神是两个重要内容，二者密不可分：形须神以立，神寓形而在，而且，一般生命的存在是以"形宅神主"为特征。金丹派南宗倡导的性命双修论，自然是建立在其独特的生命观之上。如上述所谓"形与神也，身与心也，神与气也，性与命也，其实一理"。为直观方便，不妨作如是观：

形——身——气（精）——命……炼气——命功

神——心——神——性……存神——性功

---

① （南宋）白玉蟾：《驻云堂记》，《修真十书·上清集》卷三十七，《道藏》第 4 册，文物出版社、上海书店、天津古籍出版社 1988 年版，第 773—774 页；亦参见盖建民：《白玉蟾文集新编》，社会科学文献出版社 2013 年版，第 251—252 页。

在金丹派南宗丹道修为理论中,道不远人,即身有道;人之弘道,贵在合丹。然而,修道行道之士,难解"前辈著述丹经"意旨,为此,紫清真人拈出丹诀名相之间的对应关系:

铅——银——汞——砂
龙——虎——水——火
乌——兔——房——壁
马——牛——龟——蛇
夫——妇——男——女
君——臣——子——母
乾——坤——坎——离
天——地——日——月

需要说明的是,以上范畴皆为关系性存在,这种关系即便"喻之为丁公黄婆,名之为婴儿姹女,假之为黄芽白雪",其实"不过阴阳二字",因此修习丹法不可拘泥于丹诀卦爻名相,而应力求于象取意,得意忘象,着重于阴阳际会,性命和合。如白玉蟾《性命日月论》所言:"命者,因形而有,性则寓乎有形之后。五脏之神为命,七情所系也。"[1]人之修道结丹,肇端于"命合于性",因为"性命之在人,如日月之在天也"。在白玉蟾看来,"在天为明,明者,日月之横合;在世为易,易者,日月之从合;在人为丹,丹者,日月之重合。人之日月系乎心肾,心肾气交,水火升降,运转无穷,始见吾身亦与天地等,同司造化而不入于造化矣"。[2]

白玉蟾从文字构成的视角,诠释日月阴阳在自然时空、世事变迁与性命修炼之中不同的体现,虽有横向联合、纵向结合与重叠媾合之分殊,但和合为一却是它们共同的特征。尤其是在人身之内,白玉蟾所谓"胎神范形",无疑属于金丹派南宗"丹道一理,不外阴阳二字"的操持法门,其中不乏"心肾气交,水火升降,运转无穷"等生化跃迁的生命景象。这种生命景象,在其《谷神不死论》中也有说明:

① 盖建民:《白玉蟾文集新编·性命日月论》,社会科学文献出版社2013年版,第21页。
② 盖建民:《白玉蟾文集新编·性命日月论》,社会科学文献出版社2013年版,第21页。

言人身中,上有天谷泥丸,藏神之府也;中有应谷绛宫,藏气之府也;下有灵谷关元,藏精之府也。天谷,元宫也,乃元神之室,灵性之所在,是神之要也。圣人则天地之要,知变化之源,神守于元宫,气腾于牝府,神气交感,自然成真,与道为一,而入于不死不生。[1]

由此可见,天谷泥丸、应谷绛宫、虚谷关元,分别是藏神、蕴气、纳精之府库。道人之修行,也就是"借此凡色身中所有之顽物,千烧万炼,取出那一点清净无尘、至灵至神之精气神,以为真一之气,而返之于我,以成仙胎神丹耳"。[2] 此即白玉蟾所谓"胎其神于尘胞,范其形于色界"。易言之,修道合真,其实就在于即身修炼,而不假它求。何以如此?《上清九丹上化胎精中记经》道出其中原委:

凡人受生,结九丹上化于胞胎之中,法九天之气,气满神具,便于胞囊之内,而自识其宿命,知有本根,转轮因缘九天之劫,化成其身。既睹阳道,开旷三光,而自忘其所生所由之因。

人秉道受气以成其生,此生大致有两种走向:其一,顺随生气,经历生长壮老已过程,行走于出生入死之单程旅途,最终气尽人亡;其二,"自识宿命","知有本根",即生修道合药,归根复命,逆返先天,回溯"其所生所由之因"。后者,正是修道之士所取之人生抉择、修真之道,如早期上清派重要经典《太丹隐书》所高标的"立人之道":

夫人者,受生于天魂,结成于元灵,转轮九气,挺命太一,开关三道,积神幽官,所以玄液七缠,流津敷泽,日月映其六虚,口目运其神器,云行雨施,德拟天地,胞胎内生,五因来具,立人之道,其如此也。

人的身体与天地宇宙息息相通,凡夫俗子因忙于世务,几乎感觉不到这种相通性的存在,无暇顾及彼此感通,也无力借助"天地之气"炼养自身,然而,修道之士却能"通过意念引导调动人和神明(即'天地之气'),亦即人和先天

---

[1] (南宋)白玉蟾:《谷神不死论》,《修真十书杂著指玄篇》卷四,《道藏》第4册,文物出版社、上海书店、天津古籍出版社1988年版,第618页;亦参见盖建民:《白玉蟾文集新编》,社会科学文献出版社2013年版,第22页,后者与前者个别处有异:"灵谷"与"虚谷"、"入于"与"归于"。

[2] 黄元吉著,蒋门马校注:《道德经讲义·乐育堂语录》,宗教文化出版社2006年版,第181页。

世界之间的本来联系,调动人身中遗传因素(所以道教历来有'祖孙承负'的考量)和个人资质中所包含的可以作为修行基础的能量场。在杳冥的状态下,借存思激发出原本蕴涵在人体内的灵性(即'自在性光'),借采身外的六气调动身内的先天一炁,同时也利用日月灵光清除体内的阴邪因素(即阴滓尸气、三尸、尸贼、心魔以及魔障等等),促使人的气质和体质向阳灵方向的转化。"①此处"在杳冥的状态下,借存思激发出原本蕴涵在人体内的灵性"的修道法门,属于道教重要的心灵调节术:"存思"。

存思是道教上清派尤为擅长的修道法门,《上清大洞真经》描述了许多存思神明的场景,介绍各种神明与人体五脏六腑的对应关系,以及体内外神明感通的法度等。比较集中体现此类法度的上清经典包括《黄庭内景经》《黄庭外景经》及《黄庭中景经》,道门将之合称《黄庭经》。以《黄庭内景经·至道章第七》为例,简介其法:

> 至道不烦诀存真,泥丸百节皆有神。发神苍华字太元,脑神精根字泥丸;眼神明上字英玄,鼻神玉垄字灵坚;耳神空闲字幽田,舌神通命字正伦;齿神崿峰字罗千,一面之神宗泥丸;泥丸九真皆有房,方圆一寸处此中;同服紫衣飞罗裳,但思一部寿无穷。非各别住居脑中,列位次坐向外方,所存在心自相当。②

此章所及存思对象为体内之神,尤其针对头部,从头发到五官,简要介绍不同部位所对应的不同神灵的名称、服色及功能等,为习存思修为者指明航标。白玉蟾精通此术,对谙熟并倡导此法的上清真人杨羲、许谧等也称道有加。其诗作《题〈黄庭经〉后》云:

> 琴心玉文洞元元,金钮朱锦乃汝传。
> 子能得之可长年,黄素镇檐完且坚。
> 横理如发约两边,从有赤道如朱弦。
> 文居其间走元蚁,飞云相与为终始。
> 大道甚夷非力使,无为自然有至理。

---

① 魏小巍:《内丹话语和内丹修炼术》,《中国道教》2010 年第 5 期。

② 刘长生:《黄庭内景玉经注》,《道藏》第 6 册,文物出版社、上海书店、天津古籍出版社 1988 年版,第 501—502 页。

谁能精专换骨髓？扫去俗尘不瑕秽。

目中有神乃识真，白玉为轵装车轮。

裹以天上翠织成，仙人楼居俨长生。

鸾鹤翔舞猿猱轻，子能保之慎勿轻。

宫室之中夜自明，上清真人杨与许，

焚香清斋接神女。

手作此书留下土，千年流传子为主。

东方苍龙右白虎，四神严诃孰予侮。①

此诗前部概述《黄庭经》的基本功用：习得此经此法，犹如"黄素镇橹"，可使人躯体完好灵魂固坚；接着四句从横纵中等域位介绍头部存思景象，如发犹弦似蚁若云，皆为冥想景致物象，并提醒修行者要使内外景象始终保持相互融通；如果说这种存思冥想需要意志介入调节意念的话，那么，"大道甚夷非力使，无为自然有至理"，旨在说明，这种意志、意念应合于"大道"，力求本于"自然之理"，并且让修持者坚信：只要能专心致志于道教修炼，定能"扫去俗尘"、脱胎换骨，乃至羽化飞升；接下来四句更是从存我之神、想我之真的视角，教人将当下之身与迁化之仙相对接，设想驾乘着以白玉镶嵌车轴、翡翠装点内饰的车舆，飘然前赴琼楼仙阁；接着便是对仙界圣境的进一步描述：那里有鸾鹤自由飞翔，有猿猴逍遥漫步，宫室一片光明不见夜色，却有上清真人杨羲、许谧等笑迎八方新人；诗作最后，一方面感恩上清道派此经此法，另一方面阐明存思精义在于形神相守、内外合一——犹如苍龙、白虎、朱雀、玄武四神严守诃护，但惟有自身方为人主。要言之，就是"存我之神"，"想我之身"；不仅内外皆有神，而且有神即有景，关键在于要以我身之神、我身之景，感召身外之神、身外之景，使之相即不离。这种存神思景的修持法式，在《天隐子》中亦有论述：

存谓存我之神，想谓想我之身。闭目即见自己之目，收心即见自己之心，心与目皆不离我身，不伤我神，则存想之渐也。凡人目终日视他人，故心亦逐外走；终日接他事，故目亦逐外瞻。营营浮光，未尝复照，奈何不病

① 盖建民：《白玉蟾诗集新编·题〈黄庭经〉后》，社会科学文献出版社 2013 年版，第 40—41 页。

且夭邪？是以归根曰静,静曰复命,诚性存存,众妙之门。此存想之渐,学道之功半矣。①

这里从凡人心神逐外而不内守,故而浮光伤生的现实,反证存想内视的生理价值,进而上升到归根复命的高度,强调存想法门之于学道及仙价值目标具有基础意义。道教存思有三种主要类型:"一是存思身中景,即所谓观内景,这种类型所出现的景观往往以体内之神的形象为主,通过体内神的存思而达到对脏腑的察照和调理;二是存思体外景物,举凡日月星辰、大地、河流、云彩等等都是存思的对象。当然,道教存思外景,更多的是一种宗教境界的想象,诸如神仙胜景以及仙人遨游天宫等等场面。三是体内和体外诸景观之存思相结合。这一类是最为普遍的,其过程也相当细致。"②白玉蟾所述"圣人则天地之要,知变化之源,神守于元宫,气腾于牝府,神气交感,自然成真,与道为一,而归于不死不生",强调取法天地之要,洞察变化之源,主张体内体外互通,诸景相合不离,当属第三种类型。白玉蟾《满庭芳·修炼二首》之一,如是描述此等生命景象:

> 鼎用乾坤,药须乌兔,恁时方炼金丹。
>
> 水中虎吼,火里赤龙蟠。
>
> 况是兑铅震汞,自元谷上至泥丸。
>
> 些儿事,坎离复垢,返老作童颜。
>
> 五行全四象,不调停火候,间断如闲。
>
> 六天罡所指,玉出昆山。
>
> 不动纤毫云雨,顷刻间,直透三关。
>
> 黄庭内,一阳来复,丹就片时间。③

紫清真人所谓"神气交感""性命相合"之意象,即便是"觊觎乎尸解,积渐乎飞升",无外乎"与道为一""不死成仙"之意阈。这种生命景象在其词作

---

① 《天隐子·存想》,《道藏》第 21 册,文物出版社、上海书店、天津古籍出版社 1988 年版,第700 页。

② 詹石窗:《道教文化十五讲》,北京大学出版社 2003 年版,第 240 页。

③ 盖建民:《白玉蟾诗集新编·满庭芳·修炼二首》,社会科学文献出版社 2013 年版,第322 页。

《沁园春·修炼》中,有龙腾虎跃般的形象表述:

> 要做神仙,炼丹工夫,譬之以闲。
>
> 但姹女乘龙,金公御虎,玉炉火炽,土釜灰寒。
>
> 铅里藏银,砂中取汞,神水瑶(华)池上下间。
>
> 三田里,有一条径路,直透泥丸。
>
> 一声雷震昆山,真橐籥、飞冲夹脊关。
>
> 见白云(雪)漫天,黄芽满地,龟蛇缭绕,乌兔忻(掀)翻。
>
> 自古乾坤,这些坎离,九转烹煎结大还。
>
> 灵丹就,未飞升上阙,且在人间(寰)。①

冥想脏腑神,内炼精气神,存思其形色功能,方见"白雪漫天,黄芽满地,龟蛇缭绕,乌兔忻翻"之生命景象。如果说景致气象如此森然,侧重于生命之氤氲状述的话,那么可以说,妙趣横生则是修道过程之当下感受:

> 予所喜者,元网中兴,而妙通老人香篆不灭。及乎观之,薰炉茶鼎,潇洒之甚。复有蒲团薰毡,新砖素壁,殊不坠旧典。早书馆粥,香积有余,云集贴然,巾单挂壁。其间分形化气之士,又谁不知金汞返还之妙。出没隐显,人岂堪测!于篇诗斗酒之余,弹一两操琴,舞三四歇剑,狂歌野舞,翔然归宿,晨香夕灯,规绳整整,使江湖烟雨之叟,楚越风月之士,源源而来,栖栖而止。方见蓬莱三岛,移在目前,羽衣霓裳,端可顾揖。②

人们所见无非"巾单挂壁""晨香夕灯"之迹,却不知"金汞返还之妙",更难解"分形化气之士"何以"出没隐显",逍遥自在,其实,此皆修真合道之道人之"应世玩形"而已:

> 前所谓天上神仙,应世玩形而为道人,然则然矣,返本还源,归根复命,独不止此,当有一段奇特,世所希有。何哉?丹炉之火冷矣,白云之鹤飞矣,顶飞云玉灵之冠,衣宝华玄素之服,乘云中之青骹,驾天表之彩鸾,登霄极谒天皇。此时也,神仙应世之事毕矣。虽不至人人皆钟吕,吾恐其中间有一二,苟能具眼目,得遇青瞳漆发之人。③

---

① 盖建民:《白玉蟾诗集新编》,社会科学文献出版社 2013 年版,第 324 页。
② 盖建民:《白玉蟾文集新编·驻云堂记》,社会科学文献出版社 2013 年版,第 252 页。
③ 盖建民:《白玉蟾文集新编·驻云堂记》,社会科学文献出版社 2013 年版,第 252—253 页。

所谓"于篇诗斗酒之余,弹一两操琴,舞三四歇剑,狂歌野舞"之类的诗酒琴歌剑舞,无一例外地属于自然而然的"应世"即兴呈现形式,个中机理全在于生命大道使然,可惜世人难解其理。白玉蟾《玄关显秘论》申明:"复恐世人犹昧此理,乃复为之言曰:'以眼视眼,以耳听耳,以鼻调鼻,以口缄口,潜藏飞跃,本乎一心。先当习定凝神,惩忿窒欲。惩忿窒欲,则水火既济。水火既济,则金木交并。金木交并,则真土归位。真土归位,则金丹自然大如黍米,日复(服)一粒,神归气复,充塞天地。'"①

紫清真人描述的"充塞天地"的人生气象,类似于《孟子·公孙丑上》所谓"我善养吾浩然之气",且以"气""配义与道",那种"至大至刚,以直养而无害,则塞于天地之间",以至盛大流行、充塞宇宙之儒者生命气象。不过,儒家孟子所养之气,明显闪烁出人伦道德色彩,如《孟子·尽心上》所言,"君子所性,仁义礼智根于心,其生色也睟然,见于面,盎于背,施于四体,四体不言而喻",是将生命内具的仁义礼智诸多善端体现于其神色、表现在其身体,乃至四肢手足的动作上,那是一种清和温润的儒者气象,是一种君子善德充沛发散融通宇宙洪流的生命气象,是儒家建构的以德配天、以人德合天道的生命景象。如果说儒家以德为美、寓审美情趣与道德人格于一体的话,那么也可以说,以紫清真人为代表的道教金丹派南宗,更加凸显对生命性灵的修炼,是一种将生命内外景致进行融贯、加以美化的功夫,而且其功夫指向的完美目标,乃是寿与天齐的生命景观。

## 第二节　人生之美的呈现

人生即修行,人生之美即呈现于修行之中。在修道行道的人生之旅,"云游""隐修"之纯"真快活"与"人山俱化"之"止止"妙境,便成为白玉蟾有关人生之美的两大内容。

---

① （南宋）白玉蟾:《玄关显秘论》,《海琼问道集》,《道藏》第33册,文物出版社、上海书店、天津古籍出版社1988年版,第143页;亦参见盖建民:《白玉蟾文集新编》,社会科学文献出版社2013年版,第20页。

### 一、"云游""隐修"之纯"真快活"

孔子有言曰："知者乐水,仁者乐山;知者动,仁者静;知者乐,仁者寿。"[1]鲍照《登庐山》诗之一云："乘此乐山性,重以远游情。"柳宗元《愚溪诗序》亦言："夫水,智者乐也。"后二者或许皆不出夫子本意。此"乐"(yao,音"药"),乃"喜好"之意。在孔夫子那里,看似智者与仁者之喜好有别,他们之于水之动与山之静,各有所好,其生命状态亦呈现出"乐""寿"之不同殊胜。至于一代宗师白玉蟾,其寻师访道,却是云游万里山川,随处感悟"隐修"大道之纯"真快活"。

道者之修道,既以行之于道为要,又以返之于道为求。其间自有其人生理论预设。清同治年间,题为"太白金星李降笔于秣陵之至善坛"之《修道真言·序》言："盖道之大原出于天,天之命于人者,即此一点灵光耳。人人具此灵光,无分贤愚,无论贵贱,莫不能全受全归,以后天返先天,厥性复初,不堕轮回,不堕地狱,拔祖超玄,永作世外之客,长享快乐之天。"[2]在道门中人看来,万物皆禀道性,人乃万物之灵,道之于个人即为"一点灵光",推衍之,现世之人,"无分贤愚,无论贵贱",莫不"具此灵光";此一点灵光乃现世生命之先天基础,也是个人后天修炼的前提条件,更是生命修为的根本内容,所谓"以后天返先天,厥性复初",即复返于生命之源点、性命之本原;复返原本的生命形象,具有超脱生死轮回的能力和"长享快乐之天"的特征,故而,成为修道之士孜孜以求之价值目标。在紫清真人那里,"云游""隐修"皆为修道合真的生命实践方式,这种生命实践不同于寻常百姓之处在于,此中有超出凡俗趣事的"真快乐"。白玉蟾《云游歌》之一于此有如下本真写照:

> 云游难!云游难!万里水烟四海宽。
>
> 说着这般滋味苦,教人怎不鼻头酸!
>
> 初别家山辞骨肉,腰下有钱三百足。

---

[1] (南宋)朱熹:《四书集注》,岳麓书社 1985 年版,第 116 页。
[2] (南宋)白玉蟾:《修道真言》,《藏外道书》第 23 册,巴蜀书社 1992 年版,第 798 页;亦见白玉蟾原著,董沛文主编,周全彬、盛克琦编校:《白玉蟾全集》(下册),宗教文化出版社 2013 年版,第 495 页。

思量寻师访道难，今夜不知何处宿。
不觉行行三两程，人言此地是漳城。
身上衣裳典卖尽，路上何曾见一人？
初到江村宿孤馆，鸟啼花落千林晚。
明朝早膳又起行，只有随身一柄伞。
渐渐来来兴化军，风雨萧萧欲送春。
惟一空自赤氄璠，囊中尚有三两文。
行得艰辛脚无力，满身瘙痒都生虱。
茫然到此赤条条，思欲归乡归未得。
争奈旬余守肚饥，埋名隐姓有谁知？
来到罗源兴福寺，遂乃捐身作仆儿。
初作仆时未半月，复与僧主时作别。
火云飞上支提峰，路上石头如火热。
炎炎畏日正烧空，不堪赤脚走途中。
一块肉山流出水，岂曾有扇可摇风？
且喜过除三伏暑，踪迹于今复剑浦。
真个彻骨彻髓贫，荒郊一夜梧桐雨。
黄昏四顾泪珠流，无笠无蓑愁不愁。
偎傍茅檐待天晓，村翁不许宿檐头。
闻说建宁人好善，特来此地求衣饭。
耳边但闻惭愧声，阿谁肯具慈悲眼。
忆着从前富贵时，低头看鼻皱双眉。
家家门首空舒手，那有一人怜乞儿。
福建出来到龙虎，上清宫中谒宫主。
未相识前求挂搭，知堂嫌我身褴褛。
恰似先来到武夷，黄冠道士叱骂时。
些儿馊饭冷熟水，道我孤寒玷辱伊。
江之东西湖南北，浙之左右接西蜀。
广闽淮海数万里，千山万水空碌碌。

云游不觉已多年，道友笑我何风颠。

旧游经复再去来，大事忽忽莫怨天。

我生果有神仙分，前程有人可师问。

于今历练已颠顶，胸中不着一点闷。

记得兵火起淮西，凄凉数里皆横尸。

幸而天与残生活，受此饥渴不堪悲。

记得武林天大雪，衣衫破碎风刮骨。

何况身中精气全，犹自冻得皮迸血。

又思古庙风雨时，香炉无火纸钱飞。

神号鬼哭天惨惨，露冷云寒猿夜啼。

又思草里卧严霜，月照苍苔落叶黄。

未得些儿真受用，如何禁得不凄凉。

偶然一日天开眼，陈泥丸公知我懒。

癸丑中秋野外晴，独坐松阴说长短。

元来家里有真金，前日辛勤枉用心。

既得长生留命诀，结茅静坐白云深。

炼就金丹亦容易，或在山中或在市。

等闲作此云游歌，恐人不识云游意。①

李白《行路难》对人生之路之艰难亦感同身受，但诗人在感叹世事之难的同时，仍不乏"长风破浪会有时"的雄心，坚信终将成就"直挂云帆济沧海"的壮举，其诗原文如是："金樽清酒斗十千，玉盘珍羞直万钱。停杯投箸不能食，拔剑四顾心茫然。欲渡黄河冰塞川，将登太行雪满山。闲来垂钓碧溪上，忽复乘舟梦日边。行路难，行路难！多歧路！今安在？长风破浪会有时，直挂云帆济沧海。"

对于白玉蟾祖师而言，问师求道不乏颠沛辛酸，然而，在他看来，道人不必为此"怨天尤人"，其实这些乃难得的人生财富，因为它磨砺了自身心性，使自己更加坚定了神仙信仰，正如他诗中所言："我生果有神仙分，前程有人可师

---

① 盖建民：《白玉蟾诗集新编》，社会科学文献出版社 2013 年版，第 88—90 页。

问。于今历练已颠顸,胸中不着一点闷。……偶然一日天开眼,陈泥丸公知我懒。癸丑中秋野外晴,独坐松阴说长短。元来家里有真金,前日辛勤枉用心。即得长生留命诀,结茆静坐白云深。炼就金丹亦容易,或在山中或在市。等闲作比云游歌,恐人不识云游意。"经年累月的寻师访道,颠沛流离的孤寂无助,饥寒交迫的云游生活,不仅不被常人理解,反倒被讥讽为疯癫错乱,即便是在同修"道友"那里,也常不被待见,反遭白眼,然而在紫清真人看来,"幸而天与残生活,受此饥渴不堪悲",生存的艰辛何以撼动自己坚定的仙道信念——他人所谓的自找苦吃,在紫清真人却被视为人生历练与意志考验,此即"于今历练已颠顸,胸中不着一点闷",笃信"我生果有神仙分,前程有人可师问"。精诚所至,金石为开,天赐泥丸仙师,一语道破天机:"元来家里有真金"——原来,道在身中,不假外求;而且,"炼就金丹亦容易","长生留命"要靠自己。

身中载道,"我命在我",对于白玉蟾,着力更多的还是即心修道,此修内在也包括挺立道心,排空俗念,其间最为基本的,应笃实坚信不动摇,一心向道不畏险。关于心中有道,不畏艰险这一点,他曾写五言古诗《少年行》一首,充分表明了自己在艰辛云游中的独特感悟:

> 寸心铁石壮,一面冰霜寒。
> 落叶鬼神哭,出言风雨翻。
> 气呵泰山倒,眼吸沧海干。
> 怒立大鹏背,醉冲九虎关。
> 飘然乘云气,俯道视世寰。
> 散发抱素月,天人咸仰观。①

此诗貌似励志作品,但却弥漫着非同寻常的道风仙气——方寸之间不乏铁石般的壮志,此志与冰霜寒雪相较,更显其凌云冲霄之气势,这种气势若诉诸文字,足以泣鬼神,若述以言语,则可翻云覆雨。不仅如此,此人更有"气呵泰山倒,眼吸沧海干"之神奇,及"怒立大鹏背,醉冲九虎关"之能耐。何以至此?原来,此人非常人也!此乃与道合一的神仙——您瞧祂,"飘然乘云气",何等逍遥;"俯道视世寰",何等超迈!——其实,诗中描述的不仅是天人景仰

---

① 盖建民:《白玉蟾诗集新编》,社会科学文献出版社 2013 年版,第 11—12 页。

的神仙之奇异状态,更是一种"散发抱素月"的超迈生活方式,是一种将修道生活日常化,将证仙理想现实化的双向互动的生命炼养方式。于是乎,日常生活中的知情意行,无一例外地与修道登仙关联起来,所谓"泰山""沧海""大鹏""九虎"便都有了修道意涵,成为生命修为的重要内容,而"气呵""眼吸""怒立""醉冲"也就成为炼丹过程的重要步骤与环节。这种在类似扫洒应对、举手投足的生活细节中修道合药的生活方式,因为有对生道合一、结丹证仙的信仰观照,貌似凡俗琐碎的生活,于是显得不再寻常,并且可以让人乐此不疲,乐而忘返——生中有道,道在生中,以现世此生契合恒久大道,便是修仙者确定不易的人生模式,这种模式犹如石中蕴火,火藏石内,但火光对石头而言,既是一种先在,也是一种潜在;只有在适当的环境中,用恰当的方式,才可以让石头内具的火种,或者说是潜在的火花,引爆、开显,但这一引爆、开显便成为必需的条件;对修道者而言,砥砺意志、合真登仙便成为一生一世的生命功夫。如《修道真言》所言,"四大威仪皆是假,一点灵光才是真。晦藏灵明无多照,方现真如不二身。则此一点,如剑上锋,如石中火,一现即去。故修养家要养圣胎、孕婴儿者,此也。功夫如不早做,及至精干血枯,屈曲蒲团,有何益哉?"①此时,修道之士之"云游"天涯,即便是居无定所,四海为家,在他人眼里,哪怕如同闲云野鹤,但由于心中有道,其游与其说是与云偕游,不如说是与道共振,是通过云游之修行形式,达到与大道同律谐频之化人成仙的价值诉求。这种修道生活样态,白玉蟾《无忧求偈》作如是描述:

> 禅不用参,道不用学。
> 行住坐卧,是大圆觉。②

道教文化常以山水为意象,将修道旨趣进行形象表达,但修道之事又忌讳"泥文拘象",这对参学者如何把握修道真意,无形中造成一定的困难。白玉蟾撰《隐山文》,有意宣化此旨趣。此文以山为象,以隐于山居为外在形式,表述潜心修道之生命旨趣,对比常人归隐闲居的殊胜心志,表明自己"真隐""真乐"的生命感受。为解读玉蟾祖师真隐真乐之情志,特选摘其《隐山文》如下:

---

① （南宋）白玉蟾:《修道真言》,《藏外道书》第 23 册,巴蜀书社 1992 年版,第 802 页;亦见盖建民:《白玉蟾文集新编》,社会科学文献出版社 2013 年版,第 45 页。
② 盖建民:《白玉蟾文集新编》,社会科学文献出版社 2013 年版,第 52 页。

玉蟾翁与世绝交游,高卧于葛山之巅。客或问隐山之旨,何乐乎?曰:"善隐山者,不知其隐山之乐,知隐山之乐者,鸟必择木,鱼必择水也。夫山中之人,其所乐者不在乎山之乐,盖其心之乐;而乐乎山者,心境一如也。对境无心,对心无境,斯则隐山之善乐者欤!"问曰:"隐山之旨固如是,山中之隐者,岂不知山中之味乎?"曰:"山中之味,山中之乐也。隐山者,知味乎道,而不知味乎山也。吾将以耳闻目见为子谈之。"客曰:"唯唯!"曰:"隐山者,不可以山之乐而移其心,不可以心之乐而殢其山。山自山也,心自心也。……其时也,圣贤胥会;其人也,崇尚道德;其趣也,修炼形神也。……山中之隐者,非曰必林峦而为山,非林峦而不为山,然其人人自有所隐之山也。其清虚寂静,高爽深幽者,此人之山者,山其心也。其是非宠辱贫富贵贱者,此人之市者,市其心也。今人以为大隐居鄽,小隐居山者,不无意也。自名利之习炽,以物欲之事攻,则厌闹思静也。自恬适之兴满,修进之念冷,则嫌静思闹也。若夫人能以此心自立,虽园林之僻者,亦此心也,市井之喧者,亦此心也。不必乎逃其心之喧,适其心之欲;不必乎乐其境之胜,疾其境之不胜,知如是山,乐如是心,谓之真隐焉!欲隐山者,善隐心也。无事治心谓之隐,有事应迹谓之山。无心于山,无山于心也。是故先须识道,后隐于山。若未识道而先居山者,见其山必忘其道,若先识道而后居山者,造其道必忘其山。忘山则道性怡神,忘道则山形蔽目。是以忘山见道,人间亦寂也。见山忘道,山中乃喧也。"

世俗移于利,风教溺于欲,沉醉乎名利之乡,梦寐乎人我之域,出生入死而不知,贷罪赂福而不觉,是圣人之所忧,故圣人之所隐也。圣人所忧,不在乎心之忧而忧其人;圣人所隐,不在乎山之隐而隐其心。是故刍狗乎含灵之形,而金玉乎含灵之性,是非质其形于山之外,而亦妙其性于山之内,惟圣人知之。……存乎山而隐乎人者,殆犹鱼鸢之飞跃天渊也,适其所乐而已矣。其乐非耳目之乐而后乐,非情识之乐而后乐,乐者在心,不可以形容,不可以知见。心之乐者,隐者之乐也,于山无预也。以清净为道场,以恬退为法事,以安乐为眷属,不欲与世交,不欲与物累。其修身也,不事乎百骸;其养形也,不溽乎五味。……行枯木之前,坐古岩之下,住深林邃谷之间,卧长松幽石之上。日则长啸于云泉之幽,夜则孤眠于烟霭之深。其寒暑也,心暑乎道而不知夏之暑,心寒乎道而不知冬之寒。知冬之寒,则冰霜冽其肤,而不变松柏之容,风雪冻其形,而不改山石之操。知夏之暑,亢阳沥其汗,而不生恼热之心,炎火炽其步,而不起煎烦之念……笑傲烟霞,偃仰风雨,乐人之所不能乐,得人之所不可得。有叶可书,有花可棋。其为琴也,风入松;其为酒也,雨滴石。其宁心有禅,其炼心有行,视虎狼如家豚,呼熊兕如人仆。其孤如寒猿夜号,其闲如白云暮飞,不可以朝野拘其心,不可以身世阱其志。以此修之谓之隐,以此隐之谓之山。其为山,非世间之所谓山;其为人,非世间之所谓人。人与山俱化,山与人相忘。人也者心也,山也者心也,其心也者不知孰为山孰为人也。可知而不可以知知,可见而不可以见见,纯真冲寂之妙,则非山非人也。其非山非人之妙,如月之在波,如风之在竹,不可得而言也。①

隐逸是一种生活方式,但对不同的隐者而言,选择这一生活方式则可能源自殊异的行为动机与生活目的,就归隐目的来看,或有远离尘世喧嚣归于林泉宁静的,也有抛却人事纠葛而独处世外桃源的,还有如孔稚珪《北山移文》所谓"情投于魏阙而假步于山扃"的,不一而足。前两种与后一类最大的不同在于,隐逸者选择山居的心态与用意有别:前者平和淡定而走向素朴自处,后者欲擒故纵而造作清高绝俗。如果从隐逸时机角度来看,从积极方面而言,后者更多的是退居山野静观其变、待机而动,一旦时机成熟,便会义无反顾走出林泉、重蹈江湖;前者或许不会心随境迁,多是随遇而安——安于山水林溪,乐于素朴自然,遣去生命挂碍,归于心性宁静,从消极方面而言,即免于世事纷扰、人际纠葛。毋庸置疑,隐逸毕竟是一种不同于常人的生活方式。深山幽林的隐者生活与常人的俗世生活相较,因其生存环境的高度复杂性与高度不确定性,还着实让常人望而却步,更难及其隐逸之乐。

在修道之士看来,上述隐逸虽不乏闲情雅致,甚至亦有乐此不疲者,但在何以至隐、以何为乐诸多问题上,终究还有殊胜分别。具体说来,修道之士隐山修道合真,不同于一般隐逸者之离群索居而寄情山水,他们"不可以山之乐

---

① 《海琼问道集》,《道藏》第 33 册,文物出版社、上海书店、天津古籍出版社 1988 年版,第143—145 页;亦见盖建民:《白玉蟾文集新编·隐山文》,社会科学文献出版社 2013 年版,第3—5 页。

而移其心"，亦"不可以心之乐而殢其山"，而是"以清净为道场，以恬退为法事，以安乐为眷属，不欲与世交，不欲与物累"，潜心合道，返本归真。倘若心中有对道教之道的坚定信仰，并且时时处处皆以修道合真为生活法式，所谓"隐山"修行则只是一种外在形式，其所"隐"不过是对"显"的另一种表达方式，或"隐"或"显"亦无关紧要，但"隐""显"所及对象内容却非常关键，务必要弄清楚明白。南宗五祖所言"隐山"一文，看似论述隐山修为事宜，但除却犹如归隐山居之高洁志士的德性修养之类以外，其实并非真的非得"隐于山"方可言及修行事，如其所言"无事治心谓之隐，有事应迹谓之山"——此"山"乃有碍修道之形象符号，是蛊惑心性的代名词；此"山"或在"园林"，或在"市井"，不仅无处不在，而且，即便身已入山，但"山"中之"味"亦足以让人魂牵梦绕，欲罢不能；修道合真便要剔除此"山"，消弭此"山"，这何尝不是一种"隐山""忘山"的生命功夫；也只有从心中排除遣发此"山"，被此"山"遮蔽之"生命大道"才能由隐而显，重现光明。这就是白玉蟾所谓"忘山则道性怡神，忘道则山形蔽目。是以忘山见道，人间亦寂也"。紫清真人高呼修道之士应挺立"道心"，笃信仙道，始终"以此心自立，虽园林之僻者，亦此心也，市井之喧者，亦此心也"，诚如是，则"不必乎逃其心之喧，适其心之欲；不必乎乐其境之胜，疾其境之不胜，知如是山，乐如是心，谓之真隐焉"！

如果说白玉蟾主张的"云游""隐修"是一种生活方式的话，那么可以说，这一生活方式所导向的无疑是以修真体道、合药证仙为核心内容的人生价值目标，而且在"云游"与"隐修"这种或游弋或归隐之生活方式之中有一条主线是不容忽视的，这一主线即修道者之生活态度，在真隐者那里表现出来的，就是乐观修行、惬意人生的纯"真快乐"。

在修道之士看来，凡俗百姓以"耳目之乐""情识之乐"为乐，以"名利之习""物欲之事"为求，他们为此求此乐所驱使，于是"沉醉乎名利之乡，梦寐乎人我之域，出生入死而不知，贷罪赂福而不觉"，在名利之争、人我之辨中，"见山忘道"、耗精费神，即便得其所求，得其所乐，然而，此类所得所乐毕竟是有条件的存有，一旦条件不再，便会稍纵即逝，终究竹篮打水，徒增烦恼忧虑，着实令人痛惜！也为修道"圣人"深忧。因为圣人的忧乐观念与世俗有着天壤之别："圣人所忧，不在乎心之忧而忧其人；圣人所隐，不在乎山之隐而隐其心"，归隐其外求之心，欣喜于修真契道；凡俗乐于争名逐利，"自恬适之兴满，修进之念冷，则嫌静思闹也"，得之则欢，失之则戚，人为物累，心随境转。白玉蟾认为，圣人所乐乐于道、乐于心，是恒久快乐，亦是纯真快乐，因为圣人之乐"乐者在心，不可以形容，不可以知见。心之乐者，隐者之乐也，于山无预也"，相反，世俗耳目之乐不可长久，而名利之类"山"事，乃变化莫测之物，亦非恒常不易之物；即便有乐，此乐也只是缘于生命之外物，且由外物引起，也会随之而去，而非生命本真，因而，对于此等乐，得失皆不必太过在意，所谓得之幸、失之命，亟待早日看破。倘若不能除却外物负赘，岂有真乐可言？与修道了性之纯真快乐相较，名利山事或为生命挂碍，或为道心赘负，应予去之方显道真，宜应隐之方证真乐。以道观照之乐，方为无条件的绝对的真乐，如《太上洞玄灵宝真一劝诫法轮妙经》云：

> 下士修身，断情忍色，服御养身；远弃荣丽，栖息幽林，爱山乐水，耽玩静真；淡泊守固，绝谷休粮，长斋念道，过中不餐；端坐则与师宝相对，出入则与鸟兽为群；孤旅岩穴，独景空山；思不暮归，悲不悼形。契阔林涧，怡神拟餐；面有饥色，心如怀丹；艰苦备婴，玄有和颜；见试不恐，心静敬安。如之之行，上感虚皇，九生九灭，志愿不退，执固殊坚，克得变化，乘空飞行，游宴五岳。①

正是由于心中有对不死之道的生命信仰，才足以让修道之士"志愿不退，执固殊坚"，使他们能够"远弃荣丽，栖息幽林，爱山乐水，耽玩静真"，将"断情忍色"，"绝谷休粮"，"孤旅岩穴，独景空山"等常人眼里"艰苦"凄凉、孤寂难耐的苦行生活，变得生机涌动、妙趣横生的快乐征程，如《隐山文》状述，他们"笑傲烟霞，偃仰风雨，乐人之所不能乐，得人之所不可得"，因为抛却了伤生害命的诸多负累，他们轻装上路，获得常人难以获取的收获，尽享常人不可思议的"纯真冲寂之妙"趣。这种快乐是一种轻松自在的栖居，"有叶可书，有花可棋。其为琴也，风入松；其为酒也，雨滴石"；也是一种与天地精神谐和的闲适，"其宁心有禅，其炼心有行，视虎狼如家豚，呼熊兕如人仆。其孤如寒猿夜

① 《太上洞玄灵宝真一劝诫法轮妙经》，《道藏》第 6 册，文物出版社、上海书店、天津古籍出版社 1988 年版，第 171 页。

号，其闲如白云暮飞，不可以朝野拘其心，不可以身世阱其志”。如此这般的栖居闲适，既是精神遨游，也是灵性隐修，更是在潜移默化中的生命跃迁，正所谓“以此修之谓之隐，以此隐之谓之山。其为山，非世间之所谓山；其为人，非世间之所谓人”。灵修之人已经摆脱了对衣食等或喜或悲之拘禁意域，超越了对名利等之患得患失之胶葛依恋，本心契合大道，不知严寒酷暑何曾妨碍体道合真，但觉满室春意盎然、秋色怡人，那种生生不已的性命态势，“或如春色媚山河，或似秋光爽岩壑”，其快活愉悦真是难以言表。如果说“梅花香自苦寒生”是诗人对大自然实存现象之间辩证转化的归纳提升的话，那么也可以说修道行道人士在云游隐修过程中，更有常人不可思议的心路历程，这种心路历程若诉诸生命感受，其“苦难”更是超出世人想象。白玉蟾《上清集·水调歌头四首》之一云：“苦苦谁知苦，难难也是难。寻思访道，不知行过几重山。吃尽风僝雨愁，那见霜凝雪冻，饥了又添寒。满眼无人问，何处叩玄关？好姻缘，传口诀，炼金丹。街头巷尾，无言暗地自生欢。虽是蓬头垢面，今已九旬来地，尚且是童颜。未被飞升诏，且受这清闲。”①常人难以忘怀的苦难，在修道之士那里又何曾成为体玄合真的障碍，只是磨砺其炼丹合药的意志，因为心中有对不死之道的生命信仰及以生合道、弘道由己的历史使命，常人眼里的苦难已经不再是痛苦难耐，反倒成为人生历练的重要内容，这种苦难，不必回避，更无须逃避，权且以平常心视之，苦难亦不再那么可恶，人生其实反倒清闲；当下的修行者，不妨尽享这份清闲，时时反观自身，原来身心即在迁化；这种迁化虽难以言表，却让人暗自生欢，真可谓“等闲识得春风面，万紫千红总是春”！此等心灵景观从白玉蟾（庐山）《快活歌二首》（赠道士陈知白）节选中可见一斑：

破衲虽破破复补，身中自有长生宝。
柱杖奚用岩头藤？草鞋不用田中藁。
或狂走，或兀坐，或端坐，或仰卧。
时人但道我疯癫，我本不癫谁识我？
热时只饮华池雪，寒时独向丹中火。

① 盖建民：《白玉蟾诗集新编》，社会科学文献出版社 2013 年版，第 324—325 页。

饥时爱吃黑龙肝,渴时贪饮青龙脑。

绛宫新发牡丹花,灵台初生薏苡草。

却笑颜回不为夭,又道彭铿未是老。

一盏中黄酒更甜,千篇《内景》诗尤好。

没弦琴儿不用弹,无腔曲子无人和。

朝朝暮暮打憨痴,且无一点闲烦恼。

尸解飞升总是闲,死生生死无不可。

随缘且吃人间饭,不用缫蚕不种稻。

寒霜冻雪未为寒,朝饥暮馁禁得饿。

天上想有仙官名,人间不爱真人号。

……

世人若要炼金丹,只去身中求药草。

十月工夫慢慢行,只愁火候无人道。

但知进退与抽添,七返九还都性燥。

溪山鱼鸟恁逍遥,风月林泉供笑傲。

蓬头垢衣天下行,三千功满归蓬岛。

或居朝市或居山,或时呵呵自绝倒。

云满千山何处寻? 我在市廛谁识我。①

《庄子》有"至乐无乐"之说,其所谓快乐、欢乐,有一般意义上的快乐、欢乐,即凡尘世俗间的,或曰物质感官之类的,再有心理精神层面的,更有超越有限、达至无限、逍遥无待的,而后者之乐,乃至高无上的,可以体验但难以言说,这种愉悦超凡出尘,若非得要以言语表述,那就只能假借常言之"乐",姑且言说此等感受为最高的快乐,即"至乐",但此乐是超迈所有条件的,即不同于具象满足之乐,如果非得比照亦为获致需求满足之类的说法,那便是"与道为一"的"得道"之生命状态,这种生命状态若借用人本主义心理学家马斯洛的说法,即所谓"高峰体验。"马氏在《关于高峰体验的几点体会》中指出:"我们的生活原本就是一场为达到某个目的地的艰苦紧张的奋斗,现在我们终于达

---

① 盖建民:《白玉蟾诗集新编》,社会科学文献出版社 2013 年版,第 95—96 页。

到了。这就是目的地,这就是我们艰苦奋斗的终点,这就是我们所早已期待的成就……产生这种体验的人突然步入了天堂,实现了奇迹,达到了尽善尽美。"当然,马斯洛所谓的"达到了尽善尽美"的天堂,在白玉蟾那里即"与道为一"的长乐世界,那是修道之士与道合一而达至的世界。西方人理想中的天堂世界之于东方人向往的长乐世界,即便都是凡尘世人之憧憬图景,但在通往这一理想图景的历程中,马氏以"艰苦紧张"四个字来状述个体的生存态势,而白真人却以"真快乐"三个字来描述道人的生命感受,这种生命感受无疑是东方人特有的一种蕴涵审美情趣于其中的深度体验,因为既有对现实生命通过丹道修为、气质变化带来的切身的美乐感受,亦不乏为生命理想、为终极信仰而践行之自信与豪迈。

> 快活快活真快活,虚空粉碎秋毫末。
> 轮回生死几千遭,这回大死今方活。
> 旧时窠臼泼生涯,于今净尽都掉脱。
> 元来爹爹只是爷,懵懵懂懂自瓜葛。
> 近来仿佛辨西东,七七依前四十八。
> 如龙养珠心不忘,如鸡抱卵气不绝。
> 又似寒蝉吸晓风,又似老蚌含秋月。
> 一个闲人天地间,大笑一声天地阔。
>
> 我有明珠光烁烁,照破三千大千国。
> 观音菩萨正定心,释迦如来大圆觉。
> 或如春色媚山河,或似秋光爽岩壑。
> 亦名九转大还丹,又谓长生不死药。
> 墙壁瓦砾相浑融,水鸟树林共寥廓。
> 缺唇石女驾土牛,跛脚木人骑纸鹤。
> 三业三毒云去来,六根六尘月绰约。
> 此珠价大实难酬,不许巧锥妄穿凿。
> 若要秘审大总持,寂灭之中闲摸索。
> 几多衲子听蛰雷,几个道人藏尺蠖。

茫茫尽向珠外求,不识先天那一着。

那一着,何须重注脚。

杜宇声随晓雨啼,海棠夜听东风落。①

白玉蟾不仅分享其心灵的高峰体验,而且追忆《述翠虚真人安乐法》:

收敛神光少默然,顶门一路聚云烟。

且升阳火烹金鼎,却降灵泉灌玉田。

交结只于牛渚外,分明正在鹊桥边。

功夫九九数六六,此是人间安乐仙。②

看来"人间安乐法",不离修道合真之功夫实践,易言之,乐在道中,乐在修行中。如《修道真言》云:"学道是乐事。乐则是道,苦则非道。但此乐不比俗人乐耳。"学道修道是对生命的修为操持,在金丹派南宗从了命入手,以了性相随,以粉碎虚空为得道,这是一个进德修业的炼养修持过程,在这一炼养修持过程中,会伴随着或大或小的愉悦感受。这种来自生命炼养过程所产生的快乐,有着"纯真冲寂之妙"趣,这种妙趣发自生命自身,伴随自身气质变化而不假外求,它不似凡俗人士借由外在他因刺激引发,这种快乐才是来自生命之内的纯真快乐,是与道同频共振的愉悦感受。可以说,修炼者有了此类快乐感受,也就意味着他(她)谐和了道的频率,倘若不快乐反而痛苦,则说明其修炼是有问题的,有待校正。易言之,快乐是合乎道的本性的,痛苦则是违背道的要求的。在这层意义上,快乐与否是检验修道方法正确与否的一个标示,正确的修道方式带来的是快乐的人生,不当的或错误的修道方式不仅不能带来真正的快乐,可能还是人生的痛苦。

如果说佛教有"西方极乐世界",那么道教亦有"东方长乐世界"。在道教文化中,有东极青玄上帝,其居于青华长乐界,此为东方长乐之国;在此国度,东极青玄上帝救度十方苦难众生,咸登其地,故称之谓东方极乐世界。"西方极乐世界"也好,"东方长乐世界"也罢,皆是宗教为世人描绘的欢乐无比的乐土玄境,让世人无比向往。然而佛教以人生为苦海,而且苦海无边,号召人们

---

① 《仙佛奇踪》卷四,《藏外道书》第 32 册,巴蜀书社 1992 年版,第 495—496 页。

② 盖建民:《白玉蟾诗集新编》,社会科学文献出版社 2013 年版,第 157 页。

回头是岸,及早觉悟,力求解脱,其所谓"西方极乐世界"乃世人往生解脱之后的快乐境地;与此不同的是,道教文化所谓"乐生""快活",不仅否认经由死亡环节而获致长久快乐,反而昭示今生今世即有乐土佳境,而且强调修炼仙道就会长久快乐,声明修道合真乃与快乐为伍的人生之旅,其修道合丹的过程,用白玉蟾祖师的话来说,充满"纯真冲寂之妙"趣!

## 二、"人山俱化"之"止止"妙境

如果说白玉蟾"云游""隐修"之"纯真冲寂之妙"趣,反映的是其人生历练、性命双修的切身快乐体验的话,那么可以说与这种纯真快活美感相伴的,还有另外一种美,那就是"人山俱化"的"止止"妙境。若从人生之美的视角看,要而言之,前者以乐感为美,后者则是以创生为美,二者虽有分殊,但皆本于道,并归依道,为同一道旨之下之美。

白玉蟾以"止止"之辈自居,申明其修道以"止止"为要义。武夷山有一道观名曰"止止庵",是庵位于大隐屏峰下九曲溪畔,"传说皇太姥、张湛及鱼道远都曾在此修炼,尔后又有晋代娄师钟、唐人薛邴隐居于此。宋代李陶真、李铁笛、李磨镜等著名道士也接踵来此。南宋名臣李纲至此造访。但玉蟾来时,止止庵已经废弃多时,湮灭不见了"。① 幸有詹琰夫,字美中,好道学,于理学大师朱熹"仁智堂"附近,重建止止庵,特邀玉蟾入主。紫清白真人应其盛情,特作《武夷重建止止庵记》,阐述"止止"意旨。其文中云:

> 盖止止者,止其所止也。《周易·艮卦》兼山之义,盖发明止止之说。而《法华经》有"止止妙难思"之句,而《庄子》亦曰"虚室生白,吉祥止止"。是知三教之中;止止为妙义,有如鉴止水,观止月。吟六止之诗,作八止之赋,整整有人焉。止止之名,古者不徒名止止之庵,今人不徒复兴,必有得止止之深者,宅其庵焉。然则青山白云,无非止止也,落花流水,亦止止也。啼鸟哀猿,荒苔断藓,尽是止止意思。若未能止止者参之,已有止止。所得者政知行住坐卧,自有不止之止,非徒骈枯木死灰也。予特止止之辈也,今记此庵之人,同予入止止三昧,供养三清高上天,一切众生证

① 安华涛:《孤鹤驾天风——南宗五祖白玉蟾》,南方出版社、海南出版社 2008 年版,第 77 页。

止止。止止非止之止，止实谓止其止之止而已矣。海南白玉蟾识，先野后人幔亭曾孙龟峰詹琰夫立铭。①

如何把握白玉蟾"人山俱化"之"止止"妙境，还需从其融通三教之妙意、气化"止止"之符象及人山合一之化境等方面展开诠释。

其一，融通三教之妙意。

白玉蟾辑《修道真言》云："学道者，首以清心寡欲为主。高枕茅檐，肆志竹窗，方是道家逸品。若纷纷逐逐，何异流俗？'陶养性情，变化气质'，二语乃入门之始事也。"②这里"陶养性情"与"变化气质"之间不是简单的罗列叠放，而是有深刻的内在关联。这与其同时代的儒家思想不尽相同。

在南宋大儒朱熹那里，人性有"天命之性"与"气质之性"的分别。前者来自作为世界本源的"理"，即先验的理性，也称"天地之性"；后者从构成身体的"气"得来，它支配着人的情感、欲望等。另外，朱熹还从"心"的体用关系说明人性，提出"心统性情"说，如《朱子语类》卷五云："心有体用，未发之前，是心之体，已发之际，乃心之用。"而且，"心之自体为神明知觉，性之自体为仁德，'心与理一'，心性在其根源处会通于'天理'。"③在朱子那里，"心"之本体，即"天命之性"，是无不善的，可称之为"道心"；"心"之用，也就是"情"，此"情"可善可不善，其不善乃是由于受到物欲的引诱羁绊，这种受物欲引诱羁绊，发而为不善的心，就叫"人欲"。再者，朱子还根据"心"之趋向差别，将"心"分为"道心"与"人心"——虽为同一精神主体，若从追求和满足于耳目之欲上讲，就叫"人心"；若从追求和践行天理上讲，则为"道心"。在朱子看来，人伦道德修为之核心，即在于克服"气质之性"带来的不善思想和行为，使"人心"服从"道心"，强调"学者须是革尽人欲，复尽天理，方始是学"（《朱子语类》卷十三）的修养功夫，力求陶冶情操、变化气质，造就"明明德""止于至善"的人格生命。此时，"陶养性情"与"变化气质"可以视为并列关系，指向涵养用敬、

① 盖建民：《白玉蟾文集新编·武夷重建止止庵记》，社会科学文献出版社2013年版，第258—259页。
② （南宋）白玉蟾辑：《修道真言》，《藏外道书》第23册，巴蜀书社1992年版，第801页；亦见盖建民：《白玉蟾文集新编》，社会科学文献出版社2013年版，第47页。
③ 郭齐勇：《中国哲学史》，高等教育出版社2006年版，第283页。

进学致知的修养功夫,"性情"与"气质"相即不离,若要严格区分,或许"性情"侧重生命内涵,"气质"倾向生命气象。在道门中人看来,炼精化气、炼气化神、炼神还虚、炼虚合道才是人生修持要义,而且"化"生功夫是不可或缺的生命修为;在性情陶养与气质变化之中,前者属于前提性的、基础性的,后者乃目标性的、效果性的,这种效果也可能不是那么立竿见影,但却始终或隐或显于化生过程之中。这个道理对于入道修行之士而言,乃"入门之始事"。

佛教文化,尤其是禅宗,较为强调人人皆具佛性,而佛性乃人的本来面目,可惜的是,众生常为成心、私欲、理障等遮蔽,故而,此本来面目不得显现——若要重现此本心佛性,"庄严宝相",就得即心修道。台湾学者吴秋文先生对修心革面与庄严宝相的关系阐述如下:

> 真理犹如清洁剂,能洗净心中肮脏的杂念,漂白心中污秽的黑点。常识告诉人们,洗衣是越搓揉越漂白,洗心亦是越琢磨越明光。佛门修道要洗心革面,回归本来面目。
>
> 所谓"革面",就是改头换面。试将魔鬼脸般的横眉怒目,换为菩萨似的垂眉慈目,这就是"非礼勿视"。
>
> 将接耳换为天耳,这是"非礼勿听"。
>
> 将歪头鼻换为佛祖鼻,这是"非礼勿嗅"。
>
> 将伤人嘴换为金嘴,这是"非礼勿言"。
>
> 将手心向上改为手心向下,其实是将获得改为施舍。
>
> 将擦拳磨掌改为拳神掌,其实是将计较改为宽容。
>
> 将脚底抹油改为足下生辉,其实是将推卸改为负责,这就是"非礼勿动"。
>
> 将意气用事变为意与天合,这是"非礼勿思"。①

如此看来,革面须由修心始,修心实乃证道处,就是要以佛道要义规范当下视听言动,革除执着妄念,此乃修心功夫,而功夫所及,亦即变化气质。此变化乃提升心灵意境之必由之路,是庄严宝相之重要法门。"这种'改头换面'的道理,就是佛家所谓的:'眼、耳、鼻、舌、身、意'之义。将'六贼'化为'六

---

① 参见吴秋文:《易书小语》(一),赣巨书局 1998 年版,第 249—250 页。

净',成为庄严宝相之大化。亦是洗心革面,化小人为君子,变化气质之提升"。①

佛家有"相由心生"之说。可以说,庄严宝相乃洗心革面、变化气质之功夫所对应之生命效验,而且功夫与效验之间是一体二面之关系。此中蕴含深刻的人生睿智,绝非虚妄。

白玉蟾认为,人生修行应统合汲取儒释道人生智慧,如其《定斋为杨和甫赋》云:"栖神要山林,晦迹老岩穴",但不可一意孤行,而应汇众家之长,譬如"释氏慧之源,儒者诚之骨",皆为宝贵的精神资粮,不可忽视,亦不容错失。在他看来,佛家有其缘起性空之大智慧,儒家有其与天合德之真诚心,倘若能借鉴释家超脱尘世的大智慧,援用儒家虔诚不二的真诚心,融入虚静迁化的丹道修炼,则会助推炼养实效,使丹士早日臻于"忘躯见天机,灰心契造物"之妙境。② 白玉蟾《呈万庵十章·火候》,也较为巧妙地将三教智慧集结于炼丹实践中。其诗云:

> 无位真人炼大丹,倚天长剑逼人寒。
>
> 玉炉火煅天尊胆,金鼎汤煎佛祖肝。
>
> 百刻寒温忙里准,六爻文武静中看。
>
> 有人要问真炉鼎,岂离而今赤肉团。

作者在诗中首先申明自己的丹道修为立场,为人描绘一幅炼丹合药的生动画面:修道之士潜心陶炼金丹,其随身佩挂的倚天屠龙长剑,熠熠闪光,寒气逼人。道人炉鼎所烹何物? 又是如何烧炼? 原来他用玉炉煅烧天尊胆,用金鼎煎熬佛祖肝,用儒家六爻文武来调节炉火大小。他是那么虔诚谨慎,随时把握火候,他那种专注,可谓一丝不苟,毫不懈怠,却又不失精准。当然,这里的"煅胆煎肝","六爻文武",皆为援儒入道、摄佛融老的比喻性说法,即便是所谓炉鼎,也并非烹饪佳肴所用之厨具,亦非烧炼外丹之器物,实乃修道之士自身内景之物,此物就在当下"赤肉团"之内。而且通过对全诗的整体解读,不难看出作者对修道证仙的自信与自豪:当下尚无果位的这位修真之士,一旦炼

---

① 吴秋文:《易书小语》(一),巍巨书局1998年版,第251页。

② 参见万志全:《论白玉蟾诗的审美意象、意境与意趣》,《云南财经大学学报》2011年第5期。

就金丹大药,便会脱胎换骨、羽化飞升,那时他就修成正果、跃迁仙界了。由此可见,白玉蟾倡导的金丹派南宗之内丹功夫,其实融通了三教之妙意。

其二,生命迁化之"止止"符象。

"寓理于象"是中华传统文化与民族思维方式的一大特征,以符象形式表征生命炼养之迁化腾跃是白玉蟾修道美学的重要内容。他借助周易艮卦"止止"符象开示修道炼气化生意趣。我们不妨从《艮》卦本义开始,探讨白玉蟾之"止止"符象寓意。

《艮》卦:

☶

艮:艮其背,不获其身;行其庭,不见其人。无咎。

初六:艮其趾,无咎,利永贞。

六二:艮其腓,不拯其随,其心不快。

九三:艮其限,列其夤。厉薰心。

六四:艮其身,无咎。

六五:艮其辅,言有序,悔亡。

上九:敦艮,吉。

客观地说,"本卦所指之事,正是一种练习气功的过程。它通过真气自脚趾至腿肚再至腰、身、颊、首诸经络穴位的自下而上的运动变化,形象地说明了事物发展、变化的规律性,这种寓理于象的思维特征,形成了尔后富于形象思维的优秀的民族传统。"①

詹石窗教授从炼意修命的视角对白玉蟾"艮背"修行观做过深入探讨,认为在白玉蟾那里,"'止止'首先是抑制非分念头,使纷繁复杂的心思归返,由杂而还纯,达于'至一'。在白玉蟾的心目中,止止修命法,不是一刹那而过,而是贯穿于生活的一切方面。一个修道者应该懂得在日常生活起居中运用外界事物作媒介,来抑止不正之念,使自己的心灵定位在求道的轨道上。从这个立场出发,那就可以把周围的一切事物都看成行止止之道的手段或锻炼自己心性的'熔炉'。所以,他把青山白云、落花流水以及啼鸟哀猿都当作'止止'。

---

① 罗炽、萧汉明:《易学与人文》,中国书店 2000 年版,第 47 页。

事实上,这就是借助外物以炼意的思想。这种思想导致了他'遇境而止,止而反观'的举动。他从'止止'动静中捕捉诗歌意象,架构其艺术殿堂,并且形成自己的风格"。詹教授结合"艮背"修行观将白玉蟾对意念的调理控制程式概括,归纳为三个阶段:其一,"止于物境,以物洗心"阶段——"让自己的注意力转移到外界事物环境,以使原来躁动不安的心思得到平息",此时,其炼意修命行迹出于动而止于静;其二,"心物俱忘,道由真显"阶段——"忘"掉自己的杂念、妄想,"空"掉对他物的执着、对外境的分别,进入一种"净心而空物的无我心态",因为只有使"本心净化","道才能永驻";其三,"景随主化,因景寓玄"阶段——"忘境空心而道存。道为主宰,则景随主化。景乃境中之物。我有道则为主,而景为宾。有道则宾随主意,主因宾和";此时,以"道眼"观物,"便能'观物非物',自然景色巧妙地化为载道的符象。这便是他诗词作品中'玄机'所在"。①

　　道人以修道契真为人生使命,詹教授从意念调控以合道意来诠释白玉蟾的"艮背"修行观,可谓入木三分。在笔者看来,"艮背"修行侧重于修道者如何将自己的意念、注意力与外景、自然物及生命本原际汇融通,着力于消解隔膜壁垒,开阔心胸眼界,提升视域意境,臻于与道齐一的高度,这便是以合道为方向目标的修为法式。如《修道真言》所谓:"学道先以变化气质为主,再到与人接物上浑厚些,方是道器。"②这也是修道证道的既定路数。倘若转换视角,从修道之士自身生命迁化着眼,探究修道者性情滋养、气质变化,或许也是对白玉蟾"止止"观的一种解读。如果说詹先生的诠释以"合"见长的话——修道之士以心合道,以生契真,那么,后者便是以"化"来凸显修道之士自身性命转变;前者是方向性的,合目的性的,甚至是过程性的,后者是在既定方向目标下的当下的实证,是感受性的;倘若没有方向目标,人生便不知去向何处,若仅有方向目标而没有实修迁化,目标终究也只能落空,可见,两者辩证统一地共在于修道行道证道得道的生命修炼活动之中。从这层意义上说,白玉蟾在此

---

① 詹石窗:《诗成造化寂无声——武夷散人白玉蟾诗歌与艮背修行观略论》,《宗教学研究》1997 年第 3 期。

② （南宋）白玉蟾辑:《修道真言》,《藏外道书》第 23 册,巴蜀书社 1992 年版,第 800 页;亦见盖建民:《白玉蟾文集新编》,社会科学文献出版社 2013 年版,第 47 页。

亦为我们描绘了一幅生命迁化腾升的"止止"符象。

"我们知道,道教的修行法式具有极为古老的源头。从天人合一的立场出发,道教中人反观自身,把人体当作一个小宇宙。为了揭示小宇宙中的种种奥秘,道教中人从古老的巫术仪式当中承袭了'依象比类'的思维模式,从草木到飞禽,从云彩到星体都被化为符号,用以描述人体的内在结构和丹功状态的种种瑰丽变化。这些物象使用既久,便渐渐固定下来,成为有效的运载信息的'符象'。"①《周易》是中国文化的源头,被推尊为"群经之首""众经之原",其宽泛而强劲的渗透力,如清人纪晓岚在《四库全书总目提要》中所述——《易》道广大,无所不包,旁及天文、地理、乐律、兵法、韵学、算术,以逮方外之炉火,皆可援《易》以为说……此处"方外炉火"当指代作为中华本土宗教的道教文化。金丹派南宗便在其中。

白玉蟾行文多次引用《周易》卦爻辞,说明"止止"意涵,如在《艮庵说赠卢寺丞子文》中引《周易·艮卦》爻辞:"艮其背,不获其身;行其庭,不见其人。无咎";《彖》传:"艮,止也。时止则止,时行则行,动静不失其时,其道光明。艮其止,止其所也。上下敌应,不相与也。是以'不获其身,行其庭,不见其人,无咎'也";《象》传:"兼山,艮,君子以思不出其位"等。他还进一步引申:"艮有兼山之意。山者,出字也。虽止于晦而出于明。所谓行到水穷处,坐看云起时也。"②

《艮》卦描绘的是一幅动静结合的修道图景。《艮》之卦象,上下两重,皆一阳爻居上,两阴爻居下,象征抑止。其爻辞——"艮其背,不获其身;行其庭,不见其人。无咎。"是对整个《艮》卦卦象的解说。《黄帝内经·素问·脉要精微论》指出:"背者,胸中之府。"注云:"背为脏俞所系,内悬五脏,故为五脏之府。"(《黄帝内经素问校释》)此处以"背"指代人身背后之命门穴,又称后丹田。"中丹田中央属土,故增强胃肠功能,使消化加强,从而对腹腔脏器有良好的作用;后丹田命门属火,两肾属水,为先天之本,二者相克,阳气下降

① 詹石窗:《南宋金元道教文学研究》,上海文化出版社2001年版,第72页。
② 《修真十书》卷四十二,《道藏》第4册,文物出版社、上海书店、天津古籍出版社1988年版,第794页。

使两窍调和以达水火既济。故有培育元气,增强机体功能、延年益寿之效。"①"'获'通'护',有守护义。'不获其身'犹不护其身,亦即外其身,置身于度外,忘形忘物。……止必有所止,'艮其背'省去了主语——意念。"②本卦以意念分别贯注身体的六个部位,说明行止之法。

"行其庭,不见其人",其中"行"与"止"相对,"止"以"艮"示,"艮"为内静,"行"为外动,整句意思是说,内炼其意其气,犹如庭内熊经鸟伸,旁若无人。再联系前句,整个《艮》卦卦辞是说,集中意念守于后丹田,置身于度外,忘形忘物,全神贯注炼气,故可以消灾却病。

《彖》传:"艮,止也。时止则止,时行则行,动静不失其时,其道光明。艮其止,止其所也。上下敌应,不相与也。是以'不获其身,行其庭,不见其人,无咎'也。"也就是说,艮,是停止的意思。时当停止就停止,时当行动就行动,行动和停止都不失时机,那么,他的道路就坦荡光明。艮卦所说的停止,是停止在该停止的地方。上下之间没有应和,不互相交感,所以说"集中意念守于后丹田,置身于度外,忘形忘物,全神练气,故可以消灾却病"。

《象》传:"兼山,艮,君子以思不出其位。"也就是说,两座山上下重叠,是《艮》卦的象征;理想人格之君子,应与《艮》卦之德相匹配,其所思所想都应不超出自己的职分。结合白玉蟾修行思想,修道之士亦应行止各得其宜,不失时机,知白守黑,止晦出明,此所谓"所谓行到水穷处,坐看云起时也"。

金丹内炼绝非寂灭枯坐,而是要时刻注意对精气神韵的操持与把握,现特以《艮》卦六爻变化为例,来体证其修行符象意涵。

初六:艮其趾,无咎,利永贞。"趾"即脚趾,足端。是说以意领气,注于趾端,接地纳气,巩固根基。这样,没有灾祸,宜于长久贞正。《行气玉佩铭》:"行气,深则蓄,蓄则伸,伸则下,下则定,定则固,固则萌,萌则长,长则退,退则天。天几春在上,地基则春在下。顺则生,逆则死。"此爻居艮卦之初,有初始即用艮止之义。如程颐《程氏易传》谓:"六在最下,趾之象。趾,动之先也。'艮其趾',止于动之初也。事止于初,未至失正,故'无咎'也。"③

---

① 王寅:《气功答问》,《气功与科学》1983 年第 4 期。

② 罗炽:《中华易文化传统导论》,武汉出版社 1995 年版,第 152 页。

③ (北宋)程颐:《程氏易传》,王孝鱼点校《二程集》(下)所录本,中华书局 2004 年版,第 969 页。

六二：艮其腓，不拯其随，其心不快。"腓"，即小腿肚；"拯"，同"升"；"随"作"腿"。意思是说，以意念引领真气从趾端升至小腿，若气机不到（大腿），心中便会有不畅之感。

九三：艮其限，列其夤。厉薰心。此处，"限"，旧注作"腰"，宜为腰围之带脉，乃奇经八脉之一，与任督二脉相交；"列"，"裂"之借字；"夤"，指夹脊肉；"薰心"，胸闷如火灼状。本爻状述真气冲关过程——真气上行，止于带脉，尚不曾打通督脉。经络一时未通，则有裂脊薰心般苦楚。

六四：艮其身，无咎。意思是说，此时，督脉既通，真气呵护其身，身心舒适，可以"无咎"。

六五：艮其辅，言有序，悔亡。"辅"，通"酺"，《说文》："酺，颊也。""言"，气也。《国语·周语上》："气在口为言，在目为明。""本爻是说：真气升至面颊，完成了一次深呼吸。如是反复，吐纳有序，则可以无悔。"①

上九：敦艮，吉。"敦"，厚也。本爻意思是说，真气厚聚敦实，充盈于体内而不外佚，则可保身康体健而无病患，是为吉利。

"综观全卦，卦辞部分是讲气功的起势入静状况，用练功可以养生象征行事无咎。爻辞初六到上九具体描写了真气自脚趾至腿肚再至腰、身、颊诸经络的自下而上的运动变化过程，反映了变化发展的观念和当时人们养生强身的知识。"②至于紫清真人，更是将一般人的养生强身知识转化为内丹修炼的功夫，并警示修道之士，修炼不必刻意追求外在形式，只需把握生命气机，如同《艮》卦之符象揭示的奥秘，当行则行，当止则止。这一点，《修道真言》也有揭秘：

"四大威仪皆是假，一点灵光才是真。晦藏灵明无多照，方现真如不二身。"则此一点，如剑上锋，如石中火，一现即去。故修养家要养圣胎、孕婴儿者，此也。工夫如不早做，及至精干血枯，屈曲蒲团，有何益哉？

道心常现，则凡念自退。一时忘道，则起一时之凡念；一念忘道，则起一念之凡情。须要时时提醒。

---

① 罗炽：《中华易文化传统导论》，武汉出版社1995年版，第153页。
② 罗炽：《中华易文化传统导论》，武汉出版社1995年版，第152页。

今人慕道者多矣,俗网牵人,是以道心不进。至人非不悯世,奈世人自胶葛何? 今为学子脱此苦恼,略敷数言。夫心之动,非心也,意也;神之驰,非神也,识也。意多欲,识多爱。去此二贼,真性圆明。不欲何贪? 不爱何求? 无贪无求,性如虚空,烦恼妄想,皆不为累。再加炼气,金丹可成,神仙可冀。

"行住坐卧"皆为外在规范仪式,此等仪轨易于流于形式,甚至僵化为束缚生命活泼生发的人为障碍,因此,修道之士不必过于拘泥,关键要体认生命原本自身,体悟"一点灵光才是真",切实做到即身修养道真,孕育圣胎,而这种修养功夫犹如朱子倡导的以"人心"服从于"道心"为圭臬之涵养诚敬,在道门中人看来,"道心常现,则凡念自退",须时时剔除嗜欲心识,返身诚意,专心向道,方为真修,亦为正道;只有一心向道,以道导行,抛开俗网负赘烦恼,再加以炼气合神功夫,金丹大药方可有成,得道证仙才可希冀。如紫清真人诗作《赠秦止斋》所云:

> 名显不如晦,身进不如退。
>
> 水澄秋月现,云散春山在。
>
> 神栖方寸间,心照大千界。
>
> 虚室乃生白,天光始发泰。
>
> 可以止则止,知止则不殆。
>
> 冥茫无有边,不在天地外。①

白玉蟾所描绘的"止止"符象,在此前佛道文化中亦有状述,如《庄子·人间世》云:"瞻彼阕也,虚室生白,吉祥止止。"唐代权德舆《与道者同守庚申》诗曰:"吉祥能止止,委顺则生生。"这里,"止止"与"生白""生生"相对,表征止其所止所对应的生命迁化气象。再如《妙法莲华经·方便品》谓:"止止不须说,我法妙难思。诸增上慢者,闻必不敬信。"意思是说,我这种甚深微妙法,是说不出来的,很难有人信受。尤其是增上慢的人,更不能恭敬信受。《妙法莲华经》简称《法华经》,乃佛教天台宗重要经文。当今的浙江天台山以佛教天台宗祖庭、道教南宗祖庭所在地和济公"活佛"的故乡而闻名于世,在白玉

---

① 盖建民:《白玉蟾诗集新编》,社会科学文献出版社 2013 年版,第 22 页。

蟾驻世时代就以"佛宗道源,山水灵秀"而著称。白玉蟾曾数赴天台,参道礼佛,著有《高祖先师天台紫阳真人赞》《谢张紫阳书》《天台赋》《捣药禽》《携友生诣桐柏》《护国寺丘吟》《题桐柏观》《赠天台老樊》等相关作品。

如果说白玉蟾"止止"符象是以"道心"陶冶"人心"的"休止符"的话,那么也可以说,这一休止符承载着道门特有的信息与能量,借助这一符象,道友之间、师徒之间,便于表达沟通修道合真的迁化旨意,从这一层面上说,"止止"符象具有方法论意义。这一弘道传道的方法,无疑是与《易》文化传统"寓理于象"的思维方式保持一致的。道门一向有"道可道,非常道;名可名,非常名"的祖训,倘若刻板谨守,不懂权变,每一位修道者一律"投石探路""摸石过河"的话,免不了多走弯路耗费时日——白玉蟾借籍艮卦止止符象,畅达修道炼气合神之化生意趣,对于弘扬金丹派南宗内炼思想在方法论上具有开创意义。

其三,人山合一之化境。

道门修行有一大特点,那就是既注重日常功夫,又不失境界提升,既以功夫达至境界,又以境界引领功夫,借用孔门说法,也就是"极高明而道中庸"。若从内炼修持而言,白玉蟾思想中"人山合一之化境"便成为不容忽视的一个环节,她既是道学人生的艺术,更是道人审美的意境。因此,探赜白玉蟾"止止"观蕴含的"人山俱化"妙境,对于进一步理解其人生之美之观念也是很有必要的。

李远国先生将道教修持归为三大法门,即"存神、炼神和变神"。李先生认为,"精思身神为上清派存神法诀的要害,炼炁化神、炼神还虚为内丹派的了手功夫,变神化身、人神合一为神霄派的济世度人的秘诀。从存想身神以求身心合一,到内炼元神以达天人合一,以致发展至变神化身的人身合一,这是道教养生内炼的三个历史阶段"。[1] 李先生此论着眼于"神",道出三派之"神"功分野,将"精思身神""炼炁化神、炼神还虚""变神化身、人神合一"归纳为各派之"神"功特色,并以"身心合一""天人合一""人身合一"作为其

---

① 白娴棠:《"海峡两岸道家道教与养生学术研讨会"参会纪行》,《弘道》(香港)2013 年第 4 期。

"神"功目标,并且认为这三个"合一",也是道教养生内炼的三个历史阶段的价值诉求。此论很有见地。就上清派、内丹派、神霄派三大道派主旨而言,无疑各有用"神"见长之处,但就某一具体宗师,譬如说金丹派南宗五祖白玉蟾而言,其"神"功"妙"用,或许更多的表现为一种众妙汇集之气象,而非一山一水之景观。笔者更倾向于用"人山俱化"表征白玉蟾的功夫——境界说,因为一个"化"字可以较好地反映当下生活与理想生命之美学关联。

道门修行时刻不忘当下的生活感受,对佛教提炼的"人生似苦海""烦恼伐性斧"等也有一定的认同,如《修道真言》曰:"烦恼是伐性之斧,人当于难制处下功。若不将气质变化过,怎成得善士?"但更强调对气质的炼养变化,对"灵性"的修持提炼,如说:"人为形质所累,年纪一到,则百节风生,四体皆痛。何必地狱? 即此便是。平日倘少有静功,就可免此一段苦楚。故形为我所爱,我亦为形所累。若将此一段灵性,做到把握得住时,出生入死,总由我使唤。"道门"善士"不仅对当下生命存活状态有警醒的体认,更有对"我命在我"的执着,还有与此等执着相伴的生命功夫与生命境界。在生命功夫与境界跃迁之间,"善士"以"化生"为能事。但如此高明"善士"亦出于世俗"凡人",如《修道真言》所谓:

> 凡人能治心,便是道中人。若全消俗障,何患乎不成? 虚之又虚,与天合体。
>
> 空空空,空中有实功。若还纯寂灭,终是落顽空。
>
> 灵台不灭,慧觉常存,此道之至宝也。然无形无影,莫可明言。默以心会,不在外求。

金丹派南宗认同佛教对凡俗世人执着于"现存实有"而烦恼丛生的生活写照,借用禅宗"灵台不灭,慧觉常存"的生命智慧,开出"消弭俗障""虚心向道"的救治处方,这一救治之方又不同于佛教之处在于,道门之"虚"旨在排除遣发成心俗务而"与天合体",逆返生命之道源,是一种"空"掉生命负赘而返本还源的修持功夫,这种"空"功追求的不是佛门"还纯寂灭"的"顽空"境地,而是"与道合一"不死成仙的生命化境。

白玉蟾七言律《复卢艮庵韵》借"庄周化蝶"的典故,劝导道友应参透生命的本质,排遣对功名利禄的凡尘执着,坚定合丹修仙的生命信仰,终将臻于自由无待的殊胜佳境。其词曰：

> 拟占朝班最上头，宦情冷似一天秋。
>
> 风花雪月千金子，水竹云山万户侯。
>
> 海客盟鸥终不动，塞翁失马更何求？
>
> 明窗净几华胥外，蝴蝶翩翩自梦周。①

庄周化蝶毕竟是一种生命意境，是一种理想状态，对于修道之士而言，即便有此"海客盟鸥终不动"的仙道信念，尚须"化腐朽为神奇"的生命作为。白玉蟾《隐山文》从心性修炼角度，描述了这种"以道观生""人山俱化"的修为景象。文中状述的修道之士，"其宁心有禅，其炼心有行，视虎狼如家豚，呼熊兕如人仆。其孤如寒猿夜号，其闲如白云暮飞，不可以朝野拘其心，不可以身世阱其志。以此修之谓之隐，以此隐之谓之山。其为山，非世间之所谓山；其为人，非世间之所谓人。人与山俱化，山与人相忘。人也者心也，山也者心也，其心也者不知孰为山孰为人也。可知而不可以知知，可见而不可以见见，纯真冲寂之妙，则非山非人也。其非山非人之妙，如月之在波，如风之在竹，不可得而言也"。

在笔者看来，"隐山"之"山"，有多重意涵：其一，可指实存之山林，乃修道之士隐修之处，与凡俗市井生活之地相对，用隐修之处来表征一种生活方式，以区别凡俗生活；其二，也可指代凡尘生活之中，人们对"世俗之利""风教之欲""名利之乡""人我之域"等的指称，意思是说，此类物事如山一样，重重地压在心头，让世人难以释怀；其三，将前两者联系起来，从修行的内容看，若以"道心"观照"人心"，无论是隐修处所之山，抑或是名利人我分别之山，皆可纳入"心"中，视为修道合药的有机组成部分，作为联通修行者与修行目标的核心内容——若从"天人合一"的层面看，作为修行主体的"人"与修行客体的"山"，皆因有"心"之关联而使修行行为有了前提条件，又因有"心"之存在而使修行结果有了可能。一方面，"其为山，非世间之所谓山；其为人，非世间之所谓人"，此时，"人"乃修行主体，"山"乃修行客体，而联通修行主客体的是"心"，此所谓"人也者心也，山也者心也"，心乃人山之枢纽；另一方面，"心"何以联通修行主体之"人"与修行客体之"山"？那便是"化"的功夫。这一功

---

① 盖建民：《白玉蟾诗集新编·复卢艮庵韵》，社会科学文献出版社 2013 年版，第 146 页。

夫所要达至的"人山俱化"的妙境。

刘大椿先生在《道学与科学技术》一文中指出:"道家对于变化的解说是非常独特的。虽然众说纷纭,但在深层次上,是把'变'与'化'分开来的。'变'倾向于渐进,表现逐渐的变化、转变或变形。'化'则倾向于突变,表示突然和彻底的改变,如在快速的化学反应中那样。"刘先生概括出道家的"循环异变"发展观,认为这是"一种整体稳定和协调的循环运动观",其"整体内部对立诸因素相生相克,各有损益,但不导致整体的破坏,相反,对立诸因素在更大的范围内又是相承相应,相济为用的。正是在这种变化屈伸中,整体才得以实现自己的稳定和协调,归根复命"。他还引证《庄子·知北游》中"生也死之徒,死也生之始,孰知其纪? 人之生,气之聚也,聚则为生,散则为死。若死生为徒,吾又何患! ……是其所美者为神奇,其所恶者为臭腐,臭腐复化为神奇,神奇复化为臭腐。故曰:'通天下一气耳。'圣人故贵一",强调道家"对变化的重视和顺从",认为道家圣人"只以道为轴心来判断,使整个自然界围绕着它来运转",因为"所有的意见都是部分正确、部分错误的","而真理广布于各种意见之中","整个宇宙只是一气的贯通罢了。圣人把一看得最重要。这个一就是道,就是自然"。[1]

诚然,在《庄子》那里,神奇化为腐朽,腐朽又转化为神奇,只是一气所化的两种不同生命形态而已,若站在道之大化流行的视域来看,这也只是道生气化的循环异变,不足以让人或喜或悲,也犯不着引起人之赞誉或厌恶。这是道家以本原价值消解相对价值的生存智慧,问题在于道家《庄子》流变为道教《南华真经》,修道之士不甘于神奇化为腐朽的人生结局,选择了化腐朽为神奇的价值取向,确认了与道合一的生活方式——他们笃志于有生之年,以生合道,反本溯源,直至羽化成仙。从修行的角度看,在白玉蟾那里,即表现为人山俱化之功夫及臻于人山合一之化境。

从修行处所之"山"而言,修道者隐遁山林,貌似避世远尘,其实在白玉蟾看来,真正有定力的修道之士,不刻意于山中求静,而是融入天地,随遇而安,

---

[1]　参见张立文、张绪通、刘大椿主编:《玄境——道学与中国文化》,人民出版社 1996 年版,第214—216 页。

并力求"对境无心,对心无境",做到"心境一如也",进入人山合一的练功状态。此时,作为修行主体的"人",与修行环境的"山",不分彼此,融为一体,"人"化入"山"中,即"人"在"山"中,另一方面,"山"化于"人"内,即"山"在"人"中,"人"与"山"贯通一体,共同形成一个统一的生命场,在这一"人""山"共融的生命场中,信息、能量彼此交融,而支配这些信息、能量的造化之源,即为道。此时此景,用"明月心间照,清泉世外流"词句描述,或许比较贴切这种意境。

从心性修炼角度而言,作为"名利之乡""人我之域"等指称的"山",在凡俗人眼里,便是生命之重心,是人生价值之所在,然而,在修道者看来,此等物事,极易衍变为伤性害命之存在,会成为修道合真之障碍,因为此"山"遮蔽了生命原初素朴之本真,人们一旦汲汲于名利之乡,孜孜于人我之域,其人生则已经行走在远离生命本原之途,此为歧途,亦为迷途,不仅难以知返,而且会愈陷愈深,以至吞噬身家性命。修行者参透生活万幻,体悟生命本真,直指人生本心,"其宁心有禅,其炼心有行",以禅定宁心,以淡泊明志,追求闲云野鹤般的逍遥自在,消解常人难以释怀的名利重负、人我壁垒。在修道之士眼中,所谓真修实行,最基本的就是要做到,"不以朝野拘其心","不以身世阱其志",而且,也只有放下此等名利势位之重负、他者即地狱之执着,祛除人为附着之"斑斓",原初生命才会显现自身之本真。这也就是要用到"化"的生命功夫,一方面要化解掉"山"对"人"造成的生活紧张,另一方面,也要消解掉"人"与"山"的刻意排斥,一句话,既需化山,亦需化人,做到人山俱化。那么要做到人山俱化,其可能性之基础为何? 其下手处又何在? 这就得从人与山之共通处立意。

在道门中人看来,宇宙世界乃道生气化之存在,道便是人山共在之根据,而且,"人也者心也,山也者心也","心"乃人山之交集,于是,化山化人便需从修心入手,并且,修心即是修道,具体要求就是,以道心化人心,使人心从道心——以价值之源之道来审视人山之别之心,将人山相对之心引向整体统一之道,以整全之道统合对立之心,使"其心不知孰为山孰为人",此时,"'化'便是'生'的一种标志",[1]人心合于道心,修道便是合道,现实中有价值冲突的

---

① 詹石窗:《道教文化十五讲》,北京大学出版社 2003 年版,第 10 页。

人、出生入死的人,因修心合道而消解了对立,"化腐朽为神奇",进入人山合道的化境。如白玉蟾《道法九要・明道第五》所言:"夫道者,入圣超凡,福资九祖,逍遥无碍之乡,逸乐有玄之境,聚则成形,散则为风,三清共论,玉帝同谈,不属五行,超离三界,此乃证虚无之妙道。欲证此道,先修人道,去除妄想,灭尽六识,明立玄牝根基,须分阴符阳火,如鸡抱卵,出有入无,功成行满,身外有身,仙丹妙宝,随意自取,玉室金楼,随心自化,呼风叱雨,坐役鬼神,嘘气可以治病,点石可以为金,不与凡同,奉膺天诏,证果真仙矣。"①也就是说,超凡入圣,逍遥无待,需从去除妄想、佚亡成心做起,即要做《老子》所谓"涤除玄览"之类的"减损"功夫,用《修道真言》的话说,就是"垢渐去而镜明,心渐息而性澄。养成一泓秋水,我不求镜物,而物自入我镜中",也就是要化"有心"为"无心",因为"无心则与道合,有心则与道违,惟此无之一字,包诸有而无余,生万物而不竭……如能味此理,就忘之一字上做功夫,可以入大道之渊微,夺自然之妙用,立丹基于顷刻,运造化于一身也"。② 在白玉蟾看来,"有心"化为"无心","出有入无",方可与道玄同;当下生命也只有与道玄同,才能跳出三界外,不在五行中,实现生命的创造性转化,达至美妙绝伦之超迈境界。

## 第三节　人生之美的实质

一般而言,美是一种艺术价值诉诸,但在凡俗之辈眼中,人生充满艰辛、劳顿与不安,伴随忧愁、烦恼与不悦,至于人生之美,那可是一种奢望,高不可及,遥不可期。在艺术家罗丹看来,"生活中不是没有美,只是缺少发现美的眼睛"。在一代宗师白玉蟾那里,人生即修行,人生之美即修道合真之"诗意造化",这种诗意造化表现为以剑琴歌茶为内容之诗化人生,与以化腐朽为神奇为要义之臻美历程两个维度,前者侧重于契真娱心之行道乐生之美,后者注重于夺天地造化之创生得道之美。

---

① 盖建民:《白玉蟾文集新编》,社会科学文献出版社 2013 年版,第 73 页。
② (南宋)白玉蟾:《玄关显秘论》,《海琼问道集》,《道藏》第 33 册,文物出版社、上海书店、天津古籍出版社 1988 年版,第 142 页;亦见盖建民:《白玉蟾文集新编・玄关显秘论》,社会科学文献出版社 2013 年版,第 18—19 页。

### 一、剑琴歌茶之诗化人生

道教南宗精神集中体现于真善美之道中,白玉蟾有关人生之美的价值诉诸剑、琴、酒、茶与诗书等艺术形式,并以此诗化人生。紫清真人自述其修行生涯不离"舞剑""抚琴""酌酒""品茗""吟诗",而剑、琴、酒、茶、诗等也已成为其修道生活的不可或缺的生命元素,或许,这些生命元素正是悟道、行道、弘道的媒介载体,也是修道之士与道交通的心灵窗口,探赜这些生命元素,有助于我们走进主人翁的心灵世界。白玉蟾留下大量文艺作品,包括不少有关剑、琴、酒、茶等生命元素的诗作,从这些诗作入手,或许可以接近其合真娱心乐道之艺术人生。为此,兹摘录几首如下:

《和懒翁二首》之一:

> 误触紫清帝,谪下汉山川。
>
> 既来尘世,奇奇怪怪被人嫌。
>
> 懒去蓬莱三岛,且看江南风月,一住数千年。
>
> 天风自霄汉,吹倒剑峰前。
>
> 做些诗,吃些酒,放些颠。
>
> 木精石怪,时时唤作地行仙。
>
> 朝隐四山猿鹤,夜枕一天星斗,纸被裹云眠。
>
> 梦为蝴蝶去,依约在三天。①

《菊花新九首》之七:

> 有个闷甚处,一向如痴醉。
>
> 独倚住危栏,坐咬无名指。
>
> 金鱼玉雁,一纵去,绝消息。
>
> 念念怀天帝,密与冥契。
>
> 晴霞照水。叹细草新蒲寒萋萋。
>
> 对夕照,树色烟光相紫翠。
>
> 花落莺啼,把往事似川逝。

---

① 盖建民:《白玉蟾诗集新编》,社会科学文献出版社 2013 年版,第 290 页。

光阴速,何时是伊归日。①

《菊花新九首》之九:

> 忽水远天长,笑把玉龙嘶。
>
> 一声声,吹断寒云沧波里。
>
> 幽愁暗恨,弄皓月,怨白日。
>
> 问太虚不尚,则成休矣。
>
> 云心鹤性,死也要冲霄,乘风去。
>
> 分自有、终合仙飞。
>
> 感古怀今聊把笔。
>
> 落叶寒蝉悲。使人增怨抑。②

白玉蟾《行香子·题罗浮》:

> 满洞苔钱。买断风烟。
>
> 笑桃花流落晴川。
>
> 石楼高处,夜夜啼猿。
>
> 看一更云,三更月,四更天。
>
> 细草如毡,独枕空拳。与山麋、野鹿同眠。
>
> 残霞未散,淡雾沉绵。
>
> 是晋时人,唐时洞,汉时仙。③

"朝隐四山猿鹤,夜枕一天星斗,纸被裹云眠",或许就是紫清真人的生活写照,"花落莺啼""云心鹤性"便是其心境写真。这种生命存活样式,在常人眼里或许不是"痴醉",便是"疯癫",但在道人却是醉心于道的生命样态。这种如痴如醉的生命样态,与其说它是一种修道方式,更不如说是一种艺术化了的人生模式——以山麋野鹿为伴,听猿猴夜啼,看三更云月,住晋唐石洞,笑桃花入川,品淡雾沉绵——如此洒脱,这般自在,人生如是,何止既作"晋时人",又为"汉时仙",其实,此人业已"乘霄汉天风",逾时空维度,何以如此豪迈?原来修行之人在心灵境界上达至宇宙本体,是在以大道反观人生,以"道眼"观

---

① 盖建民:《白玉蟾诗集新编》,社会科学文献出版社 2013 年版,第 285 页。

② 盖建民:《白玉蟾诗集新编》,社会科学文献出版社 2013 年版,第 285、286 页。

③ 盖建民:《白玉蟾诗集新编》,社会科学文献出版社 2013 年版,第 317 页。

照世间,包括物理事变,以及社会人生。如此观照下的人生,已被白玉蟾通过"道艺"陶冶,让铅华褪尽,进而观"草木含春,暗藏长养"①。如此修道行道的人生,时时因道之生发,其情融融,处处籍道之长养,而生机盎然——此等人生,乃充满诗情画意的道艺人生、诗化人生。在白玉蟾那里,这种诗化人生又以剑、琴、歌、茶等艺术元素来表现其修道行道雅趣。这种道雅情趣在其诗作中便有自然流露,如白玉蟾七言律《怡斋》云:

> 逸士幽居松竹林,小堂偃枕北山阴。
>
> 夜深冷月寒蓬户,晓起清风爽楮衾。
>
> 把剑更浇杯面酒,收书动破篆头琴。
>
> 自从一见羲皇面,千古谁知养浩心?②

在道教文化传统中,"琴""茶""剑"被视为修道宝物。"对于一个修道人来说,弹琴是陶冶自己身心、表达自己修道心志的一种方法";宝剑既是道门法术常用的法器,执剑还可用于防身御敌,包括抵御山林野兽的侵袭或各种盗贼的打劫;品茗饮茶也有助于静心宁神、延年益寿。可以说,"琴""茶""剑""三件伴随修道人的东西,一件是调身,一件是调心,还有一件是护身。三件室内之物各有所值",各有其用。"修道人的室内放着'一琴一剑一杯茶'。那剑是防身的兵器和作法的法器,那茶是用来调理肉身的污秽,那琴是用来颐养心境的静谧。"③此论可谓精当。白玉蟾《玉隆万寿宫云会堂记》称,"知乎风符雨印,龙兵虎骑,济生度死,通真达灵,此所谓法;噀蜂化鸽,诱蚁呼龟,飞剑斩星,投简扰龙,此所谓术。该法术而言之,亦知斗杓为万法之功曹耶"。④ 从法术功用层面而言,宝剑可为法器,以斩星扰龙,济生度死,若从施法效验而言,同一宝剑在不同行法者手中产生的功效却会有差异,这种差异则源于个人内功之高下之别,"内蕴至美,外示汗狂"。⑤ 内功修炼最基本的便是身心调

---

① 《修道真言》,《藏外道书》第 23 册,巴蜀书社 1992 年版,第 800 页;亦见于盖建民:《白玉蟾文集新编》,社会科学文献出版社 2013 年版,第 47 页。

② 盖建民:《白玉蟾诗集新编》,社会科学文献出版社 2013 年版,第 117 页。

③ 陈耀庭:《不惹人间桃李花——白玉蟾的〈卧云〉诗》,《弘道》(香港)2012 年第 1 期。

④ 盖建民:《白玉蟾文集新编》,社会科学文献出版社 2013 年版,第 238 页。

⑤ 盖建民:《白玉蟾文集新编·玉隆万寿宫云会堂记》,社会科学文献出版社 2013 年版,第 239 页。

养,茶和琴在这方面可谓功不可没。同时可以进一步追问,琴和茶何以有益于身心陶冶? 或者说,同样是抚琴品茗,但对于修道之士与凡俗人士又有何殊异? 我们不妨拿白玉蟾《道情》①诗文作比对。其诗曰:

> 白云黄鹤道人家,一琴一剑一杯茶。
> 羽衣常带烟霞色,不染人间桃李花。
> 常世人间笑哈哈,周游四海你为啥?
> 苦中受尽修正道,不染人间桃李花。
> 常世人间笑哈哈,争名夺利你为啥?
> 不如回头修正道,无忧无虑神仙家。
> 清静无为是吾家,不染凡尘道根扎,
> 访求名师修正道,蟠桃会上赴龙华。

一般而言,抚琴品茗乃高雅闲趣,若再加之仗剑云游,白云黄鹤,千山万水,那就有别于世间高士雅趣,因为他们不似世人有名利之求,只是一心向道,性命双修,清静无为,更不会招惹人间美色,只求寻师访友,参悟正道,致力早成正果。这一人生正道,如其《琴歌》所述:

> 月华飞下海棠枝,楼头春风鼓角悲。
> 玉杯吸干漏声转,金剑舞罢花影移。
> 蕊珠仙子笑移烛,唤起苍潭老龙哭。
> 一片高山流水心,三奏霓裳羽衣曲。
> 初如古涧寒泉鸣,转入哀猿凄切声。
> 吟揉撚抹无尽意,似语如愁不可听。
> 神霄宫中归未得,天上此夕知何夕。
> 琼楼冷落琪花空,更作胡笳十八拍。
> 君琴妙甚素所悭,知我知音为我弹。
> 瑶簪琅佩不易得,渺渺清飚吹广寒。
> 人间如梦只如此,三万六千一弹指。
> 蓬莱清浅欲桑田,君亦辍琴我隐几。

---

① 据海南玉蟾宫介绍,《道情》乃玉蟾祖师诗作,经口耳相传而流布至今。

> 为君歌此几操琴,琴不在曲而在心。
>
> 半鬶如苦万绿缕,一笑不博千黄金。
>
> 我琴无徽亦无轸,瓠巴之外余可哂。
>
> 指下方尔春露晞,弦中陡觉和风紧。
>
> 琴意高远而飘飘,一奏令人万虑消。
>
> 凄凉孤月照梧桐,断续夜雨鸣芭蕉。
>
> 我琴是谓造化柄,时乎一弹混沌听。
>
> 见君曾是蕊珠人,欲君琴与造化并。
>
> 昔在神霄莫见君,蕊珠殿上如曾闻。
>
> 天上人间已如隔,极目霭霭春空云。①

天上琼楼本故里,人间一梦乃栖居。抚琴遥思广寒宫,一奏令人万虑弭。琴意高远而缥缈,逆返造化是归期。

人生纵使有百年,不过三万日六千。扭转乾坤复归命,天上人间任翩跹。白玉蟾《永遇乐》也描摹了一幅清虚抱朴之修真美景。其诗云:

> 懒散家风,清虚活计,与君说破。
>
> 淡酒三杯,浓茶一碗,静处乾坤大。
>
> 倚藤临水,步屦登山,白日只随缘过。
>
> 自归来,曲肱隐几,但只恁和衣卧。
>
> 柴扉草户,包巾纸袄,未必有人似我。
>
> 我醉还歌,我歌且舞,一恁憨痴好。
>
> 绿水青山,清风明月,自有人间仙岛。
>
> 且偎随、补破遮寒,烧榾柮火。②

"屦"指木屐、鞋,也有行走、踩踏之意。如杜甫《北邻》诗:"时来访老疾,步屦到蓬蒿。""榾柮"意为木块、劈柴。如范成大《四时田园杂兴》之五十六:"榾柮无烟雪夜长,地炉煨酒暖如汤。"白玉蟾《永遇乐》描述的何尝不是一种隐修抱朴的生活画面:其"倚藤临水"之"柴扉草户",其"曲肱隐几"之"和衣而

---

① 盖建民:《白玉蟾诗集新编》,社会科学文献出版社 2013 年版,第 81—82 页。

② 盖建民:《白玉蟾诗集新编》,社会科学文献出版社 2013 年版,第 297 页。

卧",其"淡酒""浓茶"之且歌且舞,与其说是深居简出般的"懒散家风",毋宁说是清虚行为的自得其乐——心中有道,且以道观之,满眼自是"青山绿水",周遭即为"清风明月",随处便有"人间仙岛"。此不乐?何为欢?人生若此,何不惬意?!

从生命大道出发,以大道反观现实人生,体悟修道生活,白玉蟾在艰苦的修道生活中,悟出人生之大美大乐,这种大美大乐较为集中地投射在琴、剑、酒等生命元素上。除了对琴的幽情、对剑的钟爱、对酒的喜好之外,白玉蟾对茶也有独到的感悟,其诗作《水调歌头·咏茶》,结合炼丹合药,阐发道意妙趣。其诗云:

> 二月一番雨,昨夜一声雷。
>
> 枪旗争展,建溪春色占先魁。
>
> 采取枝头雀舌,带露和烟捣碎,炼作紫金堆。
>
> 碾破香无限,飞起绿尘埃。
>
> 汲新泉,烹活火,试将来。
>
> 放下兔毫瓯子,滋味舌头回。
>
> 唤醒青州从事,战退睡魔百万,梦不到阳台。
>
> 两腋清风起,我欲上蓬莱。①

早春雨后,嫩绿初露,伴雷声而动,似枪旗迎风,一片生机盎然。"采枝头雀舌,和露烟捣碎,炼紫金成堆",随之,幽香四溢,"绿尘飞起";汲挹新泉,烹试活火;待一片欢腾,置"兔毫瓯子",观水中宝物,上下浮涌,嗅其清香,品其绵长——从观茶采茶、炒茶杀青、汲泉烹水,到冲茶品茗,仿佛是在介绍制茶泡茶等茶艺工序——此咏茶事乎?诚然!然亦非尽然!除去咏叹茶道之赏心怡情之外,更有一番丹道旨趣!

"茶",今人常与"叶"相连,称之为"茶叶",繁体写作"茶葉"。"茶""葉"二字从字形结构上看,确有关联,所谓"草木之间,有人无世;草木之间,有世无人"。笔者认为,此间关联并非偶然,应有其意。如陆机《文赋》:"悲落叶于劲秋,喜柔条于芳春。"秋叶与春芽相对,悲伤与欢喜相待,物理与人情交融,

---

① 盖建民:《白玉蟾诗集新编》,社会科学文献出版社2013年版,第282页。

如此一来,作者之人文情怀已诉诸自然描摹之中,而融通人物之媒介在于生机一气。不同于一般文人墨客仅能描绘大自然、感叹人生之春喜秋悲,道教思想家可以从生命轮回中悟出修真合道之金丹炼养之理,如《修道真言》所言:"焚香烹茶,是道也。即看山水云霞,亦是道。胸中只要浩浩落落,不必定在蒲团上求道。"①道人有异于天地之间之常人,他们在品茗咏茶的同时,赋予炼丹合药之要义。白玉蟾《茶歌》(节选后半部)即为佐证:

> 吾侪烹茶有滋味,华池神水先调试。
>
> 丹田一亩自栽培,金翁姹女采归来。
>
> 天炉地鼎依时节,炼作黄芽烹白雪。
>
> 味如甘露胜醍醐,服之顿觉沉疴苏。
>
> 身轻便欲登天衢,不知天上有茶无?②

由此可见,在白玉蟾眼中,茶非寻常之物,它富含灵性生机;采茶、煮茶、品茶,与炼丹采药、烹丹、服饵同理;煮茶与烹丹也都要把握文武火候,所不同的是,丹药产自"一亩丹田",活泉神水取自"华池",此皆人身自备,不假外求,只需用心栽培,以意调试,依生理节律进退抽添……此时,丹与茶,天衢与人间,浑然难分,人与道,亦融为一体。有限之个体生命达至无限之道意境界,这就是一种艺术境界。茶事中见证了丹道,人生中充满了诗意。

宇宙是浩瀚无垠的,生命是无穷无尽的,艺术的境界也是可以无边无际的。宗白华先生根据人与世界接触的关系层次,将境界划分为五种:(1)为满足生理的物质的需要,而有功利境界;(2)因人群共存互爱的关系,而有伦理境界;(3)因人群组合互制的关系,而有政治境界;(4)因穷研物理,追求智慧,而有学术境界;(5)因欲返本归真,冥合天人,而有宗教境界。宗先生认为,"功利境界主于利,伦理境界主于爱,政治境界主于权,学术境界主于真,宗教境界主于神。但介乎后二者的中间,以宇宙人生的具体为对象赏玩它的色相、秩序、节奏、和谐,借以窥见自我的最深心灵的反映;化实景而为虚景,创形象以为象征,使人类最高的心灵具体化、肉身化,这就是'艺术境界'。艺术境界

---

① (南宋)白玉蟾:《修道真言》,《藏外道书》第23册,巴蜀书社1992年版,第800页。

② 盖建民:《白玉蟾诗集新编》,社会科学文献出版社2013年版,第99页。

主于美"。① 很明显,宗白华先生所谓"主于",即价值诉诸所及。诚然,如先生所言,艺术境界的价值诉诸在于美。先生此论立足不同的行为主体,论及他们有殊异的价值诉诸,不同的价值诉诸对于各异的生命境界;易言之,不同的生命境界便会对应不同的价值主体。但也不乏例外,会出现一定的交叉,譬如"学术境界"与"宗教境界"的交集,产生了"艺术境界"。对宗先生此论,笔者欲结合自己的研究对象,作出些许阐释。

首先,对于不同的行为主体,因其生活、工作的基本主题内容有别,其价值诉求便会出现差异,诸如为解决基本生计的群体,更多的是忙于功利境界;忙于生计的庶民百姓便有别于引领国政的政治人物,政治领袖的价值则体现在以权力主导"人群组合互制关系",其所处境界便是政治境界。即便庶民百姓也有热心于政治者,因其主业、身份、机会等所限,其人生价值主要还是不离功利境界,其从政并非为政治而政治,而是为政治之外的功利或者说是以政治为手段工具而以谋求功利为目的。若按人群、主流来划分,如此说来是没有多少可以争议的。

其次,对于个体而言,或许更多的是几种境界的交集,也可能是以一种最高的存在来统领所有境界的生命状态。对于前者,譬如寻常百姓,最为基本的,既是生物学意义上的存在,自然会选择"生存至上"法则,所谓"民以食为天",存活下来便为首要需求,由此构成其人生的基础功利,同时他(她)也是社会性的存在,当然不离人伦亲情,需遵从社会规范与人伦道德,在历史文化中已经变成对人之为人的基本要求,过合乎道德要求的生活便是应然的事情,此类应然所求便成为伦理道德意涵。无论是诉诸基础功利的丰厚,抑或是伦理意涵的丰富,作为常人都无可厚非,而追求在这两个维度价值的最大化,便成为功利境界、伦理境界的不断动力,易言之,所谓的功利境界与伦理境界,对于普通百姓而言,是其人生不可或缺的两个面向,自然会以交集形式体现于个人生命活动之中。至于政治境界与学术境界,那是术有专攻、学有专长者的人生价值诉求。一般而言,相较于普通百姓,后者更倾向于人间秩序的建构、政治制度的创缔、或人文精神的引领等宏图伟业,着力于族群乃至人类当下与未来更好的生存与发展。然而,大致说来,这四类生命境界也有相通之处,那就

---

① 宗白华:《美学散步》,上海人民出版社 1981 年版,第 59 页。

是几乎出于理性考量现实生存问题,基于理性思考化解生命困顿,发自理性导向理想境界,一句话,以理性贯穿始终。客观地说,人们依从理性固然可以解决诸多包括个人、社会、民族乃至人类的生存问题、生命困顿,但在人类生存发展的历程中,仍留下不少理性无能为力的"百慕大",尤其是面对人生的无常、命运的多舛等不可思议,过于依赖理性,徒增更多不惑的时候,不少人会把目光转向理性之外,投向更高远的价值存在,寻求更超迈的生命境界——宗教便是这种生命转化与超拔的方式之一——宗教所提供的生命境界与前者最明显的特征之一,便是以"至真全善完美"的最高存在,反观现世人生,统领人间价值,既安顿身心灵,又感召真善美,中国道教亦不例外。借用宗白华先生的说法,此即"返本归真,冥合天人"的"宗教境界"。

我们知道,"冥合天人"是传统文人的价值诉求,对于一代"天仙才子"白玉蟾而言,其"天"即仙道,其"人"即道人,其"冥合天人"的实质,便是力求道人之修道、弘道应以契合仙道为最高人生价值追求;"返本归真"实乃一艺术圭臬,亦一人生境界,对于文教道士紫清真人而言,修道弘法即为人生要义,而修道弘法的人生应掌握艺术手段,精通艺术手法,剑琴歌舞酒茶皆修道弘法的艺术元素,以此修道弘法不仅可以诗化人生,而且还能臻美生命,同时,在道门中人眼中,剑琴歌舞酒茶等无不载道含生,以之修道弘法的人生实乃诗化的人生、仙化的人生。

## 二、道由人显之创生仙化

王国维《人间词话》说:"有造境,有写境,此理想与写实二派之所由分。然二者颇难分别。因大诗人所造之境,必和合自然,所写之境,亦必邻于理想故也。"对于金丹派南宗一代宗师白玉蟾而言,其诗文不仅是写境与造境的和合,更是合丹与弘道的统一,展现的是道由人显与人能弘道的宗教使命。"宗教的要求就是对自我的要求,也就是关于自我的生命的要求。我们一方面知道自己是相对的、有限的,同时又想同绝对无限的力量相结合,以求由此获得永远的真正生命,这就是宗教的要求。"[1]这一宗教要求贯穿于人生修为之中,

---

[1] [日]西田几多郎:《善的研究》,何倩译,商务印书馆1965年版,第127页。

就表现为一种修道的生活方式。在白玉蟾那里,这种修道的生活方式,表现为集欣赏与创造于一体的生命体悟与生命完善交相辉映的美的历程。

白玉蟾《太上老君说常清静经注》中引用邵雍(1011—1077年)《击壤集·观易吟》诗句:"邵子云:'天向一中分造化,人从心上起经纶。天人焉有两般义,道不虚行只在人。'"①"一",指太极;"分造化",谓太极之"一"分阴分阳,一刚一柔,且动且静,造化万有。"一中分造化",乃"天"之自然运作,与之相应,"心上起经纶"则是"人"之行为法则。"天人一义"说是邵雍的先天易学的基本观点,在他看来,"万化万事生于心也";"先天之学,心法也"。白玉蟾认同此说,其《海琼白真人语录》有类似表述:"法法从心生,心外无别法。"②在紫清真人看来,不仅天人一义,而且道由人显。

"道由人显,道教的存在归根结底依靠道教徒的存在。道教的发展也取决于道教徒素质的提高,道教人才的多寡。"③在金丹派南宗,人何以显道?答案即炼就金丹大药,表征道性不朽——以"金液还丹"联通"无形大道"与有限之人,反映在两个维度:其一,"人能弘道,非道弘人。"道教是信道奉道者的事业,没有笃信圆觉的弘道者,"道"将"隐"而不"显",相反,经由有道之士的宣化造作,隐晦的"道"意才得以开显;其二,道人弘道,绝非空谈心性,而是要实证实修,尤其是通过炼丹合药,以不朽之丹性迁化有限之人,使人复返性命根源,"直上三清琼阁",登仙证道,实现对道的终极回归:

> 大道无形,大丹无色。动中静,静中动,动静如如;无内有,有内无,有无默默。会得则本无迷悟,不会则自有圣凡。所以魏伯阳之河上姹女,许旌阳之水上铁舟,钟离权之金液还丹,刘海蟾之玉华真水。如是则月圆月缺不离水,云去云来何碍天?④

白玉蟾云:"君不见虚无生自然,自然生一炁。一炁结成物,炁足分天地。天地本无心,二炁自然是。万物有荣枯,大数有终始。会得先天本自然,便是性命真根蒂。《道德》五千言,《阴符》三百字。形神与性命,身

---

① 盖建民:《白玉蟾文集新编》,社会科学文献出版社2013年版,第192页。
② 盖建民:《白玉蟾文集新编》,社会科学文献出版社2013年版,第92页。
③ 陈莲笙:《道风集》,上海辞书出版社2006年版,第5页。
④ 盖建民:《白玉蟾文集新编·武夷升堂》,社会科学文献出版社2013年版,第78页。

心与神炁。交姤成大宝,即是金丹理。世人多执著,权将有作归无作,猛烈丈夫能领(令)略。试把此言闲处嚼,若他往古圣贤心,立法化人俱不错。况能蓦直径路行,一条直上三清阁。"①

往古圣贤所传不二心法,便是金丹大道理;金丹大道既须心传口授,更须体悟自证。弘道先证道,正人先正己。人能弘道,非道弘人。"天地万物之中,只要有形象的,有生命的,有精质的,里面都包含着'道'。人类社会发展到今天,已经有了无数个发明创造,可以说所有的发明创造都是'道'产生的,都是'道'的体现。人类社会还有许多没有被发明,没有被认识的东西,它们也都是'道'产生的,也都是'道'的体现,只是因为我们还没有达到认识和理解那些'道'的水平,也就是我们还没有'得道'。"②"道"在人之上,祂不以人的意志为转移,也不因人不能"领略"而不存在,亦并非隔绝人之意识而独存孤在,人可能动地悟道修道、行道得道,在金丹派南宗看来,炼养金液还丹乃开显道真、"知味造化"、度己度人的"圆觉"正道。如白玉蟾《山坡羊四首》之四云:

圆觉金丹太极,这造化谁人知味。

旁门小径,正理全然昧。

学三峰九鼎奇。习休粮与闭饥。

吃斋入定,到底成何济。

耽阁了浮生也,道无缘福不齐。

须知,不识阴阳莫乱为。

修持。莫信愚徒妄指迷。③

道生万物,人属万物之一,而人异于他物之处在于,物之为物,就是它实际所是的样子,只是保持自然大道所赋予它的生命和生命的样式,而人则承载了历史文化基因,必须拥有文化生命,才能保持其为人——"作为人的人,是有文化创造力的人;有文化创造力,就是有文化生命;有文化生命,意味着有理

---

① 盖建民:《白玉蟾文集新编·太上老君说常清静经注》,社会科学文献出版社 2013 年版,第 196—197 页。

② 陈莲笙:《道风集》,上海辞书出版社 2006 年版,第 36 页。

③ 盖建民:《白玉蟾诗集新编》,社会科学文献出版社 2013 年版,第 323—324 页。

想,有关于人的理想。"①不同于物之"是其所是",人却总是追求"非其所是",为其当为。但在白玉蟾看来,追求人生理想也"须知":"不识阴阳莫乱为","莫信愚徒妄指迷",须从明师修正道证仙真。

"修持"是玉蟾祖师着力强调的修道合真的生命功夫,这一生命功夫又是建立在修道者对生命大道的"圆觉"正解的基础上的。在白玉蟾看来,也只有对人身、人生、"此生尽处"有了彻底觉悟,对名利、酒色、情欲及凡俗"荣华富贵"有了究竟参透,能够达至生命大道的视域反思凡尘生活,进而寻师访道,炼养金丹大药,才能在凡尘人世中,修不死神仙法,最终逆转乾坤,跻身仙真。白玉蟾真人授、龙眉子述、涵蟾子注《金液还丹印证图诗》"警悟法象"对此人生之道、成仙之理有较为充分的解析:

警悟诗曰:"委骸回视积如山,别泪翻为四海澜。世界到头犹会坏,人生弹指有何欢?成男作女应千变,戴角披毛历万端。不向此生生里悟,此生尽处作么看?"

警悟者,警觉世人,使知金丹之道,可以超凡入圣,可以起死回生,可以返老还婴,可以提挈天地,陶铸阴阳者也。人之有此身,乃天地间万物中之一物耳。故人为万物之灵,得配天地而为三才。不能如天地之长且久者,以其有身则有患。名利役其心,酒色迷其性,恩爱牵缠,情欲萦缠,耽恋于荣华富贵之域,迷蒙于醉生梦死之场,元精丧矣,元气竭矣,至死而不悟之。仁人愍世人不信长生之道可学而致,可修而成,人人有分,个个圆成,至简至易,一得永得,自然身轻,虽愚昧小人,得诀修之,立跻圣地,却乃执着不思,孰肯省悟?甘分沉沦,故作是诗,列于卷首,以提省世人肓于火坑之中,使其回视古今英雄豪杰之流、文人才子之辈,纵得官高极品,禄享千钟,金玉齐斗,妻妾满堂,一旦无常,同归腐朽,钱财莫赎,妻子难留,尸骸弃积荒丘,恩爱翻成泪海。天地劫运到来,犹有坏日。人生团聚欢乐,能有几何?况忧愁哀乐之不齐,寿夭穷通之不一,流光迅速如捻指,耀灵疾骤若驰车,而又生儿长女,生老病死,千端万变,递递无穷。或堕六道轮回,三途恶趣,投胎异觳,戴角披毛,可不悲哉!急宜回思此身之难

①　王德峰:《哲学导论》,上海人民出版社 2000 年版,第 37 页。

得,此道之可修,此生之可度,坚志苦心,寻师访道,结真友,采丹材,烹日月之英华,炼乾坤之精髓,点化凡躯,以成仙体。趁此有生而度,不在他生后世也。①

此段生命警示与人生价值启迪,从人身难得、人生苦短切莫虚度妄为的高度立意,这是中国古人的文化传统,在这一点上,道教文化与其他文化并无二致,其迥异之处在于,道教昭示世人皈依仙道,"烹日月之英华,炼乾坤之精髓,点化凡躯,以成仙体",突出"起死回生"、以身证道的生命宗教特色。它彰显了人之突破有限、创生无限的超凡能动精神。这一能动精神在人类生命文化史上无疑是可圈可点的一笔观念财富,在中华道学文化中也有其历史轨迹可循。在笔者看来,其最为直接的生命文化资源当是《庄子》哲学之"化境"学说。

李振纲先生对《庄子》哲学之"化境"进行探析,认为"外篇《秋水》中北海若教训河伯的一段话,可以看作对《齐物论》篇中'物化'之理的一种引申:'以道观之,何贵何贱,是为反衍;无拘而志,与道大蹇。何少何多,是谓谢施;无一而行,与道参差。严乎若国之有君,其无私德;繇繇乎若祭之有社,其无私福;泛泛乎其若四方之无穷,其无所畛域。兼怀万物,其孰承翼?是谓无方。万物一齐,孰短孰长?道无终始,物有死生,不恃其成;一虚一满,不位乎其形。年不可举,时不可止;消息盈虚,终则有始。是所以语大义之方,论万物之理也。物之生也,若骤若驰,无动而不变,无时而不移。何为乎,何不为乎?夫固将自化。'此处海神所点破的'化'境,与《逍遥游》篇首'鲲化鹏飞'的意象中的'化',在庄子哲学意境中均与生命感悟有关。'化'是'游'的前提,也是'悟'的前提。'化'才能够'游'于'无穷',也才能'悟'到生命万象的'通'和'一'。天地大生命深层结构中的'化'意味着现象世界的缥缈虚幻,不计较或忘掉这种缥缈虚幻的假象,才能感悟天地万物'道通为一'的本性。'通'和'一'乃是生命世界最纯粹、最本然的'真'和'美'。"②

诚然,庄子"鲲化鹏飞"是一种诗化意境,它融通生命本然之"真"与人生

---

① 盖建民:《白玉蟾文集新编》,社会科学文献出版社2013年版,第143—144页。

② 李振纲:《梦与庄子哲学——释〈庄子〉中的五个'梦'境》,《哲学研究》2013年第3期。

欣然之"美"于一体,寄托了作者超然物外、感通道元的人道遐思与审美情怀。需要指出的是,这种遐思与审美毕竟是道家式的人文理路,这一人文理路更多的是指向一种精神超越,它有别于道教的"实证实修"的拯救之路。以金丹派南宗为例,如白玉蟾多次引用《庄子》"化腐朽为神奇"之说,意在从庄学的精神"化境"中开出"起死回生"之方,旨在"点化凡躯,以成仙体"之实。这或许就是道家生命哲学流变为道教生命宗教的显著标示之一。

道由人显,人能弘道。道之美在于人之领略、体悟、创化,道教之美,或者说道教之臻美即仙道妙趣,以仙道妙趣观照现世人生,可让烦劳、枯燥、有限的人生大放优雅、奇异、无限的光彩,此即仙道之于人生之化腐朽为神奇之臻美呈现,平凡的人生借此步入化腐朽为神奇之创生仙化之旅途。

看似以"得道成仙"为宗教主旨的道教文化充满神秘色彩,但作为生命宗教的金丹派南宗仍不乏人文精神底蕴。这一人文精神实乃源自中华文化元典《周易》所奠定的人文底色。其审美价值取向也不例外。《周易》曰:"离者,明也。"今人宗白华先生从说文解字的视角分析"明"字意涵,结合窗子的功用诠释"离"卦的美学意义。宗先生指出,"'明'古字,一边是月,一边是窗。月亮照到窗子上,是为明。这是富有诗意的创造。而《离》卦本身形状雕空透明,也同窗子有关。……人与外界既有隔又有通……有隔有通,这就依赖着雕空的窗门。"这就是《离》卦包含的一个意义。"有隔有通,也就是实中有虚。这不同于埃及金字塔及希腊神庙等的团块造型。"《离》卦这种不同于团块造型的卦象,蕴含了国人的审美价值需求,"中国人要求明亮,要求与外界广大世

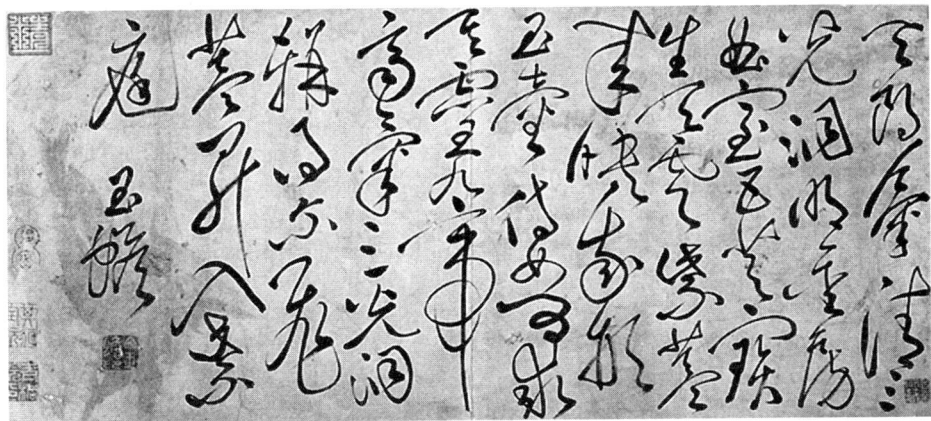

界相交通"。① "虚实相间""内外交通"确实是国人的美学追求,也是国人的艺术传统。我们不妨以白玉蟾一幅作品为例,探讨其生动气韵与审美旨趣。

### 白玉蟾祖师四言诗贴真迹

天朗气清,三光洞明。金房玉室,五芝宝生。玄云紫盖,来映我形。玉童侍女,为我致灵。九帝齐景,三光洞(同)靬。得乘飞盖,升入紫庭。玉蟾。②

此诗文原本无题,据说是诗亦非紫清真人所作,实乃真人手书。③ 周、盛《白玉蟾全集》断言此非白氏诗作,但不见其据;盖氏《白玉蟾诗集新编》亦有收录,题为"附白玉蟾手书《推诵黄庭内景经法》咒语(《天朗气清》贴诗)",认为此"内容乃书《云笈七签》卷十二三洞经教部《推诵黄庭内景经法》之咒语"。④ 周、唐、安点校《白玉蟾集》认定此为白氏诗作——即便有诗文作者归属之争议,但并不妨碍欣赏紫清真人的书法艺术,因为他们认为上书出自白氏之手,乃白玉蟾艺术创作之墨宝真迹。

众所周知,中国传统书画讲究"气韵生动"。宗白华先生指出:"气韵,就是宇宙中鼓动万物的'气'的节奏、和谐。"⑤所谓气韵生动,就是作者通过形体表现出蕴藏在天地万物中的生机和动感。生机是浸润在天地万物中的勃勃生命力,它既体现在单一形象刻画中,也隐藏于整体物象组合里。气韵以生机为内容,生机以流畅圆通见长,以飘逸动感为上。气韵之动感,既包括运动形象中存在的内在张力,也包括静止形象中的蕴涵的生命活力。在书画艺术作品中,局部与整体的统一、静止与运动的协调,以及作品中体现出的呼应、衬托、对比等关系,都能表现出无穷的生机和动感。"形成这种生机与动感的最终根源,正是艺术形象的精神气质和思想情感。可以这样说:要达到气韵生动,就要求艺术家把握住所描绘对象的精神气质,掌握内在韵律,表现出形象

---

① 宗白华:《美学散步》,上海人民出版社1981年版,第39页。
② 源自台北故宫博物院所藏白玉蟾墨迹。另见白玉蟾原著,周全彬、盛克琦编校:《白玉蟾全集——道教南宗白玉蟾真人修炼典籍》(下册),宗教文化出版社2013年版,第623页。
③ 参见白玉蟾原著,周全彬、盛克琦编校:《白玉蟾全集——道教南宗白玉蟾真人修炼典籍(下册),宗教文化出版社2013年版,第623、626页。
④ 盖建民:《白玉蟾诗集新编》,社会科学文献出版社2013年版,第356页。
⑤ 宗白华:《美学散步》,上海人民出版社1981年版,第51页。

蕴涵的生机和活力。"①这是中国书画的审美追求,也是中国书画的灵魂所在。若以此为参照标准,白玉蟾手书"天朗气清"墨宝所呈现出的,何止是普通书法家的艺术功底,更多的是修行者的生动气韵,甚至蕴涵一种能量信息,有一种呼之欲出的生命灵动。其魅力或许为丹道修持所特有,以符咒宗派而见长。

常言道"文以载道",书画艺术同样可以成为弘道载体。道门艺术家不同于其他艺术家之明显之处,在于其艺术作品所蕴涵的仙风道韵。白玉蟾善画梅竹及人物像,其作品主题不离弘道立教传法的南宗主旨。他曾在湖北鄂州城隍庙的墙壁上留下一幅画,此画的主题乃林竹,配之以道教内丹派南宗祖师张伯端等人物形象,"观者无不叹异画之传世者"。据《式古堂书画汇考》记载,白玉蟾祖师的传世画作有《修篁暎水图》《竹石来禽图》《墨梅图》等16幅。其余散落人间的,就不知其几了。② 以道教人物故事、炼丹合药原理、神仙逍遥意境为艺术题材,以教化众生,皈依三宝,尊道贵德,性命双修为作品主旨,这便是白玉蟾道教艺术作品的共同特征,以修身证道,炼丹合真,不死成仙为人生究竟解脱是白玉蟾修道艺术的最高最美境界追求。

人们常说,艺术来源于生活,又高于生活。这或许就是说,艺术的素材来自现实生活,艺术作品的价值却高于生活素材。那么,相应的问题就自然生发出来:艺术价值何以高于生活? 笔者认为,艺术乃创造性的活动,艺术作品就是对生活素材的创造性生产的人文精神结晶,它凝聚了作者的思想情感与价值诉求,这种思想情感与价值诉诸又绝非孤芳自赏,相反,它代表了某种共同的人文价值理念,艺术家只是巧妙地把这些价值理念,以一种独特的形式表现出来而已。正因为其共同性,艺术品才可以影响人,感化人。审美虽无量化标尺,但艺术却有境界高下。艺术境界之高下往往取决于作者的艺术修养功力之深浅,二者之间乃正向关联。

就白玉蟾的书法艺术而言,从他人所作的评价中不难看出其造诣水准。我们不妨借用与白氏同时代的杨长孺《题福州天庆观壁白逸人诗后并序》之语,以观其感,间接领略紫清真人之艺术魅力。其序云:"庐陵杨长孺伯子在

---

① 曹胜高:《国学通论》,北京大学出版社2008年版,第247页。
② 参见卢国龙:《浊世佳公子 蟾宫谪仙人》,海南玉蟾宫南宗文化研究中心提供稿。

福州时,一日祷祈天庆观,见壁间有白玉蟾题诗,大书草圣,有吕洞宾之笔法,喜而貌之,标为大轴以归。因成五言古句,跋其后,盖嘉定庚辰也。壬午腊月己亥,逸人自临川笔架山遗介惠书,非偶然者,录以寄之。逸人未通书,长孺已相识矣。"杨长孺另有"奉谢琼山白逸人惠草书千字文二首",由此亦可见证道人狂草之洒脱气象,其诗云:"草圣龙蛇字满千,真仙游戏笔清圆。孔融枉却知元德,杜甫何缘有一钱?""君占清风明月多,不知些子肯分么?道人身自如蝉样,敢把黄尘浣绿蓑。"①足见时人对白玉蟾狂草造诣之叹服。

唐代虞世南《笔髓论·契妙》说:"字虽有质,迹本无为。……达性通变,其常不主。故知书道玄妙,必资神遇,不可以力求也。"指出书法奥秘在于心性合道,也就是让自己的心性通于大道,使自己与自然之美、生命之道合二为一,进入物我一体的状态。亦如孙过庭《书谱》所言:"神怡务闲,一合也;感惠徇知,二合也;时和气润,三合也;纸墨相发,四合也;偶然欲书,五合也。"此所谓"合",是指主、客观条件有机的协调和融合,对白玉蟾而言,此五合状态,既是书法创作的虚静,又是南宗修为的境界。虞世南《笔髓论·释草》对草书特质作如此归纳:"草即纵心奔放,覆腕转蹙,悬管聚锋,柔毫外拓,左为外,右为内,起伏连卷,收揽吐纳,内转藏锋也。既如舞袖挥拂而萦纤,又若垂藤樛盘而缭绕。蹙旋转锋,亦如腾猿过树,逸蛦得水,轻兵追虏,烈火燎原。或体雄而不可抑,或势逸而不可止,纵于狂逸,不违笔意也。"比照此论,品味"天朗气清"真迹,那种"起伏连卷"之气势、"收揽吐纳"之活力,着实让人感受到何谓"纵心奔放""萦纤缭绕"。笔者认为,这既是书法家心志状态的自然流露,也是其快意人生的艺术写真。身为一代宗师,白玉蟾不会为艺术而艺术,相反,他会借助艺术形式而弘法传教。在他那里,书法绘画、诗词歌赋等皆可作为载道之器,而用之于弘道传教,况且,按照道教理论,这些艺术作品都承载着仙道之相关信息与生命能量,对于"敢把黄尘浣绿蓑"的后来有缘同修,也是一笔不可估量的精神财富。以艺术形式开启后智,以书画作品引人创化,希冀更多人圆觉仙化,这或许就是白玉蟾之艺术创作之境界追求。他创作了国宝级的道教精品,也播撒了梦幻般的精神种子。

---

① 盖建民:《白玉蟾诗集新编》,社会科学文献出版社 2013 年版,第 358 页。

# 第十章　人生之梦

白玉蟾有关人生之真、之善、之美等价值观念,皆是在生命大道观照之下,而呈现在性命存有、人己功用、空灵逍遥等多维层面的生命意义之风采,同时,这三个层面的生命意义又统一于以得道成仙为人格理想的终极价值诉求之中,是立足于当下生命不完善、不完美的现存状况,旨在通过丹道修为自力改善以至不断圆梦仙真的理想路径。

如果说白玉蟾人生价值思想是"以道统摄真善美""以仙凝聚真善美"的话,那么也可以说,"以丹道梦功成就神仙果位"便是其人生价值观念的一大特色,这一特色体现了金丹派南宗价值哲学的生命要义,其中既蕴含着生存与梦想之双向张力,又洋溢着人性之流变可塑与道性之圆满可企之内在统一。

## 第一节　梦与仙

道教作为中国本土宗教,它既不像耶教以死后的天堂复活来吸引生人,也不似儒教从精神不灭中去傲视死亡,更非佛教视人生为苦海、以死亡为解脱之途,而是坚信身中有道,执着性命双修,追求"与道合真"的梦想境地,力致"得道成仙"的终极价值。这一"羽化登仙"的生命诉诸本身,既是现实个我"恶死悦生"的生存本能意向的直接表白,也是常人"延年益寿"的生活愿景的延伸拓展,更是人类追求精神自由与生命不朽的技术尝试,它绝非简单的痴人说梦,其背后蕴涵丰富的价值意涵。

### 一、"人生石火"之生命潜质与"身外有身"之生活梦求

道教理想的"神仙"人格不同于儒家、释家与耶教的最明显之处,在于其

肯定了个体生命灵肉的完整性,凸显了生命潜能的无限性,并集中浓缩成以"长生久视,不死成仙"为主要特征的生命伦理观。道教被誉为"中国文化根柢",而作为道教思想重要组成部分的生命伦理观,在某种程度上顺应了国人贵生惜命之心态,也契合了人类追求超迈之本性。客观地说,这种独特的生命伦理观是人类个体生命寻求自我不朽、价值常在的一种梦境投射。

道教立足现实人生,洞察生命潜质,明辨终极价值。在对待现实生活欲求问题上,道教"羽化登仙"的终极价值理想,可谓国人实用理性在某种程度上的流露与发挥。不可否认,生存与发展问题历来都是人类社会永恒的生命主题。国人对人间福、禄、寿的深切关注,尤其是对寿老与福祉的价值渴求,道教并非简单地接受或排斥,而是采取肯定——否定——肯定,即"否定之否定"的生活态度,运用接纳、生成、升华的改造方式,凝聚于神仙观念之中,通过"仙"梦而复活再现其人生价值,在一代宗师白玉蟾那里,更是将生命潜质与生活梦求对接贯通,既为安身立命寻得立足之地,也为生命潜质开示圆梦之途。

道教一向坚持以个我生命身心两安互持为其生命存在的基本前提,对物质享受与精神追求进行双向肯定,尤重人生欲望的合理安顿,强调道不远人,身中载道,这样就既贴切现世人生,又导向终极超越。如白玉蟾景仰的正一派第三十代天师张继先(1092—1128 年),其《大道歌》直言:"道不远,在身中,物则皆空性不空。性若不空和气住,气归元海寿无穷。"①虚靖先生指出道不远人,亲身可即,而且以"和气归元"为延年益寿之法宝。白玉蟾认同这些观点,从丹道修炼以身存道的角度,亦作七言古诗《大道歌》。其诗云:

> 乌飞金,兔走玉,三界一粒粟。
>
> 山河大地几年尘,阴阳颠倒入元谷。
>
> 人生石火电火中,数枚客鹊枝头宿。
>
> 桑田沧海春复秋,乾坤不放坎离休。
>
> ……
>
> 若是清虚冷淡人,身外无物赤洒洒。

---

① 《道藏》第 32 册,文物出版社、上海书店、天津古籍出版社 1988 年版,第 372 页。

都来聚炁与凝神,要炼金丹赚几人。

引贼入家开宝藏,不知身外更藏身。

身外有身身里觅,冲虚和气一壶春。①

白玉蟾以身为载道之器,以聚炁凝神合药结丹为修炼法门,告诫人们当下之身既平凡又神奇——在凡人眼里只是有限的感性存在,犹如一块石头,仅仅只是石头而已,是再平常不过的一种存在,但在修道之士看来,即便是一块石头,仍然有其神奇之光,这就如同薪火,薪可尽但火可传,同样的道理,击石可见火光,至于人生或曰人身,或可腐朽,或可永存,所谓"顺之则凡,逆之则圣",②关键在于如何选择,如何作为,这是一个价值定位、价值取舍的人生问题。在金丹派看来,金丹大法乃化腐朽为神奇之修为法门,以金丹大法炼身存道,修此身以显身外身,一旦丹成粟就,此可朽之身便可逆转而化为金刚不坏,达至永恒。

在金丹派南宗思想中,金刚不朽之身,不在别处,只需"身里觅",下手功夫亦即"冲虚和气"。在道教文化系统中,就人体而言,"首为天,为乾,腹为地,属坤,一上一下,即为鼎炉。这就是说,人体本身也可以看作一个鼎炉,通过精气神的'烧炼',最终可以结成内丹"。人体自有乾坤,人身亦自备药物,药物与卦象匹配。"'《坎》《离》'二卦代表药物,就内丹而言,坎离就是一元之气内在阴阳两个方面。道门认为,将欲养性延命,应该考虑人之本初。人之成形,乃是阴阳相感所致,气布精流而成。元始之际,是为先;成形之后,是为后。为了归根还元,返老还童,就得调理药物,使《坎》卦中的'阳爻'回复到《离》卦中的'阴爻'位置,让《离》卦变成纯阳的乾卦,这就叫作'后天返先天',或曰'会乾坤'。"③有形有感之后天人生,纵然如"数枚客鹊枝头宿",但一阵喧哗嬉闹过后,仍不免鹊飞枝空之悲凉,况且"人为形质所累,年纪一到,则百节风生,四体皆痛。何必地狱?即此便是。平日倘少有静功,就可免此一段苦楚。故形为我所爱,我亦为形所累。若将此一段灵性,做到把握得住时,

---

① 盖建民:《白玉蟾诗集新编》,社会科学文献出版社2013年版,第100页。

② 盖建民:《白玉蟾文集新编·谢张紫阳书》,社会科学文献出版社2013年版,第13页。

③ 詹石窗:《道教文化十五讲》,北京大学出版社2003年版,第254页。

出生入死,总由我使唤"①。趋乐避苦之特性促使人在有生之年应有所思、有所为,那些不甘听任命运摆布的人们,总是竭力要做人生的主人。在道教金丹派那里,重唱"我命在我"之生命强音,创新"后天返还先天"之"回春"手段,便成为其解脱生死之不二门径。

《修道真言》云:"天之生人,人之所以生而不死者,于穆不已也。人若无此不已,则气绝矣。故天地以气机存,人亦以气机生。能炼住气机,便与天地同寿,便不息了。不息则久,《中庸》言之矣。"②此处"穆"作气机畅和讲。以人言天,借天言道,以气贯通人、天、道,这便是金丹派南宗对于宇宙生命系统的基本体认方式。体认这一生命系统,透过这种表述方式,参悟生命机理,也为世人超越死亡,确保生命之树常青,揭示出一神奇种子。这粒种子就在每个人自身生命之中,在南宗文化视域,它只是一种生命潜在,有待开发,方显其能。《修仙辨惑论》载有相关答问:

> 海南白玉蟾,自幼事陈泥丸,忽已九年。偶一日在乎岩阿松阴之下,风清月朗,夜静烟寒,因思生死事大,无常迅速,遂稽首再拜问曰:"玉蟾师事未久,自揣福薄缘浅,敢问今生有分可仙乎?"陈泥丸云:"人人皆可,况于汝乎!"③

泥丸祖师明确指出,世人皆含"有分可仙"的生命种子,此即仙分道种,所谓"人人具足",表明人皆有分,无一例外;又曰"个个圆成",说明只要方法得当,人皆可以修炼成仙;翠虚真人由此告诫弟子,"人人皆可",毋庸置疑。紫清真人记录这段问答,凸显生死之于人生价值之至上性,以及无常偶然对于人生历程的不可回避性,貌似是一种"死生有命"的人生论调,实则跳出现象世界之二元对立,立足大本大源,从生命大道对生死存亡之主宰与超越,强调生命潜质与永恒大道之内在关联,指出亟待开发生命潜质之必要性,以及修习金

---

① (南宋)白玉蟾:《修道真言》,《藏外道书》第 23 册,巴蜀书社 1992 年版,第 801 页;亦见盖建民:《白玉蟾文集新编》,社会科学文献出版社 2013 年版,第 47 页。

② (南宋)白玉蟾辑:《修道真言》,《藏外道书》第 23 册,巴蜀书社 1992 年版,第 799 页;亦见盖建民:《白玉蟾文集新编》,社会科学文献出版社 2013 年版,第 45 页。

③ (南宋)白玉蟾:《修仙辨惑论》,《修真十书杂著指玄篇》卷四,《道藏》第 4 册,文物出版社、上海书店、天津古籍出版社 1988 年版,第 617 页;亦见盖建民:《白玉蟾文集新编》,社会科学文献出版社 2013 年版,第 16 页。

丹大道之重要性,倡导人们应在有生之年,切实"把握此段灵性",开掘无限潜能,以超凡出尘。世人之把握灵性,开发潜能,实现生命之究竟解脱,在某种程度上不得不考虑凡俗功利价值。在功利价值权衡问题上,道教是在否定凡俗功利价值的同时,倡导逆返求道、与道合真的终极价值。也就是说,修道之士是在体道修德、长生久视的修为过程中,在追求个体当下生命延绵的历程中,最终达成与永恒绝对之本体之道的合和不二——

> 凡人心不内守,则气自散。若能时时内观,则气自敛,调养脏腑,久之神气充足。古云:"常使气通关节透,自然精满谷神存。"①

金丹派南宗告诫世人要认真对待"富贵"二字,切实甄别一般人眼中的"富贵"与究竟彻底的"富贵",勉励人们应站在生命大道的高度,从身家性命与道体仙真的关联,为人指出一条性命修为的人生"好路"。《修道真言》于此明示:

> 天下人不难立志,最怕转念。富贵二字,是钩人转念的香饵。所以每每得道者,非贫寒即大患难之后。何也?割绝尘累,回头皆空。故孙真人注《恶疾论》曰:"神仙数十人,皆因恶疾而得仙道。是尘缘都尽,物我俱忘,毫无转念,因祸得福也。"②

> 玄功不但要养气足精,仍宜运髓补脑。家私攒聚到十分,方称富足;倘身中稍有缺乏,便是空体面的穷汉子。分明一条好路,如何不走?可惜一个神仙阙,夜间难道也匆忙?③

一般说来,凡尘俗世所谓富贵,乃以个人拥有财物之富足、所处社会地位之显赫为标示,但在金丹派南宗看来,此等富贵皆属身外之物,最多只算得上是生命之附属物品,相对于生命自身而言,乃枝叶末节,绝不可与生命本体相提并论,也不可等量齐观,遗憾的是,世人往往舍本逐末,"沉埋"物境,迷不知返,如白玉蟾《指玄篇注》所云:"世间荣华富贵,都是漫天之网,众生被他罩

---

① (南宋)白玉蟾辑:《修道真言》,《藏外道书》第23册,巴蜀书社1992年版,第799页;亦见盖建民:《白玉蟾文集新编》,社会科学文献出版社2013年版,第44页。
② (南宋)白玉蟾:《修道真言》,《藏外道书》第23册,巴蜀书社1992年版,第801页;亦见盖建民:《白玉蟾文集新编》,社会科学文献出版社2013年版,第48页。
③ 《白玉蟾全集》(下册),宗教文化出版社2013年版,第499页。

住,故不开怀。只有上圣高真,有大智慧,将浮华扫退,炼就还丹,以超三界,永无忧矣。故真仙劝世莫自沉埋。"①与耗精费神于身外之物的世人相较,那些得道成仙者,"每每""非贫寒即大患难之后","因祸得福",而且此福"超出三界",无与伦比。此福乃得道之福。人一旦得道,"道之在身,岂不尊乎? 岂不贵乎?"②

　　道教劝诫世人要放弃尘世间的功名利禄,效法大道之素朴,回归本心之宁静,坚守自家宝贝。此类宝贝像花一样鲜美、似月一般皎洁,他们不在别处,就在身中,而且人皆有之,亦可修之,借用白玉蟾话语,所谓"花不在山,月不在天,要知着实,家家有之,人人可修"。③ 易言之,此类"家私",实乃真宝,因为这是炼就还液金丹的真材实料,而且此材料人人具备,家家封藏,静待开发。炼就此类家私真宝,使其攒聚十分而成气候,方为真正之富足。反之,纵使持守万贯家私,坐拥显赫名位,却不懂其身中自备之宝藏,也不会"养气足精"、"运髓补脑"之"玄功",更没有达至心宽体胖、怡然自得之富足,那也不过是个"空体面的穷汉子",因为那些所谓体面、看似光鲜的东西,无非可以计量的俗世富贵名位,不过是些装点门面的外在物件,此等物件之于生命本身,犹如过眼云烟之不可确定,怎能堪比与生俱来、不可让渡之家私三宝。

　　白玉蟾描述的自家宝贝,在张伯端就业已宣示,如《悟真篇·七言绝句之二八》所谓"吾家无价珍"即是。其诗云:

　　　　用将须分左右军,饶他为主我为宾。

　　　　劝君临阵休轻敌,恐丧吾家无价珍。

　　在金丹派南宗思想中,精气神乃生命内具的无价珍宝,此等无价珍宝虽有先天、后天之分,但那只是出于性命炼养、道法言说之便而不得已的区分,其实都是生命大道在人身之活性种子,此等活性种子既可理解为三种活性物质,也可指称三种功能状态,"以道观之",实乃"三而一""一而三"的关系,而且与

---

① 盖建民:《白玉蟾文集新编·指玄篇注》,社会科学文献出版社 2013 年版,第 207 页。
② (南宋)白玉蟾:《阴阳升降论》,《修真十书杂著指玄篇》卷四,《道藏》第 4 册,文物出版社、上海书店、天津古籍出版社 1988 年版,第 619 页;亦见盖建民:《白玉蟾文集新编》,社会科学文献出版社 2013 年版,第 23 页。
③ 盖建民:《白玉蟾文集新编·指玄篇注》,社会科学文献出版社 2013 年版,第 208 页。

每一生命主体,皆"一视同仁",概莫能外,在此意义上,人身可谓平等,其中既有生命起点的平等——人人皆秉道而具精气神,也有理想归宿的平等——陶炼精气神,个个可以超凡入圣。需要说明的是,此等无价珍宝乃一种潜在的质素,亟需识别,更亟待开发,否则,其"内具本有"之价值便得不到应有的彰显,着实让人遗憾。《修道真言》也表达了这一价值忧虑:

> 夫道未有不探讨而得者,即三教圣人语录,无非发天地之秘密,接引后学阶梯,细心玩味,便知端的。①

> 无上妙道,原从沉潜幽静中得来。若是一念纷纭,则万缘蔚起,身心性命何日得了? 一己尚不能照应,何暇及他事哉? 人须亟亟回首,早登彼岸。②

白玉蟾诗作《酹江月》,从道心不二、即身体道的角度,劝人及早觉悟,淡泊归真。其诗云:

> 思量世事,几千般翻覆,是非多少。
> 随分随缘天地里,心与江山不老。
> 道在天先,神游物外,自有长生宝。
> 洞门无锁,悄无一个人到。
> 一条拄杖横肩,芒鞋紧峭,正风清月好。
> 惊觉百年浑似梦,空被名利萦绕。
> 野鹤纵横,孤云自在,对落花芳草。
> 来朝拂袖,谁来南岳寻找。③

在白玉蟾生命学说中,人生即修行,人生最佳的生活梦求应当是,斋心闭户,冥合道体,以有为逆返之积极方式,达致大道无不为之生命态势,而这种无不为的生命态势,正是道教所谓"身外之身"的超迈境地。于此佳境,人间嗜望的福、禄、寿,得以更高层次上的悉数兑现,人生的终极解脱得以彻底的获

---

① (南宋)白玉蟾:《修道真言》,《藏外道书》第23册,巴蜀书社1992年版,第802页;亦见盖建民:《白玉蟾文集新编》,社会科学文献出版社2013年版,第48页。

② (南宋)白玉蟾:《修道真言》,《藏外道书》第23册,巴蜀书社1992年版,第800页;亦见盖建民:《白玉蟾文集新编》,社会科学文献出版社2013年版,第46页。

③ 盖建民:《白玉蟾诗集新编》,社会科学文献出版社2013年版,第313页。

取,或许这也就是"仙"梦之魅力所在。

长生久视不仅是道教仙梦的基本内容,而且也是民间小传统的重要组成部分,它是国人企盼长寿的人文传统的普遍心理情愫的累积沉淀,具有广泛的群众基础,在中华大地得以世代传承。"玉蟾"之名即蕴含祈福长寿之人文意蕴。据清代彭翥竹林《神仙通鉴白真人事迹三条》载:"玉蟾,本姓葛,大父有兴,福州闽清县人,董教琼州。父振业,于绍兴甲寅(1134年)岁三月十五日,梦道者以玉蟾蜍授之,是夕产子,母即玉蟾名之以应梦。稍长,又名长庚。祖、父相继亡,母氏他适,因改姓白,号琼管(琯)。"①

我们知道,"长庚",乃金星别名,也称太白、启明,在民间被视为长寿星宿。葛家为其取名"长庚",本身就寄托了健康长寿之愿景。白玉蟾字"白叟",也表达了其久居人间之期许,这一期许在其诗文中多处多次呈现,如其《赠周庞斋居士》诗云:

> 召公八十入为相,太公八十出为将。
>
> 赵州八十方行脚,钟离八十离尘劫。
>
> 古者八十方施为,何况百岁七十稀。
>
> 居士而今七十七,黄发皓齿修庞眉。
>
> 汉时栾巴七十七,红炉炼就一朱橘。
>
> 晋郑思远七十七,方与葛洪一相识。
>
> 我知居士神仙人,蓬莱路上空月明。
>
> 人间宿留不肯归,老松筋骨鹤精神。
>
> 性海淡淡寒烟莹,心天耿耿银河静。
>
> 有一孟子耕书田,有一季子鏖笔阵。
>
> 弄璋弄瓦遂箕裘,双凤飞鸣椿树秋。
>
> 寿山福海身优游,掇取酒船相拍浮。
>
> 南极一点夜照耀,劝君迟赴玉皇诏。
>
> 既到人间不住千百年,归去空被老彭笑。②

---

① 萧天石:《道藏精华》第十集之二,自由出版社1994年版,第48页。

② 萧天石:《海琼白真人全集》卷四,《道藏精华》第十集之二,自由出版社1994年版,第587—588页。又见盖建民:《白玉蟾诗集新编》,社会科学文献出版社2013年版,第76页。

"老彭"乃道门对老子、彭祖等长生久视之仙辈的指称。从诗中罗列的历史文化名人皆年届古稀而名于世之事,可见白玉蟾不仅是在勉励道友笃志向道,更是在借诗申言人身难得的基本立场,及以寿为乐、以夭为耻的价值取向。同时,他还倡导人们在追求"寿山福海"过程中,应凸显"身优游"的前导性,指明确保"身优游"的内在因素,在于与生具备的"淡淡性海"与"耿耿心天",如其《谢张紫阳书》所言:"人但能心中无心,念中无念,纯清绝点,谓之纯阳。当此之时,三尸消灭,六贼乞降,身外有身,犹未奇特,虚空粉碎,方露全身也。"①——人身之可贵在于,她是贯通后天心性与先天性命的桥梁,当下之身既是一种暂时性"客寄"存有形式,亦为蕴含无限可能的有待实现的生命形态,在道门中人看来,所谓"全身""真身"或"身外身",皆指先天性命;也只有立足"此身",开发后天心性,炼就"朱橘"金丹,方为挖掘潜能、荣华此身、返还先天性命的理想路径。

有关生命潜能问题,知名量子物理学家、教育家、公共政策专家、"克尔比奖"(Kilby Award)得主约翰·海格林博士(John Hagelin, HH.D.)曾指出:"目前人类顶多只用到5%的心智潜能,而人类的所有潜能可通过恰当的训练得以激发。因此可以想象一下,当人们发挥全部的精神和情感潜能的世界吧。我们能到达任何地方、能做任何事情、能成就任何伟业。一切都能达成。"在他看来,"我们周遭的一切事物,不过是'思想的凝结'——量子力学证实了它、量子宇宙论也证实了它";"人类的潜能是无限的,是以我们能否认知到这个深层的动力并去发挥,以及驾驭自己思想的程度而定,这又和我们思想的层次有着很大的关系"。② 如果说约翰博士的结论可信的话,那么,拿此结论比照白玉蟾"人生石火"之生命潜质与"身外有身"之生活梦求之间的内在关联,我们不难发现生命是多么的不可思议,人生又是多么的纷繁复杂,但在复杂多变的人生历程中,秉持一种生命内在的信念、信仰,对于人生的价值选择、意义获取又何其重要。

---

① (南宋)白玉蟾:《谢张紫阳书》,《修真十书杂著指玄篇》卷六,《道藏》第4册,文物出版社、上海书店、天津古籍出版社1988年版,第625页,亦见盖建民:《白玉蟾文集新编》,社会科学文献出版社2013年版,第13页。

② [澳]朗达·拜恩:《秘密》,谢明宪译,中国城市出版社2008年,第199、176页。

## 二、"苦恼""狐惑"之生存困顿与"清静换骨"之生命跃迁

客观地说,仙或者神仙观念在中国起源甚早。从文字之形与意看,"仙"字,上古时作"仚",《说文解字》释为"人在山上兒"。"兒"即"貌"之古字。"仙"作"仚"时,乃状述人在山上修道合真之貌,是修真体道之生命态势,引申出超凡举升之义,着重于修道证仙的炼养状态。再者,"仙"在古代又作"僊"。《说文解字》云:"仙,长生迁去也。"意即,"仙"乃"迁化之人",此"迁化"指的是由凡及仙的生命能级的迁移转化。此意重在由凡及仙的生命"质变"。将二者结合起来,不难看出,"仙"之本意是指人之轻举上升或长生久寿,前者侧重于生命迁化提升的"渐变"过程,后者侧重于超凡脱俗的"质变"结果,二者皆立足现实生命,指向理想人格。而道教思想中的"仙"字已是这两种含义的结合。金丹派南宗接续道教仙学传统,针对现实人生"苦恼""狐惑"等生存困顿,直面世人之于有限人生之无可奈何,主张以"清静换骨"之生命跃迁而突破人性之不足。

20世纪初,以"符合形式"人学学说著称的德国哲学家恩斯特·卡西尔说:"人的突出特征,人的与众不同的标志,既不是他的形而上学本性,也不是他的物理本性,而是人的劳作(work)。正是这种劳作,正是这种人类活动的体系,规定和划定了'人性'的圆周。"(《人论》)道教预设生道合一的"仙人人格",统合形神,融通福寿,这一"仙格",在某种程度上,可以理解为是给体道合真的信徒塑造了一种圆满生命的"符合形式"。在卡西尔看来,人便是在创造活动中,通过现实化"符合形式"来实现人性的圆周,而且"人只有在创造文化的活动中,才成为真正意义上的人,也只有在文化活动中,人才能获得真正的自由。"(《人论》)道教通过"神仙""符号"既把神的灵性融入俗世的生活,又把人的本性升华到神圣的境地,构筑生命意义"符号",凝聚生命核心价值。这种"符号",感通凡仙,交汇神人,极富生命情愫,或许正是道教超越死亡之究竟真义。不仅如此,道教还为信徒指明了超越死亡之通途,助推他们实现不死仙梦,成就生命终极价值。

道教思想认为,道是宇宙万物中的永恒存在,它无始无终,长存不灭,而道并非虚无缥缈,它遍存于万物万事之中,并通过各种生命形式呈现其功能,因

而就有"身中有道"之说。《老子河上公章句》明确提出道不远人、身中蕴道的思想，强调"善行道者，求之于身"，告诫人们"善保身中之道"。既然生命的现存被视为道的表象，那么长生不死的可能性和基础便内在于各人自身。这样，"身中有道"便成为道教根本性的生命信仰之一，没有对此的"笃志至信"，生命修为便无从谈起，而且"至信至勤"的个人修为便是凡界通往仙境的必由之路。

一般说来，凡人乃有限之存在，仙人乃超迈之形象；人之迁化可为仙，仙乃人之"不死"梦；凡为仙之现实生命起点，仙乃凡之理想生命状态，由凡及仙实乃人生由现实迈向理想的生命历程，这一生命历程于个体生命而言，就是其理想人生价值的实现过程，表现为一个造梦成真的求索过程，甚至是超凡入圣的升华过程。其间，个人的创造性活动在此过程中成为极其关键的环节，这种创造性活动也是人类本性的一大亮点。这种创造性活动在中国传统文化中常用"工夫"言称，金丹派南宗亦不例外。如《修道真言》云：

> 仙凡界、人鬼关，全在用工夫。然用工夫者，如擒狡兔然，稍懈则兔纵，稍紧则兔死。须于空虚中觅之，否则何足言工夫哉？①

> 人生做事，业传千古，不过此一点神光耳。然神非精不能生，而精非静不能养。欲至极虚极灵地位，须炼此能生能养工夫。②

此处以捕捉狡兔之稍懈则逃逸，稍紧则致死之生活实例，状述生命工夫之不易把握，其实这也是对老子《道德经》"善抱者不脱"的极佳注脚。日常生活中抱兔动作要领尚且如此难以掌握，炼就能生能养之生命工夫则更为精妙难言。所谓筑基炼己、炼精化气、炼气化神、炼神还虚、炼虚合道，无一例外皆生命功夫，此等功夫旨在全面陶炼人之精气神，使三者凝聚成"丹"，激发人体潜能，优化机体功能，跃迁生命质态。在金丹派南宗看来，这是道门中人之生命事业，是承前启后、"业传千古"之光辉事业。对于修道者而言，传承这一不朽事业，首先应从炼养自身生命着手，通过炼就"此一点神光"，促成个人生命之

① （南宋）白玉蟾：《修道真言》，《藏外道书》第23册，巴蜀书社1992年版，第799页；亦见盖建民：《白玉蟾文集新编》，社会科学文献出版社2013年版，第44页。

② （南宋）白玉蟾：《修道真言》，《藏外道书》第23册，巴蜀书社1992年版，第800页；亦见盖建民：《白玉蟾文集新编》，社会科学文献出版社2013年版，第46页。

脱胎换骨。如佛家天台宗三祖慧思《立誓愿文》所言，"为护法故求长寿命""借外丹力修内丹，欲安众先自安"①。正人先正己，弘道须证道。道本清静，人之修道自然不离清静法门。

《修道真言》指出："清净二字，是换骨法。"②其中"净"字又常与"静"互用，不过"净"侧重于纯净无杂之状态，常与"染"相对，而"静"常与"动"相待，多用于状述一种功夫手法。在笔者看来，作为脱胎换骨之法的"清净"宜作"清静"讲，主要是在功夫手法意义上使用的。金丹派南宗文献不乏其证：

> 仙经云："专精养神，不为物杂谓之清；反神复气，安而不动谓之静。"制念以定志，静身以安神，保气以存精。思虑兼忘，冥想内观，则身神并一。身神并一，则近真矣。③

> 惟《常清静》一经，实为要妙，还丹大道，至理昭然。夫所谓清静者：一尘不染，故谓之清；万缘俱息，故谓之静。人能常清静，自然与道玄同，直超彼岸。噫！世人著种种相，苦恼无边，虽欲超脱，耽玩此经，徒能诵言，而终莫能悟明其义，一生狐惑，了无是处。④

> 垢渐去而镜明，心渐息而性澄。养成一泓秋水，我不求镜物，而物自入我镜中。有诸内，必形诸外，一毫也假不得。前贤云："山有美玉，则草木为之不凋；身有妙道，则形骸为之不败。"故心有真功夫者，貌必有好颜色。⑤

人们常用"相由心生"来表达一个人的面相好坏与其心灵善恶的对应关系——譬如说，慈眉善目的人，其心性修养往往境界很高，而心性修养便是生命功夫；反之亦然，心性修养有真功夫者，往往和颜悦色，平易近人。人一旦彻

---

① 《大正藏》卷四十六，《南岳思大禅师立誓愿文》，卿希泰，《中国道教史》（第二卷），四川人民出版社 1996 年版，第 507 页。
② （南宋）白玉蟾：《修道真言》，《藏外道书》第 23 册，巴蜀书社 1992 年版，第 800 页；亦见盖建民：《白玉蟾文集新编》，社会科学文献出版社 2013 年版，第 45 页。
③ （南宋）白玉蟾：《修道真言》，《藏外道书》第 23 册，巴蜀书社 1992 年版，第 801 页；亦见盖建民：《白玉蟾文集新编》，社会科学文献出版社 2013 年版，第 47 页。
④ 盖建民：《白玉蟾文集新编·太上老君说常清静经注》，社会科学文献出版社 2013 年版，第 203 页。
⑤ （南宋）白玉蟾：《修道真言》，《藏外道书》第 23 册，第 801 页；亦见盖建民：《白玉蟾文集新编》，社会科学文献出版社 2013 年版，第 48 页。

底放下,其身心便处于虚静澄明状态,周遭能量便向其汇聚,能量聚集到一定程度,便可自动滋养心性,进而变化气质,人也愈发显得心地良善,富有亲和力。此即所谓"有诸内,必形诸外""心有真功夫者,貌必有好颜色"。进而推之,修道之士若能做到"一尘不染""万缘俱息","思虑兼忘,冥想内观",则可以"与道玄同,直超彼岸",此即仙界圣境。

在道教思想中,仙界圣境既有殷实的物质享受,又有精神的自由洒脱、心灵的虚静澄明。这一仙境其实就是尘世理想乐园的链接与升华。以道教文化观照,神仙生活不在人生彼岸,亦不在生命尽头,就在当下生命之内,它是生命修为的正果福报。生命诚可贵,贵在生命单程,人生宜谨行,谨于生命之操持修行。在道教文化视域中,只有真修实行方显主体对于生命的切实见地;对修行者而言,其生命修为功夫之深浅表征其体知生命水平之高下,而且只要修为得法得当,可以提升生命化境,让人尽享其妙,所谓"寿命在我者也,而莫知其修短之能至焉"(《抱朴子·内篇·论仙》);有道之人至诚笃信,加之造作合道,便可"还丹成金亿万年"。

紫清白真人素以抱朴守真引以为豪,其自赞云:"神府雷霆吏,琼山白玉蟾。本来真面目,水墨写霜缣。又曰:千载蓬头跣足,一生服气餐霞。笑指武夷山下,白云深处吾家。"①所谓"本来真面目,水墨写霜缣",意思是说,本来的面目无须粉饰,犹如淡淡的水墨在薄薄的绡缣上留下的轻轻印迹。由此可见,白玉蟾以素朴本真为人生价值底色,更以蓬头赤足、服气餐霞为生活样态,他愿与白云结伴修行,于山水惬意徜徉,既自由洒脱游走人世,又不忘神府雷霆之职责,可谓游世与济世双向兼顾,人间与仙界出入有度。

西方哲人说,人是被抛到人世间的,并认为哲学就是练习死亡,而且人生需洞悉究竟价值,再向死而生。诚然,生死总是人类永恒的议题,无论古今中外,概莫能外。客观地说,死亡对于个体活人,是外在的,其所见只是他者的生命终止事实,而这不属于己,于己至多是一种可能性,虽然它标示着个人肉体色身活动之休止,然而常人一般不曾经历体验,最多也只是某些活人有过特殊

---

① (清)康熙《琼山县志》卷九,康熙四十七年刻本,《中国地方志集成》,上海书店出版社、巴蜀书社、江苏古籍出版社 2000 年影印,第 1055 页;亦见盖建民:《白玉蟾诗集新编》卷十《自赞二首》,除"千载"作"千古"外,另将诗作前后两部分置换,详见第 271 页。

之濒死体验,人们见到的只是他人的死亡事实,并于此情此景中浮想联翩,躬身反思,引发自我之可能之死的恐惧与悲哀。个人生命的有限是无法改变的客观事实,对于寻常人家,也确实是个体生命的莫大悲哀。如何消解这一悲哀,如何迈过这道关隘,乃至如何"死而不亡",这些都是来自心灵深处对生命终究的切切忧思。在某种意义上,人类就是在对死亡所作的各式各样的练习中,不断走向新生,人类也就是在对死亡的不断拷问中,探求当下应然的活法,探索理想的人生之道,并为之孜孜以求,甚至是锲而不舍。于是留下了五彩斑斓的系列生命文化。中国道教文化便是其中之一。我们知道,延年益寿是生命文化中不曾间断的一个主题,道教文化将这一主题进一步放大,并且以道言生,以生及道,冀望在对"长生"之梦的追求中,以逆返溯源求得对"不死"之"道"的把持,体现出一种"与道合真"的生命价值取向。对此,我们不能简单地指斥其为异想天开的痴人梦呓。我们不妨回到道教文献,看看《海琼白真人语录》卷四之《陈情表》,其对生死之道、阴阳之化、得失之真,皆有深刻之洞察,亦对心、性、信、圣有超然之诠释。其文云:

> 身形随气数以为生,命运与星辰而相隶,实匪自然而生死,疑其皆出于阴阳。天机不停,物情易变。冬归而冰自泮,春到而草俱青,审皆气之所陶,故立性以为主。千灯照室,同是一光,大海含波,中有万变。盖有情无情之异,与生数成数之殊然。动静皆非其本来彼想念,尽形于已有形具以后。道在其中,惟得之者与之合真,其失之者宜乎沉惑。所以启修仙学道之路,从而建正心诚意之门。大道独超乎死生,至诚可回于造化。存乎诚而合道,得是道者皆诚。此众生所从入之途,诚列圣已常跻之域。当究虚无之始,实根事物之前,以心契之即道也矣。……处动静,静动咸静之静;明色空,空色已空之空。知六识之无根,照七情之如梦。鉴血肉以醉其性,思形质以窒其神。早驰逐于玄关,尚彷徨于道闱。性者,信也,神而通之。①

客观地说,对于"不死"的探求也不是道教的独家专利,别家他派何尝不在致力于"不朽"或"永生"的事功与业绩,其分殊不过是在对"不朽"的内涵

---

① 盖建民:《白玉蟾文集新编·陈情表》,社会科学文献出版社 2013 年版,第 309 页。

诠释与致"永生"的方式途径上有别而已。即便是在思想文化繁荣的宋代,那些以正统儒者自居的人士,也没有完全诋毁道者修道成真之思想与行为。如理学大师朱熹有一组《斋居感兴》诗作,共 20 首,其中不少诗作充满了出世情怀和道教审美意趣,如下便是其一:

> 飘飘学仙侣,遗世在云山。
>
> 盗启元命秘,窃当生死关。
>
> 金鼎蟠龙虎,三年养神丹。
>
> 刀圭一入口,白日生羽翰。
>
> 我欲往从之,脱屣谅非难。
>
> 但恐逆天道,偷生讵能安。①

在这首诗里,朱熹对那位学道之士表示出十分羡慕和赞赏,也萌发了追随证道修仙的愿望——"我欲往从之",但朱熹最终还是没有追随道人而去,从事炼丹证仙事业,因为经过理性思考,夫子仍然心有千千结,所谓"但恐逆天道,偷生讵能安"——仙道尽管可能延续生命,但是恐违儒家纲常,于情于理难以说服自己,心灵便不得切实安顿——这是儒者朱子与道门修士截然不同之处,后者表现出虔诚的神仙信仰,并且身体力行在世修为,潜心于炼丹合药,以生体道,希冀得道成仙。在面对羡仙意识与儒家治国理想之冲突,儒生文士在表达羡仙情怀之后,往往还是会回归儒家的人生理念,那些精英分子更是笃志于"立德立功立言",孜孜于"三立"伟业,以求精神生命之永垂不朽。

对于传统儒家"三不朽"的人生精神,白玉蟾多有保留,对一代哲人之崇德广业,紫清真人也表示钦佩,如其《化塑朱文公遗像疏》,亦名《武夷精舍文公像赞》,便是很好的例证——"天地棺,日月葬,夫子何之?梁木坏,泰山颓,哲人萎矣!两楹之梦既往,一唯之妙不传。竹简生尘,杏坛已草。嗟文公七十一祀,玉洁冰清。空武夷三十六峰,猿鸣鹤唳。管弦之声犹在耳,藻火之像赖何人?仰之弥高,赞之弥坚。听之不闻,视之不见。恍兮有像,未丧斯文。惟正心诚意者知,欲存神索至者说。"②作者借"猿鸣鹤唳"表达对朱子的深切哀

---

① 朱熹:《朱熹集》卷四,第 2 册,四川教育出版社 1996 年点校本,第 180 页。

② 盖建民:《白玉蟾诗集新编》,社会科学文献出版社 2013 年版,第 272 页。

思,以"正心诚意"概括哲人的精神要义,从"竹简生尘,杏坛已草"透露出人是物非之无可奈何——总体而言,"白玉蟾基于道教的立场,对儒家还是持批评态度的。其《赠胡葆元》词中就批评'业儒为见儒多误',云:'业儒为见儒多误,学道缘吾道化贤。且把功名权架阁,抱琴随我去修仙。'"①

白玉蟾立足个体生命与生命本源之道的宇宙伦理关系,跳出儒家世间人伦道德、社会秩序天理,援用佛门人生三世、业报轮回诸说,评判修身证道与世事人非之价值分别,为世人开出一条炼己合道、修仙成真的解脱之路。白玉蟾《寿觉非居士二首》之一云:

> 这身儿,从来业障,一生空自劳攘。
>
> 生死死生皆如梦,更莫别生妄想。
>
> 没伎俩,只管去、天台雁荡寻方广。
>
> 几人不省。被妻子萦缠,生涯拘束,甘自归黄壤。
>
> 世间事,一斤两个八两。
>
> 问谁能去俯仰?
>
> 道义重了轻富贵,却笑轮回来往。
>
> 休勉强,老先生、从来恬淡无妆恍。
>
> 一声长啸,把拄杖横肩,草鞋贴脚,四海平如掌。②

在白玉蟾看来,世间凡夫俗子,大多一生奔波劳顿,总被妻子责任世务萦绕,为生计名利、道义富贵忙碌,在俗务应酬中渐渐消耗自我生命,殊不知,世间事良莠相参、半斤八两,优劣相待并生,难以确定好歹价值标准,即便拟定价值标准,照此价值标准行事,却也常是"沉了葫芦浮起瓢""重了道义轻富贵",顾此失彼,难得其全,长此以往,生命在羁绊中消蚀,精神在劳顿中耗尽,众人于此却沉迷不悟——而且,更令人遗憾的是,未及觉醒,众生已自甘命赴黄泉。与其如此身为外物所累,心被俗事所伤,辛苦劳顿不得消停,何不放下包袱,恬淡心性,长啸一声,"拄杖横肩","草鞋贴脚",逍遥四海,广觅仙方,以身证道,求得究竟解脱。

---

① 盖建民:《道教金丹派南宗考论——道派、历史、文献与思想综合研究》(下册),社会科学文献出版社 2013 年版,第 725 页。

② 盖建民:《白玉蟾诗集新编》,社会科学文献出版社 2013 年版,第 295 页。

对比儒者世人劳顿不休之人生模式,白玉蟾更倾向于清静自在之隐逸态势。对此隐逸态势,其《叠字招隐》作如是观:

　　逐逐何时知足?

　　来归山,共种菊。

　　有松为酒,有藜当肉。

　　亦有洞底芝,亦有岩上瀑。

　　白日自觉如年,青山长是对目。

　　闲云与充封门人,清风为作扫室仆。

　　朝宴息乎长松之阴,夜偃仰乎冷翠之谷。

　　我无涕唾津精气血液,了绝喜怒哀乐爱恶欲。

　　炼空碧毓紫冲兮身如玉,乘气御飞兮咏九霞之曲。①

在金丹派南宗那里,这一生命究竟解脱之途,便是以炼丹合药的生命功夫,消解"苦恼""狐惑"之人生困顿,以"脱胎换骨"之生命跃迁,修得不死成仙之道,如白玉蟾诗作《沁园春·要做神仙》所云:

　　要做神仙,炼丹功夫,亦有何难。向雷声震处,一阳来复,玉炉火炽,金鼎烟寒。姹女乘龙,金公跨虎,片响之间结大丹。丹田里,有白鸦一个,飞入泥丸。

　　河车运昆山,全不动纤毫过玉关。把龟蛇乌兔,生擒活捉,霎时云雨,一点丹成。白雪漫天,黄芽满地,服此刀圭永驻颜。常温养,使脱胎换骨,身在云端。②

诗中出现诸多丹道术语,这是自魏伯阳以降的丹家传统,对于寻常人士,无疑增加了理解难度,所幸白玉蟾《阴阳参同七鉴》,亦名《丹法参同七鉴》,有助于更好洞悉其意:

　　华池:心源性海,谓之华池;神水:性犹水也,谓之神水;黄芽:心地开花,谓之黄芽;白雪:虚室生白,谓之白雪;河车:一气周流,谓之河车;巽风:巽者,顺也,顺调其心;金丹:清净光明,圆通广大。③

---

① 盖建民:《白玉蟾诗集新编》,社会科学文献出版社 2013 年版,第 240 页。

② 唐圭璋:《全宋词》,第 4 册,中华书局 1965 年版,第 2564 页。

③ 盖建民:《白玉蟾文集新编》卷五,社会科学文献出版社 2013 年版,第 62 页。

有学者指出,"这首词不仅说明了金丹修炼的过程与火候,而且塑造了一个丰富的意象世界。这个意象世界由几个场景构成,实现了具象形式与抽象文化符号的有机统一。一是女子乘着金龙,金公跨上白虎,在烟雾缭绕中风云际会。二是云雨大作,龟蛇乌兔之类,悉数被捉。三是漫漫白雪之中,一片黄色白芽。四是我(主体)脱胎换骨,风轻云淡,身置云端,来往自由,逍遥无待"①。在笔者看来,乘龙跨虎、擒蛇捉龟乃炼丹意象,白雪漫天、黄芽满地乃得药感受;金丹修炼与心灵体验密不可分,尽性至命与究竟意象相互胶着;道者所谓"脱胎换骨""身在云端",既是修道主体变化气质的过程性体验,也是道门中人对羽化飞升的终极性确证。若撇开"仙"梦的神秘外衣,视其为对人生境界的追求,对生命终极价值的关切,那么这种以坚挺生命信仰来消解"苦恼""狐惑"等生存困顿,以"清静换骨"之生命功夫来跃迁心灵境界的人生学问,对于现时代人们的生命实践与价值开启无疑仍具有一定的借鉴意义。

## 第二节 "蟾仙""雷吏"梦析

白玉蟾常以"蟾宫谪仙""神霄雷吏"等称呼自居,这种称呼或许是一种自我暗示,或许亦是一种生命期许,其暗示或期许也不仅仅诉之于心理渴望,更落实于生命实践,表现为亦梦亦觉之生命功夫,力求以"刀圭橐籥"之丹道炼养,达至"指日飞升"之"瑶池圣境"。

### 一、"蟾仙""雷吏"之生命意涵

据说,"'白玉蟾'这个名号,是白玉蟾自取的,与神仙信仰有关,与宗族姓氏无关。如《图绘宝鉴》《书史会要》《绘事备考》等等,都说是'自号白玉蟾'。另据《日闻录》记载,白玉蟾还曾在自己的画像后题过词,说是'这先生,神气清,玉之英,蟾之精,三光之明,万物之灵'。"更有一幅图,题名《梦蟾图》,其景象是,月光斜照着高高的岩石,岩石上有一状如蟾蜍之物,颜色雪白,其旁立着

---

① 查庆、雷晓鹏:《宋代道教审美文化研究——两宋道教文学与艺术》,四川大学出版社 2012 年版,第 55 页。

两位道士,他们手持经卷。梦中人在梦境中被告知,那只白色蟾蜍是"上界真人"——或者更直白地说,白色蟾蜍便是白玉蟾,二位道士即其高徒彭耜和留元长——而且持此"白玉蟾是天上的神仙下凡"之论者,不是道人,却是儒生,其人名曰诸葛琰,乃白玉蟾的诗文好友。"诸葛琰站在儒生的立场上看,白玉蟾的才华学识、非凡智慧,白玉蟾一生行事的种种奇异,都表明他不是尘世间的寻常人物,所以他更愿意相信,白玉蟾是带着另一个世界的智慧来到人间的超人。"①

南宋桂隐诸葛琰《跋〈鹤林紫元问道集〉》对此有更为详尽的说明:

> 海琼先生,人耶?仙耶?世不得而知之也。丙子岁,余于华阳道院,有一笑之适。已而,追从乎墨池笔冢间,凡三数月,莫能窥其际。今先生少憩无诸,日偕鹤林、紫元二真士,发挥元阃,朝夕问答,集以寄予,诵之终日,真奇书也。予别先生久矣,时起暮云春树之思,辄神交气合于华胥之国。近有携《梦蟾图》一卷惠予,图中且载孔毅甫元祐初年一夕,梦月光斜照,高岩中有物,如虾蟆雪色,旁立二道士,手各持文书。人告之云:"此是上界真人,号娑罗台青莲白衣菩萨。"梦觉,图形事之。淳熙间,周益翁尝刻以遗临江简寿玉,石湖居士赋诗以纪灵。余得此图,始悟先生玉蟾之号,似非偶然者。先生灵踪异迹,在在声闻,其于佛老秘典,及人间所未见之书,靡不该贯,非自真人菩萨地位中来,俦克尔?余复怪先生雨巾风帽,朝北海,暮苍梧,所至户屦云集,独于二君有不忍去,岂图中所载执经二道士也耶?余非好为附会者,以其事有足证,因为之书,以附卷末云。②

诸葛琰认为自己不是附会,或许时下便有此《梦蟾图》流传,诸葛氏结合白真人博览群书、融通佛老,非常人所及之实况,及其云游天南海北,不舍彭耜、留元长二君之实情,坚持认为,图中雪色蟾蜍即白玉蟾紫清真人,旁立执经二道士即其高徒彭、留是也。

诚然,彭耜、留元长乃白玉蟾最为亲近的门徒,也是深得其法之高足,师徒

---

① 卢国龙:《浊世佳公子,蟾宫谪仙人——白玉蟾的求道之旅及归隐之乡》,《中国道教》2003 年第 4 期。

② 盖建民:《白玉蟾文集新编》,社会科学文献出版社 2013 年版,第 367 页。

之间多有书信往来,紫清真人尝作《忆留紫元古意二首》,从中可见师徒情深。其诗云:

> 东方若有情,吹我梦魂飞。
>
> 灯前半夜醒,枕上三山归。
>
> 二子相与言,相执不相违。
>
> 何处一声钟,寒泪滴征衣。
>
> 为山莫太高,太高常苦寒。
>
> 恩爱莫太深,太深别离难。
>
> 黄鹤今何之?白云不复还。
>
> 暗想紫仙堂,月照双飞鸾。①

云游广东罗浮的师父,依旧挂念远在福州三山的南宗道团,此即诗文"灯前半夜醒,枕上三山归"情景所指,而"二子相与言,相执不相违"之"二子"当指彭耜(字紫光,号鹤林)与留元长(又名子善,号紫元、紫元子)两弟子——一方面,师徒三人神交梦会,相执不违;另一方面,师徒情深意切,难分难舍,彼此心照不宣,他日共赴龙华仙界。

"(白)玉蟾谓于(彭)耜乃仙家父子也。"②白玉蟾另有一词作《贺新郎·别鹤林》,既宣示自身仙界神府来历,又道明其人间使命及"人事尽,天上去"之"神圣契约":

> 昔在神霄府。
>
> 是上皇娇惜,便自酣歌醉舞。
>
> 来此人间不知岁,仍是酒龙诗虎。
>
> 做弄得,襟情如许。
>
> 俯仰红尘几今古?算风灯、泡沫无凭处。
>
> 即有这,烟霄路。

---

① 盖建民:《白玉蟾诗集新编》,社会科学文献出版社 2013 年版,第 22—23 页。
② 陈寿祺等:《福建通志》卷二百六十三《方外》,同治十年重刊本,《中国省志汇编之九》,华文书局,第 4952 页;亦见于盖建民:《道教金丹派南宗考论》(上),社会科学文献出版社 2013 年版,第 492 页。

淮山浙岸蒲湘浦。

一寻思、柳亭枫驿,泪珠溅俎。

此去何时又相会,离恨莹人如缕。

更天也、愁人风雨。

语燕啼莺莫相管,请各家,占取闲亭坞。

人事尽、天上去！①

　　在道教思想中,月宫乃神仙住所之一。紫清真人也常以"蟾宫谪仙"自居。在道教内丹理论中,一物多名、一物多义的现象比较常见,譬如,蟾宫又名月窟,也可指代月;与蟾宫指代月相对待,金乌指代日;与在天之日月相对待,在人之生命中,性为神为日,命为形为月,性命修炼即合药炼丹,合成金丹大药乃得道成仙之基本条件、关键环节,只有丹成方可仙化。在白玉蟾自己看来,"谪君尘世意徘徊,炼尽金丹待鹤来。归去神霄朝玉帝,依前命我掌风雷。"被贬谪下降凡界,虽心意徘徊,但须潜心修炼金丹,待丹成鹤至,功行圆满,便可返还神霄,玉帝亦不计前嫌,命其掌管风雷。可以说,以谪仙自居,以炼丹返月为志,成为白玉蟾人生历程的主线,其中,对神仙可以通过修炼金丹而成就的梦想,不仅是人生之志向与憧憬,而且是必然的可得的人生福报与生命成就。这种生命信仰与修炼成就,在白玉蟾眼中绝非虚妄,亦毫不荒诞。在今天看来,这种志向与憧憬乃是出于强烈的宗教信仰,是一种对生命的坚定信仰,也正是这种对生命的坚定信仰,为修道之士指出生命的真实内涵与应然的发展方向,激发其无限的生命动力,保障其顽强的生命意志,促成道门中人锲而不舍地探索生命奥秘,提升生命能级,跃升生命境界。

　　正是基于对自身身份的确信不疑,使得白玉蟾能够看淡凡尘之人、事、物,即便不被人知、"囊中羞涩""跣足破衣",又何足挂齿？ 如《先生曲肱诗》二十首之十六云:"跣足蓬头破衲衣,闷来饮酒醉吟诗,廛中走遍无人识,我是东华大帝儿。这回空过二十年,肉重不能飞上天。抖擞衲头还自

---

① 萧天石:《海琼白真人全集》卷八,《道藏精华》第十集之二,自由出版社 1994 年版,第 1114 页。

笑,囊中也没一文钱。"①寻常人士所看重的富贵名利,在白玉蟾眼中,一旦与生命本真相较,与生命大道比照,却很容易异化为伤生害命的物件,衍变成妨碍修道证仙的负赘。大道至简,无须执迷繁华雍容,人生素朴,不必刻意锦衣玉食。隆爵重利,常常让人乐而忘返,颠倒养生之具与生命本真之关系而舍本逐末,与之相反,饮水曲肱、恬淡自适,更有助于安贫乐道、坚挺道心。也正是有了对生命大道的终极"觉解",对不凡使命的执意担当,愈发使他笃志仙道,义无反顾。

白玉蟾《雷府奏事议勋丹章》自称:"臣乃初霄典雷小吏也,粗谙雷霆所典之事,忝佩雷霆所授之书,饱识雷霆所行之法。"②"典"有"主管"之意。白玉蟾《自赞》云:"神府雷霆吏,琼山白玉蟾",明示自己为"神霄雷吏",熟悉自己主管的各种雷霄事务,佩带各种雷霆之书,深知各类雷法操作。易言之,玉蟾乃雷吏化身,其使命之一即与行持雷法相关。

《正统道藏》第八册《修真十书·武夷集》卷四十七之《忏谢朱表》末云:"太岁丙子嘉定九年正月日,上清大洞宝篆弟子、五雷三司判官、知北极邪院事臣白某表奏。臣姓白,系金阙玉皇选仙、举进士,见在醮坛所,伏地听命。"③

该诗文气势磅礴,字里行间无不弥漫出一种仙风道骨之洒脱超迈气息——无论是以"东华大帝儿"自居,抑或是以"金阙玉皇选仙举进士"自称,白氏传递的皆是其非同寻常的"谪仙"身份,以及暂居人间的非凡使命。正是基于对这种"谪仙"身份与非凡使命的深信不疑,即使是面临"廛中走遍无人识"的身份尴尬,抑或是遭遇"囊中也没一文钱"的生存困境,紫清真人都能"抖擞衲头还自笑",坦然应对,无怨无悔。人生之中的生存困顿,常常让人难以消解,但却未能动摇白玉蟾济世度人之职责,包括"见在醮坛所伏地听命"之本分。我们不妨追问,白真人何以如此笃志恪职? 在笔者看来,最为基本的,就是对自身仙份的确信不疑。白玉蟾有词为证。《菊花新九首》之四谓:

① 《修真十书·武夷集》卷四十八,《道藏》第4册,文物出版社、上海书店、天津古籍出版社1988年版,第811页。
② 盖建民:《白玉蟾文集新编》卷十,社会科学文献出版社2013年版,第291页。
③ 白玉蟾原著,周全彬、盛克琦编校:《白玉蟾全集——道教南宗白玉蟾真人修炼典籍》(上册)卷四《忏谢朱表》,宗教文化出版社2013年版,第105页;亦见于盖建民:《白玉蟾文集新编》卷十,社会科学文献出版社2013年版,第289页,后者未加注标点。

念我东皇大帝儿。

是操觚弄翰之职。

飞落尘寰，似此度，算应希。

向这里。安能便、策景御气。

灰头土面、千河水，把我如何洗。

纵便有铢衣，已失眉峰翠。

看看皓首，瞒不过镜台儿。

除是去、青松下、碧云底。①

再如《水调歌头·自述十首》之一云：

昔在虚皇府，被谪下人间。

笑骑白鹤，醉吹铁笛落星湾。

十二玉楼无梦，三十六天夜静，花雨洒琅玕。

瑶台归未得，忍听洞中猿。

也休休，无情绪，炼金丹。

从来天上，神仙官府更严难。

翻忆三千神女，齐唱霓裳一曲，月里舞青鸾。

此恨凭谁诉，云满武夷山。②

如果说白玉蟾以"蟾宫谪仙""神霄雷吏"自居是一种自我身份确认、自我使命肯定的话，这也只是他个人对自己人生安身立命之根本的自我设置，只是自己生命历程的个我生存与发展之基点认定——直白地说，这只是他个人自己的事情，在"他者"眼里，这种"谪仙"身份是否也能得到认可，那就不由得白氏自己了，还有待"他者"评说——不妨援引东臬曾治凤诗作，题为《罗浮冲虚观壁间紫观道人诗笔，因用赠邹知观韵作此寄》。其诗云："闻君名字久，疑是谪仙人。诗酒偶留意，形骸一任真。炉中丹有诀，袖里笔能神。切戒才为累，无心与道邻。"在曾氏看来，虽然未必确信白氏"谪仙"降世，但是对其诗书文才之卓绝，以及任真无心之风范，却是佩服有加，而且道出白氏不同凡响之

---

① 盖建民：《白玉蟾诗集新编》，社会科学文献出版社 2013 年版，第 284 页。
② 盖建民：《白玉蟾诗集新编》，社会科学文献出版社 2013 年版，第 289 页。

处——常人大多"以恃才傲物为累",道者却"无心与道为邻"——修道之士,以生为本,以道为元,以生道合一为最高价值追求,而"蟾宫谪仙""神霄雷吏"无非道元之文化符号,道元之自然无为,便通过"蟾宫谪仙""神霄雷吏"等神格化生命载体之奇异功能来体现,这种神格化生命载体之意象原形无疑取自于现实生活之人格生命,是对人格生命之蜕变与升华,在道门中人那里,这种蜕变升华之基础乃生命功夫。

### 二、"刀圭橐籥"之"梦功"睡方

白玉蟾对自己"蟾宫谪仙"身份确信不疑,这种身份自信在道门中人则源于对仙道信仰的坚定执着,在信仰之外,人们或许称之为出于某种所谓心理暗示。如果说这种心理暗示开启其人生旅途的方向目标的话,这对于他践履信念重返"蟾宫"还远远不够,因为人生方向与理想目标相关联,充其量只是保证理想实现的一个基本前提条件,倘若论及人生价值的完满确证,还得结合其人生动力机制,探究确保人生价值目标实现的内在生命活力的生成及其保障问题。

在日常生活中,人们往往把人生理想说成是一种梦想。白玉蟾也撰写《梦说》,论及梦想与人生之关联,分辨"不睡之睡"之梦想与"凝神聚气"之梦功之差异。全文不长,特录如下:

> 神农梦天皇与之以尝草玉书,黄帝梦到华胥大庭之国,舜梦拜乎丞,高宗梦得说,孔子梦见周公,老聃梦游阆宾,此皆梦也。彼乃不睡之睡,非梦之梦也。谓如庄周梦为蝴蝶,又与吕洞宾梦为蝼蚁,大故殊途也。《南华经》云:"其寝无梦,其觉无忧。"此所以凝神不分,聚气不散而然也,彼皆就羲皇心地上著到。故所谓梦者,乃神交气合,诚而尔也,非睡中妄想之梦也。若不明梦中无梦之理,则飞识游魂,泛然而无归,冥然而不返,将见于见闻觉知境界,而化为胎卵湿化之归也。况夫酬酢万机,唱赓百念,事物胶扰,方寸不宁,此乃开眼之梦也,何况于睡乎!东坡云"世间无眼禅,魆魆一觉睡"者,此也。嗟乎!今之人也,糟醨其一灵,尘垢其一性,甚矣!古德云:"幻身是梦!"①

---

① 盖建民:《白玉蟾文集新编》,社会科学文献出版社 2013 年版,第 70—71 页。

白玉蟾此处援用"神农梦尝百草""黄帝梦游华胥国"等诸多历史典故,引出人生议题之——"梦"——然而,他笔锋一转,进而界说,如此这些其实是不睡之睡,而非他特意主张的有关"梦说"之"梦"。为便于理解白玉蟾所谓"睡""梦"之别,我们不妨从"孔子梦周公"略做说明。

我们知道,孔子对周公之德业礼治倾心诚服,夙夜思虑复兴周代礼乐文明,表现为夫子将"为东周"作为其人生追求,为了"得君行道"之人生理想,他不惜颠沛流离,周游列国,"知其不可而为之",乃至于经常梦见周公。孔子晚年,"得君行道"之理想几近破灭,遂退于洙泗之滨,整理六经,教授生徒,以期后学。此时,其心志不同于以往,但也坦然声明自己确然衰老,是以不胜哀叹:"甚矣吾衰也!久矣吾不复梦见周公!"朱熹《论语集注》于此评论道:"孔子盛时,志欲行周公之道,故梦寐之间,如或见之。至其老而不能行也,则无复是心,而亦无复是梦矣,故因此而自叹其衰之甚也。"①——可见,"是梦"乃一种梦想、理想,所谓"日有所思,夜有所梦",是在夜里睡眠中继续白天挂念之事宜,或者说,是白日心绪在夜间睡梦之中的延展,是清醒状态之下的心志在睡眠过程中无意识的投影,此时,看似人在睡眠,其实没有真正入睡,故而,被白玉蟾称之为"不睡之睡"。在白玉蟾看来,真正健康之睡眠生理活动,身体应处于"其寝无梦,其觉无忧"的生命状态;这种状态之生命,无忧无虑,自然而然,不假人为。生活常识告诉我们,睡梦往往影响睡眠质量,多梦常常让人精神疲惫,醒来之后困意难消,身心欠安,与之相反,倘若一觉睡到自然醒,睡眠之中又没梦境干扰,身体便在睡眠过程中得以充分修复,觉醒之后也就神清气爽。那些体老多病者之"不睡之睡",夜不能寐,本身即为非健康人士之生理表征。在白真人眼中,"不睡之睡"不可与"合闭""梦功"相提并论,因为"庄周梦为蝴蝶""吕洞宾梦为蝼蚁"之类梦化功夫,实乃其所主张之修炼金丹之生命作为。

有学者指出:"庄子所做的奇幻瑰丽的蝴蝶梦,与孔子将精神指向政治并为之叹息的'久矣不复梦见周公'的梦想不同,其独特之处在于它以怪诞吊诡的方式,穿透生命世界深层的'物化'本质,感悟'道通为一'的生命本相,把人

---

① （南宋）朱熹:《四书章句集注》,中华书局 1983 年版,2008 年北京第 13 次印刷,第 94 页。

们从现实的物我对立、'心'为'形'役的焦虑痛苦中拯救出来,还原其本真生命体验和精神自由。"①诚然,庄子是站在生命本源之道这个原点,以一种独特的"梦幻"方式,融通物我、解脱'心'役,还原本真生命体验和精神逍遥无待,但在传统哲人眼中,一方面,"道通为一",现象即本质,此在可超越,即所谓"体用一源","显微无间";另一方面,"梦化"乃功夫,虽以文学艺术手法相称,可冠之为"梦幻",其实乃真切实在的生命修为,此等生命修为之旨趣在于,"神交气合,诚而尔也",而"非睡中妄想之梦也"。这种"梦化"功夫,可以像普通人之睡眠在夜间进行,但常人夜间睡眠以求放松心情恢复精力,睡中妄想而生之梦却又"飞识游魂",不利于身康体健,但修道之士之梦化功夫,却是"夺取天机妙""炼丹似红榴",如金丹派南宗四祖陈楠泥丸先生《翠虚篇》云:

> 夺取天机妙,夜半看辰勺,一些珠漏,阿谁运到稻花头?便向此时采取,宛如碧莲合蕊,滴破玉池秋,万籁风初起,明月一沙鸥。紫河车,乘赤风,入琼楼。谓之玉汞,与铅与土正相投。五气三花聚顶,吹着自然真火,炼得似红榴。十月胎仙出,雷电送金虬。②

夜半子时,常人酣睡歇息,修道之士却妙夺天机,凝神聚气,乘风运车,毫不懈怠。翠虚真人应用丹道隐喻,告诫道门之人勿忘炼养子时功夫,切记"五气三花聚顶,吹着自然真火"炼养要义。"五气三花聚顶",在道门也常以"三花聚鼎,五气朝玄(元)"表示。在道门中人看来,日间视听言动皆为精气神之推动与消耗,为五行之气之呈现与生成,夜间,天地之气复返归静,人体五行之气亦各归其舍,返还五脏——在笔者看来,五气出入五脏是双向互动的过程,道门取体表五官与体内五脏对应于五气昼夜之住所之说,只是为了便于具象说明,也更便于指导修道炼养——修行者夜间活动与常人有别,当常人日落而息酣然入睡的时候,修道之士却正凝神聚气,采药合丹,忙于炼养功夫。而且这一功夫,尤其注重在天地阴阳气机转换的夜半子时进行炼养,故称之为"子时功"。客观地说,常人在子时睡意最浓,一般也睡得最香,但对于修道之士,却要反其道而行之,所谓"夺取天机妙,夜半看辰勺"。这一"夜半看辰勺"的

---

① 李振纲:《梦与庄子哲学——释〈庄子〉中的五个'梦'境》,《哲学研究》2013 年第 3 期。
② 《水调歌头·赠九霞子鞠九思》,《道藏》第 24 册,文物出版社、上海书店、天津古籍出版社 1988 年版,第 208 页。

时辰要求,其实是建立在道门睡功之炼养基础之上的。于此,我们就很有必要对陈抟老祖(871—989 年)之睡功略做介绍:

据《希夷先生陈抟字图南》载,陈抟隐居武当期间,传说某日先生夜静焚香读《易》时,有五位阔面白发老者飘然而至,告知其为日月池龙。他日先生静坐修炼,再受五龙意旨,令其闭目乘风,终宵飞至华山。于此得《赠金励睡诗》两首。其一曰:"常人无所重,惟睡乃为重。举世皆为息,魂离神不动。觉来无所知,贪求心愈动。堪笑尘中人,不知梦是梦。"其二云:"至人本无梦,其梦本游仙,真人本无梦,睡则浮云烟。炉里尽为药,壶中别有天。预知睡梦里,人间第一元。"今人刘咸炘先生认为,"其睡殊不可测,必有所受"。刘先生认定陈抟之睡乃修炼功夫,也肯定其师出有名,虽未细究其睡功之师承,却明确指出其后学之昌炽:"宋初北方学者,大抵希夷之再传。其为道士者,一传张无梦,再传陈景元,亦为道教之宗。昔人不察,则徒以为神幻隐逸云。"①

陈抟所得《睡诗》内含睡功要义,所谓"炉里尽为药,壶中别有天",实乃以神气合丹药之仙方,而且此等仙方乃于睡梦炼就。易言之,睡梦亦仙功,但此睡不同于世人常睡——"举世皆为息,魂离神不动。觉来无所知,贪求心愈动。"——世人以睡眠为休息,其睡中魂游离体而梦不断,一觉醒来而神不知,徒增贪求嗜欲,此类嗜欲又渗透于昼夜作息之中,如是反复不断。世人日之所作大多为俗务所累,其夜之眠原本以息养元,却又因日之所思而夜以为梦,继而贪梦袭心,睡不得安,如此一来,昼夜劳身害神不得消停,其梦已经危及身安体健却不自知。与"尘中人"不同的道门人,以睡为功,交神合气,"蛰心"养元。如《中华仙学养生全书》之宋希夷先生陈抟图南著《睡功诀》云:"龙归元海,阳潜于阴。人曰蛰龙,我却蛰心。默藏其用,息之深深。白云高卧,世无知音。"

有关"默藏其用"条,常遵先注曰:"此处又引出一'用'字,可知蛰伏之时,并非毫无作用,不过默默无言,藏修其作用也。夫藏修之道,圣人仙佛,都不外此功夫。有天翻地覆之玄,有小往大来之妙,有阴阳变化之机,有神鬼莫测之

---

① 刘咸炘:《道教征略》,上海科学技术文献出版社 2010 年版,第 80—81 页。

奥。用之于顷刻便可延年,用之于一年便能形化,用之于九载则身外有身,用之于外功则脱形应诏,用之于服食则白日飞升。用之为义大矣哉! 惜乎世人用之于声色货利,所以精尽血耗;用之于富贵功名,所以神离气散。陈子戒人用之于身心,默藏勿露,是以永久不移,不为外物所扰也。"

至于"世无知音"条,汪怡宽解曰:"人总无知睡里能行神凝炁养之法,如有知者,志之法即抱一心空,神安虎穴,观中意净,炁养龙宫。人未睡目时,先睡心,前如不思,后当勿想,现在放下,只一念注在二目齐平处。观随念至,念随息至,由外窍至中窍,至内窍,久视不怠。心如水之澄,如月之明,息现当前,直至炁穴。呼则前降,吸则后升,冲脉中通,运行任督。《阴符》曰:观天之道,执天之行,尽矣。"于此,陈撄宁按:"希夷睡里行动,原本《易象》:'响晦晏息'。响晦,夜也;晏息,睡也。睡时心无物欲之想,只一念神凝炁穴,久之自然关开窍通息现,百脉周行,如是睡去,惺惺然妙实无谁,奈世无知音何?"①由此可见,道门之睡实乃精神修炼功夫。

白玉蟾深受希夷先生《睡功诀》的影响,他在《玉壶睡起》中坦陈,"白云深处学陈抟,一枕清风天地宽。月色似催人起早,泉声不放客眠安。甫能蝴蝶登天去,又被杜鹃惊梦残。开眼半窗红日烂,直疑道士夜烧丹"。② 白玉蟾撰写《屏睡魔文》深入探究道门梦功睡方。文中,他一方面自谦睡功不及陈祖,如说"吾非陈抟,梦入鸿荒",另一方面,从人生不过百年之事实出发,感叹时人却因心魔促睡而自误其生却不自知之遗憾,揭示睡魔之于"心天性海"之纷扰厉害,反衬炼心屏睡之于仙梦长生不死之不可或缺。其文云:

> 人生无百年,能有几一日? 况百年三万六千日,总有三百六十万刻,且如一刻,但撚指间,而晨兴暮寝,古今之常也。一百年内,以百五十五万刻可以应酬,以百五十五万刻可以寝息。除寝息之外,人生只有五十光阴也,况不满百年者乎! 今但好睡,曾无知草木之不如也。元神离舍,涣散无归,真气去体,呼吸无主,云掩心天,波浑性海,慧镜生尘,智剑无刃,以兴为寝,以明为晦,冥然如黑山,黯然如鬼谷。其酣兮如酒醉不醒,其暝兮

① 胡海牙总编、武国忠主编:《中华仙学养生全书》(中)卷四之《仙学文献辑录》,华夏出版社2006年版,第667—669页。
② 盖建民:《白玉蟾诗集新编》,社会科学文献出版社2013年版,第142页。

如药酸酪酊。其滋味兮如良鱼入网罗，其意使兮如饥鼠贪画饼。其鼾兮如雷霆搅万山，其齁兮如波涛落崖井……睡魔来也，与心猿意马而作伍也。谒心君而不臣，睹谷神而不拜，占吾身之琼台玉阙，作睡魔之营寨。其势高万丈，其力重千斤。贼我之魂魄，葬我之精神。盗吾家之丹砂，劫吾家之宝帑……其睡魔也，潜身于华胥，戢迹于槐国，化而为蝴蝶，改而为蝼蚁，两楹之间，歔欷有声……如有言曰："睡本无魔，汝心自黑……汝能推歹思，非吾为汝患，汝但洗心而习定，可以封形而闭神也。"复语之曰："汝徒闻我静坐，则窥我户牖；汝徒见我默思，则越我宫墙。吾非陈抟，梦入鸿荒；吾非襄王，梦入高唐。不可妖我，劈汝天斧。"睡魔四五，面面相顾，亦复有言曰："吾虽曰睡魔之精，乃汝自身之一灵。神清则睡魔去，神昏则睡魔生。但睡其形而不睡其神可也。聚之为元精，蓄之为一灵，融之为大虚，放之为太清。令子住舍而留形，可以不死，可以长生。"余笑曰："不知我之屏睡魔乎，睡魔之屏我乎！"①

在白玉蟾眼中，人生苦短，可用时日不多，对于修道之士，其修行生活时时面临睡魔侵扰，若不能驱逐睡魔，那将会影响修行实效，因为睡魔一来，便是"云掩心天，波浑性海，慧镜生尘，智剑无刃"，搅得修道之士"元神离舍，涣散无归，真气去体，呼吸无主"；修行者一旦被睡魔控制，本有之智慧被遮蔽，开始变得是非不明，只是昏天黑地地睡去，对周遭之事黯然无知，犹如掉进万丈鬼谷，为群魔所困；睡魔魔力不可小觑，它们在修行者体内安营扎寨，进而贼害其魂魄，蛀蚀其精神，盗窃其丹砂，掠夺其财宝……白玉蟾以文学手法，以对话形式，揭示睡魔即心魔，并非不速之客，实乃修道之士与身相随的一种精灵——修行者神志清醒时，睡魔就离开，修行者神志昏沉时，睡魔便出现——当然，这与常人通常的理解或不尽一致，所谓"神清魔去"，或"神昏魔生"，在白氏那里，只是现象性并列描述，而非逻辑性先后关联，其主旨在于警示修道之士，应时时刻刻都作自己的人生主人，而且要以非凡的生命意志，轨心导正，凝神聚气，即便是睡梦中，也不得放松修持功夫，要做自我灵性的主人，无论昼夜觉醒。正如胡孚琛先生所言："丹道修炼工夫最忌讳将白天和黑夜分为两

---

①　盖建民：《白玉蟾文集新编》，社会科学文献出版社 2013 年版，第 5—6 页。

橛,必须觉醒和睡眠打成一片,梦中仍能修持,才算上了轨道,走入正途。"①

这种昼夜如一、梦觉一意的修持功夫,在常人看来是不可思议的事情,但在丹道修炼者眼中,人生何时不炼丹?炼丹合药又何曾在意外在时空变幻,但求把玩自家宝贝,净心诚意,内观返视,使其动作张弛频率、闭合节奏,契合道韵仙律,人体生理心理活动一旦调谐到与道韵仙律相耦合的状态,修炼便不再枯燥乏味,相反,却感到遍体生机通达,身心愉悦玄妙——试看紫清真人《坐炼功夫》注如何诠释这一生命妙境:

> 当一阳初动,存祖炁,自下丹田透过尾闾,微微凸胸偃脊,为开下关;觉自夹脊而上,运动辘轳,微微伸中,为开中关;却缩肩昂头,觉过玉京,入泥丸,为开上关。……当觉津液满口,闭息合齿,微微吞咽,如石坠下丹田。师云:华池玉液频吞咽,即中理五炁,混合百神,十转回灵,万炁齐仙。刀圭橐籥,阖辟工夫,皆在此矣。②

又如白玉蟾词作《水调歌头·修炼》:

> 土釜温温火,橐籥动春雷。
>
> 三田升降,一条径路属灵台。
>
> 自有真龙真虎,和合天然铅汞,赤子结真胎。
>
> 水里捉明月,心地觉花开。
>
> 一转功,三十日,九旬来。
>
> 抽添炁候,炼成白血换骸骸。
>
> 四象五行聚会,只在一方凝结,方寸绝纤埃。
>
> 人在泥丸上,归路入蓬莱。③

白玉蟾以此"刀圭橐籥,阖辟工夫"为"可返仙乡"之丹道"内秘"。我们知道,"刀圭"乃合药结丹之代名词;"橐"乃上古时期一种以石击木的乐器,"籥"也是一乐器名称,是一种三孔竹管乐器,"橐籥"一词既可表示演奏音乐

---

① 胡孚琛:《从道学文化看睡眠与梦》,詹石窗主编:《梦与道——中华传统梦文化研究》(上),东方出版社 2009 年版,第 85 页。

② 《道法会元》卷七十七,《道藏》第 29 册,文物出版社、上海书店、天津古籍出版社 1988 年版,第 276—277 页。

③ 盖建民:《白玉蟾诗集新编》,社会科学文献出版社 2013 年版,第 321 页。

的乐器,也可指代音乐本身,而音乐之所以悦耳动听又被称之为乐音有别于噪音,其中关键之一在于,音乐发出的是有规律有节奏的声波,这种有节律的声波可与人自身生理协调共鸣,带给人美妙感受。除了人自身生理活动具有一定频率节奏之外,"橐籥"乐器也有节律节奏之意,二者的协同一致是人之乐感产生之基础。白玉蟾景仰的道教正一派第三十代天师张继先虚靖先生曾作《橐籥歌》以示其意,其内容如下:

> 休言大道无为作,须向房中明橐籥。
>
> 过时不动片时间,紫雾红光乱灼灼。
>
> 青龙喜,白虎恶,赤蛇缠定乌龟壳。
>
> 纵然过得尾闾关,又被曹溪路隔著。
>
> 两条直上絜丹田,决言上有三清阁。
>
> 阁下分明有玉池,内有长生不死药。
>
> 依时下手采将来,服了蓬莱受快乐。①

如此,所谓"刀圭橐籥,阖辟工夫",也就是说,内炼精气神,合成金丹药,诚乃一种生命功夫,此等功夫,其一合一闭、一张一弛犹如乐队演奏之音律节奏之起伏变化。易言之,反观乐队技师的演奏和谐,也可悟出内炼金丹的功夫原理,回灵合和便是无上秘要。白玉蟾《阴阳升降论》明言:"人能效天地橐籥之用,冲虚湛寂,一气周流于百骸,开则气出,阖则气入,气出则如地气之上升,气入则如天气之下降,自可与天地齐其长久。"②以人身模拟天地,以天地具化人身,所谓人身小宇宙,宇宙大人身,白玉蟾就这样以天气地气之出入升降,表征修道炼丹对于气机之操持节度,以天长地久之生命态势,状述橐籥原理之于人长生久视之"仿生学"意义。

吉纳维夫·白汉德(Genevieve Behrend,1881—1960年)师从《精神科学》一书的作者特洛华德,在北美教学、演讲并实践"精神科学"长达35年,写下

---

① 《三十代天师虚靖真君语录》卷三,《道藏》第 32 册,文物出版社、上海书店、天津古籍出版社 1988 年版,第 373 页。

② (南宋)白玉蟾:《阴阳升降论》,《修真十书杂著指玄篇》卷四,《道藏》第 4 册,文物出版社、上海书店、天津古籍出版社 1988 年版,第 619 页;亦见盖建民:《白玉蟾文集新编》,社会科学文献出版社 2013 年版,第 23 页。

《你的无形力量》(*Your Invisible Power*)及《圆满内心的渴望》(*Attaining Heart's Desire*)两部名著。她一再强调:"我们本身都拥有比自己所了解的更多的力量和更大的可能性。视觉化,正是其中最伟大的力量之一。"所谓"视觉化"就是强力专注在画面上的思想,它会引发同样强烈的感受。此时,你就是在向宇宙发出强大的频率。根据"同类相吸"的吸引力法则——当你脑中出现一个思想观念,也会吸引其他同类的思想观念过来,因为它们具有相同的频率——会捕捉这个有力的讯号,把与你心中所想的一模一样的画面传送回来给你。任何被发明或创造出来的东西,都是源自发明者在心中见到的景象,譬如说,莱特兄弟和飞机、伊斯曼和电影、爱迪生和灯泡、贝尔和电话、凯库勒和苯环分子结构、门捷列夫和化学元素周期表等。他们清楚地看见它们,然后借由内心持续保有的那些"成品"的画面,宇宙的力量就通过他们,把这些成品带来这个世界。而且"当你视觉化时,你就在将它实体化"。① 如果说"同类相吸"法则确实存在的话,这无疑是将设想的画面逐步现实化的某种"心灵""物化"法式,那么也可以说,道门橐籥功夫自然也有蕴含类似道理,"刀圭橐籥"之"梦功"睡方乃协同昼夜觉醒之生命修为,而这种"梦功"睡方直指道门理想"瑶池圣境"。

### 三、"指日飞升"之"瑶池圣境"

立足当下,内在超越,可谓国人传统之入圣之路,无论是儒释道之圣,抑或各门宗之旨,皆主张功夫中见境界。《海琼白真人语录》卷三之《平江鹤会升堂》,记录了白玉蟾对此功夫境界之见解——

> 其在孔氏者,岂不见云:吾尝终日不食,终夜不寝,终日如愚。三月不违仁,善养吾浩然之气。念兹在兹,则其庶乎屡空也,必矣。夫为道学者,如何致君尧舜上,再使风俗淳。其在释氏者,岂不见云:二六时中,常光现前,壁立万仞,如鸡抱卵,常使暖气不绝,绵绵密密,无令间断。则所谓临崖撒手,便肯承当,绝后再苏,欺君不得也必矣。夫为禅学者,如何临济入门,便喝有理不在高声,德山入门,便棒打草,只要蛇惊。其在老氏者,岂

---

① [澳]朗达·拜恩:《秘密》,谢明宪译,中国城市出版社 2008 年版,第 93—99 页。

不见云：洞晓阴阳，深达造化，追二气于黄道，会三性于元宫，攒簇五行，合和四象，龙吟虎啸，夫唱妇随，玉鼎汤煎，金炉火炽，节候既周，脱胎神化，功成名遂，身外有身也必矣。夫为仙学者，如何牵将白虎归家养，产个明珠似月圆。必竟三教是同是别，不知说个何年事，直至而今笑不休。①

在白玉蟾看来，三教一理，殊途同归，圣人之作，实乃生命功夫，然而，功夫不离日用，境界成于合道。易言之，功夫即境界，当下即永恒，但前提是，应有对生命来去、究竟之彻底觉解。所谓"日月如梭，光阴如箭。柳线穿将春色去，荷钱买得夏风来。隋朝开樱笋之厨，释氏结蜡人之制。十洲三岛，尽云筒月筑之流；四海五湖，俱雨笠烟蓑之客。无限尘中散圣，几多物外高仙。凡圣同居，隐显莫测"②。只有以圣道反观人生，筹划人生，以生命践履圣道，方可超凡入圣。当然，身为一代玄门宗师，白玉蟾向往并践履的，乃金丹仙道。

白玉蟾《鹤林问道集》（下）云："愚自髫龀时，素有慕道希仙之意，于今犬马之齿，三十有三矣。""髫"在古代本指儿童头上下垂的短发，"龀"指小孩儿换牙，即乳牙脱落长出恒牙，遂以"髫龀"借代指儿童时期，如陶潜《桃花源记》："黄发垂髫，并怡然自乐。"便是以"黄发"借代老人，以"垂髫"指代儿童。五柳先生此句描绘的是童叟同欢，怡然自得的生活场景。白玉蟾于此向弟子门生声明其素有慕道希仙之志向，而且对此矢志不渝。《白紫清指玄篇序》对其笃志修道、诚心求真有更为清晰的解说：

> 玉蟾尝思仙道精微，览诸经典，寻求玄奥，亦有年矣，莫得指归。或有言弃妻室而孤修者，或有言入深山而求寂静者，或有指戒荤酒而斋素者，或有指用水火而炼药者，杂径歧途，莫知趋向。予因辗转寻思，瘩寐默会，苦心孤诣，竭智尽神，何图功愈勤而心愈焦，步更进而路更迷？无如之何，因慨然奋志，遍游诸洞天，及太华山浮丘等观，参访明师，终无所遇。沿至东海之滨，幸谒翠虚仙师，携归罗浮。心诚求之，再三再四，方得还丹口诀，始知道在目前，不远人也。复本师传，进参妙理，豁然大贯，遂乃寻铅锻炼大药，归身复命，一了百当而成真焉。思世人不知了世间事，岂能得

①　盖建民：《白玉蟾文集新编》，社会科学文献出版社2013年版，第84—85页。
②　盖建民：《白玉蟾文集新编》，社会科学文献出版社2013年版，第85页。

出世间法哉？悟真云："此般至宝家家有，只是愚人识不全。"后之学仙道众，正好参此妙意，何必登山浮海，抛妻弃子，断荤戒酒，辟谷清斋？种种枉为，去道远矣。不观《易》云："一阴一阳之谓道，偏阴偏阳之谓疾"乎？有阴无阳，若春无冬。阴阳配合，圣道方成。纯阳吕祖师指玄篇，藏造化之机，泄性命之源，其中包括万象，为修真之捷径，诚度世人梯航。蟾敬观之下，心悦诚服，爰于诗歌右，注之和之；将隐秘真机，重宣大露，以遗后之同志者。因缘有在，得览此书，务必敬信珍藏，慎毋轻慢。虔心于道，苦志力行，自有至人指示下手修炼还丹之秘。从兹出樊笼，登彼岸，诚不难也。蟾之所厚望者。①

白玉蟾于此分享的，与其说是寻师访道的艰难历程，不如说是未遇明师之前的杂径歧途，由此反证明师真法正道之于金丹仙道修炼之不可或缺，进而勉励同修道友应虔心研习吕纯阳《指玄三灿》，笃志力行其生命要义，争取早日归根复命，跳出樊笼，跻身仙班。白玉蟾对修炼金丹以成就仙梦坚信不疑，认为只要具备明师真法正道诸多要素条件，加之勤修苦练"无休歇"，便可"指日飞升""瑶池圣境"。

在白玉蟾看来，仙道精微，需明师开示其意，更需弟子体悟其真。白玉蟾得其师翠虚真人赠诗，认为是诗虽"口传心授"，于道意丹法确然字字真言：

金丹大药人人有，要须口传心授。一片白龙肝，一盏醍醐酒，只向离无寻坎有，移却南辰回北斗。好笑，见金翁姹女，两个厮斗。些而铅汞调匀，观汉月海潮，抽添火候。一箭三关，方表神仙手。兔子方来乌处住，龟儿便把蛇吞了，知否；那两个钟吕，是吾师友。②

诗中言及"抽坎填离""一箭三关"等修炼手法，这些手法被翠虚真人视为"神仙手段"，在白玉蟾看来，此乃钟离权、吕洞宾道宗法脉之当代传承，而且看似玄妙的神仙手段，其核心不离"阴阳二字"。如吕洞宾在《指玄篇》所言："玄篇种种说阴阳，二字乃为万法王。一粒粟中藏世界，半升铛里煮山江。青龙驾火游莲室，白虎兴波出洞房。此个工夫真是巧，得来平步上天堂。"于此，

① 盖建民：《白玉蟾文集新编》，社会科学文献出版社2013年版，第204—205页。
② 《真珠帘·赠海南子白玉蟾》，《道藏》第24册，文物出版社、上海书店、天津古籍出版社1988年版，第208页。

白玉蟾进行深入注解：

> 阴阳二字，极有妙理，若欲见形，龙虎是也。一粒者，乃混沌之初，先天之炁，故能包罗天地，养育群生。半升铛者，乃是炼药鼎器，非铁鼎之铛也。青龙在东，东方属木，木能生火，故谓之驾火，非凡之水火也。若求大药，有足能行，是个活物。莲室乃丹房之所。白虎在西，西方属金，金能生水，故曰兴波。波非海水，金非凡金，若求金水，有手能拈，亦是活物。近世多执凡水火，煅炼金石草木，以修诸身者，深可惜也。洞房者，乃出丹之所。噫！观此书者，当知神仙称赞大丹，若能得之，升天入地，不可测也。①

白玉蟾以有形之龙虎阐释无形之阴阳，配以方位之东西、五行之木（火）金（水），明示此非凡尘水火，实乃丹药原料；再以身体为炉鼎，以"莲室""洞房"喻产丹之所，以龙虎交媾喻阴阳和合之丹药生成；再以"一粒粟"指称金丹大药，以"混沌之初""先天之炁"既有别于"执凡水火""炼金石草木"之体外功法，又标明即身修道、逆返先天之南宗要义。

在金丹派南宗思想中，"大丹妙药，至灵至神，非世间金石草木黑铅水银，亦非炉釜水火，俱是有形有质可见之物。盖灵丹妙药，乃是生天生地之祖炁，无形无影，难执难见，隐于空洞玄牝之中。惟有神仙参透阴阳造化，旋斗历箕，暗合天度，攒簇五行，和合四象，龙吟虎啸，天地动静，方得元始祖炁，化为黍米，降见浮空，采而服之，还元接命，以作长生之客，升入无形，故有无穷变化，自在逍遥"②。从理论上讲，"有形有质可见之物"，皆为有限之存在，而"无形无影难执难见之祖炁"，乃先天之"元始""虚无"；欲作"长生之客"，须炼金丹大药，此乃"还元接命""升入无形"之"登天灵梯"；"大丹妙药"何以如此"至灵至神"？就在于其凝聚"真阴真阳"，其信息能量可使人扭转乾坤。白玉蟾《指玄篇注》不厌其烦地强调炼丹合药之重要，论述修丹炼药之动静进退之世理：

> 真阴真阳，隐于天地之中，无形无影，视之不见，听之不闻。若能擒

---

① 盖建民：《白玉蟾文集新编·指玄篇注》，社会科学文献出版社 2013 年版，第 206 页。
② 盖建民：《白玉蟾文集新编·指玄篇注》，社会科学文献出版社 2013 年版，第 208 页。

得,便是花发月明,总一意也。花发于春,月明十五,修丹炼药,要识其时。不遇真师,纸上难得。若得师指。将家业抛去,趁其时而急修,不可迟延。苟或迟延,药物过矣,即无用也。炼药之时,念念不忘,道心如铁,莫被尘境所牵,色欲所蔽,动中得静,便是幽微。所谓有动工,有静工。①

　　修丹之士,莫问弦前弦后,止看月缺月圆。月圆玉蕊生,月缺金花卸,生时好用工,卸即无用也。龙东虎西,间隔甚远,学者趁圆缺之时,捉之相战。水火盖龙虎中之元气,取于金鼎,仔细烹煎,水冷须进火,水滚须抽火,进退之理。方保成也。仙师再说依时二字,反复丁宁(叮咛)指示,后来慕道贤士,能趁月圆之时,正好行功,非寻常也。黄金佛者,乃释氏之大觉金仙,真身丈六,同大丹理。至于周易卦数,深有幽微。魏伯阳老仙得丹之后,作《参同契》流传于世。其言似解《周易》,其实明大丹之诀。顽石中藏宝,时人眼未明,卞和若一见,怎肯不相亲?过后难逢者,乃月缺之时,有何用也?屋下有天者,非虚浮之事。以世理譬喻,天之在天,屋下岂能藏之?神仙之道,多般颠倒,火里栽莲,水中捉虎,死处逢生,故有登天之灵梯。②

自然界之花开花落、月圆月缺,其实乃阴阳变化使然,修丹炼药与此同理,需善于把握时机;花开月圆之际,正是炼养金花之时。炼丹合药更需抛却尘念,挺立道心,看似运气合神的动工(功),其实静工(功)亦在其中,生命归于幽静微妙状态;就在这一片幽静微妙中,气神交媾,丹成药就。这就是白玉蟾《酹江月·冬至赠胡胎仙》道出的后天坎离返还先天乾坤之金花秘密:

　　因看斗柄,运周天,顿悟神仙妙诀。

　　一点真阳,生坎位,点却离宫之缺。

　　造物无声,水中起火,妙在虚危穴。

　　今年冬至,梅花依旧凝雪。

　　先圣此日闭关,不通来往,皆为群生设。

　　物物含生育意,正在子初亥末。

---

① 盖建民:《白玉蟾文集新编·指玄篇注》,社会科学文献出版社 2013 年版,第 207 页。
② 盖建民:《白玉蟾文集新编·指玄篇注》,社会科学文献出版社 2013 年版,第 207—208 页。

自古乾坤,这些离坎,日日无休歇。

如今识破,金乌飞入蟾窟。①

意思是说,修道合真之士遥望北斗星斗柄的指向变化,可以顿悟修道成仙的秘密。就《坎》《离》之卦象而言,这个秘密就是,抽取《坎》卦中之阳爻,填补《离》卦中之阴爻,即"水中起火",使之变为纯阳之乾卦——在自身之中炼就纯阳,返还本性——这一秘密存在于天地日月运行之规律之中,这一规律具有周期性,一年是一个周期,一日也是一个周期,是一种阴阳此消彼长、互动促成的生命节律。"人身小天地,天地大人身。"天人同理。倘若识破此理,加之以"日日无休歇","抽坎填离"盗取天机,终究会永葆金花春意。此乃"金乌飞入蟾窟"、迁登天界仙境之生命秘密。白玉蟾《指玄篇注》于此也有揭秘:

花发月明,前已漏泄。花不在山,月不在天,要知着实,家家有之,人人可修。水火不合,卦爻未济;水火一合,道得既济。休工默守,然后修炼,以复其初也。日满工完,皆同众仙,游宴瑶池圣境。其实不虚也。②

可见,"此花"非世间常花,亦不在山中,犹如此"此月"非眼见之月,亦不在天上,二者皆在身心深处,需着实修养,重在心上用功,如云:

虚之为言,寂也;夷之为言,平也。惟静销万幻,迥然一真虚也;真妄坦然,不立一尘夷也。是以虚则凝神,夷则聚气,神凝为灵,气聚为宝,灵宝则虚夷也,虚夷固已知之。③

"虚夷"乃用功要旨:遣发妄念,消解万幻,则神凝气聚;若从采药结胎而言,则是神气交媾,返还先天,逆溯道源,如白玉蟾《谢仙师寄书词》云:

夫金丹者,采二八两之药,结三百日之胎。心上工夫,不在吞津咽气;先天造化,要须聚气凝神。若要行持须凭口诀,至简至易,非色非空。无中养就婴儿,阴内炼成阳气,使金公生擒活虎,令姹女独驾赤龙。乾夫坤妇而媒假黄婆,离女坎男而结成赤子。一炉火焰,炼虚空化作微尘;万顷冰壶,照世界大如粟米。神归四大,即龟蛇交合之时;气入四肢,是乌兔郁

---

① 盖建民:《白玉蟾诗集新编》,社会科学文献出版社 2013 年版,第 321—322 页。
② 盖建民:《白玉蟾文集新编·指玄篇注》,社会科学文献出版社 2013 年版,第 208 页。
③ (南宋)白玉蟾:《虚夷堂记》,《海琼白真人全集》卷二,《道藏精华》第十集之二,自由出版社 1994 年版,第 222 页。

罗之处。玉葫芦迸出黄金之液,金菡萏开成白玉之花。正当风冷月明时,谁会山清(青)水绿意。圣师口口,历代心心,即一言贯穿万卷仙经,但片饷工夫无穷逸乐⋯⋯见万里是无尘之境,作千年永不死之人。海变桑田,我在逍遥之境;衣磨劫石,同归无何有之乡。玉蟾素志未回,初诚宿愗,自嗟莆柳之质,几近桑榆之年。老颊犹红,如有神仙之分;嫩须再黑,始归道德之源。叹古人六十四岁将谓休,得先圣八十一章来受用⋯⋯终身怀大宝于杳冥,永劫守玄珠于清净。先觉诏后觉,已铭感于心传,彼时同此时,愈不忘于道念。①

师徒口传心授的金花秘密,乃超越死亡的功夫秘诀,此功夫从自身生命入手,以内在神气为要素,以颠倒逆返为法式,以粉碎虚空返本归元为鹄的,意在教人"作千年永不死之人",此即"仙人"。然而,"修仙有三等,炼丹有三成",修行功法并非千篇一律,应根据各自根器特点,选择相应丹法修习,白玉蟾《修仙辨惑论》记载其师陈泥丸有关"修仙三等,炼丹三成"之言辞,兹录如下:

修仙有三等,炼丹有三成。夫天仙之道,能变化飞升也,上士可以学之。以身为铅,以心为汞,以定为水,以慧为火,在片饷之间,可以凝结。十月成胎,此乃上品炼丹之法,本无卦爻,亦无斤两。其法简易,故以心传之,甚易成也。夫水仙之道,能出入隐显也,中士可以学之。以气为铅,以神为汞,以午为火,以子为水,在百日之间,可以混合,三年成象,此乃中品炼丹之法。虽有卦爻,却无斤两。其法要妙,故以口传之,必可成也。夫地仙之道,能留形住世也,庶士可以学之。以精为铅,以血为汞,以肾为水,以心为火,在一年之间,可以融结,九年成功,此乃下品炼丹之法。既有卦爻,又有斤两,其法繁难,故以文字传之,恐难成也。上品丹法,以精、神、魂、魄、意为药材,以行、住、坐、卧为火候,以清静自然为运用。中品丹法,以心、肝、脾、肺、肾为药材,以年、月、日、时为火候,以抱元守一为运用。下品丹法,以精、血、髓、气、液为药材,以闭、咽、搐、摩为火候,以存思升降为运用,大抵妙处不在乎按图索骥也。若泥象执文之士,空自傲慢,

① (南宋)白玉蟾:《谢仙师寄书词》,《修真十书杂著指玄篇》卷六,《道藏》第4册,文物出版社、上海书店、天津古籍出版社1988年版,第626页;亦见于盖建民:《白玉蟾文集新编》,社会科学文献出版社2013年版,第14—15页。

至老无成矣。①

所谓"天仙""水仙""地仙"之三等道法之分,出自"上士""中士""庶士"之先天根器之别;所谓"上品""中品""下品"之三成丹法之异,依据药材火候运用之后天炼养内容之殊。修道之士之先天根器虽有差异,只是意味着各自应选择适合自己的炼养法式以及具体的炼养要素而已,虽在炼养法式与要素等操作层面有所不同,但在丹成仙就之修行终极目标上却并无二致。此时"修仙三等,炼丹三成"之"三等""三成",看似证道成仙之果位有分别,"天仙""水仙""地仙"表现出的特异功能有悬殊,但最为基本的生命体征,在由"必死之人"迁化为"不死之仙"这一点上,祂们在超越死亡上是一致的;至于上中下"三品"丹法,不必在意其"品"级标注,更应慎重选择适合自己的炼养法式与内容,炼养法式与内容虽有所不同,但在"化腐朽为神奇"的生命质点上,同样是殊途同归。客观地说,对于修道之士而言,刻意追求仙阶品位没有太大意义,更为紧迫的是,切实认识明辨自己,选择适合自己的炼养方式,才是人生第一要义。自称"腹内包藏三教书"的白玉蟾,如何给自己定位的呢?其诗作《次李侍郎见赠韵》道出心声:

> 家居琼琯海山隅,腹内包藏三教书。
> 明月清风为活计,蓬头跣足走寰区。
> 玉炉丹熟斟琼醑,金阙朝回唱步虚。
> 要识我侬真面目,广寒宫里看蟾蜍。②

从"明月清风为活计"可见其"以清静自然为运用",乃属"上品丹法";从"广寒宫里看蟾蜍"可见其"能变化飞升也",修"天仙之道"——这既是一种精神自信,又不乏生命修为,同时,二者皆出于对人生无常的终极关怀与超越死亡的不朽探求。《指玄篇注》中吕洞宾有首诗作与白玉蟾对其之和文,便是对人生无常与死亡超越的较好注脚:

> 昔年游戏岳阳楼,好个莺花鹦鹉洲。今日重来沽美酒,故人多半丧

---

① （南宋)白玉蟾:《修仙辨惑论》,《修真十书杂著指玄篇》卷四,《道藏》第4册,文物出版社、上海书店、天津古籍出版社1988年版,第617页;亦见盖建民:《白玉蟾文集新编》,社会科学文献出版社2013年版,第16页。

② 盖建民:《白玉蟾诗集新编》,社会科学文献出版社2013年版,第128页。

荒丘。

　　和曰：

　　茅庵静坐胜高楼，耐守功完上十洲。堪叹玉堂诸学士，文章锦绣葬

荒丘。[①]

　　在白玉蟾看来，满腹经纶的文人学士，虽以文章锦绣而著称，但难逃命丧黄泉、入葬荒丘的人生悲凉，如此这般的人生结局，怎比得上茅庵静坐修行之高士，他们恪守丹道，妙夺天工，逍遥飞升琼楼。

　　锦绣文章虽可传世扬名，却无济于命丧黄泉的人生悲凉，因而，此类活法不为修道之士所取。道门中人不求身外之物，直面人生大限，探究不死之法。吕纯阳《指玄三灿》下篇绝句三十二首之八曰："法是先天一点炁，将来锻炼作元神。法官存想驱雷使，炼此方能上玉京。"白玉蟾对此注和道："太乙含住先天炁，灵阳藏固养精神。两般若得相和合，指日飞升上玉京。"[②]在白玉蟾看来，只要以元炁元神和合返还先天之道，以存想驱雷使法造福现世民生，以丹道雷法成就仙梦价值，飞升琼台瑶池便指日可待。

## 第三节　仙梦价值

　　西格蒙德·弗洛伊德(Sigmund Freud，1856—1939 年)是精神分析学派的奠基人，他在描述"梦"对古人精神生活的影响时指出："就我们所知，古人都以为梦有重大的意义和实际的价值；他们都从梦里寻求将来的预兆。古代希腊人和其他东方民族出兵时必带一详梦者，好像今日出兵时必定带侦察员来刺探敌情一样。亚历山大大帝出兵时，最著名的详梦者都在营里。"[③]"梦"不仅对古希腊人的精神生活曾发生重大影响，同时也是构成东方道人精神世界的一大要素。弗洛伊德认为，"梦因愿望而起，梦的内容即在于表示这个愿望，这是梦的主要特性之一。此外还有一个不变的特性，就是梦不仅使一个思

---

① 盖建民：《白玉蟾文集新编·指玄篇注》，社会科学文献出版社 2013 年版，第 216 页。
② 盖建民：《白玉蟾文集新编》，社会科学文献出版社 2013 年版，第 212 页。
③ ［奥地利］弗洛伊德：《精神分析引论》，高觉敷译，商务印书馆 1984 年版，第 59 页。

想有表示的机会,而且借幻觉经验的方式,以表示愿望的满足。"①在中国道教思想中,人生理想之"梦"的核心内容为"仙",我们不妨称之为"仙梦"。金丹派南宗一代宗师白玉蟾之于"仙梦",寄予了丰富的人生价值与生命意涵。

## 一、真信与实行

真诚地信仰道,亦即仙道,这是道门中人独特的人生终极支撑,对于金丹派南宗,就是坚定不移地相信人能够以丹药、功德来成就神仙人格,而且这种坚信又是建立在切实践行金丹大道与雷法之生命实践基础之上,易言之,是真信与实行的并行不悖——以虔诚的仙道为人生的终极价值支柱,以切实的生命修炼为人生的生活实践方式,以金丹雷法兑现仙道信仰——这种真信与实行皆出于"生命圣道"的现实观照与人生展示,是"生命圣道"在人生体知与生命践履两个层面的必然要求,这两个层面又内在地统一于"生命圣道"的不朽事业之中。

真诚地信仰仙道是对道门中人的最为基本的入道要求,始终保持对仙道的诚心至信也是其修道行法的逻辑前提。白玉蟾告诫门徒:"修真之士,诚心以立其志,苦节以行其事,精思以彻其感,忘我以契其真。苟能如此,经云'宇宙在乎手,万化在乎身(心)',又曰'人能常清净,天地悉皆归'。世人未必知此。能于喧中得净,浊中得清,作平等观,了一切念,动无窒碍,得大安乐,是谓之道……吾今于世,书而录之,得悟之者,可传圣道;无悟无得悟者,自得自悟。圣道无古无今,其去非古,其来非今。所可传者,只谓之事,不谓之道。道本无传,道无声色,道无相貌。道无古今,道无往来。"②作为修道之士,其诚心立志与苦节行事,在逻辑上需有道可修,有道可传,但道乃形上存在,对于修道者便需以之为信仰对象,而且,对此信仰应笃信不疑、毫不动摇,修道过程即便困难重重,也应保持定力、不畏艰辛,如白玉蟾《与彭鹤林书九篇》之一云:

惟不疑,所以气备;惟无畏,所以神全。故不疑,则真中有神;故无畏,则诚外无法。朝熏暮习,厚积仙勋。顺受世缘,还归玉府。愈加进进,用

---

① 　[奥地利]弗洛伊德:《精神分析引论》,高觉敷译,商务印书馆1984年版,第95页。
② 　盖建民:《白玉蟾文集新编》,社会科学文献出版社2013年版,第104页。

敢勉旃！勿谓今日矣而有翌日，今年矣而有明年，今生矣而有来生，今身矣而有后身。殊不知上床灯灭，鞋履相违。明年乎？翌日乎？父不信子，手不信怀。后身乎？来生乎？君须戮力，勿视我为！我或飘沦，君为可恃。①

复云：

> 君信之愈笃，爱之尤深，忝获同寅，且非异道，惟冀广储功行，即前仙阶……某知君有可仙之资者，何也？以有可仙者有七：一则妻子债轻，世缘淡泊；二则赋性冲灵，识事几先；三则眼发骨相，如林侍晨；四则心专一司，如人放箭；五则旦夕焚修，救治无缺；六则动与道合，无甚违真；七则所得已圆，年事未艾。②

修习仙道既要笃信生命圣道，又得"广储功行"。是否真诚信仰仙道，不在于口头承诺，而在于是否身体力行；在践履仙道的过程中难免会遇到各种各样的困难挫折，这些困难挫折又正是检验修道者的生命信仰坚定与否的试金石，只有愈挫愈坚，方可冀仙有望。一般而言，觉解越高，躬行越实，甚至锲而不舍；觉解不够，则或见异思迁，或且行且止。对仙道信仰的真诚程度深浅，对仙道践履的躬行力度大小，在某种程度上体现的是对生命圣道体悟水平高低。常人只知"下床别了上床鞋"的悲哀，却不知消解生离死别的"方剂"；即便有所了解，却又不能笃志专心，聚精会神，不能"旦夕焚修""动与道合"。从消极方面而言，此所谓"勤而不怠，必遇至人。遇而不勤，终为下鬼"。这些人终究与仙道两途，除了白玉蟾所谓无"可仙之资"外，最为基本的是没有对生命圣道的真知正解。

生命圣道是包括人在内的形下存在的终极根源，这一终极根源在金丹派南宗常用"虚无"指代，以区别于形下生命实体；同时，在先天虚无与后天实体之间并非截然隔绝、相互排斥的关系，相反，却有相互对接、彼此一体的生命关联，并且，虚无本体与生命实存乃是由"一炁"关联的生命整体。白玉蟾注释《清静经》时，对此作如是观："君不见虚无生自然，自然生一炁。一炁结成物，

---

① 盖建民：《白玉蟾文集新编》，社会科学文献出版社2013年版，第312页。
② 盖建民：《白玉蟾文集新编》，社会科学文献出版社2013年版，第312页。

炁足分天地。天地本无心,二炁自然是。万物有枯荣,大数有始终。会得先天本自然,便是性命真根蒂。《道德》五千言,《阴符》三百字。形神与性命,身心与神炁。交媾(姤)成大宝,即是金丹理。世人多执著,权将有作归无作。猛烈丈夫能令略,试把此言闲处嚼。若他往古圣贤心,立法化人俱不错。况能蓦直径路行,一条直上三清阁。"①

在白玉蟾看来,炼养后天神气,返还先天性命,便是"金丹妙理"。此"理"既是金丹大道之理论预设、学理基础,也是修道合真之根本方法、证道途径。在古汉语中,如许慎《说文解字》所谓"理者,治玉也","理"蕴含"治"意,对于道门中人,不同于儒者以君子之德喻玉,以打磨雕琢玉石为玉器来比附君子修养心性来成就美德,而修道之士,其所"理"对象乃"有枯荣""有始终"之当下身家性命,价值指向乃"先天自然",基本手法乃"颠倒""逆返"。当然,如此"金丹妙理"也是一种信仰,是一种生命信仰,对于金丹派南宗而言,这一信仰亦即意味着真信与实行两层基本要求。借用卫礼贤的说法,这一信仰乃人性与道性的统一,是凡人何以修道证仙的理论基础,也是凡人以何证道成仙的修为指南。卫礼贤在《金花的秘密》中对此做如下诠释:

> 在大千世界中人类发展成多种多样的个体,每个人的心中都封存着道的种子。但就在出生以前,在意识形成的瞬间,它分裂成性和命两极。表示人类本质的词"性",由心和生两部分组成。根据中国人的观点,心是情感意识的寄托之处,五官通过外部世界接收到信号作出本能的反应使心活泼起来。当情感没有被表达出来的时候,那些底层的东西,或者说,在先验的超意识的条件下保留的东西就是人性(性)。②

在卫礼贤的观念中,佛教涅槃与道教成仙存在一处差异:"佛教返回涅槃与无我有关,自我和这个世界都是虚幻的,我法俱空。严格意义上讲,涅槃不能理解为死亡和终结,它是超越的。而道教的目标是以改进了的形式保留自我这个概念及自我所做之业,那就是回归自身的光",这个自身之光,卫氏用

---

① 《太上老君常说清静妙经注》,《道藏》第17册,文物出版社、上海书店、天津古籍出版社1988年版,第168页,亦参见盖建民:《白玉蟾文集新编·太上老君常说清静经注》,社会科学文献出版社2013年版,第195—196页。

② [德]卫礼贤、[瑞士]荣格:《金花的秘密》,邓小松译,黄山书社2011年版,第12页。

"金华"来象征。①

卫礼贤从"性""命"关联之中探究人生作为之形上依据。"人性(性),作为毫无疑问与理性相关的概念,在现象世界中与生命(命)有着密切的联系。'命'这个字意味着至高无上的命令,其次是命运,每个人自己的命运及寿命长短,每个人所掌握的生命能量,命与爱欲息息相关。""性与命两个原则都是超越个体的。""人之所以成为人的根源在于精神的存在,即由于其本性(性)。每个人都有本性,但是本性却远远超出了个人的局限。生命(命)也是超越个人的,因为人的命运并不出于己愿,而是必须接受的现实。儒家在命中看到了人生,看到了上天制定的人类必须适应的规律。道教将命视为多姿多彩的自然显现,这种显现遵循道的法则而无法逃避,但这出戏只是纯粹的巧合。而中国佛教则将命视为虚幻世界中业力的作品。"②这些见解与中国传统文化内在精神基本保持一致,尤其是对儒释道三教之志趣分野之把握,还是比较到位。

在道教生命哲学中,与性命二元一体相对应,人体呈现为魂魄两极相间互容的生命特征。在金丹派南宗那里,"神聚则谓之魂,气聚则谓之魄"。③"在身体结构中,魂和魄两者在一定程度上分别与脑神经系统(上丹田)和心脏系统(中丹田)相对应。""魂居于两目,而魄则存在于腹部。"魂魄具有阴阳属性,魂属阳,魄属阴。"魂魄的观点来自对死亡的观察","二者在书写形式上都含有'鬼'字。"卫礼贤将"魂"译为"阿妮玛斯",将"魄"译作"阿妮玛",认为"阿妮玛与身体过程的联系尤为密切,死亡发生时,阿妮玛就入土而亡。阿妮玛斯是更高级的精神形式,人死后,阿尼玛斯就会在空气中升起,最初它能活跃如初,随后会在虚空中消失,或者回流到生命的能量之源。"④

在论及生命能量去向时,卫礼贤借用了道教"顺法"与"逆法"两个术语。英译者注明,这两个术语是被卫氏用来描述身体内"能量"的流动,其中,顺法

① 参见[德]卫礼贤、[瑞士]荣格:《金花的秘密》,邓小松译,黄山书社2011年版,第16—17页。
② [德]卫礼贤、[瑞士]荣格:《金花的秘密》,邓小松译,黄山书社2011年版,第13页。
③ (南宋)谢显道:《海琼白真人语录》卷一,《道藏》第33册,文物出版社、上海书店、天津古籍出版社1988年版,第111页。
④ [德]卫礼贤、[瑞士]荣格:《金花的秘密》,邓小松译,黄山书社2011年版,第13—14页。

指能量向下流动,是一种自然流动的形式;"当体内的能量不被允许沿着它们自然向下的途径流动,却被留住的时候,这样的运动被称为向上流动。瑜伽教人们禅坐的技巧,可以逆转能量自然的流动,把能量抬升到更高的中心,从而转化成精神。姑且不讨论其最终结果,了解分析心理学的人会很容易看到这两种能量流向和外向性与内向性概念之间的联系。一个重要的差异是外向性与内向性仅仅适用于心理能量的运动,而中国概念看来既包含心理过程也包含生理过程。"①

在卫礼贤看来,在"顺法"过程中,"生命进行自我消耗,好的结果是新生命产生,生命得以延续,而原来的个体外化自己,并且最终被另一个体取代,结果就是死亡。魄下沉,魂上升,失去了能量的自我就会被定格在一片混沌中。"

如果生命过程中施行"逆法",生命能量上升,阿妮玛被阿妮玛斯所掌控,就能摆脱一切困扰获得解放。世间的一切都还存在,但施行逆法的人对它们无所欲求。虚幻的世界对人失去吸引,人也由此少却了消耗,能量便在体内上升循环。"自我从世界的纠缠负累之中全身而退,在死后仍然存在,因为内化过程阻止了生命能量在外部世界的浪费。这些生命能量没有消散,反而在内在轮转中创造了独立于身体存在的生命中心。这样的自我就是'神'(元神)。"在卫氏看来,这些神仍有不足,他们受制于时空,既不会不朽也不会比天地更长久,当且仅当摆脱了万缘的"金华",才算修成永恒不朽之正果。"到达这一步的人必改变其自我,他不再受制于个体,而是跳出一切现象层面二元对立的怪圈,并且返回到原始的一,即'道'之中。"②此论对理解和诠释内丹学中隐晦的深层生命体验,无疑具有启发意义。同时也可以说,道教内丹学对现代西方精神分析的研究,也不乏参考价值。

需要说明的是,在中华传统文化系统中,知行问题几乎都是一个问题的两个方面,对于中华生命哲学而言,是一体两面的事情,即便是包括卫礼贤、荣格等在内的中外学者,在论述中华传统哲学中知行问题时,虽分认知与实践两层

---

① 　[德]卫礼贤、[瑞士]荣格:《金花的秘密》,邓小松译,黄山书社2011年版,第14页,注③。
② 　参见[德]卫礼贤、[瑞士]荣格:《金花的秘密》,邓小松译,黄山书社2011年版,第16页。

论述,其实大家都心知肚明,那是出于言说的方便,是基于诠释的需要。

在白玉蟾生命哲学思想中,真信与实行同样是一体两面的关系:实证实修建立在坚定不移的生命信念、神仙信仰之上,对神仙信仰的确信不疑又通过切实的生命修为体现出来,经由生命炼养这一造梦环节来圆梦神仙信仰。这种真信与实行不受性别限制,在道教思想中,凡人皆含道性,个个都有仙分。按照卫礼贤、荣格的理解,道教内丹学所谓人之生命之阴魄与阳魂,即阿妮玛与阿妮玛斯(阿尼姆斯),其中,“阿妮玛是男子心灵中潜藏的女性意象,它呈现爱欲与生命的一面,是象征生命的原型。阿妮玛斯(阿尼姆斯)则代表女性心灵中的男性意象,它表现抽离和超拔的一面,是象征意义的原型。二阿原型表现了在生命根源处朦胧的性别区分和互容性意识”①。对于每一个体生命而言,无论男女,皆为阴阳和合体。凡人即身修真,皆有可能超迈出尘、与道合一。

白玉蟾《棘隐记》表述了这一生命观念。是记乃白氏为道姑刘妙清所作。文中论及仙道可学,修道无关性别,凡人皆可羽化登仙,女道亦不例外,如云:“夫修真炼元之士,炼谷食为精,炼精为血,炼血为髓,炼髓为气,炼气为神,炼神为道,炼此一念之道而为圣人。自非内有所养,而外有所固,则古之列女,何以羽化登仙若是也。……若古今所传,简册所述,则女仙信乎有之,仙果可学也。学仙成道,何患乎其不仙乎!人既能返老还婴,则必能回阳换骨;人既能留形住世,则必能变化飞升。用神仙之心,信神仙之事,学神仙之道,证神仙之果。学仙非为难,出尘离欲为甚难哉!神仙长生久视之道既可学也,则出尘离欲,夫何难之有?”②

大道至简,行道不易。“用神仙之心,信神仙之事,学神仙之道,证神仙之果。”如此的生命信仰与解脱之路毕竟不能只停留在道理阐释与意义解说层面,更须付诸以身证道的生命实践之中,这一生命实践却须自个儿摸索体悟,尤其是对“活子时”“一阳生”等的把握,终究不可能“纸上得来”,“内观返听”抽坎填离也不可能一蹴而就——一言以蔽之,口诀理论记得再熟,也不能确保

① 王卡:《生命的源泉与归宿》,载于郭武主编:《道教教义与现代社会国际学术研讨会论文集》,上海古籍出版社 2003 年版,第 328 页。

② 盖建民:《白玉蟾文集新编》,社会科学文献出版社 2013 年版,第 241—242 页。

下手即得金丹大药,修道之士应有充分的心理准备。白玉蟾也曾作《炼丹不成》,记录自己的切身感受。其诗曰:

> 八两日月精,半斤云雾屑。
>
> 轻似一鸿毛,重如千秤铁。
>
> 白如天上雪,红似猩猩血。
>
> 收入玉葫芦,秘之不敢泄。
>
> 夜半忽风雷,烟气满寥泬。
>
> 这般情与味,哑子咬破舌。
>
> 捧腹付一笑,无使心烦热。
>
> 要整钓鱼竿,再斫秋筠节。①

一次"炼丹不成",不应成为一世不再作为的推脱借口,相反,应效仿紫清真人的乐观豁达,对于修道证仙的信仰不仅须在心中确信不疑,尚应在行道中砥砺意志、愈挫愈坚,更应在炼养中调整方法,以便及早修成正果,如白玉蟾《笔架山云锦阁记》所言:"夫得道之士,与天为徒,与造物者游,呼吸一元,驱驾万象,交友混沌,出入浮黎,策空骋浮,乘飚控景,鞭云叱月,给雨批风,弹压莺花,节制烟水,呼一气以为父,齐万物以有朋,方尔有言倏焉;心形俱醉,口耳俱丧,有所遇焉。"②以"出入浮黎"的豁达心胸,以"鞭云叱月"的豪迈志气,坚定不移地与道合一,这才是修道之士应有的处世心态与应然的解脱方式。

## 二、善功与仙果

道教素有"盗天机"之说。此说不仅从炼丹合药之技术层面立意,更蕴含深刻的伦理道德意涵。"盗"天机之"盗"有汲取信息与能量之意,此信息包括生命节律、阴阳时节,此能量意味取之于外、用之于内——将取来之物置于自身器皿之中。从"盗"字中有"欠"来看,蕴含一定的道德意义——人一旦从他处"盗"得什么,也就意味着"欠"下"外债",为公平正义起见,就得返还,倘若不还,在道德上便要受到谴责。在道门中人看来,修道需要"盗"天机,而盗天

---

① 盖建民:《白玉蟾诗集新编》,社会科学文献出版社 2013 年版,第 32—33 页。

② 盖建民:《白玉蟾文集新编》,社会科学文献出版社 2013 年版,第 233 页。

机便是从外界获取信息与能量的单向活动,表现为人为的吸收利用外援的"拿来"过程,这一过程理应有一返还的道义,以维护生生之道的平衡发展,求得生命系统的整体稳定协调,也就是说,修道之人应知恩图报,需要以虔诚之心,行慈惠之事,济民利物。若从"人文化成"意义上讲,"你出生在一个没法选择的人类总体的历史长河(衣食住行的既定状况和环境)之中,是这个'人类总体'所遗留下来的文明——文化将你抚育成人,从而你就欠债,就是准备随时献身于它,包括牺牲自己。这就是没有什么道理可说,只有绝对服从、坚决执行的'绝对律令'和'实践理性'的来由。……它所代表的是人类总体的生存。它就是'天''神''上帝'"①。白玉蟾亦有类似观点。其《道法九要·守分第三》云:"人生天地之间,衣食自然分定,诚宜守之。常生惭愧之心,勿起贪恋之想,富者自富,贫者自贫,都缘夙世根基,不得心怀嫉妒。学道惟一,温饱足矣。若不守分外求,则祸患必至。所谓颜子'一箪食、一瓢饮,在陋巷,人不堪其忧,回也不改其乐'。颜回者,贤人也。学道人若外取他求,则反招殃祸也。道不成而法不应。若依此修行,法在其中矣。"②在道门中人看来,个人修行就得要恪守本分,专心向道,诚心行法,将奉献与索取贯通起来,将利己成己与利人成人对接起来,实现生命的双向良性互动,促成宇宙生命系统的健康持续发展。白玉蟾诗作《结座》亦表达了这一精神要义。其诗首段云:

> 皇宋嘉定十四年,秀葽纪月清和天。
> 湖山已还武林债,风月复结姑苏缘。
> 姑苏其月十有四,四众共结纯阳会。
> 纯阳真人此日生,漂滩旧有仙游记。③

在追思纯阳真人的同时,感念天地山水的滋养之情,作为修道之士,风清月明不仅有对自然生态的期许,更要有对天地万物感恩回报的力行,还应有对自身心朗神明的践履,有对修得纯阳真人一般仙果的坚信与守望。其实,这何尝不是紫清真人对自己及同修道友的敬畏神明、践履责任的互勉之辞。

白玉蟾以善德为人生之"宝",归纳总结其师泥丸有"五宝",并以此施行

---

① 李泽厚:《伦理学纲要》,人民日报出版社2010年版,第10—11页。
② 盖建民:《白玉蟾文集新编》,社会科学文献出版社2013年版,第72—73页。
③ 盖建民:《白玉蟾诗集新编》,社会科学文献出版社2013年版,第340页。

神霄雷法,以造福百姓。其《五宝说》曰:

> 老聃有三宝:一曰慈,二曰俭,三曰不敢为天下先。许旌阳有八宝:曰忠、孝、廉、谨、宽、裕、忍、容。吕洞宾有四宝:曰无妄,一也;不苟,二也;至诚,三也;守一,四也。陈泥丸有五宝:一曰智,二曰信,三曰仁,四曰勇,五曰严。临事多变,使人莫测谓之智。专心致志,守一如常谓之信。济人利物,每事宽恕谓之仁。处事果决,秉心刚烈谓之勇。谨勿笑语,重厚自持谓之严。东方蛮雷,仁者也,能为风雨,长养万物。南方蛮雷,勇者也,申明号令,赏善罚恶。西方蛮雷,严者也,肃杀元气,霹雳群动。北方蛮雷,智者也,伏藏坎位,遇时而起。中央蛮雷,信者也,四时蜇伏,令不妄发。子今行五雷之法,须得此五宝,方可以动之。……此乃心传之秘,大抵是真中有神,诚外无法。①

将仁、勇、严、智、信等五种性德,配之于东、南、西、北、中五个方位,以内炼性德起召神霄五雷,广施于众,济世救人,此即为金丹派南宗擅长的丹道雷法。众所周知,积功累德是道教不变的人文关怀与登仙要求。如葛洪《抱朴子内篇》明示:"人欲地仙,当立三百善;欲天仙,立千二百善。若有千一百九十九善,而忽复中行一恶,则尽失前善,乃当复更起善数耳。"再如张伯端宣称:"金丹之士,先修阴德,以尽人事。"②有关"阴德"内涵,金丹派南宗后学陈致虚从四个方面阐释,所谓"施与不求报,阴德也;积善无人知,阴德也;不陷人于险,阴德也;暗中作方便,阴德也"。张伯端的再传弟子、南宗三祖薛道光也高呼,"魔障在彼,修持在我。阴德既宏,灵丹可冀",③强调积功累德与炼丹得道之间有正向关联。也有学者指出,"功德中功是指福利之功能,德则指此功能为善行之德。德者得也,修功有所得,故曰功德。即意指功能福德,亦谓行善所获之果报"④。白玉蟾《道法九要·继袭第九》劝勉行道之士应"当知感天地阴阳生育之恩,国王父母劬劳抚养之德,度师传道度法之惠,则天地国王父母

---

① 盖建民:《白玉蟾文集新编》,社会科学文献出版社 2013 年版,第 70 页。

② (北宋)张伯端:《玉清金笥青华秘文金宝内炼丹诀》卷中,《道藏》第 4 册,文物出版社、上海书店、天津古籍出版社 1988 年版,第 367 页。

③ (宋)薛道光、陆墅、(元)陈致虚:《紫阳真人悟道篇三注》卷四,《道藏》第 2 册,文物出版社、上海书店、天津古籍出版社 1988 年版,第 1008 页。

④ 陈秋平、尚荣译注:《金刚经·心经·坛经》,中华书局 2007 年版,第 52 页。

师友,不可不敬,稍有违慢,则真道不成,神明不佑。……若修身立己,积德累功,上体天心,下利人物,行道成真,超凡入圣"①。心存敬畏,知恩感念,乃为人处世之人道准则,正心诚意,积功累德,乃拓展生命、实现潜能之价值取向,这一生命实践之价值取向对白玉蟾而言,其目标就是"行道成真,超凡入圣"。

白玉蟾认为修道之士应"助国安民,济生度死",②"布德施仁,济贫救苦"③。在他看来,这些善施仁行不仅是为道者对国计民生的社会责任,而且也是对修道合真者自己超凡入圣的内在要求,甚至应视为行道成真的必要条件。白玉蟾在《道法九要·济度第八》中申明:"学道之人,洞明心地,不乐奢华,不嫌贫贱,不着于尘累之乡,不漂于爱河之内,恬淡自然,逍遥无碍,尘世和同。先当行符治病,济物利人。次可拔赎沉沦,出离冥趣。先度祖宗,次及五道。以我之明,觉彼之滞;以我之真,化彼之妄;以我之阳,炼彼之阴;以我之饱,充彼之饥。超升出离,普度无穷。"④

雷法是金丹派南宗常用的济世利民手段,白玉蟾《谢仙师寄书词》对行法意义有清晰阐释:"从来作用功劳,捕风捉影,此日虚无,诀法点铁成金。恭惟圣师泥丸翁、翠虚真人,拓世英雄,补天手段,心传云雨深深旨,手握雷霆赫赫权,顾玉蟾三代师恩,千年待真驭,说刀圭于癸酉秋月之夕,尽吐露于乙亥春雨之天。终身怀大宝于杳冥,永劫守玄珠于清净。先觉诏后觉,已铭感于心传,彼时同此时,愈不忘于道念。忽承鹤使掷示鸾笺,戒回会于武夷。有身被沮溺,将捐躯于龙虎。无翅可飞行,雨卧风飡,奔归侍下。且此山瞻斗仰,甚切愚忠。擢犀角,磨象牙,当效行持之力;攀龙鳞,附凤翼,愿参冲举之云。先贡菲词,少伸素志,匪伊听谮,感激何言。"⑤在礼赞先师、感恩先师的同时,白玉蟾"不忘道念",申明"素志",甘愿效法先师,弘扬丹道雷法,造福黎民百姓。

① 盖建民:《白玉蟾文集新编》,社会科学文献出版社2013年版,第75页。
② 《道法会元》卷一《道法九要》,《道藏》第28册,文物出版社、上海书店、天津古籍出版社1988年版,第677页。
③ 《道法会元》卷一《道法九要》,《道藏》第28册,文物出版社、上海书店、天津古籍出版社1988年版,第678页。
④ 《道法会元》卷一《道法九要》,《道藏》第28册,文物出版社、上海书店、天津古籍出版社1988年版,第679页。
⑤ 盖建民:《白玉蟾文集新编》,社会科学文献出版社2013年版,第15页。

欲求造福世人之善功,须有福泽他人之功力。彭耜《海琼玉蟾先生事实》对其师父、师祖的非凡本领作如是描述:"嘉定癸酉(1213年),翠虚假水解于临漳,复出于武夷,悉授诸玄秘。先生尽得其旨,乃披发佯狂,走诸名山,足迹几遍。人有疾苦,或草或木,或土或炭,随所得予之,饵者辄愈。"①如果说悬壶济世是道门传统美德,那么紫清真人便是接续道医仁术,承传翠虚真人"泥丸"功夫,行医治病救人,其疗效神奇无比,可谓功莫大焉——其救治疾苦,就地取材,草木土炭皆可为药;经其合成施与,便可药到病除!

道人修炼并非离世绝尘,反倒是救世济民以建善功,客观地说,神奇的善功绩效建立在切实的内在功夫之上,倘若没有扎实的生命修为,即便有福泽天下之愿,也难见惠民济世之功;另一方面,修道证仙又首先是个人生命之内事,自我精气神的炼养转化乃生命基本功夫,但生命炼养不排斥外在事功,相反,济世利民之外在事功,被视为生命内在转化的必要条件。在道门中人那里,外在事功并非人生根本目的,实乃实现生命仙化的重要手段。为便于理解这一致仙手段,不妨以丹道雷法行持说明为例,从紫清真人《坐炼功夫》注解来洞察其价值取向。兹摘录其注如下:

忽然一声响,霹雳透泥丸。

当一阳初动,存祖炁,自下丹田透过尾闾,微微凸胸偃脊,为开下关;觉自夹脊而上,运动辘轳,微微伸中,为开中关;却缩肩昂头,觉过玉京,入泥丸,为开上关。师云:"夹脊双关透顶门,修行只此是为根。"此名"开天门"也。

复运丹田养,如蜜甜又凉。

当觉津液满口,闭息合齿,微微吞咽,如石坠下丹田。师云:华池玉液频吞咽,即中理五炁,混合百神,十转回灵,万炁齐仙。刀圭橐籥,阖辟工夫,皆在此矣。

有人达此者,即可返仙乡。

复存祖气在中黄脾宫,结成一团金光。内有一秘字,觉如婴儿未出胞胎之状。咽液存炼,金光结聚,忘机绝念,然后剔开尾闾,涌身复自夹脊双

___
① 盖建民:《白玉蟾文集新编》,社会科学文献出版社2013年版,第376页。

关直上。师云："紫府元君直上奔。"心目注射,胸间迸裂,自眉间明堂而开,仰视太虚,金光秘字分明,充塞宇宙,则火炎中使者现。师云："踏翻斗柄天昏黑,倒卷黄河水逆流";又云："倾翻北海万重祈,卷起黄河千丈雪。"是也。①

需要说明的是,紫清真人冠之以"雷霆妙契",实乃将内炼金丹与外行雷法贯通论述。文中"三关",包括"下关""中关"和"上关",其中,"下关"指尾闾关,"中关"指夹脊关,位于两肩胛骨下沿中间正中,"上关"指玉枕关,在后脑处。道教所谓"一箭三关",亦称"通督三关",即在禅定一阳生境界中,引丹田真元汇入命门,命门中气机自动沿督脉上行;三关难易有别,其中,第一关尾闾好过,第三关玉枕最难;由于其通道细窄难行,必须以牛车大力奋进,此时如霹雳声响;此后,真气在百会盘旋,入泥丸内炼。

内炼生成玉液还丹,再回归下丹田温养,此丹甘甜如蜜,凉澈心扉,可滋润五脏六腑;反映到雷法上,其内则"中理五气,混合百神",其外则"十转回灵,万炁齐仙",与此同时,金丹大药源源不断生成,人体生命节律开阖有时。

丹成药就之后,还需移炉换鼎,要从下丹田迁至中丹田,即中黄脾宫,其中有一秘诀,犹如金丹之结胎,其要领在于,运用咽液、存想的工夫让金光聚结,并在温养的同时忘机绝念,真炁自然冲开尾闾,沿督脉直窜后三关而至泥丸,自眉间明堂奔出体内,好似阳神出窍。这一生命态势,在内炼上称为"身外有身",在雷法上称为"踏翻斗柄天昏黑,倒卷黄河水逆流",或"倾翻北海万重云,卷起黄河千丈雪",其实都是体内先天一炁破体而出之状述。

借助雷法阐释丹道,以行持雷法强化丹药合成,才是金丹派南宗的行法要旨;看似以身内之神感召调动身外之神,呼风唤雨,"道德及人,累有功积在天,德泽万民,祈祷雨旸,济度幽显,玄功广博",②其实,积善累功终究是修道证仙的必要条件,不是终极目标,与得道成仙的终极价值相较,善施仁行不过

---

① 《雷霆妙契·坐炼功夫》,《道法会元》卷七十七,《道藏》第29册,文物出版社、上海书店、天津古籍出版社1988年版,第276—277页,文末题"右赤松真人述,白玉蟾注";亦参见盖建民:《白玉蟾文集新编》,社会科学文献出版社2013年版,第325—326页,句读有异。

② 《白玉蟾全集》(上册)之卷八,《蓬莱山掌鹤灵官七员名号》,宗教文化出版社2013年版,第476页。

修道合真的附带产品,属于次要价值,然而,即便价值次要,亦不可或缺。

大凡宗教,包括各路宗派分支,不免具备神秘性与神圣性等特征,金丹派南宗亦不例外,但透过其肃穆仪式,研习其文献经籍,剖析其价值诉求,不难窥见其浓郁的人文关怀。白玉蟾《法曹陈过谢恩奏事朱章》即为一例——

> 虚静先生张继先有言曰:"人生百年一弹指,闭眼风刀即立至。"臣观此言,愈增惊悸。臣末学庸辈,滥居道闻,措心立教,朝夕骇忧。自愧疏愚,戒德违缺,四方学者,来如牛毛。设若普接而授之以道德,又恐泄露天机;苟若不纳而警之以戒条,则是障拒后学;或若择善拔尤,而间度一二,复虑庸者隙进,鄙者薄来。臣凤荷师恩,叨传法奥,宝佩心印,未尝轻慢,仰遵科戒,如履薄冰,晦迹遁名,莫敢彰露。……以今吉辰,伏地贡章一通,上诣三天曹,谨据太上三五都功正一盟威。……臣愚辄以己见为陛下陈之:夫法士有大不易者七,有深可畏者六。何哉?谓如世俗浇漓,风教骧堕,迷迷相指,以盲指盲。此则遇真师之难,所以为大不易者一也。文书谬误,诀法乖舛,罡中落步,咒中漏句。此则得真法之难,所以为大不易者二也。科戒严明,条律警肃,难行易犯,迷真者多。此则奉真戒之难,所以为大不易者三也。垒火焚和,淫风鼓善,正气斲丧,元精凋败。此则全真气之难,所以为大不易者四也。上真威仪,神将服色,方寸难思,一念不纯。此则存真想之难,所以为大不易者五也。天神地祇,正直威仪,监功建节,纠察丝毫。此则辨真心之难,所以为大不易者六也。朝昏告急,寒暑请行,不敢苟财,愈当努力。此则立真功之难,所以为大不易者七也。所以传发书符图印诀,妄示非人,必招风雷地狱锋戟裂体之报,此乃深可畏一也。所禀戒律,非时外色,辄有侵犯,必招灰池地狱火焰烙体之报,此乃深可畏二也。钦奉三宝,朝谒灵真,不知避忌,必招火网地狱风刀考身之报,此乃深可畏三也。神将香火,朝夕不虞,号召失节,必招寒冰地狱黄绳束颈之报,此乃深可畏四也。用心轻重,处事高低,或勤或惰,必招铁瓦地狱犁牛耕舌之报,此乃深可畏五也。行法既显,必有衬赇,多致贪婪,必招黑暗地狱万苦逼身之报,此乃深可畏六也。以此七之大不易、六之深可畏言之,使臣竦肩缩颈,心痛鼻酸。臣一介昏庸,仰赖太上慈悲,……伏望圣慈特赐敕旨,允臣所奏,付大玄都省,检照前后所申,即行遍报诸司合属

去处,仍乞指挥差拨法中最干将帅,部领兵马,统辖吏典,应时降赴法官姓某等各人法坛香火衙治之所,驻扎防御,听候呼召。兵随印转,将逐符行,名标玉籍,职领金班,膺掌握将兵之权,苼纠察鬼神之政,代天行化,为国救民,斩妖除魔,芟邪立正。得蒙允可,且喜且惊,勉励身心,私自积累,三千功满,八百行真,别诣仙都,各期迁选。九玄七祖,同获善功;六道三涂,普沾善果。①

白玉蟾援用张继先言辞,重申其基本主张:人生苦短,转瞬即逝,亟需在有生之年,"勉励身心",累积功善,以德迁化。身为一代高道,追随者自然"来如牛毛"。紫清真人承继道门法统:一方面,"道非其人而不传";另一方面,即便"择善拔尤""间度一二",亦须"正一盟威","法曹陈过","谢恩奏事"。此章指陈道门法士以"七真之难"为特征的"大不易者",此即"遇真师""得真法""奉真戒""全真气""存真想""辨真心""立真功",以及以"六大恶报"为内容的"深可畏者",此即"符诀妄示非人""所禀戒律,非时外色,辄有侵犯""钦奉三宝却不知避忌""神将香火却号召失节""用心不一,处事不当""行法受贿"等,并以六大地狱恶报与之分别对应,增强因果关联之生命效应,警示行法道人务必恪守道戒。

如果说白玉蟾上述以六大地狱之报是以神道设教的方式来警示门徒及后学弃恶向善、悔过导正的话,那么,这种因果报应说无疑突出的是对持道行法者个人的一种道德劝诫,亦是一种生命教化,这种生命教化虽以"陈奏"方式呈现,却标明章文所及当下生命个体与超验生命存在之间是一种生死盟约关系,这从其"……,必招……地狱……之报"之句式可见一斑——盟约一旦缔结,因果自然确立——当然,这种盟约虽以惩戒形式规约法士视听言动,貌似对身心性命的诸多禁锢,其实是促其正信正行,切实"代天行化,为国救民,斩妖除魔",积功累德,并以"三千功满,八百行真"相期许,既确保自己修成正果,又使得"九玄七祖,同获善功;六道三涂,普沾善果",真可谓善莫大焉!

正是坚信"吾身之中,自有天地。神炁之外,更无雷霆",白玉蟾告诫"后

---

① 盖建民:《白玉蟾文集新编·法曹陈过谢恩奏事朱章》,社会科学文献出版社 2013 年版,第286—287 页。

进好学之士"："若向外求，画蛇添足，乃舍源求流，弃本逐末也。反求诸己，清静无为，顺神养炁，何患道不完，法不灵耶。"①易言之，吾身乃载道之器皿，神炁不过大道之具化，大道之神妙功能可以通过神炁具现，包括雷霆施化在内的道教功法，无一例外地属于大道的外化运用。所谓"内炼成丹，外用成法"，其实只是修道之士于己于人不同层面之证道功用体现，在白玉蟾看来，内炼为基础，外用为绩效，外不舍内，内外互通；丹化善己，行法度人，丹法相济，共铸仙阶。如白玉蟾在对神霄派始祖王文卿（1093—1153 年）《玄珠歌》"古今圣贤"作注曰："自古至今，得道贤圣，无非内积阴功，外修实行，方证仙阶。"②

### 三、臻美与圆梦

梦想之于人生，犹如影子之于原型，但影子是平面的、无色的，梦想却是多维的、斑斓的，她是人生价值的结集，蕴涵人们对美好幸福生活的热切期盼，以及对生命的终极关怀。对于修道之士，其人生的根本目的和意义，是对生命源头的复归，此所谓"归根复命"，与道合一。那是道人理想的生命解脱之梦。

欲求圆梦，须先了彻生死。据《庐士（山）升堂》载：

师（白玉蟾）示众云："从生至死，只是这个条条倩你剥落。各要洒洒而归，做得主，把得定，牢笼不肯住，呼唤不回头。常光现前，壁立万仞，孤迥迥，峭巍巍，圆陀陀，光烁烁。临崖撒手，自肯承当，绝后再苏，欺君不得。若能怎么方说得'人能常清静，天地悉皆归。'所以道天地与我同根，万物与我同体。无苦寂灭道，无作上任灭，且道作么生道。痴人面前，不得说梦。"③

白玉蟾在庐山对众人宣讲其对生死之体悟，开示众人参透生命之真谛，劝诫世人及早"做主"，"把定"人生，"清净"吾心，回归道根。言辞中，虽援用不少佛教术语，倡导的却是丹道法门，并以丹道作为解脱人生、圆梦人生的良方上策。

白玉蟾在《还丹歌》论及"于此生人有损缺，知之修炼得长生"，个中直接

---

① 盖建民：《白玉蟾文集新编》，社会科学文献出版社 2013 年版，第 324 页。
② 盖建民：《白玉蟾文集新编》，社会科学文献出版社 2013 年版，第 323 页。
③ 盖建民：《白玉蟾文集新编》，社会科学文献出版社 2013 年版，第 83 页。

缘由在于,人身"四大属于阴","阴浊夺阳阳不洁,降本流末而生形"。① 在白玉蟾看来,人生确有缺憾,不够完美,最基本的原因就在于,人身有诸多的先天不足与后天局限,其中最为根本的就是,血肉之躯乃有形可感的色身之有限性。对此有限的色身,佛家称之为"臭皮囊",不以为重,甚至认为它是人生之苦的总根源,与之不同的是,丹道中人视肉身为炼丹炉鼎、修行根本,认为此身可以修为乃至颠倒逆转,所谓"凡骨炼之为寒琼,赤血流作为白血。时来脱胎神换鼎,上入泥丸朝金阙。阳神变现大□通,打破虚空如粉屑"。② "脱胎换骨"还是具象比喻,其实乃将后天之缺憾不足转化为先天之臻美完满,是立足今生今世达至超凡出尘理想境地之仙梦圆成。

白玉蟾《丹房法语与胡胎仙》,以钟(离权)吕(嵒)际会、张(伯端)石(泰)结缘,论及人生自主之基础性意义;再以真诀难得、真药难成,说明玉液还丹之珍贵不易;还从时辰方位、火候缓急,言及炼丹合药之机密要领;更为重要的是,对丹成仙就的"了然快乐,自此清闲"的无限憧憬。如其文曰:

> 吕先生鹤颈龟腮,适有钟离之会;石居士鹿鼻鼠耳,偶逢平叔之来。叹夤缘时节之难,岂名利是非之比? 金丹大药,古人以万劫一传;玉笥灵篇,学者以十迷九昧。月里乌,日里兔,颠倒坎离;水中虎,火中龙,运用复垢。采先天一炁,作铅中之髓;夺星象万化,为汞里之精。惟弦前弦后之时,乃望缺望圆之际。知之者炁生须急采昧之者,望远不堪尝。精半斤,气半斤,总在西南之位;火一两,药一两,实居东北之乡。收金精木液,归于黄庭;炼白雪黄芽,结成紫粉。《悟真篇》所谓华池神水,《知命论》又言地魄天魂。采之炼之,结矣成矣。如夫妇最初一点,十月成胎;似君臣共会万机,百官列职。遇日中冬至,则野战;遇时中夏至,则守城。都来片饷工夫,要在一日证验。九三二八,算来只在姹女金翁;七六十三,穷得无过黄婆丁老。更不用看丹经万卷,也只消得口诀一言。子之来意甚勤,知汝积年求慕。非夙生有此丰骨,岂一旦用是身心? 自采药以至结胎,从行火

① 《还丹歌》,《庐山太平兴国宫采访真君事实》卷八,《藏外道书》第 18 册,巴蜀书社 1992 年版,第 421 页。
② 《还丹歌》,《庐山太平兴国宫采访真君事实》卷八,《藏外道书》第 18 册,巴蜀书社 1992 年版,第 422 页。

而及脱体。包括抽添之妙，形容沐浴之机。无金木间隔之忧，有水土同乡之庆。但须温养，都没艰辛。十二时中，只一时；三百日内，在半日。丹田有物，行住坐卧以无愁；紫府书名，生死轮回而不累。了然快乐，自此清闲。这工夫向闹里也堪行，论玄妙只顷中都交结。聚而不散，炼之尤坚。朱砂鼎，偃月炉，何难寻之有？守一坛，中央釜，惟自己而求。宜识阴阳，要知玄牝。龙精满鼎，遣金童下十二重楼；凤髓盈壶，令玉女报三千世界。此时丹熟，更须慈母惜婴儿；不日云飞，方见真人朝上帝。①

"丹田有物，行住坐卧以无愁；紫府书名，生死轮回而不累。"这是何等自由，何等逍遥！客观地说，金阙仙境毕竟是一种理想境界，对于金丹派南宗，更是将人生终极目标诉诸宗教信仰的生命愿景。这一生命愿景区别于一般人生理想的明显之处在于，"世人得老死，（道门之）我得长生"，如《海琼白真人语录》所言：

　　修道之士，视锦绣如弊垢，视爵位如过客，视金玉如瓦砾；无思无虑，无事无为；行人所不能行，学人所不能学，勤人所不能勤，得人所不能得。何者？世人行嗜欲，我行介独；世人学俗务，我学恬漠；世人勤声利，我勤内行；世人得老死，我得长生。②

世人何以难逃老死大限，唯我修道之士终得长生？在白玉蟾看来，个中缘由关键在于各自人生所秉持的价值观念之巨大差异与行为方式之重大悬殊。常言道，"人为财死，鸟为食亡"——一方面，不同的价值目标，伴之以不同的行为方式；另一方面，"财""食"皆为有限之物，人若为有限之物而耗精驰神，其结局只能是气竭生命终。道教有感于此，从观念设置到修行实践皆围绕修道成仙这一核心问题，为突破生命大限而展开探求。在道教思想体系中，神仙思想蕴含的既是生命不朽的理想观念，又是特立独行的修为方式，这种特立独行是相对于世人汲汲于名利爵位的行为方式——世人所思所虑所行者，无外乎锦衣玉食、声色名利，即便是意满志得、予取予求，然而其所得者皆属形下有限之物，即便类别再多、数量再大，终不得生命之究竟解脱，此为修道者所不

---

① 盖建民：《白玉蟾文集新编》，社会科学文献出版社 2013 年版，第 50—51 页。

② （南宋）谢显道等：《海琼白真人语录》卷一，《道藏》第 33 册，文物出版社、上海书店、天津古籍出版社 1988 年版，第 114 页。

屑、亦不取。修道之士,以仙道为人生理想,以行道、修道、学道、证道为人生要义,其"行人所不能行,学人所不能学,勤人所不能勤",最终"得人所不能得",而此最不能得者,乃长生不死、羽化成仙之合道境地。易言之,迥异的价值取向、不同的行事方式,对应不一样的人生成果与生命境界。反之亦然,不同的人生境界观照之下,对应殊异的价值取向与行为方式。道门理想的与道为一之仙阶果位,建立在其生道合一的生命信念与生命修为基础之上。白玉蟾对此有一概述,所谓修道之士实乃"以清净为道场,以恬退为法事,以安乐为眷属,不欲与世交,不欲与物累。其修身也,不事乎百骸;其养形也,不溯乎五味。视死之日,如生之年;执有之物,如无之用"。① 此说既是生命理念,更是修行法式。此种理念与修行相互贯通,这样的贯通实乃一门艺术,一种融通情理于审美历程的人生艺术。白玉蟾便是精通此术的大德高手,其人生可谓深谙此道之艺术人生。如其《东楼小参》云:"至道在心,即心是道,六根内外,一般风光。内物转移,终有老死,元和默运,可得长生。"此乃依于道、行于道、归于道之"道艺"人生。白氏弟子留元长《〈紫元问道集〉序》对其师之艺术人生甚为叹服。其文曰:

> 读韩昌黎桃源之句,则起神仙渺茫之念;读白乐天海山之辞,则起兜率归去之思。人心无根,随悟生智。噫! 吾闻之:神仙可以学得,不死可以力致。非曰能之,愿学焉。幼时业爱修仙,鞭心于兹,不觉壬子又丁丑矣。人间岁月如许,头颅皮袋,又安以顿哉? 天贷其逢,而于道有可闻之渐。是年春,遭遇真师海琼君,姓白,讳玉蟾,或云海南人,疑其家于襄沔也。时又蓬发赤足,以入廛市,时又青巾野服,以游宫观。浮湛俗间,人莫识也。自云一十有四矣(应为二十有四之误)。三教之书,靡所不究,每与客语,觉其典故若泉源然,当世饱学者未之能也。真草隶篆,心匠妙明;琴棋书画,间或玩世。所与交者,尽时髦世彦,虽敬慕之者,不可得亲。随身无片纸,落笔满四方,踏遍江湖,名满天下。其从之如毛也。时人多见其囊中,曾不蓄铢铜粒黍以自备,或醉甚辄呼雷,或熟睡能飞章。或喜或

---

① (南宋)白玉蟾:《海琼传道集》,《道藏》第 33 册,文物出版社、上海书店、天津古籍出版社 1988 年版,第 144 页。

怒，或笑或哭，状如不慧。或亦出言与休咎合观，其济世利人之念汲汲也。彻夜烧烛以坐，镇日拍栏以歌，晨亦不沐，昼亦不炊，经年置水火于无用。称其耳聪目眇，或对客以牙宣为辞，未审厥旨也。无酒亦醉，睡醒亦昏。诸方士夫刊其文，碑其言，多矣！①

文中"桃源""兜率"皆与道教神仙信仰、信念相关；"休"有美善、喜庆等含义，"咎"则指过失、罪过，"汲汲"状述心情急切的样子。留元长以"出言与休咎合观"状述其师"济世利人"之慈悲情怀，以"随身无片纸，落笔满四方""醉甚辄呼雷，熟睡能飞章"刻画其师之道法造诣。不言而喻，弟子眼中的海琼真师，乃合真得道高士，从其"晨亦不沐，昼亦不炊""无酒亦醉，睡醒亦昏""彻夜烧烛以坐，镇日拍栏以歌""经年置水火于无用"及"囊中不备铢铜粒黍"等非凡生活状态可见一斑，因此，其言行举止，非同寻常，其艺术造诣，难有比肩。何以至此？修道合真之自然而然使然。得道证仙之士，其衣食住行已立于道、从于道，其心与大道不二，如果说，言为心声，文如其人的话，那么可以说，此时，得道之士体现之人间艺术，即行道显真之生命印象；道门虽有"大道无形""大道无言"之说，但此乃就大道本身而言，而出自高道之手之艺术作品，乃秉道自然之生成，于是便有"真草隶篆，心匠妙明"之真情流露，"琴棋书画，间或玩世"之天然写真。易言之，此时，"真草隶篆""琴棋书画"，皆为道意外化。

无独有偶，懒翁苏森在《跋修仙辨惑论序》对其与白玉蟾之交游也多描绘，从中亦不难窥见白氏之道行之高深、才艺之卓绝。兹摘录如下：

(玉蟾)心通三教，学贯九流，多览佛书，研究禅学，参受大洞法箓，奉行诸家大法，独于雷法尤著验焉。尝自称玉府雷霆吏。至如驱邪治病之间，汲汲焉如拯饥溺。旧有《群仙珠玉集》，乃先生著述丹诀也，广、闽诸处，多有文集刊行。偶来金华洞，森一见如故人，延归蜗舍，从容扣之，始觉其方寸，一点浩然，发为词翰，已无烟火气。一丈草书，龙蛇飞动。诗章立成，文不加点。与森酬唱，仅百余篇，已板行矣。其他处吟咏，不可胜数。及在罗浮山、霍童山、武夷山、龙虎山、天台山，多遇异人，颇著符瑞。

---

① 盖建民：《白玉蟾文集新编》，社会科学文献出版社 2013 年版，第 364 页。

每所到处,间有异应。人有愿学之者,不可得而与语。独自往来,日行二三百里。人见其踪迹,多疑张虚靖即其前身。森汩没尘俗,徒起敬慕,及见《修仙辨惑论》,披读之余,知先生骨已仙矣。森晚节末路,方锐意为方外之游,得此岂非天赐耶? 嗟夫! 古仙心传口授秘诀,先生一旦形之毫楮,坦然明白,使人人可晓,略无隐喻,灼知二地,凡夫皆有仙分,则先生处心积虑,有意度人,与前贤不约而侔……森愿尾其后尘。①

除了与留元长一样惊叹于紫清真人的渊博学识、奇异功法及高超才艺之外,懒翁苏森还特别肯定地作出判断,"先生骨已仙矣"——常人对此判断难免表示怀疑:既已得道成仙,何不飞升金阙? ——其实,先生只是暂住人间,个中缘由在于,"先生处心积虑,有意度人",而且是"济世利人之念汲汲"使然,在白玉蟾自己看来,"灵丹就,未飞升玉阙,具在人寰",②乃基于人间使命——"人事尽,天上去!"③

即便暂驻世人间,却以融情入道的审美方式,"随缘饮啄","百任天然",诗意栖居,诚如白玉蟾《自述》所言:

有一修行法,不用问师父。

教君只是,饥来吃饭困来眠。

何必移精运气,也莫行功打坐,但去净心田。

终日无思虑,便是活神仙。

不憨痴,不狡诈,不风颠。

随缘饮啄,算来命也付之天。

万事不由计较,造物主张得好,凡百任天然。

世味只如此,拼做几千年。④

犹如陶潜之"心远地自偏",海琼"但去净心田",二者皆对"心"发力,以"心"合道,也只有做好了"净心"功夫,方能提升生命境界,也只有站在与"造物者"同游的心灵高度,才可以俯视万物"任天然",做到"万事不计较"——这

---

① 盖建民:《白玉蟾文集新编》,社会科学文献出版社 2013 年版,第 366 页。
② 盖建民:《白玉蟾诗集新编》,社会科学文献出版社 2013 年版,第 353 页。
③ 盖建民:《白玉蟾诗集新编》,社会科学文献出版社 2013 年版,第 307 页。
④ 盖建民:《白玉蟾诗集新编》之三,社会科学文献出版社 2013 年版,第 287 页。

何尝不是一种诗意的人生状态！又何尝不是暂住人间的活神仙的生命样态！它融情理于一体，寓超越于栖居之中。而且，这一切皆自然而然，毫无矫揉造作，可以融入寻常日用，化为"起居食息之道"。白玉蟾如是状述其日常生活"起居食息之道"：

> 每日漏残钟动，矍然而起，叩齿数十声，顷而玉浆金醴，生于齿颊之间，复作数十咽。徐而具冠履，懒于盥栉，便食汤药，即进以酒，或三杯，或五杯。或但从此连饮至暮，或于中时食少汤饼。然多喜食果蓏，虽茹荤，厌食猪羊鹅鸭之肉。遇有山翼水鳞，则饱而后已，亦不甚能食之。日或遇客，谈笑竟辰，或与对饮。偶然得钱，则携出市，至所在，忽觉神思穆穆。无客即独酌，或有歌倡舞妓，延之侑觞。凡供庖之费，或阙，则求之于所知。平生虽得道法，未尝效炷香之诚，但消闲自若。①

从晨起叩齿吞咽，缓着冠履，疏于盥栉，便食汤药酒水等生活细节，可见白玉蟾平日虽不重外在形象，却在意内心闲适；从多果蔬厌家禽，纵遇美味亦不过饱等，可见其饮食养生之节制；从或与访客谈笑忘却时间，或与道友对饮切磋，抑或无客独酌，可见酒（茗）乃其修道之资，故而难以割舍；酌酒可以理身怡神，席间歌舞可以助兴；饮酒品茗自然少不得银两，但他虽得道法，却不以之谋求钱财，若遇饮食费用阙如，只求之于所知……如此细节虽琐碎，但却是生活方式的具化呈现。白玉蟾状述的此段日月记录，给人留下的是修道之士闲云野鹤般的逍遥自如的闲适印迹；这种"消闲自若"状态或许既是修道之士日常心态的平白坦露，又是得道之士的丹成仙就之生态的自然呈现，抑或二者之间本来就有某种内在的生命关联。人生何处非道场？切莫嗜欲入险境。如白玉蟾所言："五炁朝元作道场，三华聚顶万邪亡。嗜美景时须谨慎，切防危险莫遭伤。"②

这种逍遥之栖居、诗化之人生，不仅是白玉蟾的自我标榜，而且更有同俦道友的高度认同，如陈与行在《跋陈泥丸真人〈翠虚篇〉》指出："翠虚之门有鞠

① 萧天石：《海琼白真人全集》卷二《日用记》，《道藏精华》第十集之二，自由出版社1994年版，第251—252页；亦参见盖建民：《白玉蟾文集新编·日用记》，社会科学文献出版社2013年版，第230页。
② 盖建民：《白玉蟾文集新编》，社会科学文献出版社2013年版，第214页。

九思、沙道昭、白玉蟾,皆心传口授,其高弟也。是三人者,不可得而见,幸白公岁一逢焉。翠虚之道,得白公而益显,而白公浮游飘忽,又将离世绝俗而立于独。吾忧其不可得见也,故并书之,以贻好事。"①在陈氏看来,白玉蟾不仅尽得"翠虚之道",而且光大师法,同时特立独行,飘忽不定,让人不可捉摸。再如《正统道藏》第55册《海琼白真人语录》卷四《彭耜后记》云:"先生海琼集,顷尝累此传之久矣。载念曩岁丁丑暮春,师辕南游,得遂瞻礼。由是云鹤往来,每一参际,必有少憩,日待丈席,闻所未闻,无非分别正邪,发扬玄妙。返而笔之,灿然盈帙。"在弟子眼中,云游天涯的师父,仍然与弟子们保持书信往来,以及不定期的会晤面授,所及内容不出仙道玄妙,而且所授皆有新意。如果说道教神仙追求是一种生命梦求的话,那么在白玉蟾人生观念中,人因梦想而设置生命意义,经造梦而践行人生价值,由圆梦而了却终极关怀;对于个人而言,这一追梦、筑梦、圆梦的人生历程,亦是个人生命回归宇宙大道、求得究竟解脱的逆返过程,但作为一代宗师,他不仅仅在意自我仙梦的造就,还肩负丹道传承的使命,感召后世末法众生,皈依大道,圆梦成真,这或许就是他丹成仙就而驻世弘教的缘由之一——度己度人,美在历程,弘法弘道,志在千秋。如其《给诰语》所云:

> 桑田成海海成田,一刹那堪又百年。拨转顶门关捩子,阿谁不是大罗仙?所以道风中之烛,水上之萍,岸上之藤,井边之树,石边之火,电畔之光。须要未雨彻桑,莫待临渴掘井。且如今辰斋官某人等,向眼耳鼻舌身意,那边回首从道经。师真元神,妙处知音,建琼函玉笥之筵,命星弁霞裙之侣,尽天地化作郁罗圣境。这些儿,又是龙汉元年。灯燊龙膏,移下楚天之星斗;香焚牛首,熏成越岭之烟云。非止于一天二天,乃至无量天。中天花鼓舞,可于此从劫至劫,及于河沙,劫里福果丰隆。虽然有是津梁,又作么生证据?遂持起诰云:诸仁者,此是万圣千贤眼目,可为三空四梵阶梯。其素笺凝碧落之云,其玄牝结紫霄之篆。毕竟分付一句,作么生道?日里有乌月有兔,水中有虎火中龙。他年骑鹤乘风上,直到蓬莱第

---

① 盖建民:《白玉蟾文集新编》,社会科学文献出版社2013年版,第369页。

一峰。①

"桑田成海海成田，一刹那堪又百年。拨转顶门关捩子，阿谁不是大罗仙?"这或许就是白玉蟾对人生、生命深切的感悟与希冀：人生纵然沧海桑田，世事多变，乃至转瞬即逝，然而，倘若能及早觉解，且能把握枢机，颠倒乾坤，何愁谁人不是大罗仙? ——仙梦亦梦，人生岂可无梦? 有梦就有明天、就有希望，奔向明天、走向希望就是在追赶梦想；追梦"非止于一天二天，乃至无量天"，实为奔向一个理想价值目标；追梦的过程亦即筑梦的历程，筑梦侧重于功夫与进程，追梦侧重于方向与目标；有了咬定青山、锲而不舍之梦想目标，与脚踏实地、"刀圭橐籥"之筑梦功夫，终究会有美梦成真之圆梦时节。对于白玉蟾而言，其梦以仙为要，我们不妨称之为仙梦，此仙梦立足于生、本源于道、行持于道、皈依于道，臻于至真、至善、至美之郁罗圣境。海琼真人于此圣境之人生之思、之行及其所得，亦为世人留下可思、可鉴之精神资粮。

---

① 盖建民：《白玉蟾文集新编》，社会科学文献出版社 2013 年版，第 51 页。

# 结　语

## 一、道教人生价值观的核心内容

道教人生价值观是玄门修士之人生信仰、生命理想与修为实践的核心内容，凝聚着道教人士对宇宙世界、社会人生与生命超越等的终极思考，是道门人生不懈探索的精神源泉。道门中人的人生哲思与价值实践大致围绕"道""德""生""朴""善""安"等核心理念展开，其人生价值取向基本可概括成如是内容："尊道""贵德"的生命准则、"珍生""抱朴"的生活方式以及"扬善""尚安"的伦理取向与"羽化登仙"终极理想等。

### （一）"尊道""贵德"的生命准则

道教之冠名为道教，其基本意涵即以"道"为教。在道教文化中，"道"是宇宙万有存在的依据，也是人文价值的生发根基。《道德经》第五十一章云："道生之，德畜之，物形之，势成之，是以万物莫不尊道而贵德。道之尊，德之贵，夫莫之命而常自然"。即言"道"生长万物，"德"繁衍万物，它们养育了万物，使万物得以一定的形态、禀性而存在、成长，呈现出千姿百态，且各具特色。"道"之所以被尊崇，"德"之所以被重视，并没有谁来强迫，它是自然而然的。老子这种"尊道贵德"的思想具有深厚的生命意蕴，也凝聚着道门重要的人文价值。

"道"既是世界万物（含人）存在的根据，也是其不存在的根据；祂化生世间万有（含人）但自身却"独立而不改"，万物（含人）有生有灭而祂却"周行而不殆"，宇宙万象皆因祂而感通关联，并由之形成有机统一的生命共同体。《道德经》第四十二章曰："道生一，一生二，二生三，三生万物。万物负阴而抱阳，冲气以为和。"尽管道门中人对经文中"一""二""三"的具体含义的诠释不尽相同，譬如对于"一"有"元气""混沌之气"等阐释，对于"二"又有"阴、阳""阴阳二气"等解说,对于"三"更有"和气""冲气""中和之气""气、形、质"等论释,然而,以"气"解"道",以道生气化说明宇宙生成,却是玄门共同的言说方式,由此形成其宇宙生成论。如《太上一乘海空智藏经》说:"一切六道四生业性,始有识神,皆悉淳善,唯一不杂,与道同体。依道而行,行住起卧,语嘿食息,皆合真理。如鱼在水,始生之初,便习江湖,不假教令。亦如玉质本白,黛色本青,火性本热,水性本冷,不关习学,理分自然。一切众生识神之初,亦复如是,禀乎自然,自应道性,无有差异。"[①]从生命源头来看,一切众生皆禀受自然的"道性","道性"淳净不杂,从产生根源而论,万象同源本一,彼此没有差异,因而,众生平等。"道性"内在于众生生命之中,成为宇宙万象共同的生命本原。不仅如此,在玄门看来,宇宙生成论中既包含对世间万有生之由来的说明,也暗含对世间万有生存、发展走向的范导。易言之,生成律中蕴涵着发展律,实然存在中蕴含应然价值。此所谓"依道而行,行住起卧,语嘿食息,皆合真理"。作为生命本原之"道",既是自然之道、处世之道,又是养生之道、执事之道。简言之,祂是人生应然之道,价值之基,是所有人文价值理念的根基,是人生修为的最终精神皈依,此所谓道教人生何以"唯道是从"的终究根砥,因而,玄门修行只能以道为教,奉道而行,以道为尊。白玉蟾于此有深刻的揭示:"人之有生,禀大道一元之气,在母胞胎与母同呼吸,及乎降诞之后,剪去脐蒂,一点元阳,栖于丹田之中。真息出入,通于天门,与天相接,上入泥丸,长于元神,下入丹田,通于元气。庄子云:'众人之气以喉,圣人之息以踵。'踵也者,深根固蒂之道。人能屏去诸念,真息自定,身入无形,与道为一,在世长年。由是观之,道之在身,岂不尊乎? 岂不贵乎?"

在道教哲学中,"道"是最高范畴,此道乃浑然一体的宇宙本体、永恒存在的世界之源及自然万物生存与发展的规律与法则。在修道之士看来,作为宇宙本原、价值之基的"道",生成万物是自然运动使然。既然是自然运动,也就是不妄动,不非为,即"无为"。此"无为",并非不作为,而是顺应自然而作为。换言之,"无为"是"道"之常,属于"道"的基本特征。祂生养万物而不据为己

---

① 《太上一乘海空智藏经》卷一《序品》,《道藏》第 1 册,文物出版社、上海书店、天津古籍出版社 1988 年版,第 615 页。

有，推动万物而不居功自恃，统领、管理万物而不对其强加裁制、干预，此即《道德经》第五十一章所谓"生而不有，为而不恃，长而不宰"。这就告诫人们：凡事就要遵循自然规律，应当无为而为，决不能以任意妄为去干涉事物的发展，而须"唯道是从"。诚如是，人之所作所为便为"道法自然"，亦即顺遂其天赋自然之性分，也就是畅达表现其内在特具之性"德"。

在道教思想家那里，"德"字与"本性""天分""本分"意思相近，而非外在的行为规范、他者的强力约束。被后世道教奉为"南华真经"的《庄子》，其《天地》篇亦从"德者，得也"视角阐释，"物得以生，谓之德"。得什么？得"道"，就是分有"大道"而有所得，分得形而上之"大道"的一部分，独立为自个的性分、性德，成为有自己特质的个性存在。简言之，"德"就是具体事物所体现出的"道"的本性和特质。可见，"德"内在于生命之中，并且，每一个体殊相的差异，也就在各自不同的"德"。此"德"乃万物是其所是的内在依据。易言之，物之不同，其实就是分有"道"而获得性分之不同。譬如《南华经·在宥》曰："无为而尊者，天道也；有为而累者，人道也。主者，天道也；臣者，人道也。"意即，自然无为而处于尊崇地位，这是天道；有所作为而劳累，这是人道。君主遵循的是天道，臣下遵循的是人道。何以至此？君主与臣下身份有别、地位殊异，各自所持的"德"有异，其职分就有所不同。《南华经·天道》对此有更为详尽的说明："夫帝王之德，以天地为宗，以道德为主，以无为为常。无为也，则用天下而有余；有为也，则为天下用而不足。故古之人贵夫无为也。上无为也，下亦无为也，是下与上同德，下与上同德则不臣；下有为也，上亦有为也，是上与下同道，上与下同道则不主。上必无为而用天下，下必有为为天下用，此不易之道也。……天不产而万物化，地不长而万物育。帝王无为而天下功。"意思是说，帝王的德行，以天地为根本，以道德为中心，以自然无为为常则。帝王自然无为，则役使天下而绰绰有余；帝王有意作为，则天下事竭尽心力而不充裕。道门中人一方面看重自然无为，另一方面又主张各得其所。在他们看来，倘若帝王自然无为，臣下也自然无为，此时臣下与帝王采取相同的态度与策略；假若臣下与帝王采取的态度与策略相同，那么臣下就不像臣下了。反之，倘若臣下有意作为，帝王也有意作为，此时帝王与臣下采取相同的方法；倘若帝王与臣下行事方法相同，那么帝王也就不像帝王了。在玄门看来，帝王行事一定要自然无为而役使天下,臣下一定要有意作为而为天下所用,这是不可更易的铁律。……上天并不生产而万物化生,大地并不生育而万物繁育,帝王自然无为而天下得以治理。在《南华经》作者看来,君、臣之道有别,在于各自所禀之德有异;各自持德而行,是各自性德的内在要求。君道当自然无为,臣道当有意作为,这便是基于不同的性德,而作出的不同价值选择,这些价值选择出于人为行事的当然法则,亦即人贵其德的应然要求。一旦君臣所采取的价值选择无异,那么,君便非君,臣亦非臣,各悖其德,天下随之失序。

对于每一个体生命而言,"道"与"德"都内在于生命之中,二者不可或缺,其中,"道"表现出各个生命体之共性,"德"则标示着各自之个性;倘若没有共性之"道",万物则不可通约,宇宙万象不可统一,倘若没有个性之"德",世界便为一物,不可能有万紫千红;正是"道"与"德"的共同作用,宇宙世界才既有万千气象,又可休戚与共。这对于玄门修道提供了本体论的依据,也为修道之士的人生修为奠定了价值基调。对于修道者而言,道是一切价值之原点,也是人生精神之最终归依,尊道而修、唯道是从乃人生修行的大方向;德是人生修为的下手处,依德而为、修德进业便成为创造获取人生意义的生命基石。没有道的导引,人生修为便失去方向与价值目标;没有德的依凭,人生修为便因无从下手而流于空疏。"实际上,人对'道'之所得('德'),便是将肉体感性之生活完全合一于生命中之'道',如此,便将人的有限之生活由'道'的无穷之途径而趋于生命存在的无限,是为'长生久视',是为'死而不亡'。可见,道家(道教)认为只有那种有"道"之生活,即表现生命永恒之生活才是有价值的。"①概言之,德为修为之起点与基础,道为修为之方向与目标。

可见,《道德经》之"道""德"与现实世界、社会人生并不隔膜,相反,"道""德"内在于生命万象,宇宙万物(含人)的生存发展,无一例外受到"道""德"的双重影响,是"道""德"共同作用使然。"道""德"之于每一生命存在,是共相与殊相的关系,也是普遍规律与具体法则的关系,生命的存在与发展皆是"道""德"使然,因而,"尊道""贵德"便是生命存在与发展的内在要求,对于"觉解"的修道之士,"尊道"而"贵德"便成为其人生价值创造与确证的至上

---

① 　郑晓江:《生命教育演讲录》,江西人民出版社 2008 年版,第 29 页。

原则。如《太平经》说："六极之中，无道不能变化。元气行道，以生万物，天地大小，无不由道而生者也。"①作为"万物之一物"的世人，岂能例外？在葛稚川看来，生命乃秉道持德之存在，修道之士更以"道存则尊，德胜则贵"为生命价值准则，积极涵养生命，切实修为人生，努力证成仙真价值。"尊道""贵德"遂成为道教人生价值的第一要义，这一价值要义贯穿于宇宙、社会、人生的各个领域，引领道人体道、修道、合道的各个环节。如《通玄真经》云："率性而行谓之道，得其真性谓之德。"在道门中人看来，人生之正道即"率性而行"，人生之正德即"得其真性"，其所"率"之"性"实乃"道性"，其所"得""真性"亦即"性德"，而"性德"又本于"道性"，易言之，人生之修行，本于"道"，始于"德"，归于"道"，最终证得"生道合一""得道成仙"，仙便是玄门修真得道的理想人格，也是其人生的终极价值目标。"尊道""贵德"是玄门生命的价值准则，"尊其道"而"贵其德"便成为道门修士修行的基本法式，"尊道""贵德"遂成为道教人生价值的第一教义。

## （二）"珍生""抱朴"的生活方式

道教人生价值观的着眼点是生命，"珍生"是道教生命哲学的基本要义。《老子》第十六章言："公乃王，王乃大"；第二十五章云："故道大，天大，地大，人亦大。域中有四大，而人居其一焉。"《老子》以"王"指代人类个体之生命，以"大"言说其价值之高、意义之重要，并将个体生命与道、天、地相并列为伟大，足见人在宇宙中的地位与价值。《老子想尔注》进一步明确提出"生，道之别体也"，"道意贱死贵仙"，并以"生"置换"王"，将上引《老子》章句兑变为"公乃生，生乃大""故道大天大地大生亦大，域中有四大，而生居其一焉"。意思是说，"生"与"道"是异名同指，"道"就意味着"生"，"生"是"道"的表现形式。若能透彻理解"生"，意味着可悟到"道"；若能体道、得道，也就能长生、永生。易言之，尊崇道本，就意味着应珍惜生命，如《三天内解经》所言："真道好生而恶杀。长生者，道也。死坏者，非道也。"②可见，道教之道，乃卫生、长生之道，"好生""恶杀"乃真道颁布的生命戒律，长养卫护生命便是遵循此道之

---

① 王明：《〈太平经〉合校》，中华书局 1960 年版，第 16 页。
② 《三天内解经》，《道藏》第 28 册，文物出版社、上海书店、天津古籍出版社 1988 年版，第 416 页。

合法之举,反之,伤生害命,乃至使之夭折早死便是违背此道之非法之行。

在道教文化中,"道"与"生"乃体用关系,作为形上本体之"道"与形下具象之"生"并不隔绝,而是以"气"相通无碍,其中,"道"以"生"显示其功用,"生"因"道"获得存在依据。如葛洪说:"道也者,所以陶冶百氏,范畴二仪,胞胎万类,酝酿彝伦者也";"凡言道者,上自二仪,下逮万物,莫不由之。"而且"道"是"自然始祖""万殊大宗",是宇宙万物"作为存在的存在",如葛洪所谓,"乾以之高,坤以之卑,云以之行,雨以之施。胞胎元一,范铸两仪,吐纳大始,鼓冶亿类"。"道"是万事万物存在的根据,从生成论的角度来看,天、地、人、物,无不同源而下,因此,万象殊异的生命存在,在本原上皆无二致,如道教《西升经》曰:"道非独在我,万物皆有之。"《道教义枢》云:"一切含识乃至畜生果木石者,皆有道性也。"①也就是说,每一"禀道受气"的生命存在,皆含道性,都是道本的表现形态。若从价值层面来看,人与万物亦一律平等,如《庄子·秋水》云:"以道观之,物无贵贱。"

对于修道者而言,倘若尊崇道本,理应珍惜生命,这是道人对待生命的基本态度。如道教《度人经》明言:"仙道贵生,无量度人。"此"生"不仅指人的生命,而且包括物的生命。道教不仅强调要度人,而且应救物。如《道德经》第二十七章云:"圣人常善救人,故无弃人;常善救物,故无弃物。"道教一方面承认天地人物皆道生气化的生命存在,另一方面又认为万物之中,人之生命因其灵性,故最为珍贵:"天地之性,万二千物,人命最重"②,"要当重生,生为第一"③。在道教生命文化中,只有人类才有天赋的灵性与潜在的能力,可以领悟和效法自然律则,自觉担负历史使命,成就人生价值;就修道人士而言,倘若能禀道而行,潜心炼养,便可以"生道相守",进而修证仙真,从而成就道门梦寐以求的最高价值,获取人生最大幸福,如唐名道司马承祯(647—735 年)《坐忘论》云:"夫人之所贵者,生也;生之所贵者,道也。人之有道,如鱼之有水。涸辙之鱼,犹希升水。……故《妙真经》云:人常失道,非道失人;人常去生,非生去道。故养生者慎勿失道,为道者慎勿失生。使道与生相守,生与道相保,

① 《道藏》第 24 册,文物出版社、上海书店、天津古籍出版社 1988 年版,第 832 页。
② 王明:《〈太平经〉合校》,中华书局 1960 年版,第 34 页。
③ 王明:《〈太平经〉合校》,中华书局 1960 年版,第 613 页。

二者不相离,然后乃长久。言长久者,得道之质也。经云:生者,天之大德也,地之大乐,人之大福也。"道生万事万物,万事万物之生与道须臾不离。"生与道相保,道就是生,生就是道,尊生就是尊道,二而一,一而二,须臾不离,这是道教的基本教义。"①玄门修道即求生与道的相即不离,使道生相守,生道相保,修得长生久视,此修本乎天之大德,顺乎地之大乐,遂于人之大福。

道教"尊道""珍生"的价值理念,就是要求人的生命复归于道的自然本性,践行抱朴守真的生活方式,达到恬淡无欲、清静淳朴的生命状态,这也就标示着一种人生价值选择。老子视"朴""真"等品质为道的本性,倡导人们保持淳朴天真的自然本性,保持和发展自身的本真素有的规定性,所谓"见素抱朴"(《老子》第十九章),"镇之以无名之朴"(《老子》第三十七章),期望通过改变日趋浮夸的世道民风,使天下"复归于朴"(《老子》第二十八章)。《老子河上公章句》将抱朴守真视为社会人生的基本价值,作为修身治国之不二方略,如说:"古之善以道治身及治国者,不以教民,明知巧诈也。将以道德教民,使质朴不诈伪。"此处所谓"道德",即合"道"之"德",此"德"质朴无华,实乃与生俱来的自然本真之性。在河上公看来,无论为人,抑或执事,这一自然本性不可扭曲,作为一国国君,不仅要自守质朴本性,也要以之教化百姓,将质朴之德作为普遍的道德规范,用之于安心立命,修己睦邻,身国同治,以使"民守正直,不为邪饰,上下相亲,君臣同力"。(《老子河上公章句》第六十五章注)何为"正"何为"直"? 其标准何在? 唐代道士成玄英疏《庄子》说:"凡百苍生,皆以自然为其性命。"(《天运》)又说:"以自然之正理,正苍生之性命,故言正也。物各自得,故言不失也。言自然者,即我之自然;所言性命,亦我之性命也,岂远哉?"(《骈拇》)在成氏眼中,万千苍生以素朴自然为其本性,判断人、物是否正直的标准,是看其是否自守本性、得其不加修饰雕琢的自然品性,能否拒绝外来意志而改变素朴自然本性。显然,这样的标准,是每一生命内在独具的,不必整齐划一,因为各自素朴之性有别;既然生命体之素朴之性有别,那么众生各遂其性、各得其所便成为各自不错的价值选择,于是乎,抱朴守真遂被道人视为应然的生活方式。

----

① 詹石窗:《中国宗教思想通论》,人民出版社 2011 年版,第 149 页。

　　道教倡导"珍生""抱朴"的人生态度,态度的背后是一种价值的认同,强调既要自守本性,又要生与道合,通过"生道合一",超越生命大限。《老子想尔注》将"生"提升到"道"的高度来体认,明言"生,道之别体也。"①《太上老君内观经》指出,"道不可见,因生以明之;生不可常,用道以守之。若生亡则道废,道废则生亡,生道合一,则长生不死,羽化神仙。"②道教关注个人生命存在的价值与意义,珍视个体生命的素朴本性,旨在警醒人们别受外物的奴役和损害,要求恢复被文明异化的自然本真,保全个人生命的独立自存和心灵自由,此所谓"全性保真,不以物累形",这是道教文化倡导的一条基本的人生价值观。何以"全性保真"? 葛洪《抱朴子内篇·道意》提倡的是,"人能淡默恬愉,不染不移,养其心以无欲,颐其神以粹素,扫涤诱慕,收之以正,除难求之思,遣害真之累,薄喜怒之邪,灭爱恶之端",诚如是,"则不请福而福来,不禳祸而祸去矣"。他进一步揭示何以如此? 那是因为,"命在其中,不系于外,道存乎此,无俟于彼也"。足见其深得老子见素抱朴的生命旨趣。

　　需要说明的是,道教文化的"珍生""抱朴",其"生"其"朴"也有特定意涵。如《太上老君内观经》说:"天地媾精,阴阳布化,万物以生。承其宿业,分灵道一,父母和合,人受其生。始一月为胞,精血凝也。二月成胎,形兆胚也。三月阳神为三魂,动而生也。四月阴灵为七魄,静镇形也。五月五行分藏,以安神也。六月六律定腑,用滋灵也。七月七精开窍,通光明也。八月八景神具,降真灵也。九月宫室罗布,以定精也。十月炁足,万象成也。"③由此可见,人之生命,既有来自道体,称为本性的人之内在精神或灵性,又有受之父母,称为本命的人之形体气质。前者简称为神或性,后者简称为形或命。神与形、性与命的和谐并存,是个体生命存在的基础。人之生死只是神与气、性与命的合与离:和合则生,分离则死。所谓"分灵道一""降真灵也",皆指对道性之分有获得,而道性原本素朴,却易受气质之性之滋扰,而变得失真失灵。道教强调的"生道合一",无非是形神相合、性命不离,其倡导的"珍生""抱朴",不外精神生命的"全性保真",因为如《抱朴子内篇·畅玄》所言,"夫五声八音,清商

────────────────

① 饶宗颐:《老子想尔注校证》,上海古籍出版社 1991 年版,第 33 页。
② 《云笈七签》卷十七,《道藏要籍选刊》第 1 册,上海古籍出版社 1989 年版,第 130 页。
③ 《云笈七签》卷十七,《道藏要籍选刊》第 1 册,上海古籍出版社 1989 年版,第 129 页。

流徵,损聪者也;鲜华艳采,或丽炳烂,伤明者也;宴安逸豫,清醴芳醴,乱性者也;冶容媚姿,铅华素质,伐命者也。其唯玄道,可与为永。"在道门中人看来,世人偏好的富贵权势、声色犬马,皆害性之物,与玄道素朴大相背离,人的素朴本性实乃清静虚寂的道性,是人得之于道体的自然真性,此所谓人之"真身"("真我"或"法身"),此"真身"原本素朴清静,但易受后天肉体生命("肉身"或"幻身")贪念嗜欲的蛊惑牵累,而被世俗尘垢所污染,以至于有沉沦之危险,而修道之士于此戒备有加,他们"含醇守朴,无欲无忧,全真虚器,居平味澹,恢恢荡荡,与浑成等其自然;浩浩茫茫,与造化钧其符契……不以外物汨其至精,不以利害污其纯粹也"。道教人生哲学于此倡导"生道合一"的人生价值,其要义在于修"幻身"返"法身",因为"法身"即"真身""真我",此"真"乃"朴",与"道"一样,清静虚寂,超越生死。从这层意义上讲,返璞(朴)归真,实乃回溯道本,修必死且会朽的幻身,而返不死不朽的法身,此所谓"化腐朽为神奇",亦即以生合道达至价值永恒之文学式表述。

葛长庚撰《道德宝章·淳德章》将"知"(智)与"愚"相对,将"愚"释为"昏昏默默",这种"昏昏默默"其实即素朴淳真、没有虚妄杂质的原初状态,与"愚"相对的"智",乃是指时时算计、处处分别的觉知妄念,在紫清真人看来,修身与治国源自一理,以觉知妄念治理国家,会贼害国人,以素朴淳真引领世人,则造福百姓,因为"道贵如愚",人应"抱虚守冲",亦即抱朴守真。至于人生与大道之关联,白玉蟾此处注明:"道为万化之宗","道在万化而非万化","万化出乎道而入乎道"。也就是说,形上之道是形下万有变化的根据,并通过形下变化表现其功能,但并非千变万化本身,道乃"不生不灭,无去无来"之永恒存在,万千变化本于道且回归于道。洞察如此生命机理,也就不难知晓着生命存在的意义与人生发展的方向。

对于修道之人生,如果说生与道合标示着人生方向,"生道合一"意味着价值目标,那么可以说"珍生""抱朴"是关联形下之"生"与形上之"道"的应然生活方式,这一方式乃道人立足现实、指向仙梦理想的渡口和桥梁,是支配其生命跃迁的核心和枢纽,凝聚着道教人生的中观层面的价值诉求。

### (三)"扬善""尚安"的伦理取向

人的生存状况与发展态势是道教文化关注的一大重点,将人生祸福与个人德行相关联是道教文化的又一特征。道教《太上感应篇》开篇明义:"祸福无门,惟人自召;善恶之报,如影随形。"就是说,祸福本身并没有门路,都是人们自己的心态与行为方式的不同而招致的。善有善报,恶有恶报,如同人影一样紧随人的一生,没有丝毫之差误。立足人的生存、生活与良性持续发展,道教文化高举扬善抑恶的旗帜,劝诫世人趋利避害,内修善德以延年,外行真功以济世,以至于国泰民安,天下太平。

首先,道教是关注生命健康的宗教,它以高寿长生为基本价值取向。《太平经》曰:"三万六千天地之间,寿最为善。"①再如《正一法文天师教戒科经》云:"天师设教施戒,奉道明诀。上德者神仙,中德者倍寿,下德者增年不横夭也。"②所谓"上德""中德""下德"的层级差别主要在于其德行主体之年寿长短之分殊,长生久视且神通广大者为上,延年益寿且免于横祸者为下,由此可见,在道教人生价值中,生命的年寿时长与康健福祉状态,与其行为主体之道德水平相互关联——大德者大寿,大寿者大德——于是,延年益寿便成为人生之善的基本价值要求,也成为道门弘道扬善的道义起点与生命转化基础。

在常人眼里,体道修真是为道者个人的事情,修道之士只需专注于自身性命修炼,而不必在意人间事务。诚然,修道合真首先是个人生命之分内事,道门确以修道成仙为终极价值追求,然而,道教思想家却并未将修道视为与世隔绝、离群索居的孑然独处,相反,他们倡导修行者应在尽人事、行真行、积善功的过程中去证得仙果。如《抱朴子内篇·对俗》指出,"欲求仙者,要当以忠孝和顺仁信为本。若德行不修,而但务方术,皆不得长生也。……人欲地仙,当立三百善;欲天仙,立千二百善。若有千一百九十九善,而忽复中行一恶,则尽失前善,乃当复更起善数耳。故善不在大,恶不在小也。虽不作恶事,而口及所行之事,及责求布施之报,便复失此一事之善,但不尽失耳。又云,积善事未满,虽服仙药,亦无益也。若不服仙药,并行好事,虽未便得仙,亦可无卒死之祸矣。吾更疑彭祖之辈,善功未足,故不能升天耳";并以"立功为上,除过次之";且"以救人危使免祸,护人疾病,令不枉死,为上功也"。道教不仅认为积

---

① 王明:《太平经合校》,中华书局1960年版,第222页。
② 《正一法文天师教戒科经》,《道藏》第18册,文物出版社、上海书店、天津古籍出版社1988年版,第232页。

善累功有助于延年益寿,而且还将善功视为证道登仙的基础性条件,如道教界有"只候八百功满,三千行圆,然后身超三界,位列天仙"之说,此"功""行"皆指功德,亦即行善积德——这里将功德作了量化说明,此量化指标即便并非确切数目,但对善德的充分肯定是毋庸置疑的。李昌龄在《太上感应篇注》中也强调,乐善好施能够增益福德,如其《注》所云:"老子曰:既以为人己愈有,既以与人愈多。大抵人之临财多至吝啬,一毛不拔者有之,与而复悔者有之。今也乃能与而不悔,非真实乐施,安能如是? 福德自此而长,岂不愈有、愈多乎!"①可见,弘扬善德,成为道教现实人生的一面旗帜,标示着其人生价值导向。

其次,为强化其生命本位教理,细化其劝善益寿教义,道教还提出"自养养人""自爱爱人"之"自利利他""度己度人"之"善行福报"说。如《太平经》曰:"夫人能深自养,乃能养人。夫人能深自爱,乃能爱人。"②在道教思想中,保养好自我生命、善待自己便是敬畏生命的切实功夫,也是对人世行善的起点要求,设想一个不能善待自己、不能自爱自养的人,何以能善待他人? 又何以真心实意地去关爱他人,切切实实地服务他人? 在修道之士那里,练好内功是服务他人、奉献社会的必备条件,度人善人需有度己善己的能力基础,所谓"内炼成丹,外用成法",于己炼就一身本领,方可助人救苦解厄,否则,即便发救苦救难之大愿,却无化险为夷之能耐,其大愿也只能是美好愿景,而不能见切实成效,最终便流于空疏。在道门,"自利利他""度己度人"是建立在生命感通、功夫两用的一体生命观念基础上的。

"扬善"总是与"抑恶"相伴而行,作为尤重人之安康状态的道教,将判断善恶的仲裁权交给"司过之神""三尸之鬼"等,通过他们对行为主体的疾病灾祸来昭示惩罚。葛洪《抱朴子内篇·微旨》说:"天地有司过之神,随人所犯轻重,以夺其算,算减则人贫耗疾病,屡逢忧患,算尽则人死,……又言身中有三尸,三尸之为物,虽无形而实魂灵鬼神之属也。欲使人早死,此尸当得作鬼,自放纵游行,享人祭酹。是以每到庚申之日,辄上天白司命,道人所为过失。"

---

① 李昌龄:《太上感应篇注》卷五,《道藏要籍选刊》第 4 册,上海古籍出版社 1989 年版,第 718 页。
② 王明:《太平经合校》,中华书局 1960 年版,第 56 页。

《抱朴子内篇·对俗》指出："行恶事大者，司命夺纪，小过夺算，随所犯轻重，故所夺有多少也。凡人之受命得寿，自有本数，数本多者，则纪算难尽而迟死，若所禀本少，而所犯者多，则纪算速尽而早死。"道教不仅认为善有善报，恶有恶报，而且还认为人们自己行为的善恶直接与自身生命之夭寿相关联，如《太上感应篇》说："是以天地有司过之神，依人所犯轻重，以夺人算（百日寿命为一算）。算减则贫耗，多逢忧患；人皆恶之，刑祸随之，吉庆避之，恶星灾之；算尽则死。"而且善恶功过，不仅仅指人的言论与行为，还包括人头脑中的思绪与念头，即如《太上感应篇》所言："夫心起于善，善虽未为，而吉神已随之。或心起于恶，恶虽未为，而凶神已随之。"葛洪认为，只有恶心但尚未有恶迹的则夺算，行恶损人的则夺纪；这些算、纪不仅仅是对行为主体的惩治报应，还可能殃及当事者后代子孙的生命长短、人生福祸。若算、纪超出当事人的天年寿限，先人死后殃祸会留给子孙，贻害子孙后人的年寿与运气。这一因果转承、代际相续的生命观念，亦即《太平经》所谓"承负说"。《太平经·解师策书诀》指出，"承负"是"承者为前，负者为后；承者，乃谓先人本承天心而行，小小失之，不自知，用日积久，相聚为多，今后生人反无辜蒙其过谪，连传被其灾，故前为承，后为负也。负者，流灾亦不由一人之治，比连不平，前后更相负，故名之为负。负者，乃先人负于后生者也。"意即先人做善恶之事，不仅行事者本人要对其行为后果负责，甚至包括其子孙后代也要承担连带责任，遭受相关报应，此类报应体现在身心康疾、时运否泰及夭寿穷达诸多方面。

道教以神灵监督世人德行，以延年益寿的方式表达劝善去恶的生命精神，如此的生命伦理，貌似在道德主体之外预设了更高的神灵存在，虽不乏神道设教的意味，若以其善行与善果相应、恶行与恶果相随的观念来看，行为主体的善报恶果大都出于自身，不在他人，即便预设神灵监督，也是为突出神灵之明鉴无误，这种明鉴相对于人为制定的善恶标准以及由人执行的监督惩治更具有精准性与公正性，所谓"举头三尺有神明"，因为人是有限的存在者，只有"神"才是全智全能全善的存在，也只有"神"可以彻底"明鉴"——如此之"神明"，是为了维护世道人心之"安平泰"，而对"神明"的预设，谐和于世人趋利避害、逢凶化吉的生存心理，也是凡俗百姓对善恶、正义等道德价值的终极诉诸。有介于此，《道德经》第三十五章昭示人们："执大象，天下往。往而不害，安平泰。"告诫人们只要遵循生命大道，就能行走天下而无阻，处事济世而顺畅。

最后，道教弘道"扬善"以"尚安"为现世人生之基本价值诉求，其扬善绝非仅为善本身而劝人行善，而是以行善求其安——"安"乃善的意义旨趣，"安"便成为道教人生之价值目标之一。此"安"关涉"三才"。在道门中人眼里，"三才"皆安，方为真安。如《太平经·起土出书诀》指出："夫人命乃在天地，欲安者，乃当先安其天地，然后可得长安也。"再如《黄帝阴符经》亦云："天地，万物之盗；万物，人之盗；人，万物之盗也。三盗既宜，三才既安。"安好是天地、万物和人共筑的生命系统的价值诉求。天地人"三才"相互依存共在，彼此盗取利用，休戚相关，兴衰与共，何以至此？借用李申先生的诠释就是，"天旋地转、寒往暑来，万物藉此生长，也因此衰亡"，"万物繁盛，人藉此生长，生长也是走向衰亡"，"利用万物，也利用天时地利，人是万物之盗，同时也是天地之盗。三种盗要协调、适宜，天地人都安好。不协调，不适宜，如天时不正常，万物有灾害，人任意妄为，天地人就不会安好"。[①] 天地、万物和人等"三才"组成的一个强大有序的生命气场，此场蕴涵丰富的物质、信息、能量，而且这些物质、信息、能量在"三才"之间交通流动，寻求各自的相安相宜。这种相安相宜便是道门的一种价值诉求。按照国人"正德厚生利用"的文化传统，道门"尚安"的价值诉求可谓是对这一文化传统的集中表达。

道门尚安的价值传统由来已久，这一价值在不同的经文中有不同的文字形式，譬如《道德经》之"安平泰"、《太平经》之"太平"等皆是。文字表述虽有异，但其核心精神不二，皆围绕"安"字展开，以"安"为价值诉求。以"泰"为例，"泰"本出于《易》之《泰》卦——《泰》卦之象，下乾（☰）上坤（☷），乾为阳，坤为阴，阳气上升，阴气下降，两者交通成和，乃通泰祥和之吉象——《易》文化以交通成和为善的价值观念被道门传承，并将之置于"三才"生命共同体的价值系统，如《太平经》认为，"夫道兴者主生，万物悉生，德兴者主养，万物人民悉养，无冤结。"[②]天乾大生、地坤广生，天地交泰，物质、能量、信息顺畅无

---

① 任继愈、杜继文等：《中国古代哲学名著全译丛书》第 1 册，巴蜀书社 1992 年版，第 807 页。
② 王明：《太平经合校》，中华书局 1960 年版，第 218 页。

阻,万物、人民皆得其养,此即吉祥安康的生命景象,这一景象合乎人的价值愿景,此即道教"泰安"之价值意蕴。另外,若从消极一面而论,"太平者,乃无一伤物,为太平气之为言也。凡事无一伤病者,悉得其处,故为平也。若有一物伤,辄为不平也。"①此即道教"平安"之价值意蕴。

道学追求的泰安、平安价值,常常与价值主体同时出现,并通过价值主体的行为经验表现出来,以所谓"明王圣主"之行事方式,表达其价值诉求。譬如西汉末期的隐士严君平《道德真经指归》曰:"是以明王圣主……不以役物,反以后民,……以安万民,身劳而民佚,身后而民先,在上而民以生,在前而民以安。民以生,故戴之而不以为重;民以安,故后之而不以为患。……故圣人之王也,非求民也,民求之也;非利民也,民利之也;非尚民也,民尚之也;非先民也,民先之也。故能极弊通变,救衰匡乱,以至太平。上配道德,下及神明。……夫何故哉? 以去心意而后其身也。是故,不争之德,因人之力,与道变化,与神穷极。唯弃知者,能顺其则。……是以圣人,信道不信身,顺道不顺心。动不为己,先以为人;无以天下为,故天下争为之臣。"②如果说求安宁是人们共同的价值诉诸的话,那么可以说"明王圣主"以"信道不信身,顺道不顺心"来正己安人,甚至认为,此乃达至万民定安乐安的理想治世的不二法门。易言之,以"道"理身治世,乃获致人寿家宁国安天下太平之价值之根本途径。

《老子道德经河上公章句》亦不乏"以道理身治国""身安民昌国富"的思想,如说:"用道治国,则国富民昌,治身则寿命延长"③;"万民归往而不伤害,则国安家宁而致太平矣。治身不害神明,则身安而大寿也"。④ 葛洪也有类似表达:"内宝养生之道,外则和光于世,治身而身长修,治国而国太平。"在道教文化中,身国一道,故而身国可以同治,至于如何进行"内以治身""外以治世",清道士闵一得在重述并注《吕祖师三尼医世功诀》作如是说明:"余今以师传实效录述于世,惟愿学者纯以调心虚寂之门,调至胸怀清静而天都泰安,

①　王明:《太平经合校》,中华书局 1960 年版,第 398 页。
②　(汉)严遵:《道德真经指归》卷十一,《道藏》第 12 册,文物出版社、上海书店、天津古籍出版社 1988 年版,第 379—380 页。
③　王卡:《老子道德经河上公章句》,中华书局 1993 年版,第 140 页。
④　王卡:《老子道德经河上公章句》,中华书局 1993 年版,第 139 页。

调至坤腹通泰而闾阎富庶,调至四肢通畅而四夷安靖。如是体调而身安,身安而世治,功效捷如响,一经参破,即圣门赞育化功。并非说妙谈玄,乃是脚踏实地道学。"①意即:通过调心调体进而即身入世,可臻于"天都泰安"之人天和谐,"四夷安靖"之社会安定,"闾阎富庶"之民富国强。

### (四)"羽化登仙"的终极理想

道教文化的基本宗旨,概括起来无非八个字:"延年益寿、羽化登仙"。所谓"延年益寿"就是延长生命在现实世界的存在时限;所谓"羽化登仙"就是通过一定的修养方式来变化气质,使修行者达至"长生久视"、老而不死的终极价值。② 客观地说,"延年益寿"的健康宗旨,几乎适用于常态生活中的芸芸众生,不仅仅是修行者的生命诉求,即便合于道门修行,也只是其人生之初级目标,而非高级目标,"羽化登仙"方为修道者之核心思想与终极目标。

现代视阈之"羽化"有三层含义。其一,指昆虫由蛹变为成虫;其二,特指"成仙"——古人认为仙人能飞升变化,因此把成仙称作羽化;其三,为一婉辞,乃道教徒指称人死。③ 于道教文化,尤其是对于道教修行及其价值目标,词条二更贴近道人之价值理想与意义世界,然而,此时之"羽化"亦即"成仙","羽化"与"成仙"乃同义反复,这与道教"羽化登仙"本义有些细微差别。

"化"字,最初指生育现象,如《殷周文字释丛》谓,"化像人一正一倒之形",这与母产子情形相符,"化"与生育直接相关。"在词义上,'生'与'育'可以互释,'生'就是'育',而'育'也具有生养之义","'化'便是'生'的一种标志"。④ 如《周易·系辞下传》之"天地氤氲,万物化醇,男女构精,万物化生",就是说从天地到万物(含人),皆属因化而生。如葛长庚撰《道德宝章·同异章》将"夫惟道,善贷且成"一文,注为"〇,能化其化,而不自化"⑤,阐明"道"为"〇",为虚,其特质在于主宰世间万化,却不自化——世间万物皆处于流转生化之中,呈现为阴阳、昼夜、生死等生命存在状态,体道合真的修道者就

---

① 《三尼医世功诀》,《藏外道书》第 10 册,巴蜀书社 1994 年版,第 364 页。
② 参见詹石窗:《道教文化十五讲》,北京大学出版社 2003 年版,第 11—12 页。
③ 参见中国社会科学院语言研究所词典编辑室编:《现代汉语词典》(第 6 版),商务印书馆 2012 年版,第 1589 页。
④ 詹石窗:《道教文化十五讲》,北京大学出版社 2003 年版,第 10 页。
⑤ (南宋)葛长庚:《道德宝章》,《藏外道书》第 1 册,巴蜀书社 1992 年版,第 304 页。

得参透决定阴阳、昼夜、生死等生命现象背后,促使它们不断此消彼长、相互转化那个真正主宰,也就是要把捉那个推动了阴阳消息、决定了昼夜转换、支配了生死转化的那个存在——参悟结论是,万物皆化,惟有"道""能化其化而不自化"。对个体生命的何去何从,白玉蟾《谢张紫阳书》也有深思,曰:"父母未生以前,尽有无穷活路。身心不动以后,复有无极真机。"[①]从血缘关系而言,现实个我生命直接源自父精母血,若继续追问,父母还没有出生之前我又何在?我并非完全不存在,却仍有无穷生命活力,只是不以此在的生命形态而在。进一步追问:这个身体此在完全化解之后,"我"又在哪里?答案是,"我"仍在宇宙大化之内,只是改变了存在的形态,尚潜藏无限生机——究竟是什么存在、什么力量,让"我""出生入死",让"我"化为此在,又让"我"化掉此在?答案便是"道"。这是因为,"道为万化之宗","道在万化而非万化","万化出乎道而入乎道"。[②] 也就是说,形上之道是形下万有变化的根据,并通过形下变化表现其功能,但并非千变万化本身,道乃"不生不灭,无去无来"之永恒存在,万千变化本于道且回归于道——"如是而悟之谓丹,如是而修之谓道"[③]。洞察如此生命机理,也就不难知晓着生命存在的意义与人生发展的方向。"道"是化生万物、支配万物发生、发展、变化的根源,因此必须受人尊崇、敬仰——在道教文化中,一方面"道"进一步被神格化,成为玄门的信仰对象,此即"神仙";另一方面,人生须向道而修,力求生道合一,"羽化登仙"遂成为玄门超越死亡之终极价值诉求。

"仙"古亦作"仚",《说文解字注》谓"人在山上兒","引申为高举兒"。[④]"兒"即"貌"。此意既可指修仙者修炼行为——入山潜修——状态,也可指修炼结果——变形飞升——状态,不过,总与生命修炼相关。简言之,"仚",暗含修道之山人之意。其实,玄门修道者也常以"山人"自称,修炼乃超越凡尘的不二法门。

---

①　《修真十书杂著指玄篇》卷六,《道藏》第4册,文物出版社、上海书店、天津古籍出版社1988年版,第625页。

②　(南宋)葛长庚:《道德宝章》,《藏外道书》第1册,巴蜀书社1992年版,第308页。

③　《修真十书杂著指玄篇》卷六,《道藏》第4册,文物出版社、上海书店、天津古籍出版社1988年版,第625页。

④　(汉)许慎撰、(清)段玉裁注:《说文解字注》,浙江古籍出版社2006年版,第383页。

在修道者眼中,人身小天地,天地大人身——天人同构一理,皆为道生气化的存在,同为大化流行的共在,而且,细究起来,宇宙万象(含人)之化生,可分为两种趋势,其一乃由隐而显、从无到有的变化运动,所谓"一无生万有";其二为自显而隐、从有至无的变化发展,所谓"万有归一无"。① 前者被称为"顺化",后者被称为"逆化"——在道教人生理论中,"顺""逆"不仅关涉认识宇宙社会成毁的方法论,而且也是玄门证成人生价值成败的方法论,是关涉生命能否终极解脱的重要法门,故有"顺则成人,逆则成丹"之说,陈致虚《金丹大要》对此如是揭示:"是以三物相感,顺则成人,逆则成丹。何谓顺? 一生二,二生三,三生万物。故虚化神,神化炁,炁化精,精化形,形乃成人。何谓逆? 万物含三。三归二,二归一。知此道者,怡神守形,养形炼精,积精化气,炼气合神,炼神还虚,金丹乃成。"②在修道者眼中,宇宙大化皆以"道"为起点与归宿,同时,亦有"顺道生人(物)""逆道成仙"之分野,紫清真人以"顺之则凡,逆之则圣"③来概括——前者指向宇宙万物(含人)的生成模式,后者言说道门人士逆修返本的修炼模式。这一修炼模式,依据《老子》"反者道之动"的返本归元原理,逆返宇宙演化次序而修炼,经由"炼形化精,炼精化炁,炼炁化神,炼神化虚,炼虚合道",进而"得道成仙",此即道教人生终极理想之"羽化登仙"。此过程,亦称为"修道合真",因为"真"的"本义"即"僊人变形而登天也。"④在道教文化,故有"仙真"之称。由凡俗致仙真,修炼是关键。

至于修道合真从何入手、如何进行的问题,《修仙辨惑论》载金丹派南宗四祖陈楠有关"修仙三等""炼丹三成"之论:

> 修仙有三等,炼丹有三成。夫天仙之道,能变化飞升也,上士可以学之。以身为铅,以心为汞,以定为水,以慧为火,在片饷之间,可以凝结。十月成胎,此乃上品炼丹之法,本无卦爻,亦无斤两。其法简易,故以心传之,甚易成也;夫水仙之道,能出入隐显也,中士可以学之。以气为铅,以

① (南宋)葛长庚:《道德宝章》,《藏外道书》第 1 册,巴蜀书社 1992 年版,第 288 页。

② 《上阳子金丹大要·精气神说下》,《道藏》第 24 册,文物出版社、上海书店、天津古籍出版社 1988 年版,第 16 页。

③ (南宋)白玉蟾:《修真十书杂著指玄篇》卷六,《道藏》第 4 册,文物出版社、上海书店、天津古籍出版社 1988 年版,第 625 页。

④ (汉)许慎:《说文解字》,中华书局 1963 年版,第 168 页。

神为汞,以午为火,以子为水,在百日之间,可以混合,三年成象,此乃中品炼丹之法,虽有卦爻,却无斤两,其法要妙,故以口传之,必可成也;夫地仙之道,能留形住世也,庶士可以学之。以精为铅,以血为汞,以肾为水,以心为火,在一年之间,可以融结,九年成功,此乃下品炼丹之法。既有卦爻,又有斤两,其法繁难,故以文字传之,恐难成也。上品丹法,以精、神、魂、魄、意为药材,以行、住、坐、卧为火候,以清静自然为运用;中品丹法,以心、肝、脾、肺、肾为药材,以年、月、日、时为火候,以抱元守一为运用;下品丹法,以精、血、髓、气、液为药材,以闭、咽、搐、摩为火候,以存思升降为运用。大抵妙处不在乎按图索骥也,若泥象执文之士,空自傲慢,至老无成矣。①

不同的丹法,对应不同的仙阶,对于每一炼养者,根据自身条件,选择适合自己的修道证仙方式,是合道契真、超凡入圣的关键。道教经过长期的实践,形成了各种各样的养生延年方法,包括守一、存想、导引、太极拳、啸法等等,不一而足,尤其是服饵炼丹之法,更是仙道之极——在玄门人士看来,"服饵"是因"上药令人身安命延,升为天神"②;修炼"外丹"是因"服神丹令人寿无穷已,与天地相毕"③;修炼"内丹"在于"人人本有长生药"④。道法虽有殊异,然而,超凡入圣、不死成仙却是玄门共同的终极价值诉诸。

道教的神仙,在不同的思想家有不同的分类,譬如葛洪有所谓鬼仙、人仙、地仙、神仙、天仙之"五分法",亦有葛长庚(白玉蟾)认同之天仙、地仙、水仙之"三仙说",然而,最基本的也是道教界普遍认同的神仙分类有二:一类是先天地而存的神灵,此即严格意义上的"神",譬如:三清(玉清元始天尊、上清灵宝天尊、太清道德天尊)、斗姥、玉皇大帝、太一救苦天尊等等,皆为"道"之化身;另一类是天地开辟之后,原为人身,经由修道合真、变化气质而成的仙真,此即与道合一的"仙",比如:张天师、许真君、萨祖师、吕纯阳、关帝、陈抟老祖等。

① 《修真十书杂著指玄篇》卷四,《道藏》第4册,文物出版社、上海书店、天津古籍出版社1988年版,第617页。
② 王明:《抱朴子内篇校释》(修订版),中华书局1985年版,第196页。
③ 王明:《抱朴子内篇校释》(修订版),中华书局1985年版,第74页。
④ (北宋)张伯端撰、王沐浅解:《悟真篇浅解》,中华书局1990年版,第11页。

后者既神通广大,又长生不死,故被称为"神仙",意即具备"神"妙莫测之法力的超凡入圣之"仙"——此"仙",合于《说文解字注》对"僊"之"长生,僊去"之意。①"僊"即"遷"异体,而"僊"乃超凡入圣、长生不死的特殊生命状态——"长生成仙"亦即道门的宗教信仰。有学者对道教神仙信仰作过归纳,指出:"长生成仙信仰的内容包括两个方面:一是人的生命的长寿甚至不死,一是人能力的超凡甚至无限。"②作为一种对生命健康特别关注的宗教,以得道成仙为其终极理想,在"道"与"仙"两个核心范畴关系问题上,道教首先肯定"道"的至上价值,而后,将其神格化,所谓"一气化三清"等,以三清尊神等代言生命系列之万寿无疆与能力无限,此等神灵实乃"道"的化身,这样在理论上就预设神灵的存在,此等神灵亦即道门人生的信仰对象;另一方面,道教以"秉道受气"概述生命本质,坚信凡人学道修道,便能变化气质、与道合一而修炼成仙,此时,修道合真便成为道教人生的不二选择与必然方向,得道成仙即玄门人生的终极理想与价值皈依。客观地说,"神灵"类的"仙"是玄门信仰的对象,修炼得道的"仙"是修道者对自身的信念,二者皆为"秉道受气"的生命形态,皆有超越死亡、了俗脱凡的能力,有了对"道"的终极信仰与对"我"的终身笃信,才有了所谓"我命在我"的文化自信——道门人生便既有终极价值的导引,又有当下发力的基点,精气神的炼养逆化历程,便是人生终极价值的生成获证过程。道教所谓的"仙"在不同历史时期有不同含义,早期制度道教追求肉体长存,唐宋之后就回归老子、庄子讲的道德意义,旨在有道、有德者之生生不息之精神永存。

总之,道门围绕"道""德""生""朴""善""安""仙"等核心价值理念,建构一较为完备的人生价值系统,倡导"尊道"而"贵德""抱朴"而"重生""扬善"而"尚安"的人生价值航标,从宏观宇宙着眼,以"尊道贵德"统领自然、社会与人生,以"抱朴"而"重生"为人生应然的生存与发展方式,再以"扬善""尚安"观照人与自身、人与社会、人与自然的存在状态,将人生之意义与价值通过人之炼养修为而具现到人天和谐、社会安定与民富国强等现实生活层面,

① (汉)许慎撰、(清)段玉裁注:《说文解字注》,浙江古籍出版社2006年版,第383页。
② 郭武:《论道教的长生成仙信仰》,《世界宗教研究》1994年第1期。

从而使道门人生之旅与生生之道相融通，并使后者因道人之作为而落地生根、开花结果，在利人利己、经世济民中实现超凡入圣、得道成仙。

## 二、道教人生价值观的基本特征

道教是中国本土宗教，其人生价值观与西方基督教、中土儒家及佛教相较，都显示其自身的基本特征：其一，相比基督教神人二分的两极价值观，道教表现出"道"通"三观"的生命统一性；其二，相对儒家以仁义界定人生价值而言，道教则具有"劝善成仙"的自在目的性；其三，与释家了悟证空的成就法门相异趣，道门表现为兼炼性命的永生超越性。

### （一）"道"通"三观"的生命统一性

在基督教文化中，爱往往被视为道德文化的原动力，西方近现代宗教思想家们常把作为终极道德原则的爱分成两种：其一是艾洛斯（Eros），其二是阿迦披（Agape），前者表示人类作为欲望对象的爱，后者则表示上帝对人类的无条件的关爱。蒂利希认为，真正说来，只有一种爱，这就是阿迦披，因为它无条件地接纳他者，结合爱者与被爱者，它不仅是爱的深度表现，而且是爱的根本动因。一言以蔽之，阿迦披是绝对的、终极的爱，具有最高的价值。与蒂利希类似，当代美国境遇伦理学家弗莱切尔，也把阿迦披规定为基督教伦理学的根本原则。在弗莱切尔看来，阿迦披作为仁爱的道德准绳，它既不同于普通的性爱和友爱，也有别于其他一切法律、规则、原则和理想，因为它们都是有条件的，只有当它们在某一环境中"碰巧"符合"阿迦披"的要求时，才被视为是"正确"的、"正当"的；而"阿迦披"作为道德规范，并不依赖任何外在环境、任何外在条件，其存在是无条件的，本身就具有"内在价值"。①

如果说，蒂利希、弗莱切尔等人是从世俗情爱、律法与宗教道德之博爱、仁爱之对比中，揭示出上帝之爱的绝对性、无条件性的话，那么，我们不难看出，作为基督教的最高道德原则的阿迦披，是联系神圣与世俗的最高律法，而且这一律法掌握在上帝手中，基督教徒只有通过对上帝的"信""望""爱"——"通

---

① 参见段德智：《宗教神学归根结底是一种人学——〈宗教思想家论人生〉总序》，《世纪之交的宗教与宗教学研究》，《珞珈哲学论坛》第四辑，武汉大学人文科学学院哲学系、宗教学系编，湖北人民出版社 2000 年版，第 434—435 页。

过信,它相信被凝视的事物具有如此本性,被看见便引起愉悦;通过望,它相信只要专心凝视就会看见;通过爱,它渴望看见和享有……随凝视而至的正是上帝的形象,而上帝正是我们凝视的最终目的"①——才有可能将其心灵同上帝的最高的善统一起来,以使自己走向解脱之路。这一路数对人而言是外在的,因为这种人生解脱方案本身蕴含一基本前提,那就是,神人两分、圣凡隔绝,这是西方哲学天人二分之理路在宗教文化、宗教伦理之中的投映,世人欲求超凡入圣,须经由对上帝的"信""望""爱",得到上帝的救赎,才可能进入圣域,配享上帝的荣光。这与中国传统文化的天人合一的理路,尤其与道教文化以生释道、道在养生的观念以及即身证道的路径可谓大异其趣。

道教之"道"为"众妙之门",祂既贯通天、地、人,又通过天、地、人显现其功能。《道德经》讲"人法地,地法天,天法道,道法自然",即有道统天地人之意。道统摄天地人包涵两方面的意蕴:其一,道贯通于天地万物(含人)之中,天地万物(含人)的运动变化都呈现于道中,是道的作用使然,其生存与发展是道的功能的表征;其二,天地万物(含人)须臾不得离开道,离道则无存。"道统摄天地人,道既非客体,亦非主体性存在。天地万物(人)视道为客体,就与道对待而离道,天地万物(人)的存在便失去了根源或根据。道自身也不能视自身为主体,若道自身为主体,天地万物(人)为客体,道就与天地万物(人)对待,亦不能成其为天地万物(人)之根。"从这层意义上说,道教哲学"以其整体性思维而无主客之二分。"②"道"通天地人物,是宇宙世界的源泉与归宿。

道教除了以"道"作为宇宙的始基之外,还以"气"释"道",将《道德经》"道生一,一生二,二生三,三生万物"的宇宙演化图景诠释为:"道"化生混沌一片之"元气","元气化出太阳、太阴、中和三气。太阳之气清轻上升而为天,太阴之气重浊下降而为地,中和之气则生人,天地人交通相感而有万物"。③另外,道门中人还引入中国传统的"阴阳""五行""八卦"等学说,解释宇宙的组成结构和时空的延绵状态,将宇宙世界视为一个充满物质、信息、能量的自

---

① [古罗马]奥古斯丁:《独语录》,成官泯译,上海社会科学出版社 1997 年版,第 16 页。
② 张立文、张绪通、刘大椿:《玄境——道学与中国文化》,人民出版社 1996 年版,第 4—5 页。
③ 詹石窗:《道教文化十五讲》,北京大学出版社 2003 年版,第 144 页。

然生命场。如《道德真经指归》称："天地人物,皆同元始,共一宗祖。六合之内,宇宙之表,连属一体。气化分离,纵横上下,剖而为二,判而为五。"①此共同的"宗祖"即"道","二"指"阴阳""二仪","五"指"五行""五色""五味""五声"等。万物同源并融通一体,且由"气"予以统摄,正如《庄子·知北游》所谓"通天下一气耳"。其实道教之道与气,大多是同体异名的关系,对于世界本源问题,并非道、气二元论。这就是道教的自然宇宙论,也是道教对世界的基本看法或根本观点,即世界观。

在道教文化中,对世界的看法除了自然宇宙论之外,还有神学创世论之说。道教神创论的立论基础有两点:一是以太上老君为"道"的形象代表而形成的太上老君创世说,如《老子想尔注》中对"道生一"之"一"注称,"一者道也",而且"一散成气,聚形为太上老君",就是将太上老君作为"道"的化身,于是,"道"生化宇宙天地万物就被解读为太上老君开天辟地。《太上老君开天经》称:"唯吾老君,犹处空玄寂寥之外,玄虚之中。视之不见,听之不闻。若言有,不见其形;若言无,万物从之而生。八表之外,渐渐始分。下成微妙,以为世界,而有洪元。"②"万物从之而生"即说明万物从"太上老君"而受命,易言之,太上老君具有创世造物的功能。二是以盘古神话和劫运思想为基础而建立的天尊创世说,如《元始无量度人上品妙经》说:"元始生育天地,混沌成合,其数亿千。"③意即:元始天尊生育宇宙世界,宇宙世界的存在和变化具有"数"的规定性,"这种宇宙数最终由道教之天神所掌握"。也就是说,"'劫运'与神创说一样,蕴含着道教对宇宙由来和结构的认识"④。这便是作为宗教神学的中国道教关于宇宙生命神秘性的一面,此所谓神学创世论。

我们知道,大凡神学创世论无不建立在各种宗教信仰基础之上。卓新平先生对"信仰"作如是界定:"'信仰'即指人通过对神圣超越的整体把握和对广袤宇宙的本体洞观而达到的一种自我超越,一种突破时空之限的前瞻和预

---

① 《道德真经指归》卷八,《道藏》第 12 册,文物出版社、上海书店、天津古籍出版社 1988 年版,第 355 页。
② 《云笈七签》卷二,《道藏》第 22 册文物出版社、上海书店、天津古籍出版社 1988 年版,第 10 页。
③ 《道藏》第 1 册,文物出版社、上海书店、天津古籍出版社 1988 年版,第 74 页。
④ 詹石窗:《道教文化十五讲》,北京大学出版社 2003 年版,第 146 页。

见。"卓先生认为,"以'信仰'来直面今世,可使人生成为过去、现今和未来的交汇,在此时空'瞬间'悟透大千世界,达到灵性的升华和超越。这里,宗教信仰亦属于人类超越之求的重要象征,它让人一方面对人生有着高屋建瓴般的驾驭,另一方面又在生活中持有那'平常心'带来的宁静。"而且宗教信仰"是人基于'信'而建立的一种世界观和价值趋向,一种具有超越之维的人生态度和生活方式,由此亦发展为一种影响深远的社会文化现象"①。此论可谓深刻。就中国本土宗教道教文化而言,此论同样成立。道教以"道"为其基本信仰,并以"道"统观宇宙、社会与人生,建构自己的世界观、人生观与价值观,形成"道通为一"的生命气象,具有以"道"通"三观"的生命统一性。

人们熟知的《南华经》"天地与我并生、万物与我为一"思想,一语道破出自然与人之间、宇宙大生命与个体小生命之间的同构与互动的和谐统一关系。大道无言,大道无形,道教以生代言道,以生显示道——在道教思想中,道与生相守,生与道相保,道就是生,生就是道,道与生是一体两面、须臾不离的。道生养天地万物,人乃万物之一,从本源意义上说,天地万物与人并无二致,皆为大化流行之存在,在本根上是同一的。道门中有人认为人与宇宙万物没有明显区别,万物同人类似,也有"五常百行",在他们眼中,野兽昆虫等群居性生物之活动,似乎表现出与人类德行一致的特征,所谓:

> 禽兽之于人也,何异?有巢穴之居,有夫妇之配,有父子之性,有生死之情。乌反哺,仁也;隼悯胎,义也;蜂有君,礼也;羊跪乳,智也;雉不再接,信也。孰究其道? 万物之中,五常百行,无所不有也。②

> 蚂蚁之有君也,一拳之宫,与众处之;一块之台,与众临之;一粒之食,与众蓄之;一蟲之肉,与众咂之;一罪无疑,与众戮之。③

此处所言禽兽之"五常百行",仿佛抹杀了"人禽之别",若从"同根共宗"的泛生命化层面上看,上引唐末五代道士谭峭《化书》是通过描述群居生物生活,

---

① 卓新平:《神圣与世俗之间》,黑龙江人民出版社 2004 年版,第 126—127 页。
② (五代)谭峭:《仁化·畋渔》,《化书》卷四,《道藏》第 23 册,文物出版社、上海书店、天津古籍出版社 1988 年版,第 598 页。
③ (五代)谭峭:《仁化·蝼蚁》,《化书》卷四,《道藏》第 23 册,文物出版社、上海书店、天津古籍出版社 1988 年版,第 599 页。

表达其宇宙生命价值理想:君民休戚与共,神气相通融和——"心相通而后神相通,神相通而后气相通,气相通而后形相通,故我病则众病,我痛则众痛"①——人类社会与宇宙自然皆含道性,原本融通无碍,然而,人却容易"自我中心","分别人我",倘若摒弃自高自大的独尊偏执,人不仅可以自我身心和谐康泰,个人与社会、人类社会与宇宙自然也可以返回到神气融通、和谐共处的生命通泰状态。

　　道门中人眼中的宇宙世界是生生之道大化流行的气象万千的生命道场,道生天地万物,天地万物各得其所,如果说天地万物是自在自然的存在的话,那么也可以说,道教不曾否认人之生命的独特性,不曾低估人对于自身生命及天地万物的独到意义,如说:"道生天生地,生人生物,而人为最灵,成仙入圣,惟人是赖,参天赞地,惟人是为。"②"人为最灵"意即人所禀受道性最灵,与其他生命存在相较,其灵明觉知使其成为一种自觉自为的存在,成为一种价值的主体,能够感知人生的使命,体悟生命的意义,创生生命的价值。道教认为,人以其特有灵性,可以体悟自然世界、人类社会及个人自身存在的意义与价值,万千世界乃一自然的存在,惟有人可以体悟其间之意义与价值,人依凭道所赋予的灵性,借助道传布的灵光,觉解宇宙万象之意义与价值,并主动参赞天地之化育,辅助天地"救物""利民",通过这一参赞化育的活动,实现人自身的意义与价值。如《庄子·马蹄》篇云:

　　　　吾意善治天下者不然。彼民有常性,织而衣,耕而食,是谓同德。一而不党,命曰天放。故至德之世,其行填填,其视颠颠。当是时也,山无蹊隧,泽无舟梁;万物群生,连属其乡;禽兽成群,草木遂长。是故禽兽可系羁而游,鸟鹊之巢可攀援而窥。夫至德之世,同与禽兽居,族与万物并,恶乎知君子小人哉!同乎无知,其德不离;同乎无欲,是谓素朴。素朴而民性得矣。③

　　"珍生""抱朴"便是道人立足道本体悟出的人生应然的生活方式,"至德

---

① 《道藏》第23册,文物出版社、上海书店、天津古籍出版社1988年版,第599页。
② 《唱道真言》卷五,丁福保:《道藏精华录》(下),浙江古籍出版社1989年(影印本)版,第32页。
③ (清)王先谦:《庄子集解》卷三,《诸子集成》第三册,第57页。

之世"实乃道门理想的宇宙生态。在道门中人看来,宇宙实然的存在之中蕴涵着价值的合理性,本原自然之"道",也是人为价值之基,道人之体道修真应"道法自然",就个体生命而言,"道法自然"实则"尊道贵德",也就是说,在尊崇道本的前提下,从个我性德出发,将共性与个性结合起来,将一元道本与多元实际统一对接,以鲜活之生与本原之道契合融通,将身心性命、天人物我陶冶炼养,这既是修道之士的应然修行法式,也是其获证价值的人生取向。

道教倡导"万物与我为一"的协同价值,并不否认人的价值主体地位,相反,却以物之生存状态来反观作为主体的人是否恪守或履行相应的责任,如《太平经》曰:"一物不生,一道闭不通;一物不养,一德不修治;一德不成,一仁不行,欲自知有道德与仁否,观物可自知矣。"①在"道"主生、"德"主养、"仁"主慈的生命观念观照下,观察万物的生存态势,自然可以反观人的伦理责任,可见道教以人为本的基本立场。

道教文化将宇宙视为人生演绎的时空存在,人生是宇宙世界的有机组成部分,认为人体与天地同源同构,所谓"天地大宇宙,人体小宇宙",人之生命与天地宇宙生命之间具有双向互动关系,而"道"是宇宙人生的永恒存在,也是天地运行、人的生命运动的规律。《周易参同契》提出道门欲求长生久视应效法天地,所谓"法象莫大乎天地",丹家俞琰于此发挥说:"道之大,无可得而形容,若必欲形容此道,则惟有天地而已矣。天地者,法象之至大者也。……修丹者诚能法天象地,反而求之吾身,则身中自有一壶天。"②道教就这样以身比喻天地,以修身模拟阴阳造化,以内炼金丹契合不死大道,寻求人生终极解脱。

### (二)"劝善成仙"的自在目的性

道教一方面高扬"抱一独善"的自在价值旗帜,另一方面也认可儒家"经世济俗"的社会价值,将儒者仁爱义举的利人价值纳入其人生价值系统,劝导修道之士积功累德,证成仙真。如《抱朴子·内篇·明本》曰:"夫升降俯仰之教,盘旋三千之仪,攻守进趣之术,轻身重义之节,欢忧礼乐之事,经世济俗之

① 王明:《太平经合校》,中华书局1960年版,第704页。
② (南宋)俞琰:《周易参同契发挥》卷八,《道藏》第20册,文物出版社、上海书店、天津古籍出版社1988年版,第252页。

略,儒者之所务也。外物弃智,涤荡机变,忘富逸贵,杜遏劝沮,不恤乎穷,不荣乎达,不戚乎毁,不悦乎誉,道家之业也。儒者祭祀以祈福,而道者履正以禳邪。儒者所爱者势利也,道家所宝者无欲也。儒者汲汲于名利,而道家抱一以独善。儒者所讲者,相研之簿领也。道家所习者,遣情之教戒也。"葛洪将儒道关注之人生价值对举,在他看来,儒家的人生价值着眼于个体对社会群体生存与发展的方面,道教的人生价值着眼于个体与生命大道的内在关联,而非现实社会群体的直接关系,认为儒家功利性的人生价值虽不乏现实意义,但也有其局限,显得过于空泛,易于消解主体自我,而道教标榜的却是"抱一独善"的个体自在价值。

"抱一独善"之"一"即"道",这是道教文化之价值标示,而"独"即单独个人,体现其对个体价值的肯定。这一独体价值在道教看来,是个人与生俱来的、自在的,这一自在的个体价值在《道德经》已有彰显,如其第二十章说:"众人熙熙,如享太牢,如春登台。我独泊兮其未兆,如婴儿之未孩。儽儽兮若无所归。众人皆有余,而我独若遗。我愚人之心也哉! 沌沌兮! 俗人昭昭,我独昏昏;俗人察察,我独闷闷。……众人皆有以,而我独顽似鄙。我独异于人,而贵食母。"这段话强调"我"与"独",以"我"之特立"独"行,一方面指陈众人的群体价值,另一方面突出独立的个体价值,凸显为道者对人格独立与精神自由的独特理解与充分肯定:那就是个体生命之意义与价值最终源于生命大道,出于生命主体对道的领悟与坚守;对个人而言,道内在于己,对道的遵循与回归,便是自我人生的神圣使命,也是人生的终究目的,这一目的是道所赋予的;道一旦赋予每个人之后,便内置于生命之中,成为一种自在,对于觉解的修道者而言,奉道而行、归依于道,即为人生之神圣使命,"抱一独善"亦即一种人生使命与生命价值的自觉。

儒家并非完全否定人的自我价值或个体价值,然而,"儒家把人看成是一种以伦理心性为本的社会存在,把体现人与人关系的社会价值的仁义看成是人存在的基本依据,因而在其人生价值观上,它是以社会道德秩序标准的仁义的体现作为人生的最高价值追求";"仁义也是儒家人生价值观的基本目标,而这一目标的体现者就是圣人,所以,对社会中的人来说,人生的最终目标就是成圣。在儒家看来,人生活的意义与价值并不在于人的生理和自然存在,而是在于其生活是否体现了仁义"。① 诚然,孔子的核心精神是"仁",孟子的核心精神是"义",所谓"孔曰成仁,孟曰取义",便是以孔孟为代表的儒家有关人生价值的基本看法和根本观点。"仁"字从人从二,本意是人不能自私,要常常想到别人,应关爱他人;"义"的意思是不同身份、各个阶层的人,都应遵循天道和人道,不可违背人伦物理,从积极一面而言,此所谓"义者循理",其实,"理"就包含条理、秩序之意,而"循理"就有遵循秩序、恪守本分之意。儒家着眼于人的社会性层面,将体现人与人的社会价值的仁义视为人存在的价值标示,将个体人生的意义与价值置于与他人、社会、天地的关联中,并且以"立人立己""达人达己"的善德义举来促成实现。在某种意义上可以说,这种价值践履方式一方面提高了内在德性修养,另一方面也巩固了社会秩序稳定,是得到道门充分肯定的,如《抱朴子·外篇·省烦》所谓:"安上治民,莫善于礼。弥纶人理,诚为曲备。"此皆儒家以社会为本位的人生价值观的积极意义。客观地说,这一积极意义的实现有一基本逻辑前提,这一前提就是,其所要维护巩固的人伦物理之秩序是合理合法的,适宜人的生存与发展的,然而问题的复杂在于,人并非抽象的存在,而是如马克思主义经典作家所言,"人在现实性上,是一切社会关系的总和",以"社会道德秩序标准"界定的"仁义"价值,对于每一鲜活的各自独立的生命个体,除却以服从社会的规制之外,难有自主开拓自在价值的空间,因为生命个体相对于社会整体是渺小的,若一味顺遂,个体便淹没其中,若逆流而动,则生存维艰,若倡导革新,即便是孔圣人也有"天下有道,丘不与易也"的感叹,又谈何容易,于是,只剩下"知其不可而为之"之执着精神。再者,儒家"杀身成仁""舍生取义"的价值取向,"经世济民""内圣外王"的价值目标,对于芸芸众生,因其高远单一,易于让人望而却步,因为相对而言,经世济民与建功立业需要具备很多外在的社会性的条件,所谓天时地利人和诸多因素缺一不可,但对于个人而言,这些因素却是可遇而不可求,个人可以把握的不多,从这层意义上说,功成名就者皆为命运的幸运儿,对大多数人而言,较为现实的、可取的人生价值获取方式,便在于遵循以仁义之善为内容的道德规范,恪守为维护家国生命持续发展为要义的人生使命,通过血

① 杨玉辉:《道教人学研究》,人民出版社2004年版,第250页。

脉延续善德传承的方式,成就族群需要的善德人格,以自己的德性精神汇入族群人文洪流,犹如接力赛中的一个赛手,顺利交接自己的一棒,充当族群生命历史链条上的一个节点,尽量让自己"活"在家国族群人文历史中,借人文历史这一不朽的载体,为自己安身立命,进而获得人生价值。如此的人生价值生成方式,实乃将个人人生价值融入家族、社会、民族、国家、人类乃至天地等关系之中,这种融入式人生价值,对族群整体而言无疑具有积极意义,但人之为人的非常重要的一点在于其精神,人类精神生活的一个重要特点就是其价值目标指向的无限性与多样性,这种无限性与多样性不仅仅反映在不同的个体之间的悬殊,也体现于具体个人与其生活的社会、时代之间的差异,即便是同一个人,在其人生的不同阶段,面临不同的人生境遇,其价值权重也会发生变化,犹如儒家孟子所谓"穷则独善其身,达则兼济天下",此说间接承认了融入式价值生成论之不尽人意,这些不尽人意之处,便为包括道教在内的其他教派的人生价值主张留下了生长空间。

　　道教与儒家类似,也以弘道扬善戒恶为己任,劝人行善积德,挺立良善人格,然而,道教劝善戒恶不同于儒家侧重倡导的社会价值,更多是为了得道成仙的终极解脱,其劝人为善乃是为了成就仙格之终极价值,简言之,"劝善"是为了"成仙"。如谭峭《化书》卷四之《仁化》篇论说"善恶":"为恶者畏人识,必有识者;为善者欲人知,必有不知者。是故人不识者,谓之大恶;人不知者,谓之至善。好行惠者恩不广,务奇特者功不大,善博弈者智不远,文绮丽者名不久。是以君子惟道是贵,惟德自守,所以能万世不朽。"儒家以家国族群等社会整体为本位,以维护整体生存与发展为要义,其所标榜的仁义善德,原本导人去恶从善,却易于演化为伪善的工具,异化成牟取功利的手段。如所谓"为恶生怕人识""为善恐人不知"之列,并非真诚戒恶行善,也就是说其行善去恶不是为了善性在自身的体现或增长,恶性在自身的减少,只是担心他人是否知道自己的善恶之举,以及他人知道之后所造成的对自己名利的影响效果。在道教看来,如此劝人为善积德,其善其德充其量属于"阳善""阳德",乃为他人所知之善德,道教虽不否认此类善德,但更加推崇"至善""上善",倡导"广积阴德",即大行其善而不求为人所知,如陶弘景谓:"无谓幽冥,天知人情;无谓暗昧,神见人形。心言小语,鬼闻人声。犯禁满千,地收人形。人为阳善,吉人报之；人为阴善，鬼神报之。人为阳恶，贼人治之；人为阴恶，鬼神治之。故天不欺人依以影，地不欺人依以响。"①再如《道德经》所谓"上善若水""水利万物"而不争名不求利等——儒家的劝善戒恶有其局限，若仅以社会价值为标准，借由他人作监督，那就不够彻底，不似道教将广积"阴德"与生命安康贯通起来那样彻底，道教将善恶之心之行与其行为主体及其生命状态直接关联起来，力促个人把行善去恶变成一种内在自觉自愿的行为，而非迫于自身之外的其他压力，亦非出于生命之外的功利考量——道教的善恶教化是以"尊道贵德"为主旨，以变化气质为要务，以"生道合一"为目标，以善德促进生命转化与精神超越的人生价值学说。

道教人生价值学说，将儒家以仁义等德目纳入修道证仙系统，强调"长生之本，惟善为基"②"入善为生，为恶而死"③，其实已将仁义之善转化为修道证仙的基础性条件，认为惟有德性生命完满才有可能得道成仙，得道成仙才是为善去恶的价值目标，而这一价值目标是为修道主体个人设立的，不似儒家着重维护族群生命繁衍，或挺立个体良善人格，而是将个体生命的迁化成仙作为终极价值目标——简言之，道教是从生命个体的体道悟真、修道成仙的价值路径进行的，虽也肯定个人对其所在群体组织之意义与价值，但此类处于从属地位，属于外显价值。

需要说明的是，道教虽有"欲修仙道，先修人道；人道未修，仙道远矣"之论，但其修行人道毕竟是手段与途径，修炼仙道才是目的与旨趣，证成仙果才是终极价值目标所在，而且这一价值目标的达成，是立足于个人性命与不朽之道的内在统一的基础上，其价值主体更多指向特立独行、自由自在的个人，于此，道教与佛教之人生价值观有一定的相似性，但前者更是从"道"与个人的直接关联阐释善德的不可或缺，尤其是从生命的源头与归宿与"道"的关系立论。

---

① 《养性延命录·教戒篇第一》，《道藏》第 18 册，文物出版社、上海书店、天津古籍出版社 1988 年版，第 477 页。

② 《墉城集仙录》卷一，《道藏》第 18 册，文物出版社、上海书店、天津古籍出版社 1988 年版，第 166 页。

③ 《太上老君戒经》，《道藏》第 18 册，文物出版社、上海书店、天津古籍出版社 1988 年版，第 209 页。

如果说"孝悌者也，其为仁之本欤"乃儒家仁义价值在现实生活的基本诉求的话，那么可以说，这一价值诉求明显具有血缘关系的印迹，而立足血缘行人伦之孝，在实践上虽具有可操作性，在现实中也易于为人接受，但在理论上也有其局限性。与此不同的是，道教也倡导慈善，劝人行孝，但其行孝对象不仅是生身父母，更有"万物父母"，后者又被称为"玄父玄母"，亦即法身父母，实乃宇宙本体"大道"，如《慈善孝子报恩成道经》说："大道幽虚，寂寥无名，孝出乎无禀元受生，生形法孝，无名曰道。……有形之类，非道不生，非孝不成。故大道生元气，元气生太极，太极生天地，天地生万物。道为万物父，亦为万物母。又曰：道生一，一生二，二生三，三生万物。万物得道则昌，失道则亡。精微柔弱，忍辱慈孝，进修中道，心无懈倦，以孝自牧，上报元恩，玄父玄母，二亲大恩。故名行孝，行孝道也。"①儒家《孝经》以"身体发肤受之父母，不敢毁伤"为孝行，这在道教看来，这一孝行不够彻底，不够究竟，因为它只顾肉身色身，不及法身真身，最为彻底究竟的莫过于通过性命修炼和道德实践，追求生道合一，实现自身长存与精神圆满，如此行孝，方可"上报元恩"，臻于"至善"，止于"至善"即成就仙真，因为仙真是至真、至善、至美的统一。在道教看来，人之生源于"道"，"道"是至真、至善、至美的统合集结，人因修道而证得仙真果位，实现至真、至善、至美的相即不离，即本于法身父母之"道意"，回归生命之本根，乃最为彻底的孝行，修成"万世不朽"，便是最究竟的德行，此时，类似儒家以孝悌仁义为要义的善德，被道门纳入，视其为个体生命的转化与超越的基础条件，这种转化与超越是个体生命之内的事情，因为每一生命个体与"玄父玄母"生命是直接关联的，修道证仙是个人与"大道"直接发生关系的，对于个人而言，道内在于己，道在养生，修道是求证自在的人生目的，完成自己的人生使命，即对道的完全回归，此所谓"生道合一"而"不死成仙"。从这层意义上说，道教人生价值观具有"劝善成仙"的自在目的性。

（三）兼炼性命的永生超越性

如果说所谓"终极关怀"，对中华生命文化而言，其本质要义便在于对人

---

① 转引自王卡：《生命的源泉与归宿》，郭武主编：《道教教义与现代社会国际学术研讨会论文集》，上海古籍出版社 2003 年版，第 330 页。

生终极价值的确证,那么可以说,道教之"神仙"人格具有不同于儒家之"圣贤"、佛门之"佛陀"等人格理想的属性。从人生价值的着力点而言,道之"仙"明显异于儒之"圣"之处在于,后者侧重于人生的社会价值,前者倾向于个人的自在价值。释家虽与道门一样,亦注重个人自在价值,但因其对人生的基本认识与价值判断有别于道门,其对人生的解脱之方、终极价值之证,自然与道门大相异趣。

道教以"道"观人,以生合道,炼养人性之"神"性契合不朽之"道"性,追求人生之超越价值,与之类似,"佛教人生价值观的基本目标是佛性在人身上的体现,而佛教人生价值观的体现者就是佛,所以佛教追求的人生最终目标就是成佛。在本质上,佛教的人生价值观是指向个人的,是希望根本消除和摆脱人生的烦恼和痛苦;但因为佛教所指向的人生目标是超越现实世界的,所以它又体现了一种对现实人生利益的否定倾向。其倾向是个人主义的,但却是一种否定现实功利的个人主义"①。佛教的人生价值观虽指向个人,但因其"缘起性空"的理论预设——认为人乃"色""受""想""行""识"等"五蕴"和合而生,而五蕴又是分散而灭、成坏无常、虚幻不实的,因此,人在本质上并非固定的实体性存在,而是"空"的。如佛教经典云:

> 我今此身,四大和合……四大各离,今者妄身,当在何处? 即知此身毕竟无体,和合为相,实同幻化。四缘假合,安有六根,六根四大中外合成,妄有缘气于中积聚,似有缘相,假名为心。善男子,此虚妄心,若无六尘,则不能有,四大分解,无尘可得,于中缘尘各归散灭,毕竟无有缘心可见。②

> 色不异空,空不异色,色即是空,空即是色;受想行识,亦复如是。③

"缘"指现象赖以生起的条件,"起"即生起,"性"指人的本性、本质,"空"即依存性、条件性,亦即因缘性。在佛教人生理论中,人乃相对性依存关系的存在,而非固定的实体性存在,在本质上是"空"的,而且,不仅人是如此之"空",即

---

① 杨玉辉:《道教人学研究》,人民出版社 2004 年版,第 260 页。
② 《圆觉经·普眼菩萨》,南怀瑾讲述:《圆觉经略说》,北京师范大学出版社 1993 年版,第 67 页。
③ 任继愈:《佛教经籍选编》,中国社会科学出版社 1985 年版,第 15 页。

便整个世界也是"空"的。

　　佛教认为,不仅人生和世界是虚空的,而且现实人生是痛苦的,而导致人生无限痛苦的根本原因在于人的无明,即对人生和世界的本质缺乏真正的认识,对人事物理不能做到通达明了,也就是所谓对真如的无明。如《华严经》说:"世间之乐,无非是苦。众魔境界,愚人所贪,诸佛所呵。一切苦患,因之而起。"①要从这种人生的无尽痛苦中解脱出来,消除对人生和世界认识的无明和妄见,唯一的途径就是觉悟真如,明了尘世的虚幻不实与人生的苦痛本源,为此,佛陀慈悲开示,为人指出解脱之道。如《泥洹经》曰:"一切众生,皆有佛性,在于身中。无量烦恼,悉除灭已,佛便明显。"②这一解脱之道大致说来,包括以"苦""集""灭""道"为内容的说明人生本质与正确道路的"四圣谛",以及以"正见""正思""正语""正业""正命""正精进""正念""正定"为根本修行方法的"八正道"。此"八正道"又可归结为"戒""定""慧"三学。在佛教人生理论中,明了"四圣谛",修持"八正道",历经"戒""定""慧"三环节,便可进入契合真如的涅槃境界。在佛门看来,戒以除贪,定以除瞋,慧以除痴;修行戒定慧,消除贪瞋痴,人生得解脱。如《杂阿含经》说:"涅槃者,贪欲永尽,瞋恚永尽,愚痴永尽,一切诸烦恼永尽,是名涅槃。"③涅槃境界就是佛教人生追求的最高价值境界。

　　佛教肯定"一切众生,皆含佛性",认为人人都有可能通过"渐悟"或"顿悟"而超越成佛,这与玄门对"道性"之于"人人具足,个个圆成"之修道成仙学说相似,但在对即身修道具体问题上,两家还是有区别的。释家虽认为人乃由"色""受""想""行""识"等"五蕴"和合而成,其中"色"指构成人的身体和客观世界的物质因素,如"风""火""地""水"等,而"受""想""行""识"是对人的各种精神意识活动的概括,统合而言,人被视为物质与精神的统一体,易言之,人也是形与神、身与心的统一。然而,由于其否定人的物质存在或肉身存在的真实性及其价值,这种形与神、身与心的统一性却最终被打破。佛教实际上倾向于将人看成是一种心性的存在。

---

① 《华严经·十回向品》,转引自陈兵主编:《佛教格言》,巴蜀书社1994年版,第189页。
② 《大般泥洹经》卷四,《大正藏》,第376页。
③ 《杂阿含经》卷十八,《佛藏要籍选刊》(四),上海古籍出版社1994年版,第666页。

与此不同,道教全面强调人的形(精)、气、神三个方面(亦可表述为性与命两个方面)对人的存在与发展的重要价值,认为人的存在是形(精)、气、神或性与命的有机统一,而且是几个方面缺一不可,尤其是对"气"与"生"之间关系的体认以及由此提出的修炼原则与方法,是道教有别于儒释人生价值学说的又一重要特征。

《抱朴子·内篇·至理》说:"夫人在气中,气在人中,自天地至于万物,无不须气以生者也。"再如是书《极言》云:"苟能令正气不衰,形神相卫,莫能伤也。"道教以"气"释"道",以"生"为"道"之异名,并以"气"关联"形(精)"与"神",进而认为人是精、气、神的统一体,精、气、神乃人身三宝,是维持人体生命的最重要的因素,由此建构人之生命观念,为其人生价值理想服务。道教以健康长寿、成仙成祖为人生价值理想,为达成这一价值理想,在现实生活中,道教认为须"爱气尊神重精",以维护精气神的全真为归依。如《太平经》说:"三气共一,为神根也。一为精,一为神,一为气。此三者,共一位也,本天地人之气。神者受之于天,精者受之于地,气者受之于中和,相与共为一道。故神者乘气而行,精者居其中也。三者相助为治。故人欲寿者,乃当爱气尊神重精也。"[1]世人"爱气尊神重精"最为基本的价值目标在于健康长寿,修道之士则要将这一价值目标放大拉长,以至长生久视、得道成仙,获得生命的究竟解脱。为道者追求的生命解脱,从养"气"入手,以"炼形为上",在修行方法上,这与佛教存在一定的差异,如南朝(宋)颜延之(384—456年)《清者人之正路》指出:

> 为道者,盖流出于仙法,故以炼形为上;崇佛者,本在于神教,故以治心为先。炼形之家,必就深旷,反飞灵,餐丹石,粒芝精,所以还年却老延华驻彩,欲使体合縹霞轨遍天海。此其所长。……治心之术,必辞亲偶,闭身性,师净觉,信缘命,所以反一无生,克成圣业,智邈大明,志狭恒劫。此其所贵。[2]

佛门"本于神教","以治心为先",追求精神的空寂和安宁,故而"辞亲

---

① 王明:《太平经合校》,中华书局 1960 年版,第 728 页。
② 《弘明集》卷十三,上海古籍出版社 1991 年版,第 90 页。

偶""闭身性""师净觉""信缘命",呈现出其对现实价值的超越性,并以"知一切法空无所有,亦无所著……都无所著,已不起世间想,复无恐怖,便般涅槃"①之心灵觉悟为人生的终极价值,这种重心性空寂、却"反一无生"的价值观念,因其对人生之现实价值之否定而达至灵性生命之终极解脱,这在道教看来,其价值目标是可取的,但实现价值目标的方式却不敢苟同。人生即修行,而修行应立足人生,追求个性解脱,佛道于此有共识,但在成就个人终极价值的修行方式上却是有差别的。道教思想家认为,应从现实人生之生命基本元素"气"入手,以炼气行炁,炼形合神为基础功夫,从延年益寿,进而证道成仙。如葛洪《抱朴子·释滞》云:"故行炁或可以治百病,或可以入瘟疫,或可以禁蛇虎,或可以止疮血,或可以居水中,或可以行水上,或可以辟饥渴,或可以延年命。其大要者,胎息而已。得胎息者,能不以鼻口嘘吸,如在胞胎之中,则道成矣。"再如白玉蟾《必竟凭地歌》亦曰:"人身只有三般物,精神与炁常保全。其精不是交感精,乃是玉皇口中涎。其炁即非呼吸气,乃知却是太素烟。其神即非思虑神,可与元始相比肩。……岂知此精此神炁,根于父母未生前。三者未尝相返离,结为一块大无边。人之生死空自尔,此物湛寂何伤焉?"紫清真人对人身之精气神这"三般物"进行先天、后天之甄别,深究此三宝与人之生死之关联,指出修幻身后天之精气神(或曰后天性命),返真身先天精气神(或曰先天性命),乃道门炼养之真谛。薛阳桂对此真谛作如是诠释:"性命者,人之根本也。精气神,人之大用也。人身三宝,惟此为贵,然亦有先后之别。先天之精,即天一所生之水,有理而无形,具于炁中,融贯一身,每至亥子之交,一阳来复而生,谓之元精。苟一动念,立化为后天有形之物。其先天之炁,即中宫之祖炁,谓之元炁,日化后天营卫于百脉,非只呼吸之气也。先天之神,即心中灵明,谓之元神。一涉知识即变而为后天思虑之识神。故修道藉后天而复先天,贵先天而不贵后天也。"②

白玉蟾再传弟子李道纯云:"全真道人,当行全真之道。所谓全真者,全其本真也。全精、全气、全神,方谓之全真。才有欠缺,便不全也;才有点污,便

① 《增一阿含经》卷十,《大正藏》第 2 卷,第 594 页。
② 《梅华问答编》,《道藏男女性命双修秘功》,辽宁古籍出版社 1994 年版,第 483—484 页。

不真也。全精可以保身。欲全其精,先要身安定。安定则无欲,故精全也。全气可以养心。欲全其气,先要心清静。清静则无念,故气全也。全神可以返虚。欲全其神,先要意诚。意诚则身心合而返虚也。是故精气神为三元药物,身心意为三元至要。学神仙法,不必多为,但炼精气神三宝为丹头,三宝会于中宫,金丹成矣。"①炼养生命之精气神,使现实个体生命达至精满气足神旺,保持身心康泰,继而,逆炼三宝,采药合丹,以金丹大道契真返源。前者是后者的基础,后者是前者的升华。

在道教人生理论中,有"顺则成人,逆则成丹"之说,陈致虚《金丹大要》对此进行揭示:"是以三物相感,顺则成人,逆则成丹。何谓顺?一生二,二生三,三生万物。故虚化神,神化气,气化精,精化形,形乃成人。何谓逆?万物含三。三归二,二归一。知此道者,怡神守形,养形炼精,积精化气,炼气合神,炼神还虚,金丹乃成。"②逆修是道教获证人生终极价值的不二法门,这一法门并不排斥也不否定现实人生,尤其是对色身康健价值的充分肯定,认为这是修道合真的基础,倘若没有这一基础,体道合真便成为无本之木,修道证仙也就无从谈起;若仅知顺生,不懂逆修,则不能证得究竟解脱。

竹阳女史颜泽寰《男女丹工异同辨·序》称,"释藏深邃,详性略命"③。此说甚是。佛门出于"人生皆苦"的基本判断,其人生价值取向便会走向对现实人生的根本否定和对佛国境界的完全肯定,从而为世人确立"离苦得乐"涅槃圆觉的终极价值,这一终极价值的实现,即"佛教追求(的)人生解脱,最终归结为心的转化和超越"④。白玉蟾辑《修道真言》指出:"玄修与释家不同,释家呼此形骸为'臭皮囊'。道家入门,全要保此形体,故形为载道之车,神去形自死,车败马即奔。"道门玄修,不执着于幻相,不滞着于顽空,而是凝神聚气,性命兼修,合道成仙,求得永生。

道教以兼炼性命获取永生实现对人生的超越,在坚持性命双修的原则下,

---

① 《中和集·全真活法》,《道藏》第 4 册,文物出版社、上海书店、天津古籍出版社 1988 年版,第 501—502 页。
② 《上阳子金丹大要·精气神说下》,《道藏》第 24 册,文物出版社、上海书店、天津古籍出版社 1988 年版,第 16 页。
③ 《藏外道书》第 26 册,巴蜀书社 1992 年版,第 448 页。
④ 方立天:《中国佛教哲学要义》(上卷),中国人民大学出版社 2002 年版,第 57 页。

虽有先性后命、先命后性之别,但大都认为性命一体,主张性命兼修,如吕洞宾《敲爻歌》说:"只修性,不修命,此是修行第一病。只修祖性,不修丹,万劫阴灵难入圣。达命宗,迷祖性,恰是鉴(整)容无宝镜。寿同天地一愚夫,权握家财无主柄。"①此即是对性命偏修的批评。在吕纯阳看来,若只修性,不修命,则不能炼化阴灵,使阳神出窍而超凡入圣;若只修命,不修性,虽寿齐天地,却心无主宰,犹如要照面容却无宝镜一般。

在道教生命文化中,性命有先后天之分,人生修炼乃立足于后天性命,复返先天性命,一旦"厥性复初",其实性命不二,此亦即生道合一的永生境界。如金丹派南宗《修道真言》云:"故形为我所爱,我亦为形所累。若将此一段灵性,做到把握得住时,出生入死,总由我使唤。"再如《修道真言·序》言:"盖道之大原出于天,天之命于人者,即此一点灵光耳。人人具此灵光,无分贤愚,无论贵贱,莫不能全受全归,以后天返先天,厥性复初,不堕轮回,不堕地狱,拔祖超玄,永作世外之客,长享快乐之天。"道门倡导的超凡入圣、修道成仙的价值生成之路,不似儒家之"尽性以立命",也有别于释家之"见性而度命",却强调"成性以复命"②,道教这种修炼人生与儒门挺立仁义善性的圣贤人格、释家空寂心性的证悟理路区别开来,道教也以其性命兼炼凸显了人生价值观的实践哲学特征,诚如有学者指出的那样,"道教哲学是一种探讨生命价值及生命现象的'性命之学'。它以人为价值本位,探讨什么才是人的自然存在和真实本性,以及如何超越异化的现实世界和生死大关,获得人格独立与精神自由,使个体生命与永恒的自然之道合一的问题"③。对这一人生问题的圆满终究解决是每一位修行人士终身躬行的功课,也是每一代玄门修士薪尽火传的事业。道门中人就这样以兼炼性命践行生命信仰,以实证实修演绎真心真信,以遵循皈依大道修证仙真成就人生超越价值。信仰原本心灵之事,非眼见之事,却可化为躬行之力,躬行之力可显生命之效,道人以其实修让人见证其真信,世间也在道人弘道修道助推之下不断致真向善、利乐和美。

① 《藏外道书》第6册,巴蜀书社1992年版,第180页。
② 《吕祖师三尼医世说述序》,《藏外道书》第10册,巴蜀书社1992年版,第346页。
③ 王卡:《生命的源泉与归宿》,载郭武主编:《道教教义与现代社会国际学术研讨会论文集》,上海古籍出版社2003年版,第329页。

### 三、道教仙梦及其人生意蕴

道教作为中国本土宗教,它既不像耶教以死后的天堂复活来吸引生人,也不似儒教从精神不灭中去傲视死亡,更非佛教视人生为苦海、以死亡为解脱之途,而是要保留一个肉身的自我,坚信肉身与精神同在,执着性命双修,追求"生道合一"的神仙境地,获取"长生不死"的永恒价值。这一长生不死的生死观本身,既是现实个我"恶死悦生"的生存本能意向的直接表白,也是人类追求精神自由与生命不朽的技术尝试,它绝非简单的痴人说梦,其背后蕴涵丰富的人生意蕴。

#### (一)长生不死之仙

在道教看来,大道陶冶,万物化生,人居其一,乃灵性之物,所谓"陶冶造化,莫灵于人"。于是,为道者便可以灵性探索生命律则,以意志引领生命航程,而且坚信人力能够参与甚至主导生命历程,"夺天地造化之机",突破自然常识,提升生命能级,修得"形神俱妙",最终"与道合真"而不死成仙。

不难看出,"仙"之本意是指人之轻举上升或长生久寿,前者侧重于生命迁化提升的过程,后者侧重于超凡脱俗的结果,二者皆立足现实生命,指向理想人格。而道教思想中的"仙"字已是这两种含义的结合。道教思想家葛洪一再强调"仙化可得,不死可学";明确指出"神灵异类,非可学也"。在他看来,"神""仙"有别——神灵与凡人本质殊异,二者之间有天然不可逾越的界限,凡人不可能通过修炼之类的途径跻身神灵;而仙与人同类,是凡人修炼形神、变化气质的理想结果。葛洪也用"神仙"一词,其中"神"用以修饰"仙",在很大程度上是对"仙"的功能概述,如"上能耸身于云霄,下能潜泳于川海"。如此以来,"神仙"实指具有神奇功能的得道之人。葛洪为那些出世而又不离世、得道而寿老不死之人编纂而成《神仙传》。

据《四库全书》丛本和《广汉魏丛书》本所载,葛洪《神仙传》共立神仙99位,其中如老子、尹喜、刘安、魏伯阳、张道陵、孙登、左慈、葛玄等,皆为历史名人,另有20人成仙前曾有出仕经历,至于其他仙人亦均有史迹可按。他们证道登仙,各自有因,但都是由凡人修道所致。葛洪将仙人分为三大类型:"上士举形升虚,谓之天仙;中士游于名山,谓之地仙;下士先死后蜕,谓之尸解仙。"三种类型的仙人,无一不是凡人在尘世修炼得道迁化而成。他们突破了凡人的生命极限,实现了灵与肉的相即不离,能够"登虚蹑景,云輦霓盖,餐朝霞之沆瀣,吸玄黄之醇精,饮则玉醴金浆,食则翠芝朱英,居则瑶堂瑰室,行则逍遥太清",出入于不死的生命境域,获得了真正的逍遥自由。

仙界胜境既有殷实的物质享受,又有精神的自由洒脱。这一仙境其实就是尘世理想乐园的转义与升华。在道教看来,神仙生活不在人生彼岸,亦不在生命尽头,就在当下生命之内,而且是生命作为的结晶硕果。生命诚可贵,贵在生命单程,生命真乃重,重在生命之操行,所谓"寿命在我者也,而莫知其修短之能至焉"。只要操之得当,便可"还丹成金亿万年"。

**(二)价值生成之梦**

道教理想的"神仙"人格不同于儒家、释家与耶教的最明显之处,在于其肯定了个体生命灵肉的完整性,凸现了生命潜能的无限性,并集中浓缩成以"长生不死"为主要特征的生命伦理观。道教被誉为"中国文化根柢",而作为道教思想重要组成部分的生命伦理观,在某种程度上顺应了国人恋生心态,也合乎了人类超迈本性。客观地说,这种独特的生命伦理观是人类个体生命寻求自我不朽、价值常在的一种梦境投射。

道教立足现实人生。在对待现实生活欲求问题上,道教生死观可谓国人实用理性在某种程度上的流露与发挥。生存与发展问题历来都是人类社会永恒的生命主题。国人对人间福、禄、寿的深切关注,尤其是对寿老与福祉的价值渴求,道教并非简单地接受或排斥,而是采取肯定——否定——肯定(否定之否定)的态度,运用接纳、生成、升华的方式,凝聚于神仙观念之中,通过"仙"梦而复活再现。首先,道教坚持以个我生命身心两安互持为其生命存在的前提,对物质享受与精神追求进行双向肯定,尤重人生欲望的合理安顿,强调道不远人,身中载道,这也就比较贴近现实民生。接着,道教否定凡俗功利,倡导逆返求道——在体道修德、长生合真的修为过程中,在追求个体当下生命延绵的历程中,达成与永恒绝对之本体之道的合和不二——道教劝诫世人要放弃尘世间的功名利禄,效法大道,淡泊宁静,简易功夫,斋心闭户,冥合道体,以有为逆返之积极方式,达致大道无不为之生命态势。而这种无不为的生命态势,正是道教所谓得道成仙的境地。于此佳境,人间嗜望的福、禄、寿,悉数得以更高层次上的兑现,人生欲望的再次得到肯定,或许这也就是"仙"梦之魅力所在。

仙乃人之梦,由凡及仙的历程,无疑也是一个梦想成真的过程,是理想人生价值实现的过程,是凡俗功利蜕变升华的过程。个人的创造性活动成为此过程中极其关键的环节,这种创造性活动也是人类本性的一大亮点。

20世纪初,以"符合形式"人学学说著称的德国哲学家恩斯特·卡西尔说:"人的突出特征,人的与众不同的标志,既不是他的形而上学本性,也不是他的物理本性,而是人的劳作(work)。正是这种劳作,正是这种人类活动的体系,规定和划定了'人性'的圆周。"①道教预设生道合一的"仙人"人格,统合形神,融通福寿,无疑就是为信徒体道合真塑造了一种生命"符合形式"。在卡西尔看来,人便是在创造活动中,通过现实化"符合形式"来实现人性的圆周,而且"人只有在创造文化的活动中,才成为真正意义上的人,也只有在文化活动中,人才能获得真正的自由。"②道教通过"神仙""符号"既把神的灵性融入俗世的生活,又把人的本性升华到神圣的境地,构筑生命意义"符号",凝聚生命核心价值。这种"符号",感通凡仙,交汇神人,极富生命情愫,或许正是道教超越死亡之真义。不仅如此,道教还为信徒指明了超越死亡之通途,帮助他们实现不死梦想,成就生命终极价值。

道教认为,道是宇宙万物中的永恒存在,它无始无终,长存不灭,而道并非虚无缥缈,它遍存于万物,并通过生命形式呈现其功能,因而就有"身中有道"之说。《老子河上公章句》明确提出道不远人、身中蕴道的思想,强调"善行道者,求之于身",告诫人们"善保身中之道"。既然生命的现存被视为道的表象,那么长生不死的可能性和基础便内在于各人自身。这样,"身中有道"便成为道教根本性的生命信仰之一,没有对此的"笃志至信",生命修为便无从谈起,而且"至信至勤"的个人修为便是凡界通往仙境的必由之路。《抱朴子·内篇·辨问》云:

> 至于仙者,唯须笃志至信,勤而不怠,能恬能静,便可得之。

---

① [德]恩斯特·卡西尔:《人论》,甘阳译,上海译文出版社1985年版,第87页。
② [德]恩斯特·卡西尔:《人论》,甘阳译,上海译文出版社1985年版,第87页。

在道教看来,生命个体只要潜心向内用功,勤而不怠,达其浅就能役用万物,得其深即可长生成仙。合真体道既要"以药物养身,以术数延命,使内疾不生,外患不入",又要医世济俗、"积善累功",而且"积善事未满,虽服仙药,亦无益也。……善功不足,故不能升天耳"。可见善功对于仙果具有基础性意义。即使列入仙班,又因善功不同,而有"尸解仙""地仙"与"天仙"之次第分别。《抱朴子·内篇·对俗》明言"人欲地仙,当立三百善;欲天仙,立千二百善"。足见善功累积数量与仙阶成就等级之间的内在关联。由凡及仙,再从地仙到天仙,既是生命品格的依次升华,又是价值生成的逐步上扬。

然而,个人生命的有限,是无法改变的事实,也是个体生命的莫大悲哀,不过,延年益寿却也是人类不曾间断的生命康健主题,而道教冀望在对"长生"之梦的追求中,求得对"不死"之"道"的把握,这种"生与道合"的生命价值取向,不能说纯粹是痴人说梦。客观地说,对于"不死"的探求也不是道教的独家专利,别家他派也在致力于"不朽"或"永生"的事功与业绩,他们的分殊只是在对"不死"的内容理解与致"永生"的方式方法上。若撇开"仙"梦的神秘外衣,视其为对人生境界的追求,对生命终极价值的关切,那么,对于现时代人们的生命实践与价值开启无疑仍具有一定的借鉴意义。

**（三）伦理意蕴之思**

长生不死是道教的终极追求,仙道贵生是道教生命伦理的核心内容。道教生命伦理是生命情感、生命意志与实用理性的复合融通体。它从不同视阈诠释了个体生命的意义与价值。

《老子想尔注》将生置于道的高度,明确提出,"生,道之别体也"。从存在的角度,把生与道等量齐观。至于个体之生与整全之道的关联,《太上老君内观经》说:"道不可见,因生以明之;生不可常,用道以守之。若生亡,则道废,道废则生亡。"整全永恒之道化为个体有限之生,道在生中,生中寓道,有限之生蕴含无限之生机,于是生与道的契合为一就是个体生命的超越之路。

在"仙道贵生"这一核心命题之中,"贵"即珍重,意味着价值取向,"生"即生命或生存,代表道教的价值目标,于是"贵生"亦即"生为第一要义"。当然,"生"又有"生命""存活"两层含义,其中"生命"既包括现实生命各种形态,又涵盖形上生命本原（即"道"）;"存活"与"死亡"相对,有维持现存与延展永存二意,前者侧重于现实生存,后者指向未来发展。在"生"的现实形态即世间万物,而人乃万物之一物,"有生最灵,莫过于人",人禀受精微纯正中和之气,故"其性最灵"。正是这种生命灵性,使人与其他自生自灭之物区别开来,人也正是凭借这一灵性进行生命操作,改善生命状态,提升生命能级。这一自为操作历程,亦即修身养性工夫,简称修身。

修身的实质亦即修生。道教的修身以与道冥合为方向,以己用与他用为尺度。他用即实现对他人(含他物)、社会之效用,己用即通过自身体悟、力行而实现道不离身、生道合一。尤其是在己用之中,使自身生命能量层级不断提升、生命内涵价值不断聚增。在此过程中,通过性命双修,变化气质,使人性得以升华,让人道攀升至极致便为仙道,此所谓"仙道乃人道之极"。然而,他用与己用又有层级分别:他用的实现需要较多的外在条件,功用具有较大局限,相对而言,己用则更为便捷易行,况且,他用有时甚至是工具性的(譬如善功),而己用才更具目的性(直达道本)。

儒家倡导"死生事大",主张自强不息,执着于以有生之年,立不朽功业,著道德文章;道教强调"天大、地大、生大、道大","生道异名同指",凸显"生"的可为性,基于形下之"生"的有限性,导向形上之"道"的无限性;出于形下之"生"的相对性——与"死"相反——鸣发"生可惜""死可畏"的悲叹情感,合于"人不愿早死"的自然心理,加之"夭寿在我""诀在于志"的强力意志,道教高奏"我命在我不在天,还丹成金亿万年"的生命强音。为此,如同儒家为儒者指明内圣外王的玉成之道,佛教为佛徒点亮脱离苦海的涅槃之灯,道教也为信徒描绘了长生不死的生命之域。

客观地说,个体生命总是具体的、历史的存在,既是一种实然的存在,又是一种意义的存在。个体生命总是不甘无所作为而匆匆离去,并总在不断拷问自己的人生方向与超越道路,寻求个人与他人(含他物)、自己与社会、现存与永恒的对接要塞,即人生价值的皈依;一旦确认应然的通途,大都会付诸实践,以生命之情、意志之力及理性之光,沟通天人物我,践履不朽之道。由于各自对不朽的理解差异,于是有了事功、德行、文章、盛誉等之分殊,然而,诸多生命意义的寻求与探索,无一例外都是人生价值的确立与生成,都是生命的学问,都可以审之、鉴之。

# 主要参考文献

## 一、古籍类：

1.《诸子集成》,北京:中华书局 1954 年版。

2.《百子全书》(八),杭州:浙江人民出版社 1984 年版。

3.《道藏》,文物出版社、上海书店、天津古籍出版社 1988 年版。

4.《道藏要籍选刊》,上海:上海古籍出版社 1989 年版。

5.《弘明集》,上海:上海古籍出版社 1991 年版。

6.《藏外道书》,成都:巴蜀书社 1992 年版。

7.《佛藏要籍选刊》,上海:上海古籍出版社 1994 年版。

## 二、近现代著述类：

8. 王明:《抱朴子内篇校释》,北京:中华书局 1985 年版。

9. 杨明照:《抱朴子外篇校笺》(上册),北京:中华书局 1991 年版。

10. 杨明照:《抱朴子外篇校笺》(下册),北京:中华书局 1997 年版。

11. 侯外庐、赵纪彬、杜国庠、邱汉生:《中国思想通史》(第三卷),北京:人民出版社 1957 年版。

12. 王明:《太平经合校》,北京:中华书局 1960 年版。

13. 郭沫若:《沫若文集》(16 册),北京:人民文学出版社 1962 年版。

14. 范文澜:《中国通史简编》(修订本,第二编),北京:人民出版社 1964 年版。

15. 蓝秀隆:《抱朴子研究》,台湾文津出版社 1980 年版。

16. 卿希泰:《中国道教思想史》(第一卷),成都:四川人民出版社 1980 年版。

17. 张岱年:《中国哲学大纲》,北京:中国社会科学出版社 1982 年版。

18. 王明:《道家和道教思想研究》,北京:中国社会科学出版社 1984 年版。

19. 沈善洪、王凤贤:《中国伦理学说史》(上卷),杭州:浙江人民出版社 1985 年版。

20. 钱钟书:《管锥编》(第二册),北京:中华书局 1986 年版。

21. 葛兆光:《道教与中国文化》,上海:上海人民出版社 1987 年版。

22. 梁漱溟:《东西文化及其哲学》,北京:商务印书馆 1987 年影印本。

23. 任继愈主编:《中国哲学发展史》(魏晋南北朝),北京:人民出版社 1988 年版。

24. 汤一介:《中国传统文化中的儒道释》,北京:中国和平出版社 1988 年版。

25. 汤一介:《魏晋南北朝时期的道教》,西安:陕西师范大学出版社 1988 年版。

26. 张岱年:《真与善的探索》,济南:齐鲁书社 1988 年版。

27. 赵有声、刘明华、张立伟:《生死·享乐·自由——道家和道教的关系及人生理想》,北京:国际文化出版公司 1988 年版。

28. 胡孚琛:《魏晋神仙道教——抱朴子内篇研究》,北京:人民出版社 1989 年版。

29. 刘文典:《淮南鸿烈集解》,北京:中华书局 1989 年版。

30. 谢松龄:《天人象:阴阳五行学说史导论》,济南:山东文艺出版社 1989 年版。

31. 郑万耕校释:《太玄校释》,北京:北京师范大学出版社 1989 年版。

32. 刘国梁:《道教精粹》,长春:吉林文史出版社 1991 年版。

33. 罗宗强:《玄学与魏晋士人心态》,杭州:浙江人民出版社 1991 年版。

34. 饶宗颐:《老子想尔注校证》,上海:上海古籍出版社 1991 年版。

35. 汤一介:《儒释道与内在超越问题》,南昌:江西人民出版社 1991 年版。

36. 陈鼓应主编:《道家文化研究》(第五辑),上海:上海古籍出版社 1994 年版。

37. 卿希泰主编、丁贻庄等撰稿:《中国道教》(第四卷),上海:知识出版社 1994 年版。

38. 李刚、黄海德:《中华道教宝典》,台湾中华道统出版社 1995 年版。

39. 李裕民主编:《道教文化研究》(第一辑),北京:书目文献出版社 1995 年版。

40. 姜生:《汉魏两晋南北朝道教伦理论稿》,成都:四川大学出版社 1995 年版。

41. 石云霞主编:《当代中国价值观论纲》,武汉:武汉大学出版社 1996 年版。

42. 孙吉贵主编:《医学社会学》,成都:四川科学技术出版社 1997 年版。

43. 李丰楙编撰:《不死的探求——抱朴子》,海口:海南出版社、三环出版社 1998 年版。

44. 刘大杰:《魏晋思想论》,上海:上海古籍出版社 1998 年版。

45. 徐仪明、冷天吉:《人仙之间——〈抱朴子〉与中国文化》,开封:河南大学出版社 1998 年版。

46. 冯友兰:《中国哲学史》,上海:华东师范大学出版社 2000 年版。

47. 冯天策:《信仰:人类的精神家园》,济南:济南出版社 2000 年版。

48. 江畅:《理论伦理学》,武汉:湖北人民出版社 2000 年版。

49. 唐长孺:《魏晋南北朝史论丛》,石家庄:河北教育出版社 2000 年版。

50. 李大华:《生命存在与境界超越》,上海:上海文化出版社 2001 年版。

51. 萧汉明、郭东升:《〈周易参同契〉研究》,上海:上海文化出版社 2001 年版。

52. 姜生、汤伟侠主编:《中国道教科学技术史》,北京:科学出版社 2002 年版。

53. 赖永海、王月清:《宗教与道德劝善》,南京:江苏古籍出版社 2002 年版。

54. 罗炽、白萍:《中国伦理学》,武汉:湖北人民出版社 2002 年版。

55. 徐复观:《文化与人生》,李维武编:《徐复观文集》(第一卷),武汉:湖北人民出版社 2002 年版。

56. 田文军:《冯友兰传》,北京:人民出版社 2003 年版。

57. 许建良:《魏晋玄学伦理思想研究》,北京:人民出版社 2003 年版。

58. 余英时:《士与中国文化》,上海:上海人民出版社2003年版。

59. 柴文华、孙超、蔡惠芳:《中国人伦学说思想研究》,上海:上海古籍出版社2004年版。

60. 陈战国、强昱:《超越生死——中国传统文化中的生死智慧》,开封:河南大学出版社2004年版。

61. 胡孚琛、吕锡琛:《道学通论——道家·道教·丹道》(增订版),北京:社会科学文献出版社2004年版。

62. 孔令宏:《从道家到道教》,北京:中华书局2004年版。

63. 李霞:《生死智慧——道家生命观研究》,北京:人民出版社2004年版。

64. 李泽厚:《中国古代思想史论》,天津:天津社会科学出版社2004年版。

65. 刘济良:《生命教育论》,北京:中国社会科学出版社2004年版。

66. 蒙培元:《人与自然——中国哲学生态观》,北京:人民出版社2004年版。

67. 孙以楷主编,陆建华、沈顺福、程宇宏、夏当英:《道家与中国哲学》(魏晋南北朝卷),北京:人民出版社2004年版。

68. 田文军、吴根友:《中国辩证法史》,郑州:河南人民出版社2004年版。

69. 王德有:《老子指归译注》,北京:商务印书馆2004年版。

70. 周中之主编:《伦理学》,北京:人民出版社2004年版。

71. 盖建民:《道教科学思想发凡》,北京:社会科学文献出版社2005年版。

72. 郑晓江主编:《解读生死》,北京:社会科学文献出版社2005年版。

73. 卿希泰主编:《中国道教史》(四卷本),成都:四川人民出版社(1988—1996)年版。

74. 王沐:《悟真篇浅解》(外三种),北京:中华书局1990年版。

75. 李刚:《劝善成仙——道教生命伦理》,成都:四川人民出版社1994年版。

76. 张广保:《金元全真道内丹心性学》,北京:生活·读书·新知三联书店1995年版。

77. 张立文、张绪通、刘大椿主编:《玄境——道学与中国文化》,北京:人民出版社1996年版。

78. 张泽洪:《道教斋醮符咒仪式》,成都:巴蜀书社1999年版。

79. 萧天石主编:《道藏精华》,台北:台湾自由出版社2000年版。

80. 戈国龙:《道教内丹学探微》,成都:巴蜀书社2000年版。

81. 贺麟:《文化与人生》,北京:商务印书馆2002年版。

82. 詹石窗:《道教文化十五讲》,北京:北京大学出版社2003年版。

83. 李远国:《神霄雷法——道教神霄派沿革与思想》,成都:四川人民出版社2003年版。

84. 詹石窗:《道教科技与文化养生》,北京:科学出版社2004年版。

85. 杨玉辉:《道教人学研究》,北京:人民出版社2004年版。

86. 卓新平:《神圣与世俗之间》,哈尔滨:黑龙江人民出版社2004年版。

87. (宋)白玉蟾著,周伟民、唐玲玲、安华涛点校:《白玉蟾集》,海口:海南出版社2006年版。

88. 詹石窗主撰:《道教与中国养生智慧》,北京:东方出版社 2007 年版。

89. 安华涛:《孤鹤驾长风——南宗五祖白玉蟾》,海口:南方出版社、海南出版社 2008 年版。

90. 杜维明著,段德智译,林同齐校:《〈中庸〉洞见》(中英文对照本),北京:人民出版社 2008 年版。

91. 胡孚琛:《道学通论》(修订版),北京:社会科学文献出版社 2009 年版。

92. 温伟耀:《生命的转化与超拔——我的基督宗教汉语神学思考》,北京:宗教文化出版社 2009 年版。

93. 胡守为校释:《神仙传校释》,北京:中华书局 2010 年版。

94. 詹石窗主撰:《中国宗教思想通论》,北京:人民出版社 2011 年版。

95. 盖建民:《道教金丹派南宗考论(上下册)——道派、历史、文献与思想综合研究》,北京:社会科学文献出版社 2013 年版。

96. (宋)白玉蟾著,盖建民辑校:《白玉蟾文集新编》,北京:社会科学文献出版社 2013 年版。

97. (宋)白玉蟾著、盖建民辑校:《白玉蟾诗集新编》,北京:社会科学文献出版社 2013 年版。

98. 白玉蟾原著,董沛文主编,周全彬、盛克琦编校:《白玉蟾全集》(上下册),北京:宗教文化出版社 2013 年版。

99. 白玉蟾原著,陆文荣统筹,六六道人辑纂:《白玉蟾真人全集》(珍藏版)(全 3 册),海口:海南出版社 2015 年版。

## 三、论文类:

1. 许抗生:《葛洪道教思想研究》,《北京大学学报》1981 年第 5 期。

2. 戢斗勇:《葛洪的"玄""道"与"一"不是一回事》,《江西社会科学》1984 年第 5 期。

3. 许抗生:《葛洪社会政治思想探析》,《学术月刊》1985 年第 1 期。

4. 张岱年:《中国古典哲学的价值观》,《学术月刊》1985 年第 7 期。

5. 伍伟民:《黄老之学与〈抱朴子〉》,《中国哲学史研究》1988 年第 1 期。

6. 胡木贵:《儒、道生死观异同论》,《孔子研究》1990 年第 4 期。

7. 陈朝晖:《儒道生死观论略》,《齐鲁学刊》1994 年第 3 期。

8. 郭沂:《生命的价值及其实现》,《孔子研究》1994 年第 4 期。

9. 卢国龙:《发天道以建人文——作为中国文化之理论基础的道家道教哲学》,《哲学研究》1994 年第 6 期。

10. 张岱年:《生命与道德》,《北京大学学报》(哲学社会科学版)1995 年第 5 期。

11. 梁归智:《论中华道教文化的"神仙情结"》,《道教文化研究》第一辑,1995 年 9 月。

12. 王卓民:《葛洪神仙道教教育思想探微》,《道教文化研究》第一辑,1995 年 9 月。

13. 方立天:《儒道佛人生价值观及其现代意义》,《中国哲学史》1996 年第 1—2 期。

14. 薛公忱:《〈抱朴子·内篇〉长生思想辨析》,《中医文献杂志》1996 年第 2 期。

15. 韩建斌:《葛洪的养生术》,《世界宗教文化》1996 年第 3 期。

16. 陈克文:《葛洪的〈抱朴子·内篇〉的自然哲学思想及其现代意义》,《江汉论坛》1996 年第 10 期。

17. 金毅:《葛洪〈抱朴子·外篇〉概论》,《北京第二外国语学院学报》1997 年第 1 期。

18. 姜生:《道德与寿老——论道教生命伦理的道德决定论特征》,《学术月刊》1997 年第 2 期。

19. 曾春海:《对郭象人生论的考察》,台北:《哲学与文化》1997 年 5 月。

20. 金毅:《葛洪论"道源儒流"与"尊道贵儒"——〈抱朴子〉为什么分〈内篇〉〈外篇〉?》,《北京第二外国语学院学报》1998 年第 1 期。

21. 黄霏莉:《葛洪〈抱朴子·内篇〉养生学术思想探微》,《中国医药学报》1998 年第 13 卷第 2 期。

22. 张树卿:《略论儒、释、道生死观》,《东北师大学报》(哲学社会科学版),1998 年第 3 期。

23. 高晨阳:《自然与名教关系的重建:玄学的主题及其路径》,《哲学研究》1998 年第 4 期。

24. 葛兆光:《宇宙、身体、气与"假求于外物以自坚固"——道教的生命理论》,《中国哲学史》1999 年第 2 期。

25. 曾春海:《玄学及〈抱朴子·外篇〉中的理想人格》,《哲学与文化》1999 年第 7 期。

26. 彭惠娟:《从葛洪一生的际遇看其出世与入世思想》,台湾《中华佛学研究》2000 年第 4 期。

27. 李刚:《葛洪及其人生哲学》,《文史哲》2000 年第 5 期。

28. 李维武:《葛洪的生死观及其意义》,《珞珈哲学论坛》第四辑,2000 年 6 月。

29. 罗炽:《论葛洪的道德价值观》,《珞珈哲学论坛》第四辑,2000 年 6 月。

30. 陈昌文:《葛洪〈自叙〉——一个"内圣外王"的人格分裂文本》,《宗教学研究》2001 年第 4 期。

31. 陈昌文:《葛洪——由儒入道的心理历程》,《四川大学学报》(哲社版)2001 年第 4 期。

32. 黄霞平:《浅析葛洪的隐修与出仕观》,《中国道教》2001 年第 6 期。

33. 萧汉明:《〈淮南鸿烈〉与黄老思潮的终结》,《人文论丛》2002 年卷。

34. 卿希泰:《道教生态伦理思想及其现实意义》,《四川大学学报》(哲学社会科学版)2002 年第 1 期。

35. 葛兆光:《古代中国道教的修炼、仪式和方法》,《中国典籍与文化》2002 年第 2 期。

36. 赖平:《〈抱朴子〉养生伦理研究》(硕士论文),中南大学 2002 年 12 月。

37. 乐爱国:《抱朴子内篇生态伦理思想之探讨》,《道学研究》2003 年第 2 期。

38. 詹石窗:《道教生命伦理与现代社会》,《中国哲学史》2003 年第 2 期。

39. 邹远志:《葛洪儒道思想研究》(硕士论文)湖南师范大学 2003 年 3 月。

40. 张荣明:《秩序宗教与生命宗教——对汉晋儒教、道教产生和基本功能的考察》,

《南开学报》(哲学社会科学版)2003年第6期。

    41. 郭齐勇:《论中国古代哲人的生存论智慧》,《学术月刊》2003年第9期。

    42. 董恩林:《葛洪道论分析与比较》,《首届葛洪与中国文化国际学术研讨会论文集》,浙江大学中国思想文化研究所编印,2003年11月。

    43. 汤一介:《葛洪与魏晋玄学》,《首届葛洪与中国文化国际学术研讨会论文集》,浙江大学中国思想文化研究所编印,2003年11月。

    44. 熊铁基:《替葛洪翻案——略论葛洪在中国文化史上的地位》,《首届葛洪与中国文化国际学术研讨会论文集》,浙江大学中国思想文化研究所编印,2003年11月。

    45. 王延武:《简论葛洪的仙道体系》,《首届葛洪与中国文化国际学术研讨会论文集》,浙江大学中国思想文化研究所编印,2003年11月。

    46. 陈继华:《葛洪与鲍敬言之辩——〈抱朴子·诘鲍篇〉分析》,《中国哲学史》2004年第1期。

    47. 宋志明:《儒道价值观》,《社会科学战线》2004年第1期。

    48. 李锦全:《徜徉在入世与出世之间——葛洪儒道兼综思想剖析》,《宗教学研究》2004年第2期。

    49. 丁原明:《葛洪神仙道教思想与黄老学的关系》,《文史哲》2004年第3期。

    50. 董平:《庄子与葛洪——论道家生命哲学向宗教信仰的转变》,《浙江社会科学》2004年第4期。

    51. 刘玲娣:《近二十年来葛洪研究综述》,《中国道教》2004年第4期。

    52. 罗中枢:《论葛洪的修道思想和方法》,《世界宗教研究》2004年第4期。

    53. 郑全:《葛洪哲学思想研究》(博士论文)南开大学2004年4月。

    54. 庞天佑:《论葛洪的学术思想》,《贵州社会科学》2004年第5期。

    55. 何光沪:《从人性论看东西方宗教哲学之相通》,《燕南读书网》2004年7月。

    56. 詹石窗:《道教神仙信仰及其生命意识透析》,《湖北大学学报》(哲社版)2004年第9期。

    57. 袁贵仁:《关于价值与文化问题》,《河北学刊》2005年第1期。

    58. 曾勇:《葛洪的生命价值观及其现代沉思》,《湖北社会科学》2005年第3期。

    59. 谢青龙:《科学伦理的源始与终结》,《哲学与文化》2005年第8期。

    60. 宫哲兵:《葛洪与奥古斯丁的性伦理观比较》,《哲学研究》2005年第9期。

    61. 岑孝清:《读〈抱朴子〉的"生""命"》,《中国道教》2006年第1期。

    62. 陈兵:《道教之"道"》,《哲学研究》1988年第1期。

    63. 詹石窗:《诗成造化寂无声——武夷散人白玉蟾诗歌与艮背修行观略论》,《宗教学研究》1997年第3期。

    64. 何敦铧:《关于道教金丹派南宗第五祖白玉蟾几个问题的探索》,《世界宗教研究》1999年第4期。

    65. 李远国:《南宗内丹学与雷法——兼及白玉蟾的雷法思想》,《道韵》第五辑(甲),中华大道出版社1999年8月版。

66. 毛庆耆:《白玉蟾和〈蟾仙解老〉》,《暨南学报》(哲学社会科学)2000 年第 1 期。

67. 詹石窗:《论生活道教》,《中国道教》2000 年第 6 期。

68. 曾召南:《白玉蟾生卒及事迹考略》,《宗教学研究》2001 年第 3 期;

69. 王家忠:《白玉蟾与金丹派南宗》,《海南师范学院学报》(人文社会科学版)2002 年第 2 期;

70. 孙燕华:《烟霞供啸咏,泉石渝精神——白玉蟾诗文特色散论》,《中国道教》2000 年第 2 期。

71. 詹石窗:《道教生命伦理与现代社会》,《中国哲学史》2003 年第 2 期。

72. 卢国龙:《浊世佳公子,蟾宫谪仙人——白玉蟾的求道之旅及归隐之乡》,《中国道教》2003 年第 4 期。

73. 潘显一:《水向石边流出冷,风从花里过来香——白玉蟾美学思想初探》,《社会科学研究》2003 年第 3 期。

74. 王尊旺、方宝璋:《也谈白玉蟾生卒年代及其有关问题——兼评近年来有关白玉蟾问题的研究》,《世界宗教研究》2003 年第 3 期。

75. 朱逸辉:《琼籍文化宗师白玉蟾》,《海南大学学报》(人文社会科学版)2004 年第 2 期。

76. 张泽洪:《论白玉蟾对南宗道教科仪的创新——兼论南宗教团的雷法》,《湖北大学学报》(哲学社会科学版)2004 年第 6 期。

77. 郭武:《白玉蟾在西山的活动及其对净明道的影响》,《中国道教》2006 年第 2 期。

78. 赵鹏升:《白玉蟾"止止"说的生态美学意味》,《南平师专学报》2006 年第 3 期。

79. 郑庆云:《略论白玉蟾雷法在丹道修炼中的作用》,《宗教学研究》2006 年第 1 期。

80. 王丽煌:《南宋方外词人白玉蟾词略论》,《乐山师范学院学报》2007 年第 1 期;

81. 李英华:《白玉蟾〈道德宝章〉的心性理论及其历史作用》,《中国道教》2007 年第 2 期。

82. 查庆、雷晓鹏:《白玉蟾道教美学思想简论》,《宗教学研究》2008 年第 3 期。

83. 曾勇:《长生不死及其伦理意蕴》,《郑州大学学报》(哲学社会科学版)2008 第 5 期。

84. 安华涛:《白玉蟾与神霄雷法》,《中国道教》2009 年第 6 期。

85. 曾勇、朱展炎:《道教生命观的哲学阐释》,《江西社会科学》2009 年第 11 期。

86. 廖文毅:《白玉蟾内丹与雷法之融合》,《湖南科技学院学报》2010 年第 1 期。

87. 盖建民:《以心解道——〈蟾仙解老〉道心论发微》,《老子学刊》第一辑,巴蜀书社 2010 年版。

88. 盖建民:《白玉蟾金丹派南宗戒律文献初考》,《四川大学学报》(哲学社会科学版)2010 年第 6 期。

89. 李远国:《雷法、丹道与养生》,《宗教学研究》2010 年增刊。

90. 曾勇:《"道法自然"与生命教育》,《广东社会科学》2011 年第 1 期。

91. 冯焕珍:《白玉蟾生卒年新说》,《现代哲学》2011 年第 5 期。

92. 万志全:《论白玉蟾诗的审美意象、意境与意趣》,《云南财经大学学报》(社会科学版)2011 年 5 期。

93. 陈耀庭:《不惹人间桃李花——白玉蟾的〈卧云〉诗》,《弘道》(香港)2012 年第 1 期。

94. 黄永锋、方宝璋:《白玉蟾活动区域考》,《世界宗教研究》2012 年第 6 期。

95. 万钧:《道教中的谪仙观念——以白玉蟾修道思想为例》,《中国宗教》2012 年第 7 期。

96. 陈金凤:《白玉蟾江西道教活动考述》,《华侨大学学报》(哲学社会科学版)2013 年第 1 期。

97. 刘守政:《〈宋白玉蟾尺牍〉考》,《世界宗教研究》2013 年第 2 期。

98. 许伟:《白玉蟾内丹思想研究》,四川省社会科学院 2008 年(硕士学位论文)。

99. 尤玉兵:《白玉蟾文学研究》,厦门大学 2009 年(硕士学位论文)。

100. 赵娟:《白玉蟾道教诗词研究》,浙江大学 2012 年(硕士学位论文)。

101. 郑庆云:《内丹学原理——以白玉蟾为中心》,四川大学 2007 年(博士学位论文)。

## 四、外国著述类:

1. [英]李约瑟:《中国科学技术史》(第二卷),科学出版社、上海古籍出版社 1990 年版。

2. [德]马克斯·韦伯:《儒教与道教》,王容芬译,北京:商务印书馆 1995 年版。

3. [印度]罗宾德拉纳特·泰戈尔著:《人生的亲证》,宫静译,章坚校,商务印书馆 1996 年版。

4. [日]西田几多郎著:《善的研究》,何倩译,商务印书馆 2007 年版。

5. [日]松下道信:《白玉蟾内丹思想在南宗中的地位简论》,(道教学术资讯网站)见 http://www.ctcwri.org/INDEXA3/A302/A3045/A3011031.htm。

6. [美]维克多·弗兰克尔著:《活出生命的意义》,吕娜译,北京:华夏出版社 2010 年版。

7. [德]卫礼贤、[瑞士]荣格著:《金花的秘密》,邓小松译,合肥:黄山书社 2011 年版。

策划编辑：方国根

责任编辑：方国根　夏　青

**图书在版编目（CIP）数据**

葛洪、葛长庚人生价值观研究/曾勇 著. —北京：人民出版社，2021.11

（国学新知文库. 第二辑/詹石窗主编）

ISBN 978－7－01－022728－3

Ⅰ.①葛…　Ⅱ.①曾…　Ⅲ.①葛洪（284-386）-人生观-研究②白玉蟾

（1194-?）-人生观-研究　Ⅳ.①B235.7②B959.92

中国版本图书馆 CIP 数据核字（2020）第 241048 号

**葛洪、葛长庚人生价值观研究**

GEHONG GECHANGGENG RENSHENG JIAZHIGUAN YANJIU

曾　勇　著

人民出版社 出版发行

（100706　北京市东城区隆福寺街 99 号）

环球东方（北京）印务有限公司印刷　新华书店经销

2021 年 11 月第 1 版　2021 年 11 月北京第 1 次印刷

开本：710 毫米×1000 毫米 1/16　印张：39.25

字数：600 千字

ISBN 978－7－01－022728－3　定价：138.00 元

邮购地址 100706　北京市东城区隆福寺街 99 号

人民东方图书销售中心　电话（010）65250042　65289539